The Future of Tradition–
The Tradition of Future

The Future of Tradition– The Tradition of Future

100 years after the exhibition *Masterpieces of Muhammadan Art* in Munich

100 Jahre nach der Ausstellung *Meisterwerke muhammedanischer Kunst* in München

Chris Dercon, León Krempel and Avinoam Shalem (Eds.)

Haus der Kunst | PRESTEL

Impressum / Impressum

Dieses Buch erscheint anlässlich der Ausstellung
This book has been published in conjunction with the exhibition

Die Zukunft der Tradition – Die Tradition der Zukunft
100 Jahre nach der Ausstellung „Meisterwerke muhammedanischer Kunst" in München
Haus der Kunst, München
17. September 2010 – 9. Januar 2011

The Future of Tradition – The Tradition of Future
100 Years After the Exhibition "Masterpieces of Muhammadan Art" in Munich
Exhibition at the Haus der Kunst, Munich
17 September 2010 – 9 January 2011

Herausgeber und Kuratoren / Editors and Curators: Chris Dercon, León Krempel, Avinoam Shalem
Lektorat / Proofreading: Silvia Bauer
Gestaltung / Book design: Huda Smitshuijzen-AbiFarès
Druck / Printing: Engelhardt und Bauer, Karlsruhe

Gefördert durch / Sponsored by
Kulturstiftung des Bundes

Mit freundlicher Unterstützung von / With kind support of
Schörghuber Unternehmensgruppe

In Zusammenarbeit mit / in cooperation with
Goethe-Institut Ägypten
Kunsthistorisches Institut in Florenz – Max-Planck-Institut

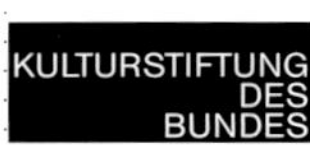

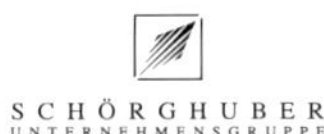

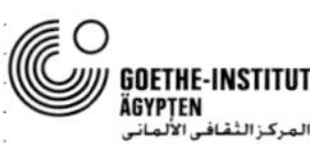

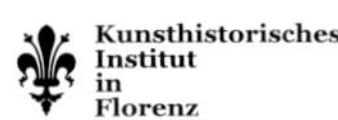

Die Deutsche Nationalbibliothek verzeichnet diese Publikation in der Deutschen Nationalbibliografie; detaillierte bibliografische Daten sind im Internet über http://dnb.d-nb.de abrufbar. / The Deutsche Bibliothek holds a record of this publication in the Deutsche Nationalbibliografie; detailed bibliographical data can be found under: http://dnb.d-nb.de

The Library of Congress Cataloguing-in-Publication data is available.
British Library Cataloguing-in-Publication Data: a catalogue record for this book is available from the British Library.

Dieses Buch erscheint im Prestel Verlag, München / This book is published by Prestel Publishing
in der Verlagsgruppe Random House GmbH / a member of Verlagsgruppe Random House GmbH
Königinstraße 9
80539 München
Tel. +49 (0)89 24 29 08-300
Fax +49 (0)89 24 29 08-335

www.prestel.de

Prestel Publishing Ltd.
4 Bloomsbury Place
London WC1A 2QA
Tel. +44 (0)20 7323-5004
Fax +44 (0)20 7636-8004

Prestel Publishing
900 Broadway, Suite 603
New York, NY 10003
Tel. +1 (212) 995-2720
Fax +1 (212) 995-2733

www.prestel.com

ISBN 978-3-7913-5085-1

Inhaltsverzeichnis | Table of contents

Leihgeber | Lenders

Agial Art Gallery, Beirut
Arab Image Foundation, Beirut
Arab Museum of Modern Art, Doha
Badisches Landesmuseum, Karlsruhe
Bayerische Staatsbibliothek, München
Bayerisches Nationalmuseum, München
CAPC musée d'art contemporain, Bordeaux
Die Lübecker Museen - St. Annen-Museum
Domschatzmuseum, Regensburg
Galerie Christian Nagel, Köln/Berlin/Antwerpen
Galerie Sfeir-Semler, Hamburg/Beirut
Germanisches Nationalmuseum, Nürnberg
Harvard Art Museum/Arthur M. Sackler Museum
Karen Chekerdjian & Raya Khalaf
Katholische Kirchengemeinde St. Gereon, Köln
Kunsthistorisches Museum, Wien, Hofjagd- und Rüstkammer
Lombard-Freid Projects, New York
Los Angeles County Museum of Art
MAK - Österreichisches Museum für angewandte Kunst / Gegenwartskunst, Wien
Marieluise Hessel Collection, Hessel Museum of Art, Center for Curatorial Studies, Bard College, Annandale-on-Hudson, New York
MK2
Münchner Stadtmuseum
Museen der Stadt Köln, Museum Schnütgen
Museo Nazionale del Bargello, Florenz
Museum für Kunst und Gewerbe, Hamburg
Rijksmuseum, Amsterdam
Rodeo, Istanbul
Rose Issa Projects
Rüdiger K. Weng, Collection Nadour
Saloua Raouda Choucair Foundation
Sammlung Heinz und Gerlinde Greiffenberger
Staatliche Eremitage, St. Petersburg
Staatliche Museen zu Berlin, Museum für Islamische Kunst
Staatliches Museum für Völkerkunde, München
Staatsarchiv München
Stadtarchiv München
Städtische Galerie im Lenbachhaus und Kunstbau, München
The Third Line Gallery, Dubai
Tiroler Landesmuseum Ferdinandeum, Innsbruck
Victoria and Albert Museum, London
Wittelsbacher Ausgleichsfonds, München
Zeppelin Museum, Friedrichshafen

Privatsammler, die ungenannt bleiben möchten / Private collectors who wish to remain anonymous

Teilnehmer | Participants

Doa Aly
Tarek Atoui
Kader Attia
Yto Barrada
Farah Behbehani
Karen Checkerdjian
Saloua Raouda Choucair
Nada Debs
Monir Shahroudy Farmanfarmaian
Choreh Feyzdjou
Wafa Hourani
Emre Hüner
Reem Al Ghaith
Raya Khalaf
Buthina Canaan Khoury
Abbas Kiarostami
Rachid Koraïchi
Samir El Kordy
Maha Maamoun
Tala Madani
Nassar Mansour
Milia Maroun
Walid Raad
Mahmoud Said
Ibrahim El Salahi
Bahia Shehab
Huda Smitshuijzen-AbiFarès / Khatt Foundation
Mounira Al Solh
Nadine Touma / Dar Onboz
Akram Zaatari

u.a. / among others

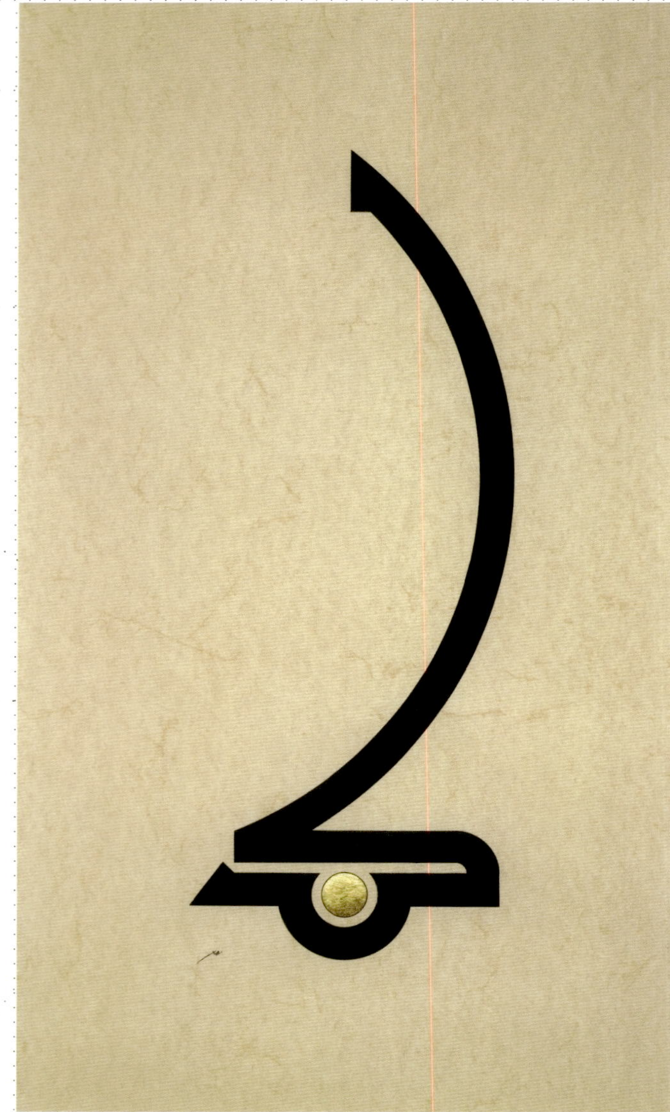

Nassar Mansour, *Kun II*, 70 x 40 cm, © The Trustees of the British Museum.

Vorwort der Herausgeber und Kuratoren

Chris Dercon, León Krempel, Avinoam Shalem

Was machte die Ausstellung *Meisterwerke muhammedanischer Kunst* erinnerungswürdig? Dass unter diesem programmatischen Titel die unübertreffbar hohe Zahl von 3.600 Exponaten zu bewundern war, macht deren Bedeutung allein nicht aus. Zukunftsweisend und ungleich bedeutsamer war vielmehr der doppelte Ansatz, den bedrohlich-faszinierenden „Orient" kunsthistorisch systematisch zu erschließen und dessen Erzeugnisse in den Rang von selbständigen Kunstwerken, ja Meisterwerken zu erheben. Die unbefangene Neugier, die das Publikum damals auszeichnete, wünschen wir uns auch für *Changing Views*, eine Reihe von Veranstaltungen, mit denen Münchner Institutionen gemeinsam mit der Stadt das Jubiläum 2010 zum Anlass nehmen, um das Bild des „Orients" einer kritischen Revision zu unterziehen.

Als Teil von *Changing Views* führt die durch dieses Buch begleitete Ausstellung im Haus der Kunst Tradition, Moderne und Zeitgenossenschaft in innovativer Weise zusammen. Das Funktionieren dieses Konzepts setzt eine Erweiterung des Blicks entlang der zeitlichen und räumlichen Achsen voraus und verlangt danach, klassisch-westliche Gattungen wie Malerei und Bildhauerei zugunsten von Architektur, Design, Typographie, Mode, Film und anderen Sparten zurückzustellen. Vor der zeitgenössischen Kunst versagt der Missbegriff „Islamische Kunst". Eine Herausforderung an unsere Besucher stellen auch die vielerorts verschütteten, verschiedenen Modernitäten dar, die unser einseitig westlich geprägtes Verständnis von der „Moderne" in Frage stellen. Während die Macher der Ausstellung von 1910 auf den Nutzen der Kunstwissenschaft setzten, um „dem modernen Kunstschaffen Anregungen zu geben und ihm vielleicht neue Wege zu weisen", möchten wir das Augenmerk auf den andauernden Wandel und den vernetzten Austausch zwischen Ost und West lenken, der alte Perspektiven auflöst und neue kreiert.

Das Gesamtprojekt entwickelte sich auf Initiative von Avinoam Shalem aus Gesprächen mit vielen Beteiligten, die ihren Anfang im Jahr 2003 bei Jürgen Wasim Frembgen im Staatlichen Museum für Völkerkunde nahmen. In Vorbereitung auf das Teilprojekt im Haus der Kunst wurden im Oktober 2008 hier und im Internationalen Begegnungszentrum der Wissenschaft (IBZ) eine Podiumsveranstaltung bzw. eine Konferenz organisiert, die Fachleute aus diversen Disziplinen, Kuratoren und das Publikum über grundlegende Fragestellungen diskutieren ließen. Durch das Goethe-Institut Kairo geförderte Reisen nach u.a. Abu Dhabi, Alexandria, Beirut, Doha, Dubai, Kairo und Sharjah erlaubten uns, mit den Protagonisten der dort neu entstandenen Zentren in Kontakt zu treten. Mit großer Dankbarkeit denken wir an unsere fruchtbaren Gespräche mit Zeina Arida, Saleh Barakat, Bassam El Baroni, Antonia Carver, Catherine David, Salah M. Hassan, Wassan Al Khudairi, Claudius Müller, Jack Persekian, Els van der Plas, Andrée Sfeir-Semler, Heiko Sievers, Randa Shaath, Christine Thomé, Michael Thoss, Sheena Wagstaff, Mathieu Wellner und vielen anderen zurück. In unseren Dank schließen wir auch die Künstler – darunter nicht nur die Teilnehmer unserer Ausstellung – ein, von denen wir ungemein viel gelernt haben; stellvertretend für alle möchten wir hier unsere Mitstreiter Huda Smitshuijzen AbiFarès und Samir El Kordy nennen.

Besonderen Dank schulden wir unseren Leihgebern aus Europa und Übersee. Ihr Vertrauen haben wir auch als Zeichen eines allgemein stärker werdenden Interesses an der Geschichte des Ausstellungsmachens zu diesem Themenbereich und an neuen Formen der Ausstellungspräsentation gelesen.

Wenn wir heute so erkenntnisreich über die Ausstellung von 1910 reflektieren können, so verdanken wir dies Eva-Maria Troelenberg, deren bahnbrechende ausstellungsgeschichtliche Forschungen zur Darstellung des „Orients" vom Institut für Kunstgeschichte in München und dem Kunsthistorischen Institut in Florenz unterstützt wurden. Großer Dank gilt auch Andrea Lermer im erstgenannten Institut, die uns bei der Arbeit während der Ausstellungsbesprechungen begleitet hat.

Die Kulturstiftung des Bundes sicherte uns in einem frühen Projektstadium ihre großzügige Unterstützung zu und stärkte uns damit auch „moralisch". Unserem wichtigsten Mäzen, der Schörghuber Stiftung, verdanken wir gleichfalls eine stattliche Zuwendung, ohne die wir das Projekt nicht hätten realisieren können.

Die Mitarbeiter vom Haus der Kunst haben das im Falle dieser Ausstellung äußerst komplexe Teamwork hinter den Kulissen in bewährt engagierter und professioneller Weise gemeistert. Tina Köhler, Anton Köttl, Tina Sauerländer, Martina Schmid, Anna Schüller, Marino Solokhov und Sonja Zschunke sei hier als einigen unserer wichtigsten Ansprechpartner namentlich gedankt.

Last but not least danken wir den Autoren dieses Buches für ihren intellektuellen Enthusiasmus und Einsatz. Ihre Beiträge vertiefen und erweitern die Schwerpunkte dieser janusköpfigen Schau.

Foreword of the Editors and Curators

Chris Dercon, León Krempel, Avinoam Shalem

What made the exhibition *Masterpieces of Mohammedan Art* (*Meisterwerke muhammedanischer Kunst*) so memorable? Its significance lies not only in the fact that, under this programmatic title, the unsurpassable high number of 3,600 exhibited objects could be admired. Even more important and pioneering was the double approach of systematically opening up the threatening and fascinating "Orient" from an art-historical perspective and of elevating its productions to the status of masterpieces of art. We wish for the same spontaneous curiosity – typical of that era's public – on the part of our visitors to *Changing Views*, a series of presentations with which various institutions in Munich, together with the city council, are responding to the 2010 anniversary as an opportunity for re-exposing the image of the "Orient" to a critical revision.

As a part of *Changing Views*, the exhibition at the Haus der Kunst, which is accompanied by this catalogue, combines tradition, modernism and contemporaneity in an innovative manner. Our concept presupposes a metaphorical extension of the visitors' gaze along temporal and spatial axes to be effective, and requires subordinating classical Western genres as painting and sculpture in favour of architecture, design, typography, fashion, film, and other categories. The all-embracing global term "Islamic art" falls into fragments in the face of contemporary art. Thus, our visitors are confronted with a challenge issued by those various cultures of modernity, widely consigned to oblivion, which all call into question our one-sided, Western-oriented concept of "modernism." Whereas the creators of the 1910 exhibition put their faith in the usefulness of a scientific study of Islamic art for the purpose "of providing impulses to modern artistic production and perhaps of indicating new paths for it," we would like to draw attention to the ongoing processes of constant change and interchange between East and West which dissolve old perspectives and create new ones.

The overall project arose on the initiative of Avinoam Shalem out of discussions with many participants, especially, at the beginning of 2003, with Jürgen Wasim Frembgen at the *Staatliches Museum für Völkerkunde*. In October 2008, in preparation for the part of the project to be presented at the Haus der Kunst, a podium discussion and a conference were organized at the Haus der Kunst and at the *Internationales Begegnungszentrum der Wissenschaft (IBZ)* respectively, which provided specialists from various disciplines, curators and a wider audience with the opportunity of discussing fundamental issues concerning this exhibition. Trips organized by the Goethe-Institute in Cairo to such destinations as Abu Dhabi, Alexandria, Beirut, Cairo, Doha, Dubai, and Sharjah enabled us to meet crucial protagonists of the recently-created centres there. We recall with deep gratitude our productive conversations with Zeina Arida, Saleh Barakat, Bassam El Baroni, Antonia Carver, Catherine David, Salah M. Hassan, Wassan Al Khudairi, Claudius Müller, Jack Persekian, Els van der Plas, Andrée Sfeir-Semler, Heiko Sievers, Randa Shaath, Christine Thomé, Michael Thoss, Sheena Wagstaff, Mathieu Wellner, and many other individuals. Our expression of gratitude includes the artists – not only those who are participating in our exhibition – from whom we learned tremendously; as their representatives, we would like to thank Huda Smitshuijzen AbiFarès and Samir El Kordy for their productive input.

We owe a special debt of gratitude to the lenders of works from Europe and overseas. More-over, we have interpreted their trust as the sign of a generally increasing interest in the history of the mounting of exhibitions on this subject and in new forms of exhibiting today.

If today we are able to reflect so insightfully upon the exhibition of 1910, this is due to Eva-Maria Troelenberg, whose pioneering research into the history of displaying the "Orient" was supported by the *Institut für Kunstgeschichte* at the *Ludwig-Maximilians-Universität* in Munich and the *Kunsthistorisches Institut* in Florence. Many thanks go as well to Andrea Lermer at the former institute, who worked closely with us throughout the various discussions concerning this exhibition.

During an early stage of the project, the *Kulturstiftung des Bundes* assured its generous assistance and thereby provided us also with crucial "moral support". Our most important patron, the *Schörghuber Stiftung*, likewise offered a very generous financial contribution, without which we would not have been able to realize the project.

Our thanks go also to the colleagues at the Haus der Kunst who mastered an extremely complex teamwork behind the scenes in their customary dedicated and professional manner. Tina Köhler, Anton Köttl, Tina Sauerländer, Martina Schmid, Anna Schüller, Marino Solokhov, Sonja Zschunke, just to mention a few, deserve special mention here.

Last but not least, we express our gratitude to the authors of this book for their impressive intellectual enthusiasm and commitment. Their contributions clarify and widen the focal points of this Janus-headed exhibition.

Szenographie der Ausstellung im Jahr 2010

León Krempel, unter Mitwirkung von Samir El Kordy

Dieser Beitrag bietet mehr als einen Rundgang. Er handelt auch davon, wie die kuratorischen Konzepte hinter der Ausstellung „Zukunft der Tradition - Tradition der Zukunft" auf die spezifische Architektur des Haus der Kunst umgelegt wurden. Er beschreibt die Ausstellung von ihrer Erscheinung her, soweit sich diese einige Monate vor der Eröffnung antizipieren lässt. Zunächst gilt es daran zu erinnern, dass der Ausstellungsort in den ersten Jahren seines Bestehens „Haus der deutschen Kunst" hieß, somit auch eine faschistische Antwort auf die Frage darstellte, was bewahrenswert sei. Wie bei der großen Ai-Weiwei-Ausstellung, die bis zum Januar 2010 dort zu sehen war, werden nicht nur der Ostflügel, sondern auch die Mittelhalle (Galerie der Freunde in den Vorhängen von Petra Blaisse), insgesamt also eine Fläche von etwa 2.200, bespielt. Das zwischen 1933 und 1937 nach Plänen des Architekten Paul Ludwig Troost in einem neoklassizistischen Stil errichtete Ausstellungsgebäude weist bis zu 11 m hohe Säle mit Türdurchgängen von 4,50 m Höhe auf. Unter der Leitung von Chris Dercon wurden seit 2003 im Rahmen eines „Kritischen Rückbaus" originale Farbfassungen freigelegt und spätere Einbauten entfernt, um den erbauungszeitlichen Zustand der Architektur sichtbar zu machen. Unvermeidliche Einbauten wie die Signalisation von Konstantin Grcic wurden so gestaltet, dass sie als solche sogleich erkennbar sind. In der gleichen Linie lag die klare Haltung der Kuratoren, die in den letzten Jahren für das Haus der Kunst Ausstellungen konzipiert haben: Statt „gegen" die Architektur zu arbeiten, wurden deren Vorteile, wie die Helligkeit und Höhe der Räume, genutzt. Dabei wurden das Bauwerk und seine jeweilige Bespielung immer als zwei konträre Dinge verstanden und vermittelt – der nationalsozialistische Kunsttempel vs. dessen immer wieder erneuerter Umwidmung und ironischer Brechung, beispielhaft etwa durch den kalifornischen Künstler Paul McCarthy, der 2005 auf dem Dach ein aufblasbares Blumenbouquet installierte.

Vor diesem Hintergrund bedeutet es ein Novum in der jüngeren Ausstellungsgeschichte des Haus der Kunst, dass für das hier besprochene Projekt ein Architekt engagiert wurde. Mit einer Carte blanche versehen, begnügte sich Samir El Kordy nicht damit, ein zeitgemäßes Display für die weiter hinten in diesem Band abgebildeten musealen Objekte zu entwerfen. Sein wohldurchdachter Entwurf leistet weit mehr als dies, nämlich eine Verknüpfung der scheinbar disparaten Ausstellungsbereiche. Obwohl sich seine Eingriffe auf den zentralen Hauptsaal beschränken, betreffen sie den gesamten Körper der Ausstellung. Diese baut sich von innen nach außen in drei Ringen auf, denen Tradition, Moderne und Zeitgenossenschaft zugeordnet sind.

Ein Prolog im ersten Raum versetzt den Besucher in den Sommer des Jahres 1910. Er läuft in die Projektion eines damals aufgenommenen Amateurfilms, der Menschenmengen bei den Passionsfestspielen in Oberammergau zeigt. Diese wurden zusammen mit der Ausstellung „Meisterwerke muhammedanischer Kunst" und dem 100jährigen Jubiläum des Oktoberfestes unter einem Dach vermarktet. In der Hoffnung auf zahlendes Massenpublikum tat man sich nicht schwer mit einer Melange aus Vergnügung, Erbauung und Belehrung. Illustriert wird dies im Jahr 2010 durch ein Modell des Städtischen Ausstellungsparks auf der Theresienhöhe, wo neben der islamischen Kunstschau viele Attraktionen mehr wie Musikveranstaltungen und Luftschifffahrten geboten wurden, und durch ‚Memorabilia' wie Poster, Werbematerialien, Souvenirs aus der Frühzeit des Museumsshoppings, Raumaufnahmen und ein Exemplar des monumentalen Prachtkatalogs. Diese Ausstellung über eine Ausstellung, insbesondere da sie am Beginn des Parcours steht, unterstreicht den ephemeren Charakter von Ausstellungen im Allgemeinen. Was von 1910 blieb, lässt sich eben nicht in einer Vitrine ausstellen, da es in der Praxis des Sehens aufgegangen ist. Den schwer zu fassenden Einfluss dieser Ausstellung auf Wegbereiter der westlichen Moderne, für die München bekanntermaßen ein Treffpunkt war, demonstriert im ersten Raum eine Skizze, die Wassily Kandinsky nach einem der rund 3.600 Exponate, einer verschollenen indischen Miniatur, gefertigt hat.

Wo von dem Einfluss der Ausstellung 1910 gesprochen wird, sollte man nicht nur an deren Rezeption in Kunst und Wissenschaft denken, sondern auch fragen, wie unsere Sicht auf die Objekte dadurch affiziert worden ist. Durch die Übertragung des Begriffs „Meisterwerke" auf Zeugnisse des islamischen Kunstkreises wurden diese in den Rang von Kunstwerken erhoben, was wiederum Voraussetzung für den Erfolg der Idee eines islamischen Kunstmuseums war. Tatsächlich sind durch die Schau von 1910 viele Objekte überhaupt zum ersten Mal ans Licht ge bracht worden, einige – und viele unter den jetzt wieder gezeigten – wurden sogar zu Ikonen der islamischen Kunstgeschichte. Entsprechend häufig abgebildet und ausgestellt sind sie – so die These unserer Ausstellung 2010 – „müde" geworden. Mit der Neupräsentation einer Auswahl von rund 30 Exponaten aus der Ausstellung von 1910 war daher der

Scenography of the Exhibition in 2010

León Krempel, with the collaboration of Samir El Kordy

This essay offers more than a tour of the exhibition. It also examines how the curatorial concepts underlying the exhibition "Future of Tradition – Tradition of Future" were adapted to the specific architecture of the Haus der Kunst. It describes the exhibition in terms of its appearance, insofar as this may be anticipated several months before the opening. It is first important to remember that in the first years of its existence, the exhibition site was called "Haus der deutschen Kunst" ("House of German Art"), thereby providing a Fascist answer to the question as to what is worthy of being preserved. As with the large Ai-Weiwei exhibition, which could be seen there until January 2010, use is made not only of the east wing but also the central hall (Galerie der Freunde in the curtains by Petra Blaisse), altogether a total of approximately 2,200 square meters. The exhibition building, constructed in a Neo-Classicist style between 1933 and 1937 according to plans by the architect Paul Ludwig Troost, has halls with a height of up to eleven meters, and door passages which are four-and-a-half meters high. Since 2003, under the direction of Chris Dercon in the framework of a "critical restoration," original paint formulations have been exposed and later constructions removed in order to bring to light the state of the architecture at the time when it was built. Unavoidable subsequent fixtures, such as the signal system by Konstantin Grcic, have been redesigned so as to be immediately recognizable as such. Moving in the same direction has been the clear attitude of the curators conceiving exhibitions for the Haus der Kunst in recent years: Instead of working against the architecture, they have made deliberate use of its advantages, such as the brightness and height of the spaces. The building and the respective staging have always been understood and conveyed as two opposing things – the National-Socialist temple of art versus its constantly renewed re-purposing and ironical disruption, for example by the Californian artist Paul McCarthy, who in 2005 installed an inflatable bouquet of flowers on the roof.

Against this background, it is a novelty in the recent exhibition history of the Haus der Kunst that an architect was hired for the project being discussed here. Provided with a *carte blanche*, Samir El Kordy did not content himself with simply developing a contemporary display for the museum objects illustrated further on in this volume. His sagacious design achieves much more, namely a connection between the seemingly disparate exhibition areas. Although his interventions are delimited to the central hall, they have an impact on the entire body of the exhibition. This is built up in interlinked axes which articulate the dovetail connection of tradition, modernity and contemporaneity.

A prologue in the first room transfers the visitor to the summer of 1910. He encounters the projection of an amateur film taken at that time and showing crowds of people at the Passion Play in Oberammergau, which was marketed under one roof together with the exhibition "Meisterwerke muhammedanischer Kunst" ("Masterpieces of Mohammedan Art") and the hundredth anniversary of the Oktoberfest. In the hope of attracting a mass paying public, there were few reservations about offering such a blend of pleasure, edification and instruction. This is illustrated in the year 2010 by a model of the *Städtischer Ausstellungspark* along the Theresienhöhe, where in addition to the display of Islamic art many further attractions were offered such as musical programs and zeppelin flights, and by memorabilia such as posters, advertising material, souvenirs from the early era of museum shopping, photographs of the spaces, and a specimen of the splendid, monumental catalogue. This exhibition concerning an exhibition, especially since it stands at the beginning of the circuit, highlights the ephemeral character of exhibitions in general. That which remained from 1910 cannot be displayed in a glass cabinet, because it had an impact on the practice of seeing. The elusive influence of this exhibition on the pioneers of Western modernism for whom, as is well known, Munich was a meeting place, is demonstrated in the first room by a sketch which Wassily Kandinsky did of one of the 3,600 exhibited objects, namely a now-lost Indian miniature.

In speaking of the influence of the exhibition from 1910, one should not only think of its reception in art and science, but also inquire how our view of the objects has thereby been affected. Through the transfer of the designation "masterworks" to productions from the realm of Islamic art, they were raised to the status of works of art, something which for its part was a prerequisite for the success of the idea of a museum of Islamic art. In fact, through the 1910 show many objects were brought into view for the very first time; a few of them, along with many of the objects which are now again being presented, even became icons of Islamic art history. Accordingly reproduced and exhibited very often, they have become "tired" – this is the thesis of our exhibition in 2010. Connected with the fresh presentation of a selection of some thirty objects from

zunächst undefinierte Wunsch einer Reanimation eben jener „müde" gewordenen Ikonen verbunden. Dabei konnte es nicht darum gehen, die Objekte nach dem aktuellen Stand der historischen Disziplinen zu kontextualisieren, indem man die Welten, denen sie einmal angehörten, wieder aufleben lässt. „Living history", eine weltweit beliebte Form von „Museum zum Anfassen", die schon 1910 in einer der „Meisterwerke"-Ausstellung angegliederten Verkaufsschau in der Karawanserei versucht wurde, kam für uns ebenso wenig in Frage wie das unverdrossen geübte Beschwören der Aura der Einzigartigkeit, als ob es sich bei jedem Stück um eine ‚Nofretete' handeln würde.

Eines unserer wesentlichsten Anliegen war bereits in den frühen Überlegungen zur Gestaltung des Ausstellungsraums, wie wir die Geschichte der Ausstellung thematisieren und dabei zugleich einen offenen und freien Rahmen anbieten können, von dem aus man die Objekte betrachten kann. Samir El Kordy erkannte, dass Gewebe und Objekte, die aus Stoffen und Textilien gefertigt worden waren, in der Ausstellung von 1910 einen zentralen Platz einnahmen und dies inspirierte ihn dazu, sich dieses spezielle Material, seine Tradition, seine Zukunft und seine praktischen Anwendungsformen genauer anzusehen. Regionale traditionelle Verkleidungen oder Umschließungen sind farbenfrohe und bunt gemusterte Stoffelemente, die im allgemeinen dazu verwendet werden, um spezielle Bezirke abzustecken, Zugänge zu regeln, Feste und Feierlichkeiten abzuschirmen oder um geschlossene Veranstaltungen zu markieren oder auch anzukündigen. Dieser populären und Volkstradition folgend hat El Kordy das Material und seine Elemente neu bearbeitet und eine visuell abstrakte Version entwickelt, die die Funktionen der traditionellen übernimmt – jedoch in einer zeitgenössischen, modernen Sprache, die die Museumsbesucher anspricht – und die die lose verbundenen Gruppierungen der Ausstellungsobjekte umfasst und in acht getrennte Bereiche gliedert.

Die semi-transparenten, mit Kordelmuster versehenen Bereiche und ihre Wandverkleidungen wurden von El Kordy entworfen und von ihm in der Kairener Werkstatt von Professor Samia El Shaikh in Auftrag gegeben, um dort – gemäß der Produktionsanweisungen von Carla van Beurden – gewebt zu werden. Die daraus entstehenden, über Dreiecken gebildeten Räume, hängen in einem Netz aus Pfaden zusammen, welches wiederum auf subtile Art und Weise Troosts Architektur kommentiert, indem es die strenge Hierarchie der Säle vorübergehend in eine neue, verschachtelte und multiperspektivisch angelegte Ordnung überführt. Das Konzept von Samir El Kordy fordert dazu auf, mögliche Verbindungen von Tradition und Zukunft aus sich verändernden Blickwinkeln zu betrachten.

Die Objekte aus der Ausstellung von 1910 in den *domains* sind an den von der Architektur Samir El Kordys bewusst nicht angetasteten Wänden des Hauptsaals von Werken des 20. und frühen 21. Jahrhunderts umgeben, die Elemente der islamischen Kunsttradition wie Ornament und Kalligrafie bewahren. Es sind dies Gemälde, Zeichnungen, Skulpturen und Schmuck von Saloua Raouda Choucair, Monir Sharoudy Farmanfarmaian, Choreh Feyzdjou, Nassar Mansour, Mahmoud Said und Ibrahim El Salahi. Die Werkproben dieser Künstlerinnen und Künstler stehen beispiehaft für die vielen nur bruchstückhaft bekannten Modernen, deren Erforschung zu den großen Aufgaben einer Kunstwissenschaft zählt, die den westlichen Kanon nicht absolut setzt. Die erstmalige Installation der Arbeit „Die unsichtbaren Meister" des in eine alte Sufi-Familie geborenen Rachid Koraïchi vollendet die Komposition des Hauptsaals.

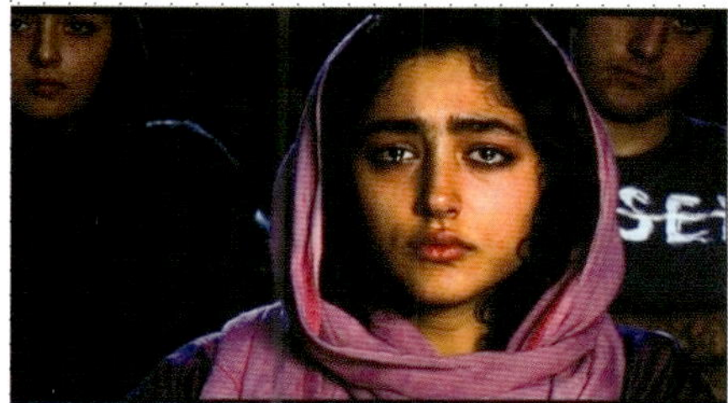

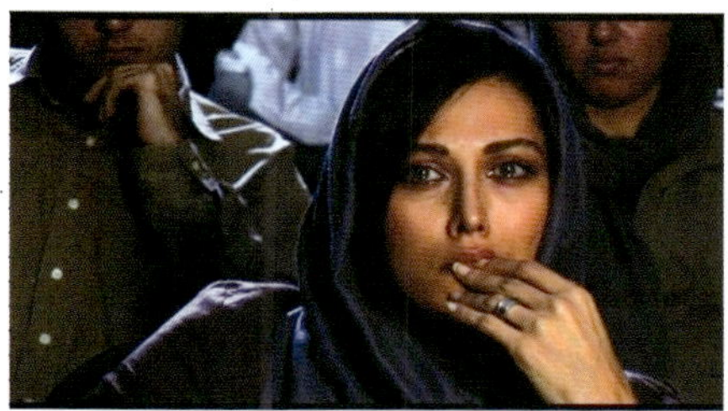

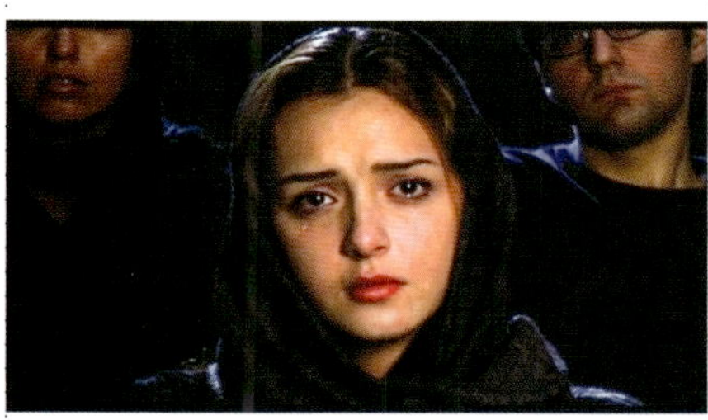

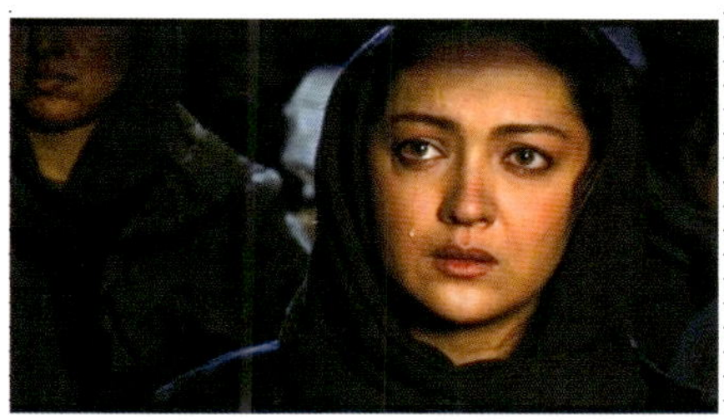

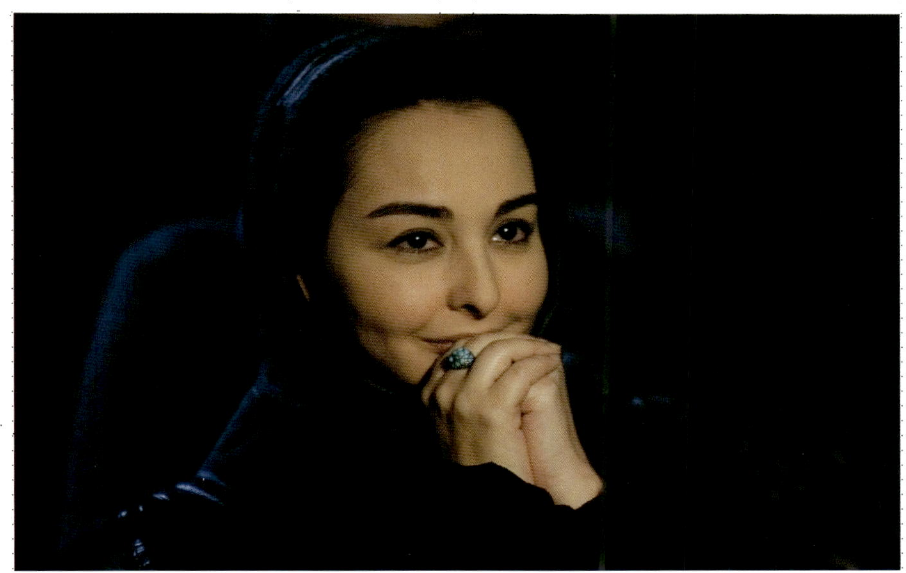

Abbas Kiarostami, *Shirin*, 2008, HD CAM 16/9, 91 min., © Abbas Kiarostami and MK2.

the exhibition of 1910 was therefore the initially undefined wish to reanimate these "tired" icons. But it could not be a matter of contextualizing the objects according to the current state of historical disciplines, in which one revives the worlds to which they once belonged. Living history – a form of the "hands-on museum" which enjoys worldwide popularity and was already tried out during 1910 in a sales show in the *Karawanserei* accompanying the "masterworks" exhibition – came into consideration just as little as did the assiduously cultivated summoning up of the aura of uniqueness, as if each piece were in fact a 'Nofretete.'

One of our primal concerns at the early stages of envisioning the space was how we would thematize the history of the exhibition, while at the same time offer an open context for the objects to be viewed from. Samir El Kordy's realization that fabrics and textile-based objects were very prominent in the 1910 exhibition, has inspired him to look further into that specific material, its tradition, its future and its practical implementations. Local traditional enclosures are brightly coloured and patterned fabric units, commonly used to specify domains, to define access, to enclose a celebration, to mark and also to advertise an enclosed event. Following that popular tradition, El Kordy has reworked the material and units, to come up with a visually abstracted version, which perform the functions of the traditional ones, yet in a contemporary language that addresses the museum visitors and encloses the loosely-linked groups of exhibited objects in eight separate domains.

The semi-transparent string-patternized domains and domain walls were designed by El Kordy and commissioned by him to be woven in Prof. Samia El Shaikh's workshop in Cairo and with Carla van Beurden's production instructions. The resulting spaces, formed across triangles, cohere into a network of pathways which once again comments upon Troost's architecture in a subtle manner, inasmuch as it temporarily ushers the strict hierarchy of the halls into a new, interlaced and multi-perspective order. The concept of Samir El Kordy issues a summons to view attainable concatenation between tradition and future from subsequent views.

The objects of the 1910 exhibition in the domains are surrounded on the walls of the main hall, which are deliberately not touched by the architecture of Samir El Kordy, by works from the twentieth and early twenty-first century which preserve certain elements of the Islamic artistic tradition such as ornament and calligraphy. These are paintings, drawings, sculptures and jewellery by Saloua Raouda Choucair, Monir

Der äußere Ring aus zehn Kabinetten, einem Gang und der Mittelhalle ist zeitgenössischen Künstlern, Kuratoren und Institutionen vorbehalten. Durch das Wegenetz der Haupthalle kann der Eintritt in diese Sphäre an fünf verschiedenen Stellen erfolgen. Die Projekte sind so gruppiert, dass zueinander Passendes benachbart ist. Der ganze Osttrakt ist urbanistischen Themen gewidmet. Die Ausstellung durchläuft eine Achse, die von einer städtebaulichen Veranschaulichung der Ausstellung von 1910 im Einführungsraum, über die *domains* im Zentrum in die raue Gegenwart führt und einen flüchtigen Blick in die Zukunft gestattet. „FabUrb" im Ostgang, ein Projekt von Samir El Kordy mit Ying Zhou, analysiert die Idylle als rückwärtsgewandtes Element bei den laufenden Planungen für ein „New Cairo" und „New Damascus". Von dem Palästinenser Wafa Hourani ist ein traurig-heiteres Zukunftsmodell des Flüchtlingslagers Qalandia zu sehen. Stagnation, Aussperrung von der Festung Europa, Raubbau an der Natur und Wachstum um jeden Preis sind auch in den Arbeiten von Yto Barrada aus Marokko spürbar, während Reem Al Ghaith den rasanten Wandel in der Golfregion erfahrbar macht.

Typographie, Design, Mode, Malerei und Buchproduktion sind im Norden zusammengeführt. Die Graphikdesignerin Huda Smitshuijzen AbiFarès, der auch die Gestaltung dieses Buches zu verdanken ist, präsentiert fünf Designerinnen, die moderne arabische Typographie in zum Teil ortsspezifische Arbeiten umgesetzt haben. Nadine Thouma hat am anderen Ende des Trakts für das von ihr gegründete Verlagshaus Dar Onboz in Beirut eine interaktive Kinderbuch-Bibliothek eingerichtet. In der Mitte, zwischen diesen beiden Räumen, liegt ein Saal, der der „Krone der Schöpfung" gilt. In den pietätlosen Malereien und Animationen von Tala Madani kommt diese nicht gerade vorteilhaft weg.

Besondere Bedeutung für unsere Ausstellung haben, ohne dass dies sogleich sichtbar würde, drei Räume im Süden, die den libanesischen Künstlern Walid Raad und Akram Zaatari überlassen wurden. Beide arbeiten auf je eigene Art und Weise mit der Idee einer poetischen Geschichtsschreibung, die sich der Tatsachenerzählung nur als eines ironischen Mantels bedient.

Im Ausstellungspark auf der Theresienhöhe war der Kinematograph noch eine Sensation, vor dessen Gesundheitsrisiken gewarnt wurde. Im Jahr 2010 haben wir Film und Video möglichst viel Raum gegeben, nicht allein, weil diese zeitgenössischen Leitmedien allenorts stark sind und sie den Hunger nach fremden Bildern stillen, sondern weil sie die konservative Prämisse, dass etwas unverändert bewahrt werden könnte, in Abrede stellen. Denn läuft nicht die Idee des bewegten Bildes genau dem zuwider? Der Wechsel von statischen und fließenden Eindrücken ist die Signatur unserer Ausstellung. Tanz, Musik und Dichtung begegnen dem Betrachter in einer Arbeit von Doa Aly. Eine Frau, die ihre Hände scheinbar ewig in Glasscherben gräbt, führt in einer Arbeit von Kader Attia den Faktor Zeit ein. Im Kontext der urbanistischen Projekte ist „Panoptikon" von Emre Hüner recht platziert. Das islamische Bilderverbot spricht Mounira Al Solh in ihrer Illustration von arabischen Sprichwörtern an. Dem Phänomen Tourismus, ohne das auch München 1910 nicht erklärt werden kann, spürt Maha Maamoun in ihrer Beschäftigung mit dem ägyptischen Unterhaltungskino nach. Die durchaus wichtige Verbindung zu dem Oktoberfest-Jubiläum hält die Dokumentation „Taste the Revolution" von Buthina Canaan Khoury. „Shi-

Sharoudy Farmanfarmaian, Choreh Feyzdjou, Nassar Mansour, Mahmoud Said, and Ibrahim El Salahi.

The sample works of these artists are exemplary of the many, only fragmentarily known modern figures whose investigation numbers among the great tasks of an art scholarship which does not attribute absolute status to the Western canon. The first-time installation of the work "The Invisible Masters" by Rachid Koraïchi, who was born into an old Sufi family, completes the composition of the main hall.

The outer ring consisting of ten cabinets, a corridor and the middle hall is devoted to contemporary artists, curators, and institutions. Because of the network of pathways in the main hall, entrance into this sphere can take place at five different points. The projects are grouped in such a manner that things which are compatible with each other are adjacent to each other. The entire eastern section is devoted to urbanistic themes. The exhibition runs along an axis which extends from an urban-architectural illustration of the 1910 exhibition in the introductory space, leads through the domains in the centre into the raw present, and allows a fleeting glance at the future. In the eastern corridor, in "FabUrb," Samir El Kordy turns his attention, along with Ying Zhou, to capturing the ongoing image constructions which accompany the current developments of New Cairo and New Damascus in their multiple physical and representative layers. On view is also the melancholy-cheerful future model of the refugee camp Qalandia by the Palastinian Wafa Hourani. Stagnation, separation and lock-out from the fortress of Europe, predatory exploitation of nature, and growth at any price may also be sensed in the works of Yto Barrada from Morocco, while Reem Al Ghaith makes it possible to experience the fast-paced changes in the Gulf region.

Typography, design, fashion, painting and book production are brought together in the northern section. The graphic designer Huda Smitshuijzen AbiFarès, to whom is also owed the design of this book, presents five female designers who have transposed modern Arabic typography into works which to some extent are site-specific. At the other end of the hall, Nadine Thouma set up an interactive library of children's books from the publishing house Dar Onboz which she established in Beirut. Located between these two spaces in the middle is a hall dedicated to the "crown of creation;" he does not exactly receive favourable treatment in the impious paintings and animations of Tala Madani.

Three rooms in the southern section which were assigned to the Lebanese artists Walid Raad and Akram Zaatari have a special importance for our exhibition, even if this is not immediately visible. Both artists work in their own ways with the idea of a poetical writing of history which uses the narration of facts only as an ironic cloaking.

In the exhibition park on the Theresienhöhe, the cinematograph was a sensation about which warnings were issued with regard to health risks. In 2010 we have given film and video as much space as possible – not only because these leading contemporary media are flourishing everywhere and satisfy the hunger for foreign images, but because they disavow the conservative premise that something can be preserved in unchanged form. Does not the idea of the moving picture exactly contradict this assumption? The alternation between static and flowing impressions is the signature of our exhibition. The viewer encounters dance, music and poetry in a work by Doa Aly. A woman who seems to bury her hands ceaselessly in pieces of broken glass introduces the factor of time in a work by Kader Attia. "Panoptikon" by Emre Hüner is well situated in the context of the urbanistic projects. The Islamic prohibition of images is addressed by Mounira al Solh in her illustration of Arab proverbs. In her examination of Egyptian popular cinema, Maha Maamoun investigates the phenomenon of tourism, without which the 1910 exhibition cannot be explained. The documentation "Taste the Revolution" by Buthina Canaan Khoury maintains the important connection to the centennial anniversary of the Octoberfest. Finally, "Shirin" by Abbas Kiarostami demonstrates to the viewers that every form of narration is only completed in their own imagination.

The themes of the artists briefly sketched out here are one aspect. It will be especially exciting to see how – with their particular concepts of space – these artists enter into the spaces of the Haus der Kunst, what sort of reinterpretation the building experiences, and what reaction this will occasion on the part of the visitors. Already the ambitious curators of the 1910 exhibition most likely lost an overview of which artefacts had been delivered in countless containers. Today we pay tribute to the principle that we actively involve artists in the curatorial processes and, together with them, await the outcome with eager anticipation. We do this in utter humility, for as the Egyptian curator Bassam El Baroni has correctly observed with regard to our project: "It might take another hundred years for a more developed sense of cultural/artistic reciprocity to take place, so it might be that in 2110 we will no longer need to mention 'Islamic' or 'Middle Eastern' or anything of the sort." (Translated by George Frederick Takis)

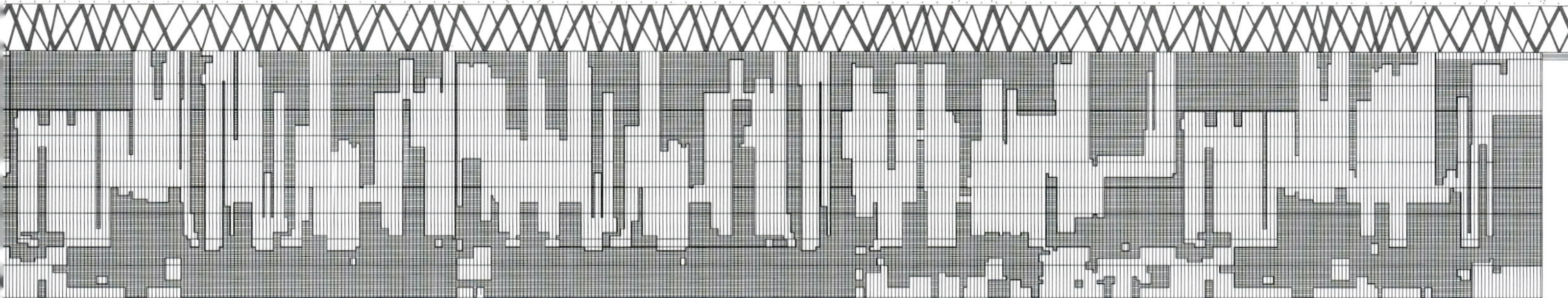

Skyline Muster | Skyline pattern, © Samir El Kordy, 2010.

rin" von Abbas Kiarostami führt dem Zuschauer schließlich vor, dass sich jede Form von Erzählung erst in seiner Vorstellung vollendet.

Die hier kurz angerissenen Themen der Künstler sind das eine. Besonders spannend wird zu sehen sein, wie diese mit ihren Raumvorstellungen in die Räume vom Haus der Kunst einziehen, welche Umdeutung das Gebäude dadurch erfährt und welche Reaktionen dies bei den Besuchern auslöst. Schon den ehrgeizigen Kuratoren der Ausstellung von 1910 dürfte die Kontrolle darüber entglitten sein, welche Artefakte da in unzähligen Kisten herbeigeschafft wurden. Wir huldigen heute dem Prinzip, dass wir Künstler an den kuratorischen Prozessen aktiv beteiligen und das Ergebnis gemeinsam mit Spannung erwarten. Wir tun dies in aller Bescheidenheit, denn, wie der ägyptische Kurator Bassam El Baroni mit Bezug auf unser Projekt richtig festgestellt hat, „es mag für ein besseres Verständnis kulturell-künstlerischen Austausches noch einmal 100 Jahre brauchen, so dass im Jahr 2110 Begriffe wie ‚islamisch', ‚Mittlerer Osten' oder dergleichen nutzlos werden".

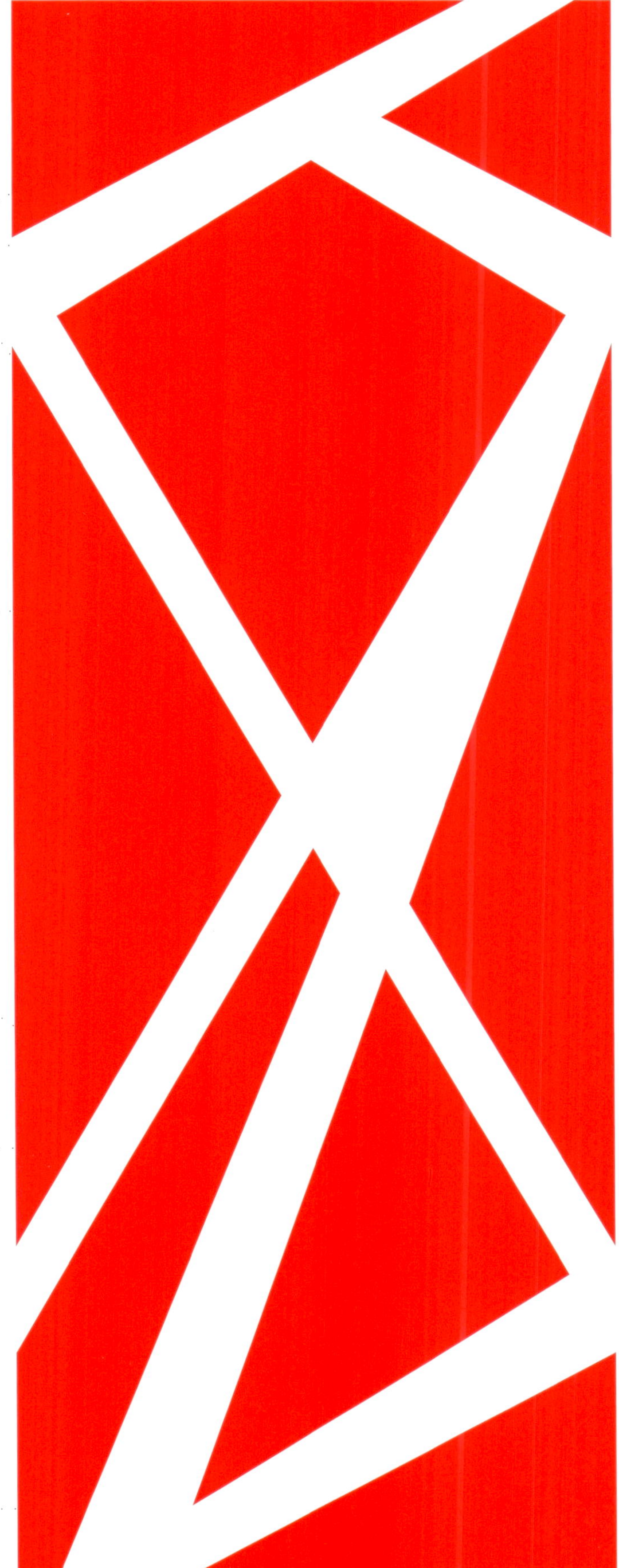

Die beidseitig verbundenen Achsen verdeutlichen die Verzahnungen von Tradition, Moderne und Gegenwart | The bi-way interlinked axes articulate dovetails of tradition, modernity and contemporaneity, © Samir El Kordy, 2010.

Changing Views: Die Ausstellung von 1910 als ikonische Wende

Avinoam Shalem und Eva-Maria Troelenberg

„Wenn der Wissenschaftshistoriker die Ergebnisse der früheren Forschung vom Standpunkt der zeitgenössischen Geschichtsschreibung aus untersucht, könnte sich ihm der Gedanke aufdrängen, daß bei einem Paradigmenwechsel die Welt sich ebenfalls verändert. Unter der Führung eines neuen Paradigmas verwenden die Wissenschaftler neue Apparate und sehen sich nach neuen Dingen um. Und was noch wichtiger ist, während der Revolutionen sehen die Wissenschaftler neue und andere Dinge, wenn sie mit bekannten Apparaten sich an Stellen umsehen, die sie vorher schon einmal untersucht hatten. Es ist fast, als wäre die Fachgemeinschaft plötzlich auf einen anderen Planeten versetzt worden, wo vertraute Gegenstände in einem neuen Licht erscheinen und auch unbekannte sich hinzugesellen." (Kuhn 1976, S. 123)

Die meisten großen wissenschaftlichen Revolutionen und entscheidenden Momente in der Geschichte der Menschheit, die zu einem Paradigmenwechsel im Denken oder Verhalten führen, sei es durch neue Entdeckungen oder durch die Begegnung mit bislang Unbekanntem, haben damit zu tun, dass ein kultureller Bereich mit einem anderen, dem „Anderen", konfrontiert wird. Die Einführung des „Anderen" in den Gesichtskreis und intellektuellen Diskurs einer Gesellschaft ist ein faszinierendes Phänomen, das ebenso viele Fragen aufwirft wie das Konzept des „Othering" als ein System des binären Denkens (siehe z.B. Fabian 1983, Greenblatt 1998, Rabbat 2006, Frojmovic 2002). Nicht zuletzt aus biologischer, sozialer, kultureller oder politischer Sicht handelt es sich um eines der wichtigsten und interessantesten Phänomene des menschlichen Verhaltens. Darüber hinaus haben die verschiedenen Spielarten und Methoden, mit denen der oder das „Andere" entweder rundum abgelehnt, ausgetrieben, verwandelt, modifiziert, akzeptiert oder mit einem Geheimnis umwoben wurde, Licht auf die vor allem politischen Ziele und die große Maschinerie geworfen, mittels derer die Kultur, die sich den „Anderen" oder das „Andere" aneignet, Macht und Kontrolle ausübt und die Geschichte beider neu erfindet.

Der Orient allgemein und die Kunst des Islam im Besonderen haben, als in sich geschlossne und zusammenhängende Größen begriffen, eine wesentliche Rolle bei der Herausbildung der europäischen Identität gespielt (siehe Said 1978, Said 1986, Macfie 2000). Sie waren und sind in gewissem Maße nach wie vor der oder das große und wesentliche „Andere" der europäischen Geschichte und Kunst. Die europäische Faszination von der islamischen Kunst hat ihre Wurzeln im Frühmittelalter, als erstmals Luxusgüter, vor allem Textilien und von hervorragendem handwerklichen Können zeugende Gegenstände, auf den Märkten sowie in den königlichen und klösterlichen Sammlungen des lateinischen Westens auftauchten (Shalem 1998, Hoffmann 2001). Diese Objekte durchliefen veränderliche Stufen der Bedeutungszuschreibung und des Bedeutungsverlusts, im Bezug auf die Bildsprache und sakrale sowie außergewöhnliche Räume, im Zusammenhang mit biblischen Szenen und Gestalten oder gar, indem man sie mit konkreten, fast greifbaren Bildern des Feindes identifizierte, seien es die der Ayyubiden- oder Mamluken-Krieger der Zeit der Kreuzzüge oder die derjenigen, die im Dienste des Osmanischen Reiches standen. Doch zugleich repräsentierten sie auch verborgene Sehnsüchte und Wünsche der europäischen Psyche, ob im Hinblick auf einen exzentrischen Lebensstil oder als Quelle erotischer Fantasien.

Nichtsdestotrotz blieben der Orient und die islamische Kunst in Europa stets präsent. Über die tatsächliche kulturelle und politische Präsenz des Islams in europäischen Gebieten wie Spanien, Sizilien und dem Balkan hinaus, setzte sich die Wanderung von Artefakten und literarischem Wissen aus der muslimischen Welt nach Europa ununterbrochen fort. Diese durchgängige Konfrontation war und ist bis heute eine ergiebige Quelle einer starken Reaktion und Inspiration, ja sogar Renaissance, in der Kultur- und Kunstgeschichte Europas. Trotz der vielfältigen Veränderungen in der Wahrnehmung der orientalischen und islamischen Kunst im Verlauf der nahezu 1500 Jahre währenden, von Frieden und Krieg geprägten Beziehung, scheint die vorherrschende und anhaltende Identität des islamischen Objekts doch weiterhin vor allem mit westlichen Vorstellungen des „Fremden" und „Fremdartigen" verknüpft zu sein. Die westliche „Observanz" des Denksystems des Fremden-und-Fremdartigen kommt nicht nur dem Bedürfnis des Westens entgegen, die Welt mit Hilfe eines Negativ-Positiv-Schemas zu verstehen und zu systematisieren, sondern bietet auch genügend Spielraum für die Konstruktion der Identität des anderen, selbst wenn dies durch eine westliche Brille geschieht. Darüber hinaus scheint die Verknüpfung islamischer Objekte mit exotischen und/oder ungewöhnlichen Eigenschaften einen besonderen, vieldeutigen Raum zu eröffnen, um den „Anderen" oder das „Andere" zu verstehen und zu

Changing Views: The 1910 Exhibition as a Pictorial Turn

Avinoam Shalem and Eva-Maria Troelenberg

"Examining the record of past research from the vantage of contemporary historiography, the historian of science may be tempted to exclaim that when paradigms change, the world itself changes with them. Led by a new paradigm, scientists adopt new instruments and look in new places. Even more important, during revolutions scientists see new and different things when looking with familiar instruments in places they have looked before. It is rather as if the professional community had been suddenly transported to another planet where familiar objects are seen in a different light and are joined by unfamiliar ones as well" (Kuhn 1996, p. 111).

Most of the great scientific revolutions and defining moments in the history of humankind in which there occurs a paradigmatic shift in thought or behaviour, whether through new discovery or through confrontation with the then unknown, relate to the exposure of one cultural sphere to another, the "Other." The introducing of the "Other" into the orbit and intellectual discourse of a society is a fascinating phenomenon that raises as many questions as does the concept of "Othering" as a system of binary thought (see e.g. Fabian 1983, Greenblatt 1998, Rabbat 2006, Frojmovic 2002). It is one of the more important and interesting phenomena of human behaviour, particularly from a biological, social, cultural or political perspective. Moreover, the varied ways and methods by which the "Other" has been either completely rejected, exorcised, transformed, modified, accepted or even mystified has shed light on the, primarily, political aims and the great machinery by which the culture adopting the "Other" exerts power and control and reinvents the history of both.

The Orient in general, and the art of Islam in particular, cohesive as they are thought to be, has played a major role in the creation of European identity (see Said 1978, Said 1986, Macfie 2000). They were, and to some extent still are, the great and major "Other" of European history and art. Europe's fascination with Islamic art has its roots in the early medieval period with the first appearance of luxury goods – mainly textiles and objects of highly skilled craftsmanship – in the markets and royal and monastic collections of the Latin West (Shalem 1998, Hoffmann 2001). These objects passed through mutable stages of gaining and losing meaning: related to imagery, sacred and extraordinary spaces; associated with Biblical scenes and figures; or even identified with concrete and near-tangible images of the enemy, be it in the crusade era Ayyubid or Mamluk warriors or those at the service of Ottoman power. And yet they also represented hidden aspirations and desires of the European psyche, whether it was for an eccentric lifestyle or as a source of erotic fantasy.

Nonetheless, the Orient and Islamic art maintained a constant presence in Europe. Beyond the real cultural and political presence of Islam in European lands such as Spain, Sicily and the Balkans, the migration of artefacts and literary knowledge from the Muslim world to Europe has continued without interruption. This consistent confrontation was, and still is, a profound source of strong reaction and inspiration (and even renaissance) in the cultural and artistic history of Europe. Despite the varied changes in the perception of the Orient and Islamic art over the almost 1,500 years of peace-and-war relationship, the prominent and persistent identity

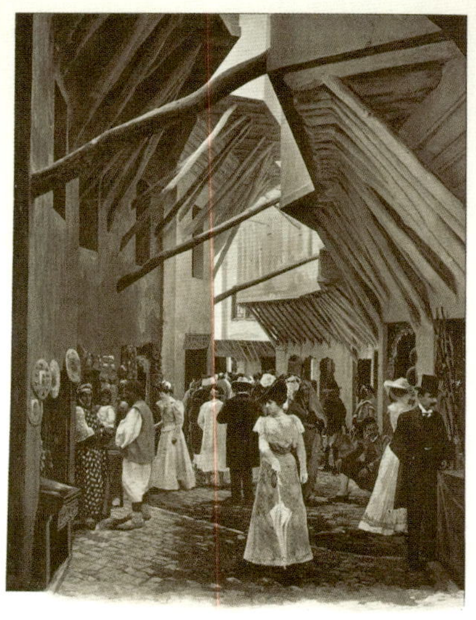

Abb. 1 | Fig. 1: Straßenszene in Kairo (Qaitbay-Moschee) | Street scene in Cairo (Mosque of Qaitbay), Gewerbeausstellung | Industrial Exhibition, *Sonderausstellung Kairo*, Berlin 1896 (bpk images).

of the Islamic object appears to remain predominantly associated with Western concepts of the "stranger" and the "alien." The Western "observance" of the strange-and-alien system of thought serves not only the West's need to understand and systematize the world in a negative-positive framework, but also leaves space for constructing the identity of the other, even if through a Western lens. Moreover, it would seem that the association of Islamic objects with exotic and/or unusual qualities opens a particular, ambiguous space for understanding and interpreting the "Other." In this space the foreign object was left – even though merely superficially – uncontrolled by the Western mind. The European fabrication

interpretieren. In diesem Raum war das fremdländische Objekt, wenn auch nur oberflächlich, der Kontrolle durch das westliche Bewusstsein entzogen. Die europäische Herstellung eines scheinbar nur mit Hilfe des Intellekts erkennbaren Systems exotischer orientalischer Gegenstände ließ sich so indirekt als ein Akt des Widerstands begreifen, der innerhalb des Kontrollsystems der Objekte und Dinge und gegen dasselbe wirksam war.

Zu einem der Wendepunkte hinsichtlich des Verständnisses und der Beobachtung des Orients kam es am Ende des neunzehnten und zu Beginn des zwanzigsten Jahrhunderts. Der Wandel „in der Sichtweise auf den Orient“ gipfelte in der großen Ausstellung islamischer Kunst 1910. Es handelte sich, mit Kuhn zu sprechen, um eine wissenschaftliche Revolution in der Untersuchung und Interpretation islamischer Kunstobjekte. Zugegebenermaßen neigen wir in der Regel stärker zu der Auffassung, dass es Worte sind, die Ansichten verändern, und die Ideengeschichte veranschaulicht sehr deutlich, dass bestimmte Bücher und ausformulierte Ideen einen starken Einfluss auf uns, die Leser, ausüben. Diese schriftlich und manchmal mündlich formulierten Ideen bieten normalerweise neue Sichtweisen oder Perspektiven für das Verständnis und die Deutung von Dokumenten aus unserer Vergangenheit. Zugleich können diese neuen, verbalisierten Ideen auch mit neuen ästhetischen Paradigmen einhergehen oder diese befördern. Kublers Kommentar über das Jahr 1910 in seinem berühmten Buch *The Shape of Time* ist für unsere Diskussion von besonderer Relevanz: „Ein wichtiger Bestandteil bei der historischen Abfolge künstlerischer Ereignisse ist ein in Intervallen erfolgender, abrupter Wechsel von Inhalt und Ausdruck, wenn eine ganze Formsprache plötzlich außer Gebrauch kommt und eine neue Sprache mit anderen Bestandteilen und einer unvertrauten Grammatik an ihre Stelle tritt. Ein Beispiel hierfür ist die plötzliche Verwandlung der abendländischen Kunst und Architektur um 1910“ (übersetzt nach Kubler 1962, S. 63).
Es war also bestimmt kein Zufall, dass die Ausstellung 1910 in München auch als Paradigmenwechsel hinsichtlich des Denkens über den Orient angelegt war und einen solchen anstrebte. Um die tatsächliche Wirkung der Ausstellung des Jahres 1910 auf den damals herrschenden Zeitgeist zu begreifen, lohnt es sich, die in der Ausstellung eingesetzten visuellen Methoden näher zu betrachten.

Auch wenn die Präsenz materialkultureller Zeugnisse des „Orients“ im Westen eine lange Tradition hat, gab es 1900 kaum feste Konventionen hinsichtlich ihrer Präsentation im Ausstellungskontext. Natürlich hatten die Weltausstellungen in großer Zahl islamische Artefakte nach Europa gebracht, die zum Auslöser für eine geradezu obsessive Mode des Exotischen wurden. Zugleich erweckten sie, zumindest unter Fachleuten aus Museum und Kunstgewerbe, den Wunsch, mehr über solche fremden Objekte zu wissen. Doch der nachhaltigste Effekt von orientalischen Inszenierungen wie der 1889 in Paris gezeigten „Rue du Caire“ war das ethnographisch romantisierte Bild des Orients, in dem die einzelnen Gegenstände entweder zu malerischen Requisiten oder zu Waren wurden (siehe Çelik 1992, Roxburgh 2000). Die „Inszenierung des Orients“ blieb während der gesamten Geschichte der Welt- und anderer Ausstellungen beliebt und war auch um die Jahrhundertwende noch weit verbreitet (Abb. 1). Und doch wurde schon sehr früh bei den Vorbereitungen für die Münchner Ausstellung, als weder die Namen und Zuständigkeitsbereiche der offiziellen Vertreter, noch die Zahl oder Qualität der Exponate feststanden, eines klar: Jede Anspielung auf die "Rue du Caire", diese „Freveltat wider den guten Geschmack“ (München 1910a, S. 44), galt es zu vermeiden. Im Gegensatz hierzu sah sich München 1910 in der Nachfolge mehrerer kleiner Ausstellungen, die ihr vorausgegangen waren und deren wichtigste die "Exposition des Arts Musulmans" 1903 in Paris gewesen war. Hinsichtlich ihres Umfangs und ihrer Intention, die künstlerischen Qualitäten einzelner, gezielt ausgewählter Exponate zu betonen, hatte die Pariser Ausstellung gewiss vorbildhaft für München gewirkt; sie präsentierte jedoch eine wesentlich kleinere und weniger internationale Auswahl von Objekten und schien weit weniger den Ehrgeiz zu haben, das bahnbrechende Ereignis des Jahrzehnts zu werden.

In München sollte das Profil dieses neuen, anti-ethnographischen Ansatzes dem Publikum vor allem mittels einer relativ nüchternen Präsentationsstrategie vermittelt werden. Die Exponate wurden großzügig in den weitläufigen Ausstellungssälen verteilt, entweder frei stehend oder vor dem neutralen Hintergrund schlichter Vitrinen oder großer Wandflächen. Einige dekorative Elemente bezogen sich auf das „islamische“ oder „orientalische“ Thema, am markantesten in der großen, von Ernst Fiechter (Abb. 2) gestalteten Eingangshalle, die wie eine Art deco-Version einer klassischen persischen Iwan-Architektur anmutet. Doch der Großteil der 80 Ausstellungsräume war auf neutralere Weise gestaltet und bot große Räume und Flächen, wie einige während des Ausstellungsaufbaus entstandene Aufnahmen von Innenräumen zeigen (Abb. 3 und 4). Der Ausstellungsführer spiegelt das allgemeine Prinzip, das diesem spezifischen Inszenierungs- und Präsentationskonzept zugrunde liegt, deutlich wider. Der Betrachter sollte die islamische Kunst „unhistorisch“, „unethnographisch“ und „vorausset-

of a seemingly intelligible system of exotic Oriental objects could then be indirectly understood as a resistance act operating within and against the controlling system of objects and things.

One of the turning points in the understanding and observation of the Orient occurred towards the end of the 19th and the beginning of the 20th century. The change in "looking at the Orient" culminated in the large exhibition of Islamic art in 1910. It was the scientific revolution, to use Kuhn's expression, in the study and interpretation of Islamic art objects. Admittedly, we are usually much more responsive to the notion that words change views, and the history of ideas clearly illustrates to us how particular books and expressed ideas have a strong impact on us, the readers. These written and sometimes verbal ideas usually offer new visions or perspectives for understanding and interpreting evidence from our past. At the same time, these new verbal ideas may be intertwined with or promote new aesthetic paradigms. Kubler's comment on the year 1910 in his famous book *The Shape of Time* is particularly germane to our discussion: "An important component in historical sequences of artistic events is an abrupt change of content and expression at intervals when an entire language of form suddenly falls into disuse, being replaced by a new language of different components and an unfamiliar grammar. An example is the sudden transformation of occidental art and architecture about 1910" (Kubler 1962, p. 63).

Thus it was certainly no coincidence that the 1910 exhibition in Munich was also designed as and aspired to a paradigm shift on the thinking about the Orient. In order to understand the actual impact of the 1910 exhibition within the larger context of the contemporary *Zeitgeist* of 1910, it is worthwhile to take a closer look at the visual methods employed in the show.

While the presence of material culture from the "Orient" has had a long history in the West, in 1900 there were hardly any established conventions concerning its presentation in an exhibition context. Of course, the World's Fairs had brought large quantities of Islamic artefacts to Europe, breeding fashionable obsessions for the exotic and – at least for museum and arts and crafts professionals – the desire to know more about these alien objects. But the most resilient effect of Oriental stage settings such as the 1889 "Rue du Caire" in Paris was the ethnographically romanticized image of the Orient, in which single objects appeared either as picturesque props or commodities (see Çelik 1992, Roxburgh 2000). "Staging the Orient" remained a popular element throughout the history of the World's Fairs and other shows and was still prevalent at the turn of the century (fig. 1). And yet, quite early in the preparations for the Munich show, when neither the names and responsibilities of the officials nor the number or quality of exhibits were fixed, one thing became very clear: any allusion to the "Rue du Caire," that "outrage against good taste" (Munich 1910, p. 44) was to be avoided. On the contrary, Munich 1910 followed in the footsteps of several smaller shows that had preceded it, the most important amongst them the 1903 "Exposition des Arts Musulmans" in Paris. Similar to the Munich exhibition in its scope and purpose of highlighting the artistic qualities of single, well-selected artworks, the Paris show presented a much smaller and less international corpus of objects and seemed to harbour no ambitions of being the groundbreaking event of the decade.

In Munich, the outline of this new, anti-ethnographic approach was conveyed to the audience primarily by means of a rather sober presentation strategy: The exhibits were dispersed generously in the amply arranged exhibition halls, either free standing or set against the neutral backgrounds of unadorned showcases or large wall areas. Some decorative features corresponding to the "Islamic" or "Oriental" theme were introduced, most distinctively in the large entrance hall designed by Ernst Fiechter (fig. 2), which appears as an art deco version of classical Persian iwan architecture. But the bulk of the 80 exhibition halls were designed in a more neutral fashion, and furnished large spaces and surfaces, as can be discerned in certain interior views taken during the installation of objects (figs. 3 and 4). The exhibition guide clearly reflects the general principle behind this specific staging and presentation concept: The visitor was supposed to look at Islamic art in an "unhistoric" [unhistorisch], "unethnographic" [unethnographisch] manner, and "without preconditions" [voraussetzungslos] (see Munich 1910, p. 46). In fact this concept of display prophesized the idea of the "pure exhibit," and is reminiscent of Walter Benjamin's definition of "exhibition value" of some twenty-five years later: The object faces its beholder detached from its history, its cultic value and its "aura" (Benjamin 1988 [1936], see also Troelenberg 2010a).

Hand in hand with this emergence of a new perspective or view of the object displayed, ideas about the object's image, namely its photographic or chromolithographic reproduction, also witnessed a change. As an experienced traveller, art historian and archaeologist, Friedrich Sarre, the curator of the Munich exhibition, was well aware of the importance of the image. Though at the time relatively costly and demanding, he assiduously recorded the monuments and artefacts he encountered during his study trips to Minor Asia and Persia – his corpus of reproductions became the vital prerequisite for his scholarly work (see, e.g. Sarre 1901-10). Consequently, a large picture

zungslos“ betrachten (siehe München 1910a, S. 46). In der Tat nimmt dieses Ausstellungskonzept die Idee des „reinen Exponats“ vorweg und lässt mithin bereits an die Definition des „Ausstellungswerts“ denken, die Walter Benjamin etwa 25 Jahre später formulieren sollte. Das Objekt tritt seinem Betrachter unabhängig von seiner Geschichte, seinem Kultwert und seiner „Aura“ entgegen (Benjamin 1963 [1936], siehe auch Troelenberg 2010a).

Hand in Hand mit dieser Entstehung einer neuen Perspektive oder Sicht des präsentierten Objekts erlebten auch Ideen über das Bild des Objekts, nämlich seine fotografische oder chromolithographische Reproduktion, einen Wandel. Als erfahrener Reisender, Kunsthistoriker und Archäologe war sich Friedrich Sarre, der Kurator der Münchner Ausstellung, der Bedeutung des Bildes durchaus bewusst. Obwohl dies damals relativ kostspielig und aufwendig war, dokumentierte er gewissenhaft die Monumente und Artefakte, denen er bei seinen Studienreisen nach Kleinasien und Persien begegnete, und dieser Fundus an Reproduktionen sollte denn auch eine wesentliche Grundlage seiner akademischen Arbeit werden (siehe etwa Sarre 1901-10). Folglich organisierte man in München eine große Bildkampagne, um mehrere hundert der wichtigsten Exponate visuell zu dokumentieren. Diese Bilder wurden zum dauerhaften Zeugnis von 1910 und dienten noch lange nach dem Ende der temporären Schau als akademisches Instrumentarium, während die Kunstwerke selbst nach dem Ende der Ausstellung wieder in Privatsammlungen und Museen in der ganzen Welt verstreut wurden. Es verdient, hervorgehoben zu werden, wie innovativ diese Bildkampagne war, nicht nur in technischer Hinsicht, sondern auch bezüglich der visuellen Methode, mit der die Objekte festgehalten wurden (Abb. 5 und 6). Diese Bilder suggerieren kühle Objektivität, denn natürlich wurden sie ganz bewusst als Medien der „Wissenschaft“ komponiert. Die freigestellten Objekte sind in der Regel als frontale oder leicht seitliche Nahansichten vor neutralem Hintergrund gegeben. In manchen Fällen wurden als störend empfundene Elemente wie Sockel, Teppichfransen oder selbst die Schriftfelder auf illuminierten Manuskriptseiten wegretuschiert. Bisweilen wurde ein einzelnes Objekt aus verschiedenen Perspektiven aufgenommen, um sein ornamentales Programm vollständig zu dokumentieren oder ein besseres Verständnis seiner spezifischen Dimensionen zu ermöglichen. In diesen Bildern wird das Konzept des Objekts „ohne Vorbedingungen“, des reinen, aus seinem Kontext herausgelösten Kunstwerks noch deutlicher und nachdrücklicher vermittelt als dies in der Ausstellung selbst der Fall war. Die Kunstwerke wirken fast wie naturwissenschaftliche Präparate auf Objektträgern eines Mikroskops, die eine gezielte Untersuchung ihrer immanenten Details und Strukturen ermöglichen. Diese Bildkampagne verrät auch deutlich ihre Zeitgenossenschaft mit einer gleichzeitig stattfindenden philosophischen Revolution, mit der sich die Ära des phänomenologischen Denkens ankündigt; so war 1910 beispielsweise auch das Jahr, in dem Husserl an seinem berühmten Essay *Philosophie als strenge Wissenschaft* (Husserl 2009 [1911]) zu schreiben begann. In dieser Hinsicht stand die Münchner Ausstellung von 1910 nicht nur in engem Zusammenhang mit der Krise des Historismus im späten Kaiserreich (Schnädelbach 1983), sondern scheint auch den Topos der Kälte vorwegzunehmen, der die charakteristische Sachlichkeit der Weimarer Jahre prägen sollte (siehe Lethen 1994, Großheim 2004). Dass das Bild islamischer Kunst in diesem Geist neu formuliert wurde, war gewiss eine besonders klare Stellungnahme gegen die Romantisierung des Orients; selbst die Idee des „Anderen“ schien sich hier in wissenschaftlicher „Objektivität“ aufzulösen.

Besonders interessant ist, dass diese neue Perspektive den zeitgenössischen Konzepten und Entwicklungen innerhalb der Kunstgeschichte entsprach. Alois Riegls stilgeschichtlicher Ansatz konzentrierte sich auf die Beziehungen zwischen formalen Eigenschaften von Werken. Seine damit verbundene Idee vom Kunstwollen relativierte etwa die Bedeutung des künstlerischen Genius oder der Hierarchie künstlerischer Genres. Damit war eine wesentliche Voraussetzung geschaffen, um islamische Artefakte wie etwa Teppiche, Behälter oder Elfenbeinarbeiten in ein generelles Korpus einzufügen. Durch diese kunsthistorischen Diskussionen ganz am Ende des neunzehnten Jahrhunderts wurde ein Raum, oder vielmehr die Möglichkeit eines Raumes, für die Einbeziehung der islamischen Kunst in die Geschichte der Stile und der Kunsterzeugung geschaffen. Die Kuratoren der Ausstellung von 1910 machten sich diesen Moment zunutze und erschlossen sich das Feld islamischer Kunst. Die Bilder islamischer Artefakte, die entweder durch die Präsentation der Objekte in der Ausstellung oder durch die Bilderkampagne geschaffen wurden, waren also nicht nur Ausdruck eines übergreifenden „wissenschaftlichen“ oder modernen Geistes, sondern auch gezielte Mittel, um diese Objekte mit dem jüngsten methodologischen Trend der Kunstwissenschaft zu verbinden, und zwar vor allem mit ihrem wichtigsten Paradigmenwechsel, weg vom Kunstwerk als historischem Zeugnis hin zum intrinsischen Wert des Kunstwerks selbst, sprich seiner Formensprache. Gesteigert wurde das Nachdenken über Kunst mittels der primären Berufung auf Objekte statt auf Quellen oder Texte durch die allgemein zunehmende Wich-

campaign was arranged in Munich for the visual documentation of several hundred of the most important exhibits. These images formed the lasting corpus of documentation of 1910 and served as an academic tool long after the end of the temporary show; the artworks themselves were dispersed at the close of the exhibition to private collections and museums across the globe. It warrants mention just how innovative this picture campaign was – not only in technical terms, but also in the visual method used to capture the objects (fig. 5 and 6). These images suggest a cold objectivity, as they were of course deliberately composed as media of "*Wissenschaft*" (scientific study): The objects are usually shown in frontal or slightly side-angle close-ups and silhouetted against neutral backgrounds. In some cases, features deemed disruptive, such as pedestals, carpet fringes or even the text fields accompanying miniatures in manuscripts were deleted by retouche. In other instances, several views of a single object were taken to illustrate its complete decorative programme or to provide a better understanding of its particular dimensions. In these images, the concept of the object "without preconditions," the pure and de-contextualized artwork, is conveyed even more clearly and insistently than it was in the exhibition itself. The artworks seem almost like scientific preparations on microscope slides, which permit a very focused examination of their intrinsic details and structures. This picture campaign clearly testifies to its contemporaneity with the time's much larger philosophical revolution signalling the dawn of phenomenological thinking; in 1910, for example, Husserl started to write his famous *Philosophie als strenge Wissenschaft* (Husserl 2009 [1911]). In this respect, the Munich 1910 exhibition was not only closely related to the crisis of Historicism in the late Kaiserreich (Schnädelbach 1983), but also seemed to prefigure the topos of *Kälte* (cold) that would shape the characteristic *Sachlichkeit* (objectivity) of the Weimar years (see Lethen 1994, Großheim 2004). Reshaping the image of Islamic art in such a spirit was undoubtedly an unequivocal statement against the romanticizing of the Orient – up to the point where even the very notion of "Otherness" was seemingly offset by scientific "objectivity."

It is particularly interesting to witness how this new perspective corresponded to contemporary concepts and developments within the realm of art history. Alois Riegl's approach of *Stilgeschichte* (history of style), focusing on the interrelations between formal qualities of single objects and his idea of *Kunstwollen* (will to art), relativised the significance of the concept of the artist as a genius or the hierarchy of artistic genres and greatly contributed to the incorporation of Islamic artefacts, such as carpets, jars and ivories, into the general corpus of art. Indeed within these art-historical discussions at the very end of the 19th century, a space – or rather the possibility of a space – was created for Islamic art to be included in the history of styles and art-making. The curators of the 1910 exhibition took advantage of this moment and conquered the field of Islamic art. The images of Islamic artefacts, either created through the objects' display in the exhibition or through the picture campaign, were thus not only the expression of an overall "scientific" or modern spirit, but were also a well-directed means to link these objects with the latest methodological trend of *Kunstwissenschaft* (art studies), especially with its most important paradigm shift: away from the artwork as an historical testimony and towards the artwork's own intrinsic value, namely its formal language. Thinking of art through the invocation of objects rather than sources or texts was enhanced by the generally growing importance of the image and the object's photographic reproduction. This methodological shift was described then as the first "pictorial turn" (Locher 2007, esp. p. 56) – a turn that clearly exerted a powerful influence on the concept of staging "Islamic Art" in Munich in 1910.

And yet, the pictorial turn in 1910 is rather ambivalent. The show's impressive title "Meisterwerke muhammedanischer Kunst" has a particular agenda. The designation of Islamic art as "*Meisterwerke*" (Masterpieces) was a deliberate decision, as this label had been typically associated with the great canonized works of Western art history (Troelenberg 2010b). The adoption of such a label as masterpieces for "Islamic Art" was only possible under the laboratory conditions of modernity at the time, and it seems to fulfil similar functions as that resulting from the incorporation of theoretical premises of *Kunstwissenschaft*. The term "*Meisterwerke*" proposed to raise the status of "Islamic Art" to the equivalent of Western masterpieces such as – to conjure up the vision of two random examples – Michelangelo's "David" or Vermeer's "The Artist's Studio." And indeed, the modern pictorial mode chosen for the 1910 picture campaign does highlight the "masterpiece" character of the objects. But, on the other hand, this fraternization with a very traditionally generated canon and all its elitist connotations was also a markedly conservative move. Thus it is no surprise that, much like typical universal compendia on European art, the corpus of the works exhibited in Munich consisted more or less exclusively of mediaeval artefacts and objects from the past, which served a persistent tendency that Finbarr Barry Flood accurately labelled "art history interruptus" (Flood 2007). Moreover, the notion of the

tigkeit des Bildes und der fotografischen Reproduktion des Objekts. Dieser methodologische Wechsel wurde folglich als erste „ikonische Wende" beschrieben (Locher 2007, insb. S. 56), eine Wende, die eindeutig großen Einfluss auf das Konzept der Inszenierung „islamischer Kunst" 1910 in München ausübte. Und dennoch ist die ikonische Wende 1910 eine ambivalente Angelegenheit. Der eindrucksvolle Titel der Ausstellung, „Meisterwerke muhammedanischer Kunst", verfolgt eine spezielle Agenda. Es war eine bewusste Entscheidung, die islamischen Objekte als „Meisterwerke" zu bezeichnen, zumal sich dieses Etikett zeitgenössisch in Verbindung mit den großen kanonisierten Werken westlicher Kunstgeschichte etabliert hatte (Troelenberg 2010b). Die Übernahme des Etiketts der Meisterwerke für die „islamische Kunst" war nur unter den Laborbedingungen der Moderne jener Zeit möglich und scheint ähnliche Funktionen erfüllt zu haben wie diejenigen, die sich aus der Einbeziehung der theoretischen Prämissen der Kunstwissenschaft ergaben. Mit dem Begriff „Meisterwerke" sollte „islamische Kunst" auf eine Stufe mit westlichen Meisterwerken wie Michelangelos "David" oder Vermeers "Das Atelier des Künstlers" gehoben werden, um zwei zufällige Beispiele zu nennen. Und tatsächlich betont der moderne Bildmodus, der für die Bildkampagne von 1910 gewählt wurde, den „Meisterwerk"-Charakter der Objekte. Doch andererseits war das Bündnis mit einem auf sehr traditionelle Weise erzeugten Kanon und all seinen elitären Konnotationen auch ein ausgesprochen konservativer Schritt. Es überrascht daher nicht, dass das Korpus der in München ausgestellten Werke, ganz ähnlich wie bei den typischen Universalkompendien europäischer Kunst, mehr oder weniger ausschließlich aus mittelalterlichen Artefakten und Objekten aus der Vergangenheit bestand,

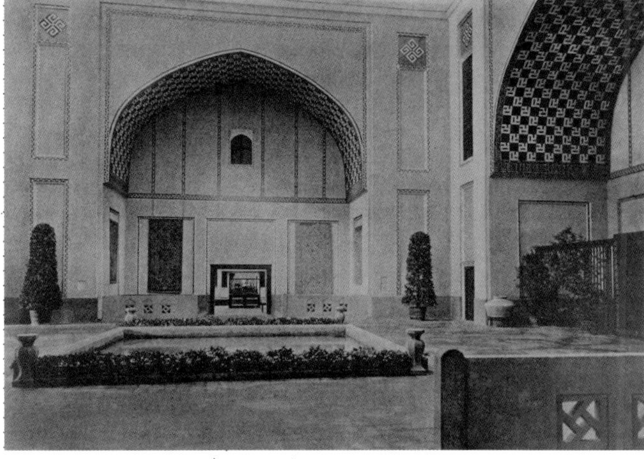

Abb. 2 | Fig. 2: Eingangshalle der Münchner Ausstellung mit so genannten „Polenteppichen" | Entrance hall to the Munich exhibition with "Polish carpets," Innenausstattung von Ernst Fiechter | interior design by Ernst Fiechter; München 1912 | Munich 1912, Bd. 1 | vol. 1, Einleitung | introduction, Foto | Photo: Gabor Ferencz.

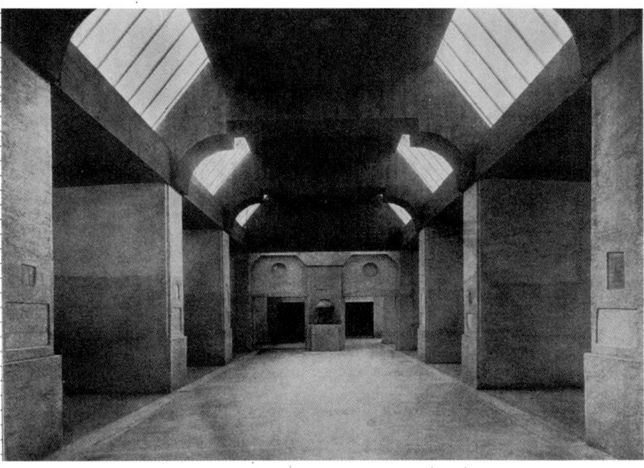

Abb. 3 | Fig. 3: Ausstellung München 1910 | Exhibition Munich 1910, Raum 29 | Room 29. Muhammedanische Ausstellung München 1910, in: *Der Baumeister. Monatshefte für Architektur und Baupraxis*, 9, 1910-11, S. 32 | p. 32, Foto / Photo: Gabor Ferencz.

"masterpiece" is, strictly speaking, at odds with cool "scientific" objectivity: the whole idea of the masterpiece is somewhat speculative, based as it is on the scanty surviving evidence of the past and the subjective, sometimes nebulous, criteria of connoisseurship.

In 1910, both approaches to the "masterpiece" – traditional and avant-garde – formed new perspectives that opened the stage of modern Western cultural history to the Islamic lands' artistic creations. And yet they also left the new actor, i.e. Islamic art, with an image that at times appears sterile and inaccessible – the "masterpiece without preconditions." Ultimately, the staging of Islamic art in 1910 reflected the new, particularly modern dimension of Western characterization of "Otherness."

In sum, the novel display and reproduction techniques in the Munich show were wholly allied with the exhibition's general concept; they both suggest a new way of looking. Thus, the change in behaviour, in this case in the way of looking at Islamic art, forced the visitor to rethink as they stood in front of these artefacts, reconstructing ingrained ideas of the Orient. The motivation behind this innovative display came primarily from the Munich designers and artists participating in the exhibition display; as Andrea Lermer convincingly suggests, the particular exhibiting vogue of the art of the Other was also manifest in Munich in 1908, in the "Ausstellung München 1908" (see Lermer 2010). Thus, it is the particular *Zeitgeist* of the modern Munich of 1910 which enhanced the new paradigm of understanding the Orient. But it must be kept in mind that, at the same time, these innovative displays met with traditional collecting habits and patterns of perception which finally lead to the concept of the "Masterpiece of Muhammadan Art," a paradigm conservative in its genesis but revolutionary as a label for objects of Islamic provenance. This ambivalence highlights the complexity of an altering of perception that took place one hundred years ago.

The hope of this mammoth exhibition's organizers that the arts of Islam could and would stimulate Modern art and even act as a lighthouse for illuminating a possible new direction should come as no surprise (München 1910b, p.13). Unfortunately, this aspiration appears to lose steam a mere ten years later with the definition of Modernity as an exclusively Western invention, or perhaps ethos (Shalem 2010). Yet the fusion of traditional aesthetic concepts and modern inspiration injected into the art of the display of Islamic art in 1910 seems to have maintained its power until the present day.

The 1910 show is an early example of an exhibition, which, similar to the power of words, has changed the paradigm of thinking through visual experience. The current exhibition, "The Future of Tradition – The Tradition of Future," in the Haus der Kunst, also sets new parameters for staging the art of the "Other." It aims at suggesting that a new tendency of what Said calls "extrapolation" appears in the periphery, in the sphere defined as "out of the centre" but which demands its full recognition (Said 1994, p. 239). It also deliberately sets artists (and their artworks) who work within and under Muslim cultural influence in a parallel and equal juncture in time with the art of their contemporaries. This notion of setting equal time to these works of art is a corrective act that rescues Islamic art from the past in which it was typically situated and gives it a space in the modern and contemporary domains.

It must be emphasized, however, that it is not a neutral or universal view this exhibition seeks to establish – it is a laboratory for 21st-century

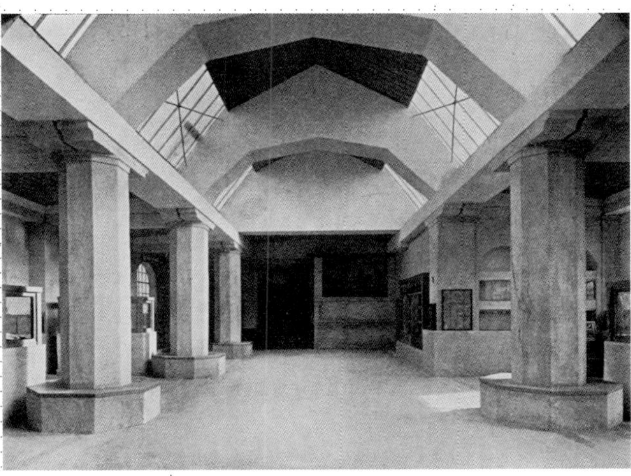

Abb. 4 | Fig. 4: Ausstellung München 1910 | Exhibition Munich 1910, Raum 13 | Room 13, Muhammedanische Ausstellung München 1910, in: *Der Baumeister. Monatshefte für Architektur und Baupraxis*, 9, 1910-11, Tafel 24 | plate 24, Foto | Photo: Gabor Ferencz.

questions, hopefully breaking ground for future exhibition concepts and museum displays that will show and think of Islamic art alongside the art of the West – without denying "Otherness," but with a new agenda of generating mutual visual understanding; beyond sectarian or nationalistic tendencies and beyond worn-out paradigms such as "parallels" or "influences" which automatically imply hierarchies or oneway trajectories.

die auf eine langlebige Tendenz voraus-wiesen, die Finbarr Barry Flood treffend als „art history interruptus“ (Flood 2007) umschrieben hat. Darüber hinaus steht der Begriff des „Meisterwerks“ streng genommen im Widerspruch zur kühlen „wissenschaftlichen“ Sachlichkeit: Die ganze Idee des Meisterwerks ist etwas spekulativ, basiert sie doch auf den Zufällen der Überlieferung und den subjektiven, mitunter nebulösen Kriterien der Kennerschaft.

1910 boten beide Herangehensweisen an das „Meisterwerk“, die traditionelle wie die avantgardistische, neue Perspektiven und öffneten die Bühne der modernen westlichen Kulturgeschichte für die Kunstschöpfungen der islamischen Welt. Allerdings erschien die „islamische Kunst“ als neuer Akteur auf dieser Bühne mitunter steril und unnahbar – eben als „voraussetzungsloses Meisterwerk“. Damit zeigte sich in dieser Inszenierung islamischer Kunst letztendlich doch wieder eine neue, spezifisch moderne Dimension westlicher Definition des Anderen“.

Die neuen Präsentations- und Reproduktionstechniken in der Münchner Ausstellung standen also alles in allem durchaus im Einklang mit dem allgemeinen Konzept der Ausstellung, da beide eine neue Betrachtungsweise nahelegen. Das veränderte Verhalten, in diesem Fall der neue Blick auf Kunst, zwang die Besucher also zum Umdenken, wenn sie vor diesen Artefakten standen, und hinterfragte tief verwurzelte Vorstellungen vom Orient. Die Motivation für diese innovative Präsentation ging vor allem auf die Münchener Gestalter und Künstler zurück, die an der Ausstellungspräsentation beteiligt waren. Wie Andrea Lermer überzeugend dargelegt hat, kam die spezielle Ausstellungsmode der Kunst des Anderen auch 1908 in der „Ausstellung München 1908“ zur Geltung (siehe Lermer 2010). Die neuen Paradigmen, mit denen der Orient nun wahrgenommen wurde, waren wesentlich von dem besonderen Zeitgeist befördert, der das moderne München um 1910 prägte. Darüber sollte man jedoch nicht vergessen, dass diese innovativen Präsentationen gleichzeitig auf traditionelle Sammel- und Wahrnehmungsmuster trafen und dass aus der eher traditionellen Strömung das Konzept des „Meisterwerks muhammedanischer Kunst“ hervorging, ein hinsichtlich seiner Entstehungsgeschichte konservatives Paradigma, doch revolutionär als Etikett für Objekte islamischer Provenienz. Diese Ambivalenz verdeutlicht die Komplexität einer Wahrnehmungsveränderung, die vor hundert Jahren stattfand.

Die Hoffnung der Organisatoren dieser gigantischen Veranstaltung, dass die Künste des Islam die moderne Kunst anregen, ja womöglich sogar als Leuchtfeuer für eine mögliche Neuausrichtung wirken könnten und würden, kam nicht von ungefähr (München 1910b, S. 13). Bedauerlicherweise scheint dieser Ehrgeiz nur zehn Jahre später mit der Definition der Modernität als ausschließlich westlicher Erfindung, oder vielleicht auch einem ausschließlich westlichen Ethos, deutlich nachzulassen (Shalem 2010). Doch die Verbindung zwischen traditionellen ästhetischen Konzepten und modernen Impulsen, die 1910 die Präsentation islamischer Kunst ausmachte, hat ihre Kraft beibehalten.

Die Münchner Schau von 1910 ist ein frühes Beispiel für eine Ausstellung, die, ähnlich der Macht der Worte, das Paradigma des Denkens durch eine visuelle Erfahrung verändert hat. Die aktuelle Ausstellung „Zukunft der Tradition – Tradition der Zukunft“ im Haus der Kunst setzt ebenfalls neue Parameter für die Inszenierung der Kunst des „Anderen“. Sie möchte darauf hinweisen, dass eine neue Tendenz dessen, was Said als „Extrapolation“ bezeichnet, an der Peripherie, in dem als „außerhalb der Mitte“ definierten Bereich, in Erscheinung tritt, aber ihre volle Anerkennung verlangt (Said 1994, S. 239). Außerdem verortet sie ganz bewusst Künstler, und ihre Kunstwerke, die innerhalb oder im Wirkungsbereich muslimischer Kulturen arbeiten an einer parallelen und gleichen zeitlichen Schnittstelle wie die Kunst ihrer Zeitgenossen. Die Idee, die Zeitgenossenschaft dieser Kunstwerke zu betonen, ist als Korrektiv zu betrachten, um islamische Kunst aus der Vergangenheit zu holen, in der sie üblicherweise verortet wurde, und und stattdessen einen Raum in Moderne und Gegenwart zu schaffen.

Dennoch gilt es zu betonen, dass diese Ausstellung keine neutrale oder universelle Sichtweise bieten will. Sie ist ein Laboratorium für die Fragen des einundzwanzigsten Jahrhunderts und wird hoffentlich den Boden für zukünftige Ausstellungskonzepte und Museumspräsentationen bereiten, die die islamische Kunst neben der westlichen Kunst präsentieren und beide gleichzeitig thematisieren werden, ohne die „Andersheit“ zu leugnen, doch mit einer neuen Agenda, um ein wechselseitiges visuelles Verständnis zu schaffen: jenseits sektiererischer oder nationalistischer Tendenzen und jenseits abgenutzter Paradigmen wie „Parallelen“ oder „Einflüsse“, die automatisch Hierarchien oder einseitige Denkrichtungen implizieren. (Aus dem Englischen von Nikolaus G. Schneider)

Beneke 1999. Sabine Beneke: *Im Blick der Moderne. Die Jahrhundertausstellung deutscher Kunst (1775-1875) in der Berliner Nationalgalerie 1906* (Berlin 1999).

Benjamin 1963 [1936]. Walter Benjamin: Das Kunstwerk im Zeitalter seiner technischen Reproduzierbarkeit, Frankfurt am Main 1963 (Erstveröffentlichung 1936).
Walter Benjamin: "The Work of Art in the Age of Mechanical Reproduction", in: *Illuminations*, New York 1988 (First published in German in 1936).

Çelik 1992. Zeynep Çelik: *Displaying the Orient: Architecture of Islam at Nineteenth-Century World's Fairs*, Berkeley 1992.

Fabian 1983. Johannes Fabian: *Time and the Other: How Anthropology Makes Its Other*, New York 1983.

Flood 2007. Finbarr Barry Flood: „From the Prophet to Postmodernism? New World Orders and the End of Islamic Art“, *Making Art History: A Changing Discipline and Its Institutions*, hrsg. v. Elizabeth C. Mansfield / ed. Elizabeth C. Mansfield, New York 2007, S. 31-53 / pp. 31-53.

Frojmovic 2002. Eva Frojmovic (Hrsg.) / Eva Frojmovic (ed.): *Imagining the Self, Imagining the Other: Visual Representation and Jewish-Christian Dynamics in the Middle Ages and Early Modern Period*, Leiden 2002.

Greenblatt 1998. Stephen Greenblatt: *Wunderbare Besitztümer. Die Erfindung des Fremden: Reisende und Entdecker*, Berlin 1998.

Großheim 2004. Michael Großheim: „Zu den Sachen selbst! Die neue Sachlichkeit der Phänomenologen“, *Die (k)alte Sachlichkeit. Herkunft und Wirkungen eines Konzepts*, hrsg. v. Moritz Baßler, Ewout van der Knaap / eds. Moritz Baßler, Ewout van der Knaap, Würzburg 2004, S. 145-160 / pp. 145-160.

Hoffmann 2001. Eva R. Hoffman: „Pathways of Portability: Islamic and Christian Interchange from the Tenth to the Twelfth Century“, *Art History*, 24, 2001, S. 17-50 / pp. 17-50.

Husserl 2009 [1910-11]. Edmund Husserl: *Philosophie als strenge Wissenschaft*, Hamburg 2009 (Erstveröffentlichung im März 1911) / first published in March 1911. (Published in English as *Philosophy as Rigorous Science*.).

Kubler 2008 [1962]. George Kubler: *The Shape of Time*, New Haven und London 2008 (Erstveröffentlichung 1962) / 1st ed. 1962, New Haven and London 2008.

Kuhn 1976. Thomas S. Kuhn: *Die Struktur wissenschaftlicher Revolutionen / The Structure of Scientific Revolutions*, Frankfurt am Main 1976 (Englischsprachige Erstveröffentlichung 1962) / 1st ed. 1962, 3rd ed. Chicago 1996.

Lermer 2010. Andrea Lermer: „Orientalising Munich: Local Conditions and Graphic Design for the Munich 1910 Exhibition“, *Changing Views: The 1910 Exhibition ‚Meisterwerke muhammedanischer Kunst‘ Reconsidered*, hrsg. v. Andrea Lermer und Avinoam Shalem / eds. Andrea Lermer and Avinoam Shalem, Leiden 2010, S. 175-200 / pp. 175-200.

Lethen 1994. Helmut Lethen: *Verhaltenslehren der Kälte. Lebensversuche zwischen den Kriegen*, Frankfurt am Main 1994.

Locher 2007. Hubert Locher: „'Musée Imaginaire' und historische Narration. Zur Differenzierung visueller und verbaler Darstellung von Geschichte“, *Kunstwerk – Abbild – Buch. Das illustrierte Kunstbuch von 1730 bis 1930*, hrsg. v. K. Krause und K. Niehr / eds. K. Krause and K. Niehr, München und Berlin 2007 / Munich and Berlin 2007, S. 53–75 / pp. 53–75.

Macfie 2000. Alexander L. Macfie: *Orientalism: A Reader*, Kairo 2000 / Cairo 2000.

München 1910a / Munich 1910a. *Ausstellung München 1910*. Amtlicher Führer, München 1910 / Munich 1910.

München 1910b / Munich 1910b. *Ausstellung München 1910*, Amtlicher Katalog, 3. Aufl./ 3rd ed., München 1910 / Munich 1910.

Rabbat 2006. Nasser Rabbat: „Ajib and Gharib: Artistic Perception in Medieval Arabic Sources“, *The Medieval History Journal*, 9, 1, 2006, S. 99-113 / pp. 99-113.

Roxburgh 2000. David J. Roxburgh: „Au Bonheur des Amateurs: Collecting and Exhibiting Islamic Art, ca. 1880-1910“, *Ars Orientalis*, 30, 2000, S. 9-38 / pp. 9-38.

Said 1978. Edward W. Said: *Orientalism*, London 1978.

Said 1986. Edward W. Said: „Orientalism Reconsidered“, *Literature, Politics and Theory*, Papers from the Essex Conference 1976-1984, hrsg. v. Francis Barker u.a. / eds. Francis Barker et al., London und New York 1986 / London and New York 1986.

Said 1994. Edward W. Said: *Culture and Imperialism*, New York 1994.

Sarre 1901-10. Friedrich Sarre: *Denkmäler persischer Baukunst*, 2 Bd. / 2 vols., Berlin 1901-10.

Schnädelbach 1983. Herbert Schnädelbach: „Die Abkehr von der Geschichte. Stichworte zum 'Zeitgeist' im Kaiserreich“, *Ideengeschichte und Kunstwissenschaft. Philosophie und bildende Kunst im Kaiserreich*, hrsg. v. E. Mai, S. Waetzoldt und G. Wolandt / eds. E. Mai, S. Waetzoldt and G. Wolandt, Berlin 1983, S. 31–43 / pp. 31–43 (Kunst, Kultur und Politik im Deutschen Kaiserreich, 3).

Shalem 1998. Avinoam Shalem: *Islam Christianized: Islamic Portable Objects in the Medieval Treasuries of the Latin West*, 2. Aufl. / 2nd ed., Frankfurt am Main 1998.

Shalem 2010. Avinoam Shalem: „Über die Notwendigkeit, zeitgenössisch zu sein: Temporalität und die Kunst des Islam“, *Orientalistik-Orientalismus. Geschichte und Aktualität einer Debatte*, hrsg. v. Burkhard Schnepel, Gunnar Brands und Hanne Schönig / eds. Burkhard Schnepel, Gunnar Brands and Hanne Schönig, Bielefeld 2010.

Troelenberg 2010a. Eva-Maria Troelenberg: „Framing the Artwork: Munich 1910 and the Image of Islamic Art“, *Changing Views: The 1910 ‚Exhibition Meisterwerke muhammedanischer Kunst‘ Reconsidered*, hrsg. v. Andrea Lermer und Avinoam Shalem / eds. Andrea Lermer and Avinoam Shalem, Leiden 2010.

Troelenberg 2010b. Eva-Maria Troelenberg, „Islamic Art and the Invention of the 'Masterpiece'. Approaches in early Twentieth Century Scholarship“, in: *Layers of Islamic Art in the Museum Context*, hrsg. v. Khalil George, Stefan Weber und Gerhard Wolf / eds.Khalil George, Stefan Weber and Gerhard Wolf, im Erscheinen / forthcoming 2010.

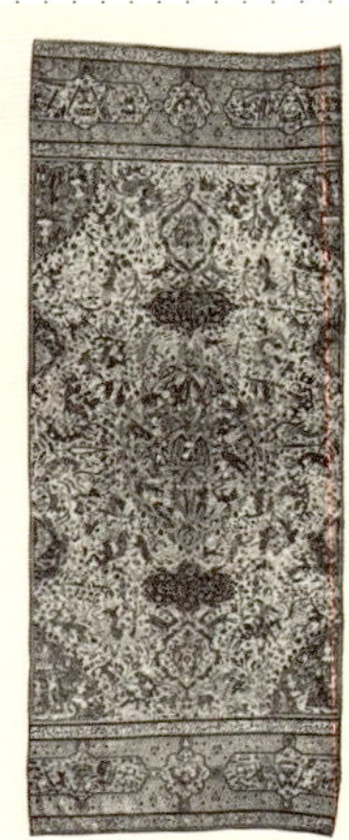

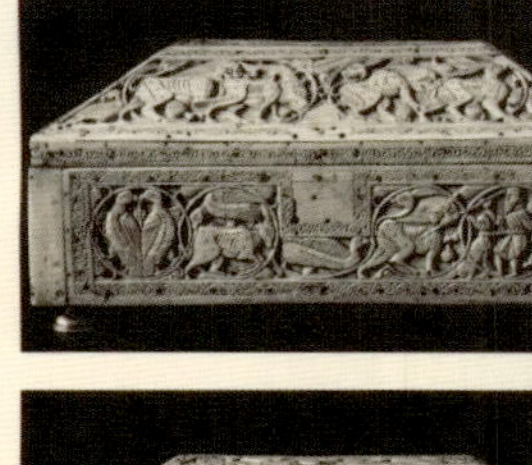

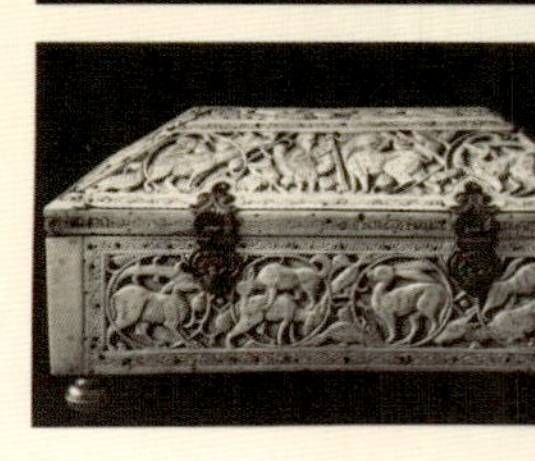

Abb. 5 | Fig. 5: Persischer Jagdteppich | Persian Hunting Carpet, um 1640 | circa 1640, Baumwolle, Seide, Gold- und Silberfäden, Gobelintechnik | cotton, silk, gold and silver threads, goblin, 3,89 x 1,52 m; Eigentümer 1910 | Owner 1910: Kgl. Residenz München | Kgl. Residenz Munich; heute | today: Bayerische Verwaltung der Staatlichen Schlösser, Gärten und Seen; München 1910, Kat. Nr. 84 | Munich 1910, cat. no. 84; München1912 | Munich 1912, Bd. 1 | vol. 1, Tafel 61 | plate 61, Foto | Photo: Bruckmann 1910.

Abb. 6 | Fig. 6: Elfenbeinkasten | Ivory casket, Mittelmeerraum | Mediterranean, 11.-12. Jh. | 11th-12th century, 17 x 39,5 x 23 cm; Eigentümer 1910 | Owner 1910: Kaiser-Friedrich-Museum Berlin; heute | today: Museum für Islamische Kunst Berlin, SMB I K 3101; München 1910, Kat. Nr. 2155 | Munich 1910, cat. no. 2155; München 1912 | Munich 1912, Bd. 3 | vol. 3, Tafel 254 | plate 254, Foto | Photo: Bruckmann 1910.

Die Inszenierung des Orients – ein historischer Überblick vom späten 19. Jahrhundert bis heute

David J. Roxburgh

Die Geschichte temporärer Ausstellungen und Museumsinstallationen islamischer Kunst ist bis heute noch kaum skizziert worden; doch verschiedene Faktoren verleihen derzeit einem kritischen Diskurs über dieses Thema Auftrieb. Zu diesen Faktoren zählen ein breit gefächertes historiografisches Interesse innerhalb der Kunstgeschichte; ein „lokaler" Impuls, die Grenzen, Terminologie, Methodik und Mutmaßungen innerhalb des komplexen Gebiets, das in Universitätsfakultäten und Museumsabteilungen allgemein als „islamische Kunst" bezeichnet wird, kritisch zu hinterfragen; weiterhin die neuen Installationen verschiedener Museumssammlungen islamischer Kunst, die zu einer Sensibilisierung für Institutionsgeschichte, für die jeweilige „Inszenierung" islamischer Kunst und deren Implikationen führten; sowie das wachsende Interesse an sowohl historischer wie auch zeitgenössischer Kunst aus den islamischen Ländern, in einer Zeit noch nie dagewesener Marktausweitung, die nur vorübergehend durch die globalen wirtschaftlichen Turbulenzen in den Jahren 2008-2009 gedämpft wurde. Neue Museen und Sammlungen, besonders in den Golfstaaten, stehen bei diesem Zuwachs an der Spitze, doch eine steigende Anzahl von internationalen Kunstmessen und Biennalen hat sich ihnen angeschlossen.

Dieser Aufsatz soll einen selektiven historischen Überblick über bahnbrechende temporäre Ausstellungen islamischer Kunst in Europa und Nordamerika vom späten 19. Jahrhundert bis heute geben. Die „semi"-permanente Museumsinstallation – semipermanent, da sie als ein weitgehend feststehender Rahmen über viele Jahre hinweg bestehen bleibt und nur kleine zyklische Veränderungen bei den Exponaten erkennen lässt, die aus Gründen der Konservation, Forschung oder Ausleihe vorgenommen werden – kann hier nicht behandelt werden. Doch Museumsinstallationen werden immer dort Erwähnung finden, wo sie mit temporären Ausstellungen eine fruchtbare Beziehung eingehen. Abgesehen von Platzgründen gibt es einen guten Grund, sich auf die temporäre Ausstellung zu konzentrieren: Sie ist naturgemäß dynamischer und hat das Potenzial, wissenschaftliche Forschung zu fokussieren oder ein Versuchsfeld für neue Ideen zu bieten. Sie kann auch rascher als eine Museums-(Re) installation, die jahrelange Planung erfordert, auf entstehende Bedenken reagieren. Dieser Aufsatz konzentriert sich auf einige Aspekte wesentlicher Ausstellungen und fragt, nach welchen Prinzipien und mit welchem Ziel ihre Exponate zusammengestellt und angeordnet wurden. Kann man eine sich wandelnde oder gar rekursive Sicht auf die Werke, die das Gebiet der „islamischen Kunst" ausmachen, erkennen, indem man eine Auslese temporärer Ausstellungen untersucht?

Europa, ca. 1880er-Jahre bis 1910

Obschon die Forschung über die frühe Geschichte der Sammlung islamischer Kunst, in erster Linie im 19. Jahrhundert, noch in den Kinderschuhen steckt, steht außer Frage, dass der Impuls für vermehrtes Sammeln und Ausstellen islamischer Kunst in Europa und Amerika – von Möbel, Textilien, beweglichen Gegenständen, Malerei und Buchkunst – im späten 19. Jahrhundert zunächst von Museen ausging, dann aber vor allem von Sammlern aus einer bürgerlichen oder aristokratischen Elite initiiert wurde (siehe Vernoit 2000, Komaroff 2000). Zu den bekanntesten zählen die Aktivitäten von Sammlern aus Paris, doch auch mehrere andere europäische Städte waren wichtige Zentren der Sammlertätigkeit (Labrusse 1998, Roxburgh 2000). In Paris trugen Sammler Objekte zusammen – in erster Linie wegen ihres ästhetischen Reizes und nicht aus historischem oder kulturellem Interesse – und zeigten sie bei gesellschaftlichen Zusammenkünften in intimen, familiären Räumen, die sie als „Ateliers" betitelten. Diese privaten Räume bildeten die Umgebung für befristete Ausstellungen inmitten feststehender architektonischer Elemente und wurden umgestaltet, wenn neue Gegenstände erworben wurden (für Abbildungen und Diskussion siehe Paris 2007, S. 99, 100 und 304; Volait 2009). Zeitgenossen begrüßten diese Räume als Abbilder des Geschmacks ihrer Besitzer, und Leute, die sich in den gleichen gesellschaftlichen Kreisen bewegten, trafen sich dort, um sich über neue Funde, Käufe und Kunst zu unterhalten. Zwischen dem „Amateur" (einem Synonym für „Connaisseur") und seiner Sammlung wurde eine Gleichung aufgestellt: die Objekte drückten seinen edlen Geschmack und seine ästhetische Sensibilität aus, und in ihrer Gesamtheit sprachen sie für die Kreativität des Amateurs. Der Amateur wählte nach subjektiver Einschätzung Objekte für den Kauf aus, und wenn er sie dann nach Ähnlichkeit, aus Vergleichsgründen oder in Gegenüberstellung neu gruppierte, trat wiederum seine subjektive Auswahl zu Tage. Häusliche Sammlungsräume ähnelten dem zeitgenössischen Künstleratelier in Privathäusern oder kommerziellen Räumen. Es ist kein Zufall, dass private Eliteräume vom späten 19. bis zum frühen 20. Jahrhundert eine große Kontinuität erkennen lassen. Ob als Werk-

Staging the Orient – A Historical Overview from the Late 1800s to Today

David J. Roxburgh

The history of temporary exhibitions and museum installations of Islamic art has as yet barely been sketched, but a critical discourse prompted by various factors is beginning to gain impetus. These factors include a widespread interest in historiography across the discipline of art history; a "local" impulse to critique the boundaries, terminology, methods and assumptions in the complex field generally identified as "Islamic art" in university and museum departments; the reinstallation of several museum collections of Islamic art that has fostered greater sensitivity to institutional histories, the ways of "staging" Islamic art, and what they imply; and the growing appetite for both historical and contemporary art from the Islamic lands at a time of unprecedented market expansion, only briefly subdued by the global economic turbulence of 2008-2009. New museums and collections, particularly in the Gulf States, are at the forefront of this growth, but are joined by rising numbers of international art fairs and biennials.

The brief of this essay is to provide a selective historical overview of landmark, temporary exhibitions of Islamic art in Europe and North America from the late 1800s to today. The "semi"-permanent museum installation – semi-permanent because it exists as a largely fixed framework for many years and is subject to small-scaled, periodic changes of objects for reasons of conservation, research, or loan – cannot be treated here. But museum installations are mentioned when some productive relation can be observed between them and temporary exhibitions. Despite constraints of length, there is good reason to focus on the temporary exhibition because by their nature they have the potential to be more dynamic, to operate as events that crystallize scholarly inquiry or offer testing grounds for new ideas. They can also respond to evolving concerns at a pace surpassing the years of planning required for museum (re)-installation. This essay focuses on some aspects of key exhibitions and asks what principles shaped their selection and organization of objects, and to what end? Can we see a changing, or even recursive view, of the objects constituting the field of "Islamic art" by surveying a selection of temporary exhibitions?

Europe, c. 1880s-1910

Though research on the early history of collecting Islamic art, principally in the 1800s, is still in its infancy, it is clear that European and American collecting and exhibitions of Islamic art – furniture, textiles, portable objects, painting, art of the book – accelerated in the late 1800s as an impulse generated by museums but mostly spearheaded by collectors of elite bourgeois or aristocratic background (see Vernoit 2000; Komaroff 2000). Activities of collectors in Paris are among the better known, though several other European cities were prime centers of collecting activity (Labrusse 1998; Roxburgh 2000). In Paris, collectors amassed objects – primarily for their aesthetic appeal and not historical or cultural interest – and shared their objects at social gatherings held in intimate domestic spaces, which they styled as "ateliers." These private spaces provided environments for temporary display amid a setting of fixed architectural elements and were subject to reorganization when new objects were acquired (for illustrations and discussion, see Paris 2007, pp. 99, 100, and 304; Volait 2009). Contemporaries heralded these spaces as reflections of their owner's taste and men who moved in the same social circles gathered in them to discuss new finds, purchases, and art. An equation was drawn between the "amateur" (a synonym for connoisseur) and his collection: the objects expressed his refined taste and aesthetic sensibility; as a totality the objects signified the amateur's creativity; and just as the amateur exercised subjective judgment in selecting objects for acquisition, so too were subjective choices rendered visible when he reconfigured objects into new assemblies of similitude, comparison, and juxtaposition. Domestic spaces of collection resembled the contemporary artist's atelier located in private homes or commercial spaces. It is no accident that one finds a strong measure of continuity across private, elite spaces from the late 1800s through the early 1900s. Whether at the artist's studio, or of the collector's home, the atelier functioned as a recreational and creative space, a site for spiritual and aesthetic palliation. This could be disinterested – pure pleasure – or channeled into artistic production.

One of the earliest temporary exhibitions of Islamic art was staged by Frederick R. Martin in Stockholm in 1897, where he put his personal collection on show (the exhibition coincided with the General Art and Industry Exhibition). Like many exhibitions of its time, the room was a crowded ensemble of works in diverse media that jostled for attention. Armchairs and potted plants gave a sense of a domestic scene and textiles and carpets hung from the skylights created an ambience of tinted light (Fig. 1). Walls were covered with objects and display cases densely packed with portable objects and art of the book (for more illustrations, see Roxburgh 2000, pp. 17-20; Martin 1897).

statt des Künstlers oder als Heim des Sammlers, fungierte das Atelier als Raum der Entspannung und Kreativität, als Ort geistiger und ästhetischer Beglückung. Diese konnte neutral bleiben – das pure Vergnügen – oder aber in künstlerische Produktion münden.

Eine der frühesten temporären Ausstellungen islamischer Kunst wurde 1897 von Frederick R. Martin in Stockholm inszeniert, der seine Privatsammlung zeigte. (Die Ausstellung fiel mit der Allgemeinen Kunst- und Industrieausstellung zusammen.) Wie bei vielen Ausstellungen ihrer Zeit war der Raum überfüllt mit Arbeiten in verschiedenen Medien, die um die Aufmerksamkeit des Besuchers konkurrierten. Sessel und Topfpflanzen gaben der Ausstellung ein häusliches Flair, und Textilien und Teppiche, die von den Deckenfenstern hingen, schufen ein Ambiente mit getöntem Licht (Abb. 1). Die Wände waren voller Objekte und dicht gepackter Schaukästen mit beweglichen Gegenständen und Buchkunst (für weitere Illustrationen siehe Roxburgh 2000, S. 17-20; Martin 1897).

Diese Installationsmethode blieb bis ins frühe 20. Jahrhundert bei öffentlichen Ausstellungen islamischer Kunst die gängige. In seiner Entstehungszeit war ein solches Verfahren, Objekte zu gruppieren, rasch von Kaufhäusern übernommen worden, die das gesellschaftliche Ansehen und den Elitismus von Kunstsammlern heraufzubeschwören versuchten, indem sie „totale Umgebungen" schufen, mit dem Ziel, einen Chronotopos zu erzeugen (Clifford 1988, S. 236). Das Kaufhaus übernahm den Stil der Ateliers der Amateure und Künstler sowie der Museen, um die Aura eines Gegenstands aufzuwerten und einen Kaufreflex auszulösen (siehe Hakky Beys Pariser Geschäft, illustriert in Roxburgh 2000, S. 15). Vom späten 19. bis zum frühen 20. Jahrhundert mag die allgemeine Grenzverwischung zwischen ähnlichen Ausstellungstechniken an verschiedenen Stätten der Produktion den Besucher nutzbringend verwirrt haben, da er zwischen dem Impuls, ein Objekt zu bewundern, und dem, es besitzen zu wollen, hin- und hergerissen war. Die Geschäftsleute manipulierten in ihren kommerziellen Ausstellungsräumen auch die Semiotik der Auslage: die Faktoren, die festlegten, wo man sich befand und was man dort tun sollte. Ihre Technik der Präsentation beschwor die gesellschaftlich exklusiven Räume der Bourgeoisie und Aristokratie, wo Wertschätzung der Kunst ein Mittel war, seinen guten ästhetischen Geschmack zu beweisen. Der kommerzielle Ausstellungsraum und das Kaufhaus schlossen einen größeren Sektor der Gesellschaft in dieses Tun ein und entsprachen den Wünschen unterschiedlicher Schichten innerhalb einer wachsenden Konsumgesellschaft.

Ausstellung von Meisterwerken muhammedanischer Kunst, München 1910

Der Wendepunkt für die temporären Ausstellungen, von denen zwischen den späten 1890er-Jahren und dem frühen 20. Jahrhundert mehrere stattgefunden hatten (am bedeutendsten die „Exposition des Arts Musulmans" 1903 im Musée des arts décoratifs in Paris [Roxburgh 2000, pp. 20-21]), kam 1910 in München mit der „Ausstellung von Meisterwerken muhammedanischer Kunst", die von Friedrich Sarre und Hugo von Tschudi kuratiert wurde. Manche ihrer strukturalen Merkmale führten frühere Gepflogenheiten fort – etwa die Inszenierung einer Ausstellung im Rahmen einer Messe, wobei man ebenso auf Leihgaben von Privatsammlern wie von Museen setzte – und beschworen althergebrachte Vorstellungen von islamischer Kunst. In seiner Einführung in die Ausstellung stellte von Tschudi etwa „Themen" islamischer Kunst wie die Bedeutung von Kalligrafie, Ornament und Anikonismus in den Mittelpunkt. Er wies auch auf den vornehmen Stammbaum der ausgestellten Objekte hin, indem er erklärte, dass Stücke gleicher Qualität auf dem Markt nicht mehr zu finden seien (München 1910, S. 7-13). Hierdurch wollte er die künstlerische Qualität der Exponate garantieren: In ihrer Gesamtheit lieferte die Ausstellung die stärkstmöglichen Argumente für einen Platz der islamischen Kunst im Kanon der Kunsttraditionen der Welt.

Noch bemerkenswerter ist, dass diese riesige Ausstellung einen Installationsmodus ins Leben rief, der dem, was wir heute sehen, schon überaus ähnlich war. Sarre und von Tschudi erklärten, dass sie ihren temporären Ausstellungsraum vom Bereich der Allerweltskultur und von orientalistischen Phantasien von Tausendundeiner Nacht abrücken wollten, indem sie die Ausstellung ausdünnten – also Raum zwischen Exponaten ließen –, die Wände weiß strichen, die Objekte nach Region anordneten und nach Medium unterteilten (Abb. 2) (München 1910-1912, Bd. 1, S. 3). Sarre beschrieb die Ausstellungsstruktur als „Krieg gegen das populistische Verständnis orientalischer Kunst, gegen Märchenglanz und Basarware" (München 1910-1912, Bd. 1, S. 3). Damit verwehrte er sich gegen den sachten Beigeschmack von Konsumismus in Ausstellungsumgebungen, deren Verhältnis zum Markt zweideutig war – sie erinnerten an Weltausstellung und Kaufhaus; und ebenso gegen die ahistorische, rein ästhetische Rolle, die im Heim das Amateurs oder im Künstleratelier den Exponaten zugewiesen wurde: Räume, die nun, da das Kaufhaus einen ehemals mit intimer Häuslichkeit assoziierten Ausstellungsstil übernommen hatte, vom Kapitalismus infiziert waren.

Obschon die Münchner Ausstellung von 1910 einige vernichtende Kritiken bekam, vor allem von französischen Autoren, wurden ihre Grund-

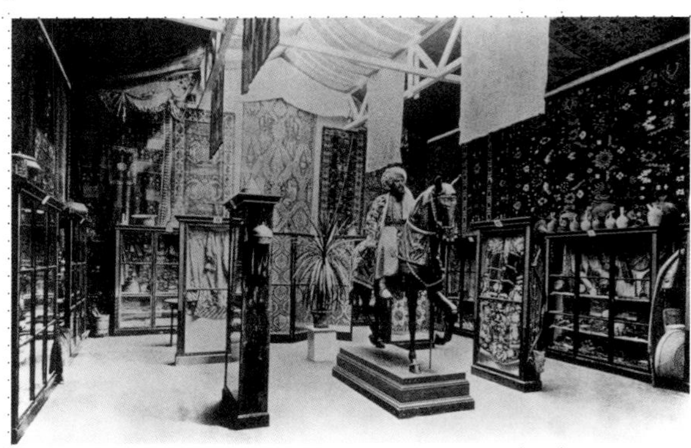

Abb. 1 | Fig. 1: Innenansicht mit Reiter aus Buchara in der Mitte | Interior view with Bukhara rider at center; Orientsammlung in der Allgemeinen Kunst- und Industrieausstellung in Stockholm, 1897 | Collection from the Orient in the General Art and Industry Exhibition, Stockholm, 1897, Foto | Photo: Norstedt und Söhne, Stockholm; nach: Martin 1897 | after: Martin 1897.

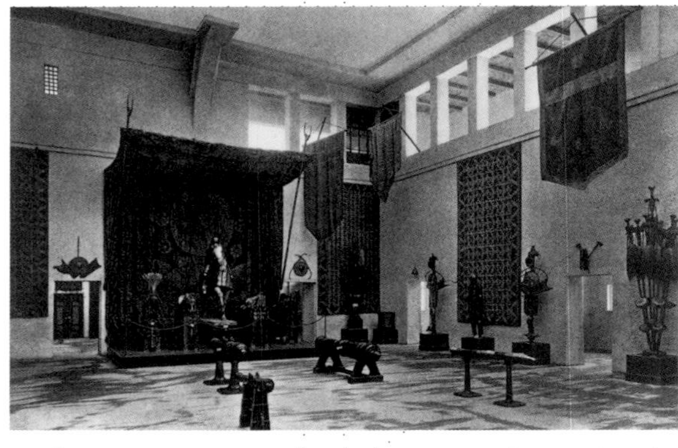

Abb. 2 | Fig. 2: Rüstkammer, Raum Nr. 72 | Armory, room no. 72, "Ausstellung von Meisterwerken muhammedanischer Kunst", München 1910, Foto | Photo: F. Bruckmann AG, München; nach: München 1912, Bd. 1, S.3 | after: Munich 1912, vol. 1, p. 3.

These installation techniques continued to be used for public exhibitions of Islamic art into the early 1900s. In its day, however, such techniques of grouping objects were quickly appropriated by department stores that sought to evoke the social distinction and elitism of collectors by creating total environments, the intention of which was to fashion a chronotope (Clifford 1988, p. 236). The department store adopted the methods used in amateurs' ateliers, artists' studios and museums to enhance the aura of an object and promote a commodity-buying reflex (see Hakky Bey's Paris shop, illustrated in Roxburgh 2000, p. 15). From the late 1800s to the early 1900s generic blurring between installation techniques and their sites of production may have caused productive confusion in the visitor as he shuttled between the reflexes of admiring and desiring objects. Dealers in their retail showrooms also manipulated the semiotics of display, the features that defined where you were and what you were supposed to do. Their installation practice evoked the bourgeois' and aristocrat's socially exclusive spaces where art appreciation was a means of showing the capacity for aesthetic discernment. The dealer's showroom, and the department store, implicated a broader sector of society in this activity and met the demands of opposite ends of a growing consumer society.

Ausstellung von Meisterwerken Muhammedanischer Kunst, Munich 1910

The turning point in temporary exhibitions, of which there had been several between the late 1890s and early 1900s (the "Exhibition of Muslim Art" held at the Musée des arts décoratifs, Paris, 1903 [Roxburgh 2000, pp. 20-21] chief among them), occurred at Munich in 1910 with the "Ausstellung von Meisterwerken muhammedanischer Kunst" curated by Friedrich Sarre and Hugo von Tschudi. Some of the structural features of the exhibition continued earlier practices – for example, staging an exhibition in the context of a fair, relying as heavily on loans by private collectors as museums – and invoked established ideas about Islamic art. In his introduction to the exhibition, for example, von Tschudi highlights "themes" of Islamic art such as the importance of calligraphy, ornament, and aniconism. He also stressed the pedigree of the objects on view by stating that it was no longer possible to find objects of equal quality on the market (Munich 1910, pp. 7-13). He did this to guarantee the artistic quality of what would be exhibited: as a totality, the exhibition would make the strongest case possible for the place of Islamic art in the canon of world art traditions.

More uniquely, this massive exhibition inaugurated a mode of installation closest to what we experience today. Sarre and von Tschudi stated that they sought to distance their temporary exhibition space from the realm of commodity culture and the Orientalist fantasies of "A Thousand and One Nights" by thinning out the display – leaving room between objects – painting the walls white, arranging objects by region, and subdividing them by medium (fig. 2)

prinzipien der Installation bald in Dauerausstellungen sowie temporären Ausstellungen überall in Europa und Nordamerika übernommen (Roxburgh 2000, S. 27-28). Fotos aus der islamischen Abteilung des Metropolitan Museum of Art seit den 1910er-Jahren, dem Cleveland Museum of Art von 1916 (Abb. 3), des Musée du Louvre in Paris von 1923, des Philadelphia Museum of Art von 1926 und der Freer Gallery of Art von 1943 bezeugen diese weit verbreitete Entwicklung (vgl. die fotografischen Reproduktionen in Komaroff 2000, Paris 2007). Das Ambiente dieser Ausstellungen veranschaulicht den „Museumseffekt", eine raum-zeitliche Gestaltung, die durch bestimmte Aspekte der physischen Verteilung von Objekten an Wänden oder in Schaukästen (mit weitgehender Isolation der einzelnen Exponate) zustande kommt; eine meist neutrale Wandfarbe; kontrolliertes künstliches oder natürliches Licht; minimal auffällige Präsentationseinrichtung; sowie die Abwesenheit anderer Annehmlichkeiten (Alpers, S. 25-32). Diese Elemente definieren den Raum auf Anhieb als „museologisch" (Wallach 1992, S. 209-210; Ward 1991, S. 618-619). Dies war kein neutraler, ideologiefreier Kontext; die Leitlinien der Museumskunde zielten vielmehr darauf ab, die Erfahrung von Kunst von anderen Kontexten abzurücken, um einen historischen Ansatz in den Vordergrund zu stellen und gleichzeitig ein ästhetisches Erlebnis zu ermöglichen.

The Arts of Islam, Hayward Gallery, London 1976

Die ehrgeizigste Ausstellung in den Nachkriegsjahren war ohne Zweifel „The Arts of Islam" in der Hayward Gallery an der Londoner Southbank. Die Hayward Gallery war 1968 als Zweckbau für temporäre Ausstellungen zwischen dem Royal National Theatre und der Royal Festival Hall eröffnet worden. „The Arts of Islam" war eines von vielen Ereignissen und mehreren Ausstellungen, die in Großbritannien im Rahmen eines ganzjährigen „Islamfestivals" stattfanden. Das Festival befand sich seit 1964 im Werden, als Paul Keeler „die Idee, islamische Zivilisation aus einem islamischen Blickwinkel zu präsentieren, entwickelte und zur Umsetzung empfahl"; 1973 war Keeler „die treibende Kraft bei der Einrichtung des ‚World of Islam Festival Trust'"(Sabini 1976, S. 2).

„The Arts of Islam" war in Anlehnung an die große Münchner Ausstellung von 1910 gestaltet und hatte mit dieser die enzyklopädische Wirkung gemein, indem sie verschiedene Medien und die ganze geografische Ausdehnung der islamischen Länder umfasste. Obwohl das Vorwort des Katalogs den „enzyklopädischen Ansatz" und den „chronologischen Überblick" der Münchner Ausstellung zugunsten eines „Versuchs, den wesentlichen Charakter islamischer Kunst zu bestimmen" verwarf, musste die Vielfalt der Exponate, die nach Medium, Material, formalem Ausdruck, Ort und Zeit der Entstehung geordnet waren, dem Besucher den Eindruck vermitteln, er stehe der Gesamtheit islamischer Kunst gegenüber (London 1976, S. 9). Eine technische Neuerung war ein geschlossener Kubus, der ein Filmraum und eine Präsentationsgelegenheit mit mehreren Leinwänden enthielt. Die Oberflächen des Kubus zeigten 800 projizierte Fotografien von Architektur aus islamischen Ländern, Totalaufnahmen, Detailaufnahmen oder Gebäude in ihrer jeweiligen Umgebung. Der Schaukubus vermittelte dem Betrachter ebenfalls ein Gefühl von Totalität, von einer Reise an viele verschiedene Orte, die jedoch durch die fragmentierte, flüchtige Reihung von stehenden Bildern alle dieselbe Erlebnisebene repräsentierten (für politische Dimensionen dieser Strategie siehe Lenssen 2008, S. 40-47). Ein Besucher hat den Effekt des Kubus als „kaleidoskopisch" beschrieben und festgestellt, dass er „die Spannbreite islamischer Architektur über Jahrhunderte hinweg und in der ganzen Welt zeige" (Sabini 1976, S. 3).

Die Installation folgte einem nicht-chronologischen, nicht-geografischen, thematischen Ansatz mit einem einführenden Raum, der die vier Hauptthemen der islamischen Kunst – ihre so genannten „Formen der Gestaltung" – in sich begriff, wie sie von den Kuratoren identifiziert worden waren. Die vier Formen waren Kalligrafie, Geometrie, die Arabeske und das Figurative. Der einführende Raum diente als Schlüssel zur gesamten Ausstellung: 650 Exponate, die in Räumen auf verschiedenen Ebenen angeordnet waren. Es gab sowohl offene Bereiche, die durch Rampen miteinander verbunden waren, als auch abgeschlossene Räume mit niedrigeren Decken und gedämpftem Licht. Die Architektur der Hayward Gallery schuf eine Atmosphäre eines freien Flottierens zwischen Ebenen und Räumen: Von verschiedenen Standpunkten aus eröffneten sich verschiedene Perspektiven und schlossen sich wieder. Die Platzierung und Gestaltung der Schaukästen verlieh den unveränderlichen architektonischen Komponenten der Galerie ein Element von Flexibilität. Das Gefühl von Bewegtheit und sich wandelnden Perspektiven wurde noch verstärkt durch die Platzierung originaler architektonischer Komponenten, Türen und Gitterfenstern, im Innenraum (Abb. 4). Das enge Zusammenwirken von Architektur und Installation belebte die statischen Exponate und muss ihnen – und der gesamten Ausstellung – eine Aura von „Einheit" in der „Vielfalt" verliehen haben, wie es sich die Kuratoren gewünscht hatten.

Das Vorwort und der erste Aufsatz im Ausstellungskatalog zu „The Arts of Islam" sind ungewöhnlich detailliert in der Beschreibung der

(Munich 1910-1912, vol. 1, p. 3). Sarre described the installation as a "war against the popular understanding of Oriental art, against fairytale splendor and bazaar commodities" (Munich 1910-1912, vol. 1, p. 3). In doing so, he spoke out against the creeping association of consumerism in exhibition environments whose relation to the market was ambiguous – displays carried the resonance of the world's fair and department store – and the ahistorical, purely aesthetic role assigned to objects in the amateur's home or artist's studio, which had now become infected by capitalist forces through the department store's co-optation of display techniques associated with the intimate, domestic space.

Although Munich 1910 received some scathing reviews, mostly from French writers, the installation tenets pursued there were quickly found in permanent installations and temporary exhibitions across Europe and North America (Roxburgh 2000, pp. 27-28). Photographs of the Islamic galleries of the Metropolitan Museum of Art from the 1910s onward, the Cleveland Museum of Art in 1916 (fig. 3), the Musée du Louvre, Paris, in 1923, the Philadelphia Museum of Art in 1926, and the Freer Gallery of Art in 1943 attest to this widespread development (see photographs reproduced in: Komaroff 2000; Paris 2007). The ambience of these galleries exemplifies the "museum effect", a spatial-temporal configuration signaled through aspects of the physical distribution of objects on walls or in cases (the near isolation of objects from each other); most often neutral wall color; controlled artificial or natural light; minimally intrusive display furniture; and the absence of other amenities (Alpers, pp. 25-32). These elements immediately define the space as "museological" (Wallach 1992, pp. 209-210; Ward 1991, pp. 618-619). This was hardly a neutral context free from ideologies of various forms, but the conceptions that guided museology sought to distance the experience of art from other contexts, to foreground a historical approach while maintaining aesthetic experience.

The Arts of Islam, Hayward Gallery, London 1976

The most ambitious exhibition organized in the years after WWII was, without contest, "The Arts of Islam", staged at the Hayward Gallery on London's South Bank. The Hayward Gallery opened in 1968 as a purpose-built temporary exhibition space between the Royal National Theatre and Royal Festival Hall. "The Arts of Islam" was one of many events, and several exhibitions, organized throughout Britain in a yearlong "Festival of Islam." The festival had been in the making since 1964, when Paul Keeler "conceived and proposed the idea of presenting Islamic civilization from an Islamic point of view" and who in 1973 "was the mainspring in the formation of the World of Islam Festival Trust" (Sabini 1976, p. 2).

Styled in relation to the great Munich 1910 exhibition, "The Arts of Islam" shared its encyclopedic effect by embracing multiple media and the geographical extent of the historical Islamic lands. Although the foreword to the catalogue denied the "encyclopedic approach" and "chronological survey" followed at Munich 1910 in favor of an "attempt to define the essential character of Islamic art", the variety of objects – according to medium, materiality, formal expression, place and period of production – could only have given the visitor the impression of being exposed to the totality of Islamic art (London 1976, p. 9). A technological innovation comprised an enclosed cube housing a theater and multiple-screen. The surfaces of the cube received 800 projected images of architecture from the Islamic lands shot as complete views, details, or buildings as they

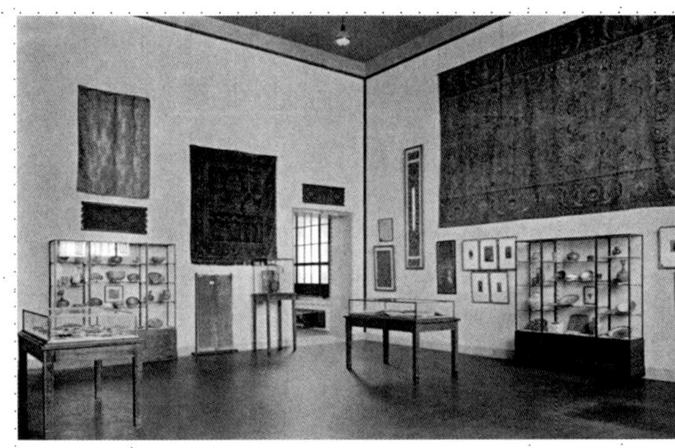

Abb. 3 | Fig. 3: Galerie 12 | Gallery 12, Die Kunst des Nahen Ostens | The Art of the Nearer East, Kunstmuseum Cleveland, 1916 | Cleveland Museum of Art, 1916, Foto | Photo: after Cleveland 1916, S. 146 | p. 146.

appeared amid their surroundings. The viewing cube equally gave the visitor a sense of totality, of being carried away to many places but all of them represented on the same experiential register by a fractured, fleeting series of still images (for political dimensions of this strategy, see Lenssen 2008, pp. 40-47). One visitor described the effect of the cube as "kaleidoscopic" and observed that it "showed the range of Islamic architecture down the centuries and across the globe" (Sabini 1976, p. 3).

The installation followed a non-chronological, non-geographic, thematic approach with an introductory room encompassing the four main themes – described as "modes of design" – of Islamic art identified by the curators. The four modes were calligraphy, geometry, the arabesque, and the figurative. The introductory room would serve as a key to the whole, an exhibition of 650 objects arranged throughout spaces set at different levels, some open plan and interconnected by ramps, others closed-off rooms with lower ceilings and reduced lighting.

Grundsätze der Kuratoren und der Prinzipien, denen sie in ihrer Arbeit gefolgt sind. Das Vorwort zu „The Arts of Islam" etwa spricht von „der Einheit in der islamischen Kunst sowie ihrer Vielfalt" (London 1976, S. 9). Später wird der Sinn dieser Aussage deutlicher. Die Kuratoren von „The Arts of Islam" entdeckten „eine Tendenz zur gemeinsamen künstlerischen Sprache in der islamischen Welt", die sie dem Koran und Islam als „übergreifendem Ordnungsprinzip, das alle Ebenen der menschlichen Existenz umfasst" zuschrieben (London 1976, S. 24 und 31). Künstlerische Tätigkeit wurde als Modell einer vom Sufismus geprägten Vorstellung von der menschlichen Seele verstanden (Sufismus war eine Form des Islam, die den Organisatoren und Finanziers genehm war), in der „die Idee der Einheit und Unermesslichkeit Gottes nachhallt, die in der kosmischen Ordnung ebenso gespiegelt ist wie in den Schöpfungen von Menschenhand – geschaffen nicht nur nach seiner Phantasie, sondern auch gemäß der Natur des Objekts, indem die Gesetze und Qualitäten, die dem Objekt selbst innewohnen, freigelegt werden" (London 1976, S. 32). An anderer Stelle lesen wir, dass „Nomaden den Rhythmus lieben, als Erinnerung an die dauerhafte Präsenz" und dass sie „die Unendlichkeit des Raumes lieben", während „sesshafte Menschen den Raum einschränken, ihm einen Rahmen geben und ihn auf ein Zentrum hin ordnen wollen" (London 1976, S. 37). Obwohl Keeler das Vorwort des Katalogs zu „The Arts of Islam" verfasst hat, gehen die Konzepte, die in den einführenden Artikeln zum Ausdruck kommen, auf Titus Burckhardt und Basil Gray zurück (zu Burckhardt siehe Lenssen 2008, S. 42). Ihr Ansatz war absichtlich überkonfessionell und ahistorisch und stellte das individuelle Erleben von Kunstwerken über jeden anderen Zugang, wie er durch eine rigoros historisch-kontextuelle Präsentation vermittelt worden wäre. Lenssen sieht diesen Ansatz „nicht einfach (als) eine Art anti-intellektuellen Orientalismus", sondern als konstituierend für die „achtsame Politik des erwachenden Multikulturalismus dieser Zeit" (Lenssen 2008, S. 41).

Obwohl sie etwa 45 Jahre vor „The Arts of Islam" lag, sollte die „International Exhibition of Persian Art", die 1931 im Burlington House in London stattfand, ebenfalls Erwähnung finden. Sie war von Reza Schah Pahlavi (†1944) und King George V. (†1936) finanziell unterstützt worden und mit 800 katalogisierten Exponaten größer als „The Art of Islam" von 1976. Sie unterschied sich von dieser Ausstellung und von der Münchner Ausstellung von 1910 darin, dass sie einer ethnischen und nationalen Definition folgte, deren Schwerpunkt auf der Kunstgeschichte des Iran lag (für eine Analyse dieser Ausstellung siehe Wood 2000; Rizvi 2007, S. 46-54). Die „International Exhibition of Persian Art" war eine von mehreren Ausstellungen des zwanzigsten Jahrhunderts, die Pahlavis Ideologie eines Iran folgten, der trotz des Aufkommen des Islam oder des Eindringens von „Außenseitern" – Arabern, Mongolen oder Türken – sein „Persischsein" bewahrt hatte; eine Ideologie, die bis heute noch lebendig ist. Demnach sollte hier die Kunst in einem chronologischen Überblick von 3000 v. Chr. bis ins 19. Jahrhundert „die Entwicklung gewisser Merkmale (zeigen), die persische Kunst seit ihren Anfängen charakterisiert hat" (London 1931). Obwohl die Exponate chronologisch angeordnet waren, war es dem Besucher nicht möglich, eine historische Entwicklung zu erkennen, und solches lag auch nicht im Interesse der Veranstalter, die den dekorativen und formalen Qualitäten der Exponate den Vorzug gaben (Wood 2000, S. 117). Die Londoner Ausstellung von 1931 verkörperte auch eine dreigliedrige hierarchische Idee, die im Diskurs über islamische Kunst seit Ende des 19. Jahrhunderts verbreitet war, welche die Perser und ihre Kunst über die Araber stellte und diese wiederum über die Türken (Roxburgh 2000, S. 32, Nr. 9; Bozdogan/Necipoglu 2007, S. 3). Obwohl „The Arts of Islam" zu einer anderen Zeit, in einem anderen politischen Klima und in einem Moment stattfand, da das Gebiet der Kunstgeschichte des Islam weiter entwickelt war als zur Zeit der „Inter-national Exhibition of Persian Art", würde man dies aus den Intentionen der Kuratoren kaum schließen können. Ungeachtet des Größenunterschieds (der Menge an Exponaten) oder der tatsächlichen Organisation in den Ausstellungsräumen enthielt sich sowohl die Ausstellung von 1931 als auch jene von 1976 jeglicher Verpflichtung gegenüber Geschichte und Kontext und leistete stattdessen frei assoziierten Reaktionen auf die Ausstellungsstücke Vorschub. Ein Erlebnis kultureller Gemeinsamkeit (mit den Exponaten) und kultureller Zugänglichkeit wurde angestrebt, und zwar ungeachtet der (möglichen) Wahrnehmung kultureller Differenzen durch den Besucher: eines Abstands zwischen ihm selbst und dem, was er sah.

Es ist auch beachtenswert, dass „The Arts of Islam" in ihrer Installationstechnik und Architektur nicht unähnlich der Dar al-Athar al-Islamiyya in Kuwait war, die einige Jahre später eröffnet wurde. Entworfen von Michel Ecochard als eines von vier Bauwerken im Gebäudekomplex des Nationalmuseums von Kuwait (Mathaf al-Kuwait al-Watani), wurde sie, nachdem es bereits in den 1950er-Jahren in Auftrag gegeben worden war, in den späten 1970er-Jahren fertig gestellt. Mit Kunst bestückt wurde sie allerdings erst 1983, als Sheikh Nasser al-Sabah und Sheikha Hussah al-Sabah dem Staat Kuwait ihre Sammlungen als langfristige Leihgaben überließen. Von etwa

The architecture of the Hayward Gallery created a sense of free-flow across levels and between rooms, vantage points opening and closing from different perspectives. The placement and design of display cases introduced a level of flexibility to the fixed architectural elements in the gallery. The sensation of movement and vantage point was enhanced by the placement of original architectural elements – doors and lattice windows – in the interior (fig. 4). The full collaboration between architecture and installation animated the static objects and must have lent them, and the exhibition overall, the sense of "unity" within "variety" desired by the curators.

The foreword and beginning essays of the "The Arts of Islam" exhibition catalogue are unusually detailed in describing the curators' tenets and the principles that they followed. The preface to "The Arts of Islam" speaks, for example, of "the unity in Islamic art as well as its diversity" (London 1976, p. 9). Later on the meaning of this statement becomes clearer. The curators of "The Arts of Islam" found a "tendency to community of artistic language throughout the Islamic world" that they attributed to the Qur'an and Islam as a "total order that involves all the planes of human existence" (London 1976, pp. 24 and 31). Artistic agency was cast through the Sufi-inflected model of man's soul (Sufism was a mode of Islam palatable to the organizers and funders), which "vibrates through the idea of the unity and immensity of God which are reflected in the cosmic order and also in the artefacts shaped by the hand of man – and shaped not according to his imagination alone, but also according to the nature of the object, by the bringing forth of the laws and the qualities which are inherent in the object itself" (London 1976, p. 32). Elsewhere, we read that "nomads love rhythm as a reminder of permanent presence and they love infinite space", and that "sedentary people love to limit space, to frame it, to order it towards a centre" (London 1976, p. 37). Though Keeler wrote the preface to "The Arts of Islam" catalogue, the concepts expressed in the introductory essays were those of Titus Burckhardt and Basil Gray (for Burckhardt, see Lenssen 2008, p. 42). Their approach was intentionally ecumenical and ahistorical, emphasizing the individual experience of artworks above any access directed through rigorous historical-contextual presentation. Lenssen sees their approach as "not simply a kind of anti-intellectual Orientalism" but rather as constitutive of the "careful politics of the period's emergent multiculturalism" (Lenssen 2008, p. 41).

Though held circa 45 years before "The Arts of Islam" exhibition, the 1931 "International Exhibition of Persian Art", in Burlington House in London should also be mentioned. This exhibition was sponsored by Reza Shah Pahlavi (d. 1944) and King George V (d. 1936) and had been larger in size (880 entries appear in the catalogue) than "The Art of Islam" one of 1976. It also differed from London 1976 and Munich 1910 in following a racial and national definition focused on the history of the arts of Iran (for an analysis of this exhibition, see Wood 2000; Rizvi 2007, pp. 46-54). The "International Exhibition of Persian Art" was one of several twentieth-century exhibitions that embraced the Pahlavi ideology of an Iran that retained its "Persianness" despite the advent of Islam or the irruption of "outsiders", whether Arabs, Mongols, or Turks, an ideology still very much alive. Hence, in its chronological survey from 3000 BCE to the 1800s, the art was intended to show "the development of certain qualities that have characterized Persian art since its beginnings" (London 1931). Though the objects were arranged in chronological succession, it was not possible for visitors to discern a historical development nor was this approach fostered by the planners who instead favored the decorative and formal qualities of the art on exhibit (Wood 2000, p. 117). London 1931 also epitomized a tripartite hierarchical notion, current in Islamic art discourse since the late 1800s, in which the Persians and their art stood above the Arabs with the Turks at the bottom (Roxburgh 2000, p. 32, n. 9; Bozdogan and Necipoglu 2007, p. 3). Though "The Arts of Islam" was made at a different time, in a different political climate, and at a stage of greater development in the field of the history of Islamic art than the "International Exhibition of Persian Art" one would not know it from the intention of its curators. Notwithstanding differences of scale (numbers of object) or actual patterns of organization in the galleries, London 1931 and London 1976 dispensed with a commitment to history and context to foster free-associative responses to the objects on view and to nurture an experience of cultural commonality (of what was on exhibit) and access despite the visitor's (possible) self-perception of cultural difference, of the distance that lay between him and what he saw.

It is also worth noting that in its installation techniques and architecture, "The Arts of Islam" was not dissimilar from the Dar al-Athar al-Islamiyya, Kuwait, which would open a few years later. Designed as one of four buildings in the National Museum of Kuwait (Mathaf al-Kuwait al-Watani) complex by Michel Ecochard, the complex was finished in the late 1970s – after a commission initiated in the 1950s – but not installed with art until 1983 when Sheikh Nasser al-Sabah and Sheikha Hussah al-Sabah gave their collection to the State of Kuwait as a long-term loan. Of some 20,000 objects, 350 were selected

20.000 Objekten wurden 350 für eine Dauerausstellung ausgewählt, die einem dynastisch-chronologischen Modell folgte, das sich eng an die damals neu eingerichtete islamische Abteilung des Metropolitan Museum of Art in New York (1975 fertig gestellt) anlehnte. (Für eine Analyse siehe Goldin 1976). Wie die Hayward Gallery umfasste auch die Dar al-Athar al-Islamiyya eine Abfolge von Kabinetten und offenen Räumen auf verschiedenen Ebenen, die durch Rampen verbunden waren. Sie verwendete historische Architekturelemente, um einzelne Aussichtspunkte zu betonen und ein nützliches Gefühl für Maßstab sowie für einen ursprünglichen Kontext zu vermitteln, indem auf Örtlichkeiten außerhalb des Museums verwiesen wurde. Statt sich auf die vereinheitlichenden und reduktiven Kategorien islamischer Kunst zu konzentrieren, wie sie 1976 in London zu sehen waren, organisierte die Dar al-Athar al-Islamiyya ihre Exponate chronologisch und geografisch. Für die große Wanderausstellung „Islamic Art and Patronage: Treasures from Kuwait", die sich 1990 auf den Weg machte, sind 107 Objekte unter Patronage entstanden – ein Thema, das damals in der Kunstgeschichte sehr en vogue war (Washington D.C. 1990). Die Wanderausstellung wurde nach der irakischen Invasion in Kuwait 1990 und der Verwüstung der Dar al-Athar al-Islamiyya (Washington D.C. 1990) verlängert.

Timur and the Princely Vision, Washington D.C. und Los Angeles 1989

Eine Reihe von Ausstellungen in den 1980er-Jahren entfernten sich von dem enzyklopädischen Ansatz der Ausstellungen in München 1910 und London 1978, folgten jedoch denselben Installationsprinzipien, die seit den 1930er-Jahren im Schwange waren. Zu den erfolgreichsten Beispielen zählte hier die Ausstellung „Timur and the Princely Vision: Persian Art and Culture in the Fifteenth Century", die vom April bis zum November 1989 in der Arthur M. Sackler Gallery in Washington D.C. (einem 1987 fertig gestellten neuen Museum), und dem Los Angeles County Museum of Art in Los Angeles gezeigt wurde, kuratiert von Thomas W. Lentz und Glenn D. Lowry. „Timur and the Princely Vision" stand für eine weitere Reduktion der Exponatenmenge (insgesamt 159; siehe Washington D.C. 1989) im Vergleich zu früheren Ausstellungen, doch sie verteilte die Kunstwerke auf gleiche Weise über die Räume, nur mit mehr Platz für jedes einzelne (Abb. 5). In Gesamtwirkung und -prinzip ähnelte die Installation der benachbarten Freer Gallery of Art, wo die karge und verhaltene Aufstellung die meisterliche Qualität der einzelnen Exponate unterstrich.

In Ausstellungen islamischer Kunst der 1980er-Jahren wie „Timur and the Princely Vision" sah man oft wieder Farbe an Museumswänden (zuweilen als postmoderne Verbeugung vor der Geschichte der Ausstellungsgestaltung, zuweilen auch, weil Weiß manchen Exponaten nicht schmeichelt). Auch war ein Wiedererwachen des Kontexts zu beobachten, gekennzeichnet durch architekturale Gesten wie einem Muqarnas-Gewölbe, einer Kuppel, einem Bogen oder Gitterwerk. Drei maßgefertigte achteckige Räume in der Sackler Gallery enthielten einige dieser architektonischen Verweise, während die Durchgänge zwischen den Räumen durch eingesetzte Spitzbögen aus der timuridischen Baukunst markiert waren.

Insgesamt ist hier eine der engsten Verflechtungen überhaupt zwischen gedrucktem Katalog – als dauerhafter Urkunde – und der Ausstellung als Installation gelungen. „Timur and the Princely Vision" war in neun Räumen organisiert, die in einem einlinigen Rundgang zu besichtigen waren. Durch den letzten Raum gelangte man wieder in die Eingangshalle. Bei diesem Rundgang stand die Eingangshalle unter dem Motto „Timur und das Bild der Macht", die Räume E1 bis E3 unter dem Motto „Prinzen des Königshauses", E4 bis E6 trugen den Titel „Die königlichen Werkstätten" und E7 bis E8 waren der „späten timuridischen Welt" gewidmet: Die Themen jedes Raum oder einer Raumfolge bildeten direkt die Kapitel des Katalogs ab. Die Eingangshalle und der Durchgang zu E1 sowie der Korridor von E8 zur Eingangshalle zeigten großformatige Fotos timuridischer Architektur – eine wesentliche Komponente einer umfassenderen Darstellung der dynastischen Verwendung von Kunst als Propaganda und in einem Fall auch ein direktes Beispiel für die ursprüngliche Verwendung von Exponaten (Öllampen aus dem Heiligtum des Sheikh Ahmad Yasavi). Bestechende Beleuchtung und maßgefertigte Vitrinen, die mit Textilien ausgelegt waren, die farblich den Wänden ähnelten, präsentierter die Exponate in einer wohlüberlegten Abfolge. Hier waren Objekte aus Sammlungen überall auf der Welt nach eng umschriebenen geografischen und zeitlichen Richtlinien handverlesen worden und wurden in einer Weise angeordnet, dass sie Ideen ebenso anregten wie formale Wechselwirkungen.

In allen islamischen Ausstellungen nach der Münchner Ausstellung von 1910 sollte der Betrachter problemlos in der Lage sein, Objekte am Rand seines Blickfelds auszublenden, während er ein Exponat bewunderte und studierte; dies sollte eine besinnliche Erfahrung ermöglichen. Objekte waren oft so gruppiert, dass auf historische Entwicklungen, Unterschiede oder Ähnlichkeiten in Form oder Motiv hingedeutet wurde – Ausdruck eines aufgabenorientierten Ausstellungskonzepts. Was von den später 1980er-Jahren bis zum Anfang des neuen Jahrtausends – und auch schon

for a permanent installation that followed a dynastic-chronological model closely based on the then recently reinstalled Islamic gallery of the Metropolitan Museum of Art, New York (completed in 1975) (for an analysis, see Goldin 1976). Like the Hayward Gallery, the Dar al-Athar al-Islamiyya comprised sequences of rooms and open-plan spaces on different levels connected by ramps and used historical architectural elements to punctuate viewing points and offer a useful sense of scale and suggestions of original context by pointing to sites outside the museum. Rather than focus on the unifying and reductive however, the Dar al-Athar al-Islamiyya organized its objects through chronology and geography. For a major traveling exhibition beginning in 1990, "Islamic Art and Patronage: Treasures from Kuwait", 107 objects were framed through patronage, a topic then much in vogue in art history (Washington D.C. 1990). The exhibition was extended after the invasion of Kuwait by Iraqi forces in 1990 and the devastation of Dar al-Athar al-Islamiyya.

Timur and the Princely Vision, Washington, D.C., and Los Angeles 1989

A series of exhibitions held in the 1980s departed from the encyclopedic approach of Munich 1910 and London 1976 but applied the same installation principles that had become commonplace since the 1930s. Among the most successful examples was "Timur and the Princely Vision: Persian Art and Culture in the Fifteenth Century" on view from April to November 1989 at the Arthur M. Sackler Gallery, Washington, D.C. (a new museum completed in 1987), and the Los Angeles County Museum of Art, Los Angeles, and curated by Thomas W. Lentz and Glenn D. Lowry. "Timur and the Princely Vision" represented a further reduction in the number of exhibited objects (159 in all; see Washington D.C. 1989) compared to earlier shows but like them distributed artworks across rooms with more space given to them (fig. 5). In general effect and principle, the installation resembled the adjacent Freer Gallery of Art where the sparse and restrained display of objects underscored the masterwork quality of each example.

Islamic art exhibitions of the 1980s, such as "Timur and the Princely Vision", often witnessed the return of color to gallery walls (sometimes as a postmodern nod to the history of installation, at others accepting that white is not complimentary to some objects), and the resurrection of context signified by such architectural gestures as a muqarnas vault, dome, arch, or lattice screen. Three custom-built octagonal shaped rooms at the Sackler Gallery contained some of these architectural references with passage between rooms marked by the recessed pointed arches used in Timurid architecture.

Overall the exhibition manifested one of the tightest integrations ever achieved between printed catalogue – as permanent record – and exhibition as an installed entity. "Timur and the Princely Vision" was organized as nine rooms to be visited in a unilinear circuit. The last room exited through the lobby. In this circuit, the lobby was given over to "Timur and the Image of Power", rooms E1-E3 to "Princes of the Royal House", rooms E4-E6 to "The Royal Workshops", and rooms E7-E8 to the "Late Timurid World": the themes of each room or cluster of rooms can be mapped directly onto the chapters of the catalogue. The lobby and transitional spaces between it and room E1 and the corridor leading from room E8 were sites for large scale photography of Timurid architecture, an integral component of a wider argument about the dynastic use of art as propaganda and a direct example in one instance of where the objects on view were originally used (oil lamps from the shrine of Sheikh Ahmad Yasavi). Seductive lighting and custom-made cases lined with textiles similar in hue to the wall colors presented the objects in a carefully measured sequence. Here, objects were cherry-picked from collections worldwide according to a circumscribed geography and chronology, arranged through chronology, and set in groupings that stimulated ideas as much as formal interactions.

In all of the Islamic exhibitions after Munich 1910, the artworks on view were to be admired and scrutinized by a viewer who could easily bracket off what he saw from adjacent objects in the peripheral field of vision to foster a contemplative experience. Objects were often grouped to suggest historical developments, differences or similarities in form or subject, as embodiments of a problem-driven concept for the exhibition as a whole. The principal difference between temporary exhibitions and permanent museum displays since the late 1980s up to the early years of the new millennium – and those from earlier decades of the 1900s – however, is a practice of focusing on discrete geographical milieus, regional practices circumscribed in scope, or on individual mediums (e.g. ceramics, glass). The encyclopedic exhibitions exemplified by Munich 1910 and London 1976 have not been replicated (the only one to come close was the "Dar al-Islam" exhibition organized by the Freer and Sackler Galleries in Washington, D.C., but canceled by 1995).

Larger temporary exhibitions tend to be organized around themes, to be driven by arguments staged through objects, and mostly use a dynastic framework with chronology as a convenient principle of sequential organization (convenient because it is easily comprehended by a non-specialist visitor and provides a welcome anchor to unfamiliar material). For regional or

in den ersten Jahrzehnten des 20. Jahrhunderts – temporäre Ausstellungen von Dauerausstellungen in Museen unterscheidet, ist jedoch die Technik, sich auf einzelne geografische Gebiete, umschriebene regionale Gepflogenheiten oder auf einzelne Medien (etwa Keramik oder Glas) zu konzentrieren. Die enzyklopädischen Ausstellungen wie jene in München 1910 und in London 1976 sind nicht nachgeahmt worden. (Die einzige Ausstellung, die ihnen nahekam, war die „Dar al-Islam"-Ausstellung der Freer and Sackler Galleries in Washington D.C., die jedoch 1995 abgesetzt wurde.)

Größere temporäre Ausstellungen werden vorwiegend zu bestimmten Themen veranstaltet, veranschaulichen bestimmte Theorien anhand von Exponaten und verwenden meistens ein dynastisches Bezugssystem mit Chronologie als praktischem Prinzip sequenzieller Organisation (praktisch deshalb, weil ein Besucher, der nicht vom Fach ist, es leicht verstehen kann, und es einen guten Zugang zu einem unvertrauten Gebiet ermöglicht). Als Ausstellung regional oder dynastisch geförderter Kunsttraditionen richtete sich „Timur and the Princely Vision" nach „The Age of Sultan Süleyman the Magnificent" (1987-88) und nach der früheren Ausstellung „Renaissance of Islam: Art of the Mamluks" (1981). Ausstellungen mit einem dynastischen Schwerpunkt seit 1989 waren den Osmanen gewidmet („L'Empire des Sultans", 1995), den Fatimiden („Trésors fatimides du Caire", 1998), den Qadjaren („Royal Persian Paintings", 1998-1999), den Ayyubiden („L'Orient de Saladin", 2001-2002), den Mongolen („The Legacy of Genghis Khan", 2002-2003) und den Safawiden („Hunt for Paradise", 2003-2004; and „Shah Abbas", 2009). „Al-Andalus: The Art of Islamic Spain" (1992) war zwar zeitlich weit gefasst, konzentrierte sich aber auf die iberische Halbinsel. Diese Liste ist keinesfalls erschöpfend, zeigt jedoch die vorherrschende Tendenz temporärer Ausstellungen seit 1981.

Einige Ausstellungen islamischer Kunst in jüngster Zeit haben versucht, den kulturellen Monolithen des Islam, wie er bis zu den späten 1970er-Jahren proklamiert wurde, zu zergliedern, indem sie sich gegen die Konzepte und Kategorien des Orientalismus wandten, die nach der Münchner Ausstellung von 1910 fortbestanden, und sie bewusst dekonstruierten (etwa „Purs Décors?" im Musée du Louvre, Paris 2007). Ausstellungen, die thematisch oder nach historisch-geografischen Parametern strukturiert sind, spiegeln in hohem Maße die Veränderungen im Gebiet der islamischen Kunst, das bis heute von der Fragmentierung des früheren Monolithen durch hoch spezialisierte Untersuchungen historischer Kontexte nur profitiert hat; sie führte dazu, dass Kunstwerke in diesen Kontexten in differenzierter Weise untersucht werden konnten. (Siehe etwa die Kausalbeziehung zwischen Gegenständen und den Stätten ihrer Produktion und ihres Gebrauchs). Die Ausstellung „Europa und der Orient" in Berlin 1989 mit ihrem Schwerpunkt auf Rezeptionsgeschichte und kultureller Interaktion vermittels Kunst ist ein hervorragendes Beispiel für eine solche Art der Ausstellung. Zwei Ausstellungen, beide mit thematischem Zentrum, die vor wenigen Jahren stattgefunden haben, erkundeten in ambitionierter Weise die Stellung von Kunstgegenständen innerhalb gesellschaftlicher, politischer und kommerzieller Prozesse: „Venice and the Islamic World 828-1797" (2006-2007) und „The Tsars and the East: Gifts from Turkey and Iran in the Moscow Kremlin" (2009). Spezialisierung spaltete die unhaltbaren Paradigmen auf, die das Gebiet der islamischen Kunst bis Ende der 70er-Jahre formten, wobei einige Ausstellungen in letzter Zeit diesen Trend wieder umzukehren scheinen.

Palace and Mosque, 2004-2006, im Victoria & Albert Museum, London

Das South Kensington Museum in London (das 1899 in Victoria & Albert Museum umbenannt wurde), ist 1852 als Hilfsmittel für Produktgestalter gegründet worden. Indem es Beispiele für gut gestaltete Objekte zeigte, sollte das Museum für angewandte Kunst zur Verbesserung des industriellen Designs in Großbritannien beitragen und „den Geschmack der Kundschaft bilden" (Crill/Stanley 2006, S. 1). Im Laufe ihrer Geschichte ist die Sammlung islamischer Kunst bis zur heutigen Exponatzahl von ca. 10.000 Objekten angewachsen. Ursprünglich waren Stücke „islamischer" Herkunft nach Medium gegliedert und neben Objekten desselben Mediums aus anderen Kulturen ausgestellt. Erst 1950 wurden zwei Flure ausschließlich der „islamischen Kunst" gewidmet. Seit 1950 sind bei den islamischen Sammlungen einige Veränderungen in der Installation vorgenommen worden, etwa durch neue Böden, veränderte Beleuchtung, neue Vitrinen sowie durch die Öffnung der Eingänge (Crill/Stanley 2006, S. 1-24). Auch die Sammelstrate-gien haben sich über die Zeit verändert: Seit den späten 1970er-Jahren wurden Objekte erworben, um Lücken in der Sammlung zu schließen, oder um nennenswerte neue Stücke zu bekommen (Crill/Stanley 2006, S. 22). Diese zielorien-tierte Strategie sollte historische Gewichtungen der Sammlung ausgleichen und sie insgesamt abrunden, so dass eine Abteilung entstand, die der neu aufkommenden „Überblicks"-Mentalität der islamischen Kunstgeschichte gerecht wurde (und die auch ein Äquivalent zu dem damaligen Installationsverfahren im V&A-Museum war, das Sammlungen nach Region, Tradition und Chrono-logie anordnen wollte). Veränderungen bei der Anschaffung und Installation umfassten auch eine Umwertung der

dynastically sponsored art traditions, "Timur and the Princely Vision" took its cue from the "The Age of Sultan Süleyman the Magnificent" (1987-88) and the earlier "Renaissance of Islam: Art of the Mamluks" (1981). Exhibitions with a dynastic focus since 1989 include those devoted to the Ottomans ("L'Empire des Sultans", 1995), the Fatimids ("Trésors fatimides du Caire", 1998), the Qajars ("Royal Persian Paintings", 1998-1999), the Ayyubids ("L'Orient de Saladin", 2001-2002), the Mongols ("The Legacy of Genghis Khan", 2002-2003), and the Safavids ("Hunt for Paradise", 2003-2004; and "Shah Abbas", 2009). "Al-Andalus: The Art of Islamic Spain" (1992), though temporally broad, focused on the Iberian Peninsula. Although far from comprehensive, this list shows the dominant strand in temporary exhibitions since 1981.

Some recent exhibitions of Islamic art have sought to take apart the cultural monolith of Islam perpetuated through the late 1970s, resisting and self-consciously deconstructing the concepts and categories of Orientalism (as in "Purs Décors?", at the Musée du Louvre, Paris, 2007), which lingered on after Munich 1910. To a large extent, exhibitions framed through themes or circumscribed by historical-geographical parameters reflect changes in the Islamic art field, which to this day has only benefited from the fragmentation of its former monolith through specialized study of historical contexts and that has permitted artworks to be analyzed in those contexts in sophisticated ways (thinking, for example, of the causal relation between things and their sites of production and consumption). The "Europa und der Orient" exhibition, held in Berlin in 1989, offers an excellent example of such an exhibition focused on the history of reception and cultural interaction through art (Berlin 1989). Two recent exhibitions – with thematic emphases – for example, considered in ambitious ways the place of art objects in relation to social, political, and commercial processes. They were "Venice and the Islamic World 828-1797" (2006-2007) and "The Tsars and the East: Gifts from Turkey and Iran in the Moscow Kremlin" (2009). Specialization split apart the untenable paradigms that gave form to the field of Islamic art through the 1970s, though some recent exhibitions appear to reverse this trend.

Palace and Mosque, 2004-2006, at the Victoria & Albert Museum, London

The South Kensington Museum (renamed Victoria & Albert Museum in 1899), London, was founded in 1852 as a resource for industrial designers. By providing examples of well-designed objects, the museum of applied art would lead to the betterment of British industrial design and "educate the taste of their customers" (Crill/Stanley 2006, p. 1). Over the course of its history, the Islamic art collection has grown to its present number of approximately 10,000 objects. Originally, objects with "Islamic" provenance were divided according to medium and arranged alongside objects of the same media from other cultures. It was only in 1950 that two galleries were entirely given over to "Islamic Art". Since 1950, a number of changes have been made in the installation of the Islamic art collections involving the addition of new flooring material, adjusted light exposure, new display cases, and the opening of entrances (Cril/Stanley 2006, pp. 1-24). Collecting practices also changed over the course of time: since the late 1970s objects were acquired to fill perceived lacunae in the collection or to obtain noteworthy objects (Crill/Stanley 2006, p. 22). This targeted acquisition practice was intended to compensate for historical emphases of the collection by making it well rounded, a collection equal to an emerging "survey" mentality of Islamic art (and equivalent to the then contemporary mode of installation at the V&A which sought to arrange collections by region, tradition, and chronology). Changes in acquisition and display involved a reassessment of the founding principles and formation of the V&A's collection.

In 2002, a benefactor, Mohammed Abdul Latif Jameel, approached the V&A. Later the same year a plan developed to reinstall the Islamic gallery and organize a traveling exhibition of highlights from the collection. Between November 2003 and July 2006, the collections were withdrawn from view as the new Islamic gallery underwent a process of conceptualization and design. As reinstallation plans were underway, the V&A reached a decision to tour 120 objects to Washington, D.C., Fort Worth, Tokyo, and Sheffield between 2004 and 2006. Though subject to small adjustments in response to changing venues, the conception and division of material in the Washington, D.C. exhibition, remained constant. "Palace and Mosque" comprised sections/rooms titled: "Word and pictures", "Courts and Courtiers", "Mosque, Shrine, and Church", "Ottoman Patronage", and "Interaction". The broad secular/sacred division reflected in the exhibition title was embodied in the distribution of objects throughout the galleries with the intention of modifying the perception that Islamic art was an exclusively religious art. Although the catalogue was conceived as a stand-alone publication, it followed the same basic thematic divisions as the traveling exhibition (London 2004).

As the collection made its way back to the UK, plans for the Jameel Gallery were completed and construction begun. The galleries would follow the historical/geographical sequence employed in most other permanent museum installations, with the advantage of continuing that chrono-

Gründungsprinzipien und Genese der Sammlungen des V&A.

2002 kam ein Wohltäter, Mohammed Abdul Latif Jameel, auf das Victoria & Albert Museum zu. Später in diesem Jahr entstand der Plan, die islamische Galerie neu zu gestalten und eine Wanderausstellung mit Highlights der Sammlung zu organisieren. Zwischen November 2003 und Juli 2006 wurden die Exponate aus den Ausstellungsräumen genommen und die neue islamische Galerie wurde einem Prozess der Konzeptualisierung und Neugestaltung unterzogen. Als Pläne für eine Neuinstallation bereits im Gange waren, entschied das V&A, von 2004 bis 2006 mit 120 Exponaten nach Washington D.C., Fort Worth, Tokio und Sheffield zu reisen. Obwohl sie je nach Veranstaltungsort kleinen Änderungen unterworfen war, blieben Konzeption und Auswahl der Stücke nach der Ausstellung in Washington D.C. konstant. „Palace and Mosque" umfasste Abteilungen/Räume mit den Überschriften: „Word and Pictures", „Courts and Courtiers", „Mosque, Shrine, and Church", „Ottoman Patronage" und „Interaction". Die große Unterteilung in Weltlich und Sakral im Titel der Ausstellung spiegelte sich in der Verteilung der Exponate in den Räumen; das Ziel war, die Wahrnehmung islamischer Kunst als reine Sakralkunst zu modifizieren. Obwohl der Katalog als eine eigenständige Publikation geplant war, folgte er derselben grundlegenden thematischen Gliederung wie die Wanderausstellung (London 2004).

Als sich die Sammlung auf dem Rückweg nach Großbritannien befand, waren die Pläne für die Jameel Gallery fertig gestellt und man begann mit dem Aufbau. Die Flure folgten derselben historisch-geografischen Reihung, nach der sich auch die meisten anderen Dauerausstellungen in Museen richteten, wobei ein Vorteil hierin bestand, dass die Chronologie in einer Weise bis in die moderne Zeit fortgesetzt werden konnte, wie es nur in wenigen anderen Museen möglich war; außerdem wurde die chronologische Ordnung immer dort durch eine thematische ersetzt, wo es im Hinblick auf die Ausstellungsstücke mehr Sinn ergab. Das Grundprinzip war, um die Höhepunkte der Sammlung, etwa den Ardebil-Teppich, Raum zu erzeugen, und dann ein Gerüst zu verwenden, um solche Stücke mit anderen, die in separaten Räumen gruppiert waren, zu „verweben", um Kontexte und Themen vorzuschlagen oder anzudeuten. (Für einen kommentierten Grundriss siehe Crill/Stanley 2006, S. 52). Die Jameel Gallery of Islamic Art eröffnete im Jahr 2006.

Cosmophilia, Boston und Chicago 2006-2007

Auch eine zweite Wanderausstellung aus jüngster Zeit, „Cosmophilia: Islamic Art from the David Collection, Copenhagen", war die Folge der Schließung eines Museums. Die David Collection in Kopenhagen, benannt nach ihrem Gründer Christian Ludvig David (1878-1960), war 2006 für die Öffentlichkeit geschlossen und 2009 an der ursprünglichen Stelle wieder eröffnet worden. Als Sammlung ist sie so ausgestellt, dass sie wie ein Privathaus wirkt. Die David Collection islamischer Kunst war von 1960 bis 2005 von 210 auf 2.555 Exponate angewachsen (siehe Boston 2006, S. 31-38). Die Kuratoren von „Cosmophilia", Sheila S. Blair und Jonathan M. Bloom, wählten 123 Stücke für die Ausstellung aus. „Cosmophilia" – soviel wie „Liebe zum Ornament", wie die Kuratoren erklärten – eröffnete 2006 im McMullen Museum of Art des Boston College und reiste von dort ins Alfred and David Smart Museum of Art, University of Chicago. In Boston war die Ausstellung auf zwei Stockwerken angeordnet und in Einheiten aufgeteilt, deren Unterschiede – bzw. die Übergänge von einem thematischen Cluster zum nächsten – durch eine Palette von roter, ockergelber, oranger und grüner Wandfarbe markiert waren. Über Deckenbögen wurden die Exponate angestrahlt, was ihre dramatische Wirkung steigerte. Die Ausstellung in Chicago war ähnlich installiert, nur waren hier die Wände weiß.

Die Kuratoren hatten Stücke aus der David Collection nach fünf Themen ausgewählt: Figuren, Schrift, Geometrie, Vegetation und Arabeske, sowie Mischformen. Kjeld von Folsach, der Direktor der David Collection, legte Wert darauf, dass die in Boston gezeigten Stücke thematisch arrangiert und nicht in der üblichen Weise als „Höhepunkte" oder „Meisterwerke" präsentiert wurden, wie es bei Wanderausstellungen aus einem einzigen Fundus üblich ist (Boston 2006, S. 5). Bei der Gestaltung der Ausstellung bedienten sich die Kuratoren des Vorbilds von „The Arts of Islam" von 1976. Unter der Prämisse, dass das Ornament „eines der charakteristischsten Merkmale islamischer Kunst und Architektur" ist, wandten sich Blair und Bloom dem Vorwort des Katalogs von „The Arts of Islam" zu und übernahmen sein erklärtes Ziel, „den Grundcharakter islamischer Kunst zu bestimmen und die Elemente, die in ihm vorhanden sind, zu umreißen – separat, und – in einem allgemeineren Sinne – gemeinsam [exzerpierte Passage s.u.]. Diese charakteristischen Elemente wurden als Kalligrafie, Geometrie, die Arabeske und Themen der Figuration definiert" (Boston 2006, S. 9 und 13). Zu dieser Gruppe von vier Themen setzten Blair und Bloom ein fünftes, „Mischformen", um zu berücksichtigen, dass manche Kunstwerke Themen miteinander kombinieren.

Die fünf Themen erlaubten eine kohärent strukturierte Ausstellung der 123 Stücke aus der David Collection. Die Herangehensweise fiel mit

logy into the modern period in a way that few other museums could, and alternating a chronological approach with a thematic one where it made more sense for materials in the collection. The underlying principle was to construct space around high points in the collection, such as the Ardabil carpet, and use casework to "knit" these objects together with others gathered in discrete spaces to propose or suggest contexts and themes (for an annotated floorplan, see Crill/Stanley 2006, p. 52). The Jameel Gallery of Islamic Art opened in 2006.

Cosmophilia, Boston and Chicago 2006-2007

Another recent traveling exhibition, "Cosmophilia: Islamic Art from the David Collection, Copenhagen", also resulted from the closure of a museum. The David Collection, Copenhagen, named after its founder Christian Ludvig David (1878-1960), closed to the public in 2006 and reopened at its original site in 2009. As a colletion, it is installed to simulate a private home. The David Collection of Islamic art grew from 210 to 2,555 objects between 1960 and 2005 (see Boston 2006, pp. 31-38). "Cosmophilia" curators Sheila S. Blair and Jonathan M. Bloom selected 123 objects for exhibition. "Cosmophilia" – explained by the curators to mean "Love of ornament" – opened at Boston College's McMullen Museum of Art in 2006 and traveled to the Alfred and David Smart Museum of Art, University of Chicago. In Boston, the exhibition was arranged on two floors and divided into units whose distinctions, as translations from one thematic cluster to the next, were marked by a palette of red, ocher, orange, and green wall colors. Track lighting spotlighted objects, enhancing their dramatic effect. A comparable installation was followed in Chicago, except that its walls were white.

The curators selected objects from the David Collection according to five themes: figures; writing; geometry; vegetation and the arabesque; and hybrids. Kjeld von Folsach, Director of the David Collection, preferred that the objects presented in Boston should be arranged through a thematic exhibition rather than follow the commonplace highlights or masterpieces model for exhibitions drawn from a single collection (Boston 2006, p. 5). In shaping the exhibition, the curators turned to the model of the 1976 "The Arts of Islam". Working under the premise that ornament is "one of the most distinctive features of Islamic art and architecture", Blair and Bloom turned to the preface of the "The Arts of Islam" catalogue and adopted its stated objective "to define the essential character of Islamic art, to trace out the elements that are present in it, separately or more generally together [excerpted passage, see below]. These characteristic elements were taken to be calligraphy, geometry, the arabesque, and the treatment of figuration" (Boston 2006, pp. 9 and 13). To this group of four themes, Blair and Bloom added a fifth, "hybrids", to acknowledge that some artworks combine themes.

The five themes structured a coherent exhibition out of the 123 objects from the David Collection. Their approach coincided with an intensified disciplinary questioning regarding the utility of the field designation "Islamic art" and the categories through which its objects had been studied. Such questioning of the Islamic art field – its methods, history, for example – were presumably not thought suitable for public airing. While Blair and Bloom found the thematic approach of the 1976 "The Arts of Islam" to be useful, they chose not to deconstruct its curators' idealistic and ahistorical approach, or essentializing principles, but instead elided them by omitting without indication of ellipsis the passage "by which we seek to identify the Islamic creative spirit" from the London 1976 catalogue (London 1976, p. 9). Rather, Blair and Bloom accepted the capacity of the five themes to organize objects into a framework of unity amid diversity. Like "The Arts of Islam", they privileged a sensory experience of objects over modes of organization that would also prompt an exploration of historical difference through contextual factors or directly address such pressing issues as artistic agency and intention, art as embodiment of confessional identity, and so forth. All these issues were foundational to the premise of "The Arts of Islam" and "Cosmophilia" exhibitions. Like "Palace and Mosque" before it, "Cosmophilia" accepted the pressure to politicize the framing and content of an exhibition returning, in a recursive way, to an older exhibition model. In the case of "Palace and Mosque" the works on view were subjected to an instrumentalizing impulse by which artworks were used as teaching tools for learning about Islamic civilization; in the case of "Cosmophilia", unifying themes were selected to point up similarities across cultures and historical contexts and deliver a comprehensible and palatable casting of Islamic art, and Islam, to its audience.

Coda

This essay has attempted to survey the models developed for temporary exhibitions of Islamic art and changes in installation practice from the 1880s to now. While much more could be written about the intentions that directed the curators' choices and the forces that controlled their decisions, it is clear that in each instance they followed a sense of what was important and what was necessary at any given moment in time (some of these aspects are considered in detail in Roxburgh 2010, from which portions of this essay are adapted). A comparative study of temporary exhibitions across the fields of art history

einer verstärkten wissenschaftlichen Diskussion über die Nützlichkeit der Fachbezeichnung „islamische Kunst" zusammen sowie der Kategorien, anhand derer ihre Gegenstände untersucht worden waren. Ein solches Hinterfragen des Gebiets der islamischen Kunst – seiner Methoden, etwa der Geschichtswissenschaft – wurde vermutlich für ungeeignet gehalten, öffentlich ausgebreitet zu werden. Blair und Bloom fanden den thematischen Ansatz von „The Arts of Islam" von 1976 nützlich; sie zogen es vor, die idealistische und ahistorische Herangehensweise der damaligen Kuratoren nicht zu dekonstruieren und keine wesentlichen Prinzipien herauszuarbeiten, sondern umgingen dies, indem sie die Passage „wodurch wir den kreativen Geist des Islam zu identifizieren suchen" kommentarlos aus dem Katalogtext von 1976 strichen (London 1976, S. 9). Blair und Bloom akzeptierten vielmehr die Leistungsfähigkeit der fünf Themen, um Objekte in einem Bezugssystem der Einheit inmitten der Vielfalt zu organisieren. Wie schon „The Arts of Islam" gaben sie einer sinnlichen Erfahrung der Exponate den Vorzug: vor Strukturierungsmethoden, die auch eine Untersuchung historischer Unterschiede aufgrund kontextueller Faktoren anregen oder gar dringliche Themen wie künstlerisches Wirken und Intention, Kunst als Verkörperung religiöser Identität usw. direkt ansprechen würden. Alle diese Themen waren grundlegend für die Prämisse sowohl von „The Arts of Islam" als auch „Cosmophilia". Wie davor schon „Palace and Mosque", reagierte auch „Cosmophilia" auf den Druck, Rahmenwerk und Gehalt einer Ausstellung politisieren zu müssen, und kehrte in rekursiver Weise zu einem älteren Ausstellungsmodell zurück. Im Fall von „Palace and Mosque" waren die Exponate einem instrumentalisierenden Impuls unterworfen, der Kunstwerke als Lehrmittel für eine Unterrichtung über islamische Zivilisation verwenden wollte; im Fall von „Cosmophilia" wurden vereinheitlichende Themen ausgewählt, um Ähnlichkeiten zwischen Kulturen und über verschiedene historische Kontexte hinweg aufzuzeigen und dem Publikum ein verständliches und genießbares Modell islamischer Kunst, und des Islam insgesamt, zu liefern.

Nachsatz

Dieser Aufsatz hat sich bemüht, einen Überblick über die Leitprinzipien für temporäre Ausstellungen islamischer Kunst und über die Veränderungen in ihrer Installationsweise von den 1880er-Jahren bis heute zu geben. Man könnte noch vieles über die Intentionen schreiben, die den Entscheidungen der Kuratoren zugrunde lagen, und über die Kräfte, die sie beeinflussten; deutlich wurde jedoch, dass sie sich in jedem Falle von einem Gefühl dafür leiten ließen, was zu einem bestimmten Zeitpunkt das Wichtige und Notwendige war. (Einige dieser Aspekte werden detailliert in Roxburgh 2010 beleuchtet; Teile dieses Aufsatzes sind daraus übernommen.) Eine vergleichende Untersuchung temporärer Ausstellungen über mehrere Gebiete der Kunstgeschichte hinweg würde gewiss Gemeinsamkeiten sowohl in Ausstellungskonzeption und -thematik als auch in der Installation aufzeigen. Ein ausschlaggebender Unterschied – bis zu den späten 1970er-Jahren sowie nach 2001 – ist jedoch auszumachen: Er betrifft die scheinbar immerwährende Vorstellung, die bereits von den frühesten Islam-Kunsthistorikern zum Ausdruck gebracht wurde, dass man, wenn man der Öffentlichkeit islamische Kunst präsentiert, Zugeständnisse machen oder spezielle Überlegungen anstellen müsse. Diese Idee führt häufig zu Vereinfachungen komplexer historischer Prozesse und ihrer Resultate oder, oft ungewollt – und beeinflusst durch vermutete (oder echte) Forderungen, was eine Ausstellung islamischer Kunst erreichen soll oder kann – zur Wiederherstellung eines orientalistischen Diskurses. Die problemorientierte kunsthistorische Ausstellung, wie sie in den 1980er- und 1990er-Jahren stattfand, ist heute nicht gerade ausgestorben, aber viel schwieriger zu finanzieren; sie stellte höhere Ansprüche an ihr Publikum, das sich mit dem Gesehenen aktiv befassen und dabei etwas lernen sollte. Dieser Ansatz beeinträchtigte keinesfalls die Bewunderung, die man den Exponaten entgegenbrachte.

Eine weitere Untersuchung der Beziehungen zwischen temporären Ausstellungen und Dauerausstellungen in Museen ist nötig. (Zur Wirkung der Münchner Ausstellung von 1910 auf die Art der Installation islamischer Exponate in Berlin 1932 siehe Lermer und Shalem 2010.) Durch diese Gegenüberstellung, die sogar als Kollision zu betrachten wäre, könnte man zum Kern heutiger Bedenken über die Art und Weise, wie islamische Kunst – als Objekte und als sich entwickelnder kunsthistorischer Diskurs – der Öffentlichkeit präsentiert werden soll, vordringen. Den Hauptschauplatz heutiger Sorgen, was mit der islamischen Kunst, mit den zehntausenden von Exponaten in öffentlichen und privaten Sammlungen geschehen soll, bilden die Dauerausstellungen in Museen. Dies ist die große unausgesprochene Frage – der sprichwörtliche „elephant in the room". (Aus dem Englischen von Christine Wunnicke)

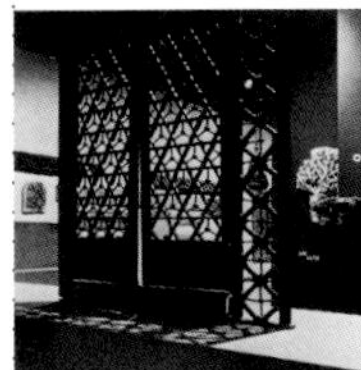
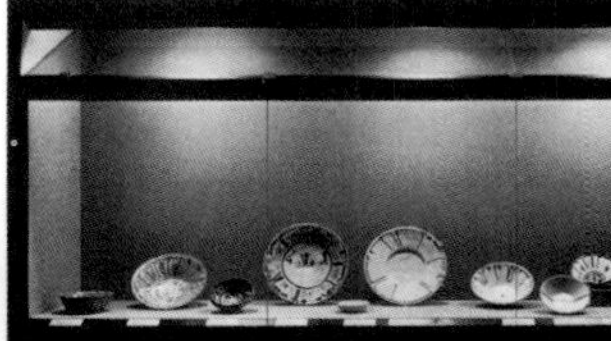

Abb. 4 | Fig. 4: Korridor E3 Richtung E4 | Gallery E3 looking to E4, "Timur and the Princely Vision: Persian Art and Culture in the Fifteenth Century," Arthur M. Sackler Gallery, Smithsonian Institution, Washington D.C., 1989. Foto | Photo: Freer Gallery of Art, Smithsonian Institution, Washington D.C.

would surely reveal points of commonality in both exhibition conception and theme as well as in installation. One critical difference that can be discerned – up to the late 1970s and since 2001 – concerns the seemingly perpetual notion, voiced by even the earliest Islamic art historians, that presenting Islamic art to a public requires concessions or special considerations to be made. This approach tends to result in simplifications of complex historical processes and their results, or to remediate an Orientalist discourse, often inadvertently, in the face of perceived (or real) demands of what an exhibition of Islamic art should or can do. The mode of the problem driven art historical exhibition of the 1980s and 1990s, of a type not exactly dead but harder to fund these days, placed a greater demand on its public by asking them to engage with what they saw and to learn in the process. This approach did not compromise the wonder instilled by the objects on view.

Further exploration of the connections between temporary exhibitions and permanent museum installations is warranted (on the impact of the Munich 1910 exhibition on the display of Islamic objects in Berlin 1932, see Lermer/Shalem 2010). It is through that juxtaposition, which might even be considered a collision, that one might get at the heart of contemporary concerns about how to present Islamic art, as objects and as an evolving art historical discourse, to its public. The prime locus of current anxieties about what to do with Islamic art, its tens of thousands of objects gathered in public and private collections, lies in the permanent museum installation. It is the proverbial "elephant in the room".

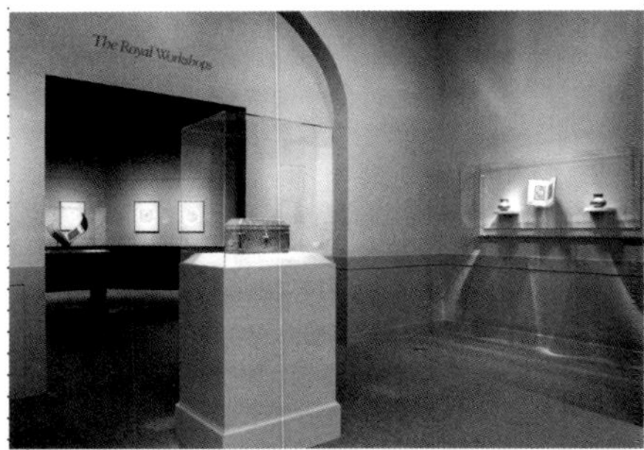

Abb. 5 | Fig. 5: Schaukästen und Gittervitrine | Display cases and lattice screen, "The Arts of Islam," Hayward Gallery, London 1976, Foto | Photo: John Webb; nach Brawne 1982, S. 26 | after Brawne 1982, p. 26.

Alpers 1990. Svetlana Alpers: "The Museum as a Way of Seeing", *The Poetics and Politics of Museum Display*, eds. Ivan Karp and Steven D. Lavine, Washington D.C. and London 1990, pp. 25-32.

Berlin 1989. *Europa und der Orient, 800-1900*, ed. Gereon Sievernich and Hendrik Budde, exhibition catalogue, Berlin 1989.

Boston 2006. *Cosmophilia: Islamic Art from the David Collection, Copenhagen*, Sheila S. Blair and Jonathan M. Bloom, exhibition catalogue, Boston and Chicago, 2006.

Bozdogan/Necipoglu 2007. Sibel Bozdogan and Gülru Necipoglu, eds.: *History and Ideology: Architectural Heritage of the "Lands of Rum"*, *Muqarnas*, 24, 2007.

Brawne 1982. Michael Brawne: *The Museum Interior: Temporary and Permanent Display Techniques*, London 1982.

Cleveland 1916. *Catalogue of the Inaugural Exhibition of the Cleveland Museum of Art, 1916*, Cleveland 1916.

Clifford 1988. James Clifford: *The Predicament of Culture: Twentieth-Century Ethnography, Literature, and Art*, Cambridge Mass. 1988.

Crill/Stanley 2006. Rosemary Crill and Tim Stanley, eds.: *The Making of the Jameel Gallery of Islamic Art at the Victoria and Albert Museum*, London 2006.

Goldin 1976. Amy Goldin: "Islamic Art: The Met's Generous Embrace", *Art Forum* 14, 7, March 1976, pp. 44-50.

Labrusse 1998. Rémi Labrusse: "Paris, capitale des arts de l'islam? Quelques apercus sur la formation des collections françaises d'art islamique au tournant du siècle", *Bulletin de la Société de l'Histoire de l'Art Français*, année 1997, 1998, pp. 275-308.

Lenssen 2008. Anneka Lenssen: "'Muslims to Take Over Institute for Contemporary Art': The 1976 World of Islam Festival", *MESA Bulletin*, 42, 1-2, 2008, pp. 40-47.

Lermer/Shalem 2010. Andrea Lermer and Avinoam Shalem, eds.: *Changing Views: The 1910 Exhibition "Meisterwerke muhammedanischer Kunst" Reconsidered*, Leiden 2010, forthcoming.

London 1931. *Catalogue of the International Exhibition of Persian Art*, exhibition catalogue, London 1931.

London 1976. *The Arts of Islam*, eds. Dalu Jones and George Michell, exhibition catalogue, London 1976.

London 2004. *Palace and Mosque: Islamic Art from the Victoria and Albert Museum*, ed. Tim Stanley, exhibition catalogue, London 2004.

Komaroff 2000. Linda Komaroff, ed.: "Exhibiting the Middle East: Collections and Perceptions of Islamic Art", *Ars Orientalis*, 30, 2000.

Martin 1897. F. R. Martin: *F. R. Martins Sammlungen aus dem Orient in der Allgemeinen Kunst-und Industrie Ausstellung zu Stockholm, 1897*, Stockholm 1897.

Munich 1910. *Ausstellung München 1910 Amtlicher Katalog*. *Ausstellung von Meisterwerken muhammedanischer Kunst. Musikfeste Muster-Ausstellung von Musik-Instrumenten*, exhibition catalogue, Munich 1910.

Munich 1910-12. *Die Ausstellung von Meisterwerken muhammedanischer Kunst in München 1910*, Friedrich Sarre and F. R. Martin et al., exhibition catalogue, 4 vols., Munich 1910-12.

Paris 2007. *Purs Décors? Arts de l'Islam, regards du XIXe siècle. Collections des Arts Décoratifs*, ed. Rémi Labrusse, exhibition catalogue, Paris 2007.

Rizvi 2007. Kishwar Rizvi: "Art History and the Nation: Arthur Upham Pope and the Discourse on 'Persian Art' in the Early Twentieth Century," *Muqarnas*, 24, 2007, pp. 45-65.

Roxburgh 2000. David J. Roxburgh: "Au Bonheur des Amateurs: Collecting and Exhibiting Islamic Art, ca. 1880-1910", *Ars Orientalis*, 30, 2000, pp. 9-38.

Roxburgh 2010. David J. Roxburgh: "After Munich: Reflections on Recent Exhibitions", *Changing Views: The 1910 Exhibition "Meisterwerke muhammedanischer Kunst" Reconsidered*, eds. Andrea Lermer and Avinoam Shalem, Leiden 2010, forthcoming.

Sabini 1976. John Sabini: "The World of Islam: Its Festival", *Saudi Aramco World*, May-June, 1976, pp. 2-4.

Vernoit 2000. Stephen Vernoit, ed.: *Discovering Islamic Art: Scholars, Collectors and Collections, 1850-1950*, London 2000.

Volait 2009. Mercedes Volait: *Fous du Caire: Excentriques, Architectes, & Amateurs d'Art en Egypte (1867-1914)*, Paris 2009.

Wallach 1992. Alan Wallach: "The Museum of Modern Art: The Past's Future", *Journal of Design History*, 5, 3, 1992, pp. 207-215.

Ward 1991. Martha Ward: "Impressionist Installations and Private Exhibitions", *Art Bulletin*, 73, 4, 1991, pp. 599-622.

Washington D.C. 1989. *Timur and the Princely Vision: Persian Art and Culture in the Fifteenth Century*, Thomas W. Lentz and Glenn D. Lowry, exhibition catalogue, Los Angeles and Washington D.C. 1989.

Washington D.C. 1990. *Islamic Art and Patronage: Treasures from Kuwait*, ed. Esin Atil, exhibition catalogue, New York 1990.

Wood 2000. Barry D. Wood: "'A Great Symphony of Pure Form': The 1931 International Exhibition of Persian Art and its Influence", *Ars Orientalis*, 30, 2000, pp. 113-130.

Avantgarde und Islamophilie: Anatomie einer Ausstellung

Rémi Labrusse

Die Ausstellung „Meisterwerke muhammedanischer Kunst", die 1910 in München veranstaltet wurde, kann als ein wichtiges Ereignis innerhalb der Geschichte der abendländischen Darstellungsweisen betrachtet werden, da sich in ihr bereits lange bestehende Phänomene begegnen und verknüpfen, die eben dieser Geschichte immanent sind; diese verweisen auf eine Krise des europäischen Bewusstseins und waren ohne Zweifel noch niemals so eng miteinander verbunden. Für eine eingehendere Untersuchung des so entstandenen Konglomerates von Darstellungsweisen können insbesondere drei von diesen Phänomenen herausgegriffen werden. Das erste besteht in einem Willen zur Reform der Theorien und Praktiken des Ornaments in der Zeit der Massenindustrialisierung. Das zweite betrifft die Ausweitung der privaten und öffentlichen Sammeltätigkeit auf Bereiche außerhalb des Abendlandes. Das dritte besteht in einer radikalen Infragestellung der klassischen Ästhetik der Mimesis im Bereich der schönen Künste. Diese drei Phänomene, die sich seit den 1850er Jahren mit neuer Kraft manifestiert hatten, trugen alle dazu bei, im Denken ihrer Protagonisten ein Avantgarde-Bewusstsein herauszubilden: der ästhetische Diskurs bezog dabei Fragen der individuellen Moral und der Politik mit ein. Es manifestierte sich ebenfalls der Wunsch nach einer Umkehrung der gegenwärtigen Strukturen und nach einer globalen Erfindung eines neuen Bezugs zur Welt. Schließlich musste diese Erfindung von einer kleinen Elite ausgeführt werden, die versuchte, sich von den allgemein üblichen Darstellungsweisen jener Zeit zu distanzieren.

Ebenso wie fast der gesamte Diskurs über die Kunst der islamischen Welt (zumindest bis zum Ersten Weltkrieg), so hat auch die Geschichte jener Kunst, die in der Münchner Ausstellung vermittelt wurde, in visueller und intellektueller Hinsicht den Ornament-Musterbüchern viel zu verdanken, die schon seit mehr als einem halben Jahrhundert für die Verbreitung dieser sogenannten „dekorativen" Ästhetik gesorgt hatten (ob sie nun als sarazenisch, orientalisch, arabisch, mohammedanisch oder später schließlich als islamisch bezeichnet wurde).

Die Wichtigkeit, die der inneren Rationalität dieser Ästhetik beigelegt wurde, implizierte eine radikale Distanzierung von den orientalistischen Phantasmagorien. Ein Widerhall davon findet sich in der strengen Museografie der Ausstellung von 1910 sowie, bereits einige Jahrzehnte früher, in der Ablehnung der romantischen Vorstellung vom Pittoresken im Hinblick auf den Orient bei zahlreichen Theoretikern des Dekorativen und Liebhabern islamischer Kunst. Im Jahr 1874 prangert beispielsweise Viollet-le-Duc im Bezug auf die osmanische Kunst die „Befürworter der Phantasie in allen Dingen" an, die nicht sehen wollten, dass „hinter diesen märchenhaften Kompositionen der Eingriff der kalten Wissenschaft steht" (Viollet-le-Duc 1874, S. III–IV). Zum gleichen Zeitpunkt bemerkte Jules Bourgoin, der gleichzeitig eine *Théorie de l'ornement (Theorie des Ornaments)* (Bourgoin 1873b) veröffentlichte, in seinem umfangreichen Band mit dem Titel *Les Arts arabes (Arabische Kunst)*, dass „der Romantizismus, da er alle Arten von poetischen Begierden erweckt und Phantasien verbreitet," „die rein pittoreske Seite" bevorzugt hatte, und er forderte, dass dies ersetzt werden sollte durch „eine wahreres und umfassenderes Verständnis der moslemischen Länder" (Bourgoin 1873a, S. I). Im Jahr 1893 hatte in Paris anlässlich der ersten „Exposition d'art musulman" („Ausstellung moslemischer Kunst") – diese wurde gleichzeitig mit einer Ausstellung orientalistischer Malerei veranstaltet – eine Reihe von Kritikern die Form der Präsentation angegriffen, die an den „Trödel"-Aspekt der orientalistischen Maler erinnere (Rivoalen 1893, S. 26). Der Kurator selbst, George Marye, musste eingestehen, dass er es vorgezogen hätte, freier „gegen den konventionellen Orientalismus" ankämpfen zu können (Marye 1893, S. 490).

Derselbe anti-orientalistische ästhetische Kampf wurde im Jahr 1910 in München fortgesetzt. Rudolf Meyer-Riefstahl, der sich übrigens auf Bourgoin stützt, freut sich über den im Verständnis des Orients errungenen Sieg über den „malerische[n] Geschmack" und „die Orgie eines ungezügelten Romantizismus" (Meyer-Riefstahl 1911, S. 86–88). Dieselbe Meinung vertritt auch der französisch-rumänische Kritiker Marcel Montandon: „Die Zeit der begeisterten Ausrufe angesichts des Reichtums, der Farben und der Phantasie der orientalischen Objekte war vergangen. Ganz im Gegenteil, es war die Zeit gekommen, den Künstlern Gerechtigkeit widerfahren zu lassen, die in ihrer Kunst perfekt ausgebildet sind, deren manuelle Geschicklichkeit, in der Praxis durch gebührend befolgte Regeln erworben, einzig im Dienste eines sehr hoch entwickelten (mathematischen oder malerischen) Gespürs für die Komposition und eines Gespürs für die Schönheit stand, das in der Schulung unseres Schönheitsempfindens durchaus seine Bedeutung hatte" (Montandon 1911, S. 65). In seiner Ablehnung

The Avant-garde and Islamophilia: Anatomy of an Exhibition

Rémi Labrusse

The 1910 exhibition "Masterpieces of Muhammadan Art" can be viewed as a highlight in the history of Western modes of representation, as this show established links between various enduring phenomena intrinsic to that history; these phenomena shed light on a crisis in European consciousness and had seldom been so closely intertwined previously. Three aspects can be identified as being of particular importance if the nexus of representations thus constituted is dissected to allow for closer examination. The first is a desire to reform ornamental theories and practices in the era of mass industrialisation. The second is the way in which private and public collecting practices were opening up to the non-Western world. The third is a radical calling into question of the classical aesthetic of mimesis in the realm of the fine arts. These three phenomena, manifested with new vigour from the early 1850s on, all contributed to the crystallisation of an avant-garde sensibility in the minds of the protagonists involved: the scope of aesthetic discourse was extended to encompass questions of individual morality and politics, and a desire to overturn existing structures and invent an overarching new relationship to the world was made manifest. Finally, this process of invention was to be accomplished by a small elite, which aimed to set itself apart from the representations that held sway at the time.

Like almost all discourse concerning the arts in the Islamic world, at least up until the First World War, the history of art mediated by the Munich exhibition owed a great deal, visually and intellectually, to the pattern books that had already fostered awareness of this aesthetic, viewed as essentially "decorative," for more than fifty years (irrespective of whether the style was dubbed Saracen, Oriental, Arab, Muhammadan, or, later, Islamic).

The importance accorded to the internal rationale of this aesthetic implied a radical move away from Orientalist phantasmagorias; this is echoed in the austere museography of the 1910 exhibition, and again in the rejection of romantic notions of the picturesque vis-à-vis the Orient that had been rife among numerous theorists of ornamentation and aficionados of Islamic art a few decades earlier. For example, in 1874 Viollet-le-Duc, writing on Ottoman art, lambasted the "partisans of imagination in all things" who refused to see that "behind these magical compositions, cold science has played its part" (Viollet-le-Duc 1874, p. III-IV). At the same time, Jules Bourgoin, who also published *Théorie de l'ornement (A Theory of Ornamentation)* (Bourgoin 1873b), commented in his weighty tome *Les Arts arabes (The Arts of the Arabs)* that "romanticism, by awakening all sorts of poetic appetites and disseminating fantasies" had given precedence to "purely picturesque aspects," and called for this to be replaced by "a truer and more comprehensive understanding of Muhammadan countries" (Bourgoin 1873a, p. I). Conversely, in Paris in 1893, on the occasion of the first "Exposition d'art musulman" ("Exhibition of Muhammadan Art") (shown in parallel with an exhibition of Orientalist painting), a number of critics had attacked the style of the presentation, reminiscent of the "bric-à-brac of Orientalist painters" (Rivoalen 1893, p. 26). The curator himself, George Marye, had had to admit that he would have preferred to present a more outright reaction "against conventional Orientalism" (Marye 1893, p. 490).

The same anti-Orientalist aesthetic struggle was continued in Munich in 1910. Rudolf Meyer-Riefstahl, basing his argument on Bourgoin, noted with pleasure that a victory in the understanding of the Orient had been won, vanquishing "painterly taste" and the "orgy of unrestrained Romanticism" (Meyer-Riefstahl 1911, p. 86-88). The same opinion was reiterated by the French-Romanian critic, Marcel Montandon: "The days of romantic enthusiastic exclamations before the richness and colours and fantasy of Oriental objects had passed; on the contrary, the time had come to do justice to these artists, so perfectly trained in their art, whose manual deftness, acquired by duly observing certain rules in their practice, was deployed solely in the service of a highly developed sense of composition, either mathematical or picturesque, and a sense of beauty that has played no small part in educating our sense of beauty" (Montandon 1911, p. 65). In rejecting the bazaar aesthetic, the museography is thus a visual mise en scène of a history of art that is struggling to promote a cause, modelled on the profound scientific rigour of its subject-matter, and going against the grain of Orientalist clichés. The rigorous study of art ("Kunstwissenschaft") advocated by the main exhibition organiser, Friedrich Sarre, who was himself a historian and a great collector (Kröger 2010; Troelenberg 2010), is remarkably consonant in this context with the mathematical vision of Islamic ornament, hostile to the charms of reverie, which was prevalent among anti-Orientalist "Islamophile" reformers during the previous century. The same is true for Sarre's team: Ernst Kühnel, one of the key figures involved in preparing the 1910 exhibition, demonstrated subsequently – particularly

der Ästhetik des Basars ist die Museografie also die visuelle Inszenierung einer kämpferischen Kunstgeschichte, die sich auf der tiefgründigen Wissenschaftlichkeit ihres Gegenstandes selbst gestaltet und den orientalistischen Klischees zuwiderläuft. Die „Kunstwissenschaft", die Friedrich Sarre, der Hauptverantwortliche der Ausstellung, rühmt – er war selbst Historiker und ein großer Sammler (Kröger 2010; Troelenberg 2010) –, steht in diesem Rahmen in einem bemerkenswerten Gleichklang mit der mathematischen (also dem Zauber des Traumes feindlich gegenüberstehenden) Sichtweise des islamischen Ornamentes, wie sie bei den „islamophilen" Reformern des vorausgegangenen Jahrhunderts vorherrschte. Ebenso hat Ernst Kühnel, eine der Schlüsselfiguren bei der Vorbereitung der Ausstellung im Jahre 1910, in der Folge gezeigt – insbesondere in *Die Arabeske* (Kühnel 1949) –, dass seine Überlegungen einer formalistischen Konzeption noch immer viel zu verdanken hatten, die sich von den Theorien des Ornamentes im 19. Jahrhundert ableitete. Mit diesem Ansatz trat Kühnel in die Fußstapfen von Kunsthistorikern wie Alois Riegl, der sich gut zwanzig Jahre zuvor bei der Entwicklung seiner Überlegungen über die Arabeske in seinen *Stilfragen* (Riegl 1893) direkt auf die Musterbücher von Owen Jones (Jones 1856), Adalbert de Beaumont (Beaumont 1859; Beaumont/Collinot 1880–1883), Achille Prisse d'Avennes (Prisse d'Avennes 1877), Edhem Pacha (Edhem Pacha 1873) oder Jules Bourgoin (Bourgoin 1873a) gestützt hatte.

Dieser Ansatz erklärt auch die transkulturelle Annäherungsweise an das Thema, die bei den Vertretern dieser anti-orientalistischen Ansicht anzutreffen ist: Da das Kriterium der primären Definition der islamischen Kunst in einer gewissen Konzeption der Form bestand, die man insgesamt als den Ausdruck einer platonischen Weltsicht betrachtete, kamen die rassischen, geografischen und chronologischen Kriterien erst an zweiter Stelle (wie dies bereits in den „Grammatiken des Ornamentes" zum Ausdruck kam, ein Titel, der seit den 1850er Jahren für die Werke auftaucht, in denen die islamische Kunst zumeist einen Ehrenplatz innehatte). Die untergeordnete Rolle der Unterscheidungen, die nicht auf formalen Erwägungen beruhen, steht am Ursprung des allmählichen Auftauchens der Kategorie des Islams selbst – er wurde zunächst unter dem Aspekt der Form und nicht unter dem der Geografie betrachtet – mittels der Vorstellung von „muhammedanischer Kunst", die in Paris ab 1893 verbreitet wird und 1910 in München ihren Höhepunkt erreicht.

Eine derartige Herangehensweise war keineswegs unumstritten. Da sie von den Veranstaltern der Ausstellung bis zu einem extremen Punkt getrieben wurde, hat sie überwiegend Kritik hervorgerufen – auch in den Reihen von Philologen der Orientalistik (Troelenberg 2010), Sammlern und Museumskuratoren, auch wenn diese prinzipiell im selben Kampf mit einbezogen waren. Dies ist der Fall beispielsweise bei Gaston Migeon, Konservator am Louvre und Kurator der anderen großen Ausstellung vom Anfang des Jahrhunderts, die der Kunst der islamischen Welt gewidmet war und im Jahr 1903 in Paris im Musée des Arts décoratifs stattfand. Obwohl er sich zu jener Zeit bereits darüber freute, den Blick auf den Islam von den „beim Flanieren in den Basaren des Orients zusammengesammelten Stücken" befreit zu haben (Migeon 1903, S. 3), hat er im Jahr 1910 nichtsdestoweniger (teilweise aus Wettbewerbsgründen) an der rigorosen Strenge der Präsentation Anstoß genommen: „Ich habe sagen hören, ‚dass man nicht *Tausendundeine Nacht* machen wollte'... O nein! Das stand nicht zu befürchten. Die bis zu diesem Punkt getriebene und beabsichtigte Einfachkeit führte zu der verletzendsten Form der Überheblichkeit" (Migeon 1910, S. 6). Das bedeutet, dass Friedrich Sarre und seine Mitarbeiter bereit waren, die Gefahr einzugehen, die Gunst der Kritik und des Publikums zu verlieren, da sie sich der Distanz bewusst waren, die sie von der damaligen öffentlichen Meinung und sogar von den Fachkreisen der Vertreter der islamischen Kunst trennte.

Diese elitäre und engagierte Einstellung besteht gleichzeitig mit einer gewissen Anzahl von Berührungs- und Verbindungspunkten zwischen dieser Ausstellung und der zeitgenössischen Kunst der Avantgarde. Es ist bekannt, dass die Ausstellung von 1910, mehr noch als die Ausstellung von 1903 in Paris, ein spektakuläres Vorzeigeprojekt für die Kreise von privaten Kunstliebhabern, Händlern und Museumskonservatoren geboten hat, die daran arbeiteten, eine neue Kategorie des Geschmacks zu entwickeln. In diesem Kontext muss darauf hingewiesen werden, dass im Jahr 1910 eine gewisse Anzahl dieser Leihgeber sich parallel dazu seit einigen Jahren in der Verteidigung einer zeitgenössischen Kunst engagierte hatte, die der akademischen orientalistischen Malerei absolut fremd war. Die abendländische Malerei, die sie mit ihren islamischen Objekten in Zusammenhang brachten, war nicht die Bildwelt eines Traum-Orients, sondern bestand ganz im Gegenteil aus Gemälden der Impressionisten, Postimpressionisten, Fauves oder, ein wenig später, der Kubisten. Dies war beispielsweise bei Karl-Heinz Osthaus in Hagen (Osthaus 2000; Osthaus 2002) oder Piotr Schtschukin in Moskau (Kean 1994) der Fall, beide Mitglieder des Arbeits-Ausschusses der Ausstellung. Das galt auch für den Kritiker Rudolf Meyer-Riefstahl (Kropmanns 1998), den Sammler Alphonse Kann (Kann 1927), den Modeschöpfer Jacques Doucet,

in *Die Arabeske* (*The Arabesque*) (Kühnel 1949) – that his reflections still owed a great deal to a formalist conception derived from 19th-century theories of ornament. In adopting this approach, Kühnel was thus following in the footsteps of art historians such as Alois Riegl, who, some twenty years earlier, when developing his reflections on the arabesque in his *Stilfragen* (*Problems of Style*) (Riegl 1893), had drawn directly on the pattern books compiled by Owen Jones (Jones 1856), Adalbert de Beaumont (Beaumont 1859; Beaumont/Collinot 1880-1883), Achille Prisse d'Avennes (Prisse d'Avennes 1877), Edhem Pacha (Edhem Pacha 1873) or Jules Bourgoin (Bourgoin 1873a).

This strategy also explains the transcultural approach to the subject-matter adopted by scholars: as the primary criterion in defining art from the Islamic world was a certain conception of form, considered on the whole as the expression of a Platonic vision of the world, racial, geographic and chronological considerations played a subordinate role (as manifested earlier in "Grammars of Ornament," a title which began to appear in the 1850s in publications that often paid particular tribute to artworks from the Islamic world). The secondary role ascribed to differentiations not rooted in formal considerations lies at the origin of the gradual emergence of the very category of Islamic art, initially considered in terms of form and not in terms of geography, through the prism of the notion of "Muhammadan art," which was first used in Paris in 1893 and reached its pinnacle in Munich in 1910.

This type of approach was by no manner of means self-evident; on the whole this view, followed through to its logical conclusion by the organisers of the exhibition, met with criticism, even from the ranks of Orientalist philologists (Troelenberg 2010), collectors and museum curators, although they were, in principle, also involved in the same struggle. That was the case, for example, for Gaston Migeon, who was a curator at the Louvre and organised the other major turn-of-the-century exhibition on the arts of the Islamic world, held in Paris at the Musée des Arts décoratifs in 1903. Despite having boasted at the time that he had saved consideration of Islam "from pieces dredged up whilst strolling around the bazaars of the Orient" (Migeon 1903, p. 3), Migeon was nonetheless offended in 1910 (partly out of a sense of competitiveness) by the severe austerity of the presentation: "I have heard it said 'The idea was not to produce *A Thousand and One Nights*'... Ah no! There was no fear of that. Simplicity that is strained and intentional to such a degree amounts to the most offensive form of pretension" (Migeon 1910, p. 6). It thus becomes clear that Friedrich Sarre and his team were prepared to run the risk of critical and public opprobrium, fully aware of the distance separating them from the public opinion of the day and even from the specialised milieu of advocates of Islamic art.

Alongside this elitist, committed attitude, a number of links connecting the exhibition and avant-garde contemporary art can also be identified. It is common knowledge that the 1910 exhibition, even more than the 1903 Paris show, offered a spectacular showcase to an entire milieu of private art-lovers, dealers and curators, who were working to establish a new category of taste. In this context, it is striking to note that several of those who lent works to the exhibition in 1910 had also been involved for some years in defending a style of contemporary art entirely alien to academic Orientalist painting. The Western paintings they showed in conjunction with their Islamic art objects did not draw on the imagery of a dream-like Orient but were instead from the opposite extreme of the artistic spectrum: works

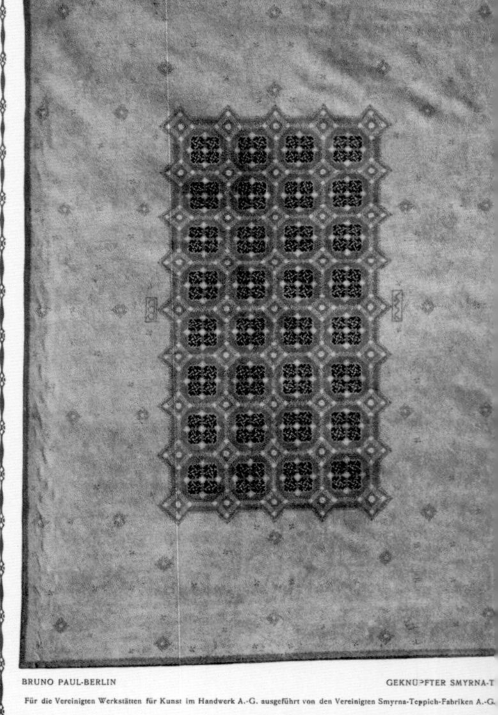

Abb. 2 | Fig. 2: Entwurf | design: Bruno Paul, Produktion | Production: Vereinigte Smyrna Teppich Fabriken A. G. Berlin; Teppich | Rug, um 1910 | c. 1910; nach | after: Die Kunst. Monatshefte für freie und angewandte Kunst, vol. 14, 1911, S. 93.

der „sich selbst sehr gerne als ‚avantgardistisch' bezeichnete" (Joubin 1930, S. 74; Doucet 1930) sowie für die Kunsthändler Georges-Joseph Demotte (Brachlianoff 1987), Léonce Rosenberg oder Charles Vignier in Frankreich (Paris 2007, S. 320–322). Man kann hier auch noch Dikran Kelekian anführen, der zwischen Frankreich und den Vereinigten Staaten tätig war und bereits im Jahr 1909 zum Thema der persischen Kunst Folgendes schrieb: „Kritische Sammler, die mit ihr [der persischen Kunst] in jüngster Zeit in Kontakt gekommen sind, haben begonnen, sie mit einer tiefen und beständigen Zuneigung wie etwas zu lieben, das ganz innerhalb des Bereiches ihrer emotionalen Erfahrungen liegt. Moderne Studenten gehen in die Museen, um sie wegen dessen zu studieren, was sie ihnen speziell zu lehren hat, denn sie finden in den Prinzipien dieser Kunst, die inzwischen mehr als sieben Jahrhunderte alt ist, nicht eine einzige Qualität, die mit den Notwendigkeiten ihrer heutigen künstlerischen Tätigkeit unvereinbar wäre" (Kelekian 1909, S. 11). In München hatte der Gründer der *Modernen Galerie*, Heinrich Thannhauser, der in der Verbreitung der impressionistischen und postimpressionistischen Kunst engagiert war, einen Stand in der Handelsabteilung der Ausstellung (Kaak 2010). Marcel Montandon, der wegen seiner begeisterten Sichtweise dieser Ausstellung bereits angeführt wurde und der in die Kreise der deutschsprachigen Kunstkritik jener Zeit sehr eingebunden war, sollte einige Jahre später, im Jahr 1916, mit Le Corbusier beim Projekt der Villa Schwob in La-Chaux-de-Fonds zusammenarbeiten. Vor allem Hugo von Tschudi, der im Juli 1909 die Leitung der Bayerischen Staatsmuseen übernommen hatte, verband sein schon seit langer Zeit bestehendes Interesse für den Orient – er war in den Jahren 1908–1909 nach Ägypten und nach Japan gereist – mit einer Verteidigung der zeitgenössischen französischen Kunst. Dies hatte zu seinem Ausschluss aus der Neuen Galerie in Berlin geführt und ihn auch dazu bewogen, im Juli 1910 das beeindruckende „Nature morte au géranium" („Stillleben mit Geranien") von Matisse zu erwerben (München 1996, S. 260) [Abb. 1] – und zwar gerade zu jenem Zeitpunkt, als die Ausstellung islamischer Kunst stattfand. Trotz seiner schwachen Gesundheit kam er nicht umhin, seinen Einfluss auf dieses Ereignis zu nehmen, dessen Vorsitz er offiziell innehatte (Kaak 2010), und dies umso mehr, als sein Stellvertreter, Heinz Braune, seine Überzeugungen teilte und ebenfalls ein Sammler der Werke von Matisse war (Kropmanns 2009, S. 57–58).

Vielleicht kann man diesen Einfluss in den wiederholten Aufrufen des Katalogs zu einem Dialog zwischen islamischer Kunst und „moderner" künstlerischer Schöpfung erkennen: „[Die Ausstellung] will zeigen, dass die Schöpfungen der muhammedanischer Kunst [...] in ihrer Farbenharmonie, in ihrer ornamentalen Größe vor allem geeignet sind, dem modernen Kunstschaffen Anregungen zu geben und ihm vielleicht neue Wege zu weisen. Keine deutsche Stadt dürfte für die Erreichung dieses Zweckes geeigneter sein als München" (München 1910b, S. 13). Dieser Aufruf gebärdet sich als typisch avantgardistisch, da er vom Bereich der Form zum sozialen Leben im Allgemeinen übergeht, dessen „Reorganisation" er durch die Tätigkeiten einiger Elite-Individuen erreichen möchte – was in dem Wunsch zum Ausdruck kommt, der am Ende der Einführung zum Katalog formuliert wird: dass der Bezug auf den Islam zu einer „Ausbreitung des werktätigen Strebens nach kultureller Reorganisation [führen solle], welches die Besten unserer Zeit und unserer Kunst erfüllt und bewegt!" (München 1910a, S. 38). In einer Stadt, die nicht nur mit Berlin und Wien, sondern auch (im Bereich der angewandten Künste) mit Paris rivalisierte, bilden diese Aussagen gewiss in erster Linie Anspielungen auf die neuen Münchner Tendenzen zur Vereinfachung des Designs im Umkreis des Deutschen Werkbundes und der Deutschen Werkstätten für Handwerkskunst von 1907 (welche ebenfalls zum Herbstsalon in Paris im Jahr 1910 eingeladen waren (Pechmann 1911)). Letztendlich fand in München eine Begegnung statt zwischen einer für die künstlerische Erneuerung günstigen Umwelt, im Kielwasser der Theorien des Ornaments des 19. Jahrhunderts, und einer wissenschaftlichen Annäherung an die islamische Kunst, die durch einen Formalismus charakterisiert ist, der von Riegls Analysen über die Arabeske ausgeht. Es wurde ein Diskurs herbeigeführt, der sich, zurückblickend betrachtet, auf natürliche Weise an die zeitgenössischen Bildexperimente anzupassen schien. Das ist insbesondere der Fall, wenn man im Katalog folgende globale Definition des abstrakten „Wesens" der islamischen Kunst liest, die in höchstem Maße im Stile Riegls gehalten ist: „Als das spezifisch muhammedanische Ornament betrachten wir besonders die Arabeske, die als eine verfeinerte Fortbildung und geistvolle Auflösung der antiken Blattranke angesehen werden muss. Sie ist in ihren beiden vollendeten Formen, der persischen und der maurischen, der höchste Ausdruck eines abstrakten Schönheitsempfindens geworden" (München 1910b, S. 11). Am Scheideweg zwischen der Verteidigung der französischen Avantgardekunst (Thannhauser und von Tschudi), dem Interesse für die neue Blüte der angewandten Künste (Bruno Paul) und dem wissenschaftlichen Studium der islamischen Kunst (Friedrich Sarre) bleibt Rudolf Meyer-Riefstahl ohne Zweifel der wichtigste Repräsentant dieser intellektuellen Verflechtung, die von der Ausstellung in

by the Impressionists, post-Impressionists, the Fauves, and, a little later, the Cubists. That was true, for example, of Karl-Heinz Osthaus in Hagen (Osthaus 2000 ; Osthaus 2002) or Piotr Shchukin in Moscow (Kean 1994), both members of the committee preparing the exhibition (the so-called *Arbeits-Ausschuss*). It also applied to the critic Rudolf Meyer-Riefstahl (Kropmanns 1998), the collector Alphonse Kann (Kann 1927), and to couturier Jacques Doucet who "rather liked to describe himself as 'being avant-garde'" (Joubin 1930, p. 74; Doucet 1930), as well as to the art dealers Georges-Joseph Demotte (Brachlianoff 1987), Léonce Rosenberg or Charles Vignier in France (Paris 2007, p. 320-322). One might also cite Dikran Kelekian who worked between France and the United States; as early as 1909 he wrote, on the subject of Persian art, "Discriminating collectors who have come to know it [Persian art] in the recent times, have grown to love it with a deep and abiding affection as something quite within the scope of their emotional experiences. Modern students go to the museums to study it for that which it especially has to teach them, finding in the principles of this art, now more than seven centuries old, not one quality incompatible with the needs of their present-day artistic activity" (Kelekian 1909, p. 11). In Munich, the founder of the *Moderne Galerie*, Heinrich Thannhauser, a committed advocate of Impressionist and post-Impressionist art, had a stand in the commercial section of the exhibition (Kaak 2010). A few years later, in 1916, Marcel Montandon, who has already been cited with his enthusiastic appraisal of the exhibition and was closely integrated into the world of German-speaking art critics of the day, cooperated with Le Corbusier on his Villa Schwob project in La-Chaux-de-Fonds. Above all, Hugo von Tschudi, appointed as General Director of the Bavarian State Museums in July 1909, combined a longstanding interest in the Orient – he had travelled in Egypt and Japan in 1908 -1909 – with vigorous support for contemporary French art. This brought about his removal from his post in Berlin's Neue Galerie and was also the motivation behind his purchase of Matisse's monumental "Nature morte au geranium" ("Still Life with Geranium") in 1910 (München 1996, p. 260) [fig. 1], just when the exhibition of Islamic art was showing in Munich. Despite suffering from ill-health, he could not fail to leave his mark on this event, officially organised under his aegis (Kaak 2010), particularly as his deputy, Heinz Braune, shared his convictions and was also a collector of Matisse's work (Kropmanns 2009, p. 57-58).

His influence on the exhibition can perhaps be detected in the repeated calls in the catalogue for a dialogue between Islamic art and "modern" artistic production: "[the exhibition] seeks to demonstrate that, in the harmony of their colours, in the grandeur of their ornament, the creations of Muhammadan art [...] are suited above all to provide stimuli to the modern artist and perhaps reveal new approaches to him. No other German city could be better suited than Munich to attaining this goal" (München 1910b, p. 13). This exhortation assumes a typically avant-garde twist when it moves from the domain of formal considerations to more general discussion of the social sphere, which was to be "reorganised" through activities undertaken by certain members of the elite – as manifested too in the wish, expressed at the end of the introduction to the catalogue, that this reference to Islam would lead to an "extension of the hard-working endeavours to reorganise culture, a spirit that imbues and drives forward the best figures of our day and of our art!" (München 1910a, p. 38). Of course, in a city that was competing not just with Berlin

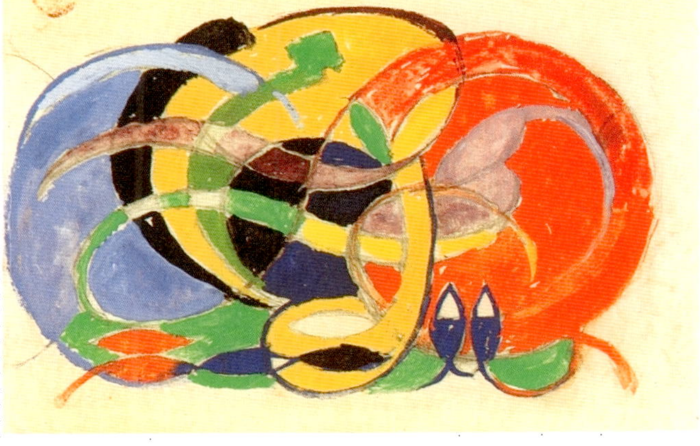

Abb. 3 | Fig. 3: Franz Marc, *Abstrakte Komposition* *Abstract Composition*, 1912-1913, Bleistift und Tempera auf Papier | pencil and tempera on paper, 8,8 x 15 cm, Privatsammlung | private collection; nach | after: Franz Marc. Kräfte der Natur. Münster, Westfälisches Landesmuseum, 1993, S. 209.

and Vienna but also with Paris in the realm of the applied arts, these statements alluded above all to the new trends towards design simplification in Munich, associated with the *Deutscher Werkbund* and the 1907 *Deutsche Werkstätten für Handwerkskunst* (also invited to the 1910 Autumn Salon in Paris (Pechmann 1911)). Nevertheless, in the wake of 19th-century theories of ornamentation an environment conducive to artistic renewal came together in Munich with a scholarly approach to Islamic art, characterised by a formalism inherited from Riegl's analyses of the arabesque, and this encounter ultimately generated a discourse which, in retrospect, seems to adapt itself naturally to the pictorial experiments of the era. That is the case in particular when we read the following definition in the catalogue,

München bewirkt wurde. In einem enthusiastischen Text berichtet er erfreut über die Wirkung, die von diesem Ereignis auf die angewandten Künste ausging, wobei er insbesondere an die sogenannten „Smyrna"-Teppiche mit geometrischen Motiven im pseudo-kleinasiatischen Stil erinnert, die nach Entwürfen von Bruno Paul im Auftrag der Vereinigten Werkstätten für Kunst im Handwerk ausgeführt worden waren (Meyer-Riefstahl 1911, S. 92–93). [Abb. 2]

Das bedeutet nicht, dass die Ausstellung von den zeitgenössischen Künstlern automatisch als ihres Interesses würdig wahrgenommen wurde. Bei einigen Künstlern war der Eindruck gleich Null: so beispielsweise bei Auguste Renoir, der während des Sommers 1910 nach München gereist war. Obwohl er bereits seit langer Zeit vom Orientalismus verlockt worden war und überdies für die Frage der Beziehungen zwischen den schönen Künsten und den dekorativen Künsten (Patry 2009) aufgeschlossen war, hat er die islamische Kunst, soweit uns bekannt ist, nicht als Quelle einer spezifischen Inspiration erwähnt. Bei anderen Künstlern ist der Einfluss der islamischen Kunst nur oberflächlich geblieben – dies ist bei Raoul Dufy der Fall, der sich zusammen mit Hans Purrmann und Othon Friesz im Dezember 1909 kurz vor der Ausstellung in München aufhielt. Er stand den großen Liebhabern der islamischen Kunst nahe wie dem Modeschöpfer Paul Poiret (Poiret 1930, S. 96); ab 1910 hat er auch eine sehr umfangreiche Produktion von dekorativen Objekten entwickelt, insbesondere von bedruckten Textilien (Tourlonias/Vidal 1999; Laurent 2008). Dennoch hat er den Beitrag des Islam zu seiner Ästhetik niemals wirklich theoretisch untermauert. Im Kreis der Neuen Künstlervereinigung wird auch von Paul Klee, der drei Jahre später jedoch in Kairouan eine wirkliche ästhetische Verwandlung erfahren sollte, München nicht als Etappe seiner Entdeckung der islamischen Welt (Klee 2009) genannt. Kandinsky seinerseits, der ein frühes Interesse für die Frage des Dekorativen zum Ausdruck gebracht und im Jahr 1905 in Tunesien architektonische und ornamentale Motive gezeichnet hatte (Barnett/Friedel 1995, S. 126–127; Podzemskaia 2000, S. 98), versuchte vor allem eine Unterscheidung zwischen nicht-figurativer Kunst und bloßer Dekoration zu treffen, wobei er gegen „die Gefahr der ornamentalen Form" kämpfte (Kandinsky 1913, S. 110; Kandinsky 1914, S. 208). Dementsprechend griff er eher auf Byzanz als auf den Islam zurück, als seine komplexen Gedanken über Abstraktion und das Geistige in der Kunst zur Reife gelangten (Podzemskaia 2000, S. 135–136). Ab 1910 betreffen seine seltenen Hinweise auf die islamische Kunst figurative Arbeiten: die persischen Miniaturen, die er auf der Ausstellung von 1910 gesehen hatte – er erwähnt sie in einem seiner „Münchner Briefe", die in Moskau veröffentlicht wurden (Kandinsky 1910) –, und Reproduktionen von Figuren des ägyptischen Schattentheaters im *Almanach „Der blaue Reiter"* 1912 – nach von Paul Kahle beschafften Dokumenten (Kahle 1910–1911).

Es ist also nicht erstaunlich, dass diese Hinweise, die zunächst von Franz Marc im Jahre 1910 mit Begeisterung eingesetzt wurden, um Kandinsky zu verteidigen (den er noch nicht kennengelernt hatte), in der Folge dann zugunsten von eher ikonischen als dekorativen Überlegungen nahezu vollständig verschwanden, die auch in diesem Fall vor allem von der byzantinischen Kunst geprägt waren. Mit dieser hatte Marc engen Kontakt, da sein Bruder Paul an der Münchner Universität als Byzantinist tätig war (Labrusse 2007, S. 67). Nach einer ersten begeisterten Begegnung mit der islamischen Kunst – er spricht

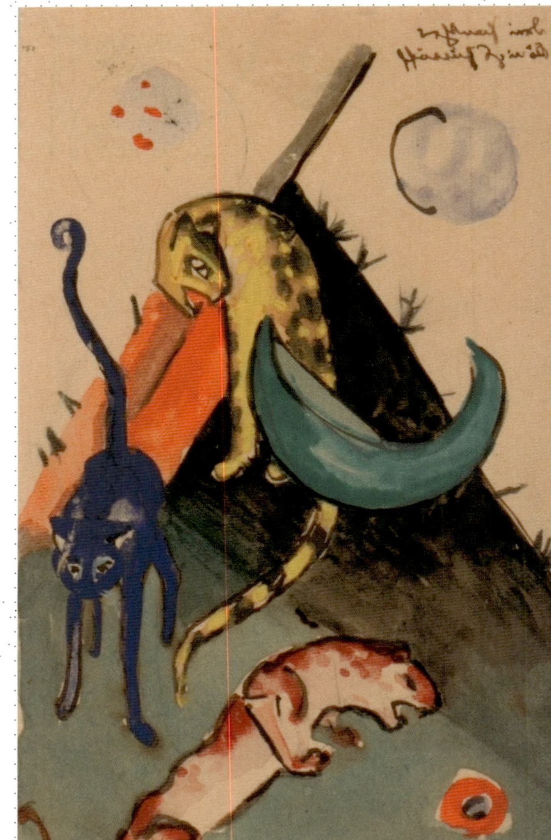

Abb. 4 | Fig. 4: Franz Marc, *Die drei Panther des Königs Jussuff* | *The Three Panthers of King Jussuff*, 1913, Postkarte an Else Lasker-Schüler | postcard to Else Lasker-Schüler, Tusche und Wasserfarben auf P | ink and watercolour on paper, 13,8 x 9 cm, © Staatliche Graphische Sammlung München.

couched in an eminently Rieglian style, and addressing the abstract "nature" of Islamic art: "We consider the arabesque to be the specific Muhammadan ornament, which must be seen as a refined continuation and intelligent unravelling of the leaf tendril of antiquity. In its two most perfect forms, the Persian and the Moorish, it is the supreme expression of an abstract sense of beauty" (München 1910b, p. 11). Strong support for French avant-garde art, as promoted by Thannhauser and von Tschudi, intersected with an interest in reinvigorating the applied arts, as advocated by Bruno Paul, and scholarly study of Islamic art, as defended by Friedrich Sarre; Rudolf Meyer-Riefstahl is certainly the most emblematic figure at the point where the various elements came together in this intellectual interweaving triggered by the Munich exhibition. This holds particularly true of the enthusiastic text where he notes with pleasure the event's impact on the applied arts, evoking in particular the so-called Smyrna carpets with geometric motifs in pseudo-Anatolian style, produced in Berlin to designs by Bruno Paul for the Vereinigte Werkstätten für Kunst im Handwerk (Meyer-Riefstahl 1911, p. 92-93) [fig. 2].

This does not mean that the exhibition was automatically perceived by contemporary artists as worthy of their interest. There were a number of artists who were not affected at all by the show: one example is Auguste Renoir, who travelled to Munich during the summer of 1910. Although he had long been tempted by the allure of Orientalism and was, furthermore, attuned to the issue of the relationship between the fine arts and the applied arts (Patry 2009), he does not, to the best of our knowledge, mention Islamic art as a specific source of inspiration. For other artists, the impact of Islamic art remained superficial: that is true of Raoul Dufy who, along with Hans Purrmann and Othon Friesz, spent time in Munich shortly before the exhibition, in December 1909. Dufy was close to great aficionados of Islamic art, such as couturier Paul Poiret (Poiret 1930, p. 96), and was also prolific in producing decorative pieces, especially printed textiles, from 1910 on (Tourlonias/Vidal 1999; Laurent 2008). Nevertheless he never really addressed the contribution of Islamic art to his aesthetic approach in theoretical terms. In the circles of the *Neue Künstlervereinigung*, Paul Klee, who was to have a real aesthetic conversion three years later in Kairouan, does not refer to the time in Munich as a phase in his discovery of the Islamic world either (Klee 2009). Kandinsky, for his part, who had previously been one of the first to take an interest in the question of the decorative and had sketched architectural and ornamental motifs in Tunisia in 1905 (Barnett/Friedel 1995, p. 126-127; Podzemskaia 2000, p. 98), sought above all to draw a distinction between non-figurative "high" art and simple decoration, struggling to combat "the danger of ornamental form" (Kandinsky 1913, p. 110; Kandinsky 1914, p. 208); as a consequence, he turned to Byzantium rather than to Islam as his complex thinking on abstraction and the spiritual in art grew to maturity (Podzemskaia 2000, p. 135-136). From 1910 on, his rare references to Islamic art relate to figurative works: the Persian miniatures he saw at the 1910 exhibition, cited in one of his "Munich Letters", published in Moscow (Kandinsky 1910), and reproductions of figures from Egyptian shadow theatre, based on documents provided by Paul Kahle (Kahle 1910-1911), in *Almanach "Der blaue Reiter"* ("*The Blue Rider" Almanach*) in 1912.

It is therefore not at all surprising that these references, initially deployed by Franz Marc with great gusto in 1910 to defend Kandinsky (whom he had not yet met), vanished almost entirely subsequently, giving way to reflections that were more iconic than decorative, and informed, once again, by Byzantine art. Marc had an opportunity to become familiar with the latter thanks to his brother Paul, a Byzantine philologist at Munich University (Labrusse 2007, p. 67). Nonetheless after an initial awe-struck encounter with Islamic art – which he describes as a "highlight" – at the Paris exhibition in May 1903 (Marc 1978, p. 79), Marc's discovery of the "Oriental" carpets gathered together in Munich played a decisive role in helping the young artist to understand Kandinsky's art and to identify the possibility of overcoming the distinctions drawn in Europe between the fine arts and decorative art forms: "It is a shame," he writes "that it is not possible to hang Kandinsky's wonderful composition and certain other works next to the Muhammadan carpets in the exhibition grounds. Comparisons would become inevitable and how instructive that would be for all of us! What is the nature of the astonished admiration with which we behold this Oriental art? Does it not mockingly reveal to us the one-sided limitations of our European concepts of painting? Its mastery of colours and composition, a thousand times more profound than our own, casts shame upon our conventional theories. In Germany there is scarcely any decorative work, let alone a carpet, which we could hang next to this art. Let us attempt this with Kandinsky's compositions – they will hold their own in this risky trial, not as carpets but as 'images'" (Marc 1910, p. 219). In the final analysis Marc thus nonetheless reaffirms the superiority of high pictorial art over that of these carpets, which, after having been instrumental in his thought as a means of perceiving the legitimacy of abstraction in painting, ultimately ceded to the latter. Loyal to the Western notion of "high art" taking precedence over the "minor arts", he dreamt of Kandinsky's "compositions" transpos-

von einem „Ereignis" – auf der Ausstellung von Paris im Mai 1903 (Marc 1978, S. 79), hat Marcs Entdeckung der in München zusammengetragenen „orientalischen" Teppiche dennoch eine entscheidende Rolle dabei gespielt, dem jungen Maler zu helfen, die Kunst von Kandinsky zu verstehen und darin die Möglichkeit einer übergreifenden europäischen Konzeption der Malerei zu entdecken: „Es ist schade", schreibt er, „dass man Kandinskys große Komposition und manches andere nicht neben die muhammedanischen Teppiche im Ausstellungspark hängen kann. Ein Vergleich wäre unvermeidlich und wie lehrreich für uns alle! Worin besteht unsere staunende Bewunderung vor dieser orientalischen Kunst? Zeigt sie uns nicht spottend die einseitige Begrenztheit unserer europäischen Begriffe von Malerei? Ihre tausendfach tiefere Farben- und Kompositionskunst macht unsere konventionellen Theorien zu Schanden. Wir haben in Deutschland kaum ein dekoratives Werk, geschweige einen Teppich, den wir daneben hängen dürfen. Versuchen wir es mit Kandinskys Kompositionen – sie werden diese gefährliche Probe aushalten, und nicht als Teppiche sondern als ‚Bilder'" (Marc 1910, S. 219). Letztendlich bekräftigt Marc also dennoch die Überlegenheit der großen Bilderkunst über die Kunst der Teppiche, welche, nachdem sie in seinem Denken die Rolle eines Hilfsmittels gespielt hatten, um die Legitimität der Abstraktion in der Malerei wahrzunehmen, dieser letzteren schließlich den Vorrang einräumen. Getreu der abendländischen Vorstellung von einer „großen Kunst", die die „untergeordneten Künste" dominiert, träumt er davon, dass die „Kompositionen" von Kandinsky die Umgestaltung der formalen Lehre des islamischen dekorativen Stils in „Bilder" von höherer Bedeutung bewirkten. Dadurch, dass er die visuelle Wirkung der Teppiche preist,

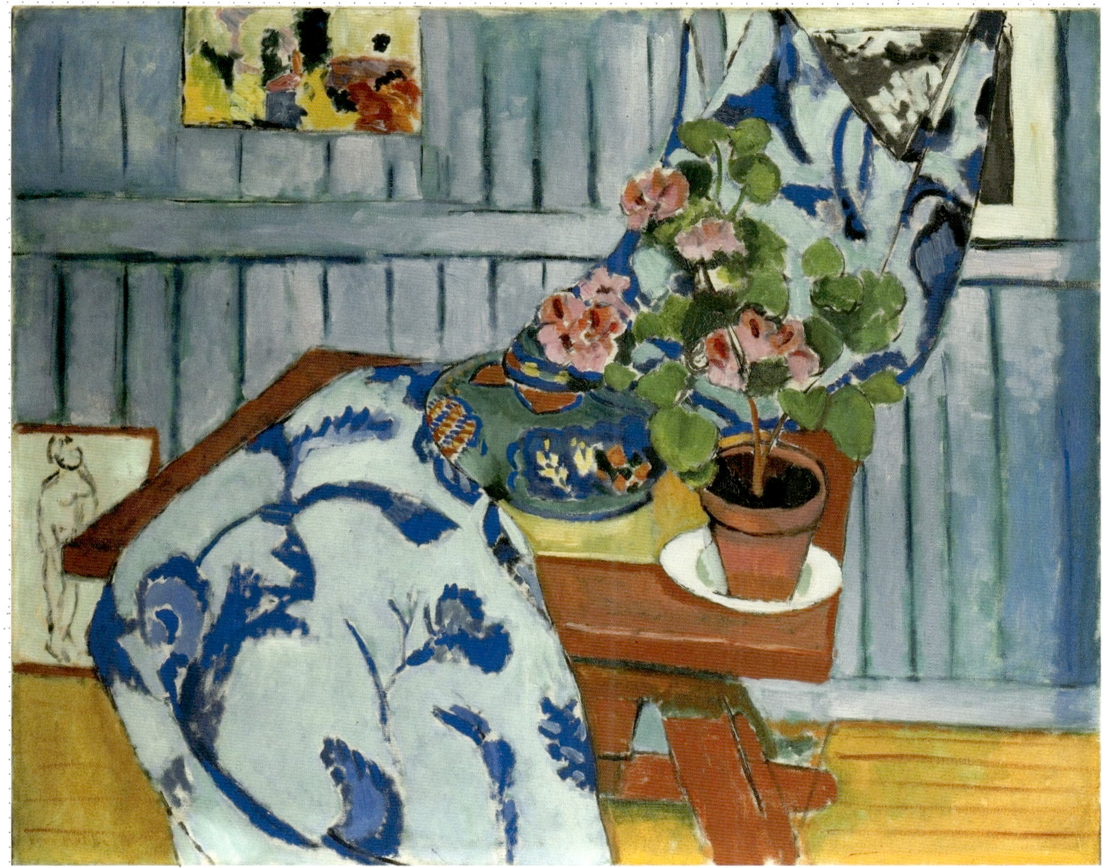

Abb. 1 | Fig. 1: Henri Matisse, *Stillleben mit Geranien* | *Still Life with Geraniums*, 1910, Öl auf Leinwand | Oil on canvas, 93 x 115 cm, © bpk | Bayerische Staatsgemäldesammlungen - Sammlung Moderne Kunst in der Pinakothek der Moderne München. (c) Succession H. Matisse / VG Bild-Kunst, Bonn 2010.

ing the formal lessons of Islamic decorative style into "images" endowed with greater meaning; in the very act of celebrating the carpets' visual impact, he diminishes their essence as works of art; in extremis, he rescues the "compositions" from the mere status of carpets by reasserting their status as fully fledged "images".

Parallel to this, Matisse was adopting a course that carried him in exactly the opposite direction. Whereas Marc and, to an even greater extent, Kandinsky considered the carpets through the prism of the painterly tradition [figs. 3, 4], Matisse sought to carry over the aesthetic of these carpets into painting and, in more general terms, to establish a gaze that he dubbed "decorative" (a notion that Kandinsky found repellent) at the heart of the great Western tradition of representation: "The decorative is something very important for a work of art. It is an essential quality. It is not pejorative to say that an artist's paintings are decorative" (Matisse 1945, p. 308). Indubitably, in adopting this approach, Matisse can be said to be the Western artist whose oeuvre is most profoundly influenced by Islamic art. He made a trip to Munich specially to see the exhibition in October, just before it ended, for, over the preceding years, he had acquired the resources to grasp the importance of this event by acquainting himself with the masterpieces of Islamic art shown in Paris at the time, particularly in the Musée des Arts décoratifs, which had re-opened in 1905. That is why he managed to take the decision, at a time of great fragility, when he was subject to violent criticism from the Parisian press concerning two paintings that had absorbed his energies for two years, "La Danse" ("Dance") and "La Musique" ("Music"), to go to Munich and immerse himself in a world that was favourably disposed towards him, not simply visually but socially too. In addition to von Tschudi and Braune, a number of those who had lent works to the exhibition were also collectors of his work, most notably Osthaus; Matisse was accompanied not just by Albert Marquet but also by Hans Purrmann, his most faithful pupil and a passionate aficionado of Islamic ceramics. In Munich Matisse met the man who, at the time, articulated the aesthetic significance of his oeuvre with the greatest intellectual rigour, the Englishman Matthew Stewart Prichard (Labrusse 1997). This scholar, who had been working since 1909 on tracing out the affinities between the decorative aesthetic of the French painter and Byzantine art, had spent the summer in the Bavarian capital reflecting on the links between this aesthetic and Islamic art works too: "The error of exaggerating the importance of representation," he wrote on 7th August to his Boston friend Isabella Stewart Gardner, "which distinguishes all European art except Byzantine art, was avoided in the Orient where, with a prescience of its impossibility and vulgarity, the authorities or tradition forbade its encouragement. In compensation, what carpets, what pottery, what crystals, what wood-work, what architecture, [...] what evidence of the unlimited exaltation of the house and palace that these relics, these 'shadows of a magnitude,' provide us" (Labrusse 1999, p. 279).

He was not alone in detecting in Matisse's work a glimmer of the possibility of an "Oriental" approach that would make it possible to move beyond the aporiae of the tradition of representation. Meanwhile the American Thomas Whittemore, after having experienced Matisse's art as a revelation in Berlin in 1908, noted in his copy of the Munich exhibition catalogue that one Safavid textile piece from the Kelekian collection was "very much like" Matisse (Labrusse/Podzemskaia 2000, p. 54). English painter and art critic Roger Fry wrote a long, enthusiastic account of the Munich exhibition (Fry 1910); he later went on to organise the "First Post-Impressionist Exhibition" in London in 1910, and as of 1911 became an unreserved "Matissiste" – to use his own term (Fry 1972, I, p. 348, London 2009)–, and in 1913 created the Omega Workshops to meld the plastic vernacular of the avant-garde with the applied arts [fig. 5]. Like Meyer-Riefstahl, Fry is an exemplary embodiment of the interaction between various facets of the crisis in Western identity, which came together in the exhibition's discourse: as an art historian (co-editor-in-chief of *The Burlington Magazine* since 1909) and a collector, he represented a connoisseurship open to non-Western worlds, including Islam (London 1999, p. 181); in his involvement in organising artistic groups, following in the tradition of William Morris and the Arts & Crafts movement, he linked his understanding of Islam to the theory and practice of ornamental decoration, celebrating, in particular, in 1910, Islamic art for the "vitality of its floral and geometrical ornament," and for the efficiency of its "extremely simple and economical method of decoration" (Fry 1910, p. 87-88); finally, as a painter, he embraced the broad European movement that called mimesis into question with a committed passion which, as he later wrote, left him without "any patience with people who decry our epoch" (Fry 1972, II, p. 476).

In a nutshell, an entire milieu of activists – artists, critics or collectors – who had been won over by Matisse's work, saw in the exhibition, to echo the painter's words, a "confirmation" that looked likely to achieve a work of "salvation" (Matisse 1947, p. 204; Matisse 1949, p. 130), by affording visual proof of the historical validity of experiments with plasticity that critics generally rejected violently due to their purportedly arbitrary nature. This confirmation did not relate to the question of figurative work or abstraction,

verringert er deren Wesen als Kunstwerke; in extremis errettet er die „Kompositionen" vom einfachen Status von Teppichen, indem er deren vollen Wert als „Bilder" bekräftigt.

Parallel dazu hat Matisse einen Weg in die entgegengesetzte Richtung beschritten. Dort, wo Marc und, mehr noch, Kandinsky die Teppiche zu den Bildern erhoben hatte [Abb. 3 und 4], wollte Matisse die Bilder hin zu den Teppichen zurückbringen und, allgemeiner noch, im Herzen der großen abendländischen Darstellungstradition einen Blick begründen, den er als „dekorativ" bezeichnet hat (ein Begriff, der Kandinsky abstieß): „Das Dekorative ist für ein Kunstwerk etwas äußerst Wertvolles. Es ist eine wesentliche Eigenschaft. Es ist nicht abwertend zu sagen, dass die Gemälde eines Künstlers dekorativ sind" (Matisse 1945, S. 308). Indem er diese Haltung annahm, blieb er unbestreitbar jener abendländische Künstler, dessen Konzeptionen von der islamischen Kunst am stärksten beeinflusst wurden. Er unternahm eigens eine Reise nach München, kurz vor dem Ende der Ausstellung im Oktober, weil er im Laufe der vorherigen Jahre die Grundlagen erworben hatte, die Bedeutung dieses Ereignisses zu ermessen: er hatte sich mit den Meisterwerken des Islams vertraut gemacht, die man zu jener Zeit in Paris sehen konnte – insbesondere im Musée des Arts décoratifs nach dessen Wiedereröffnung im Jahr 1905. Aus diesem Grund konnte er – in einem Augenblick großer Verunsicherung, als er heftigen Kritiken seitens der Presse in Paris ausgesetzt war, die sich auf zwei seiner wichtigsten Gemälde bezog, an denen er über zwei Jahre gearbeitet hatte („La Danse" [„Der Tanz"] und „La Musique" [„Die Musik"]) – die Entscheidung treffen, nach München zu reisen und in ein ihm nicht nur in visueller, sondern auch in sozialer Hinsicht freundlich gesonnenes Universum einzutauchen. Neben von Tschudi und Braune waren mehrere Leihgeber der Ausstellung zugleich auch Sammler seiner Werke, insbesondere Osthaus. Matisse selbst wurde nicht nur von Albert Marquet, sondern auch von Hans Purrmann begleitet, seinem treusten Schüler und einem begeisterten Liebhaber islamischer Keramiken. Hier in München traf er den Mann, der zu jener Zeit die ästhetische Bedeutung seines Werkes mit dem höchsten intellektuellen Anspruch formulierte: den Engländer Matthew Stewart Prichard (Labrusse 1997). Dieser Gelehrte, der seit 1909 damit beschäftigt war, die geistige Nähe zwischen der dekorativen Ästhetik des französischen Malers und der byzantinischen Kunst nachzuzeichnen, hatte den Sommer in der bayerischen Hauptstadt verbracht, um ebenfalls Überlegungen über die Verbindungen dieser Ästhetik mit der islamischen Kunst anzustellen: „Der Irrtum, die Bedeutung der Darstellung zu übertreiben", schreibt er am 7. August an seine Bostoner Freundin Isabella Stewart Gardner, „der für die gesamte europäische Kunst mit Ausnahme der byzantinischen charakteristisch ist, wurde im Orient vermieden, wo die Autoritäten oder die Tradition mit einem vorausschauenden Wissen von deren Unmöglichkeit und Vulgarität ihre Förderung verboten hatten. Was für Teppiche, was für Töpferwaren, was für Kristalle, was für Holzarbeiten, was für eine Architektur, [...] was für Beweise für die grenzenlose Erhebung des Hauses und Palastes, die diese Überreste, diese ‚Schatten einer Bedeutung' uns als Ersatz dafür liefern" (Labrusse 1999, S. 279).

Er war nicht der einzige, der im Werk von Matisse die Möglichkeit eines „orientalischen" Ansatzes entstehen sah, der es erlauben könnte, über die Aporien der Darstellungstradition hinauszugehen. Der Amerikaner Thomas Whittemore hatte seinerseits, nachdem er die Kunst von Matisse im Jahr 1908 in Berlin als eine Offenbarung erlebt hatte, in seinem Exemplar des Kataloges der Münchner Ausstellung notiert, dass ihn ein safavidisches Textil aus der Sammlung Kelekian sehr stark an Matisse erinnerte (Labrusse/Podzemskaia 2000, S. 54). Der englische Maler und Kunstkritiker Roger Fry hatte einen langen begeisterten Bericht über die Ausstellung in München veröffentlicht (Fry 1910). Er organisierte in London im Dezember 1910 die „First Post-Impressionist Exhibition" („Erste postimpressionistische Ausstellung"), ab 1911 wurde er dann ein bedingungsloser „Matissist", um seinen eigenen Begriff aufzugreifen (Fry 1972, I, S. 348), und im Jahr 1913 gründete er schließlich „Werkstätten" – die Omega Workshops (London 2009) –, um die bildnerische Sprache der Avantgarden mit den angewandten Künsten verschmelzen zu lassen [Abb. 5]. Wie Meyer-Riefstahl verkörpert auch Fry exemplarisch die Interaktion zwischen unterschiedlichen Facetten der abendländischen Identitätskrise, die im Diskurs der Ausstellung zusammentrafen: als Kunsthistoriker (seit 1909 leitender Koredakteur von *The Burlington Magazine*) und Sammler repräsentierte er eine Kennerschaft, die für die Bereiche außerhalb des Abendlandes offen war, unter anderem für die islamische Welt (London 1999, S. 181). Als Organisator von Künstlergruppen hat er, in der Tradition von William Morris und der *Arts & Crafts* Bewegung, sein Verständnis des Islams mit einer Theorie und Praxis der ornamentalen Dekoration verknüpft, wobei er, insbesondere im Jahr 1910, die islamische Kunst für die „Vitalität ihres floralen und geometrischen Ornamentes" rühmt und die Wirksamkeit ihrer „extrem einfachen und ökonomischen Methode der Dekoration" preist (Fry 1910, S. 87–88). Schließlich hat er sich als Maler für jene große europäische Bewegung, die

the very dilemma that Matisse endeavoured to leave behind him. It was not ontological in nature (relating to the image's ability to give an account of the structure of being) but instead phenomenological (pertaining to the image's ability to give life to the space of perception). That is why Matisse, when he refers to Islamic art, does not mention formal or stylistic characteristics as such (flatness, for example, as has so often been asserted) but instead talks of a general sense of space: "Through its accessories, this art suggests a larger space, a genuinely plastic space. This helped me to move beyond an intimate style of painting" (Matisse 1947, p. 203). The lesson to be learnt from Islamic art, as seen in its triumph in Munich, was not about a new style, it was about a new way of looking: this gaze could be dubbed "decorative" in as much as the work of art did not aim to captivate but instead to liberate the being-in-the-world of the spectator, not absorbing the viewer by adopting a centripetal logic, but instead referring the viewer back to real space, in keeping with a centrifugal logic, and endowing this space with a new energetic quality.

At this juncture, however, the characterisation of the Munich exhibition as an emblem of Western cultural history should draw to a close: this event at one and the same time marked the zenith and the endpoint in the relationship between reception of the arts of the Islamic world and contemporary Western artistic creation. Creating a simultaneously subtle and spectacular link between changes in the structures of taste, the transformation of structures of ornament, and the way in which the theory of representation was called into question, the exhibition did not convert this complex synthesis into a general cultural trend, analogous to that which brought contemporary Western art closer to Japanese art, from the 1860s on, or to African and Oceanic art, from the 1910s on. In particular, Matisse's vision of Islam only became established amongst a limited circle and the radical change in direction the painter aspired to in the relationship between the image and the spectator did not have a broad impact, almost as if the West were too deeply rooted in the dialectic of representation. In the 1920s Matisse appeared to realise this, withdrawing, not without a touch of melancholy, into creating figures of imaginary odalisques, in other words, into a form of Orientalism diametrically opposed to the grand initiatory hopes he had nourished during the period of his "Oriental" revelation. When he returned to the principles of his great decorative aesthetic towards the end of his life, working with paper cut-outs glued together to form collage compositions, and fondly recalled his visit to Munich forty years earlier, this was coupled with a realisation that he was now alone in travelling down this road and that no contemporary artist even shared his memory of the seminal role the exhibition had played. *(Translated by Helen Ferguson)*

I would like to thank Joachim Kaak, Steffen Krämer, Jens Kröger, Andrea Lermer, Nadia Podzemskaia, Avinoam Shalem and Eva-Maria Troelenberg for their assistance in the course of preparing this article.

Barnett/Friedel 1995: Vivian Endicott Barnett, Helmut Friedel, Rudolf H. Wackernagel: *Das bunte Leben. Wassily Kandinsky im Lenbachhaus*, Hrsg. Helmut Friedel, Köln 1995.

Beaumont 1859: Adalbert de Beaumont: *Recueil de dessins pour l'art et l'industrie*, Paris 1859.

Beaumont/Collinot 1880-1883: Eugène Collinot, Adalbert de Beaumont: *Encyclopédie des arts décoratifs de l'Orient*, 5 vol., Paris 1880-1883.

Bourgoin 1873a: Jules Bourgoin: *Les Arts arabes. Le trait général de l'art arabe*, Paris 1873.

Bourgoin 1873b: Jules Bourgoin: *Théorie de l'ornement*, Paris 1873.

Brachlianoff 1987: Dominique Brachlianoff: „Le portrait de l'antiquaire Demotte", *Matisse dans les collections du musée des Beaux-Arts de Lyon*, Lyon 1987, S. 9-13.

Coste 1837-1839: Pascal Coste: *Architecture arabe ou monuments du Kaire; mesurés et dessinés de 1818 à 1826*, Paris 1837-1839.

Coste 1867: Pascal Coste: *Monuments modernes de la Perse*, Paris 1867.

Doucet 1930: *Collection Jacques Doucet. Céramiques d'Extrême-Orient. Bronzes– Sculptures. Peintures chinoises et japonaises. Laques du Japon. Faïences de la Perse, de la Transcaspie et de la Mésopotamie. Miniatures persanes*, Einleit. Charles Vignier, Paris 1930.

Edhem Pacha 1873: *L'Architecture ottomane*, Hrsg. Edhem Pacha, 2 vol., Konstantinopel 1873.

Fergusson 1876: James Fergusson: *History of Indian and Eastern Architecture: Forming the Third Volume of the New Edition of the History of Architecture*, London 1876.

Fry 1910: Roger Fry: "The Munich Exhibition of Mohammedan Art", *The Burlington Magazine*, London Juli/September 1910, in: *Vision and Design*, Hrsg. J. B. Bullen, Mineola 1981 [Orig. 1920], S. 81-91.

Fry 1972: *Letters of Roger Fry*, Hrsg. Denys Sutton, 2 vol., London 1972.
- Lettre à Simon Bussy, 22. Mai 1911, vol. I, S. 348;
- Lettre à Marie Mauron, 31. Dezember 1919, vol. II, S. 476.

Gautier 1844: Théophile Gautier: „Feuilleton", *La Presse*, Paris 17. Juni 1844, o.S. [S. 1-3].

Girault de Prangey 1836-1839: Joseph Philibert Girault de Prangey: *Monuments arabes et moresques de Cordoue, Séville et Grenade, dessinés et mesurés en 1832 et 1833*, Paris 1836-1839.

Hessemer 1842: Friedrich Maximilian Hessemer: *Arabische und Alt-Italienische Bau-Verzierungen*, Berlin 1842.

Jones 1856: Owen Jones: *The Grammar of Ornament*, London 1856 (übs. frz. London/Paris 1865, neu hrsg. Lyon 2006).

Jones/Goury 1842-1845: Owen Jones, Jules Goury et al.: *Plans, Elevations, Sections and Details of the Alhambra, from drawings taken on the spot in 1834 by the late M. Jules Goury and in 1834 and 1837 by Owen Jones, archt., with a complete translation of the arabic inscriptions and an historical notice of the kings of Granada, from the conquest of that city by the Arabs to the expulsion of the Moors, by Mr. Pasqual de Gayangos*, London 1842 (vol. I), 1845 (vol. II).

Joubin 1930: André Joubin: „Jacques Doucet 1853-1929", *Gazette des beaux-arts*, Paris Februar 1930, S. 69-82.

die Mimesis infrage stellte, mit einer kämpferischen Leidenschaft eingesetzt; diese ließ ihn, wie er später schrieb, „keine Geduld mit den Leuten, die unsere Epoche in Verruf bringen" (Fry 1972, II, S. 476).

Kurz gesagt, ganze Kreise von Aktivisten – Künstler, Kritiker oder Sammler –, die durch das Werk von Matisse gewonnen wurden, erblickten in der Ausstellung nach den Worten des Malers eine „Bestätigung", die dazu geeignet war, ein Werk der „Erlösung" auszuführen (Matisse 1947, S. 204; Matisse 1949, S. 130), da sie auf visuelle Weise die historische Gültigkeit von bildnerischen Experimenten belegte, die die Kritik aufgrund ihres willkürlichen Charakters gewöhnlich entschieden verwarf. Diese Bestätigung richtete sich nicht auf die Frage nach Figuration oder Abstraktion, also eben jenes Dilemma, das Matisse zu überwinden bestrebt war. Sie war nicht ontologischer Art (auf die Fähigkeit des Bildes bezogen, über die Struktur des Seins zu berichten), sondern phänomenologischer Art (auf die Fähigkeit des Bildes bezogen, dem Wahrnehmungsraum Leben zu verleihen). Aus diesem Grund erwähnt Matisse, wenn er auf die islamische Kunst Bezug nimmt, nicht formale oder stilistische Charakteristika als solche (die Flächigkeit beispielsweise, die so oft angeführt wird), sondern vielmehr ein allgemeines Raum-Empfinden: „Durch ihr Beiwerk deutet diese Kunst einen größeren Raum an, einen wahrhaftig plastischen Raum. Dies hat mir geholfen, über einen intimen Malstil hinauszugehen" (Matisse 1947, S. 203). Was die islamische Kunst, wie sie in München triumphierte, lehren konnte, war kein neuer Stil, es war vielmehr eine neue Sichtweise: dieser neue Blick konnte „dekorativ" genannt werden, sofern das Kunstwerk sich nicht zum Ziel setzte, das In-der-Welt-Sein des Betrachters zu beanspruchen, sondern es vielmehr zu befreien, und sofern es ihn nicht gemäß einer zentripetalen Logik vereinnahmte, sondern ihn vielmehr gemäß einer zentrifugalen Logik auf den realen Raum zurückverwies, indem es diesen mit einer neuen energetischen Qualität versah.

An diesem Punkt muss die Charakterisierung der Münchner Ausstellung als ein Symbol der abendländischen Kulturgeschichte jedoch zu einem Ende kommen: Vom Gesichtspunkt der Beziehung zwischen der Rezeption der Künste der islamischen Welt und der zeitgenössischen abendländischen künstlerischen Schöpfung betrachtet, hat dieses Ereignis sowohl einen Höhepunkt als gleichzeitig auch einen Endpunkt gebildet. Diese Ausstellung schuf eine sowohl subtile als auch spektakuläre Verknüpfung zwischen den Veränderungen in den Strukturen des Geschmacks, der Umgestaltung der Strukturen des Ornamentes und der Infragestellung der Darstellungstheorie. Sie hat jedoch nicht zur Verwandlung dieser komplexen Synthese in eine allgemeine kulturelle Bewegung geführt, analog jener, die die zeitgenössische abendländische Kunst seit den 1860er Jahren an die japanische Kunst oder seit den 1910er Jahren an die afrikanischen und ozeanischen Kunstformen angenähert hatte. Insbesondere sind die Kreise, in denen sich Matisses Sichtweise des Islam einfügen konnte, beschränkt geblieben, und der radikale Umschwung, den der Künstler in der Beziehung zwischen Bild und Betrachter anstrebte, blieb ohne größeren Einfluss – geradeso, als ob das Abendland letzten Endes zu tief in der Dialektik der Darstellung verwurzelt gewesen wäre. Matisse selbst scheint sich dessen bewusst gewesen zu sein, als er sich in den 1920er Jahren, nicht ohne eine gewisse Melancholie, den Gestalten von Phantasie-Odalisken zuwandte, das heißt einer Form des Orientalismus, die den großen anfänglichen Hoffnungen jener Zeit diametral entgegensetzt war, als er das „Orientalische" als eine Offenbarung erlebt hatte. Und wenn er gegen Ende seines Lebens mit seinen mit Gouache-Farben bemalten Scherenschnitten zu den Prinzipien seiner großen dekorativen Ästhetik zurückgekehrt war und sich dabei gerührt an seinen vierzig Jahre zurückliegenden Besuch in München erinnerte, dann war ihm von da an klar, dass er auf seinem Weg allein bleiben würde und kein anderer zeitgenössischer Künstler mehr die Erinnerung an den fruchtbaren Impuls dieser Ausstellung teilen würde. (Aus dem Französischen von Klaus Roth)

Mein Dank gilt Joachim Kaak, Steffen Krämer, Jens Kröger, Andrea Lermer, Nadia Podzemskaia, Avinoam Shalem sowie Eva-Maria Troelenberg für ihre Hilfe während der Vorbereitung dieses Artikels.

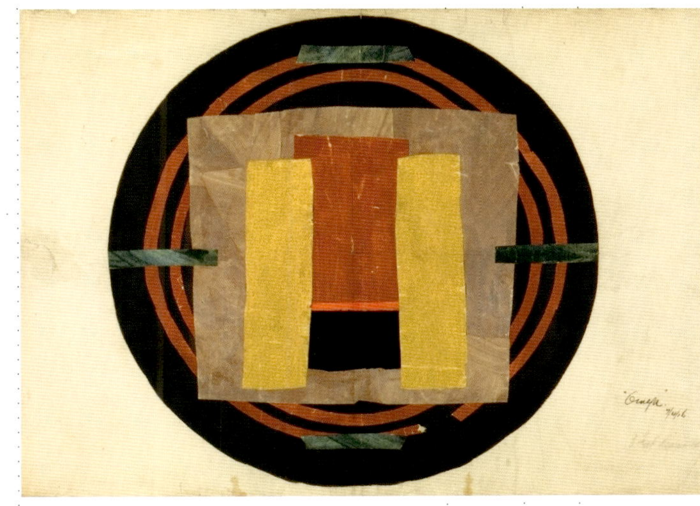

Abb. 5 | Fig. 5: Roger Fry, Design für einen runden Teppich | Design for a circular rug, 1916, Stift, Wasserfarbe auf Papier | Pencil, watercolour & bodycolour on paper, 43,2 x 60,6 cm, © V&A Images/Victoria and Albert Museum.

Kaak 2010: Joachim Kaak: „Hugo von Tschudi, die Ausstellung von ‚Meisterwerken muhammedanischer Kunst' und die Moderne", in: *Changing Views: The 1910 Exhibition "Meisterwerke muhammedanischer Kunst" Reconsidered*, Hrsg. Andrea Lermer, Avinoam Shalem, Leiden 2010, im Erscheinen / forthcoming.

Kahle 1909: Paul Kahle: *Zur Geschichte des arabischen Schattentheaters in Ägypten*, Leipzig 1909.

Kahle 1910-1911: Paul Kahle: „Islamische Schattenspielfiguren aus Ägypten", I. Teil, *Der Islam*, Straßburg, Bd. I, 1910, S. 264-299; Bd. II., 1911, S. 143-195.

Kandinsky 1910: Wassily Kandinsky: „Lettre de Munich n° 5", Apollo, Moskau, Oktober/November 1910, Nr. 11, S. 13-17, repr. in: *Избранные труды по теории искусства* / Ред. и сост. Н. Б. Автономова, Д. В. Сарабьянов, В. С. Турчин. Том 1. 1901-1914. М.: „Гилея", 2001, S. 73-81; übs. Engl.: *Complete Writings on Art*, Hrsg. Kenneth C. Lindsay, Peter Vergo, Boston 1982, vol. I, S. 73-76; übs. Deutsch: *Gesammelte Schriften 1889-1916. Farbensprache, Kompositionslehre und andere unveröffentlichte Texte*, Hrsg. Helmut Friedel, München, Berlin, London, New York 2007, S. 369-373.

Kandinsky 1913: Wassily Kandinsky: „Regards sur le passé", Berlin 1913, in: *Regards sur le passé et autres textes 1912-1922*, Hrsg. Jean-Paul Bouillon, Paris 1974, S. 87-132.

Kandinsky 1914: Wassily Kandinsky: „Conférence de Cologne", Köln Januar 1914, in: *Regards sur le passé et autres textes 1912-1922*, Hrsg. Jean-Paul Bouillon, Paris 1974, S. 199-209.

Kann 1927: *The Alphonse Kann Collection*, New York, vol. I, *Objects of Art*, vol. II, *Paintings and Drawings*, 6.-8. Januar 1927.

Kean 1994: Beverly Whitney Kean: *French Painters, Russian Collectors. The Merchant Patrons of Modern Art in Pre-Revolutionary Russia*, London 1994.

Kelekian 1909: Dikran Khan Kelekian: *The Potteries of Persia. Being a Brief History of the Art of Ceramics in the Near East*, Paris 1909.

Klee 2009: *A la recherche de l'Orient. Paul Klee. Tapis du souvenir*, Hrsg. Michael Baumgartner, Carole Haensler, Marianne Keller, Bern 2009.

Kropmanns 1998: Peter Kropmanns: „Rudolf A. Meyer Riefstahl (1880-1936) – ein vergessener Kunstvermittler", *Sediment. Mitteilungen zur Geschichte des Kunsthandels*, Bonn 1998, Nr. 3, S. 62-87.

Kropmanns 2009: Peter Kropmanns: *Matisse en Allemagne. Présence et réception méconnues 1906-1910*, Paris 2009.

Kröger 2010: Jens Kröger: „The 1910 Exhibition 'Meisterwerke muhammedanischer Kunst': Its Protagonists and its Consequences for the Display of Islamic Art in Berlin", in: *Changing Views: The 1910 Exhibition „Meisterwerke muhammedanischer Kunst" Reconsidered*, Hrsg. Andrea Lermer, Avinoam Shalem, Leiden 2010, im Erscheinen / forthcoming.

Kühnel 1949: Ernst Kühnel: *Die Arabeske*, Wiesbaden 1949.

Laborde 1856: Léon de Laborde: *De l'union des arts et de l'industrie*, Paris 1856, t. 1, *Le Passé*.

Labrusse 1997: Rémi Labrusse: „La 'straordinaria esposizione' di Monaco del 1910", in: *Matisse. „La révélation m'est venue de l'Orient"*, Hrsg. Claude Duthuit, Albert Kosténévitch, Rémi Labrusse, Jean Leymarie, Florenz 1997, S. 358-361.

Labrusse 1999: Rémi Labrusse: *Matisse. La condition de l'image*, Paris 1999.

Labrusse 2007: Rémi Labrusse: „Byzance et l'art moderne. La référence byzantine dans les cercles artistiques d'avant-garde au début du XXe siècle", in: *Présence de Byzance*, Hrsg. Jean-Michel Spieser, En Crausaz, o.O. 2007, S. 55-89.

Labrusse/Podzemskaia 2000: Rémi Labrusse, Nadia Podzemskaia: „Naissance d'une vocation. Aux sources de la carrière byzantine de Thomas Whittemore", *Dumbarton Oaks Papers*, Washington D. C. 2000, Nr. 54, S. 43-69.

Laurent 2008: Stéphane Laurent: „Le peintre et le décoratif: une moderne unité des arts", in: *Raoul Dufy. Le Plaisir*, Hrsg. Fabrice Hergott, Sophie Krebs, Paris 2009, S. 165-175.

Le Bon 1884: Gustave Le Bon: *La Civilisation des Arabes*, Paris 1884.

London 1885: *Illustrated Catalogue of Specimens of Persian and Arab Art Exhibited in 1885*, Hrsg. Henry Wallis, London, The Burlington Fine Arts Club, 1885.

London 1999: *Art Made Modern. Roger Fry's Vision of Art*, Hrsg. Christopher Green, London 1999.

London 2009: *Beyond Bloomsbury. Designs of the Omega Workshops 1913-1919*, Hrsg. Alexandra Gerstein, London 2009.

Marc 1910: Franz Marc: „Zur Ausstellung der 'Neuen Künstlervereinigung' bei Thannhauser", *Münchner Neueste Nachrichten*, München, Nr. 424, 10. September 1910, in: *Franz Marc: Briefe, Schriften und Aufzeichnungen*, Hrsg. G. Meissner, Leipzig 1989, S. 219-220.

Marc 1978: Franz Marc: *Schriften*, Hrsg. Klaus Lankheit, Köln 1978.

Marye 1893: Georges Marye: „L'Exposition d'art musulman. Premier article", *Gazette des beaux-arts*, Paris 1893, S. 490-499.

Matisse 1945: Henri Matisse: „Matisse à Paris. Entretien avec Léon Degand", Paris, *Les Lettres françaises*, 6 octobre 1945, in: *Ecrits et propos sur l'art*, Hrsg. Dominique Fourcade, Paris 1972, S. 299-309.

Matisse 1947: Henri Matisse: „Le Chemin de la couleur. Propos recueillis par G. Diehl", *Art présent*, Paris, 1947, in: *Ecrits et propos sur l'art*, Hrsg. Dominique Fourcade, Paris 1972, S. 203-205.

Matisse 1949: Henri Matisse: „Entretien avec le frère Rayssiguier, 9 janvier 1949", in: Henri Matisse, L. B. Rayssiguier, M. A. Couturier, *La Chapelle de Vence. Journal d'une création*, Hrsg. Marcel Billot, Paris 1993, S. 129-130.

Meyer-Riefstahl 1911: Rudolf Meyer-Riefstahl: „Die Ausstellung muhammedanischer Kunst in München und das moderne Kunstgewerbe", *Die Kunst. Monatshefte für freie und angewandte Kunst*, November 1911, vol. XXIV, S. 84-95.

Migeon 1903: Gaston Migeon: „L'Exposition des arts musulmans", *Les Arts*, Paris Mai 1903, S. 1-34.

Migeon 1910: Gaston Migeon: „Exposition des arts musulmans à Munich", *Les Arts*, Paris Dezember 1910, S. 2-32.

Montandon 1911: Marcel Montandon: „L'Art musulman à l'exposition de Munich 1910", *L'Art décoratif. Revue de l'art ancien et de la vie artistique moderne*, Paris Februar 1911, Nr. 149, S. 61-108.

Morris 1986: Barbara Morris: *Inspiration for Design: The Influence of the V & A Museum*, London 1986.

München 1910a: Anon., „Einleitung", Ausstellung München 1910. *Ausstellung von Meisterwerken muhammedanischer Kunst. Musikfeste. Muster-Ausstellung von Musik-Instrumenten. Amtlicher Katalog*, München 1910 (2. Aufl.), S. 31-38.

München 1910b: Anon., „Muhammedanische Kunst", Ausstellung *München 1910. Ausstellung von Meisterwerken muhammedanischer Kunst. Musikfeste. Muster-Ausstellung von Musik-Instrumenten. Amtlicher Katalog*, München 1910 (4. Aufl.), S. 7-13.

München 1996: *Manet bis Van Gogh. Hugo von Tschudi und der Kampf um die Moderne*, Hrsg. Johann Georg Prinz von Hohenzollern, Peter-Klaus Schuster, München, New York 1996.

Osthaus 1971: *Karl Ernst Osthaus. Leben und Werk*, Recklinghausen 1971.

Osthaus 2000: *Briefe an Karl Ernst Osthaus*, Hrsg. Bettina Heil, Andrea Sinzel, Hagen 2000.

Osthaus 2002: Karl Ernst Osthaus: *Reden und Schriften. Folkwang, Werkbund, Arbeitsrat*, Hrsg. Rainer Stamm, Rainer K. Wick, Köln 2002.

Paris 2007: *Purs Décors? Arts de l'Islam, regards du XIXe siècle*, Hrsg. Rémi Labrusse, Paris 2007.

Parvillée 1874: Léon Parvillée: *Architecture et décoration turques au XVe siècle*, Paris 1874.

Patry 2009: Sylvie Patry: „Renoir et la décoration, 'un plaisir sans pareil'", in: *Renoir au XXe siècle*, Hrsg. Sylvie Patry, Claudia Einecke, J. Patrice Marandel, Joseph J. Rishel, Paris 2009, S. 44-59.

Pechmann 1911: G. von Pechmann: „Die Münchner Ausstellung angewandter Kunst in Paris 1910", *Die Kunst. Monatshefte für freie und angewandte Kunst*, November 1911, vol. XXIV, S. 96-103.

Podzemskaia 2000: Nadia Podzemskaia: *Colore, Simbolo, Immagine. Origine della teoria di Kandinsky*, Florenz 2000.

Poiret 1930: Paul Poiret: *En habillant l'époque*, Paris 1930.

Prisse d'Avennes 1877: Achille Prisse d'Avennes: *L'Art arabe d'après les monuments du Kaire depuis le VIIe siècle jusqu'à la fin du XVIIIe*, 3 vol., Paris 1877.

Riegl 1893: Alois Riegl: *Stilfragen. Grundlegungen zu einer Geschichte der Ornamentik*, Berlin 1893.

Rivoalen 1893: E. Rivoalen: „L'Exposition des arts musulmans en celle du progrès", *La Construction moderne*, Paris 21. Oktober 1893, Nr. 3, S. 25-26.

Texier 1842-1849: Charles Texier: *Description de l'Arménie, la Perse et la Mésopotamie*, Paris 1842-1849.

Tourlonias/Vidal 1999: Anne Tourlonias, Jack Vidal: „Dufy compositeur de tissus", in: *Raoul Dufy*, Hrsg. Christian Briend, Jacqueline Munck, Lyon 1999, S. 182-195.

Troelenberg 2010: Eva-Maria Troelenberg: „Framing the Artwork: Munich 1910 and the Image of Islamic Art", in: *Changing Views: The 1910 Exhibition "Meisterwerke muhammedanischer Kunst" Reconsidered*, Hrsg. Andrea Lermer, Avinoam Shalem, Leiden 2010, im Erscheinen / forthcoming.

Viollet-le-Duc 1874: Eugène-Emmanuel Viollet-le-Duc: „Préface", in: *Parvillée 1874*, S. I-IV

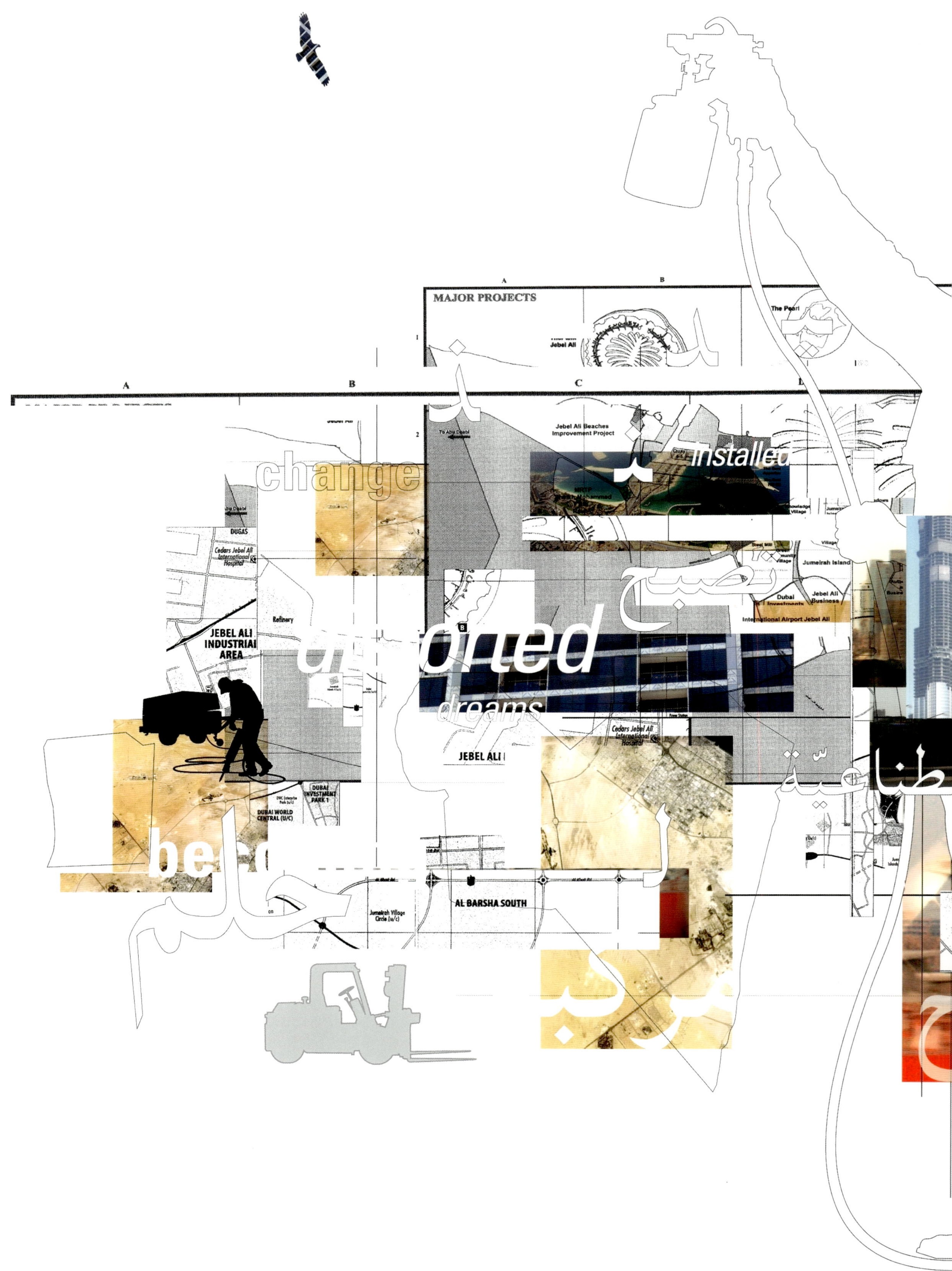

Reem Al Ghaith, *In Progress*, 2010, A digital sketch, courtesy of the artist.

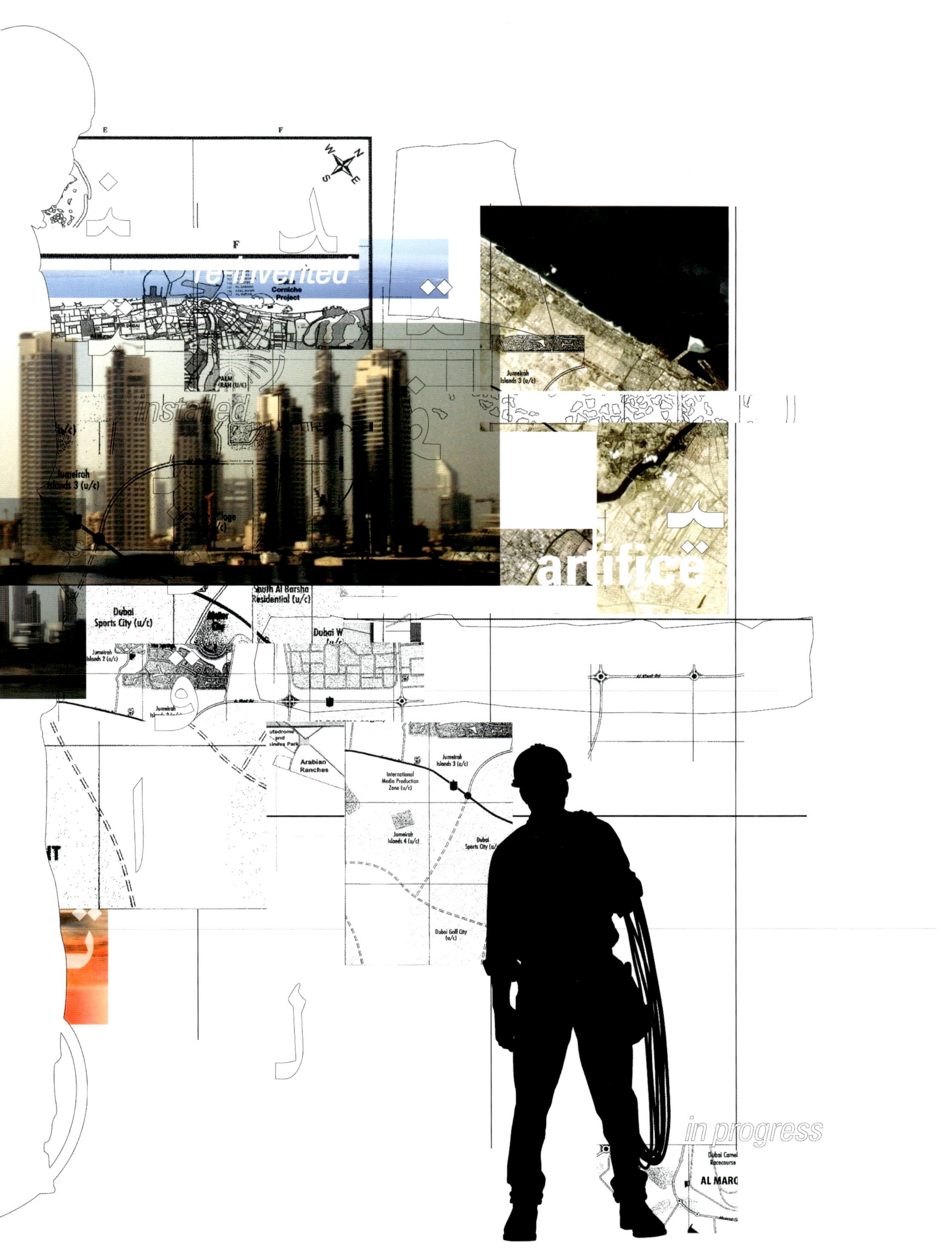
re-invented
Corniche Project
installed
Jumeirah Islands 3 (u/c)
artifice
South Al Barsha Residential (u/c)
Dubai Sports City (u/c)
Jumeirah Islands 2 (u/c)
Arabian Ranches
International Media Production Zone (u/c)
Jumeirah Islands 4 (u/c)
Dubai Golf City (u/c)
in progress
Dubai Camel Racecourse

Zeitgenössische „islamische" Kunst: Kuratorische Darstellungsstrategien im Westen in der Zeit nach dem 11. September

Salah M. Hassan

Neu und besonders beunruhigend ist die Art und Weise, wie die Objekte islamischer Kunst zunehmend von einer aufkeimenden (wiewohl noch keimhaften) Ausstellungsordnung vereinnahmt werden, die nicht nur bestrebt ist, ein Leitbild der friedlichen Koexistenz zu projizieren, sondern auch ein angemessenes Modell des Islam als solchen zu bestimmen und bereitzustellen.

Finbarr Barry Flood (2007, S. 43)

Im Mai des Jahres 2008 sorgte Michelle Malkin, eine bekannte amerikanische politische Kommentatorin und Bloggerin aus dem rechten Lager, für jede Menge Aufregung, als sie den amerikanischen Fast-Food-Konzern Dunkin' Donuts beschuldigte, pro-terroristische Ziele zu unterstützen und eine pro-palästinensische Haltung zu fördern, weil das Unternehmen einen Fernsehwerbespot mit Rachel Ray hatte ausstrahlen lassen, in dem die berühmte Fernsehköchin, die ihre eigene, von Sendeanstalten im ganzen Land übernommene Fernsehsendung hat, eine typisch arabische, hierzulande als „Palästinensertuch" bekannte *Kufiya* trug[1]. Malkin sprach in Zusammenhang mit dem Werbespot und dem Bild der Rachel Ray mit *Kufiya* von „Hass-Couture!" und warf Dunkin' Donuts vor, ein „keffiyeh kerfuffle" oder *Kufiya*-Gedöns zu veranstalten. Es folgte eine geschickt abgestimmte Kampagne von konservativen Bloggern und TV-Kommentatoren, durch die Dunkin' Donuts sich gezwungen sah, den Werbespot zurückzuziehen, obwohl eine Umfrage der *Chicago Tribune* ergeben hatte, dass von insgesamt 15.000 befragten Amerikanern nicht einmal 8% an dem *Kufiya*-Werbespot tatsächlich Anstoß nahmen. Das Ergebnis war, so die Darstellung des arabisch-amerikanischen Journalisten und Bloggers Pierre Tristam, dass die *Kufiya*, eine traditionelle, weit verbreitete arabische Kopfbedeckung, „zu einem Symbol der Militanz, des ‚Terrorismus' oder des palästinensischen ‚Dschihadismus' reduziert wurde".[2] Wie Tristam weiter erklärte, war die *Kufiya* „im 19. Jahrhundert derart allgegenwärtig – auf der arabischen Halbinsel, in Syrien, Libanon, Ägypten, Irak, Palästina und Jordanien –, dass britische und französische Kolonialverwalter es sich angewöhnten, sie ihrer Bequemlichkeit oder auch ihres markanten Looks wegen"– heute könnte man auch sagen, als Symbol des „going native", der Anpassung an einheimische Sitten – „zu tragen" (Tristam 2008). Heutzutage legen zahlreiche Jugendliche und vor allem Studenten in europäischen und nordamerikanischen Großstädten die *Kufiya* an, weil sie deren Wärme und modische Formbarkeit schätzen. Auch eine Vielzahl westlicher Filmschauspieler und Berühmtheiten hat die *Kufiya* getragen, von Peter O'Toole in *Lawrence von Arabien* über Matt Damon, der sich in *Green Zone* das Tuch um den Hals wickelte, bis hin zu dem Rapper Kanye West in einem seiner jüngeren Musikvideos.

Dies wirft eine wichtige Frage auf: Worin genau besteht der Einwand gegen die *Kufiya* und andere Symbole arabischer Kleidung oder Tradition? Nach dem 11. September 2001 sind, wie Tristam zwingend darlegt, ‚Terrorismus' und palästinensische Militanz ein bequemer Vorwand für einen weniger schicklichen, unausgesprochenen Einwand, nämlich den weitaus alltäglicheren Einwand dagegen, dass Araber und arabische Kultur für den amerikanischen Konsumenten in akzeptabler Weise begehrenswert seien. Denn wenn man Symbole arabischer und muslimischer Kultur für den Massenkonsum begehrenswert und akzeptabel macht, wird es schwerer, Araber beziehungsweise Muslime und, in der Konsequenz, Palästinenser [und Muslime] zu verunglimpfen... Die Verunglimpfung von Arabern aber ist heutzutage eines der unverhohlensten und statthaftesten Vorurteile in der amerikanischen Kultur, weil sich" der Aderlass und das Gemetzel des Landes im Irak, in Palästina und in Afghanistan „dadurch leichter rechtfertigen lassen" (Tristam 2008).

Die Entwicklungen nach dem 11. September haben zweifellos das Bewusstsein für die Verbindungen und Brüche zwischen dem „Westen" und der „islamischen" Welt geschärft, wie sie in der von George W. Bush (insbesondere mit Blick auf Personen islamischer Herkunft) formulierten Alternative zutage traten: „You are either with us or with the terrorists" („Ihr seid entweder auf unserer Seite oder auf seiten der Terroristen"). Auf diese Weise schafft man qualitative Gegensätze zwischen „bösen" Muslimen, die Terrorismus betreiben und die Freiheit hassen (sie hassen „uns", alles Moderne und ihre Frauen), und „guten" Muslimen, die modern und säkular sind und die Außenpolitik der USA unterstützen. Diese Grundhaltung stützt sich nach Darstellung von Mahmood Mamdani auf eine kulturalistische Sicht des „Islam", in der dieser zu einer transzendenten Kategorie wird (Mamdani 2004, S. 18). Eine derartige Sichtweise, nach der jeder Muslim ein potentieller Terrorist ist, kann natürlich im politischen Denken des Westens auf eine lange Geschichte zurückblicken (vgl. Huntington 1998; Lewis 1990; sowie Lewis

Contemporary "Islamic" Art: Western Curatorial Politics of Representation in Post 9/11

Salah M. Hassan

What is new and particularly disturbing is the way in which the objects of Islamic art are increasingly co-opted into an emergent (if embryonic) exhibitionary regime that not only aims to project a model of peaceful co-existence but to locate and provide an appropriate model of "Islam" itself.

Finbarr Barry Flood (2007, p. 43)

In May 2008, a well-known American right wing pundit and blogger, Michelle Malkin, caused a big stir by accusing *Dunkin' Donuts*, the American fast food conglomerate, of promoting pro-terrorist agenda and pro-Palestinian sentiment by releasing a TV advertisement in which Rachel Ray, the famous chef and host of a syndicated TV show, was featured wearing a generic Arab *keffiyeh* [pronounced *kuffiyah*] -like scarf.[1] Malkin referred to the advertisement and to Rachel Ray's image donning a *keffiyeh* as "hate couture!" and accused *Dunkin' Donuts* of causing what she referred to as a "*keffiyeh kerfuffle.*" A well-concerted campaign by right wing bloggers, TV pundits and talking heads was to follow, forcing *Dunkin' Donuts* to pull the advertisement off air, despite a *Chicago Tribune*'s poll which indicated that, out of 15,000 Americans surveyed, less than 8% actually found the *keffiyeh* advertisement offensive. The result, as the Arab American journalist and blogger Pierre Tristam pointed out, is that the *keffiyeh*, an old popular Arab headgear, "was reduced to a symbol of militancy or 'terrorism' or Palestinian 'jihadism'."[2] As Tristam further explained, the *keffiyeh* "was so ubiquitous in the 19th century – in the Arabian Peninsula, in Syria, Lebanon, Egypt, Iraq, Palestine and Jordan – that British and French colonial administrators and officers took to wearing it for its comforts or distinctive look" (Tristam 2008), or, as one might call it today, as a symbol of "going native"! Today, many youth and specially college students in European and North American metropolises wear it for its warmth and fashionable malleability. The *keffiyeh* has been worn by many western movie actors and celebrities such as Peter O'Toole in *Lawrence of Arabia*, Matt Damon, who's wrapping a *keffiyeh* around his neck in *Green Zone*, or the hip-hop singer Kanye West in one of his recent music videos.

This raises an important question: What exactly is the nature of objection to the *keffiyeh* and other symbols of Arab costume or heritage? In the post 9/11 era, as Tristam cogently argues, "'Terrorism' and Palestinian militancy are a convenient excuse for a more unseemly, unspoken objection – the much more ordinary objection to Arabs and Arab culture as acceptably desirable by American consumers. Making symbols of Arab and Muslim culture desirable and acceptable to mainstream consumers makes it difficult to vilify Arabs/Muslims and, by extension Palestinians [and Muslims] ... And vilifying Arabs is one of the most overt and permissible prejudices in American culture these days, because it more easily justifies" the country's bloodletting and slaughter in Iraq, Palestine and Afghanistan (Tristam 2008).

Post-September 11 developments have certainly heightened awareness of the interconnectedness and disjuncture between the "West" and the "Muslim" world, evident in the choice that George W. Bush offered (more specifically to people of Muslim background): *You are either with us or with the terrorists*. This creates qualitative dichotomies between "bad" Muslims, who prac-

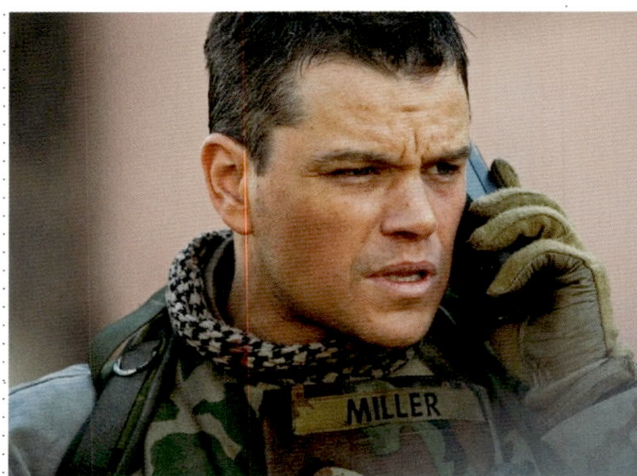

Matt Damon in „Green Zone", Regie | director: Paul Greengras, © 2010, courtesy of Universal Studios Licensing LLLP.

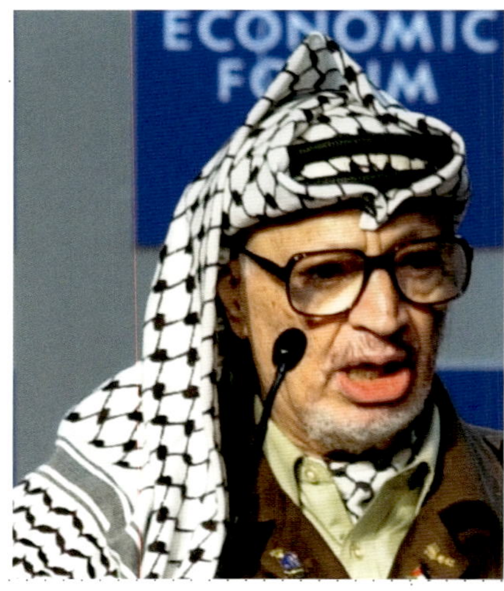

Jassir Arafat, © World Economic Forum (www.weforum.org) swiss-image.ch, Foto | Photo: Remy Steinegger, 2001.

2003). Laut Mamdani „gilt inzwischen nicht mehr der Markt (Kapitalismus) oder der Staat (Demokratie), sondern die Kultur (die Modernität) als Trennungsgraben zwischen denen, die für eine friedliche, staatsbürgerliche Existenz sind, und denen, die zum Terror neigen" (Mamdani 2004, S.18). Unsere Welt teilt sich demnach in zwei Gruppen, nämlich die Modernen und die Vormodernen: „Die Modernen produzieren Kultur und sind deren Herren, während die Vormodernen angeblich bloß als Vehikel fungieren. Wenn es aber zutrifft, dass die vormoderne Kultur weiter nichts als ein unentwickeltes Gemucksе ist, dann sind die vormodernen Völker doch gewiss nicht für ihr Tun haftbar zu machen. Aus dieser Sichtweise folgt die Notwendigkeit, sie zum Wohl der Zivilisation in Schranken zu halten, kollektiv, wenn nicht gar individuell – sie nötigenfalls gefangen zu halten, sogar bedingungslos." (Mamdani 2004, S.18)

Guantanamo, der Gefängnisskandal von Abu Ghraib, Palästina und, im engeren Sinn, die unmenschliche Belagerung von Gaza sind in dieser Hinsicht typische Beispiele. Tatsächlich aber hat „der" Islam gar keine ihn vertretende Instanz und Muslime sprechen nicht unbedingt alle mit einer Stimme. Zudem ist die besagte Zweiteilung ahistorisch: Nicht nur stellt sie dem Westen einen Freibrief aus, den Begriff der „bösen" Muslime überhaupt zu prägen und zu pflegen, sondern sie setzt sich auch über die religiöse und ethnische Vielfalt der Region als solcher hinweg und übersieht tatsächlich eine wesentlich komplexere Geschichte von der Moderne verpflichteten einheimischen Strömungen, antikolonialen Kämpfen und postkolonialen säkularer Bewegungen, die sich für demokratische Rechte, Menschenrechte, Gleichstellung der Geschlechter und Entwicklung einsetzen.

Diese kulturalistische Sichtweise des „Islam" bezieht sich nicht nur auf die politische Arena, sondern erstreckt sich auch auf die Kunstgeschichte und den Bereich der „islamischen Kunst", da Museen und Kuratoren sich beeilen, „gute" Muslime beziehungsweise die positiven Seiten eines „gemäßigten" Islam vor Augen zu führen. Besonders faszinierend ist in diesem Zusammenhang jedoch, dass in der Zeit seit dem 11. September auch ein erneuertes Interesse für moderne Kunsttendenzen und zeitgenössische muslimische und arabische Künstler aus dem Nahen Osten und Nordafrika zu beobachten war. Das Ergebnis ist ein interessantes Paradoxon: ein gesteigertes Interesse im Westen für Kunst der islamischen Welt bei gleichzeitiger Dämonisierung der Letzteren. KunsthistorikerInnen oder praktizierende KuratorInnen, die sich in irgendeiner Form für „Islamisches" interessieren sowie KünstlerInnen „islamischer" Herkunft sehen sich plötzlich mit einer ungewöhnlich starken Nachfrage nach Ausstellungen seitens Museen und Galerien in ganz Europa und den Vereinigten Staaten konfrontiert. (Für eine weitere Erörterung dieses sprunghaft gestiegenen Interesses vgl. Winegar 2008 und Flood 2007.) Als Teil einer neuen Ordnung von Ausstellungen, die unter einer Reihe verwandter Oberbegriffe wie zeitgenössische „islamische", „arabische" oder „nahöstliche" Kunst veranstaltet werden, liegt diesem Interesse eine höchst problematische Politik der Repräsentation zu Grunde, die überholte Tendenzen der Reduzierung und Festlegung auf bestimmte „wesenhafte" Eigenschaften wiederbelebt und das Fachgebiet zugleich vor neue Herausforderungen stellt. So mag man sich wundern, weshalb etwa der Titel eines vor kurzem von der Asia Society und dem Brooklyn Art Museum veranstalteten Programms, „Muslim Voices: New York City's First Muslim Arts Festival" („Muslimische Stimmen: Das erste muslimische Kunstfestival von New York"; vgl. http://muslimvoicesfestival.org), einem amerikanischen Publikum offenbar völlig unproblematisch erscheint. Man würde das Werk europäischer und nordamerikanischer Künstler und Darsteller doch auch nicht ohne Weiteres unter einem Titel wie „Christliche Stimmen" präsentieren!

Hinzu kommt, dass auf dem globalen Kunstmarkt bedeutende Sammler zeitgenössischer Kunst wie Saatchi mittlerweile Werke zeitgenössischer Kunst aus dem Nahen Osten erwerben (Saatchi 2009; Wullschlager 2009). Neue Kunstgalerien und Kunstmessen wie die Art Dubai schießen in der Golfregion wie Pilze aus der Erde, und die Preise von Werken zeitgenössischer Künstler aus Nahost schnellen in die Höhe. Die beiden großen Auktionshäuser Christie's und Sotheby's haben sich seit 2005 mit der Eröffnung von Filialen in Dubai eine Dauerpräsenz im Nahen Osten gesichert. Die beiden Unternehmen konkurrieren um den Markt im ölreichen Golfstaat Katar und in den Vereinigten Arabischen Emiraten. Das Guggenheim dehnt nach Bilbao und Berlin sein Franchising jetzt auch auf Abu Dhabi aus, und sogar der konservative Louvre geht gegen das vorherrschende französische Nationalgefühl an und eröffnet eine Zweigstelle in Abu Dhabi.

Dieses plötzlich gestiegene Interesse für „islamische" und „nahöstliche" Kunst bietet Gelegenheit, sich Fragen wie den oben formulierten erneut zuzuwenden, um irrige Vorstellungen zu korrigieren und neuen Verzerrungen von kuratorischer Seite vorzubeugen. Im Nachfolgenden werden spezifische geschichtliche und epistemologische Hürden umrissen und soll versucht werden, theoretische

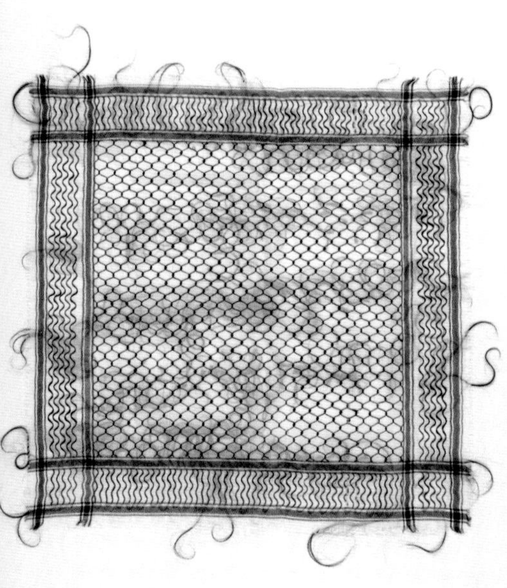

Mona Hatoum, *Kufiya* | *Keffieh*, 1993-1999, Menschliches Haar auf Baumwolle | Human hair on cotton, 114,9 x 114,9 cm, Sammlung | Collection of Peter Norton, © Mona Hatoum and White Cube.

tice terrorism and who hate freedom (they hate "us," modernity and their women), and "good" Muslims, who are modern, secular and support U.S. foreign policy. As Mahmood Mamdani has argued, this premise is based on a culturalist approach to "Islam" that turns the latter into a transcendent category (Mamdani 2004, p.18). Such approach of course has a long genealogy in contemporary western political thought – all Muslims, according to this perspective, are potential terrorists (see Huntington 1998; Lewis 1990; and Lewis 2003). According to Mamdani,"it is no longer the market (capitalism), nor the state (democracy), but culture (modernity) that is said to be the dividing line between those in favor of a peaceful, civic existence and those inclined to terror" (Mamdani 2004, p.18). Therefore our world is divided between those who are modern and those who are pre-modern: "The moderns make culture and are its masters; the pre-moderns are said to be but conduits. But if it is true that pre-modern culture is no more than a rudimentary twitch, then surely pre-modern peoples may not be held responsible for their actions. This point of view demands that they be restrained, collectively if not individually – if necessary, held captive, even unconditionally – for the good of civilization" (Mamdani 2004, p.18).

In this regards, Guantanamo, the Abu Ghraib prison torture scandal, Palestine, and more specifically the inhumane siege of Gaza, are cases in point. Yet, the truth is "Islam" has no agency and all Muslims don't necessarily speak with one voice. Moreover, this dichotomy is ahistorical: not only does it absolve the West from nurturing and creating the very category of "bad" Muslims, but it also glosses over the multi-religious and multi-ethnic composition of the region itself, and indeed, forgets a much more complex history of indigenous modernist movements and anti-colonial struggles, and efforts by post-independence secular movements for democratic rights, human rights, gender equality, and development.

Such culturalist approaches to "Islam" not only apply to the political arena, but also extend into art history and to the field of "Islamic art," as museums and curators rush to show "good" Muslims or the positive aspects of "moderate" Islam. However, most intriguing here is that the period since 9/11 has also witnessed a renewed interest in modern art movements and contemporary artists of both Muslim and Arab background and of Middle Eastern and North African origins. This creates an interesting paradox – a heightened interest in the West in the art of the Islamic world, despite the latter's demonization. Art historians or practicing curators with interest in anything "Islamic" and artists of "Islamic" background are suddenly faced with an unusually high demand for shows by museums and galleries across Europe and the United States (for more discussion of this surge of interest see Winegar 2008; and Flood 2007). Part of a new regime of exhibitions organized under several related rubrics such as contemporary "Middle Eastern", "Islamic" or "Arab" art, this interest is engendered by a highly problematic politics of representation, reviving outdated essentializing tendencies but also presenting the field with new challenges. For example, one might wonder why a recent program title, "Muslim Voices: New York City's First Muslim Arts Festival" (see http://muslimvoicesfestival.org) organized by the Asia Society and The Brooklyn Art Museum, seems so unproblematic to American audiences? For example, one would clearly not automatically showcase the work of Western European and North American artists and performers under a title such as "Christian Voices"!

Moreover, in the global art market, major

und praktische Strategien zu ihrer Überwindung bereitzustellen.

Probleme der Definition

Obwohl der vorliegende Aufsatz sich schwerpunktmäßig mit dem Begriff des „Islamischen" befasst, der sich unter der Rubrik „zeitgenössische islamische Kunst" herausgeschält zu haben scheint, mag es hilfreich sein, zunächst die nie endende Debatte um die Frage „Was ist islamische Kunst?" kurz zusammenzufassen. Zahlreiche Spezialisten für islamische Kunst haben diese Frage eingehend erörtert. Oleg Grabar etwa hielt es für „notwendig, seinen Überlegungen einige mahnende Worte vorauszuschicken. Erstens ist es töricht, unlogisch und historisch unzutreffend, von einem einzigen islamischen künstlerischen Ausdruck zu sprechen. Eine dreizehn [inzwischen vierzehn] Jahrhunderte alte Kultur, die von Spanien bis nach Indonesien reichte, ist und war auch in der Vergangenheit niemals ein einheitliches Ganzes, und für jede Verallgemeinerung gibt es Dutzende von Ausnahmen" (Grabar 1976). Er umriss daraufhin jedoch drei zentrale Themen, durch die sich die islamische Kunst im Sinne ihrer gesellschaftlichen Bedeutung, ihrer typischen abstrakten Ornamentik und der Spannung zwischen Einheit und Vielheit unterscheide. Grabars Argumente sind einerseits bewundernswert, andererseits aber auch problematisch (Grabar 1976; Grabar 1978). Die Schlussfolgerungen, zu denen er gelangte, kamen bestimmten mit islamischer Kunst verbundenen Formen ästhetischer und künstlerischer Praxis zwar vielleicht nahe, widersprechen aber seiner zuvor ausgesprochenen Warnung vor verallgemeinernden Aussagen mit Blick auf eine hoch differenzierte Region, die auf Jahrhunderte einer vielfältigen und vielschichtigen künstlerischen Praxis und philosophischen Orientierung zurückblickt.

Im Anschluss an die Darlegungen Grabars gab es eine Reihe ausgezeichneter Veröffentlichungen zum Thema, die vor Augen führten, wie schwierig es ist, die Bedeutung und Umrisse dessen festzulegen, was der Begriff „islamische Kunst" tatsächlich bezeichnen soll (Blair/Bloom 2003). Iftikhar Dadi meint in seiner jüngsten Studie, die Bezeichnung „islamische Kunst" sei als Begriff oder als diskursive Kennzeichnung in kunsthistorischen Diskursen weiterhin höchst problematisch (Dadi 2010). „Historisch gesehen war das Studium der islamischen Kunst", so fasst Dadi zusammen, „stets ein Unterfangen westlicher Spezialisten und Kenner, das weiterhin nach einer diskursiven Begründung in der islamischen Kulturtradition sucht" (Dadi 2010, S. 35). An der Legitimität der Bezeichnung „islamische Kunst" als in der islamischen Geistesgeschichte verwurzeltem Begriff sind somit Zweifel aufgekommen und sie stellt sich nunmehr in erster Linie als ursprünglich orientalistisches Konstrukt dar. Besonders beunruhigend ist, wie auf die klassische Epoche der islamischen Kunst spezialisierte Kunsthistoriker deren Ende Anfang des 19. Jahrhunderts ansetzen, also auf einen Zeitpunkt, der, wie Dadi erklärt, „nicht zufällig genau mit dem Aufkommen der orientalistischen Erforschung der islamischen Kunst zusammenfällt, als die westliche Gesellschaft den Prozess der industriellen Modernisierung durchlief" (Dadi 2010, S. 33). Das hat dazu geführt, dass, wie Barry Flood es darstellt, „die islamische Kunst in einer aufgewerteten Vergangenheit verortet wird, aus der jede ‚lebendige Tradition' ausgeschlossen ist", was „auf eine Negierung der Zeitgenossenschaft mit der Kunst der europäischen Moderne hinausläuft" (Flood 2007, S. 34). Diese „Negierung der Zeitgenossenschaft" ist natürlich exemplarisch für das übergeordnete Problem der Stellung nichtwestlicher Kunst innerhalb des Diskurses der abendländischen Kunstgeschichte – den Bereich der afrikanischen Kunst eingeschlossen –, in dem im Verhältnis zur westlichen jede andere Moderne und Modernität als abgeleitet oder zweitrangig abgetan wird.

Zeitgenössische „islamische" Kunst: Ein geeignetes Modell des Islam?

In jüngerer Zeit haben Jessica Winegar und Finbarr Barry Flood in Aufsätzen die These vertreten, wonach westliche kulturelle Diskurse über islamische oder nahöstliche Kunst sich auf den „Krieg gegen den Terror" beziehen (Winegar 2008; Flood 2007). Beide bringen den besagten abrupten Anstieg des Interesses für diese Kunst mit öffentlicher Diplomatie im Gefolge des 11. September in Verbindung. Wie Winegar schreibt: „Der Wunsch, Kunst zu finden, die die historischen künstlerischen Leistungen und die Modernität von Muslimen aus dem Nahen Osten anschaulich macht, reproduziert letztendlich ein religiöses Bezugssystem, im Rahmen dessen das Werk vielfach unter Hinweis auf den Islam interpretiert wird, und zwar unabhängig davon, ob in Wirklichkeit überhaupt ein religiöser Zusammenhang besteht oder nicht" (Winegar 2008, S. 653). Diese Vorstellung von Kunst als Zeugnis des Menschseins hat ihre Wurzeln in der abendländischen Philosophie, der Evolutionstheorie und im anthropologischen Diskurs. Der rote Faden, der sich durch sämtliche Bekundungen eines solchen Interesses hindurchzieht, ist, wie Jessica Winegar deutlich macht, die Tatsache, dass der „Islam" als das primäre Prisma der Wahl dient, durch welches das künstlerische Schaffen aus der Region vor- und ausgestellt und diskutiert wird, selbst wenn dies nicht den politischen und kulturellen Realitäten vor Ort entspricht. Die Frage, wie ein derart widersprüchlicher Anstieg

collectors of contemporary art, such as Saatchi, are now acquiring contemporary Middle Eastern art works (Saatchi 2009; Wullschlager 2009). New art galleries and art fairs, such as Art Dubai, are springing up in the Gulf, and the prices of works by contemporary Middle Eastern artists are skyrocketing, while Christie's and Sotheby's, the two well known art auction houses, have established permanent presence by opening offices in Dubai since 2005. Both are competing for the market in the oil-rich Gulf State of Qatar and the United Arab Emirates. The Guggenheim is expanding its enfranchising into Abu Dhabi after Bilbao and Berlin, and even the conservative Louvre is going against pervasive French national sentiment by opening up a branch in Abu Dhabi.

This sudden rise of interest in "Islamic" art and the art of the Middle East presents an opportunity to revisit such questions, in order to rectify misconceptions and avert new curatorial misrepresentations. In the following pages, I identify specific historical and epistemological obstacles, and attempt to provide theoretical and practical strategies to transcend them.

Definitional Quandaries

Although my emphasis in this essay is on the idea of "Islamic" that seems to have emerged under the rubric "contemporary Islamic art," it may be helpful to provide a brief summary of the undying and perpetual debate around "what is Islamic art?" The question is not new and has been extensively covered by many scholars of Islamic art. Oleg Grabar, for example in introducing his discussion, cautions: "It is necessary, however, to preface these thoughts with a few words of caution. One, it is foolish, illogical and historically incorrect to talk of a single Islamic artistic expression. A culture of thirteen centuries (now fourteen centuries) which extended from Spain to Indonesia is not now or was not in the past a monolith, and to every generalization there are dozens of exceptions" (Grabar 1976). Yet he went on to identify three major themes as distinct of Islamic art in terms of its social meaning, its characteristic abstract ornaments, and the tension between unity and plurality. Grabar's arguments are admirable but problematic as well (Grabar 1976; Grabar 1978). The conclusions he reached might have approximated certain aesthetic and artistic practices associated with Islamic art, but they go against his earlier cautionary note regarding generalization about a highly complex region with centuries of diverse and complex artistic practices and philosophical orientations.

In the wake of Grabar's arguments, there have been a number of excellent publications on the subject that have demonstrated the difficulty in delineating the meaning and parameters of what the term "Islamic" art really describes (Blair/Bloom 2003). In his recent study, Iftikhar Dadi argues that the term "Islamic art" remains highly problematic as a concept or as a discursive marker in art historical discourses (Dadi 2010). As he sums up, "the study of Islamic art has historically been a Western scholars' and connoisseurs' endeavor, one that remains unable to situate a discursive ground in the Islamicate tradition" (Dadi 2010, p. 35). This has cast doubts on the legitimacy of Islamic art as an idea or a concept rooted in Islamic intellectual history and tradition, rendering it as primarily an originary Orientalist construction. Most troubling is how Islamic art is seen by scholars of its classical period as having ended by the beginning of the nineteenth century. "Not coincidentally," as Dadi points out, "this is precisely the period that witnesses the rise of the Orientalist study of Islamic art, when Western society was undergoing the process of industrial modernization" (Dadi 2010, p. 33). This has resulted in what Barry Flood has characterized as situating the "location of Islamic art in a valorized past from which 'living tradition' is excluded," which "amounts to denial of coevalness with the art of European modernity" (Flood 2007, p. 34). This is of course exemplary of the larger issue of the place of non-western art within the discourse of western art history - including the field of African art - where modernism and modernity are relegated as derivative or secondary to the "western" modern.

Contemporary "Islamic" Art: An Appropriate Model of Islam?

Recent essays by Jessica Winegar (2008) and Finbarr Barry Flood (2007) have argued that Western cultural discourses on Islamic/Middle Eastern arts correspond to the "war on terror." Both argue that such a surge of interest is linked to public diplomacy post–September 11. "The desire to find art that shows the historical artistic achievements and modernity of Middle Eastern Muslims," notes Winegar, "actually ends up reproducing a religious framework such that their work is often interpreted with reference to Islam, whether or not there even exists a religious connection" (Winegar 2008, p. 653). This idea of art as evidence of humanity, she further argues, has its roots in western philosophy, evolutionary thinking, and in anthropological discourse. The common thread in all manifestations of such interest, as Jessica Winegar pointed out, is "Islam" as the chosen primary prism through which the region's artistic output is presented, exhibited, discussed, even if it doesn't correspond to the political and cultural realities on the ground. How to interpret such a paradoxical surge and to deal with its implications for contemporary art practice is at the heart of what I would like to focus on as it has shaped – and will continue to shape – our views of contemporary practices related to the Muslim and Arab worlds.

des Interesses zu interpretieren und wie mit dessen Implikationen umzugehen ist, soll, da er unser Bild der mit der muslimischen und arabischen Welt verbundenen zeitgenössischen künstlerischen Praxis geprägt hat und weiterhin prägen wird, im Mittelpunkt der nachfolgenden Betrachtungen stehen.

Es gibt eine Vielzahl einschlägiger Ausstellungen, gefördert von bedeutenden Stiftungen, Kunstinstitutionen, öffentlichen Museen, Universitätsmuseen und Graswurzelorganisationen. Ihre Titel sind vielsagend im Hinblick auf ihre problematische Repräsentationspolitik, da sie auf eine obsessive Beschäftigung mit Geschlechterbeziehungen schließen lassen und damit das Aufkommen eines Neo-Orientalismus als maßgeblicher Ideologie signalisieren. Als Beispiel ließen sich folgende Ausstellungen anführen: „Breaking the Veils: Women Artists from the Islamic World" („Die Schleier zerreißen: Künstlerinnen aus der islamischen Welt"), eine seit 2003 laufende Wanderausstellung, die von der Königlichen Gesellschaft für schöne Künste in Jordanien und dem in Griechenland beheimateten Netzwerk von Künstlerinnen aus dem Mittelmeerraum F.A.M (*Femme-Art-Méditerranée*) organisiert wurde; „Maliheh Afnan: Veiled Threats" („Maliheh Afnan: Verschleierte Drohungen"), 2005; „The Secret Life of Syrian Lingerie" („Das geheime Leben syrischer Damenunterwäsche"), eine Buchveröffentlichung und Ausstellung des niederländischen Prinz-Claus-Fonds; „The Veil" („Der Schleier"), Modern Art Oxford, November 2003 - Januar 2004; „Fantaisies du Harem et Nouvelles Schéhérezade" („Harem-Fantasien und neue Scheherezaden"), Centre de Cultura Contemporania de Barcelona, Februar 2003; „Occidente visto desde Oriente" („Der Westen vom Osten gesehen"), Centre de Cultura Contemporania de Barcelona, 2005; „Without Boundary: Seventeen Ways of Looking" („Ohne Grenze: Siebzehn Sichtweisen"), Museum of Modern Art, New York 2006; und „Mahrem: Anmerkungen zum Verschleiern", Kunstraum Tanas, Berlin 2008.

Um die Politik der Repräsentation, die sich im Zusammenhang mit dieser Art von Ausstellungen zeitgenössischer islamischer und nahöstlicher Kunst herausgebildet hat, näher zu beleuchten, lohnt es sich, wenn wir uns die viel diskutierte Ausstellung „Without Boundary: Seventeen Ways of Looking" des New Yorker MoMA etwas genauer ansehen. Die in der ersten Jahreshälfte 2006 veranstaltete Ausstellung umfasste Werke von fünfzehn KünstlerInnen, die alle in Nahost, Nordafrika oder Südasien geboren sind, heute aber überwiegend im Westen leben, sowie zwei bekannten westlichen Künstlern, nämlich Mike Kelley und Bill Viola, deren Werk angeblich deshalb in der Ausstellung vertreten war, um eine bequeme Betrachtung der Werke der übrigen Künstler als „islamisch" zu erschweren.[3] Die Schau war, wie die Kuratorin Fereshteh Daftari und MoMA-Direktor Glenn Lowry erklärten, „ein Versuch, Licht auf die Einstufung, die Produktion und den Diskurs zeitgenössischer ‚islamischer' Kunst zu werfen" und „durch die Ausstellung und eingehendere Betrachtung der Werke von KünstlerInnen, die der vordersten Reihe der zeitgenössischen Kunst zugerechnet werden, die Gültigkeit des Begriffs ‚islamisch' sowie die Unzulänglichkeiten einer derartigen Einordnung einer eingehenderen Prüfung zu unterziehen". Sie sollte darüber hinaus die Frage provozieren: „Was ist zeitgenössische islamische Kunst?" (Daftari 2006, S. 10-27; Bhabha 2006, S. 30-45).

Ungeachtet des überwiegend negativen Echos auf die Ausstellung ist sie als ein lobenswerter Versuch der Kuratorin Fereshteh Daftari anzusehen, im Rahmen der Einschränkungen einer etablierten Kunstinstitution wie dem Museum of Modern Art, das lange Zeit kaum ein Interesse an der Auseinandersetzung mit moderner Kunst bekundet hat, die sich nicht in das etablierte eurozentrische Geschichtsbild einfügt, auf dem das Museum, seine Ausstellungen und seine Sammlung sich im Lauf der Jahre gründeten, einen Raum für die Erkundung zeitgenössischer Kunst aus dem Nahen Osten zu schaffen. Die Ausstellung „Without Boundary" ist insbesondere für den Versuch zu loben, sich mit Fragen der Modernität und der Problematik der Kategorie „islamische Kunst" als solcher auseinander zu setzen.

Doch die Auswahl der KünstlerInnen und ihrer Werke wie auch die Art und Weise, wie manche der ausgewählten Arbeiten innerhalb der Ausstellung präsentiert und im begleitenden Katalog analysiert wurden, sind gerade exemplarisch für die weiter oben erörterte umstrittene Politik der Repräsentation. Die Probleme lassen sich an Hand einer eingehenderen Betrachtung eines einzigen Werkes aus der Ausstellung, nämlich Mona Hatoums „Keffieh", anschaulich machen. Lange bevor Rachel Ray den *Kufiya*-ähnlichen Schal im Werbespot von Dunkin' Donuts anlegte, schuf die in London lebende palästinensische Künstlerin Mona Hatoum ein – 1993 begonnenes und 1999 vollendetes – Werk mit dem Titel „Keffieh" (*Kufiya*). Hatoums Arbeit stellt einen wichtigen Eingriff in die *Kufiya* und ihren häufig mit schwarzen Gittermustern verzierten weißen Stoff dar. Die Künstlerin überarbeitete die traditionelle *Kufiya*, wie Gannit Ankori (2006, S.121-154) erläutert, indem sie anstelle von schwarzem Garn schwarze Haarsträhnen aus Frauenhaar in den Stoff

Sponsored by major foundations, art institutions, museums, university museums and grassroots organizations, these exhibitions are numerous. The very titles of these exhibitions are telling of their problematic politics of representation, suggesting an obsession with gender relations signaling the rise of a neo-Orientalism as a prevailing ideology. As examples, one could mention the following exhibitions: "Breaking the Veils: Women Artists from the Islamic World," a traveling exhibition since 2003, organized by the Royal Society of Fine Arts in Jordan and the Pan-Mediterranean Women Artists Network F.A.M (*Femme-Art-Méditerranée*) based in Greece; "Maliheh Afnan: Veiled Threats," 2005; "The Secret Life of Syrian Lingerie," book and exhibition published by Prince Claus Fund, The Netherlands; "The Veil," Modern Art Oxford, November 2003 - January 2004; "Harem Fantasies and New Schehrazades," Centre de Cultura Contemporania de Barcelona, February 2003; "The West Seen by the East," Centre de Cultura Contemporania de Barcelona, 2005; "Without Boundary: Seventeen Ways of Looking," Museum of Modern Art (MoMA), 2006; and "Mahrem: Footnotes on Veiling," Kunstraum Tanas, Berlin, 2008.

To highlight the politics of representation that has emerged vis-à-vis such exhibitions of contemporary Middle Eastern and Islamic art, it is worth looking closely at the much-discussed MoMA's exhibition "Without Boundary: Seventeen Ways of Looking." Held in early 2006, the exhibition included the work of fifteen artists all born in the Middle East, North Africa and South Asia but mostly living in the west, and two well-known western artists, Mike Kelley and Bill Viola, whose work was supposedly included to disturb any easy reading of the other artists' works as "Islamic."[3] The exhibition was, as claimed by its curator Fereshteh Daftari, and MoMA director Glenn Lowery, "an attempt to shed light on the classification, production and discourse of contemporary 'Islamic' art," and "to test the validity of the term 'Islamic' and the shortcomings of such classification by exhibiting and examining the work of artists considered at the forefront of contemporary art." It was also intended to further provoke the question, "what is contemporary Islamic art?" (Daftari 2006; Bhabha 2006). In spite of the largely negative response to the exhibition, it must be viewed as a commendable effort by its curator Fereshteh Daftari for creating a space for exploring contemporary Middle Eastern art within the limitations of a mainstream art institution such as MoMA, which by and large has for a long time remained disinterested in engaging in modern art works that do not fit within the mainstream Eurocentric narrative based on which the museum, its exhibitions, and its collection have been founded and constituted over the years. Most specifically, "Without Boundary" should be commended for its effort to grapple with issues of modernity and the problematics of the category "Islamic" art itself.

However, not only the selection of artists and their artworks, but the ways in which some of the selected works have been framed within the exhibition and/or analysed in its companion catalogue, are exemplary of this vexed politics of representation, I have discussed earlier in this essay. These issues can be seen in examining a single work in the exhibition, Mona Hatoum's "Keffieh." Long before Rachel Ray's donning the *keffiyeh*-like scarf in the *Dunkin' Donuts* advertisement, Mona Hatoum, the London-based Palestinian artist, produced a work entitled "Keffieh" [*keffiyeh*], which she began in 1993 and completed in 1999. Hatoum's work is an important intervention with the *keffiyeh*, and with its white fabric, which is often adorned with black grid-like patterns. Hatoum, as Gannit Ankori (2006, pp.121-154) points out, revised the traditional *keffiyeh* by inserting strands of feminine black hair instead of black thread, and one might argue, she has re-territorialized and feminized the traditional insignia of Arab male costume, or what has become a Palestinian national symbol. (For more on Hatoum's work see also Said, 2000.) The *keffiyeh* has been popularized in the course of the Palestinian struggle against Israeli occupation. Besides re-territorializing the *keffiyeh*, Hatoum also neutralizes the mesh-like pattern of the *keffiyeh* by adding the organic element of women's hair to the pattern, which deliberately over-runs the edges of the *keffiyeh* in some parts, creating curls outside the frame of the *keffiyeh* itself (Ankori 2006, pp. 121-154).

However, the major essay in the *Without Boundary* catalogue, written by Homi Bhabha, and more specifically his analysis of Mona Hatoum's "Keffieh," continues to reify predominant Western notions of Middle Eastern and "Islamic" arts and cultures, and in the process ends up reproducing many of the very stereotypes the exhibition intended to problematize. As Bhabha argues, "The keffieh – the cotton headscarf worn by Middle Eastern men – has developed a macho aura in the Palestine culture of political resistance" (Bhabha 2006, p. 34). Bhabha interprets the *keffiyeh* as symbolic of a "macho style" and "an externalized response to the powers of oppression and domination" and as a "form of domination turned inward, within the community, poised against the presence and participation of women, whose voices are repressed or sublimated in the cause of the struggle" (Bhabha 2006, p. 34). Bhabha's statement, as Maymanah Farhat has eloquently argued, "completely obscures the reality of the Palestinian struggle in which women are active, if not central, participants of

einwebte: man könnte sagen, dass sie die traditionelle – und inzwischen zu einem palästinensischen Nationalsymbol gewordene – Insignie männlicher arabischer Tracht auf diese Weise neu territorialisiert und femininisiert hat. (Für weitere Ausführungen zu den Arbeiten von Hatoum vgl. auch Said 2000.) Die *Kufiya* wurde im Zuge des palästinensischen Kampfes gegen die israelische Besatzung populär. Abgesehen davon, dass sie die *Kufiya* neu territorialisierte, neutralisierte Hatoum auch das netzartige Muster des Tuches dadurch, dass sie dessen Muster um das organische Element des schwarzen Frauenhaars bereicherte, das an manchen Stellen über den Rand des Tuches hinaus verläuft, sodass es außerhalb der Begrenzungen des eigentlichen Tuches Locken bildet (Ankori 2006, S. 121-154).

Der von Homi Bhabha verfasste Hauptbeitrag im Katalog zur Ausstellung „Without Boundary" und insbesondere Bhabhas Analyse von Mona Hatoums Arbeit „Keffieh" schreibt jedoch tonangebende westliche Vorstellungen von nahöstlicher und „islamischer" Kunst und Kultur weiter fest und perpetuiert dabei letztendlich eine Vielzahl jener Klischees, die die Ausstellung gerade zu problematisieren beabsichtigte. So schreibt Bhabha: „Der Kufiya – dem von Männern in Nahost getragenen Baumwollkopftuch – ist in der palästinensischen Kultur des politischen Widerstandes eine machohafte Aura zugewachsen" (Bhabha 2006, S. 34). Bhabha deutet die Kufiya als symbolhaft für einen „machohaften Stil" und als „externalisierte Antwort auf die Kräfte der Unterdrückung und Dominanz" beziehungsweise als eine „Form der nach innen gewandten Dominanz, innerhalb der Gemeinschaft, verharrend gegen die Gegenwart und Beteiligung von Frauen, deren Stimmen in der Sache des Kampfes unterdrückt oder sublimiert werden" (Bhabha 2006, S. 34). Wie Maymanah Farhat beredt darlegt, „verschleiert [Bhabhas Erklärung] ganz und gar die Realität des palästinensischen Kampfes, zu dem Frauen als aktive, wenn nicht gar zentrale Beteiligte der selbstbestimmten politischen Bewegung ihres Volkes das Ihre beitragen. Hinzu kommt, dass die weibliche Figur innerhalb der palästinensischen bildenden Kunst und Dichtung und der Kultur im Allgemeinen vielfach als Vehikel für allegorische Darstellungen der Heimat dient: die Frau wird, mit anderen Worten, als die am meisten verehrte Verkörperung des Kampfes hingestellt" (Farhat 2006). „Wenn man die Kufiya mit Unterdrückung und männlicher Dominanz verbindet", so erklärt Farhat weiter, „so eliminiert man die Notwendigkeit, das umfassendere soziopolitische Bild näher in den Blick zu nehmen. Bhabhas Analyse lenkt die Diskussion der Schändung eines ganzen Volkes in die Richtung einer internen Geschlechterproblematik" (Farhat 2006). Anders ausgedrückt: die drängenden und historisch konkreten soziopolitischen Probleme, vor die sich die Region gestellt sieht (und an denen der Westen wesentlichen Anteil hat), werden von Bhabha nunmehr in eine fragwürdige Erklärung der inneren, religions- und regionsspezifischen Geschlechterunterdrückung abgeschoben.

Hatoum hat sich in zahlreichen Arbeiten immer wieder auf eine metaphorische und unheimliche Art und Weise, die vertraute Objekte plötzlich fremd und unklar erscheinen lässt, mit politischen Fragen auseinandergesetzt. Man beachte etwa, dass die zentralen Muster der *Kufiya* in „Keffieh", so traditionell sie einerseits sind, gleichzeitig an ein Zaunmuster und, folglich, an einen Belagerungszustand erinnern, im Endeffekt also den Betrachter auf die Lage der Palästinenser unter der Besatzung und auf zentrale Aspekte ihres Kampfes um Land, Heimat und Territorium aufmerksam machen (Ankori 2006, S. 121-154). Hatoums „Keffieh" ist tatsächlich Teil eines umfassenderen und komplexen Œuvres, in dem sie fortgesetzt mit – in manchen Fällen zusätzlich mit geschlechtsbezogener Bedeutung aufgeladenem – Haar experimentiert (Ankori 2006, S. 121-154). Bhahbas Analyse ähnelt, wie Farhat betont, Beispielen eines „westlichen Diskurses, der sich auf die Unterdrückung von Frauen im Nahen Osten und in der ‚islamischen' Welt konzentriert und dabei die Notwendigkeit einer eingehenderen Betrachtung der übergeordneten politischen und wirtschaftlichen Unterdrückung übersieht, die eine Folge der Handlungen regionaler, amerikanischer und europäischer Regierungen sind" (Farhat 2006). Die Ausstellung „Without Boundary" war zudem, wie Flood (2007, S. 45-46) darlegt und wie Emily Jacir und Shirin Neshat, zwei der in der Ausstellung vertretene KünstlerInnen, bestätigen, unpolitisch in ihrer Weigerung, sich mit den heutigen politischen Verhältnissen in der Region auseinander zu setzen, wie auch in ihrer bewussten Nichteinbeziehung von Werken, die unmittelbar auf die politische Lage und die andauernden Kriege in der Region Bezug nehmen.

Wenn man die Mehrzahl der Ausstellungen überblickt, die sich in der Zeit nach dem 11. September in irgendeiner Form mit nahöstlicher Kunst befasst haben, darunter „Without Boundary: Seventeen Ways of Looking", so ergibt sich ein Bild, das mehr über westliche Ängste in Bezug auf die Region und den Islam aussagt, als dass wirklich kritisch auf die komplexe Geschichte und innere Dynamik sowie unter soziokulturellen und ästhetischen Gesichtspunkten auf die künstlerische

the self-determined political movement of their people. Additionally, within Palestinian visual art, literature, and culture in general, the female figure often lends way to allegorical representations of homeland, equating women as the most revered embodiment of the struggle" (Farhat 2006). As Farhat further explains, "To associate the keffieh [*keffiyeh*] with oppression and male dominance is to dispel the need for an examination of the larger sociopolitical picture. Bhabha's analysis steers the discussion of the violation of an entire people towards an internal issue of gender" (Farhat 2006). In other words, the pressing and historically specific socio-political issues confronting the region - and in which the West is very much implicated - are now displaced by Bhabha into a questionable reading of gender oppression internal and intrinsic to the religion and the region.

Hatoum has consistently addressed political issues through metaphorical and in uncanny ways in much of her works, where a familiar object suddenly becomes strange and uncertain. Not to forget, as Ankori (2006, pp. 121-154) argued, that in "Keffieh" the central patterns, which are traditional in essence, also recall fencing and a state of siege, and in the process direct the attention of the viewer to the Palestinian condition under occupation and to issues central to their struggle over land, home and territory. Hatoum's "Keffieh" is indeed part of a larger and complex oeuvre in which she continued experimentation with hair, as seen in several of her earlier work, which may or may not have been charged with gendered connotations (Ankori 2006, pp. 121-154). As Farhat (2006) emphasized, Bhahba's analysis is similar to examples of "Western discourse which focus on the oppression of women in the Middle East and the 'Islamic' world, while ignoring the need for an examination of the broader political and economic oppression that has resulted from the actions of regional, American, and European governments." And as Flood (2007) argues, and as Emily Jacir and Shirin Nesht, two of the "Without Boundary" artists, have confirmed, the exhibition was apolitical in its refusal to engage with contemporary politics of the region, and in its avoidance of including works that have direct references to the politics of the on-going wars in the region.

Surveying the majority of post 9/11 exhibitions related to Middle Eastern art, including "Without Boundary: Seventeen Ways of Looking," the picture that has emerged speaks more to western anxieties about the region and about Islam, rather than offering a genuine critical intervention with the region's complex history, internal dynamics and artistic development from socio-cultural and aesthetic perspectives. It also signals the rise of a return to new form of Orientalism in packaging and representing contemporary art of the Middle East and the Islamic world. As Winegar (2008) argued, the picture that emerges of what Islamic art is, is highly selective and conforms to U.S. national interests.

Flood (2007) and Winegar (2008) have identified three trends in these exhibitions: First, the focus has been on exhibitions that centered on the historical or ancient art of the Middle East, celebrating its past glory. The goal is well intentioned in showing that Muslims had a human and artistic side prior to the rise of fundamentalism and al-Qa'ida's anti-Western ideology. But it avoids the messy contemporary politics in which the United States is negatively implicated. Second, in the performative and musical arena, the focus has been on either music that highlights Islam as a moderate and peaceful religion, such as Sufi music, or on musical styles perceived to be critical and antithetical to Islamic fundamentalism such as Algerian Rai. Third, in the visual arts, and particularly in the contemporary art scene, the balance of representation favors Middle Eastern women artists. More specifically, those artists whose works are viewed as critical of gender inequality in Muslim societies emerge as the most favored and most celebrated (Winegar 2008). Offering a kind of prophylaxis to the veil, gender inequality, violence and fundamentalist Islam, the picture that emerges is selective not only in terms of content, but of genre, media, and the subjectivity of the artists. And although a few exhibitions and notably the artists' works themselves have afforded a more nuanced portrayal, by and large, curatorial interventions vis-à-vis contemporary art of the "Islamic" world represent numerous missed opportunities.

Overcoming Curatorial Misrepresentations
The major issue one sees in even well-intentioned exhibitions is the lack of a coherent theme, or a critical narrative related to such historically complex and diverse entities we call North Africa, Middle East, Islamic world, or the Arab world. For example, the geographic delineation of the Middle East itself remains a big question, as the term is also a political construct enmeshed in the history of imperialism, neocolonialism, and Orientalist fantasies. Such ambitions have been further amplified by the more recent neo-conservative project of democratizing (modernizing) the Middle East (and whose premises continue to be shared by the *Counter-Radicalization Program* of Barack Obama). However, labels such as the Middle East and the Arab world are differentiated products of a historically complex reality and global interconnectedness. Terms or categories such as "North Africa," "Middle Eastern," "Arabic," or "Islamic" may signify an internal commonality, in the sense of possessing shared historical expe-

Entwicklung der Region eingegangen wird. Das Gesamtbild signalisiert zudem eine Rückwendung zu einer neuen Form von Orientalismus in der Verpackung und Darstellung von zeitgenössischer Kunst aus dem Nahen Osten und der islamischen Welt. Das Bild der islamischen Kunst, das sich herausschält, ist, wie Winegar (2008) erklärt, höchst selektiv und richtet sich nach den nationalen Interessen der USA.

Flood (2007) und Winegar (2008) haben in den betreffenden Ausstellungen drei Trends ausgemacht: Erstens war ein Großteil der Ausstellungen schwerpunktmäßig historischer oder alter Kunst aus dem Nahen Osten gewidmet, das heißt es wurde eine glorreiche Vergangenheit zelebriert. Zeigen zu wollen, dass Muslime vor dem Aufstieg des Fundamentalismus und der antiwestlichen Ideologie von al-Qaida eine menschliche und künstlerische Seite hatten, ist gewiss gut gemeint, doch wird damit die vertrackte politische Situation von heute umgangen, in die die Vereinigten Staaten auf negative Weise verwickelt sind. Zweitens lag der Schwerpunkt im Bereich der darstellenden Künste und der Musik entweder auf Musik, die den Islam als eine gemäßigte und friedliche Religion erscheinen lässt, wie etwa die Musik der Sufis, oder auf musikalischen Stilen, denen eine kritische und entgegengesetzte Haltung zum islamischen Fundamentalismus zugeschrieben wird, wie etwa die Musik des algerischen Rai. Drittens schlägt im Bereich der bildenden Kunst und besonders der zeitgenössischen Kunst die Waage der Repräsentation eindeutig zugunsten von Künstlerinnen aus Nahost aus. Es zeigt sich, genauer gesagt, dass die am meisten bevorzugten und gefeierten Künstlerinnen jene sind, deren Werk als Anprangerung der Ungleichheit der Geschlechter in muslimischen Gesellschaften angesehen wird (Winegar 2008). Ausdruck einer Art von prophylaktischer Abwehr gegen den Schleier, die Ungleichheit der Geschlechter, die Gewalt und den fundamentalistischen Islam, ist das Bild, das sich ergibt, nicht nur inhaltlich selektiv, sondern auch im Hinblick auf die Ausdrucksformen und -mittel sowie auf das subjektive Bewusstsein der KünstlerInnen. Auch wenn einige wenige Ausstellungen und insbesondere die Werke der KünstlerInnen mit einer nuancierteren Darstellung aufwarteten, steht die übergroße Mehrzahl der kuratorischen Interpretationsversuche im Hinblick auf die zeitgenössische Kunst der „islamischen" Welt für ebenso viele verpasste Chancen.

Wie kuratorische Verzerrungen zu überwinden sind

Das Hauptproblem, das sogar bei gut gemeinten Ausstellungen zutage tritt, ist das Fehlen eines zusammenhängenden Themas beziehungsweise einer kritischen Darstellung im Zusammenhang mit derart historisch komplexen und mannigfaltigen Gebilden wie – so unsere Bezeichnungen für sie – Nordafrika, dem Nahen Osten, der islamischen Welt oder der arabischen Welt. So bleibt die genaue geographische Eingrenzung des Nahen Ostens überhaupt ein wichtiger offener Punkt, da der Begriff gleichzeitig ein politisches Konstrukt und eng mit der Geschichte von Imperialismus, Neokolonialismus und orientalistischen Fantasien verflochten ist. Diese Geschichte wurde noch in jüngster Zeit weitergeschrieben durch das neokonservative Projekt einer Demokratisierung (beziehungsweise Modernisierung) des Nahen Ostens (dessen Grundsätze das so genannte *Counter-Radicalization Program* von Barack Obama weiterhin teilt). Bezeichnungen wie „Naher Osten" und „die arabische Welt" sind jedoch differenzierte Produkte einer historisch komplexen Realität und globalen Vernetzung. Begriffe oder Kategorien wie „Nordafrika", „Naher Osten", „arabisch" oder „islamisch" mögen auf eine Gemeinsamkeit im Innern verweisen, in dem Sinn, dass ihnen bestimmte gemeinsame historische Erfahrungen eigen sind (die „islamische" Kultur oder die „arabische" Sprache, der Kolonialismus und der antikoloniale Kampf, usw.), sie sind jedoch keineswegs homogene Gebilde oder Produkte kultureller, religiöser oder ethnischer Ähnlichkeit.

Betrachten wir ein hiermit zusammenhängendes Beispiel. Vor einem knappen Jahrzehnt entschied man sich, das Gebiet, das als „Nordafrika" bezeichnet wird (flächenmäßig nahezu die Hälfte des Kontinents) aus der wissenschaftlichen Disziplin der afrikanischen Kunstgeschichte herauszulösen und ganz und gar auszuklammern. „Die Künste dieser Region gehören", so der Historiker Jan Vansina, „eindeutig zu den weit verstreuten Traditionen, die ihr Epizentrum im Mittelmeerraum und der Welt des Christentums und Islams haben" (Vansina 1984, S. 1). Die Tradition, Geschichte und Kultur dieser Region galt daher als vom Ursprung her „ökumenisch", ein Begriff, der nach dem griechischen Wort *oikoumenikos* die Vorstellung der „Welt als Ganzes" bezeichnet". Im Gegensatz dazu galt „Schwarzafrika", das Afrika südlich der Sahara, als weniger „ökumenisch" und isolierter und damit in seinen kulturellen und künstlerischen Traditionen verschieden. Im Sinne dieser künstlichen Zweiteilung galt Nordafrika als uneigentlicher „afrikanisch" und enger mit der Außenwelt vernetzt als das übrige Afrika. Einteilungen dieser Art haben ihre Wurzeln in kolonialen, im akademischen Bereich wie im landläufigen Bild von Afrika vorherrschenden Repräsentationsmetaphern; die Realitäten vor

riences ("Islamic" culture or "Arabic" language, colonialism, and anti-colonial struggle...etc.), but they are by no means homogeneous entities or products of cultural, religious, or ethnic similarities.

Let's consider a related example. Less than a decade ago, the area designated as "North Africa" – almost half of the continent in area – was excised and totally excluded from the discipline of African art history. As historian Jan Vansina has argued, "its arts clearly belong to widely flung traditions centered on the Mediterranean and the worlds of Christianity and Islam" (Vansina 1984, p. 1). Its tradition, history and culture, were therefore considered as *oikoumenical* in origin; that is from the Greek expression *oikoumenikos* a reference to the idea of the "whole world." In contrast, sub-Saharan Africa was considered less *oikoumenical* and more isolated, hence different in its cultural and artistic traditions. By this artificial dichotomy, North Africa was perceived as less authentically "African," and more connected to the outside world than the rest of Africa. Rooted in colonial tropes of representation prevalent in the academy and in popular perceptions of Africa, such classifications do not reflect ground realities, and fortunately, such views are no longer firmly held in the discipline. Geographic borders do not necessarily result in cultural or artistic barriers, and thousands of years of contact between North Africa and the larger part of the Mediterranean world, the Middle East or the larger Islamic world have created undeniable continuities and influences that have shaped northern African artistic and cultural developments. Yet, North Africa should not be excised from the broader African experience or viewed as unique, especially in its contemporary or modernist manifestations. Similar exchanges have shaped the relationship between North Africa and the rest of the continent, and contributed to the complex nature of the African modernist experience. In other words, realities of both sides of these divides are complex, and produced through the mobility of people, commodities, cultural products, and ideas. As I have argued elsewhere, much of the African modernist project can be situated in the intersections of Pan-Africanism and Pan-Arabism, the struggle for liberation and decolonization, and in the intellectual dialectics this struggle has come to symbolize in the relationships among Africa, the West, and the world at large (Hassan 2010).

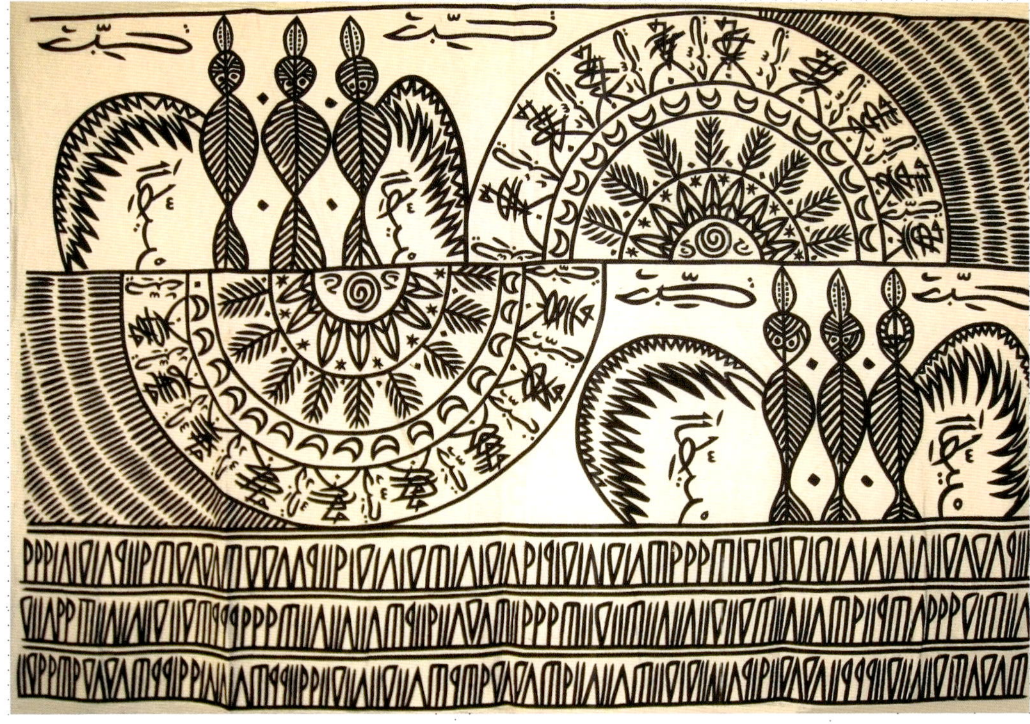

Rachid Koraïchi, *Die unsichtbaren Meister* | *The Invisible Masters* (Detail | detail), 99 Banner | banners, jedes | each 390 x 210 cm, © images Ferrante Ferranti.

As mentioned earlier, the problem with the dichotomy of "good Muslim" vs. "bad Muslim" is not only that it is ahistorical, but also glosses over a much more complex history of secularist and modernist movements in the Middle East and the Muslim world. In the Middle East, and more specifically in the Arab world, there has historically been what Halim Barakat identified in his seminal work, *The Arab World: Society, Culture and*

Ort jedoch spiegeln sie nicht wider, und zum Glück verlieren Anschauungsweisen dieser Art im Fachgebiet an Boden. Geographische Grenzen ergeben nicht unbedingt auch kulturelle oder künstlerische Schranken, und Jahrtausende des Austauschs zwischen Nordafrika und dem Großteil des Mittelmeerraums, dem Nahen Osten oder der umfassenderen islamischen Welt haben für unleugbare Kontinuitäten und Einflüsse gesorgt, die die künstlerische und kulturelle Entwicklung in Nordafrika maßgeblich geprägt haben. Gleichwohl wäre es ein Fehler, Nordafrika aus der übergreifenden afrikanischen Erfahrung herauszulösen oder als einzigartig zu betrachten, gerade auch in seinen gegenwärtigen oder modernen Manifestationen. Ähnliche Formen des Austauschs haben das Verhältnis zwischen Nordafrika und dem übrigen Kontinent geprägt und zur Komplexität der Erfahrung einer Moderne in Afrika beigetragen. Kurzum: die Realitäten auf beiden Seiten dieser Trennlinien sind komplex und das Ergebnis der Mobilität von Menschen, Waren, Kulturerzeugnissen und Ideen. Wie ich an anderer Stelle ausgeführt habe, lässt sich das Projekt der Moderne in Afrika größtenteils an den Schnittpunkten zwischen Panafrikanismus und Panarabismus, dem Kampf um Befreiung und Entkolonialisierung sowie in der intellektuellen Dialektik ansiedeln, die dieser Kampf in den Beziehungen zwischen Afrika, dem Westen und der Welt als Ganzes mittlerweile symbolisiert (Hassan 2010, S. 451-474).

Das Problem der Zweiteilung in „gute Muslime" und „böse Muslime" ist, wie bereits erwähnt, nicht nur dass sie ahistorisch ist; sie bemäntelt auch eine wesentlich komplexere Geschichte säkularistischer und modernistischer Strömungen im Nahen Osten und der muslimischen Welt. Historisch gesehen gab es im Nahen Osten und, genauer, in der arabischen Welt, wie Halim Barakat in seinem bahnbrechenden Werk *The Arab World: Society, Culture and the State* erkannte, „einen ständigen Kampf in der arabischen Kultur zwischen Kreativität und Konformität, dem Modernen und der Tradition – das, was Taha Hussein als den Kampf des Alten und des Neuen bezeichnet hat". Barakat führt weiter aus: „Diese beiden entgegengesetzten Strömungen treten überall im arabischen Alltag zutage, vom religiösen Leben bis hin zum politischen und von den ideologischen bis hin zu den literarischen Aspekten der arabischen Kultur. In jeder Epoche der arabischen Geschichte gab es einen modernistischen Trend, der die vorherrschenden Traditionen und statischen Werte ablehnte. Diese kreative Tendenz strebte danach, die Welt zu verändern und ein neues Denken sowie neue Formen des literarischen Ausdrucks zu begründen" (Barakat 1993, S.197).

Dieser unablässige Kampf und interne Prozess der Selbstkritik, wenn man so will, ist von der etablierten westlichen Forschung weitgehend übersehen worden. Das Augenmerk richtete sich, wie Barakat aufgezeigt hat, vornehmlich auf die statische und konventionelle Seite der arabischen Gesellschaft. Der Schwerpunkt lag eben „auf Konformität und nicht auf Kreativität, auf *naql* (traditionell-autoritative Überlieferung) und nicht auf *'aql* (Vernunft)" (Barakat 1993, S.197). Barakat zeigt, wie „der kulturelle Kampf [von jeher] eine wesentliche Komponente eines übergeordneten Kampfes zwischen der herrschenden Ordnung, die die Interessen und Werte wohlhabender Schichten und Gruppen vertrat, und durch alternative Visionen motivierten gegenkulturellen oder revolutionären Bewegungen war" (Barakat 1993, S.197), eine Sicht, die in leicht abgewandelter Form auch von anderen arabischen Denkern wie Adonis [Ali Ahmad Said] (1977), Mahmoud Amin El 'Alim (1988) und Constantine Zureiq (1979) vorgetragen worden ist (vgl. auch Atiyeh 1998). Der leidenschaftlich der Moderne verpflichtete Philosoph und Lyriker Adonis besteht in ähnlichem Sinn darauf, dass die Moderne aus dem Kampf zwischen *Al Thabit* (der statischen, glaubensgebundenen *Salafiyya*-Ordnung) und *Al Mutahawil* (dem Dynamischen oder sich Wandelnden) hervorgehe, wobei er Letzteres als den Wunsch nach Umgestaltung der bestehenden, unbeweglichen Ordnung definiert (Adonis 1977). Die arabische Moderne war, mit anderen Worten, nicht nur einfach von außen übergestülpt (ungeachtet aller unübersehbaren Einwirkungen von außen), sondern sie entwickelte sich auch historisch aus der Wechselwirkung zwischen diesen beiden Tendenzen heraus. Spannungen wie diese waren in jeder Hinsicht der Motor der Kreativität im arabischen und islamischen Kulturschaffen der vergangenen zwei Jahrhunderte. Sie lagen zahlreichen der Moderne verpflichteten literarischen wie bildkünstlerischen Strömungen zu Grunde, obwohl sich derartige Spannungen nach Darstellung von Iftikhar Dadi in der Literatur und Dichtung vergleichsweise besser theoretisieren lassen als in der bildenden Kunst (vgl. Dadi 2010, S. 33-34).

Abschließend sei noch einmal betont, wie überaus wichtig es heute ist, klischeehafte Auffassungen der Region, die sich am Islam, am Schleier, an der Ungleichheit der Geschlechter, an der Gewalt und dergleichen festmachen, nicht einfach zu vermeiden, sondern sich im Zusammenhang mit historisch derart komplexen und mannigfaltigen Gebilden, die abwechselnd als Nordafrika, Naher Osten und islamische oder arabische Welt bezeichnet werden, um eine kritische Darstellung zu bemühen. Dazu gehört

the State, as "the constant struggle in Arab culture between creativity and conformity, modernity and tradition – what Taha Hussein has called the battle of the old and the new." As he further elucidates, "these two opposed currents manifest themselves in much of Arab life, from the religious to the political, from the ideological to the literary aspects of Arab culture. In every period of Arab history, there has been a modernist trend that rejected prevailing traditions and static values. This creative trend aspired to change the world and to create a new mode of thinking as well as new forms of literary expression" (Barakat 1993, p.197).

This incessant struggle, and internal process of self-critique so-to-speak, has been largely ignored by mainstream Western scholarship. The focus, as Barakat pointed out, has been on the static and the conventional side of Arab society. The emphasis, as he further argued, "has been on conformity rather than creativity, or on *naql* (traditional-authoritative transmission) rather than *'aql* (reasoning)" (Barakat 1993, p. 197). He further shows how "cultural struggle [has been] an integral part of a larger struggle between the dominant order, which represents the interests and values of affluent classes and groups, and countercultural or revolutionary movements motivated by alternative visions" (Barakat 1993, p.197), a perspective that has been variously advanced by other Arab thinkers such as Adonis [Ali Ahmad Said] (1977), Mahmoud Amin Al 'Alim (1988), and Constantin Zureiq (1979) (see also Atiyeh 1998.) Adonis, the ardent modernist philosopher and poet, similarly insists that modernity is born out of the struggle between *Al Thabit* (the static *salafiyya*- or religious based order) and *Al Mutahawil* (the dynamic or changing) that he identifies as the desire to transform the static order (Adonis 1977). In other words, Arab modernity was not simply imposed externally (although outside vectors are certainly salient), but also emerged historically out of the interactions between these two trends. Such tensions have been the driving force in all aspects of creativity in the Arab and Islamic cultural production of the last two centuries. They have been at the heart of many modernist movements in literature and in the visual arts, although such tensions, as Iftikhar Dadi has argued, are relatively better theorized in literature – poetry included – than in the visual arts (see Dadi 2010, pp. 33-34).

In conclusion, it is extremely important today not simply to avoid clichéd framings of the region by Islam and the veil, gender inequality, violence and so forth, but to present a critical narrative related to such a historically complex and diverse entities variously called North Africa, Middle East, the Islamic and the Arab worlds. These include the opportunity to revisit, study and showcase its rich and complex modernist and contemporary experience, and the terrible lack of well-researched retrospectives of individual artists, especially pioneer modernists, such as the Egyptian modernists Mahmoud Said, Mahmoud Mukhtar, the Iraqi Shakir Hasan Al Said, the Sudanese visionary modernist Ibrahim El Salahi, or the Algerian contemporary artist Rachid Koraïchi, whose conceptual multi-media installations defy a single interpretation or categorization.

Moving forward, one should also recognize that the picture is much more complex, and not necessarily too bleak! A few exhibitions have offered more nuanced and complex narratives, and most artists have defied the stereotypical expectation explored above, and in the process managed to subvert them through their practice. As examples of more careful approaches, one could cite exhibitions such as Catherine David's collaborative projects on Beirut entitled "Arab Representations;" "The Veil," inaugurated a few years ago in London; "Word into Art: Artists of the Modern Middle East," British Museum Exhibition, London, 2006; "Tarjama/Translation" at the Queens Museum of Art in New York, 2009; the recent incarnation of the Sharjah Biennial; "Dis/orientation," organized by the House of World Cultures in Berlin; and the inclusion of projects such as Emily Jacir's "Material for a Film" or "Where We Come From" in major contemporary art exhibitions and in prominent institutions. This is also accompanied by the rise of a new regime of art criticism and publications by art critics and art historians from the region itself. In this regards, art journals such as *Bidoun*, *ArteEast*, *Nafas* (Universes-in-Universe), and *Third Text Asia* are welcome additions.

1. As a matter of fact *Dunkin' Donut* has the largest franchise in the Arab world and more specifically in the oil rich UAE and Qatar where it has reportedly just opened the largest kitchen in the world that produces 60,000 donuts a day.
2. The fact that some people might have worn it as a sign of solidarity with the Palestinians should not reduce it as an endorsement of terrorism. Despite the fact that *keffiyeh* has become a symbol of Palestinian nationalism in its association with the late PLO chairman Yasser Arafat's public appearance, it should not be reduced to a symbol of militancy, although it might have become so more gradually (see Tristam 2008).
3. The list includes the following artists: Jananne Al-Ani, Ghada Amer, Kutlug Ataman, The Atlas Group/Walid Raad, Mona Hatoum, Shirazeh Houshiary, Pip Horne, Emily Jacir, Y. Z. Kami, Mike Kelley, Rachid Koraïchi, Shirin Neshat, Marjane Satrapi, Shirana Shahbazi, Raqib Shaw, Shahzia Sikander, and Bill Viola.

auch die Gelegenheit, sich auf deren reiche und vielschichtige Erfahrungen der Moderne und Gegenwart zu besinnen und diese zu erforschen und vorzuführen; denn die Defizite sind in dieser Hinsicht gewaltig, gerade auch bezogen auf gründlich erforschte Retrospektiven einzelner Künstler und vor allem von Vorreitern der Moderne wie den Ägyptern Mahmoud Said und Mahmoud Mukhtar, dem Iraker Shakir Hasan Al Said, dem sudanesischen Visionär der Moderne, Ibrahim El Salahi, oder dem algerischen zeitgenössischen Künstler Rachid Koraïchi, dessen konzeptuelle Multimediainstallationen sich jeder einfachen Deutung oder Einordnung entziehen.

Im Blick nach vorne ist zu berücksichtigen, dass das Bild nicht nur wesentlich komplexer ist, sondern auch gar nicht unbedingt so düster, wie es manchmal dargestellt wird. Einige wenige Ausstellungen waren in ihrer Darstellung nuancierter und komplexer und die meisten KünstlerInnen haben sich den weiter oben geschilderten stereotypen Erwartungen widersetzt und diese durch ihre künstlerische Praxis erfolgreich unterlaufen. Ausstellungen, die sich als Beispiel für eine bedächtigere Herangehensweise anführen ließen, wären etwa die von Catherine David organisierten Gemeinschaftsprojekte zum Thema Beirut unter dem Titel „Contemporary Arab Representations", die vor einigen Jahren erstmals in London gezeigte Wanderausstellung „The Veil", die 2006 im British Museum veranstaltete Schau „Word into Art: Artists of the Modern Middle East", die Ausstellung „Tarjama/Translation" 2009 im Queens Museum of Art in New York, die jüngste Auflage der Sharjah Biennale und „Dis/orientation" im Haus der Kulturen der Welt in Berlin. Zudem ließe sich auf die Einbeziehung von Projekten wie Emily Jacirs „Material for a Film" oder „Where We Come From" in bedeutende Ausstellungen von Gegenwartskunst und deren Präsenz in führenden Institutionen verweisen. Parallel hierzu sind neue Strukturen der Kunstkritik und ein neue Welle von Veröffentlichungen von Kunstkritikern und -historikern aus der Region selbst zu beobachten. Kunstzeitschriften wie *Bidoun*, *ArteEast*, *Nafas* (Universes-in-Universe) und *Third Text Asia* sind in dieser Hinsicht begrüßenswerte Ergänzungen. (Aus dem Englischen von Bram Opstelten)

1. Tatsächlich hat der Konzern Dunkin' Donuts seine umfangreichste Franchise in der arabischen Welt, insbesonders in den ölreichen Vereinigten Arabischen Emiraten und in Katar, wo das Unternehmen Berichten zufolge gerade die größte Küche der Welt in Betrieb genommen hat, in der täglich 60.000 Donuts produziert werden.

2. Nur weil das Tuch von manchen wohl auch als Zeichen der Solidarität mit den Palästinensern getragen wurde, sollte man die *Kufiya* nicht auf ein Bekenntnis zum Terrorismus reduzieren, obwohl sie in Zusammenhang mit dem öffentlichen Erscheinungsbild des verstorbenen PLO-Führers Jassir Arafat durchaus zu einem Symbol des palästinensischen Nationalismus und nach und nach vielleicht auch der Militanz wurde. Siehe Pierre Tristam, „The Keffieh and the Arab Heartland", 28. Mai 2008. <http://middleeast.about.com/b/2008/05/28/the-keffieh-and-the-arab-heartland.htm>.

3. Folgende KünstlerInnen waren in der Ausstellung vertreten: Jananne Al-Ani, Ghada Amer, Kutlug Ataman, The Atlas Group/Walid Raad, Mona Hatoum, Shirazeh Houshiary, Pip Horne, Emily Jacir, Y. Z. Kami, Mike Kelley, Rachid Koraïchi, Shirin Neshat, Marjane Satrapi, Shirana Shahbazi, Raqib Shaw, Shahzia Sikander und Bill Viola.

Adonis 1977. Adonis (Ali Ahmad Said): *Al-Thabit wal-Mutahawwil: Bahth fi al-ittiba 'wa-al-ibda' 'ind al-'arab [The Permanent and the Changing: A Study of Arab Conformity and Creativity*, 3 Volumes/ *Das Beständige und das sich Wandelnde: Eine Studie zu Arabischer Konformität und Kreativität*, 3 Bände], Beirut 1977.

Al 'Alim 1988. Mahmoud Amin Al 'Alim: *Consciousness and False Consciousness in the Arabs' Way of Thought Today*. Cairo 1988.

Ankori 2006. Gannit Ankori: *Palestinian Art*, London 2006.

Atiyah 1988. George Atiyeh, *Arab Civilization: Challenges and Responses: Studies in Honor of Constantine K. Zurayk*. New York 1988.

Barakat 1993. Halim Barakat: *The Arab World: Society, Culture and the State*, Berkeley, Los Angeles 1993.

Bhabha 2006. Homi Bhabha: "Another Country," *Without Boundary: Seventeen Ways of Looking*, ed. Fereshteh Daftari, New York 2006, pp. 30-45.

Blair/Bloom 2003. Sheila Blair and Jonathan Bloom: "The Mirage of Islamic Art: Reflections on the Study of an Unwieldy Field," *Art Bulletin* 85, No. 1, March 2003, pp.152–184, 157.

Dadi 2010. Iftikhar Dadi: *Modernism and the Art of Muslim South Asia*, Chapel Hill 2010.

Daftari 2006. Fereshteh Daftari: "Islamic or Not," *Without Boundary: Seventeen Ways of Looking*, ed. Fereshteh Daftari, New York 2006, pp. 10-27.

Farhat 2006. Maymanah Farhat: "Contemporary 'Islamic' Art in Context: The Discourse of *Without Boundary: Seventeen Ways of Looking*," *ArteNews* (ArteEast) April 2006. <http://www.arteeast.org/artenews/artenews-articles2006/without-boundary/artenews-without-boundary.html>

Flood 2007. Finbarr Barry Flood: "From the Prophet to Postmodernism? New World Orders and the End of Islamic Art," *Making Art History: A Changing Discipline and its Institutions*, ed. Elizabeth Mansfield, London 2007, pp. 31-53.

Grabar 1976. Oleg Grabar: "What Makes Islamic Art Islamic," *Art and Archaeology Papers*, 9 (1976), pp. 1-3.

Grabar 1978. Oleg Grabar: "Islamic Art: Art of a Culture or Art of a Faith?" *Art and Archaeology Papers*, 13 (1978). pp. 1-6.

Hassan 2010. Salah M. Hassan: "African Modernism: Beyond Alternative Modernities Discourse," *SAQ (South Atlantic Quarterly)*, Vol. 109, 3, Summer 2010, pp. 451-474.

Huntington 1998. Samuel Huntington: *Clash of Civilizations and the Remaking of the World Order*. New York 1998.

Lewis 2003. Bernard Lewis: *What Went Wrong? The Clash Between Islam and Modernity in the Middle East*, Oxford 2003.

Lewis 1990. Bernard Lewis: "The Root of Muslim Rage," *Atlantic Monthly*, September 1990.

Mamdani 2004. Mahmood Mamdani: *Good Muslim, Bad Muslim: America, the Cold War, and the Roots of Terror*. New York 2004, p. 18

Saatchi 2009. Saatchi Art Gallery: *Unveiled: New Art from the Middle East*, London 2009.

Said 2000. Edward Said: "The Art of Displacement: Mona Hatoum's Logic of Irreconcilables," *Mona Hatoum: The Entire World as a Foreign Land*, London 2000.

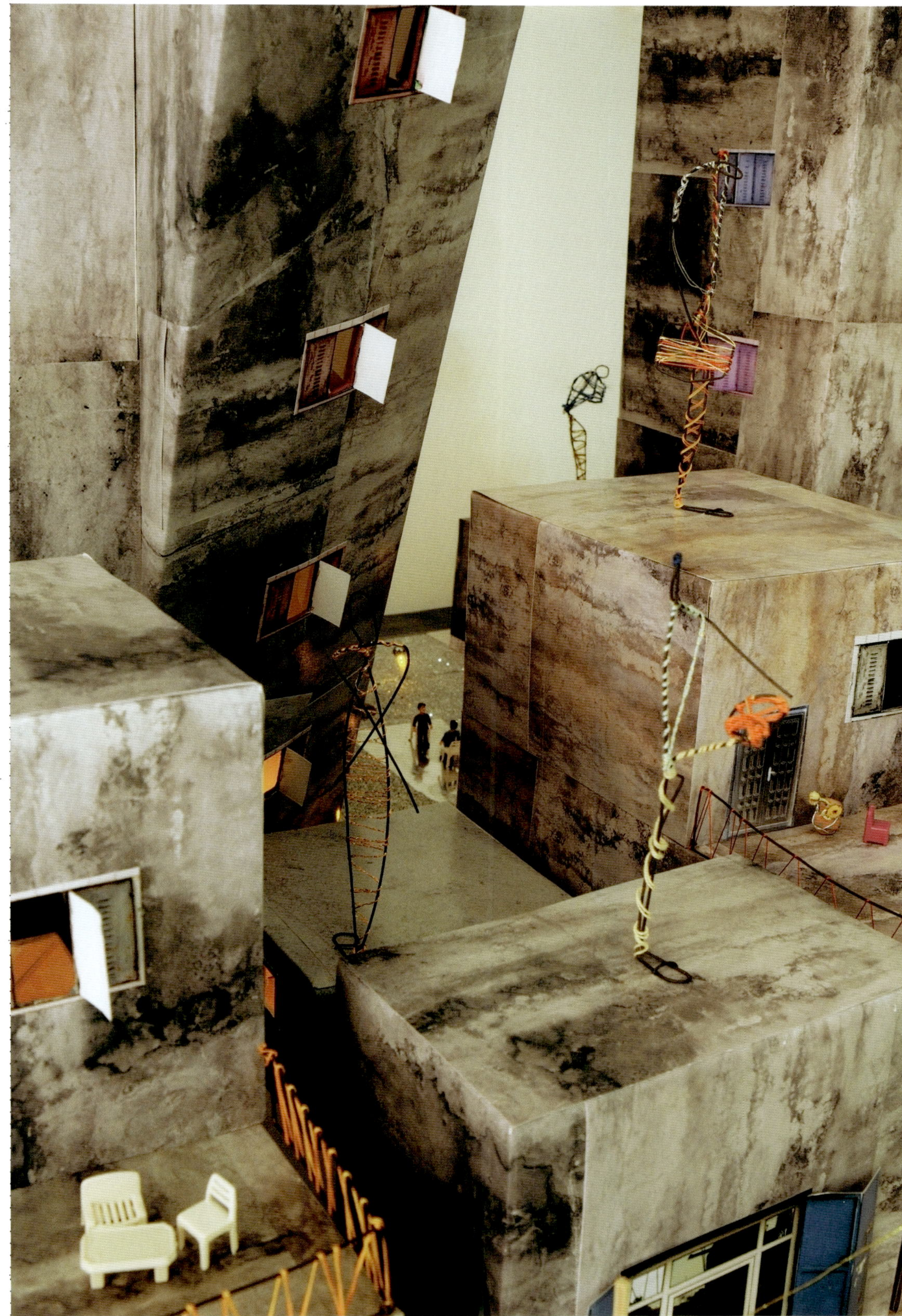

Wafa Hourani, *Qalandia 2087* (Detail | detail), 2009, Verschiedene Materialien, 6-teilig | Mixed media installation in 6 parts, 550 cm x 900 cm, © images Nathalie Barki.

Die Herausforderung der arabischen modernen Kunst

Nada Shabout

Es ist überaus beunruhigend, dass am Ende des ersten Jahrzehnts des einundzwanzigsten Jahrhunderts immer noch über die Modernität in der arabischen Kunst nachgedacht wird. Gewiss stellt heute niemand die Geschichtlichkeit der Moderne in der europäischen Kunst infrage, wenn auch einige Versuche unternommen werden, sie neu zu interpretieren. Der naheliegende, wenn auch keineswegs einfache Grund ist die vermutete Identität der Moderne. Das heißt, sie wird weithin als spezifisch moderne europäische Formulierung akzeptiert. Historisch ist eine solche Annahme richtig, da sich die Moderne im Dialog mit und als Antwort auf spezifische geschichtliche Bedingungen in Europa entwickelt hat. Theoretisch ist dies nicht der Fall: denn die Hypothesen, die sich mit diesen geschichtlichen Bedingungen auseinandersetzen, haben ein weit über Europa hinausreichendes Entstehungsfeld, und sie sind unauflösbar mit den politischen Umständen der Zeit verbunden.

Bezeichnenderweise beschäftigen sich derzeit mehrere Forschungsvorhaben mit einer Reevaluation der Renaissance, die historisch als ein europäisches, in erster Linie italienisches Konzept verstanden wird. Endlich wird aufgezeigt, dass islamische Einflüsse und Beiträge die Renaissance auf entscheidende Weise ermöglicht haben. Vielleicht kommt die Moderne als nächstes! Es steht außer Frage, dass die Geschichte, wie wir allgemeinhin kennen, neu überdacht werden muss.

Es ist demnach zwingend, auf das Format dieser Ausstellung hinzuweisen, da es mit Absicht die visuelle Produktion des Nahen Ostens von der islamischen über die moderne bis zur heutigen Zeit kontextualisiert. (Weil die verschiedenen Bezeichnungen umstritten sind, ein Konsens nicht möglich ist und es an Alternativen mangelt, bezeichnet „Naher Osten" hier die Länder der ehemaligen islamischen Welt.) Die Ausstellung versucht visuell etwas darzustellen, das bei der derzeitigen Feier des gegenwärtigen Augenblicks in der arabischen Kunst als losgelöstem Phänomen fehlt: ein Diskurs der Historizität und Kontinuität ist entweder nicht vorhanden, oder im besten Falle umstritten.

Bei der heutigen Angst vor Definitionen, und einer Angst vor scheinbar festgelegten Identitäten, bleibt die Bezeichnung „arabisch" als Bezeichnung für Kunst immer vage und wird manchmal abgelehnt. Ironischerweise stehen dieselben Künstler, die sich wegen seines Bei-geschmacks von politischer, panarabischer Ideo-logie im Sinne des Nasserismus in Ägypten auf gewisser Ebene gegen diesen Ausdruck sträuben, seinem häufigen – und meist falschen – Gebrauch in Bezug auf ihre Arbeit und ihren ethnischen Hintergrund, wie er bei Journalisten und Kuratoren häufig vorkommt, recht ambivalent gegenüber. Ihre Position ist verständlich, denn der Begriff ist vertraut und behaglich, wenn er auch durch seine Generalisierung und seinen Universalismus eine Bedrohung für die postmoderne Situation darstellt.

Die Ausstellung „Zukunft der Tradition – Tradition der Zukunft" kann also einen neuen Diskurs anstoßen, der entscheidende Momente in der visuellen Entwicklung der Region untersucht. Was die Moderne in der arabischen Welt anbetrifft, mag vieles infrage stehen, doch ihr Status als entscheidender geschichtlicher Augenblick steht zweifelsfrei fest. Zudem ermöglichen es weitere Forschungsarbeiten in diesem Gebiet, dass stets neue relevante Stimmen moderner arabischer Künstler und Kunstvermittler einbezogen werden können, die ihr Verständnis von Moderne und von dem modernen Projekt zu einer bestimmten Zeit formulierten und artikulierten.

Vom Zeitgenössischen zum Modernen

Das einundzwanzigste Jahrhundert sah einen neuen Hype zeitgenössischer Kunst aus der Region, die geopolitisch als Naher Osten bezeichnet wird. Weltpolitik und Wirtschaftslage sind zumindest teilweise für diese Anerkennung verantwortlich. Auch ist viel über die Auswirkungen des 11. Septembers 2001 als Wendepunkt für ein neu erwachtes Interesse an „Nahöstlichem" theoretisiert worden.

Ungeachtet der Ursachen war die „globale" Feier des zeitgenössischen Kunstschaffens, wie sie etwa auf Kunstmessen (Dubai, Basel), in Auktionshäusern (Christie's, Sotheby's, Bonham) und Ausstellungen („Unveiled: New Art from the Middle East" in der Saatchi Galerie u.v.m.) stattfand, nicht ohne Vorteile für die moderne Epoche der arabischen Welt. Im schlimmsten Falle hatte sie Wissenschaftler, die sich mit arabischer Kunst befassten, dazu bewogen, ihre Forschungsarbeit aus Furcht vor historischer Verfälschung zu intensivieren – wobei das Zeitgenössische als losgelöstes und neues Phänomen betrachtet wurde. Im besten Falle hatten diejenigen, die über die zeitgenössische Produktion schrieben, bald begriffen, dass sie, um das Interesse an dieser Produktion – die mehr sein will als nur ein flüchtiger Moment, der durch historische Bedingungen von Exil und Diaspora sowie durch die schiere Beharrlichkeit der Künstler zustande kam – aufrecht zu erhalten, ihre Geschichte begreifen mussten. Was

The Challenge of Arab Modern Art

Nada Shabout

It is particularly troubling to be still contemplating modernism in Arab art at the end of the first decade of the twenty-first century. Clearly no one questions the historicity of modernism in European art today, albeit there are few attempts for new interpretations. The obvious, although far from simple, reason is the presumed identity of modernism. That is, it is largely accepted as a specifically modern European formulation. Historically such assumption is correct insofar that modernism developed in dialogue and response to specific historical conditions taking place in Europe. Theoretically it is not, because conjectures proposed to deal with these historical conditions have a much wider sphere of origin than Europe and are inevitably connected to the politics of the time.

Significantly, several research initiatives today are reevaluating the Renaissance, viewed historically as a European, particularly Italian, conceptualization. Islamic influences and contributions are finally being highlighted as significant and instrumental in making the Renaissance possible. Perhaps modernism is next in line! There is no disputing the need to reevaluate history, as we generally know it.

It is, thus, imperative to highlight this exhibition's format as it intentionally contextualizes the visual production of the Middle East (fully acknowledging the contested available terminologies, the impossibility of consensus and the lack of alternatives, the Middle East here refers to countries of the previously Islamic world) from the Islamic through the modern to the contemporary time. It attempts visually what has been missing in the current celebration of the contemporary Arab art moment as a detached phenomenon; in general the discourse of historicity and continuity is either completely lacking or at best contested.

Given today's fear of definitions, as well as a fear of seemingly fixed identities, the term "Arab" in its art remains vague and at times despised. Ironically, the same artists who want to resist it on some level because of its connotations of a political pan-Arab ideology as connected to Egypt's Nasserisim, are quite ambivalent to its frequent, and mostly erroneous, use in connection to their work and ethnic background by journalist and curators. Their position is rather understandable as the term "Arab" is as familiar and comforting as it is threatening to the postmodern condition with its generality and universalism.

The exhibition, "The Future of Tradition – The Tradition of Future," thus, allows for instigating a new discourse to examine decisive moments in the visual development of the region. Undoubtedly while much is questioned about modernity in the Arab world, its status as a crucial moment in its history is not. Moreover, further scholarly research in the field is incessantly allowing for the inclusion of new pertinent voices of modern Arab artists and cultural agents as they formulated and articulated their understanding of modernism and the modern project at the time.

From the Contemporary to the Modern

The twenty-first century brought a new hype about contemporary art from the region geopolitically designated as the Middle East. World politics and state of economy is in the least partly responsible for this recognition. Moreover, much has been theorized about the effects of 11 September 2001, as a turning point in the renewed interest in all things "Middle Eastern."

Regardless of the reasons, the "global" celebration of the contemporary production, as exemplified in art fairs (Dubai, Basel), auction houses (Christie's, Sotheby's, Bonham) and exhibitions ("Unveiled: New Art from the Middle East" at the Saatchi Gallery, and many others) has not been without benefit to the modern period of the Arab world. At worst, it has frustrated scholars of Arab art into intensifying their research for fear of historical distortion – accepting the contemporary as a detached and new phenomenon. At best, those writing about the contemporary production soon realized that to sustain the interest in the production, which refuses to be a mere transient moment through historical circumstances of exile and diaspora, and sheer persistence of the artists, they actually need to understand its history.

What is of particular interest (or curiosity) is that the contemporary is celebrated wholeheartedly and in the spirit of globalization, while Arab modern art is rejected. Not negating the postmodern rhetoric of inclusivity, in what I designate as moments of token acceptance, contemporary Arab art is not accepted as equal by any measures. The doctrine of the postmodern celebration of difference and particularities has only resulted in a tolerated recognition of a further segregated "other;" hyphenated identities, supposedly expressing mobility and the trespassing of borders.

Nevertheless, the fact remains that the "otherness" of artists originating from the Middle East is continuously emphasized (Arab-American – a new monolith – Iranian-Ameri-

das Interesse (oder die Neugier) besonders reizt, ist die Tatsache, dass das Zeitgenössische rückhaltlos und im Geiste der Globalisierung gefeiert wird, während arabische moderne Kunst abgelehnt wird. Ohne die postmoderne Rhetorik der Inklusivität in „Momenten symbolischer Akzeptanz", wie ich das nennen möchte, abzulehnen: zeitgenössische arabische Kunst wird in keiner Weise als gleichberechtigt anerkannt. Die Doktrin der postmodernen Feier von Verschiedenheit und Eigenarten hat nur zu einer tolerierten Anerkennung eines weiter segregierten „Anderen" geführt; Bindestrich-Identitäten, die vorgeblich für Mobilität und Grenzüberschreitung stehen.

Dennoch bleibt die Tatsache bestehen, dass das „Anderssein" von Künstlern aus Nahost ständig betont wird („arabisch-amerikanisch" – ein neuer Monolith – „iranisch-amerikanisch" etc.), während dies bei Italoamerikanern oder Irischamerikanern sehr selten geschieht. Besonders interessant ist hier allerdings, dass zeitgenössische arabische Kunst aufgrund ihrer Identitätspolitik vollkommen anerkannt wird, moderne arabische Kunst dagegen gerade wegen ihrer Identitätspolitik abgelehnt wird. Andererseits wird von zeitgenössischer Kunst gefordert, ihre Politik zur Schau zu stellen, zu erklären und kritisch zu behandeln, obschon ihre Verkomplizierungen durch die Künstler selbst im Diskurs weitgehend fehlen. Technologie (Fotografie, Video, Installation, neue Medien) wird nicht als „westlich" hervorgehoben und demnach wird die Arbeit nicht als Imitation abgelehnt. Malerei dagegen wird noch immer als „westlich" beurteilt und deshalb sowohl vom Westen als auch von Arabern als Replikat verschmäht. Die meisten zeitgenössischen arabischen Künstler, und ganz gewiss die weltweit berühmten unter ihnen, sind noch immer im Westen ausgebildet worden, vor allem in den USA und Großbritannien. Dennoch werden sie als „globale", „dazwischen stehende", „in einem Grenzbereich angesiedelte" Künstler akzeptiert und die Authentizität ihrer Arbeit wird nicht angezweifelt.

Die Politik hat bei der Definition und Neudefinition von Form und bei der Zuschreibung von Bedeutung in der visuellen Produktion von arabischen Künstlern schon immer eine zentrale Rolle gespielt. Die Politik bildet demnach, trotz gewisser Spannungen zwischen ihnen, einen Kontinuitätsraum zwischen der modernen und der postmodernen arabischen Kunst. Kolonialismus und Unabhängigkeitskämpfe waren beliebte Themen, die die arabische Moderne einigten, gefolgt von dem Palästinaproblem und -dilemma, das realistischerweise seinen Einfluss immer behielt, wenn es auch zeitweise aus dem Mittelpunkt rückte, besonders als der libanesische Bürgerkrieg, der Irak-Iran-Krieg, die Golfkriege, die israelische Invasion im Libanon und die Invasion im Irak im Fokus des Weltinteresses standen und folglich auch im Fokus des Interesses zeitgenössischer arabischer Künstler. Beispiele interregionaler Arbeiten arabischer Künstler des zwanzigsten Jahrhunderts, die sich mit der Palästinafrage beschäftigen und sie als zentralen Faktor innerhalb ihrer arabischen Identitätsbildung anführen, findet man in der gesamten Geschichte der arabischen Moderne.

Die Idee einer kulturellen Einheitlichkeit innerhalb des Panarabismus bedeutete ein gemeinsames Interesse an allen regionalen Streitigkeiten und wurde demnach in der visuellen Kunst thematisiert. In einer Linie mit heute dominanten Ideologien, die das Konzept einer arabischen politischen Einheit ablehnen, haben zeitgenössische Künstler ihre Arbeit indes ebenfalls regionalisiert. Also wird von palästinensischen Künstlern erwartet, dass sie sich mit palästinensischer Realität und palästinensischen Problemen befassen, von libanesischen Künstlern wird eine Auseinandersetzung mit dem Bürgerkrieg und seinen Folgen erwartet, und irakische Künstler sollen auf die Unterdrückung durch das Baath-Regime und auf die US-Invasion eingehen.

Die Politik war auch entscheidend für die Veränderung im Verhältnis der Künstler zu Technologie und Material. Im Laufe des zwanzigsten Jahrhunderts gab es spezifische Transformationen und Ablehnungen, die auf politischen Anschauungen und Ideologien basierten. Beispielsweise initiierte Ahmed Cherkaoui (1934-1967) in den 1950er-Jahren in Marokko, als man dort, nach der Erlangung der Unabhängigkeit, auf der Suche nach einer nationalen visuellen Identität war, eine Bewegung, die ihren Schwerpunkt auf die Erkundung historischer und lokaler Zeichen und Symbole legte. Diese Bewegung wurde noch weitergeführt, als Farid Belkahia als Direktor der École des Beaux Arts in Casablanca 1964 traditionelle Beispiele Alter Meister und Stillleben durch marokkanisches Kunsthandwerk ersetzte. Belkahia wechselte auch in seiner eigenen Arbeit das Material und malte nun mit Henna und anderen Naturfarben auf Leder. Eine ähnliche Wandlung ging mit dem palästinensischen Künstler Sliman Mansour während der ersten palästinensischen Intifada vor (Shabout 2007a, S. 51-53). Er boykottierte westliche und israelische Produkte und verwendete stattdessen Material, das ihn weiter mit seinem Land verband: Erde, Stroh, Kaffee und Henna; dies wiederum beeinflusste und veränderte, wie bei Cherkaoui und Belkahia, seinen künstlerischen Ausdruck.

Modernität wird heute noch immer als überlegenes, westliches, historisches Konstrukt verstanden. Es erzwingt eine Dualität von „selbst"

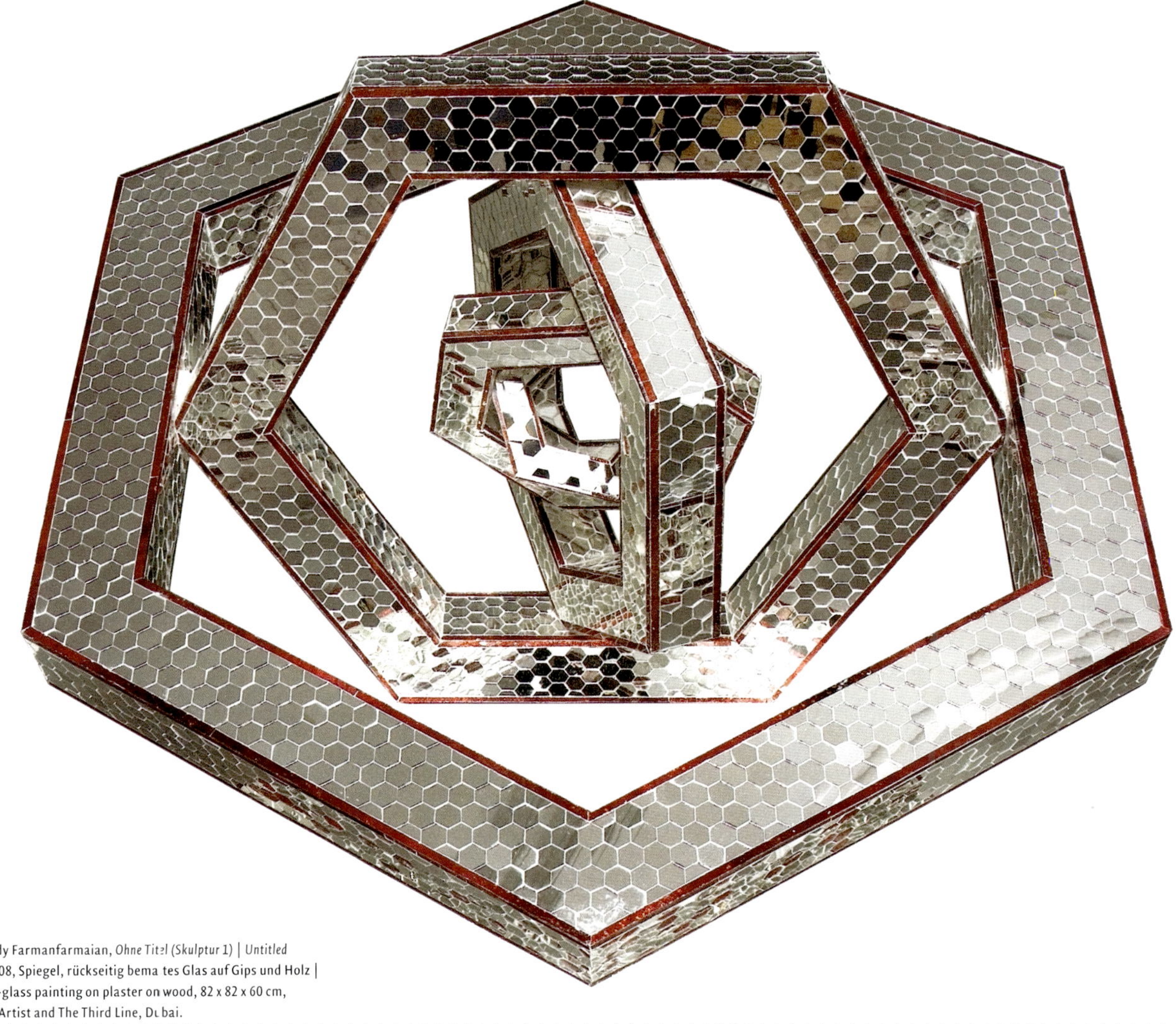

Monir Shahroudy Farmanfarmaian, *Ohne Titel (Skulptur 1)* | *Untitled (Sculpture 1)*, 2008, Spiegel, rückseitig bemaltes Glas auf Gips und Holz | Mirror, reverse-glass painting on plaster on wood, 82 x 82 x 60 cm, courtesy of the Artist and The Third Line, Dubai.

versus „anderer“. Es werden vermehrt Rufe laut, es im Lichte der Paradigmen von Imperialismus und Kolonialismus neu zu überdenken. Alternative Modernitäten, wie sie die Apologeten der Postmoderne anbieten, reichen nicht aus, sondern sie perpetuieren einen Vergleich zwischen Original und Kopie und damit Exklusion und Separation. Neue Forschungen deuten daraufhin, dass arabische Künstler des frühen bis mittleren zwanzigsten Jahrhunderts die Moderne als geschichtliche Entwicklung begriffen haben und nicht als Entwicklung einer bestimmten Epoche. Während ihnen bewusst war, dass moderne Kunst in Europa einen Bruch in der Kultur des Kontinents bedeutete und eine neue Lebensanschauung verkündete, sahen sie selbst keine Notwendigkeit für eine ähnliche radikale Diskontinuität. Sie erblickten keinen Widerspruch zwischen Modernität und Geschichte – und dies galt besonders für die Künste. Hier stand Modernität für einen Augenblick neuer Energie und Kreativität. In dieser arabischen Auffassung von Modernität finden sich Elemente von dem, das wir heute als Postmoderne bezeichnen.

Den modernen Augenblick auspacken

Das Metanarrativ der Entwicklung arabischer Kunst in der modernen Epoche wurzelte im Diskurs kolonialer Politik. Die Geschichte, die wir erzählten, besagte, dass sich Künstler in der arabischen Welt nach der kulturellen Stagnation unter der osmanischen Herrschaft plötzlich mit moderner Kunst, wie sie in Europa entstanden war, konfrontiert sahen. Ein institutionelles Netzwerk entstand, um diese Einführung zu erleichtern. Arabische Künstler lernten, imitierten und meisterten schließlich die europäische Kunst in europäischen Bildungseinrichtungen, oder, als solche in der arabischen Welt selbst etabliert wurden (1908 in Ägypten, 1940 im Irak, und später noch in einigen anderen Ländern), entwickelten sie einheimische, innovative Methoden im Ausdruck ihrer eigenen Lebensumstände. Beispiele des Impressionismus, des akademischen Stils, des Kubismus etc. sind zahlreich und unterstützen eine solche Hypothese; sie ist allerdings grob vereinfachend. Dennoch erfüllte sie eine Weile ihren ursprünglichen Zweck und ermöglichte einen Dialog. Nun ist es an der Zeit, sie neu zu überdenken.

Auf der Basis einer solchen verfälschten Hypothese des „arabischen Protegé“ war der einheimische Diskurs über „arabische“ Kunst in der zweiten Hälfte des zwanzigsten Jahrhunderts dominiert von einer Debatte über die Legitimität, Bedeutung und Natur dieser Bezeichnung. Das Hauptinteresse der Nation lag auf der Authentizität. Die Akzeptanz „arabischer“ Kunst in der arabischen Welt war bestimmt von ihrer Authentizität, die an eine islamische Ästhetik anknüpfen musste, selbst wenn sie oberflächlich und modernistisch war (siehe Ali 1997). Dadurch entfremdete sie sich als Fortführung einer Kunst als Dekoration von der internationalen Szene. Und im anderen Falle entfernte sie sich von der einheimischen wie von der internationalen Öffentlichkeit: als Imitation.

Die Geschichte der Beurteilung im Westen ist komplexer. Entsprechend der europäischen und amerikanischen Kolonialpolitik wurde arabische moderne Kunst weitgehend als wertlos und als illoyal gegenüber ihren zeitlosen „orientalischen“ Wurzeln abgetan, und demnach als unauthentisch für eine westliche Öffentlichkeit. Selbst heute zweifeln Ausstellungen, die arabische Kunst und Künstler mit ihren europäischen Gegenstücken zusammenbringen wollen – und zwar nie als gleichgestellte Partner, sondern als ursprüngliche Quelle und ihre Transformation durch politische Realität und Notwendigkeit in den Heimatländern der Künstler – ihre selbstständige Authentizität an und erhalten somit die populäre Theorie über die Entwicklung der modernen arabischen Kunst aufrecht.

Ich habe unausgesetzt für eine kulturelle Einheit in der modernen arabischen Welt argumentiert, die selbst eine Fortsetzung der prämodernen historischen Einheit ist. Diese Idee akzeptiert, dass das heutige globale Zeitalter eine Transformation früherer Globalisierungsformen darstellt, die durch neue Technologien ermöglicht wurde. Sie erkennt das islamische globale Zeitalter ebenfalls an, als einen grenzübergreifenden kulturellen Austausch, der durch die heutige Leichtigkeit der Kommunikation nur verstärkt wird. Demnach fühle ich mich mit dem Ausdruck „arabische Kunst“ wohl (Shabout 2007a). Ich definiere diese Kunst lose als etwas, das einer ästhetischen Formel folgt, die modern ist und sich von jener der islamischen Kunst unterscheidet, und das eine Vielheit von Experimenten und Visionen umfasst, die durch eine bewusste Aushandlung kultureller Elemente vereint wird. Darüber hinaus gibt es, wie bereits erwähnt, eine wahrgenommene epistemologische Kontinuität zwischen der modernen und der postmodernen (zeitgenössischen) arabischen Kunst, die zwingenderweise in der westlichen Kunst fehlt, was unser Verständnis arabischer zeitgenössischer Kunst recht erschwert. Der von McLuhans vorausgesehene postmoderne Bruch mit der Moderne auf der Basis von Cyber-Technologie scheint sich in der arabischen zeitgenössischen Kunst bislang nur als Wandel der Stile, nicht aber der Episteme auszuwirken.

Dass zwischen der islamischen und der modernen Epoche eine grundlegende Änderung in der Einstellung gegenüber den Künsten stattge-

can, etc.) while very rarely of Italian-American, or Irish-American, etc. What is most intriguing here, however, is that contemporary Arab art is very much accepted because of its identity politics, while Arab modern art is rejected specifically because of its identity politics. On the contrary, contemporary art is asked to display, explain and critique its politics, although mostly missing from the discourse are its complications by the artists. Technology (photography, video, installation, new media) is not highlighted as "Western" and thus the work is not dismissed as imitation. Painting, however, is still evaluated as "Western" and thus rejected by both West and Arabs as replication. Most contemporary Arab artists, certainly the globally popular ones, are still trained in the West, mostly in the United States and the United Kingdom. Yet they are accepted as "global," "in-between," borderline" artists and the authenticity of their work is not challenged.

Politics has always played a central role in defining and redefining form and informing meaning in the visual production for Arab artists. Politics, thus, are a space of continuity between the modern and postmodern Arab art despite certain tensions between the two. Colonialism and struggles for independences were popular topics that united Arab modernism, followed by the Palestine question and dilemma, which realistically never abated in its influence, albeit shifted in centrality at times, particularly as the Lebanese civil war, Iraq-Iran war, Gulf wars, Israeli invasion of Lebanon, and invasion of Iraq became the focus of world attention, and consequently contemporary Arab artists. Examples of cross-regional works by Arab artists of the twentieth century engaging with and invoking the Palestinian question as central in their Arab identity formation do span the history of Arab modernity. The notion of cultural unity within pan-Arabism meant shared concerns for all regional struggles, and was thus articulated in their visual productions. Nevertheless, in line with dominant ideologies today that reject an Arab political unity conception, contemporary artists have regionalized their work as well. Thus, Palestinian artists are expected to engage with Palestine realities and struggles, Lebanese artists with the civil war and its aftermath, and Iraqi artists with Baath oppression and US-led invasion.

Politics was also instrumental in changing artists' relationship to technology and material. Throughout the twentieth-century there were specific transformations and rejections based on political belief and ideology. For example, during the 1950s in Morocco, and in their search for a national visual identity following their independence, Ahmed Cherkaoui (1934-1967) instigated a movement focused on investigating historical and local signs and symbols. The movement was further explored when Farid Belkahia in 1964, as the director of the École des Beaux Arts in Casablanca, replaced traditional models of old masters and still life by Moroccan handicraft. Belkahia further replaced his own art material and painted on leather with henna and other natural dyes. A similar transformation happened with the Palestinian artist Sliman Mansour during the first Palestinian Intifadah (Shabout 2007, pp. 51-53). By boycotting Western and Israeli products, Mansour used instead material that further bonded him with his land; dirt, straw, coffee, and henna, and consequently, as happened with Cherkaoui and Belkahia, affected and changed his artistic expression.

Modernity is still understood today as a superior Western historical construct. It necessarily enforces a binary of "self" and "other." There are increasing calls for its re-examination within the paradigms of imperialism and colonialism. Alternative modernities, offered by Postmodernist apologetics do not suffice, but rather consequently further perpetuate a comparison between original and copy, and thus exclusion and separation. New research indicates that Arab artists of the early to mid-twentieth century perceived modernity as a historical development and not a specific period development. While aware that modern art in Europe represented a rupture in the continent's culture and announced a new approach to life, they did not see the need for a similar radical discontinuity. On the contrary, they did not see a contradiction between modernity and history – and this was particularly true in the arts. Modernity to them instead represented a moment of renewed energy and creativity. There are in this Arab conception of modernity elements of what we today theorize as postmodernity.

Unpacking the Modern Moment

The metanarrative of the development of Arab art in the modern period has been rooted in the discourse of colonial politics. The story we have been telling is that following cultural stagnation during the Ottoman rule, artists in the Arab world were suddenly exposed to modern art as developed in Europe. An institutional network was established to facilitate this introduction. Attending European schools, or even while at those as established in the Arab world (Egypt in 1908, Iraq in 1940, few other countries followed), artists learned, imitated and eventually mastered European art and then developed local innovative methods expressing their own realities. Certainly examples of Impressionism, academic style, Cubism, etc. abound attesting to such argument; yet clearly this argument is too simplistic. Nevertheless, it served its initial purpose for a while to establish a dialogue, but it is time to reconsider it.

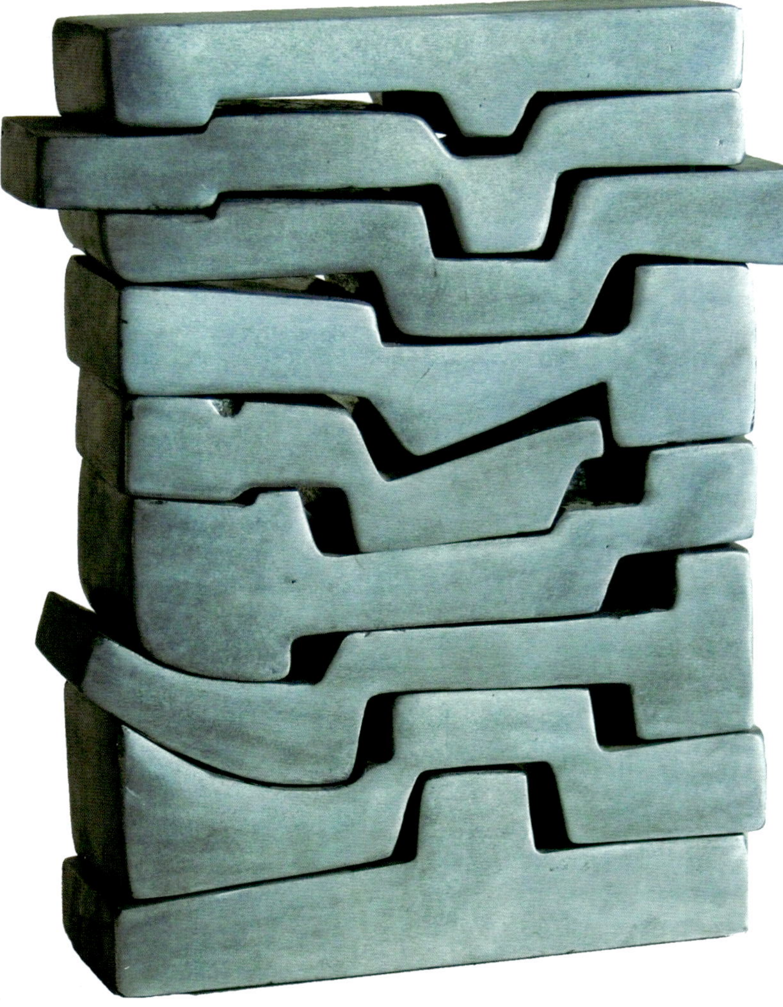

Saloua Raouda Choucair, Skulptur | Sculpture, 1983-85, Aluminium, 27 x 21 x 7 cm, Saloua Raouda Choucair Foundation, © images Agial Art Gallery.

Thus, in view of this bastardized protégée argument, the local discourse about "Arab" art, of the second half of the twentieth century was dominated by the debate over legitimacy, meaning and nature of the term. The central concern that occupied the nation was authenticity. Its acceptance in the Arab world was contingent on its authenticity, which needed to connect to an Islamic aesthetic, albeit superficial and modernized (see Ali 1997). It thus alienated itself from the international scene as a continuation of decorative art. Otherwise, it was equally distanced from both, as an imitation.

Its Western evaluation is a more complex story. In keeping with the colonial policies practiced by Europe and America, Arab modern art was mostly dismissed as unworthy and untrue to its "Oriental" timeless roots, and thus just as unauthentic for Western audiences. Even today, exhibitions aiming to connect Arab art and artists with their European counterparts – never as equal partners, but as source of origin transformed by the political realities and necessities of the artists' countries, continue to challenge its authenticity on its own merit, and thus maintain the popular theory about the development of modern Arab art.

I have continuously argued for a cultural unity in the modern Arab world, that is in itself a continuation of the pre-modern historical unity. This notion accepts that the current global age is a transformation of previous forms of globalization made possible through new technologies. It recognizes the Islamic global age as well, as an interregional cultural exchange that only intensified through today's ease of communications. Thus I have been comfortable using the term "Arab art" (Shabout 2007). This art I loosely define as adhering to an aesthetic formula that is modern and distinct from that of Islamic art, and that embraces a plurality of experiments and visions united by a conscious negotiation of cultural elements. Moreover, as mentioned earlier, there is a perceived epistemological continuity between the modern and the postmodern (contemporary) in Arab art that is necessarily lacking in Western art, which rather complicates our understanding of Arab contemporary art. So far, McLuhan's anticipated postmodern break with modernity based on new cyber-technologies, seems to be manifested in Arab contemporary art mainly in changes of styles not episteme.

That there was a fundamental change in attitude towards the arts between the Islamic period and the modern period is evident in the new articulations of forms and aesthetics. I thus remain convinced that Arab art is not an extension, continuity or revival of the old Islamic forms, but negotiations of new self-awareness and Arab expression, engaged with contemporary issues. (Revivals are particularly troubling as they necessarily denote discontinuity. Despite the disappearance of styles from the mainstream culture, it was always practiced by sub-cultures and certain traditions.) For example, political expression in Islamic art was mostly administrative; the dominance and popularity of specific styles of calligraphy that necessarily expressed hegemony of dynasty. The fact that Islamic calligraphy decorated buildings from China to Europe in itself reflected the authority of Islam. Arab modern art, however, had to tackle the problematics of politics and identity on a very different level. It had to argue for its identity in the face of continuous political defeat.

Thus while the roots of modern Arab art are found in Western and not Islamic art, that is not the entire story. New studies are charting new directions through exploring the role of the visual arts in informing critical cultural debates in the region during the twentieth century. Their work is highlighting individual and institutional efforts of historicizing the visual production in the region and the role of the visual as a cultural agent in nation building, as it articulated in the local, the regional and the international.

Much emphasis has been placed on the Western roots of Arab art and the role of colonialism in the abruptness of modernity based on the common assumption that Arabs were completely cut off from any historical progress and the rest of the world. Undoubtedly, the seemingly sudden shift of paradigms as articulated by mega modernization regional policies (Ottoman Tanzimat and Mohamed Ali Pasha's policies in Egypt) can be understood as policy realizations of the necessity of change. Nevertheless, that should by no means negate the continuous process of transitions introduced by various individual initiatives. It is a grave historical error to imagine the Arab provinces in isolation from the world, or their historical transformation as a complete imposed historical disjuncture and occurrence that uprooted their process in a way unparalleled to other parts of the world. There are definitely multiple disjunctures but various moments of continuity are as apparent. It is not a linear development after all.

For the sake of widening the discourse and interjecting a new direction of research, I propose a new perspective to contextualize Arab modern art. I pose that the Arab fascination with Western art could be seen as a form of an Occidentalism not unlike the Western obsession with the different, at points seen as exotic as Orientalists viewed the "Orient." We have regularly condemned the evils of Orientalism because of the uneven binary it constructs. Clearly, we are equally aware that the problematic of "self" and "other" is not the sole domain of the West. The

funden hat, manifestiert sich in neuen formalen und ästhetischen Ausdrucksweisen. Ich bleibe also davon überzeugt, dass arabische Kunst nicht eine Ausweitung, Fortführung oder Wiederbelebung der alten islamischen Formen ist, sondern Aushandlungen neuer Selbstwahrnehmung und arabischen Ausdrucks, die mit zeitgenössischen Themen befasst sind. (Wiederbelebungen sind besonders besorgniserregend, als sie zwingenderweise Diskontinuität bedeuten. Trotz des Verschwindens von Stilen aus der Kultur des Mainstream wurden sie von Subkulturen und manchen Traditionen stets praktiziert.) Beispielsweise war politischer Ausdruck in der islamischen Kunst in erster Linie administrativ; die Dominanz und Popularität spezifischer Kalligrafie-Stile stand eindeutig für die Vorherrschaft einer bestimmten Dynastie. Die Tatsache, dass islamische Kalligrafie Gebäude von China bis Europa zierte, reflektierte an sich die Autorität des Islam. Arabische moderne Kunst indes musste die Problematik der Politik und Identität auf einer völlig anderen Ebene angehen. Sie musste trotz ständiger politischer Niederlage ihre Identität verteidigen.

Während die moderne arabische Kunst also in der westlichen und nicht in der islamischen Kunst wurzelt, ist dies doch nicht die ganze Geschichte. Indem sie die Rolle der visuellen Künste bei der Anregung kritischer kultureller Debatten in der Region im Laufe des zwanzigsten Jahrhundert untersuchen, erschließen neue Forschungsarbeiten neue Richtungen. Sie zeigen individuelle und institutionelle Bemühungen um die Historisierung der visuellen Produktion der Region auf sowie die Rolle des Visuellen als kulturellem Akteur in der Erschaffung einer Nation, und zwar auf lokaler, regionaler und internationaler Ebene.

Großes Gewicht wurde auf die westlichen Wurzeln der arabischen Kunst und auf die Rolle

West has been certainly equated with imperialism, colonialism and everything terrible that happened in the Middle East. But it is not far fetched to consider possibilities of Occidentalism, while fully conceding to the inequality of power, which designates the West as leaders and the Arabs as imitators. Thus, while this stage of imitation is seen by many as a necessary step for Arab artists in renewing their creativity, a means rather than an end, it could equally be re-evaluated on a less pejorative plane. That is, as the "Orient" inspired Modern European art, so did the West inspire modern Arab art!

Nevertheless, I would argue that it was not a mere spiritual inspiration at either side, but a conscious, global, theoretical reworking of aesthetics. As argued by the curators of "The Future of Tradition – The Tradition of Future," among the multitudes of visitors of the 1910 "Masterpieces of Muhammadan Art" "were pioneers of Western modern art, including Wassily Kandinsky and Franz Marc, who were deeply impressed by Islamic abstraction, recognizing it as a model and a point of reference." It is the inequality of power that allows Matisse's and Klee's adaptation and philosophical reformulations of Islamic aesthetics to pass without commentary thus far, while a comparison to a European counterpart always deemed necessary when speaking of Arab artists.

At any rate, Arab artists rapidly moved away from that fascination in search for an art that could represent their identities and new national consciousness. This move, in fact, designated their awareness of the power structure and is a response to the local national discourse that was being formed, pushing artists to recognize their role in making the new culture. The Arabization of modern art became thus a key factor in constructing the national visual identity of Arab

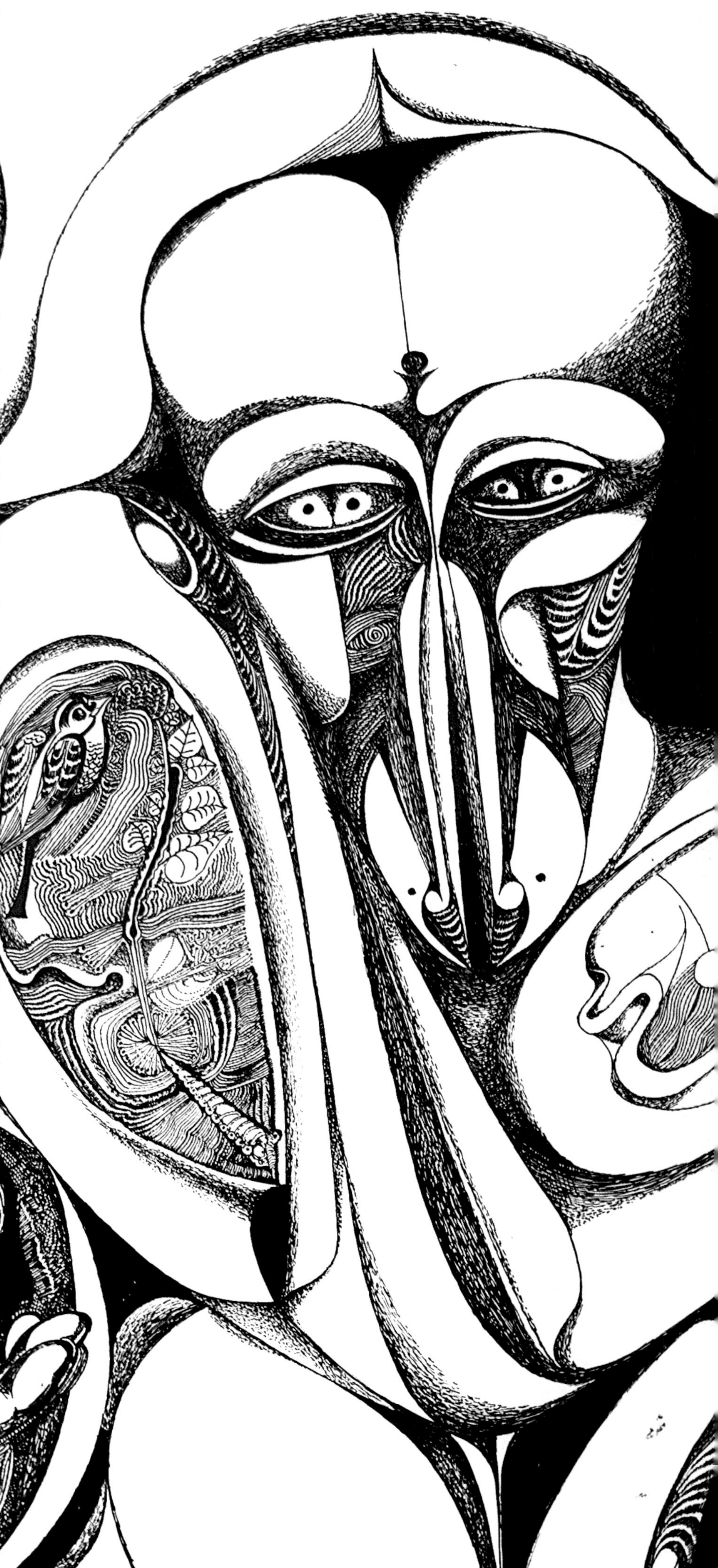

Ibrahim El Salahi, *Das Erwachen von Kindheitsträumen* | *The Awakening of Childhood Dreams* (Detail | detail), 1983, Stift und schwarze Tusche auf Papier | pencil and black ink on paper, 24 Blätter | 24 sheets, je | each 70 x 33,6 cm, Collection | Sammlung Heinz und Gerlinde Greiffenberger, Foto | Photo: Haus der Kunst / Marino Solokhov, 2010.

gelegt, die der Kolonialismus bei der Abruptheit, mit der die Moderne anbrach, spielte; dies basiert auf der verbreiteten Annahme, dass die Araber von jeglichem historischen Fortschritt und vom Rest der Welt völlig abgeschnitten waren. Zweifellos kann der scheinbar plötzliche Paradigmenwechsel, wie er durch die Mega-Modernisierung regionaler Politik (das osmanische Tanzimat und Muhammad Ali Paschas Politik in Ägypten) zum Ausdruck kam, als politische Umsetzung der Notwendigkeit eines Wandels verstanden werden. Dennoch spricht dies keinesfalls gegen einen kontinuierlichen Prozess der Veränderung, der durch verschiedene individuelle Initiativen angestoßen wurde. Es ist ein schwerwiegender historischer Irrtum, sich die arabischen Gebiete als von der Welt abgeschnitten vorzustellen, oder ihren historischen Wandel als einen vollständig von außen bewirkten Bruch in der Geschichte, der sie in ihrem Verlauf in einer Weise entwurzelte, die mit nichts zu vergleichen war, was sich in anderen Teilen der Welt abspielte. Es gibt eindeutig mehrfache Brüche, doch es gibt ebenfalls viele Zeiten der Kontinuität. Es ist keine lineare Entwicklung.

Um den Diskurs zu erweitern und eine neue Forschungsrichtung einzubeziehen, empfehle ich eine neue Perspektive, um die arabische moderne Kunst zu kontextualisieren. Ich schlage vor, die arabische Faszination an westlicher Kunst als eine Art „Okzidentalismus" aufzufassen, nicht unähnlich der westlichen Besessenheit vom Andersartigen; als etwas stellenweise ebenso Exotisches wie der „Orient" aus der Sicht der Orientalisten. Wir haben die Sünden des Orientalismus wegen des ungleichen Dualismus seiner Konstrukte regelmäßig getadelt. Uns ist ebenfalls deutlich bewusst, dass der Westen die Problematik von „selbst" versus „anders" nicht für sich allein gepachtet hat. Gewiss ist der Westen mit Imperialismus, Kolonialismus und allem Schrecklichen, das im Nahen Osten geschehen ist, gleichgesetzt worden. Doch es ist nicht weit hergeholt, die Möglichkeiten eines Okzidentalismus in Betracht zu ziehen und dabei die ungleiche Machtverteilung einzuräumen, die den Westen zur führenden Kraft und die Araber zu Nachahmern bestimmte. Da diese Phase der Nachahmung also von vielen für arabische Künstler als notwendiger Schritt betrachtet wird, der eine Erneuerung ihrer Kreativität bedeutete, also eher als Mittel denn als Zweck, könnte sie durchaus auch in weniger abschätziger Weise bewertet werden. Das heißt: So, wie der „Orient" moderne europäische Kunst inspiriert hat, hat auch der Westen moderne arabische Kunst inspiriert!

Dennoch würde ich argumentieren, dass es auf beiden Seiten keine rein spirituelle Inspiration war, sondern eine bewusste, globale, theoretische Überarbeitung von Ästhetik. Wie die Kuratoren von „Zukunft der Tradition – Tradition der Zukunft" feststellten, waren unter den Mengen der Besucher der Ausstellung „Meisterwerke mohammedanischer Kunst" von 1910 „Pioniere westlicher moderner Kunst, unter anderen Wassily Kandinsky und Franz Marc, die von der islamischen Abstraktion tief beeindruckt waren und sie als Vorbild und Richtwert anerkannten". Es ist die ungleiche Machtverteilung, die es zulässt, dass man die Adaptionen und philosophischen Umformulierungen islamischer Ästhetik durch Matisse und Klee bislang unkommentiert durchgehen ließ, während im Fall arabischer Künstler der Vergleich zu einem europäischen Gegenstück stets für notwendig erachtet wurde.

Auf jeden Fall entfernten sich arabische Künstler rasch von dieser Faszination und machten sich auf die Suche nach einer Kunst, die ihre Identitäten und ein neues nationales Bewusstsein repräsentieren konnte. Dieser Schritt bezeichnete ihre Wahrnehmung der Machtstruktur und ist eine Antwort auf den entstehenden lokalen nationalen Diskurs, der Künstler dazu drängte, ihre Rolle in der Erschaffung einer neuen Kultur wahrzunehmen. Die Arabisierung der modernen Kunst wurde dadurch zu einem Schlüsselfaktor in der Konstruktion der nationalen visuellen Identität arabischer Künstler. Sie gelangten zu einer nicht-repräsentationellen Kunst mit Wurzeln in ihrem eigenen Erbe, mittels der sie sich intellektuell und visuell um eine Versöhnung von Gegenwart und Vergangenheit bemühen konnten. Der Kolonialismus akzentuierte die Identitätsproblematik, gefolgt von einem nationalen Chauvinismus, wie ihn der Nation-alstaat als getrennte und eigenständige Identität gebot, der später dann eine Einheit mit benachbarten Ländern anstrebte, um den herrschenden Mächten in politischer Solidarität entgegentreten zu können. Das Aufzwingen nationaler Politik beraubte die visuelle Form im mittleren zwanzigsten Jahrhundert ihres Produktionsfreiraums. Arabische Kunst wurde also an zwei Fronten herausgefordert: Sie musste ihre eigene visuelle und ästhetische Identität durchsetzen und gleichzeitig ihr Arabischsein zum Ausdruck bringen – die Bedürfnisse ihres Volkes. In den Augen der Welt gelang es der arabischen modernen Kunst nie, ihr Arabischsein, ihre Authentizität oder ihre Modernität durchzusetzen.

Wir behaupten, dass der Islam ein prämoderner Gleichmacher war, wenn er tatsächlich doch eher eine kulturelle Einheit war, die auf mehreren Faktoren basierte, etwa Gepflogenheiten, Gebräuchen, Sprache etc. und weniger auf der Religion.

Es ist signifikant, dass die Identität der islamischen Kunst (so problematisch und umstritten Terminologie und Begriff auch sein mögen)

artists. They arrived at a non-representational art with roots in their own heritage through which they could attempt intellectual and visual reconciliations of their present and past. Colonialism emphasized the problematic of identity, followed by national chauvinism as mandated by the nation-state as separate and distinct identity, that later sought unity with neighboring countries for political solidarity to face the dominant powers. The imposition of national politics in the mid-twentieth century deprived the visual form from its free space of production. Arab art was thus challenged on two fronts, asserting its own visual and aesthetic identity, while simultaneously expressing its Arabness – the desires of its people. In the eyes of the world, Arab modern art was never able to assert its Arabness, authenticity or modernity.

We argue that Islam was a pre-modern unifier, which was effectively more of a cultural unity based on multiple factors that included habits, practices, language, etc. and much less on religion. It is significant that Islamic art's identity (as problematic and contested a terminology and concept as it is) was never questioned (to my knowledge, neither while practiced during the reign of various Islamic dynasties nor now) despite the lack of knowledge about its makers – the artists' identities. Its aesthetics sufficed.

In the modern age, it was equally easy to argue unity based on similarities rather than differences, despite of the imposed exaggerated ancient imaginary points of distinction and separation in the dynamic of the new national identity – Pharaonic, Mesopotamian, Phoenician, etc. That is not to say that elements of the ancient past were not always manifest in the daily life and habits – food, dress, burial, building structure, etc. – but that their specific isolation and reconstruction as distinct but central in the new national identity was novel. For example, there was a belief during the first half and mid-twentieth century in both Egypt and Iraq that a distinctive national character has always existed but was somehow suppressed by Arabism and Islam. Thus early in the twentieth century, Husayn Haykal criticized Egyptians embracing any identity other than that of ancient Egypt, particularly in the arts (Karnouk 2005, p.10). Haykal was one of a number of the new intellectual elite who hoped to erase long centuries of historical development and influences as equal forms of colonialism – i.e. Arab, Ottoman and Western. Mid-twentieth century mainstream art exhibitions in the Arab world, however, presented a more successful conscious synthesis of past and present, and at times revealing a deconstruction of the past which informs the modern production.

Moreover, I propose that Arab visual modernism can and should be re-evaluated as a space of colonial resistance, not as an imitation of European modernism (imitation is said to be the highest form of flattery). That it shared technologies and possible styles, again speaks more of the non-Western roots of modernism and the nature of cultural exchanges and progress. Various examples, in policy and action as well as in form, particularly as formulated through movements and artists, groups, from around the Arab world testify to resistance. Again, the example of the Casablanca Group and Belkahia's administrative and stylistic transformations mentioned earlier are a case in point. The Old Khartoum School in Sudan had undertaken a similar act earlier around the mid-century, banning unnecessary borrowing from Western art. Through calligraphy classes offered in the 1930s at the Gordon Memorial College and continued in the School of Design, Sudanese artists found a space of resistance against European hegemonic artistic practices (Ali 1997, p. 147).

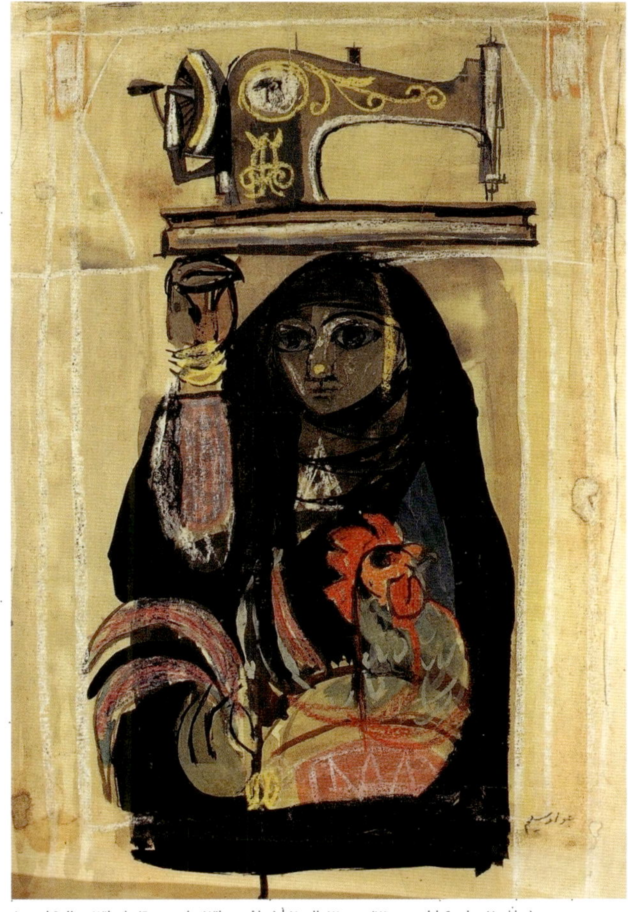

Jawad Salim, *Näherin (Frau an der Nähmaschine)* | *Needle Woman (Woman with Sewing Machine)*, 1950er Jahre | c. 1950s, Foto | Photo: Sammlung der Autorin | Collection of the Author.

nie in Frage gestellt worden ist (meines Wissens weder unter der Herrschaft der verschiedenen islamischen Dynastien noch heute), und zwar trotz des mangelnden Wissens über ihre Schöpfer – die Identitäten der Künstler. Die Ästhetik allein reichte aus.

In der modernen Zeit war es ebenso einfach, auf der Basis von Ähnlichkeiten eine Einheit zu behaupten wie auf der Basis von Unterschieden, trotz der aufgezwungenen übertriebenen alten imaginären Unterscheidungs- und Trennungsmerkmale in der Dynamik der neuen nationalen Identität – pharaonisch, mesopotamisch, phönizisch etc. Was nicht heißen soll, dass Elemente der klassischen Vergangenheit sich nicht stets im täglichen Leben und seinen Gebräuchen manifestierten – in Essgewohnheiten, Kleidung, Bestattungssitten, Baustruktur etc.; doch es bedeutet, dass ihre spezifische Isolierung und Rekonstruktion als etwas zwar Distinktes, aber dennoch Zentrales für die neue nationale Identität eine Neuheit war. Beispielsweise glaubte man im frühen und mittleren zwanzigsten Jahrhundert sowohl in Ägyptens als auch im Irak, dass ein unverwechselbarer Nationalcharakter immer schon existiert habe, aber in gewisser Weise von Arabismus und Islam unterdrückt worden sei. So tadelte Husayn Haykal im frühen zwanzigsten Jahrhundert die Ägypter, wenn sie eine andere Identität als jene des alten Ägypten annahmen, besonders in den Künsten (Karnouk 2005, S. 10). Haykal gehörte zu der neuen intellektuellen Elite, die lange Jahrhunderte geschichtlicher Entwicklung und geschichtlicher Einflüsse zu gleichwertigen Formen des Kolonialismus erklärte und als solche zu tilgen hoffte: arabische, osmanische und westliche. Mainstream-Kunstausstellungen in der arabischen Welt im mittleren zwanzigsten Jahrhundert erreichten jedoch eine erfolgreichere bewusste Synthese von Vergangenheit und Gegenwart und zeigten zuweilen eine Dekonstruktion der Vergangenheit, welche die moderne Produktion anregte. Weiterhin schlage ich vor, die arabische visuelle Moderne als Raum kolonialen Widerstands und nicht mehr als Nachahmung der europäischen Moderne aufzufassen. (Nachahmung, sagt man, sei die höchste Form der Schmeichelei.) Dass sie Technologien und Stilmöglichkeiten mit Europa gemeinsam hatte, spricht wiederum eher für die nicht-westlichen Wurzeln der Moderne und für den Charakter kulturellen Austauschs und Fortschritts. Verschiedene Beispiele, sowohl in Politik und Aktion als auch in der Form, besonders in ihrem Ausdruck durch Kunstbewegungen und Künstlergruppen, zeugen überall in der arabischen Welt für Widerstand. Wiederum sind die oben erwähnte Casablanca-Gruppe und Belkahias administrative und stilistische Transformationen typische Beispiele. Die alte Universität von Khartum im Sudan hatte schon vorher in der Jahrhundertmitte etwas Ähnliches unternommen, indem sie unnötige Entlehnungen aus der westlichen Kunst ächtete. Durch Kalligrafie-Klassen, die in den 1930er-Jahren im Gordon Memorial College und später in der School of Design angeboten wurden, fanden sudanesische Künstler einen Raum des Widerstands gegen die Hegemonie europäischer Kunst (Ali 1997, S. 147).

Künstler der ersten und zweiten Generation arbeiteten daraufhin, in die kunstgeschichtliche Tradition einzutreten, die Europa begründet hatte und die in ihren eigenen Ländern fehlte. Sie verstanden schnell, dass dieser Mangel an Tradition jedoch in den historischen Bedingungen der Gegend begründet lag, welche die Unnötigkeit von Kategorienbildung und Genres usw. – der Charakteristika des „westlichen Kanons" – erklärte. In anderen Worten: Sie begriffen, dass der so genannte „westliche Kanon", der selbst wiederum ein historisches Produkt ist, nicht in die arabische Welt übertragen werden kann. Die alte symbolische Bildsprache, die unter der islamischen Ästhetik jahrhundertelang nicht praktiziert wurde, war dennoch durch Volkskunst und ethnische Kunst und Bräuche geschützt und bewahrt worden. Ethnische Kunst, wie sie in ländlichen Zentren existierte, spiegelte ein Nebeneinander von regionaler und transnationaler Identität. Man betrachte etwa die regionale Kunst aus Kerbala und Nadschaf im Irak mit ihren Verbindungen zur Ikonografie der Schia. Sie erlangte hierdurch einen besonderen Reiz für moderne arabische Künstler.

Weiterhin ist dies etwas, worin sich die arabische Moderne drastisch von der europäischen unterscheidet, die den Symbolismus längst für bankrott erklärt und sich in die reine formale Abstraktion vertieft hatte. Selbst als arabische Künstler eine neue abstrakte Sprache ausloteten, blieb ihre Faszination für den Symbolismus bestehen. Das Narrativ wurde in der arabischen Kunst nie völlig aufgegeben und auch in der transzendentalen Abstraktion fortgeführt, die Karnouk als den Weg „vom Objekt zur Introspektion" beschreibt (Karnouk 2005, S. 67). Das Transzendentale wird besonders deutlich in der kontemplativen Arbeit von Shakir Hassan Al Said und in einigen Experimenten der *Horoufiyah*-Entwicklung. Sie blieben vertieft in Literatur, Philosophie und den intellektuellen Gedanken.

Weitere Beispiele für eine Kunst, die zu Widerstand aufrief, der sich über das Jahrhundert nur noch verstärkte, sind schon sehr früh in Mahmud Mukhtars neo-pharaonischem Stil zu erkennen. Stilistischer Trotz wird ebenfalls in Mahmud Saids anti-orientalistischem Narrativ deutlich, durch seine stilisiert realistischen Abbildungen von

Artists of the first and second generation aimed at entering the art historical tradition established by Europe but lacking in their countries. They quickly realized that the lack of this tradition, however, is rooted in the historical conditions of the region, which explained the unnecessity of categorization, genre, etc., characteristic of the "Western canon," for their understanding of their visual production. In other words, they grasped that the so-called "Western canon," itself a historical product, cannot be transported to the Arab world.

Ancient symbolic imagery that was not practiced for centuries under Islamic aesthetics was, nevertheless, protected and maintained through folk and ethnic art and practices. Ethnic art, as it existed in rural centres, reflected a juxtaposition of regional and transnational identity. Take local art of Karbala and Najaf in Iraq for example, with its ties to Shia iconography. It thus became of particular attraction to modern Arab artists.

Moreover, this is where Arab modernism differs drastically from European modernism, which had long bankrupted symbolism, and thus delved into pure formal abstraction. Even as Arab artists investigated a new abstract language, they continued their fascination with symbolism. The narrative was never fully abandoned in Arab art, including through transcendental abstraction, which Karnouk qualifies as the move from "object towards introspective" (Karnouk 2005, p. 67). The transcendental is specifically exemplified in the contemplative work of Shakir Hassan Al Said and some experiments of the *Horoufiyah* trend. They retained the pre-occupation with literature, philosophy and intellectual thought.

Further examples of an art that proposed resistance that only intensified through the century can be seen as early as in Mahmud Mukhtar's Neo-Pharaonist style. Stylistic defiance is further evident in Mahmud Said's counter-Orientalist narrative through his stylized realist depictions of folk events; and furthered in Jawad Salim's abstraction, deexoticizing and thus deorientalizing the visual production in the Arab world.

The second part of the story of modernism as told, promoted the infamous dichotomy of tradition and modernity. It is this argument that insisted on an identity assertion of Arabness in the modern period, and authenticity, *asala*, in connection to tradition. This premise is based on an argued opposition between past and present, as perceived by European modernity. The fear of "deculturation" through modernized/Westernized conformity (perceived as decadent and inauthentic) drove Arab cultures towards new definitions of "inherited culture;" "heritage" (*turath*). In their reinvention of "heritage" they situated few isolated moments as indicative of continuity. Any discourse that defied the prevailing ideology was rejected as a counter-narrative as it challenged totalizing national essentialist identities.

Western hegemony, global consumer culture and foreign policies gave "tradition" a very chauvinistic meaning. Arabs, thus, accepted and adopted the colonial idea of timelessness, and remained suspended in history. This position is exemplified today in the widening tension between the so-called "traditional" and "globalized" Arabs, and is particularly evident in the contrast between a young generation comfortably plugged in the global cyberblitz, and their parents who are still searching for a national identity. Western theories would explain this as the Arabs' failure to understand and attain "modernity."

Globalizing Modernity

A more useful model to follow in understanding and evaluating Arab modern art is to approach it globally. That is to take it out of the confines of identity politics, albeit without denying their effects on the visual. In simple terms, extending the same postmodern methodologies we use today to understand the contemporary production to Arab modern art. This premise, however, necessitates two conditions. One, the acceptance of the Arab modern space of visual production as legitimate and equal, and not as an "Other." Two, acknowledging the continuity of the space of production between the modern and postmodern, which in turn refutes the dominance of the Euro-American canon of art history with its (not without particular usefulness) isms and categories as the ideal model.

volkstümlichen Ereignissen, sowie im Werk von Jawad Salim, der die visuelle Produktion in der arabischen Welt abstrahierte, ent-exotisierte und damit auch ent-orientalisierte.

Der zweite Teil der Geschichte der Moderne, wie sie erzählt wurde, trieb die berüchtigte Dichotomie zwischen Tradition und Moderne voran. Es ist dieses Argument, das auf der Identitätsbehauptung eines „Arabischseins" in der modernen Epoche beharrte und auf Authentizität, *asala*, in Bezug auf die Tradition. Diese Prämisse basiert auf einem proklamierten Widerspruch zwischen Vergangenheit und Gegenwart, wie er von der europäischen Moderne wahrgenommen wird. Die Angst vor „Dekulturation" durch modernisierte/verwestlichte Konformität (die als dekadent und unauthentisch betrachtet wird) trieb arabische Kulturen zu neuen Definitionen für „ererbte Kultur", „Erbe" (*turath*). Bei ihrer Neuerfindung von „Erbe" stellten sie einige isolierte Momente als Indizien für Kontinuität heraus. Jeder Diskurs, der der vorherrschenden Ideologie die Stirn bot, wurde als Gegengeschichtsschreibung abgelehnt, da er totalisierende, nationale, essenzialistische Identitäten herausforderte.

Westliche Hegemonie, globale Konsumkultur und Außenpolitik verliehen dem Wort „Tradition" eine sehr chauvinistische Bedeutung. Demnach akzeptierten und adaptierten Araber die koloniale Idee der Zeitlosigkeit und verharrten in einem historischen Schwebezustand. Diese Position tritt heute in der zunehmenden Spannung zwischen den so genannten „traditionellen" und den „globalisierten" Arabern zutage und ist besonders deutlich im Kontrast zwischen einer jungen Generation, die sich glücklich in den globalen Cyberblitz eingestöpselt hat, und ihren Eltern, die noch immer nach einer nationalen Identität suchen. Westliche Theorien würden dies als die Unfähigkeit der Araber deuten, Modernität zu begreifen und zu erlangen.

Die Moderne globalisieren

Ein tauglicheres Modell für das Verständnis und die Erforschung arabischer moderner Kunst ist ein globaler Ansatz. Das heißt, dass man sie aus den Grenzen der Identitätspolitik befreien muss, wenn auch ohne deren Auswirkungen auf das Visuelle zu leugnen. Einfach ausgedrückt: Man muss die heute gebräuchlichen postmodernen Methoden auch bei der Deutung der zeitgenössische Produktion arabischer moderner Kunst anwenden. Diese Prämisse setzt jedoch zwei Bedingungen voraus: Einmal, die Akzeptanz des arabischen modernen Raums visueller Produktion als legitim und gleichberechtigt und nicht als "anders"; und zweitens eine Anerkennung der Kontinuität des Produktionsraums zwischen Moderne und Postmoderne, die ihrerseits wiederum die Vorherrschaft des euro-amerikanischen Kanons der Kunstgeschichte mit seinen Ismen und Kategorien (die im Einzelfall nicht ohne Nutzen sind) als das ideale Modell zurückweist. (Aus dem Englischen von Christine Wunnicke)

Afzal-Khan/Seshadri-Crooks 2000. Fawzia Afzal-Khan, Kalpana Seshadri-Crooks: *The pre-occupation of postcolonial studies*, Durham 2000.

Ali 1997. Wijdan Ali: *Modern Islamic Art: Development and Continuity*, Gainesville 1997.

Amirsadighi/Mikdadi/Shabout 2009. Hossein Amirsadighi, Salwa Mikdadi, Nada Shabout (Hrsg.): *New Vision: Arab Art in the Twenty-First Century*, London 2009.

Appadurai 1996. Arjun Appadurai: *Modernity at Large: Cultural Dimensions of Globalization*, Minneapolis 1996.

Appiah 2009. Anthony Kwame Appiah: *The Ethics of Identity*, Princeton 2005.

Bahrani/Shabout 2009. Zainab Bahrani, Nada Shabout (Hrsg.): *Modernism and Iraq*, New York 2009.

Jameson 1992. Fredrick Jameson: *Postmodernism, or, the Cultural Logic of Late Capitalism (Post-Contemporary Interventions Series)*, Durham 1992.

Karnouk 2005. Liliane Karnouk: *Modern Egyptian Art: The Emergence of a National Style*, Cairo 1988; 2005.

Kassir 2006. Samir Kassir: *Being Arab*, London 2006.

Mikdadi-Nashashibi 1994. Salwa Mikdadi-Nashashibi (Hrsg.): *Forces of Change: Artists of the Arab World*, Boston, Washington D.C. 1994.

Mitchell 1995. W. J. T. Mitchell: "Postcolonial Culture, Postimperial Criticism," *The Post-Colonial Studies Reader*, Bill Ashcroft, Gareth Griffiths, Helen Tiffin (Hrsg.), New York 1995, S. 475-479.

Radhakrishnan 2000. Rajagopalan Radhakrishnan: "Postmodernism and the rest of the world," *The pre-occupation of postcolonial studies*, Fawzia Afzal-Khan, Kalpana Seshadri-Crooks (Hrsg.), Durham 2000, S. 37-70.

Shabout 2007a. Nada Shabout: *Modern Arab Art: Formation of Arab Aesthetics*, Gainesville 2007.

Shabout 2007b. Nada Shabout (Hrsg.): *Dafatir: Contemporary Iraqi Book Art*, El Paso 2007.

Shabout 2009a. Nada Shabout (Hrsg.): "Art without History? Evaluating 'Arab' Art," *MESA Bulletin*, vol. 42 (1 & 2), 2009.

Shabout 2009b. Nada Shabout: "Are Images Global?" *Tate Papers*, Autumn issue 2009. http://www.tate.org.uk/research/tateresearch/tatepapers/09autumn/shabout.shtm [Nafas Art Magazine 2009 (auf Arabisch, Deutsch und Englisch): http://universes-in-universe.org/eng/nafas/articles/2009/nada_shabout/].

Shabout 2010. Nada Shabout: "Trading Cultures: The Boundary Issues of Globalization," *A History of Visual Culture: Western Civilization from the 18th to the 21st Century*. Jane Kromm, Susan Benforado Bakewell (Hrsg.), Oxford 2010.

Shohat/Stam 1994. Ella Shohat, Robert Stam: *Unthinking Eurocentrism: Multiculturalism and the Media*, London/New York 1994.

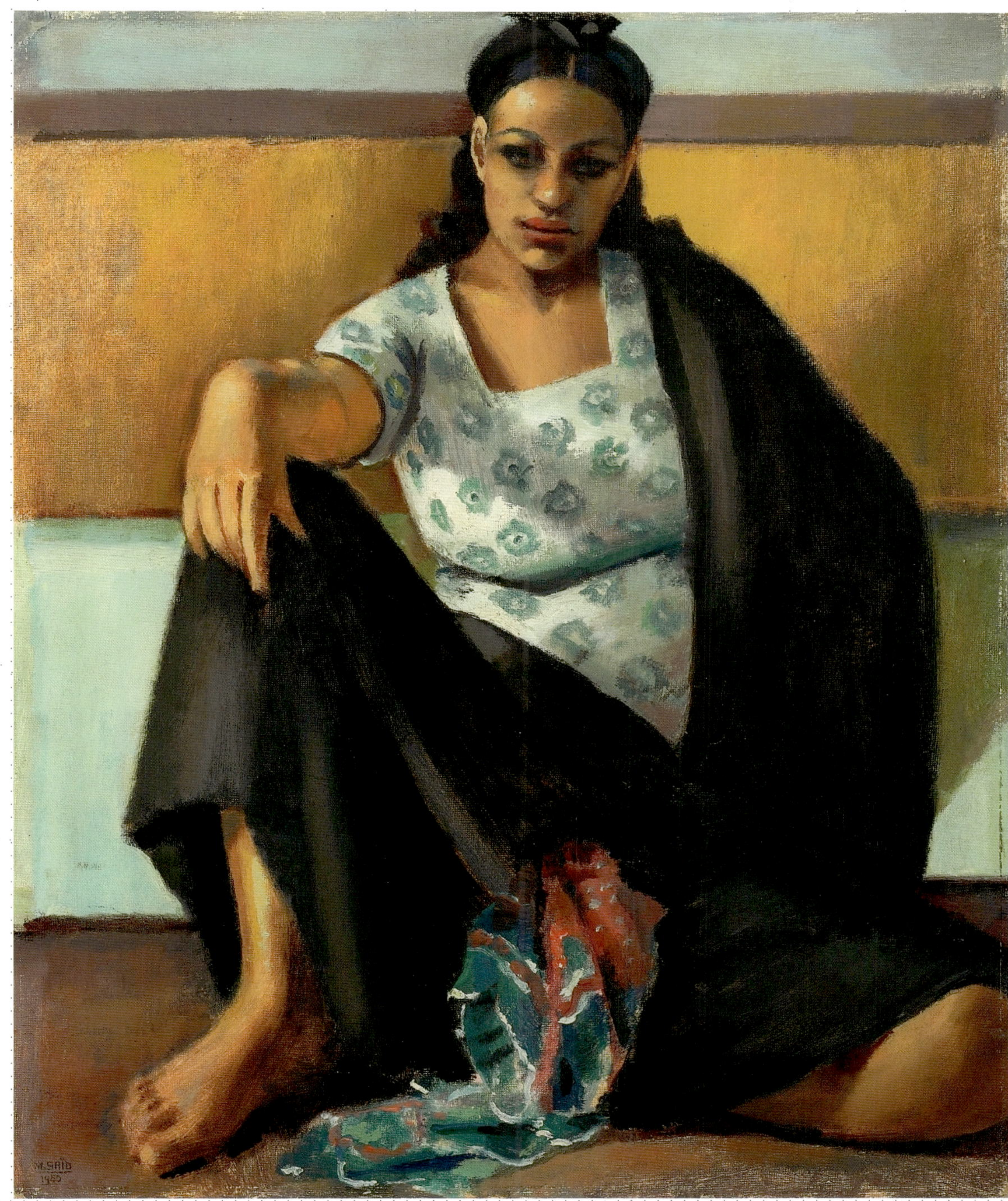

Mahmoud Said, *Ein Mädchen, das auf dem Boden sitzt* | *A girl sitting on the floor*, 1950, Öl auf Leinwand | Oil on canvas, 60,8 x 49,8 cm, Arab Museum of Modern Art, Doha, © Christie's Images Ltd., 2010.

Azkram Zaatari
Twenty Eight Nights and a Poem
ثمانية وعشرون ليلاً وبيت من الشعر

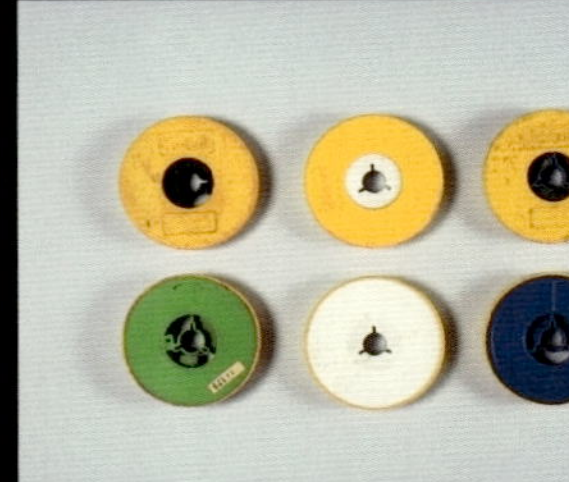

Archive 01
Super 8 film reels.

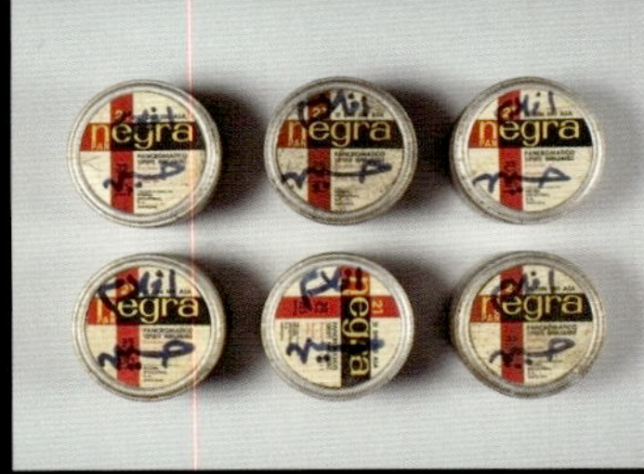

Archive 02
Samples of Hussein el Madani's 35 mm negatives from the early seventies.

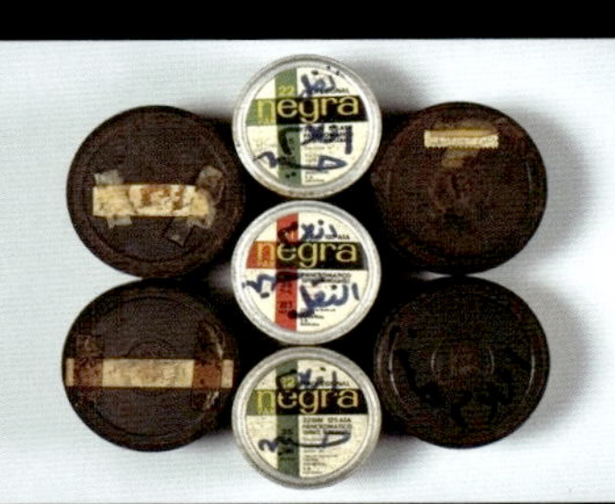

Archive 03
Samples of Hussein el Madani's 35 mm negatives from the fifties and early seventies.

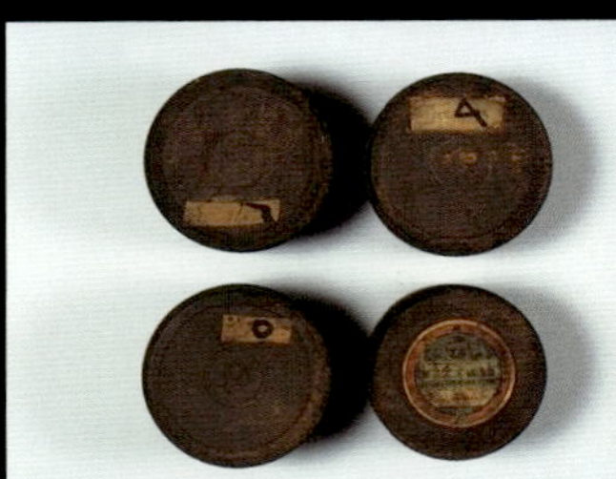

Archive 04
Samples of Hashem el Madani's early 35 mm negatives stored in numbered metallic boxes.

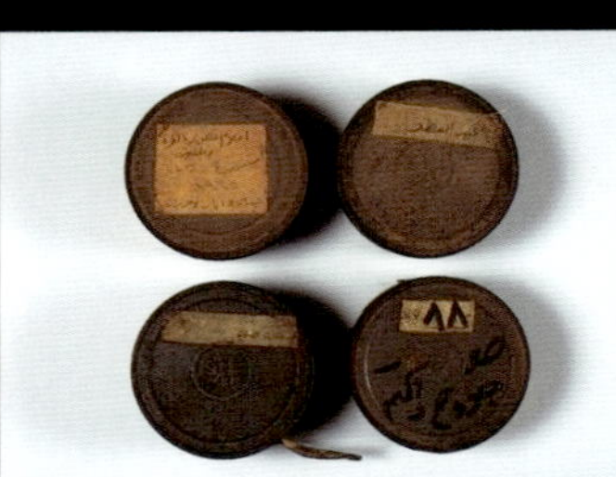

Archive 05
Samples of Hashem el Madani's later 35 mm negatives stored in numbered metallic boxes.

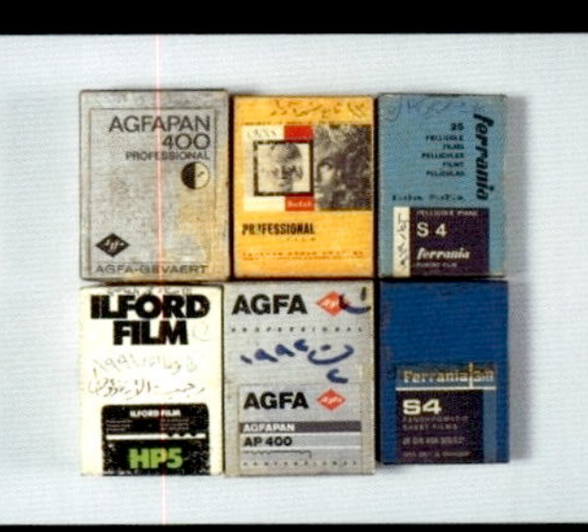

Archive 06
Samples of Hashem el Madani's 6 1/2 - 9 sheet film negatives.

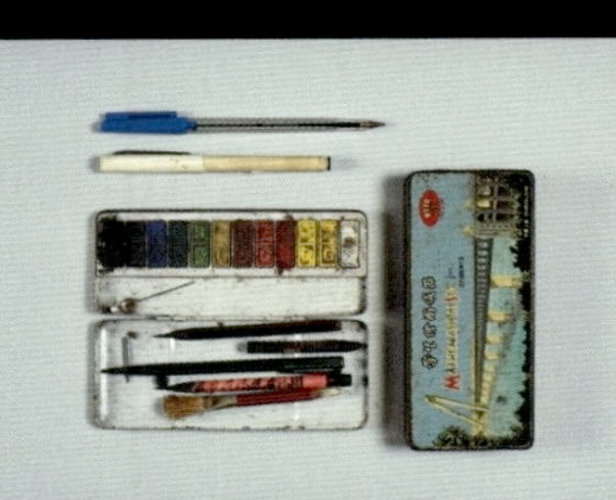

Desk Tools 01
Watercolor and China-made math sets.

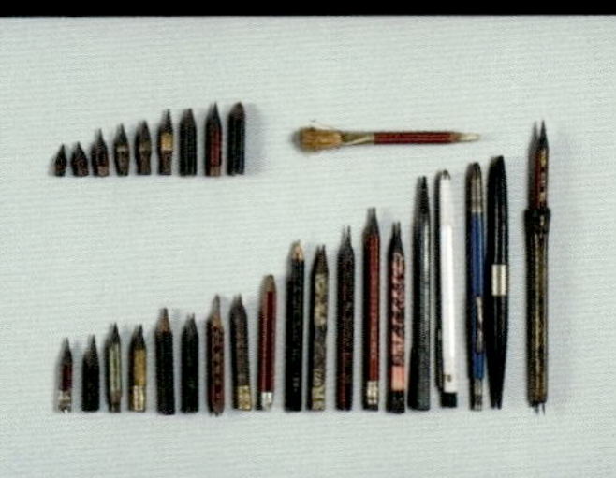

Desk Tools 02
Pencils sorted by size.

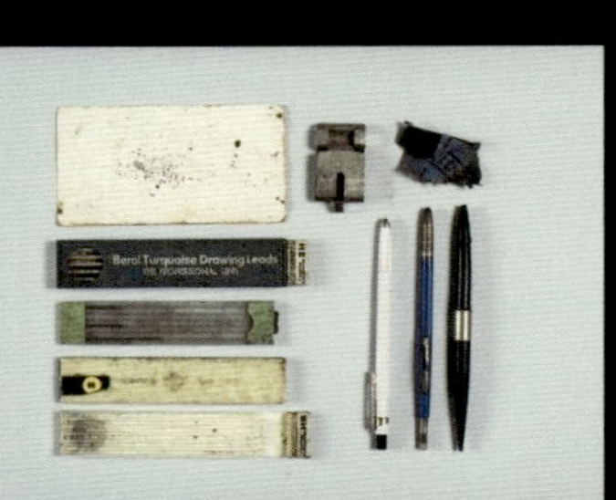

Desk Tools 03
Mechanical Pencils, lead sets and white sand paper.

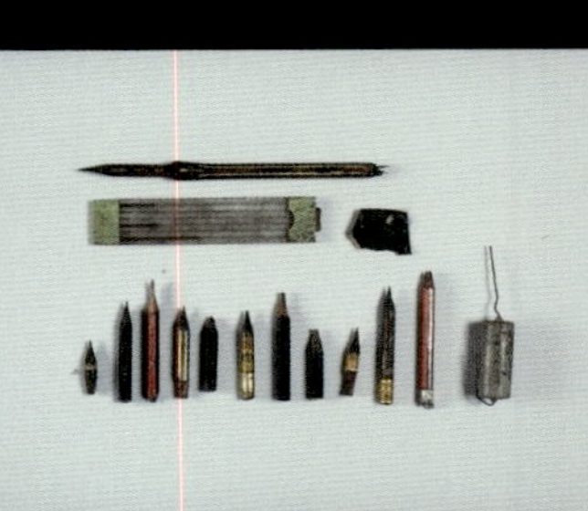

Desk Tools 04
Pencils, lead set and black sand paper.

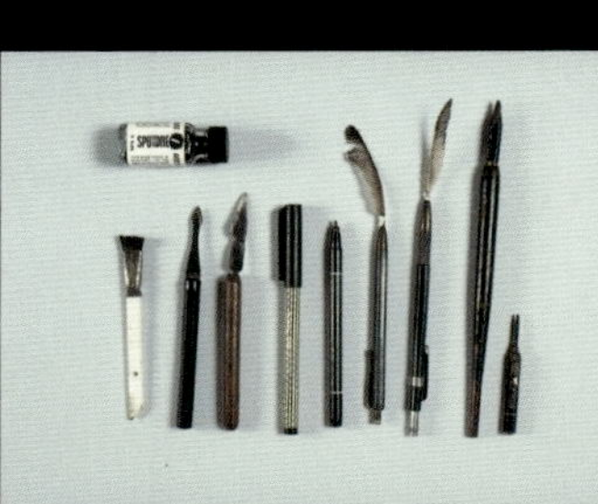

Desk Tools 05
Retouching tools.

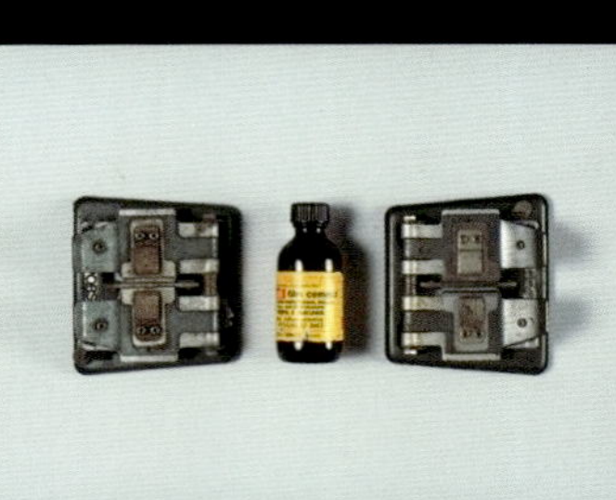

Desk Tools 06
Super 8 film splicers and Kodak film cement.

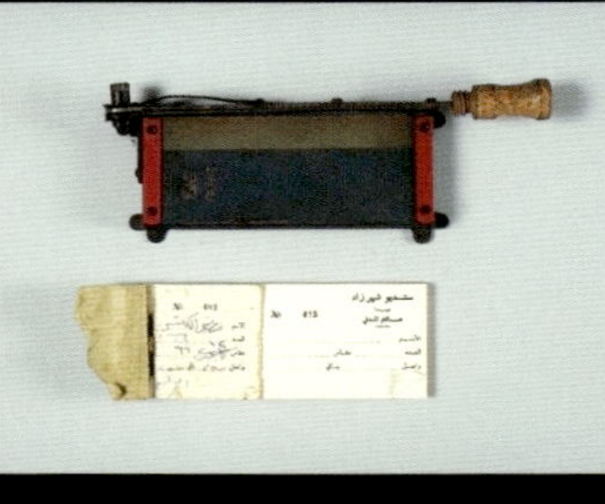

Desk Tools 07
Mini guillotine paper cutter and Studio Shehrazade receipt book.

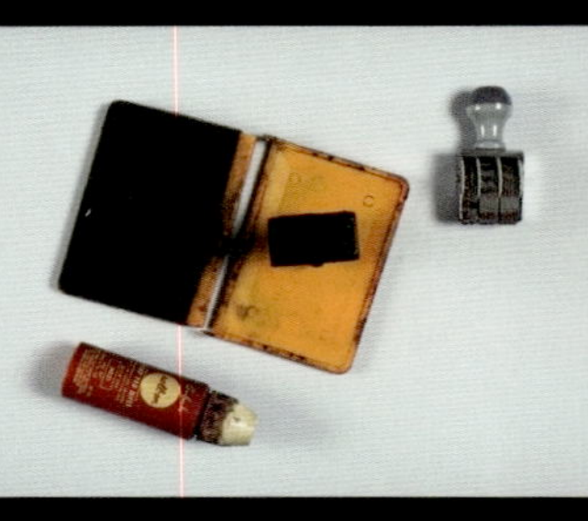

Desk Tools 08
Studio Shehrazade stamp, date stamp, pad, and red pad inker.

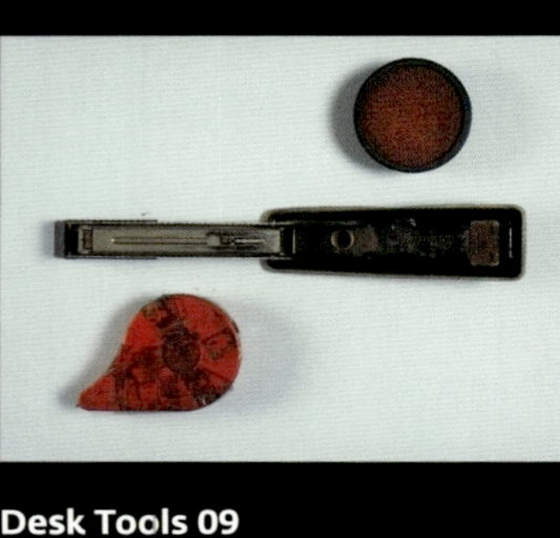

Desk Tools 09
Stapler, scotch tape and wet pad.

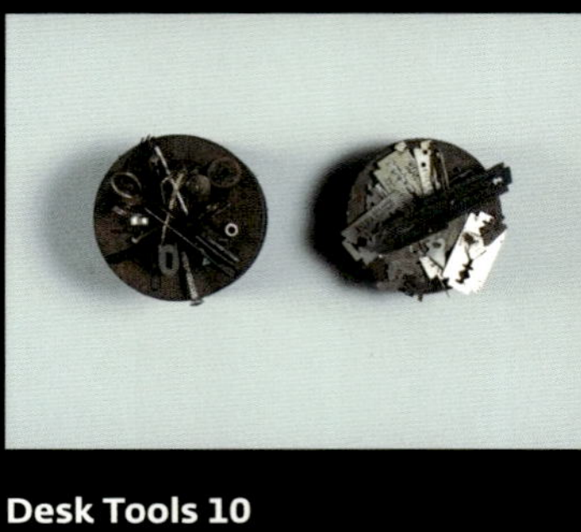

Desk Tools 10
Magnets, blades and pins.

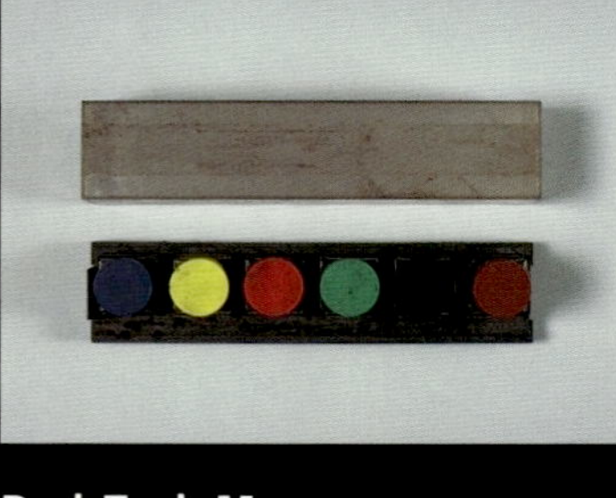

Desk Tools 11
Ecoline color set.

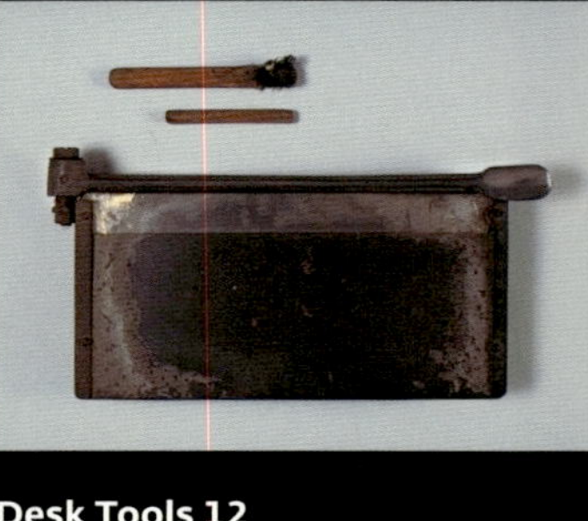

Desk Tools 12
Guillotine paper cutter and wooden brushes.

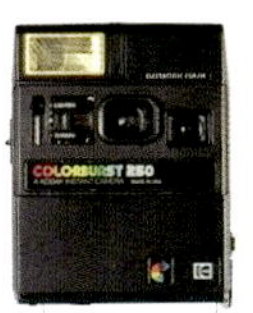

Vitrines 01
Kodak Colorburst 250 Polaroid camera.

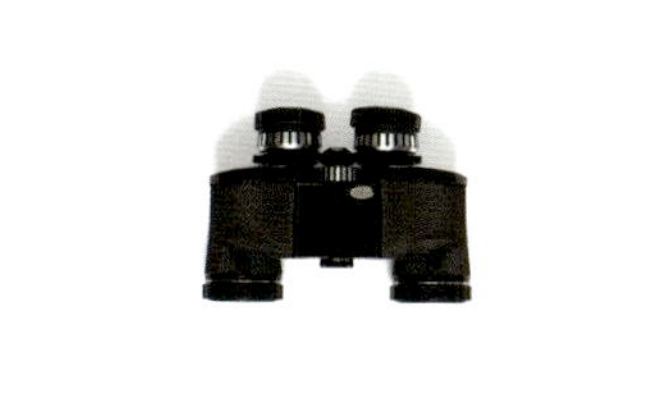

Vitrines 02
Binoculars.

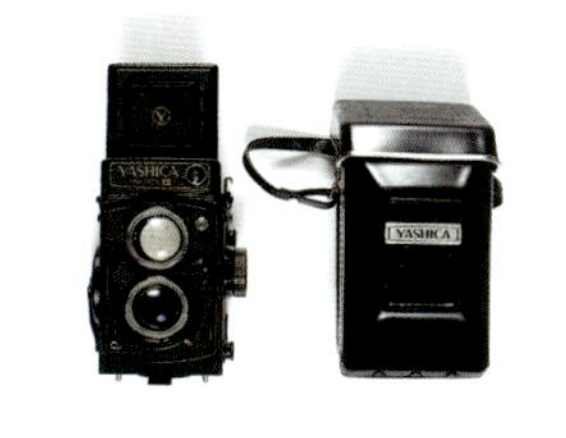

Vitrines 03
Yashica Mat – 124 G 6x6 camera.

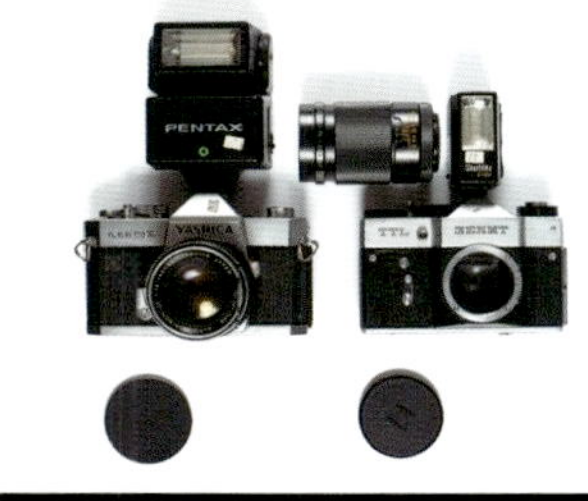

Vitrines 04
Yashica and Zenit 35 mm cameras, with Pentax and Starblitz Flashes.

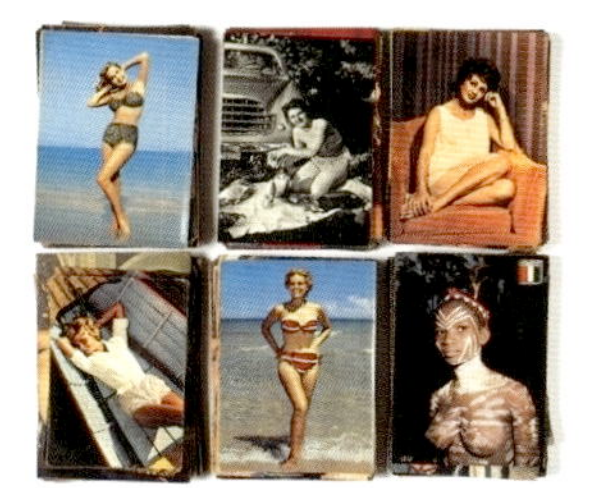

Vitrines 05
Postcards 01. Blondes.

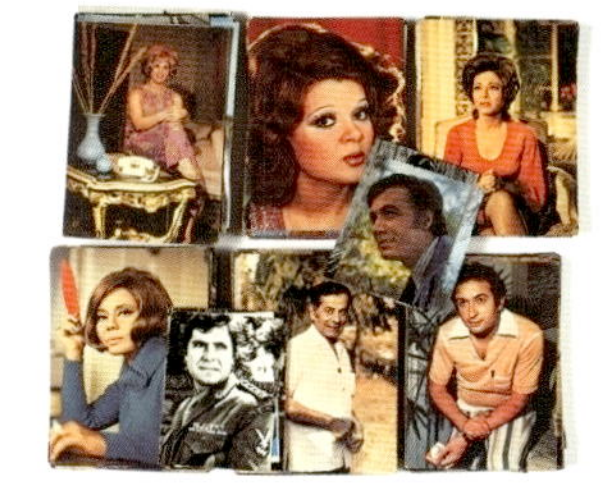

Vitrines 06
Postcards 02. Arab film stars.

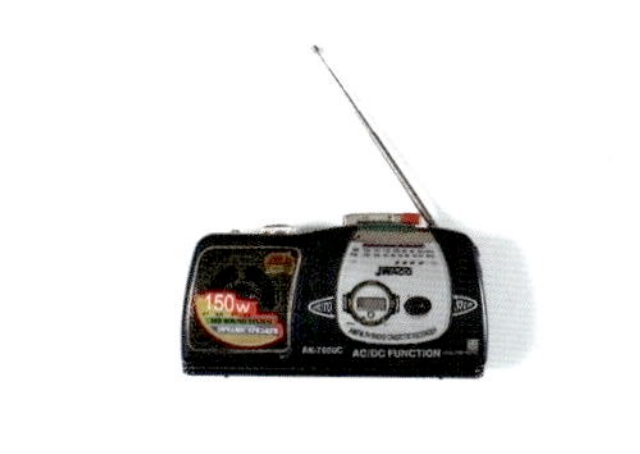

Vitrines 07
JWACO Radio cassette recorder.

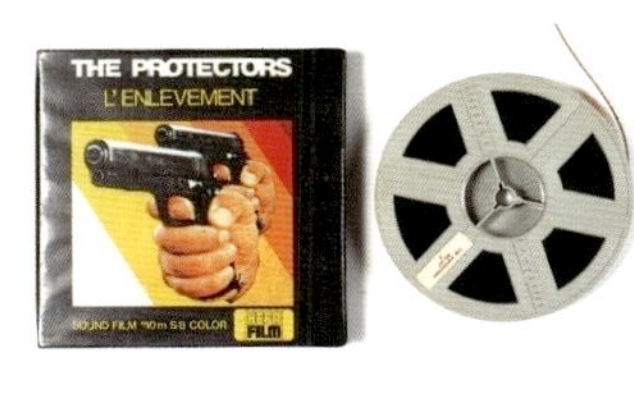

Vitrines 08
"The Protectors: L'Enlevement" super 8 film reel.

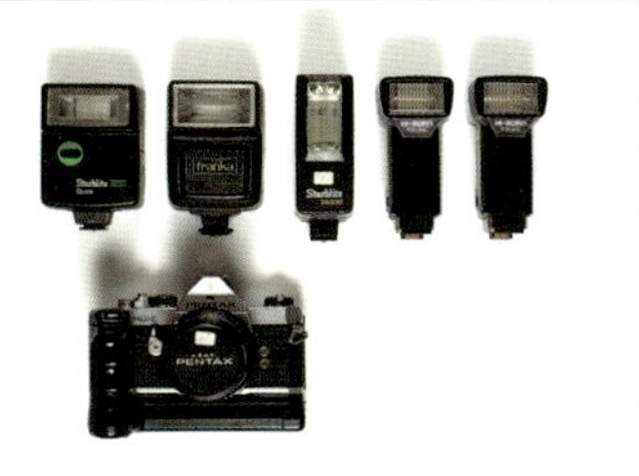

Vitrines 09
Pentax MX 35 mm body and five flashes.

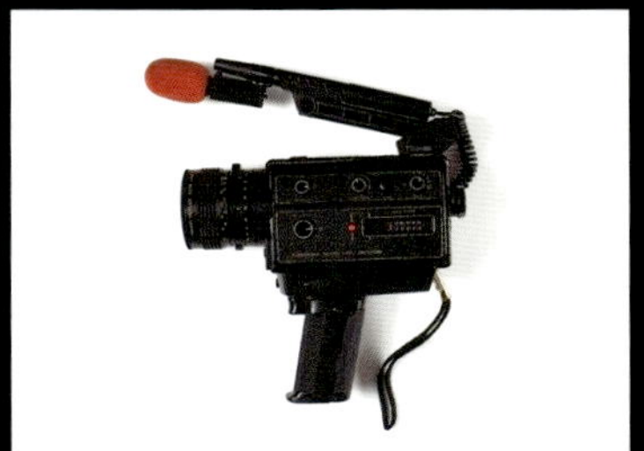

Vitrines 10
Chinon 1206 super 8 camera with sound.

Twenty Eight Nights and a Poem, is a phase of Akram Zaatari's on-going project Objects of Study/ Studio Shehrazade, which is an excavation in the studio of Saida-based-photographer Hashem el Madani (1928 -).
The project is conceived in collaboration with the Arab Image Foundation, Beirut. Elements presented in this particular phase were developed while working on a film by the same title, commissioned by the Musée Nicéphore Niépce, Chalon sur Saône (France).

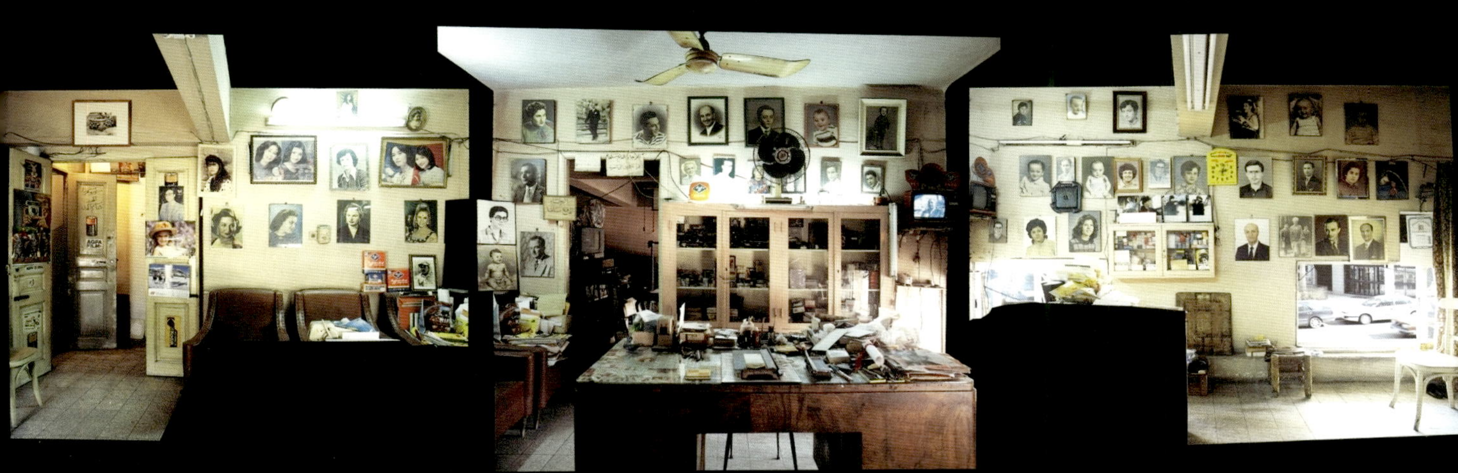

Studio Shehrazade. Reception Space.
2006

Kulturelles Erbe – Authentizität – Tradition: Zur Genese des Ausstellungstitels „*Mustaqbal al-asala – Asala(t) al-mustaqbal*" (Zukunft der Authentizität – Authentizität der Zukunft) aus dem zeitgenössischen arabischen Diskurs

Stefan Winkler

Kaum ein arabischer Denker des ausgehenden 20. Jahrhunderts hat sich nicht mit dem Thema *asala* – Authentizität – befasst, wie sich auch ähnliche Diskurse im Zeichen von Nativismus oder Nationalismus bei iranischen, türkischen und anderen nicht-europäischen Intellektuellen finden lassen. Das lässt sich auf drei Faktoren zurückführen: Zum Einen ist diese Diskussion sehr eng mit dem Diskurs über das „kulturelle Erbe" bzw. die Tradition (*turath*) verknüpft, einem Schlüsseldiskurs (Hendrich 2004, Kap. 3) zur Problematik, was denn das Wesen der arabisch-islamischen Kultur sei und was sie von anderen unterscheide. Außerdem stellte sich den arabischen Intellektuellen seit der napoleonischen „ägyptischen Expedition" 1798/99, dem ersten direkten Zusammenstoß mit westlicher militärischer Übermacht, kolonialem Streben und europäischem Superioritätsdenken („*mission civilisatrice*") die Frage, wie diese Niederlage möglich war und wie die dadurch offensichtlich gewordene Rückständigkeit aufgeholt werden könne. Diese Frage beschäftigte insbesondere die reformerischen Denker des 19. Jahrhunderts, der *nahda*, der arabischen kulturellen Renaissance (Hourani 1997). Und schließlich ist es der Eindruck der politischen Ereignisse nach dem zweiten Weltkrieg auf den arabischen Diskurs: Das Konzept der Authentizität (*asala*) kam erst in den 1950er Jahren auf (Ayyad 1971; Boullata 1990, S. 14), dann verstärkt Anfang der 1970er Jahre. Hier verdeutlicht sich dieser Einfluss, insbesondere der Niederlagen der arabischen Armeen gegen Israel 1948 (genannt *nakba* – „Katastrophe" im arabischen politischen Vokabular) und 1967 (*naksa* „Rückschlag, Desaster"). Diese drei Faktoren, die Frage nach der Identität, die komplexe Wahrnehmung von Rückständigkeit und Modernisierung und der Einfluss der politischen Rahmenbedingungen, sind eng miteinander verknüpft. Authentizität scheint die Zauberformel zu sein, die Antworten zu geben vermag auf die drängenden Fragen nach einer eigenständigen, einer „besseren Moderne" (Hendrich 2004, S. 139). Der Ausstellungstitel, der auf einen Vorschlag von Randa Shaath zurückgeht, zielt also auf den Kern der Diskussion.

Das „Wesen der islamischen Kultur", den „gemeinsamen Geist", also ihre Essenz, an herausragenden Beispielen ihrer künstlerischen und kunsthandwerklichen Produktion sichtbar zu machen, war auch die Intention der Organisatoren der Ausstellung 1910. Einerseits setzte die Ausstellung konzeptuell auf viele Jahre hinaus Maßstäbe und grenzte sich vom romantischen Orientbild ab (und lief damit den Erwartungen der Besucher zuwider, s. Kühnel 1910), andererseits wurde doch eine Objektivierung angestrebt. Ein Blick von außen, der von einem vermeintlich objektiven Standpunkt aus die Welt ordnet, kategorisiert, erklärt und sich letztlich aneignet: „der Okzident betrachtet den Orient" (Meddeb 2009, S. 44). Weltausstellungen im 19. Jahrhundert zeigten „die Welt als Ausstellung", beanspruchten, eine Repräsentation der realen Welt zu sein und spielten eine wichtige Rolle bei der Formung des Orientbildes (Mitchell 1988,pp. 6-33). Bis in die wissenschaftliche Literatur hinein überwogen essentialistische Deutungen, „der Islam", „der Orient" oder gar „mohammedanisch". Das Herausarbeiten dieser Deutungsmuster und der ihnen zugrunde liegenden politischen Kräfte macht Edward Saids 1978 erschienene Studie „Orientalismus" (Said 2003) zu einem Schlüsselwerk postkolonialen Denkens, wenn sie auch viele Kritiker auf den Plan gerufen hat (Azm 1984; Stauth 1993a; Schulze 2005). Das Orient-Bild der deutschen Geistesgeschichte des 19. Jahrhunderts durchlief verschiedene Phasen, von der Romantik bis zum Phänomen „Karl May", letzteres vermutlich wirkmächtiger als die ganze akademische Literatur (Haridi 2005; Polaschegg 2005; Attia 2007; Höfert 2008).

Der moderne Ansatz der Ausstellung passte durchaus in den Kontext der Orientwahrnehmung um 1910. In den Jahren vor dem ersten Weltkrieg wurde mit Carl Heinrich Becker die Islamwissenschaft neu begründet, mit dem Fokus auf dem zeitgenössischen Islam und mit neuen kulturgeschichtlichen und soziologischen Fragestellungen (Becker 1910; Haridi 2005; Schäbler 2008; Haarmann 1974, S. 57-58). Dieses neuentdeckte Interesse am Islam hatte aber auch politische Ursachen: Vor dem ersten Weltkrieg war die Kolonialbegeisterung groß und der „Alldeutsche Verband" warb für die Kolonisierung neuer Gebiete. Das Interesse Deutschlands zeigten auch die Besuche Kaiser Wilhelms II. im Nahen Osten 1889 und 1898, der Bau der Bagdadbahn (Kochwasser 1974) und die von der Deutschen Reichsregierung

Cultural Heritage – Authenticity – Tradition: On the Origin of the Exhibition's Title "*Mustaqbal al-asala – Asala(t) al-mustaqbal*" (The Future of Authenticity – The Authenticity of the Future) in Contemporary Arab Discourse

Stefan Winkler

There is scarcely an Arab thinker at the end of the twentieth century who did not discuss the theme of *asala* ("authenticity"), just as similar discourses under the sign of nativism or nationalism may be seen to be conducted by Iranian, Turkish and other non-European intellectuals. This may be ascribed to three factors. First, this discussion is closely linked to the discourse concerning "cultural heritage" or tradition (*turath*), a key discourse (Hendrich 2004, ch. 3) concerning the problematic of what constitutes the essence of Arab-Islamic culture and what differentiates it from other cultures. Furthermore, ever since Napoleon's "Egyptian expedition" in 1798/99, which brought the first direct confrontation with Western military superiority, colonial undertaking and the assumption of European cultural supremacy ("*mission civilisatrice*"), Arab intellectuals have been faced with the question as to how this defeat was possible, and how the state of underdevelopment which thereby became apparent can be remedied. This question was of particular concern to the reformist thinkers during the nineteenth century who promoted the *nahda* ("awakening"), the Arabic cultural renaissance (Hourani 1997). And finally, there is the impact of the political developments after the Second World War on Arabic discourse: The concept of authenticity (*asala*) first arose during the 1950s (Ayyad 1971; Boullata 1990, p. 14), then was intensified at the beginning of the 1970s. This influence becomes clear here, especially the defeats of the Arab armies by Israel in 1948 (called *nakba*, "catastrophe," in Arab political discourse) and in 1967 (*naksa*, "reversal, defeat"). These three factors – the issue of identity, the complex perception of backwardness and modernization, and the influence of the basic political conditions – are closely connected with each other. Authenticity seems to be the magic formula which is capable of giving answers to the insistent questions concerning an independent and "better modernism" (Hendrich 2004, p. 139). The exhibition title, which goes back to a suggestion by Randa Shaath, addresses the crux of the discussion.

It was also the intention of the organizers of the 1910 exhibition to bring to light the "essence of Islamic culture," the "common spirit" – in other words, its essence – through outstanding examples of its artistic and artisanal production. On the one hand, the exhibition established conceptual criteria for many coming years and distanced itself from the romantic image of the Orient (thereby disappointing the expectations of the visitors; cf. Kühnel 1910). On the other hand, it aimed at an objectification, at an external perspective which – from a supposedly unbiased standpoint – orders, categorizes, explains and ultimately appropriates the world: "The Occident views the Orient" (Meddeb 2009, p. 44). World exhibitions during the nineteenth century presented "the world as an exhibition," laid claim to being a representation of the real world, and played an important role in forming the image of the Orient (Mitchell 1988, pp. 6-33). Essentialist interpretations such as "Islam," "the Orient" or even "Mohammedan" predominated all the way to scholarly literature. The descriptive elaboration of this interpretative pattern and its underlying political forces makes Edward Said's *Orientalism*, published in 1978 (Said 2003), a key work of post-colonial thought, even if it has also provoked criticism (Azm 1984; Stauth 1993a; Schulze 2005). The image of the Orient in German intellectual history during the nineteenth century went through various phases, from Romanticism all the way to the Karl May phenomenon, which presumably has had a greater impact than all the academic literature (Haridi 2005; Polaschegg 2005; Attia 2007; Höfert 2008).

The modern approach of the exhibition fits entirely the context of the perception of the Orient around 1910. In the years before the First World War, Islamic studies were reestablished with Carl Heinrich Becker, with the focus on contemporary Islam and on new cultural-historical and sociological questions (Becker 1910; Haridi 2005; Schäbler 2008; Haarmann 1974, pp. 57-58). This newly discovered interest in Islam had political causes as well: Before the First World War, colonial fervor was widespread, and the "*Alldeutsche Verband*" promoted the colonization of new areas. Germany's interest was also evidenced by the visits of Kaiser Wilhelm II to the Near East in 1889 and 1898, the construction of the Baghdad Railway (Kochwasser 1974), and the investigations of Islam in the colonies financed by the German imperial government in 1908 (Loimeier 2008, p. 127). During the nineteenth century, the term

1908 finanzierten Untersuchungen zum Islam in den Kolonien (Loimeier 2008, S. 127). Im 19. Jahrhundert wird der (bei Muslimen als pejorativ verstandene) Begriff „mohammedanisch" nach und nach durch islamisch bzw. muslimisch abgelöst. Selbst im arabischen Schrifttum tauchte „der Islam" erst in dieser Zeit verstärkt auf und nahm damit „sowohl im muslimischen wie im europäischen Diskurs [...] als moderne historiographische Größe feste Gestalt an" (Höfert 2008, S. 578).

Wie problematisch aber der Begriff „islamische" Kunst ist, wird evident, sobald man das Adjektiv durch „christlich" substituiert. Nun kann man sich für die Vergangenheit noch auf einen „Sammelkorb" an Formen einigen, die aber nicht „verbindlich, kulturspezifisch [...] oder unveränderlich sind" (Weber 2009). Was es nun aber heutzutage sein soll, das den Künstler des Kulturraums ausmacht, der einerseits als relativ zusammenhängendes geographisches Gebiet von Marokko bis Südostasien reicht, von Bosnien bis Tansania, als *longue durée*, andererseits mehr durch Migration als durch Missionierung, als „*ethnoscapes*" (Appadurai 1996) der *communities* in Südamerika, Südafrika, Europa und anderswo transnational existiert, ist eine Frage nach Identität(en). Der postkoloniale Diskurs hat dazu Konzepte wie Transkulturalität und Hybridität entwickelt. El Shakry hinterfragt den Begriff Hybridität kritisch, da hierbei nur die falsche Dichotomie global/lokal verstärkt werde. Er setze die Zuschreibung global=westlich=universell versus lokal=partikular voraus und gehe damit von der Annahme eines „nicht-westlichen Ortes kultureller Reinheit, befruchtet durch universalistischen Kosmopolitanismus" aus. Westliche Kunst habe demnach einen per se universalistischen Anspruch, während sich nicht-westliche Kunst Fragen der Identität zu stellen habe: „Would the notion of hybridity apply to Anglo-American artists?" (El Shakry 2009, S. 398 und 403).

Bilder und Selbstbilder

Der Orientalismus-Diskurs, der die Suche nach der Essenz der islamischen Kultur umfasst, spiegelt die Authentizitäts-Diskurse auf arabischer Seite. Beide folgen essentialistischen Grundannahmen, wie auch andere Diskurse über kulturelle „Andersheit" (Azmeh 1990, 2009, pp. 99-100). Zum Teil wurden westliche Konstruktionen im „Orient" unkritisch aufgegriffen und auf die Wechselwirkung von orientalistischen Bildern und „orientalischen" Selbstbildern hat Schulze hingewiesen: „Die Beheimatung des Orients, im 'Orient' vollzog sich ziemlich genau zwischen

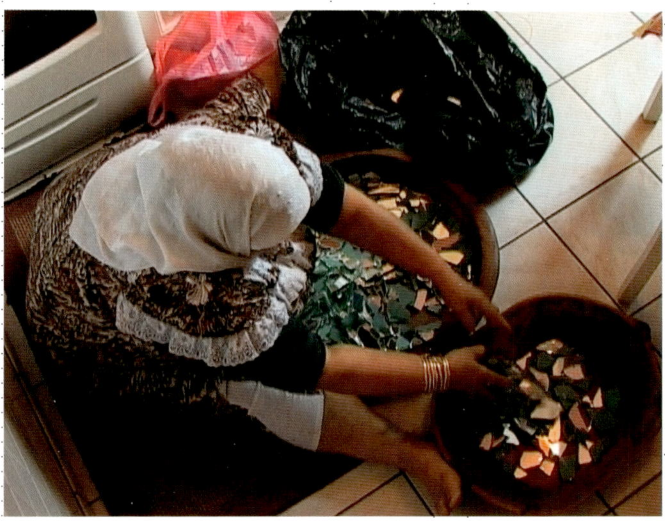

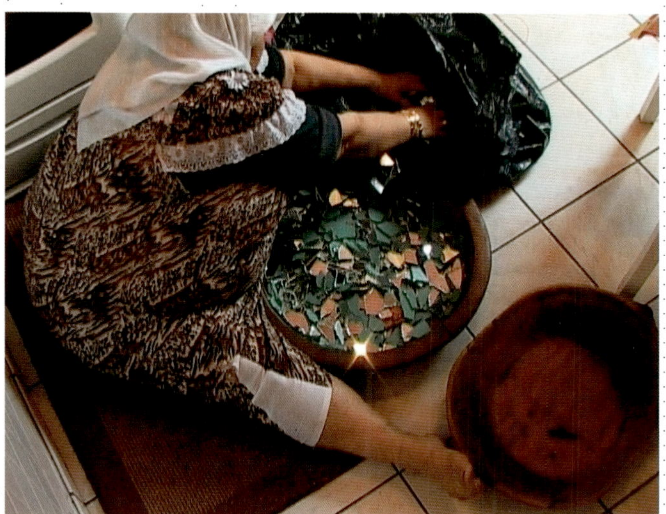

Kader Attia, *Couscous Aftermaths (3000 years old movements)*, 2009, Video 11' 36", Video Stills: Haus der Kunst / Marino Solokhov, 2010.

"Mohammedan" (considered by Muslims to be pejorative) was gradually replaced by "Islamic" or "Muslim." Even in Arab writing itself, the term "Islam" first emerged into prominence during this time and thereby acquired "definite stature as a modern historiographical factor [...] in both Muslim and European discourse" (Höfert 2008, p. 578).

The degree to which the designation of "Islamic" art is problematic becomes clear, however, as soon as the adjective is replaced by "Christian." Consensus can still be achieved for the past with regard to an "accumulative basket" of forms which, however, are not "binding, culturally specific [...] or unchanging" (Weber 2009). But it is a question of identity, singular or multiple, which is today considered to define the artist belonging to a cultural space that on the one hand extends as a relatively cohesive area from Morocco to Southeast Asia, from Bosnia to Tanzania, as *longue durée*, and on the other hand exists transnationally, more through migration than through proselytization, as "*ethnoscapes*" (Appadurai 1996) of the communities in South America, South Africa, Europe and elsewhere. Post-colonial discourse has developed concepts such as transculturalism and hybridity in this regard. El Shakry critically challenges the concept of hybridity, inasmuch as only the false dichotomy global/local is thereby enhanced. It presupposes the attribution "global = Western =universal" versus "local = particular" and thus proceeds from the assumption of "a (non-Western) space of cultural purity that is cross-pollinated with a universalist cosmopolitanism." She argues that Western art accordingly makes a universalist claim per se, whereas non-Western art is obliged to confront questions of identity: "Would the notion of hybridity apply to Anglo-American artists?" (El Shakry 2009, pp. 398 and 403).

Images and Self-Images

The Orientalism discourse, which involves a search for the essence of Islamic culture, mirrors the authenticity discourse on the Arab side. Both follow essentialist premises, as do other discourses concerning cultural otherness (Azmeh 1990, 2009, pp. 99-100). To some extent, Western constructs were taken up uncritically in the "Orient," and Schulze has drawn attention to the reciprocity between Orientalist images and "Oriental" self-images: "The rooting of the Orient 'in the Orient' took place fairly precisely between 1860 and 1920" (Schulze 2007, p. 57); in other words, this was a sort of "Orientalism in reverse," as the Syrian philosopher Sadik al-Azm expressed it (Azm 1984). One of the most popular dichotomies in descriptions of non-European cultures is "tradition versus modernism." According to Schulze, this simplifying approach of explaining modernism as liberation from tradition and tradition as the absence of modernism is embedded in the dichotomy of "Western versus non-Western." But the approach fails to recognize that tradition apparently "can only be interpreted in the context of modernism" (Schulze 1997, p. 32). Corresponding to this dichotomy in Arab discourse are the modernizers, westernized individuals, imitators versus traditionalists, preservers of tradition, etc. The choice of words already points towards a reversed assessment: Tradition is that which must be preserved against the "cultural invasion" of the West, a further catch phrase in contemporary Arab discourse.

The Semantic Fields of *asala* and *turath*

Asala can be translated as "naturalness, authenticity, traditional manner, purity of origin." The term comes from a root which gives rise to *asl* ("source, origin, noble ancestry of people and animals") as well as to the adjectives *asil* ("primal, pure, genuine, authentic") and *asli* ("original, indigenous, especially with regard to products.) The plural of *asl*, namely *usul*, means "fundaments, principles." *Tasil* designates the process of authentification, indigenization, rootedness. The form *asala*, however, is a neologism which is not listed in the classical dictionaries. Today *turath* signifies the written cultural heritage, the Islamic classics, but also the ancient poets, the architectural legacy, the musical heritage, folklore and so forth; it is derived from a root meaning "to inherit." *Turath* as well is a modern Arabic term; thus both words refer to the modernity of the discourses which are linked to them (Massad 2007, p. 17; Djabiri 1991, pp. 21-24). Sami Khashaba avoids the entrapment of the analogy between authenticity and the past by translating as "originality" the term which only later was imbued with additional significance as a measurement of the connection of a society with its cultural roots (Khashaba 1994, p. 63).

Thus *asala* designates a key concept of Arab intellectual discussion which has a strong impact on secularists, reformists, Marxists and Islamists, all the way to the broad public, and which has become a sort of battle cry in the context of a *Querelle des Anciens et des Modernes*. How can authenticity be achieved? Does the task consist of situating *asala* in the form of a pure, almost innocent Islamic cultural tradition whose reattainment will lead to cultural renewal? That would be the answer of the Salafistic camp (i. e. the ideological direction which orients itself towards the *as-Salaf as-salih*, the "righteous ancestors," the Muslims of the first generations), whereupon a definition would be required as to what belongs to this tradition and what not, hence what is accepted as "good tradition" (an observation of Hamed Abdelsamad). In case of doubt, this is interpreted so narrowly as to refer solely to the behaviour of the Prophet and of the

1860 und 1920“ (Schulze 2007, S. 57), also eine Art *Orientalism in reverse*, wie es der syri-sche Philosoph Sadik al-Azm ausgedrückt hat (Azm 1984). Eine der beliebtesten Dichotomien in Beschreibungen außereuropäischer Kulturen ist „Tradition und Moderne“. Nach Schulze versteht dieser simplifizierende Erklärungsansatz die Moderne als Befreiung von der Tradition und die Tradition als Abwesenheit von Moderne und ist in die Dichotomie Westen und Nicht-Westen eingebettet. Dabei verkenne der Ansatz, dass Tradition offensichtlich „nur noch im Kontext der Moderne interpretiert werden [kann]“ (Schulze 1997, S. 32). Die Entsprechung im arabischen Diskurs zu dieser Dichotomie sind die Modernisierer, Verwestlichten, „Nachahmer“ versus Traditionalisten, Bewahrer der Tradition etc. Schon die Wortwahl weist auf eine umgekehrte Wertung hin: Die Tradition ist das zu Wahrende gegenüber der „kulturellen Invasion“ des Westens, ein weiteres Schlagwort im zeitgenössischen arabischen Diskurs.

Die Begriffsfelder von *asala* und *turath*

asala kann mit Ursprünglichkeit, Echtheit, traditionelle Art, Reinheit der Herkunft übersetzt werden. Der Begriff stammt von einer Wurzel, von der sich *asl* (Ursprung, Original, edle Abstammung von Menschen und Tieren) und die Adjektive *asil* (ursprünglich, rein, echt, authentisch) und *asli* (einheimisch, vor allem bei Produkten) ableiten lassen. Der Plural von *asl*, *usul* bedeutet Grundsätze, Prinzipien. *Tasil* bezeichnet den Prozess der Authentifizierung, Indigenisierung, Verwurzelung. Die Form *asala* ist aber eine Neuschöpfung, die in den klassischen Wörterbüchern nicht verzeichnet ist. *Turath* bedeutet heute: das schriftliche Kulturerbe, die islamischen Klassiker, aber auch die alten Poeten, das architektonische Erbe, das Musikerbe, die Folklore etc. und entstammt einer Wurzel mit der Bedeutung „erben“. Auch *turath* ist ein moderner arabischer Begriff und damit weisen beide Begriffe auf die Modernität der mit ihnen verknüpften Diskurse hin (Massad 2007, S. 17; Djabiri 1991, S. 21-24). Sami Khashaba vermeidet die Falle der Analogie von Authentizität mit der Vergangenheit, indem er den Begriff als „Originalität“ übersetzt, dessen zusätzliche Bedeutungsaufladung als Maß der Verbindung einer Gesellschaft mit ihren kulturellen Wurzeln erst später erfolgte (Khashaba 1994, S. 63).

Mit *asala* ist also ein Schlüsselbegriff der arabischen intellektuellen Diskussion benannt, der bei Säkularisten, Reformern, Marxisten und Islamisten bis hin zur breiten Öffentlichkeit eine wirkmächtige Rolle spielt und zu einer Art Kampfbegriff innerhalb einer *Querelle des Anciens et des Modernes* geworden ist. Wie lässt sich Authentizität verwirklichen? Ist es die Aufgabe, *asala* in der Form einer reinen, quasi unschuldigen, islamischen kulturellen Tradition zu verorten, deren Wiedergewinnung zu einer kulturellen Erneuerung führen wird? Das wäre die Antwort des salafistischen Lagers (also der ideologischen Richtung, die sich an den *as-Salaf as-salih*, den „rechtschaffenen Vorfahren“ orientiert, den Muslimen der ersten Generationen), wobei dann definiert werden müsste, was zu dieser Tradition gehört und was nicht, was also als „gute Tradition“ (ein Hinweis von Hamed Abdelsamad) akzeptiert wird. Im Zweifelsfall wird das so eng ausgelegt, dass darunter die Handlungsweisen des Propheten und der ersten vier „rechtgeleiteten Kalifen“ verstanden werden. Oder ist es eher die Aufgabe, die Prinzipien der arabischen Wissenschaften bis zum 13. Jahrhundert, des arabischen Rationalismus, der verbunden ist mit den Namen der Philosophen Ibn Sina und Ibn Rushd (im lateinischen Mittelalter als Avicenna und Averroës bekannt) zu identifizieren, aus deren Anwendung bzw. Weiterentwicklung die Erneuerung und damit der Anschluss an das heutige wissenschaftliche Zeitalter gelingen kann? Durch diese Fragen wurden in der *turath*-Diskussion auch kulturgeschichtliche Richtungen durch die arabischen Intellektuellen wiederentdeckt, neben der Averroës-Tradition die rationalistische Schule der *Mutazila* oder die soziologischen und geschichtsphilosophischen Ansätze Ibn Khalduns (Kügelgen 1997; Hildebrandt 2007).

Das sind die beiden grundsätzlichen Antworten auf die Beschäftigung mit dem Erbe (*turath*), wobei der marokkanische Philosoph Muhammad Abid al-Djabiri an einer echten Wahlmöglichkeit zweifelt: Weder sei das Erbe eine Wahl (genauso wenig wie die Vergangenheit), noch könne man sich der (westlich)-universalen Bewegung entziehen (Djabiri 1994b, S. 57). Die Problematik von Erbe und Authentizität/Tradition hat im zeitgenössischen arabischen Diskurs auch immer die Funktion der Beantwortung der Frage nach der Stellung in der Welt angesichts der ökonomisch-politischen und wissenschaftlichen Vorherrschaft des Westens und der Kräfte der Globalisierung, und ist insofern eine Fortsetzung des Reform-Diskurses des 19. Jahrhunderts, der erwähnten *nahda* (Renaissance). Unter Renaissance versteht man dabei die Wiedergeburt der islamischen Glanzzeit bis ins 13. Jahrhundert, dem idealisierten „goldenen Zeitalter“, eine Denkfigur, die auch im Islamismus eine Rolle spielt. Wie diese Wiedergeburt zu bewerkstelligen sei, darüber gehen die Meinungen bei den arabischen Denkern weit auseinander:

Authentisch und modern zugleich?

Wie erwähnt beschäftigten sich die arabischen Intellektuellen auf mehreren Konferenzen seit den 1970er Jahren verstärkt mit dem Verhältnis von Authentizität, Erbe und Moderne (Ayyad

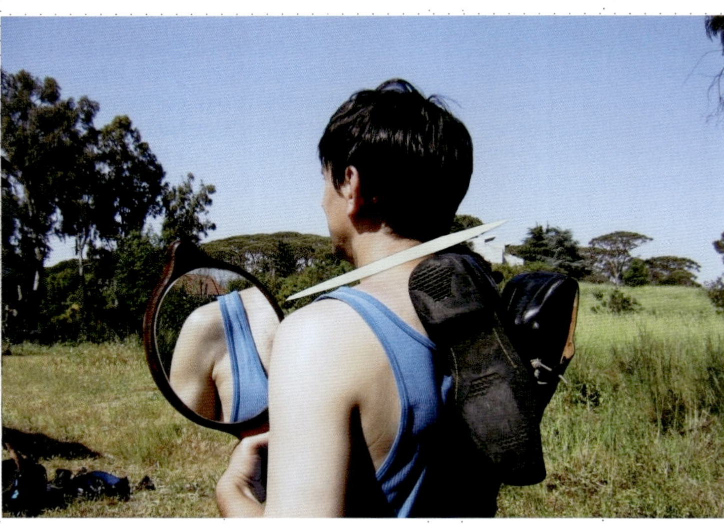

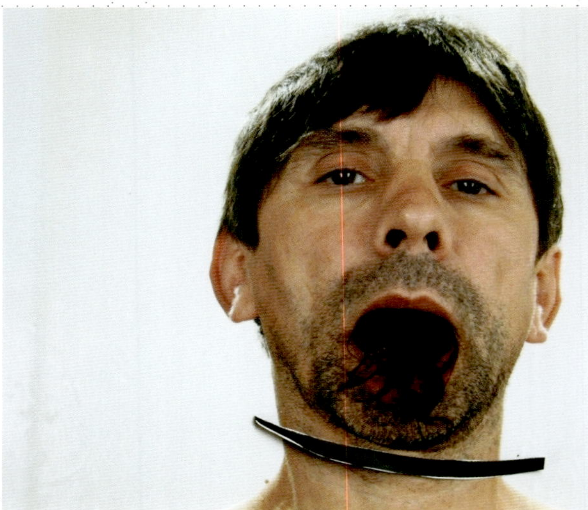

Mounira Al Solh, *The Mute Tongue*, 2010, 19 kurze Videoszenen zu 19 arabischen Sprichwörtern und Redensarten | 19 Short Video Scenes of 19 Arabic Proverbs and Sayings, courtesy of the artist.

first four “Rightly Guided Caliphs.” Or is the task instead to identify the principles of Arab science up to the thirteenth century, of the Arab rationalism linked to the names of the philosophers Ibn Sina and Ibn Rushd (known in the Latin Middle Ages as Avicenna and Averroës), the tenets whose utilization or further development can promote renewal and an ensuing connection with today's scientific era? Through these questions, Arab intellectuals rediscovered cultural-historical directions in the *turath* discussion – in addition to the Averroës tradition, the rationalistic school of the *Mutazila* or the sociological and historical-philosophical approach of Ibn Khaldun (Kügelgen 1997; Hildebrandt 2007).

These are the two fundamental answers to an investigation of the heritage (*turath*), whereby the Moroccan philosopher Muhammad Abid al-Djabiri doubts that there exists a genuine possibility of making a choice: Neither does the heritage represent a choice (just as little as does the past), nor is it possible to remove oneself from the (Western)-universal movement (Djabiri 1994b, p. 57). In contemporary Arabic discourse, the problematic of heritage and authenticity/tradition always also has the function of answering the question as to status in the world in view of both the economic-political and scientific predominance of the West and the forces of globalization, and in this respect constitutes a continuation of the reform discourse of the nineteenth century, the aforementioned *nahda* (“renaissance”). The term “renaissance” is understood to be the rebirth of the resplendent era of Islam all the way into the thirteenth century, the idealized “golden age,” a figure of thought which also plays a role in Islam. The opinions of Arab thinkers diverge widely as to how this rebirth is to be achieved.

Simultaneously authentic and modern?

As mentioned above, since the nineteen-seventies Arab intellectuals have focused during several conferences more intently on the relationship between authenticity, heritage and modernism (Ayyad 1971; Azmat 1974; Donohue 1974; Turath 1985; Boullata 1990). Many – such as the Egyptian philosopher Fouad Zakariya – criticized the ahistorical perception of the past, in which he saw one of the greatest obstacles to “solving the equation of authenticity and modernism” (Zakariya 1991, p. 168). And Arab intellectuals also warned about the confusion when *asala* and *turath* are equated with each other: “Authenticity is not had by literally clinging to the heri-

1971; Azmat 1974; Donohue 1974; Turath 1985; Boullata 1990). Viele kritisierten - wie der ägyptische Philosoph Fouad Zakariya - die ahistorische Wahrnehmung der Vergangenheit, in der er eines der größten Hindernisse sah, „die Gleichung von Authentizität und Modernität zu lösen" (Zakariya 1991, S. 168). Auch warnten die arabischen Intellektuellen vor der Konfusion, wenn *asala* und *turath* gleichgesetzt werden: „Authentizität entsteht nicht durch ein buchstäbliches Klammern am *turath*, sondern durch ein Herauswachsen aus dem Erbe und seinen Werten, durch ein Überschreiten zu einer neuen Stufe, die das Erbe bereichert und seine Werte weiterentwickelt" (Zitat nach Hendrich 2004, S. 165; vgl. auch Donohue 1974, S. 7-8; Azmat 1974, S. 3). Die Vergangenheit solle nicht die Zukunft bestimmen. Ein weiterer Kritikpunkt betrifft die Selektivität bei der Auswahl der autoritativen Texte des *turath*. Dies ist oft ein Hauptvorwurf an die Islamisten, doch die selektive Aneignung des Erbes lässt sich auch anderen Strömungen vorwerfen (Lahoud 2005, S. 127-128). Authentizität wird auch als Gegenbegriff zu Kontemporaneität/*muasara* verstanden. Der ägyptische Philosoph Zaki Nadjib Mahmud (Mahmud 1971; 1984), der stark vom logischen Positivismus beeinflusst war, versuchte beide Konzepte miteinander zu verbinden, in dem Bestreben, authentisch und modern zugleich zu sein (Scheffold 1996). Für Djabiri (1994a, S. 38) dreht sich der Diskurs um eine Achse, deren beide Pole kulturelles Erbe und Authentizität (*turath/asala*) auf der einen Seite und das Zeitgenössische und die Moderne (*muasara/hadatha*) auf der anderen Seite sind; für Hendrich (2004; S. 154 und 194) liegen diesem Diskurs eher unterschiedliche Modernebegriffe zugrunde. Islamistische Positionen lehnen jede vermeintliche Aufweichung der *asala* durch Modernisierung als Verwestlichung ab, sie sehen darin materialistisch begründete Angriffe auf den Islam, die Säkularismus, Feminismus und andere westliche, der islamischen Kultur fremde Konzepte verbreiten wollen (beispielhaft für viele: Djundi 1996). Zu den wichtigsten Stimmen in der zeitgenössischen *turath*-Debatte zählen neben den Erwähnten die Ägypter Hasan Hanafi und Nasr Hamid Abu Zayd, der Algerier Mohamed Arkoun und die Syrer George Tarabishi, Aziz Al-Azmeh und Tayyib Al-Tizini.

Authentizität als Diskurs der Moderne

Die Diskurse um Authentizität/Tradition und Erbe stellen sich als Diskurse der Abgrenzung, der Selbstvergewisserung, der Selbst-Essentialisierung dar, provoziert durch die Begegnung mit dem Anderen, durch die Erfahrungen von Kolonialismus und militärischen Interventionen, und durch fremde Produkte und Denkweisen im Zuge der Globalisierung. Sie wollen gleichzeitig Antworten geben auf die Fragen der Gegenwart, auf der Suche nach Auswegen aus der erlebten Misere, nach dem Wiedererlangen der verlorenen Größe und nach der Zukunft. Doch der Kontrast zwischen den Texten des Erbes und der Realität der Gegenwart führt zu einem Dilemma bei der Aneignung des Erbes, das sich charakterisieren lässt durch den „Gegensatz von Aneignung und Entfremdung, dieser Zwiespalt zwischen gesuchter Nähe zum Erbe und sich in der Realität aufzeigender Entfernung von ihm [...]," wie Hildebrandt schreibt. Er bezeichnet den heutigen arabischen Diskurs, und folgt darin Djabiri, als „Gedächtnisdiskurs", da die Verweise auf das Erbe eine große Bedeutung haben und sich die Denker stets gegenüber dem Erbe positionieren müssen, aus dem sie ihre Legitimation beziehen (Hildebrandt 2007, S. 106-112; Djabiri 1994a, S. 198). Der Diskurs ist aber ein Diskurs der Moderne; er konnte nur in der Moderne entstehen, auch wenn und gerade weil *turath* heute für das Gegenteil von Moderne steht. Eine Zuschreibung dieses Diskurses zu einer Vor-Moderne ist daher sinnlos, denn „der Prozess der Transformation, Diversifikation und Pluralisierung der Gesellschaften in der Moderne gilt universell" (Hendrich 2004, S. 153).

Durch die Islamisierung des Diskurses, die seit den 1970ern zu beobachten ist, haben sich die Tendenzen verstärkt, die die Purifizierung des *turath* fordern, die Konstruktion der erwähnten „guten Tradition". Was nicht zu dieser Vorstellung passt, wird aus dem Korpus des *turath* eliminiert oder wegerklärt. Solche Mechanismen traten aber auch unter normativem europäischem Einfluss auf. So wurden in den 1930er Jahren Hinweise auf homosexuelle Praktiken in klassischen Texten eliminiert, um „modern" zu erscheinen (Massad 2007, S. 72). Das gereinigte kulturelle Erbe wird unantastbar und der kritischen Reflexion entzogen. Diese Vereinnahmung des *turath* kritisiert Aziz Al-Azmeh als „Kult der Authentizität" (Azmeh 2009, S. 99) und der ägyptische Islamwissenschaftler Nasr Hamid Abu Zayd bemängelt in seiner Analyse der Mechanismen der Beschäftigung mit dem Erbe „die opportunistische ideologische Haltung [des religiösen Diskurses] gegenüber dem Erbe" (Abu Zaid 1996, S. 47).

Mit jener Art der Neu-Bewertung des Erbes einher gehen auch Ansätze einer Authentisierung oder Indigenisierung (*tasil*) der Wissenschaften im Kontext der Diskussion um die „Islamisierung des Wissens" (Lange 2005; Abaza 2001; 2002), die sich der Dominanz der westlichen Perspektive entgegenzustellen versuchen. Der Begriff *asala* ist inzwischen schon fast islamistisch „besetzt" (Lee 1997, S. 2). Bemerkenswert ist, dass sich in der postmodernen Kritik an der Moderne „islamische Intellektuelle des authentizistischen Lagers mit

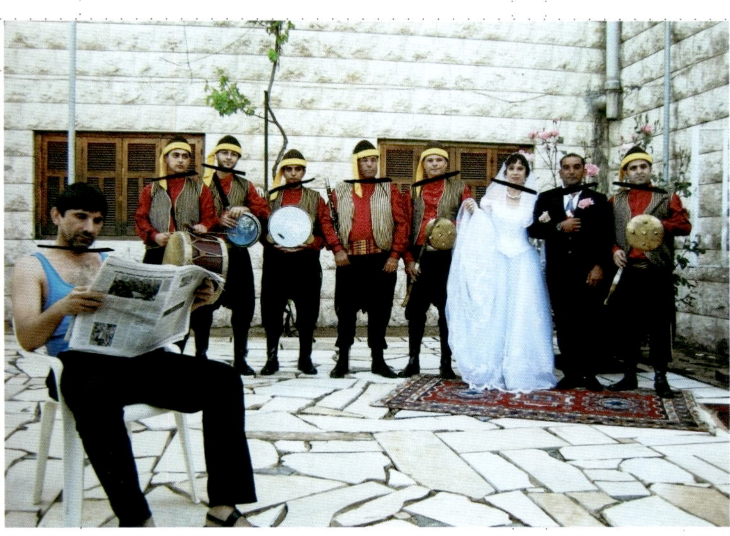

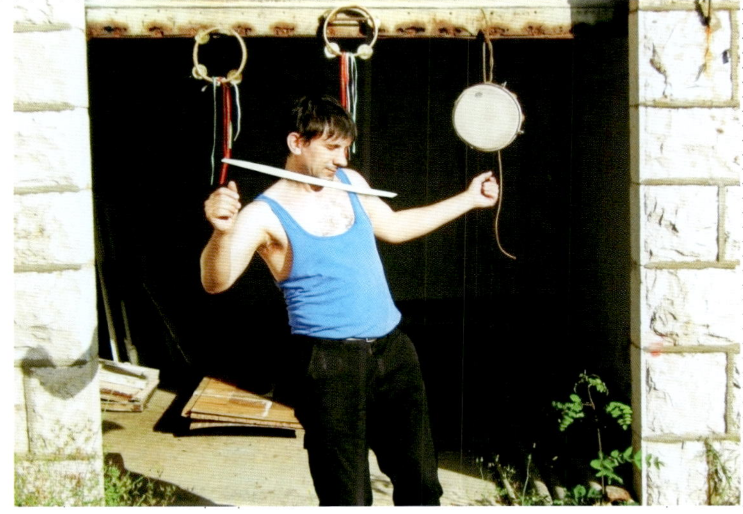

tage, but by setting out from the heritage and its values to go beyond it to a new stage which will enrich the heritage and develop its values" (quotation according to Donohue 1974, p. 8; Azmat 1974, p. 3). They argue that the past should not determine the future. A further point of criticism involves selectivity in the choice of the authoritative texts of the *turath*. This is often a major reproach directed towards Islamists, but a selective appropriation of the heritage may also be imputed to other currents (Lahoud 2005, pp. 127-128). Authenticity is also understood as an antonym for contemporaneity (*muasara*). The Egyptian philosopher Zaki Nadjib Mahmud (Mahmud 1971; 1984), who was deeply influenced by logical positivism, attempted to link both concepts with each other in an endeavour to be both authentic and modern at once (Scheffold 1996). For Djabiri (1994a, p. 38) the discourse rotates around an axis whose two poles are cultural heritage and authenticity (*turath/asala*) on the one hand, and the contemporary and modern (*muasara / hadatha*) on the other. Islamist positions reject as Westernization any supposed divergence from *asala* through modernization; they see therein materialistically based attacks on Islam which seek to spread secularism, feminism, and other Western concepts which are foreign to Islamic culture (exemplary for many: Djundi 1996). Numbering among the most important voices in the contemporary *turath* debate, in addition to the aforementioned figures, are the Egyptians Hasan Hanafi and Nasr Hamid Abu Zayd, the Algerian Mohamed Arkoun, and the Syrians George Tarabishi, Aziz Al-Azmeh and Tayyib Al-Tizini.

Authenticity as a Discourse of Modernism

The discourses concerning authenticity/tradition and heritage present themselves as discourses of demarcation, self-reassurance and self-essentialization, instigated through an encouter with the Other, through the experiences of colonialization and military intervention, and through foreign products and manners of thinking during the course of globalization. At the same time, they intend to provide responses to contemporary issues, seek ways out of experienced misery, strive to reattain lost grandeur and to master the future. But the contrast between the texts of the heritage and the reality of the present leads to a dilemma in the appropriation of the heritage which may be characterized by the "opposition between appropriation and alienation, the dichotomy between a sought-for closeness

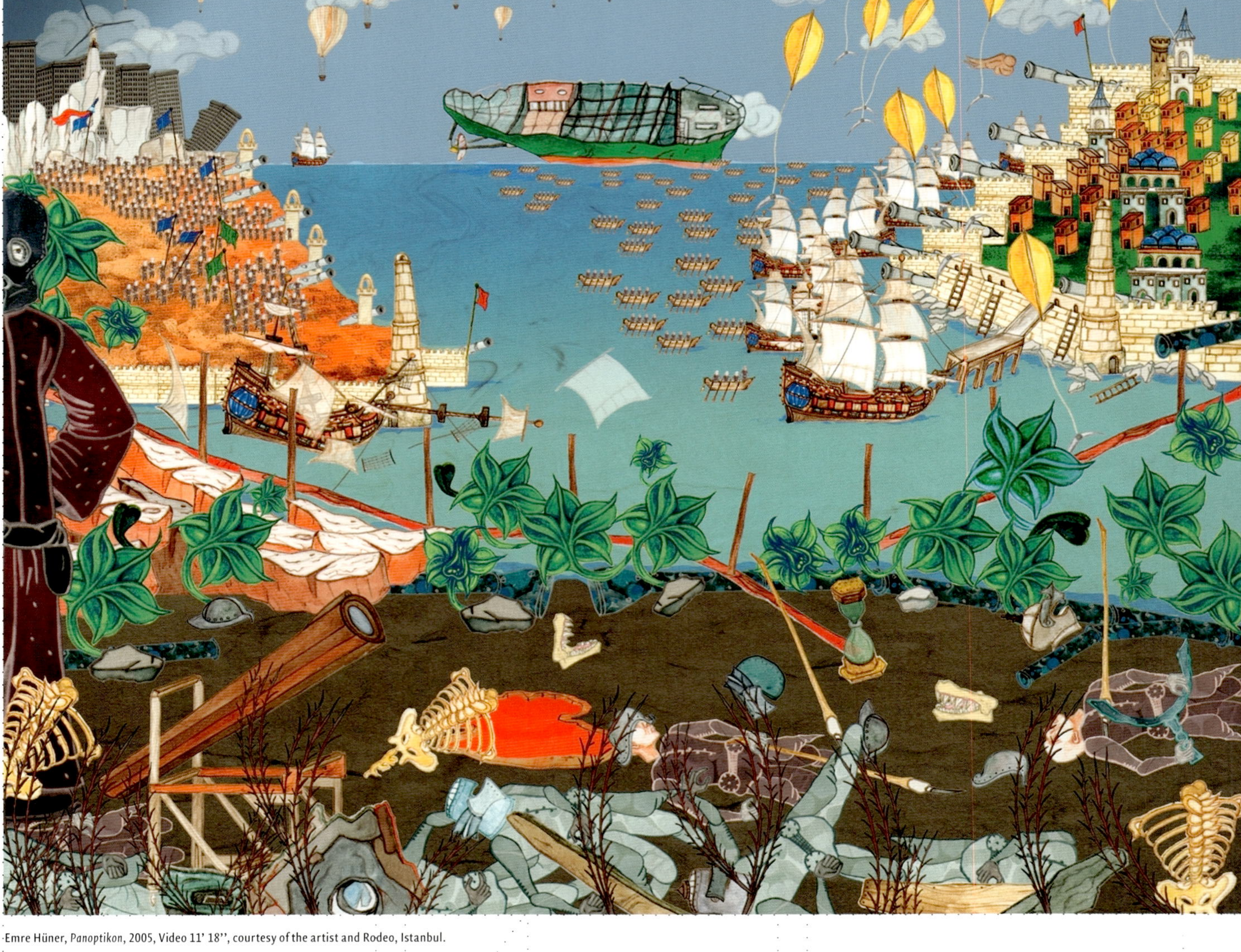

Emre Hüner, *Panoptikon*, 2005, Video 11' 18'', courtesy of the artist and Rodeo, Istanbul.

to the heritage and the distance from it which manifests itself in reality [...]," as Hildebrandt writes. He follows Djabiri in describing contemporary Arabic discourse as "memory discourse," because references to the heritage have great significance and thinkers must always position themselves in relation to the heritage from which they derive their legitimacy (Hildebrandt 2007, pp. 106-112; Djabiri 1994a, p. 198). But the discourse is a discourse of modernism; it could only arise within modernism, even if and precisely because today *turath* stands for the opposite of modernism. Thus an attribution of this discourse to a pre-modernism is senseless, for "the process of transformation, diversification and pluralization of societies in modernism is universally valid" (Hendrich 2004, p. 153).

The Islamization of the discourse which may be observed since the 1970s has reinforced those tendencies which demand a purification of the *turath*, the construction of the aforementioned "good tradition." Whatever does not conform to this concept is eliminated from the body of the *turath* or explained away. These sorts of mechanisms, however, also emerged under normative European influence. Thus during the 1930s, references to homosexual practices in classical texts were eliminated in order to appear "modern" (Massad 2007, p. 72). The purified cultural heritage becomes unassailable and is withdrawn from critical reflexion. Aziz Al-Azmeh criticizes this monopolization of the *turath* as a "cult of authenticity" (Azmeh 2009, p. 99), and in his analysis of the mechanisms of involvement with the heritage, the Egyptian scholar Nasr Hamid Abu Zayd decries "the opportunistic ideological attitude [of the religious discourse] with regard to the heritage" (Abu Zayd 1994, p. 85).

Going hand in hand with the reevaluation of the heritage are also approaches involving an authentication or indigenization (*tasil*) of the sciences in the context of the discussion concerning the "Islamization of knowledge" (Lange 2005; Abaza 2001; 2002) which seek to oppose the dominance of the Western perspective. The term *asala* has in the meantime become almost "captured" by Islamist groups (Lee 1997, p. 2). It is remarkable that in the postmodernist critique of modernism, "Islamist intellectuals of the authentistic camp evince similarities with many neo-conservative critics of modernism in Europe" (Schulze 1993, p. 79).

There exist parallels in other Islamic countries to this Arab-Islamic discourse. Propagandists of a radical Westernization have often been denounced: The Iranian writer Djalal Al-e Ahmad (1962) reproached his countrymen for "westoxication" (*gharbzadegi*), and numerous intellectuals addressed the question of their own cultural identity (Shayegan 1997; Boroujerdi 1992 and 1996). But whereas before the Islamic revolution the Iranian intellectual Daryush Shayegan emphasized the Asiatic human being as a specific and particular path in comparison to Westerners, he later revised his position and professed to a plurality of identities (Shayegan 1992; Gächter 2005, ch. 4). There were similar discussions in the Ottoman Empire, whereas in the later Republic of Turkey Atatürk bolstered the epistemic break in the interpretation of history through a radical turning away from one's own history which was already on the horizon in the nationalistic movement of the Young Turks. The break manifested itself in many "painful" measures which above all were intended to attain one thing – the repudiation of all symbols of "tradition," from the abolishment of Arabic letters, traditional clothing and the caliphate all the way to the "new creation" of a purified Turkish language (Schulze 1994, pp. 88-92).

Authenticity and Society, Authenticity and Art

But the discourse concerning *asala* goes far past the debates conducted among intellectuals and leaves its mark on everyday language: Authenticity plays a new role in the reawakened interest in cultural heritage (or what is taken to be that legacy) in style, gastronomy, habitation, architecture, (artistic) handicraft and historical photography, as well as in mass culture, television series, film and music (Armbrust 1996). There is a growing awareness that certain traditions are in the process of disappearing and accordingly are worthy of being preserved, imbued partly with feelings of nostalgia, partly with moral undertones, in order to maintain the *adat wa-taqalid* (conventions and customs, or traditions) and the *qiyam* (values). This is promoted by the new middle classes, students and intellectuals, but also by the foreigners residing in the country, for instance in Egypt, Syria, Turkey and in the Gulf (e. g. Dubai Heritage Village). Running parallel to this are also other elite discourses which pursue a new cosmopolitanism. Historical buildings are restored and assigned new functionalities, and in 1980 the Aga Khan Award for Architecture was granted to the Egyptian architect Hassan Fathy, who in his architectural language conceived of cultural authenticity as the expression of a rootedness in local traditions.

manchen neokonservativen Kritikern der Moderne in Europa [treffen]" (Schulze 1993, S. 79).

Zu diesem arabo-islamischen Diskurs existieren Parallelen in anderen islamischen Ländern. Propagandisten einer radikalen Verwestlichung wurden oft denunziert, so warf der iranische Schriftsteller Djalal Al-e Ahmad (1962) seinen Landsleuten die „Westoxication" (*gharbzadegi*) vor und zahlreiche Intellektuelle stellten sich der Frage nach der eigenen kulturellen Identität (Shayegan 1997; Boroujerdi 1992 und 1996). Aber während der iranische Intellektuelle Daryush Shayegan vor der Islamischen Revolution den asiatischen Menschen noch als spezifischen Sonderweg im Vergleich zum westlichen Menschen herausstellte, revidierte er später seine Position und bekannte sich zu einer Pluralität von Identitäten (Shayegan 1992; 1997; Gächter 2005, Kap. 4). Ähnliche Diskussionen gab es im Osmanischen Reich, wobei Atatürk in der späteren Republik Türkei den epistemischen Bruch in der Geschichtsdeutung durch die radikale Abwendung von der eigenen Vergangenheit verstärkte, der sich schon in der jungtürkischen nationalistischen Bewegung anbahnte. Der Bruch manifestierte sich in vielen „schmerzhaften" Maßnahmen, die vor allem eines erreichen sollten: die Abkehr von allen Symbolen der „Tradition": von der Abschaffung der arabischen Schrift, traditioneller Kleidung, des Kalifats bis hin zur „Neuschöpfung" einer purifizierten türkischen Sprache (Schulze 1994, S. 88-92).

Authentizität und Gesellschaft, Authentizität und Kunst

Doch der *asala*-Diskurs geht weit über die Debatten der Intellektuellen hinaus und prägt die Alltagssprache: ein neu erwachtes Interesse am kulturellen Erbe (oder was dafür gehalten wird) in Stil, Gastronomie, Wohnen, Architektur, (Kunst)-Handwerk, historischer Fotografie; auch in der Massenkultur, in TV-Serien, Film und Musik spielt Authentizität eine neue Rolle (Armbrust 1996). Es gibt ein anwachsendes Bewusstsein dafür, dass bestimmte Traditionen im Verschwinden begriffen und daher erhaltenswert sind, teilweise mit nostalgischen Gefühlen behaftet, teilweise mit moralischen Untertönen, zur Bewahrung der *adat wa-taqalid* (der Sitten und Gebräuche bzw. Traditionen) und der *qiyam* (Werte). Getragen wird das von den neuen Mittelschichten, Studenten, Intellektuellen, aber auch von im Lande lebenden Ausländern, so z. B. in Ägypten, Syrien, der Türkei und am Golf („Dubai Heritage Village"). Parallel dazu laufen auch andere Elite-Diskurse, die einem neuen Kosmopolitanismus folgen. Historische Gebäude werden restauriert und neuen Bestimmungszwecken zugeführt und 1980 wurde der ägyptische Architekt Hassan Fathy mit dem „Aga Khan Award for Architecture ausgezeichnet, der in seiner Architektursprache kulturelle Authentizität als Ausdruck des Verwurzeltseins in den lokalen Traditionen begriff.

Nicht immer wird dabei bemerkt, dass die Suche nach den Traditionen durch einen kreativen Umgang mit dem Erbe und des Einfügens in neue Lebensgewohnheiten zu etwas völlig Neuem führt und dadurch erst eine lokale Tradition erfunden wird. Authentizität in Form von Konsum und Kommodifizierung spielt eine große Rolle bei der Konstruktion des Lokalen, von Orts-Identitäten, wie im Fall von „Alt-Damaskus" (Salamandra 2004). Der Begriff *turath* wird inzwischen in so vielen Bedeutungszusammenhängen verwendet, dass er „seinen Inhalt verloren hat und mit *asala* zusammenfällt – versus importierten Elementen" (Abaza 2002, S. 22, FN 6). Besonders intensiv wird die Debatte in Ägypten in den Künsten geführt. Winegar kommt zu dem Schluss, dass „ artistic production and consumption were primarily mo-

Attention is not always paid here to the fact that the search for traditions through a creative handling of the heritage and its insertion into new daily habits leads to something which is utterly new, so that only then a local tradition is invented. Authenticity in the form of consumption and commodification plays a major role in the construction of localism, of site-identities, as in the case of Old-Damascus (Salamandra 2004). The term *turath* is meanwhile used in so many significatory contexts that it "has lost its content [and] become synonymous to authentic culture (*asala, asil*) versus imported elements" (Abaza 2002, p. 22, fn. 6).

The debate is conducted with particular intensity in Egypt in the arts. Winegar comes to the conclusion that "artistic production and consumption were primarily motivated and shaped by discourses of authenticity" (Winegar 2006, p. 91). She sees an ongoing tension between the representatives of the *asala* and the *muasara* camps. The discussion arose during the 1950s; individual and cultural authenticity constitute the referential system of the artists, with the latter being discussed with particular vigour. As the adjective *asil*, the term emerged as a counter-concept to "superficial, artificial and imitative," and artists were quickly confronted with the reproach of being inauthentic. Here as well, the ideal was to be modern and authentic at once, and here the Orientalist trap was not avoided when, from time to time, the essence of Oriental (Eastern) art was described as magical or the like. The *asala* artists even joined into a collective of the same name, while the *muasara* artists did not wish to expose themselves to the criticism of not being authentic. They asserted that their authenticity was nourished by other sources, that they were the truly authentic artists, whereas the other were rigid and fossilized.

In contemporary art, this gives rise to a dilemma: If the artist is internationally networked, if he follows international discourses, he then exposes himself to the reproach by his countrymen of having lost "authenticity," or else internationally he will not fulfill certain expectations that, as an artist from this region, he must make a statement with regard to the socio-cultural, political or even religious problems of his home country. If he closes himself off from internationalization, then the Western-global level quickly labels him as provincial and subject to the "narrative of belatedness" (El Shakry). Should de-provincialization only be achieved in the framework of global cosmopolitanism, as El Shakry voices the critique? (El Shakry 2009, pp. 402-403). There is scarcely any possible way out of this complex and dialectical relationship between the local and global aspects.

But new tendencies may be espied on the horizon: Worldwide medialization, the pervasiveness of social networks, and the virtualization of living environments are exposing the current generation to novel, contrary processes of standardization and diversification which already now are contributing to the subculturalization of Middle-Eastern societies. This networking on a heretofore unknown scale and the upsurge of individualization give rise to new interpretatory frameworks for the discussion concerning authenticity. And thus the question remains acutely relevant: What is the future of (the search for) authenticity, and how much authenticity does the future have? (*Translated by George Frederick Takis*)

For their valuable observations, I thank Ahmed Abdalla (Munich), Hamed Abdelsamad (Munich), Rachid Boutayeb (Berlin), Reza Hajatpour (Bamberg), and Katharina Lange (Berlin).

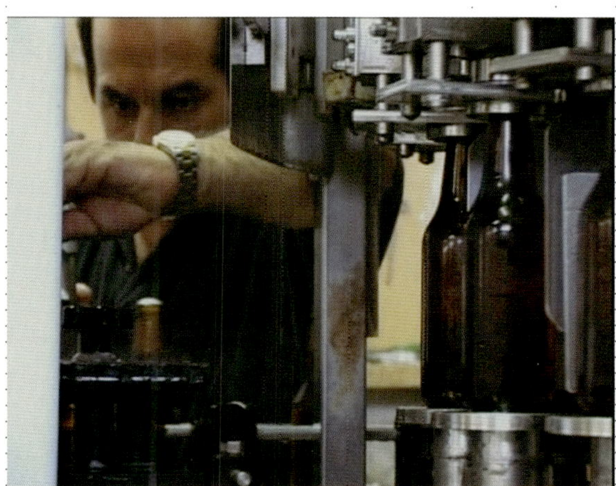

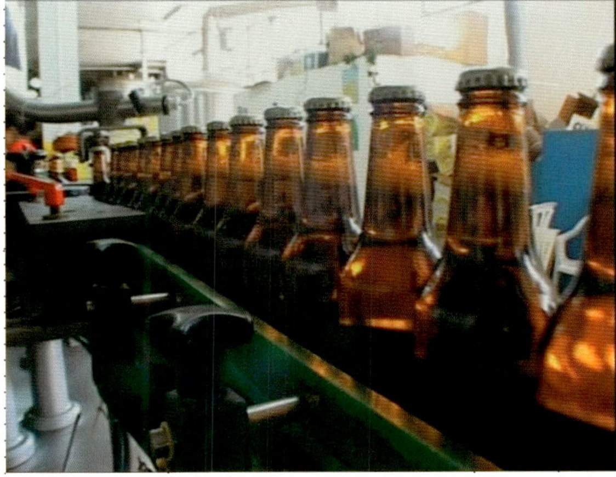

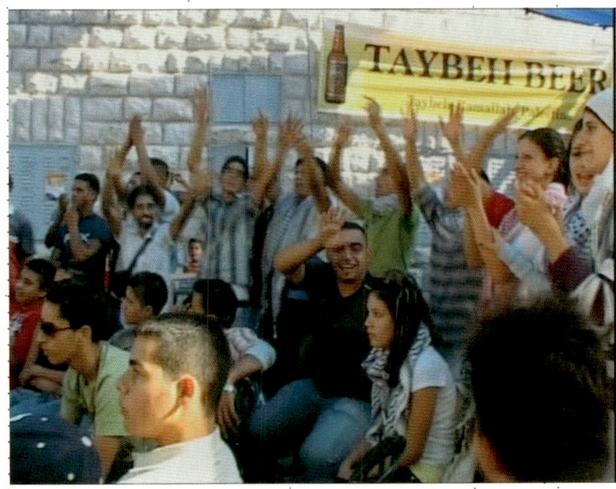

Buthina Canaan Khoury, *Taste the Revolution*, 2008, Dokumentarfilm | documentary, 27 min., Video Stills: Haus der Kunst / Marino Solokhov, 2010.

tivated and shaped by discourses of authenticity" (Winegar 2006, S. 91). Sie sieht eine andauernde Spannung zwischen den Vertretern des *asala*- und des *muasara*-Lagers. Die Diskussion entstand in den 1950er Jahren, individuelle und kulturelle Authentizität sind das Bezugssystem der Künstler, wobei letztere besonders heftig diskutiert wurde. Als Adjektiv *asil* wurde der Begriff als Gegenkonzept zu oberflächlich, verkünstelt und imitativ herausgestellt und schnell konfrontierte man Künstler mit dem Vorwurf, inauthentisch zu sein. Auch hier war es das Ideal, modern und authentisch zugleich zu sein; auch hier entging man nicht der orientalistischen Falle, wenn, wie es bisweilen geschah, die Wesensart der orientalischen (Eastern) Kunst als magisch o. ä. beschrieben. Die *asala*-Künstler formierten sich sogar zu einem Kollektiv gleichen Namens, während die *muasara*-Künstler sich nicht dem Vorwurf aussetzen wollen, nicht authentisch zu sein. Ihre Authentizität speise sich aus anderen Quellen, sie seien die wahrhaft authentischen Künstler, während die anderen erstarrt und verknöchert seien.

In der zeitgenössischen Kunst ergibt sich dadurch ein Dilemma: Ist der Künstler international vernetzt, folgt er internationalen Diskursen, so setzt er sich bei seinen Landsleuten dem Vorwurf des Verlustes an „Authentizität" aus oder er wird im Ausland nicht gewissen Erwartungshaltungen entsprechen, als Künstler aus dieser Region etwas aussagen zu müssen über die sozio-kulturellen, politischen oder gar religiösen Probleme seiner Heimat. Sperrt er sich gegen die Internationalisierung, wird er von der westlich-globalen Ebene schnell als provinziell und mit dem „Narrativ der Verspätung" (El Shakry) abgestempelt. Sollte Entprovinzialisierung nur in Form von Hybridität gelingen, im Rahmen des globalen Kosmopolitanismus, wie es El Shakry kritisiert? (El Shakry 2009, S. 402-403). Aus diesem komplexen und dialektischen Verhältnis zwischen Lokalem und Globalem ist kaum ein Ausweg möglich.

Doch neue Tendenzen zeichnen sich ab: Die jetzige Generation ist durch die weltweite Medialisierung, die Durchdringung sozialer Netzwerke und durch die Virtualisierung der Lebenswelten neuen gegenläufigen Prozessen von Vereinheitlichung und Diversifizierung ausgesetzt, die schon jetzt zur Subkulturalisierung nahöstlicher Gesellschaften beitragen. Diese Vernetzungen in bisher nicht gekanntem Ausmaß und die Zunahme an Individualisierung lassen neue Interpretationsrahmen für die Diskussion um Authentizität entstehen. Und daher bleibt die Frage weiter aktuell: Welche Zukunft hat die (Suche nach) Authentizität, wieviel Authentizität hat die Zukunft?

Für wertvolle Hinweise danke ich Ahmed Abdalla (München), Hamed Abdelsamad (München), Rachid Boutayeb (Berlin), Reza Hajatpour (Bamberg) und Katharina Lange (Berlin).

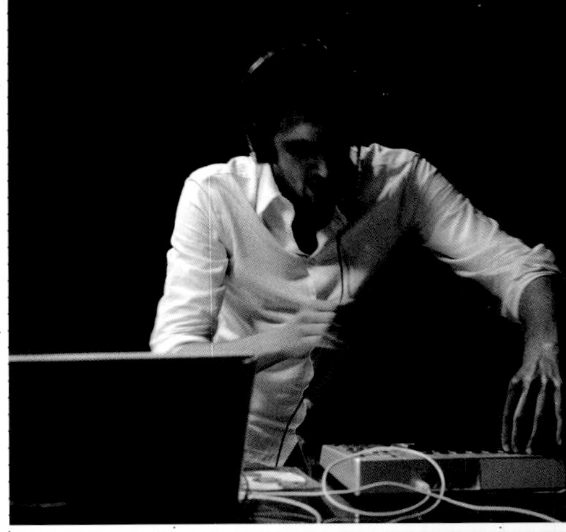

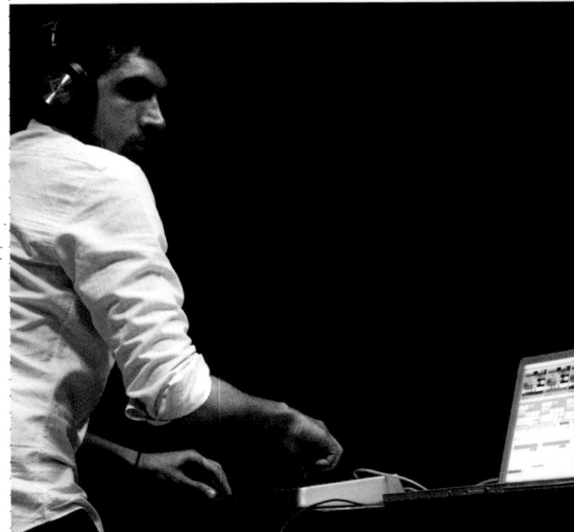

Tarek Atoui, *Radio Liban*, courtesy of the artist; Fotos | Photos: Tanya Traboulsi.

Abaza 2001. Mona Abaza: "Die Islamisierung des Wissens zwischen Partikularismus und Globalisierung: Malaysia und Ägypten", *Islamische Welt und Globalisierung. Aneignung, Abgrenzung, Gegenentwürfe*, Henner Fürtig (Hrsg.), Würzburg 2001, S. 273-294 (Bibliotheca academica, 10).

Abaza 2002. Mona Abaza: *Debates on Islam and Knowledge in Malaysia and Egypt: Shifting Worlds*, London 2002.

Abu Zayd 1994. Nasr Hamid Abu Zayd: *Naqd al-khitab al-dini* [Kritik des religiösen Diskurses], 2. Aufl., Kairo 1994.

Abu Zaid 1996. Nasr Hamid Abu Zaid [Zayd]: *Islam und Politik. Kritik des religiösen Diskurses*, Frankfurt 1996.

Al-e Ahmad 1962. Djalal Al-e Ahmad: *Gharbzadegi* [Westoxication], 3. Aufl., Teheran 1375/1996 [1962].

Appadurai 1996. Arjun Appadurai: *Modernity at Large. Cultural Dimensions of Globalization*, Minneapolis 1996.

Armbrust 1996. Walter Armbrust: *Mass Culture and Modernism in Egypt*, Cambridge 1996.

Attia 2007. Iman Attia (Hrsg.): *Orient- und Islambilder. Interdisziplinäre Beiträge zu Orientalismus und antimuslimischem Rassismus*, Münster 2007.

Ayyad 1971. Shukri Ayyad: „Mafhum al-asala wa'l-tadjdid wa'l-thaqafa al-arabiyya al-muasira" [„Der Begriff ‚Authentizität und Erneuerung' und die zeitgenössische arabische Kultur"], *Madjallat al-adab*, 11. November 1971, S. 2-5.

Azm, 1984. Sadiq Jalal al-Azm: "Orientalism and Orientalism in Reverse", *Forbidden Agendas: Intolerance and Defiance in the Middle East*, Jon Rothschild (Hrsg.), London 1984, S. 349-381.

Azmat 1974. „Azmat al-tatawwur al-hadari fi l-watan al-arabi" [„Die Krise der kulturellen Entwicklung in der arabischen Welt"], *Madjallat al-adab*, 5. May 1974, S. 2-113.

Azmeh 1990: Aziz Al-Azmeh [Aziz al-Azma]: "Istishraq al-asala" [Orientalismus der Authentizität], A. Azmeh, *al-Turath bayn al-sultan wa'l-tarikh*. [Das Erbe zwischen Macht und Geschichte], 2. Aufl., Beirut 1990, S. 146-160.

Azmeh 2009. Aziz Al-Azmeh: "The Discourse of Cultural Authenticity: Islamist Revivalism and Enlightenment Universalism", Azia Al-Azmeh, *Islams and Modernities*, 3. Aufl., London, New York 2009, S. 97-116.

Becker 1910. Carl Heinrich Becker: „Der Islam als Problem", *Der Islam* 1, 1910, S. 1-21.

Boroujerdi 1992. Mehrzad Boroujerdi: „Gharbzadegi. The Dominant Intellectual Discourse of Pre- and Post-Revolutionary Iran", *Iran. Political Culture in the Islamic Republic*, Samih Farsoun, Mehrdad Mashayekhi (Hrsg.), London 1992, S. 30-56.

Boroujerdi 1996. Mehrzad Boroujerdi: *Iranian Intellectuals and the West. The Tormented Triumph of Nativism*, Syracuse 1996.

Boullata 1990. Issa J. Boullata: *Trends and Issues in Contemporary Arab Thought*, New York 1990.

Djabiri 1991. Muhammad Abid al-Djabiri: *al-Turath wa'l-hadatha. Dirasat wa-munaqashat* [Das Erbe und die Moderne. Studien und Diskussionen], Beirut 1991.

Djabiri 1994a. Muhammad Abid al-Djabiri: *al-Khitab al-arabi al-muasir. Dirasa tahliliyya naqdiyya* [Der zeitgenössische arabische Diskurs. Analytisch-kritische Studie], 5. Aufl., Beirut 1994.

Djabiri 1994b. Muhammad Abid al-Djabiri: *al-Masala al-thaqafiyya* [Die kulturelle Frage], Beirut 1994. Djundi 1996. Anwar al-Djundi: *Asalat al-fikr al-islami fi muwadjahat al-taghrib wa'l-almaniyya wa'l-tanwir al-gharbi. qadaya al-adab wa'l-thaqafa wa'l-fann* [Die Authentizität des islamischen Denkens in der Konfrontation mit Verwestlichung, Säkularismus und westlicher Aufklärung, im Feld von Literatur, Kultur und Kunst], Kairo 1996.

Donohue 1974. John J. Donohue: „Crisis and Culture: The Kuwait Colloquium", *Vision and Revision in Arab Society*, Beirut 1974 (CEMAM Reports 1974, 2), S. 1-24.

El Shakry 2009. Omnia El Shakry: „Dense Objects and Sentient Viewings: Contemporary Art Criticism and the Middle East", *What keeps Mankind Alive? The Texts*, 11th International Istanbul Biennal, Istanbul 2009, S. 397-408.

Gächter 2005. Afsaneh Gächter: *Daryush Shayegan interkulturell gelesen*, Nordhausen 2005.

Haarmann 1974. Ulrich Haarmann: „Die islamische Moderne bei den deutschen Orientalisten", *Araber und Deutsche. Begegnungen in einem Jahrtausend*, Friedrich H. Kochwasser, Hans R. Roemer (Hrsg.), Stuttgart 1974, S. 56-91.

Haridi 2005. Alexander Haridi: *Das Paradigma der „islamischen Zivilisation" - oder die Begründung der deutschen Islamwissenschaft durch Carl Heinrich Becker (1876-1933)*, Würzburg 2005.

Hendrich 2004. Geert Hendrich: *Islam und Aufklärung. Der Modernediskurs in der arabischen Philosophie*, Darmstadt 2004.

Hildebrandt 2007. Thomas Hildebrandt: *Neo-Mu'tazilismus? Intention und Kontext im modernen arabischen Umgang mit dem rationalistischen Erbe des Islam*, Leiden 2007.

Höfert 2008. Almut Höfert: „Europa und der Nahe Osten: Der transkulturelle Vergleich in der Vormoderne und die Meistererzählungen über den Islam", *Historische Zeitschrift* 287, 2008, S. 561-597.

Hourani 1997. Albert Hourani: *Arabic Thought in the Liberal Age, 1798-1939*. Cambridge 1997 [Original 1962].

Khashaba 1994. Sami Khashaba: *Mustalahat fikriyya* [Theoretische Begriffe], Kairo 1994.

Kochwasser 1974. Friedrich H. Kochwasser: „Das Deutsche Reich und der Bau der Bagdad-Bahn. Ein Kapitel deutscher Orient-Politik", *Araber und Deutsche. Begegnungen in einem Jahrtausend*, Friedrich H. Kochwasser, Hans R. Roemer (Hrsg.), Stuttgart 1974, S. 294-394.

Kügelgen 1994. Anke von Kügelgen: *Averroes und die arabische Moderne. Ansätze zu einer Neubegründung des Rationalismus im Islam*, Leiden 1994.

Kühnel 1910. Ernst Kühnel: „Ausstellung von Meisterwerken mohammedanischer Kunst in München (Mai bis Oktober 1910)", *Der Islam* 1, 1910, S. 183-194.

Lahoud 2005. Nelly Lahoud: *Political Thought in Islam. A Study in Intellectual Boundaries*, London, New York 2005.

Lange 2005. Katharina Lange: „Zurückholen, was uns gehört". *Indigenisierungstendenzen in der arabischen Ethnologie*, Bielefeld 2005.

Lee 1997. Robert D. Lee: *Overcoming Tradition and Modernity. The search for an Islamic Authenticity*, Boulder 1997.

Loimeier 2008. Roman Loimeier: „Afrika in der deutschen Islamwissenschaft", *Das Unbehagen in der Islamwissenschaft: ein klassisches Fach im Scheinwerferlicht der Politik und der Medien*, Abbas Poya, Maurus Reinkowski (Hrsg.), Bielefeld 2008, S. 119-134.

Mahmud 1999. Zaki Nadjib Mahmud: *Qiyam min al-turath* [Werte des kulturellen Erbes], Kairo 1999 [Beirut 1984].

Mahmud 2004. Zaki Nadjib Mahmud: *Tadjdid al-fikr al-arabi* [Erneuerung des arabischen Denkens], Kairo 2004 [1971].

Massad 2007. Joseph A. Massad: *Desiring Arabs*, Chicago, London 2007.

Meddeb 2009. Abdelwahab Meddeb: „Orient und Okzident. Politiken des Bildes, Bilder der Politik – der Westen in den Augen des Islam", *Lettre* 87, Winter 2009, S. 44-60.

Mitchell 1988. Timothy Mitchell: *Colonising Egypt*, Cambridge 1988.

Polaschegg 2005. Andrea Polaschegg: *Der andere Orientalismus. Regeln deutsch-morgenländischer Imagination im 19. Jahrhundert*, Berlin 2005.

Said 2003. Edward Said: *Orientalism*, London 2003 [1978].

Salamandra 2004. Christa Salamandra: *A New Old Damascus: Authenticity and Distinction in Urban Syria*, Bloomington 2004.

Schäbler 2008. Birgit Schäbler: „Historismus versus Orientalismus? Oder: zur Geschichte einer Wahlverwandtschaft", *Das Unbehagen in der Islamwissenschaft: ein klassisches Fach im Scheinwerferlicht der Politik und der Medien*, Abbas Poya, Maurus Reinkowski (Hrsg.), Bielefeld 2008, S. 51-70.

Scheffold 1996. Margot Scheffold: *Authentisch arabisch und dennoch modern? Zaki Nagib Mahmuds kulturtheoretische Essayistik als Beitrag zum euro-arabischen Dialog*, Berlin 1996.

Schulze 1993. Reinhard Schulze: „Muslimische Intellektuelle und die Moderne", *Feindbild Islam*, Jochen Hippler, Andrea Lueg (Hrsg.), Hamburg 1993, S. 77-91.

Schulze 1994. Reinhard Schulze: *Geschichte der islamischen Welt*, München 1994.

Schulze 1997. Reinhard Schulze: „Gibt es eine islamische Moderne?", *Der Islam und der Westen*, Kai Hafez (Hrsg.), Frankfurt/M. 1997, S. 31-43.

Schulze 2005. Reinhard Schulze: „Orientalistik und Orientalismus", *Der Islam in der Gegenwart*, 5. Aufl., München 2005, S. 755-767.

Schulze 2007. Reinhard Schulze: „Orientalism. Zum Diskurs zwischen Orient und Okzident", *Orient- und Islambilder. Interdisziplinäre Beiträge zu Orientalismus und antimuslimischem Rassismus*, Iman Attia (Hrsg.), Münster 2007, S. 45-68.

Shayegan 1992. Daryush Shayegan: *Asya dar barabar-e gharb* [Asien gegenüber dem Westen], 2. Aufl., Teheran 1371/1992 [1. Aufl. 1356/1977].

Shayegan 1997. Daryush Shayegan: *Cultural Schizophrenia. Islamic Societies Confronting the West*, Syracuse 1997 [frz. Original 1989/engl. 1992].

Stauth 1993a. Georg Stauth: *Islam und westlicher Rationalismus. Der Beitrag des Orientalismus zur Entstehung der Soziologie*, Frankfurt/M., New York 1993.

Turath 1985. *al-Turath wa'l-tahaddiyat al-asr fi l-watan al-arabi. al-asala wa'l-muasara* [Das Erbe und die Herausforderungen der Epoche in der arabischen Welt. Authentizität und Kontemporaneität], al-Sayyid Yasin (Hrsg.), Beirut 1985.

Weber 2009. Stefan Weber: „Pensée – Der Begriff ‚Islamische Kunst' und seine Implikationen heute", *Taswir. Islamische Bildwelten und Moderne*, Berlin 2009, S. 15-19.

Winegar 2006. Jessica Winegar: *Creative Reckonings. The Politics of Art and Culture in Contemporary Egypt*, Stanford CA 2006.

Zakariya 1991. Fouad Zakariya: „Das kulturelle Erbe historisch sehen", *Kopfbahnhof. Almanach*, 4, Leipzig 1991.

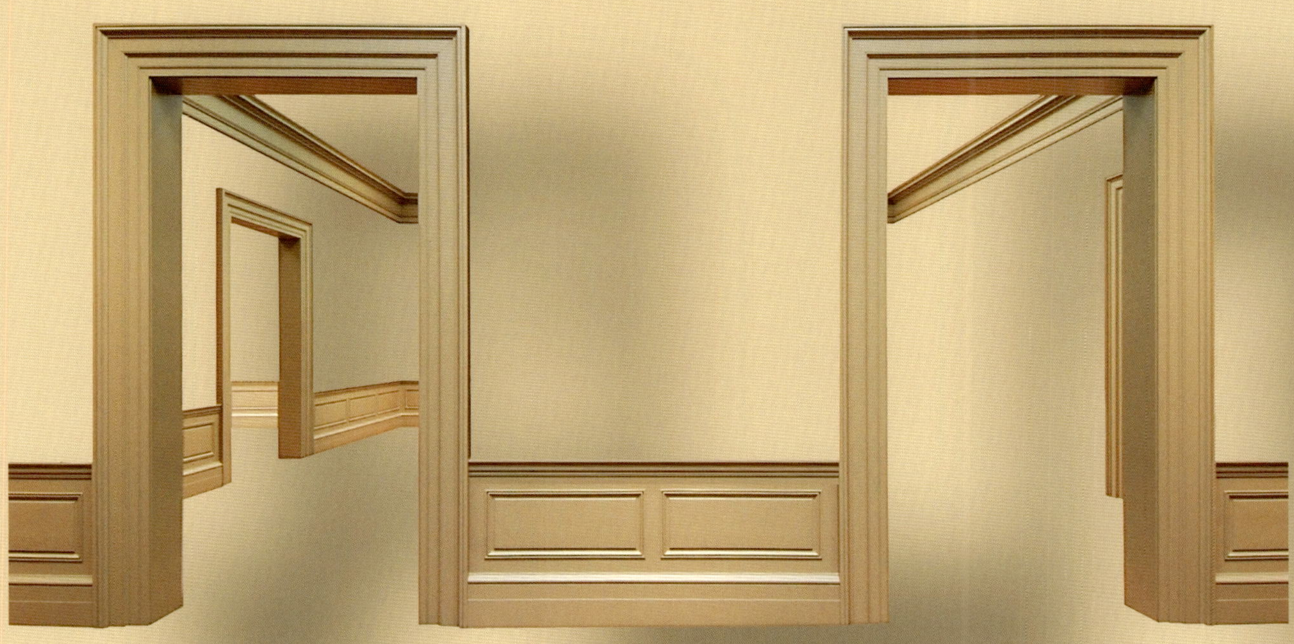

Walid Raad, *View from outer to inner compartment_II*, 2010, Hi-density foam, dimensions variable, courtesy of the artist and Sfeir-Semler Gallery, Hamburg/Beirut

Jenseits der Landkarte: Zeitgenössische Kunst im Nahen Osten

Kaelen Wilson-Goldie

Die Landkarte des heutigen Nahen Ostens hat sich in den letzten Jahren als auffallend beliebtes und belastbares Modell für die Schaffung von Werken zeitgenössischer Kunst erwiesen. Für ihre erste Einzelausstellung 2007 in der jordanischen Kunststiftung Darat al-Funun schuf die Künstlerin Oraib Toukan eine interaktive Wandarbeit mit dem Titel „The New(er) Middle East" („Der neue[re] Nahe Osten" 2007), die eine stilisierte Landkarte der Region in Form eines überdimensionalen Puzzle-Spiels aus Schaumstoff, Magneten, Neon und Eisen zeigt. Lediglich das problematischste Puzzleteil, Israel/Palästina, sieht aus wie auf jeder anderen Landkarte, die Konturen unverrückbar wie eine Tatsache. Die übrigen Puzzleteile sind in kurvigen, biomorphen Formen wiedergegeben, die ganz und gar fiktiv sind und lediglich eine entfernte Ähnlichkeit mit bestehenden Landesgrenzen aufweisen. Das, was offenbar der Irak sein soll, ist zweigeteilt, Saudi-Arabien besteht aus drei Teilen und der Iran in seiner heutigen Form ist in mehrere Teilstücke aufgesplittert.

Toukans Arbeit entstand als Reaktion auf einen Vorschlag von Ralph Peters, einem Oberstleutnant a.D. der US-Army, der 2006 für das *Armed Forces Journal* einen Beitrag mit dem Titel „Blood Borders: How a Better Middle East Would Look" („Blutgrenzen: Wie ein besserer Naher Osten aussehen würde") verfasst hatte. Toukan nahm die gemäß Peters' Neuordnungsvorschlag für den Nahen Osten neu gezogenen Grenzen und legte sie über die nicht weniger künstlichen Grenzen, die im Sykes-Picot-Abkommen von 1916 festgelegt worden waren, das die Gebiete des im Zerfall begriffenen Osmanischen Reiches in französische und britische Einflusssphären einteilte (siehe Muller et al. 2007, S. 47). Aus den Diskrepanzen zwischen diesen beiden Vorschlägen ergaben sich die Formen von Toukans Puzzle. Ihre fertig installierte Arbeit „The New(er) Middle East" fordert Betrachter auf, mit der Region zu spielen, so wie dies Politiker und Strippenzieher der Macht seit Jahrzehnten getan haben. Man kann die Puzzleteile herumschieben, mit Neuordnungen experimentieren und dabei über die sich aus geopolitischer Lage und Nähe ergebenden Konsequenzen nachdenken.

„Ice-Cream Map" („Eiskarte"; 2008) von Moataz Nasr ist in ähnlicher Weise ein Puzzle-Spiel des Nahen Ostens mit fehlenden Teilen in Gebieten, die man mit politischen Konflikten oder religiös motivierten Streitigkeiten in Verbindung bringt (ein Großteil des Iraks und Palästinas, der Südsudan und die westliche Sahara), welche von arabischen Führern, die sich einer Ideologie der territorialen Souveränität beziehungsweise einem arabischen Nationalismus verschrieben haben, oft nicht anerkannt werden. Gestützt auf seine Erinnerungen an die Landkarten, die im Gefolge des Sechs-Tage-Krieges von 1967 in den Klassenzimmern seiner Schule hingen, stellt der Künstler eine assoziative Verbindung her zu seinen Erlebnissen als Junge in jener Zeit: wie er mit seinen Freunden während der Schulpause auszureißen pflegte, um sich Eis zu besorgen, und wie zu diesem Zeitpunkt ein heftiger Wettbewerb um die beste Farbe und den besten Geschmack der kalten Leckerei herrschte (siehe Amirsadeghi et al. 2009, S. 232). Indem er die Autorität der Landkarte mit Kindheitsvergnügungen gleichsetzt, schaltet Nasr den politischen Hickhack der Region einige Gänge herunter und stellt sich vor, wie deren Führer banale Spiele spielen, ohne sich über die fatalen Folgen ihres Handelns viel Sorgen zu machen.

„Untitled 22 (The League)" („Ohne Titel 22 [Die Liga]" 2005) von Marwan Rechmaoui ist eine weitere Wandarbeit, die mit zweidimensionalen Darstellungen der Region spielt. In Rechmaouis Arbeit sind die 22 Staaten der Arabischen Liga aus schwarzem Material ausgeschnitten und an der Wand angebracht, wobei die ausgeschnittenen Formen der Länder immer ein klein wenig von ihren jeweiligen Nachbarländern abgerückt sind. Die Arbeit, die in mehreren früheren Fassungen (aus Kreppapier und gemahlenem Kautschuk) unter verschiedenenen Titeln („Untitled 22 [The Arab World]" und „Missing Links") realisiert wurde, stellt die trügerische Idee der arabischen Einheit grundlegend in Frage und zieht die Wirksamkeit einer politischen Gruppierung in Zweifel, die inzwischen derart zersplittert und streitsüchtig ist, dass sie in völlige Belanglosigkeit abzurutschen droht.

Weitere Landkarten-Arbeiten, die entweder auf bestimmte Städte einzoomen oder aber auszoomen und die ganze Welt in den Blick nehmen, sind etwa Rechmaouis magistratisches Werk „Beirut Caoutchouc" (2004-2006), eine Karte von Beirut aus ineinandergreifenden schwarzen Hartgummiteilen, die auf dem Boden ausgebreitet sind in einer offenen Einladung an das Publikum, über sie hinwegzutrampeln; Yto Barradas verspielt überdimensionales Wandpuzzle „Tectonic" (2010), in dem die sieben Kontinente durch glatte Holzstücke verkörpert werden, die sich wie auf Gleitschienen entlang diagonaler Rillen auf dem blauen Grund verschieben lassen; sowie zahlreiche

Off the Map: Contemporary Art in the Middle East

Kaelen Wilson-Goldie

The map of the modern Middle East has proven a remarkably popular and resilient model for the making of contemporary artworks over the last few years. For her first solo exhibition, in 2007, at the Jordanian arts foundation Darat al-Funun, the artist Oraib Toukan created an interactive wall piece called "The New(er) Middle East," from 2007, which presents a stylized map of the region as an oversized jigsaw puzzle made of foam, magnets, neon and iron. Only the most problematic piece, Israel/Palestine, appears as it would on any other map, its shape fixed as fact. The rest of the puzzle pieces are rendered in curvy, biomorphic forms that are totally fictional, bearing only the faintest of resemblances to existing national demarcations. What one would recognize as Iraq is split in two, Saudi Arabia in three, Iran in several fragments of its current self.

Toukan's piece was produced in response to the proposition of Ralph Peters, a retired United States Army Lieutenant Colonel, who penned an article for the *Armed Forces Journal*, entitled "Blood Borders: How a Better Middle East Would Look," in 2006. Toukan superimposed Peters' recommendations for redrawing the map of the Middle East over the equally artificial borders established by the Sykes-Picot Agreement in 1916, which divided the territories of the faltering Ottoman Empire into spheres of French and British influence (see Muller et al. 2007, p. 47). The discrepancies between these two proposals generated the forms of Toukan's puzzle. When installed, "The New(er) Middle East" invites viewers to play with the region as policymakers and powerbrokers have done for decades. You can move the pieces around, experiment with new configurations, and consider along the way the consequences of geopolitical positions and proximities.

Similarly, the artist Moataz Nasr's "Ice-Cream Map", from 2008, is a jigsaw puzzle of the Middle East with pieces missing from areas associated with political conflict or sectarian strife (most of Iraq and Palestine, southern Sudan, the Western Sahara), which tend to go unacknowledged by Arab leaders committed to ideologies of territorial sovereignty and/or Arab nationalism. Drawing on his memories of the maps that used to hang in his classrooms at school in the wake of the Arab-Israeli war in 1967, the artist makes an associative link to his contemporaneous experiences as a boy, ducking out for ice cream with his friends at recess, when competition was fierce for the best colour and flavour of the frozen treat (see Amirsadeghi et al. 2009, p. 232). By equating the authority of the map with childhood high jinks, Nasr brings the region's politics down a notch or two, imagining its leaders playing trivial games with little concern for the dire consequences of their actions.

Marwan Rechmaoui's "Untitled 22 (The League)," from 2005, is another wall piece toying with two-dimensional representations of the region. In Rechmaoui's work, the 22 states of the Arab League are carved out of black material and affixed to the wall, with the shape of each country slightly pulled apart from that of its neighbours. The piece, produced in several previous versions (in crepe paper and milled rubber) under several different names ("Untitled 22 (The Arab World)" and "Missing Links"), fundamentally challenges the specious notion of Arab unity and questions the efficacy of a political grouping that has become fractious to the point of utter irrelevance.

Other map works that either zoom in on particular cities or pull back to encompass the world include Rechmaoui's magisterial "Beirut Caoutchouc," from 2004-2006, a map of Beirut made from interlocking pieces of tough black rubber splayed out on the floor in an open invitation for viewers to tromp across; Yto Barrada's playfully oversized wall puzzle "Tectonic," from 2010, which renders the seven continents in smooth wooden pieces that slide along diagonal grooves that have been cut into a blue background; and scores of works produced over the past decade by Mona Hatoum, such as the series "Routes II," from 2002, in which maps illustrating the routes and flight patterns of international airlines have been altered and embellished by the artist's hand; "3-D Cities," from 2008, which cuts delicate patterns into maps of Beirut, Baghdad and Kabul; and another "Tectonic," from 2010, which depicts the world on glass plates that rest uneasily on the floor.

Why so many cartographic adventures among contemporary artists in the Arab world? These works, and so many others like them, allude to the generally artificial nature of national boundaries in the Middle East, and to the particularly crass pronouncements of political pundits always bent on drawing the region's contours anew. Toukan, Nasr and Rechmaoui address their works, pointedly, to both Arab and Western audiences as they seize on the act of defining the region for themselves. But they also go one step further. All of their works are interactive. Viewers are meant to mess around with them and in doing so, to not only grasp present political realities but also to imagine future scenarios in which their relationship to the region might be different, and of their

Arbeiten von Mona Hatoum aus dem vergangenen Jahrzehnt, darunter die Serie „Routes II" (2002), in der Karten, die die Routen und Flugbewegungen internationaler Luftverkehrsgesellschaften abbilden, von Künstlerinnenhand abgewandelt und ausgeschmückt wurden; die 2008 entstandene Arbeit „3-D Cities", bei der Hatoum filigrane Muster in Karten von Beirut, Bagdad und Kabul schnitt; und eine weitere Arbeit mit dem Titel „Tectonic" (2010), bei der die Welt auf unsicher auf dem Boden ruhenden Glasplatten dargestellt ist.

Weshalb diese Vielzahl kartographischer Abenteuer im Werk zeitgenössischer Künstler innerhalb der arabischen Welt? Diese und zahlreiche andere vergleichbare Arbeiten spielen auf den generell künstlichen Charakter von Landesgrenzen im Nahen Osten sowie auf die besonders haarsträubenden Äußerungen von Politikexperten an, die immer wieder darauf erpicht sind, der Region neue Konturen zu verpassen. Toukan, Nasr und Rechmaoui wenden sich mit ihren Arbeiten gezielt sowohl an ein arabisches als auch an ein westliches Publikum und legen großen Wert auf die Möglichkeit, die Region für sich selbst zu definieren. Sie gehen darüber hinaus jedoch noch einen Schritt weiter. Ihre Arbeiten sind alle interaktiv, das heißt, die Betrachter sollen an ihnen herumbasteln und dabei nicht nur heutige politische Realitäten erfassen, sondern sich auch zukünftige Szenarien vorstellen, in denen ihre Beziehung zu der Region eine andere – und selbst begründete – sein könnte. Angesichts der aufgezwungenen Repräsentationen fordern sie zum Handeln auf. Gleichzeitig aber stehen sie für einen subtilen Akt der Ablenkung: Sie wollen Kunst aus dem Nahen Osten? Hier ist sie, suchen Sie auf der Landkarte nach ihr, mit nichts weiter als einer oberflächlichen Fläche aus Formen und Farben als Ihrem Wegweiser.

In der Auseinandersetzung mit zeitgenössischer Kunst in Europa und den Vereinigten Staaten hat sich unter Kunsthistorikern ein gewisser Konsens herausgebildet, wonach deren Anfangspunkt rückblickend entweder 1945, also auf das Ende des Zweiten Weltkrieges, oder 1970 anzusetzen ist. Das ist der Vorteil einer relativ stabilen akademischen Branche, die sich der Verfassung kunsthistorischer Lehrbücher widmet, und der Nebeneffekt eines lukrativen Kunstmarktes, in dem Auktionshäuser, private Galerien und Kunstmessen bei der Definition und Festlegung bestimmter Verkaufskategorien gemeinsame Sache machen.

In der Auseinandersetzung mit zeitgenössischer Kunst im Nahen Osten dagegen haben derartige Maßstäbe keine Geltung, nicht zuletzt deshalb, weil die betreffende geographische Region zu ausgedehnt, ihre Geschichten zu verschiedenartig und ihre politischen Verhältnisse zu kompliziert und verwickelt sind, als dass saubere Definitionen greifen könnten. So etwas wie eine zeitgenössische Kunstszene gibt es im Nahen Osten gar nicht und auch keine allgemein anerkannte Folge von Bezugspunkten im Hinblick auf die Herausbildung einer zeitgenössischen künstlerischen Praxis in der arabischen Welt. Es gibt zwar vereinzelte gediegene kunsthistorische Studien und Übersichtsdarstellungen, die meisten von ihnen aber beschreiben oder erheben den Anspruch auf eine jeweils nationale Geschichte der Moderne in der bildenden Kunst (siehe z.B. Howling 2005, Khal 1985 und Lahoud 1974; Boullata 2009 und Ankori 2006; Karnouk 2005). Nur ganz wenige schlagen eine übergreifende historische Darstellung für die Region als Ganzes vor.

Statt einer Szene aus einem Guss gibt es eine Vielzahl von Szenen, von Inseln der kritischen Tätigkeit und künstlerischen Dynamik, die quer über und jenseits der auf Karten verzeichneten Gebiete verstreut sind. Die jeweilige Geschichte dieser Szenen muss obendrein aus Primär- statt Sekundärquellen zusammengestückelt werden: etwa aus dem gelegentlichen Katalogaufsatz, aus Themenheften von Magazinen und Sondernummern von Zeitschriften, aus Künstlerbüchern, aus unabhängigen verlegerischen Projekten oder den kurzlebigen Druckerzeugnissen und kritischen Materialien, die hauptsächlich von Künstler-Initiativen in Städten wie Beirut, Kairo, Ramallah, Amman, Alexandria, Damaskus, Tanger oder Casablanca produziert werden.

Bei einer Diskussionsveranstaltung zum Thema Kunstkritik, die vor kurzem im Rahmen des Global Art Forum stattfand, einer Reihe von Vorträgen und Diskussionsforen, die jedes Jahr parallel zur Kunstmesse Art Dubai läuft, stellte die Kritikerin und Kuratorin Rasha Salti fest: „Der Markt war absolut skrupellos im Hinblick auf die Produktion von Wissen an den Universitäten und schwärmte nur so von der Produktion von Kunst... Die Kunstkritik bewegt sich in jener Grauzone, in jener schrecklichen Lücke zwischen der Produktion von Wissen und der Produktion von Kunst" (siehe Hagey 2010). Hochschulen in der Region haben, was die Produktion kunsthistorischen Denkens angeht, weder mit dem Markt noch mit der – wohl oder übel den Markt beliefernden und von diesem lebenden – Produktion von Kunst Schritt gehalten. Als eigenständige Kategorie läuft die zeitgenössische Kunst im Nahen Osten demnach ernsthaft Gefahr, ausschließlich durch den Kauf und Verkauf von Kunst – als Produkt – bestimmt und definiert zu werden, ohne das entscheidende Gegengewicht und die Reflexion, die akademisches Wissen, kritische Analyse und historische Betrachtung bieten.

Nichtsdestoweniger lassen sich die hier erörterten Formen zeitgenössischer künstlerischer Pra-

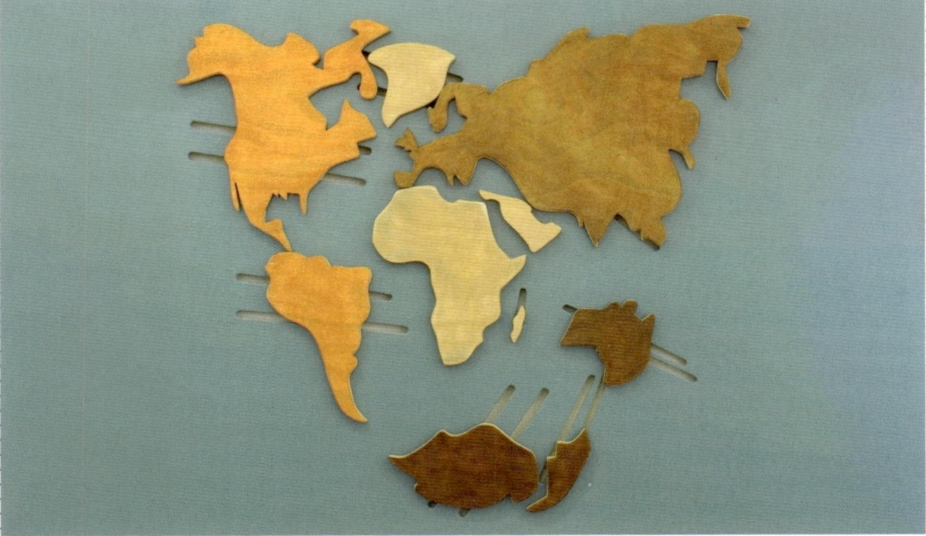

Yto Barrada, *Plate Tectonics*, Holzmodell mit beweglichen Kontinenten | Wooden model with movable continents, © images Alain Kantarjian and courtesy of the artist and gallery Sfeir-Semler.

own making. They call for agency in the face of representations that have been imposed upon them. But they also signify a subtle act of deflection: You want art from the Middle East? Here it is, find it on the map, with nothing more than a superficial surface of shapes and colours to help you find your way.

When discussing contemporary art in Europe and the United States, scholars have reached a degree of consensus that retrospectively dates the beginning of the category either to 1945, the end of World War II, or to 1970. This is the benefit of a relatively robust academic industry for the writing of art historical textbooks, and the side effect of a lucrative art market, in which auction houses, commercial galleries and art fairs are complicit in laying down definitions for sales categories.

When discussing contemporary art in the Middle East, however, no such rules apply, in part because the geographical region at stake is too vast, its histories too varied, its politics too complicated and entangled for tidy definitions to work. There is no such thing as a contemporary art scene in the Middle East, nor is there an agreed upon sequence of touchstones for how contemporary art practices in the Arab world came into being. While a smattering of solid scholarly volumes and surveys exist, most of them address or lay claim to national histories of modernisms in the visual arts (see, for example, Howling 2005, Khal 1985 and Lahoud 1974; Boullata 2009 and Ankori 2006; Karnouk 2005). Very few of them propose an overarching art historical narrative that may be draped over the region as a whole.

Rather than a singular scene, there is a constellation of many such scenes, pockets of critical activity and artistic vitality, scattered across and beyond the territories marked on maps. The histories of those scenes, moreover, must be pieced together from primary rather than secondary sources, from occasional catalogue essays, themed issues of magazines and special editions of journals, artists' books, independent publishing efforts and the ephemeral printed matter and critical material generated, for the most part, by artist-driven initiatives in cities such as Beirut, Cairo, Ramallah, Amman, Alexandria, Damascus, Tangier, Casablanca and more.

As the critic and curator Rasha Salti noted during a recent discussion on arts writing that was staged for the Global Art Forum, a series of

xis um der Argumentation willen und als Übung im Nachdenken darüber, wie umfassende Darstellungen dieser Art konstruiert worden sind oder werden könnten, mehr oder weniger durchgängig auf Entwicklungen zurückführen, die sich seit den 1990er Jahren in verschiedenen Städten wie Beirut, Kairo und Amman vollzogen haben. In diesen Städten waren die 1990er Jahre gekennzeichnet durch das Aufkommen unabhängiger, alternativer Infrastrukturen für die Schaffung und Präsentation von Werken der zeitgenössischen Kunst, die von der Form, dem Inhalt, dem Kontext und der Intention her kritisch, weitgehend gemeinnützig und nicht-kommerziell waren.

In Beirut wurde 1994 die Kunstorganisation Ashkal Alwan, 1997 die Arab Image Foundation und 1999 das Video- und Filmkollektiv Beirut DC gegründet. Das Ayloul Festival, das von 1997 bis einschließlich 2001 stattfand, diente als wichtiger Vorläufer für das 2002 von Ashkal Alwan ins Leben gerufene Forum für kulturelle Praxis unter dem Namen „Home Works", das sich aus einer Reihe von Kunstprojekten im öffentlichen Raum entwickelte, die die Organisation in den Jahren davor veranstaltet hatte, nämlich das Sanayeh Garden Project 1995, das Sioufi Garden Project 1997, das Corniche Project 1999 und das Hamra Street Project im Jahr 2000. In Kairo wurde 1998 die Townhouse Gallery für zeitgenössische Kunst eröffnet, in den Jahren 2000 und 2001 fand das einflussreiche, grundlegende Nitaq-Festival statt und 2004 gründete eine Gruppe von Künstlern und Photographen das Contemporary Image Collective (Zeitgenössisches Bild-Kollektiv). In Amman wurde 1993 die Kunststiftung Darat al-Funun ins Leben gerufen, die inzwischen seit vielen Jahren zeitgenössische Kunst aus der Region nicht mehr nur ausstellt, sondern auch sammelt. Im Jahr 2003 machte, nur wenige Schritte von Darat al-Funun entfernt, der unabhängige Kunstraum Makan seine Tore auf, der Künstlern Arbeitsstipendien und Ateliers sowie Möglichkeiten zum Experimentieren bietet. Erweitern ließe sich diese Liste gleichgesinnter Initiativen um die Anadiel Gallery und die Al-Mamal-Stiftung in Jerusalem, die Cinémathèque de Tanger, L'Appartement 22 in Rabat, das Alexandria Contemporary Arts Forum, das Beirut Art Center, das 98 Weeks Research Project in Beirut, das Doc-Box-Filmfestival in Damaskus, die Meeting Points, den Young Arab Theater Fund, die Sharjah Biennale, die Riwaq Biennale, die Jerusalem Show und zahlreiche andere Unternehmungen.

Zusammen bildeten diese Initiativen frühe Foren, Katalysatoren und Brutstätten für KünstlerInnen, die sich in den eineinhalb Jahrzehnten seither etabliert haben, unter ihnen Walid Raad, Akram Zaatari, Rabih Mroué, Lina Saneh, Walid Sadek, Hassan Khan, Sherif El Azma, Amal Kenawy, Mahmoud Khaled, Doa Aly, Maha Maamoun, Wael Shawky, Lara Baladi, Oraib Toukan und Samah Hijawi. Sie knüpften darüber hinaus untereinander ein Netz von Verbindungen, um eine Auffangstruktur und verbesserte Möglichkeiten der Verbreitung und des Erfahrungsaustauschs zu schaffen. Zu den Mitgliedern der Arab Image Foundation gehören beispielsweise die KünstlerInnen Raad, Zaatari, Baladi und Yto Barrada, Gründerin und Leiterin der Cinémathèque de Tanger. Ashkal Alwan hat Ausstellungen für die Townhouse Gallery in Kairo organisiert, und der Gründer und Direktor dieser Galerie, William Wells, hat für die Galerie Sfeir-Semler in Beirut eine Ausstellung zeitgenössischer Kunst aus Kairo kuratiert. Das Townhouse, Ashkal Alwan und der Platform Garantie Contemporary Art Center in Istanbul haben gemeinsam mit drei weiteren Institutionen ein Künstleraufenthaltsprogramm auf die Beine gestellt. Diese Verbindungen und Gemeinschaftsprojekte tragen dazu bei, dass Künstler und Kunstwerke in der Region, in der das Überqueren von Grenzen heute paradoxerweise schwieriger und bürokratisch beschwerlicher ist, als dies, mit wenigen Ausnahmen, im 20. Jahrhundert der Fall war, eine größere Bewegungsfreiheit genießen.

Selbstverständlich hat sich die Entwicklung dieser Szenen und Netze, die verschiedene Städte in der Region miteinander und mit Orten außerhalb des Nahen Ostens verbinden, nicht im luftleeren Raum vollzogen. Diese spezifische Geschichte überschneidet sich mit verschiedenen anderen, und es mag sinnvoll sein und sich gerade auch im Zusammenhang mit der jetzigen Ausstellung lohnen, näher auf das Erzählgeflecht einzugehen, dass sich aus den verschiedenen Geschichten ergibt. Ein solcher Erzählstrang bezieht sich auf die allgemeine Internationalisierung der Kunstszene, die die langjährige Hegemonie der Achse New York – London – Berlin durchbrach und Kuratoren, Kritiker, Sammler und Institutionen aus dem Westen dazu brachte, ein wesentlich weiteres Feld zeitgenössischer künstlerischer Praxis zu berücksichtigen, oft unter besonderer Hervorhebung von Krisenherden und Konfliktzonen, die gut zur sogenannten dokumentarischen Wende und zur Neubesinnung auf die unzertrennliche Verknüpfung und Verquickung von Kunst und Politik passten.

Ein weiterer relevanter Erzählstrang ist das wachsende Interesse für zeitgenössische Kunst aus dem Nahen Osten, das sich im Gefolge – oder auch als Folge? – der Ereignisse des 11. September 2001 herausbildete. Dieses führte zu einer Welle von in ihrer Thematik geographisch orientierten Gruppenausstellungen wie dem laufenden Projekt „Contemporary Arab Representations"

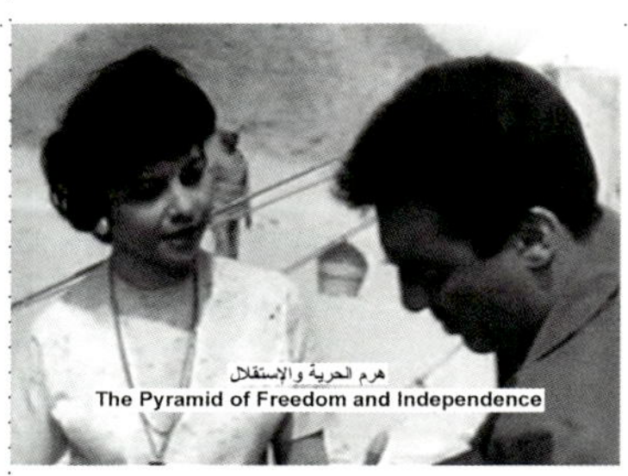

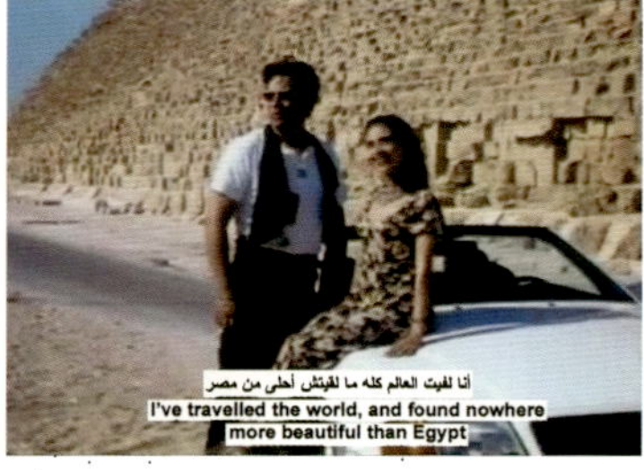

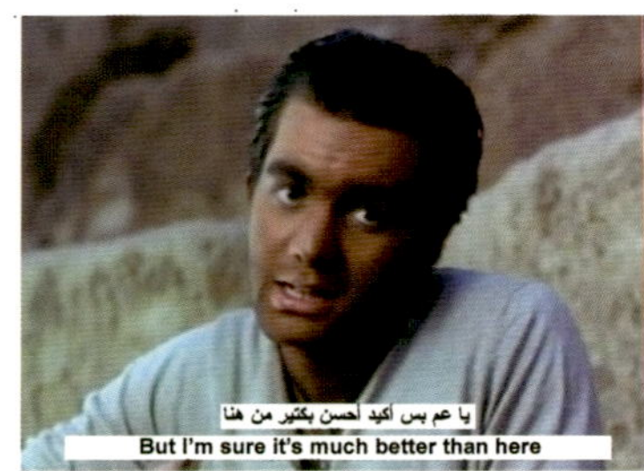

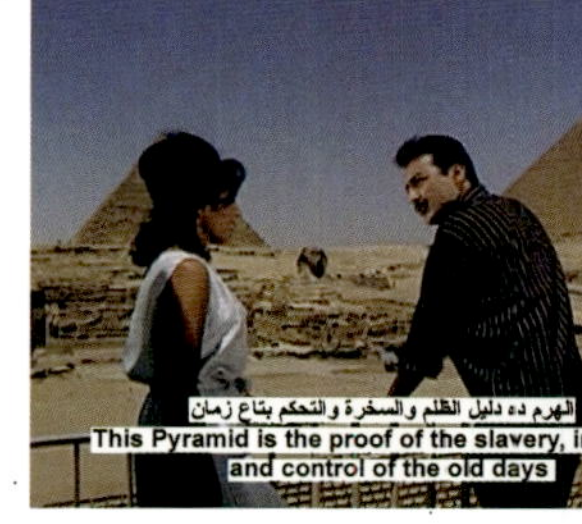

Maha Maamoun, *Domestic Tourism II*, 2009, Videoinstallation | Video installation, 62 min., courtesy of the artist.

talks and panels that runs annually in parallel to the art fair Art Dubai: "The market has been totally ruthless toward the production of knowledge in universities, and it has been totally thrilled by the production of art. ... Art criticism lives in that gray area, in that horrific gap between the production of knowledge and the production of art" (see Hagey 2010). Institutions of higher learning in the region, in terms of producing art historical thought, have not kept pace with the market or with the production of art, which, for better or worse, feeds into and off of the market. As such, the category of contemporary art in the Middle East runs the serious risk of being solely determined and defined by the buying and selling of art – as product – without the crucial counterbalance and consideration provided by academic knowledge, critical analysis and historical reflection. That said, for the sake of argument and as an exercise in thinking about how such sweeping narratives have been or could be constructed, the contemporary art practices under discussion in this essay may be traced back more or less consistently to developments occurring in several cities since the 1990s. In cities such as Beirut, Cairo and Amman, the 1990s were marked by the taking shape of independent, alternative infrastructures for the production and presentation of contemporary artworks that were critical and largely non-profit and non-commercial in form, content, context and intent.

In Beirut, the arts association Ashkal Alwan was established in 1994, the Arab Image Foundation in 1997 and the film and video collective Beirut DC in 1999. The Ayloul Festival, which ran from 1997 through 2001, served as a crucial precursor and prototype for Ashkal Alwan's Home Works Forum on Cultural Practices, which debuted in 2002, and grew out of a series of art projects in public spaces organized by Ashkal Alwan in 1995 (The Sanayeh Garden Project), 1997 (The Sioufi Garden Project), 1999 (The Corniche Project) and 2000 (The Hamra Street Project). In Cairo, the Townhouse Gallery for Contemporary Art opened in 1998, the influential and foundational Nitaq Festival was held in 2000 and 2001 and the Contemporary Image Collective was established by a group of artists and photographers in 2004. In Amman, the arts foundation Darat al-Funun was formed in 1993, and began not only exhibiting but also collecting contemporary art from the region just ten years later. Makan, an independent art space that hosts residencies, studios and experimentation, opened its doors down the street from Darat al-Funun in 2003. To the list of like-minded initiatives, one could add the Anadiel Gallery and Al-Mamal Foundation in Jerusalem, Cinémathèque de Tanger, L'Appartement 22 in Rabat, the Alexandria Contemporary Arts Forum, the Beirut Art Center, the 98 Weeks Research Project in Beirut, the Doc Box film festival in Damascus, Meeting Points, the Young Arab Theatre Fund, the Sharjah Biennial, the Riwaq Biennial, the Jerusalem Show and many, many more.

Together, these initiatives provided early platforms, catalysts and incubators for artists who have become well established in the decade and a half since, including Walid Raad, Akram Zaatari, Rabih Mroué, Lina Saneh, Walid Sadek, Hassan Khan, Sherif El Azma, Amal Kenawy, Mahmoud Khaled, Doa Aly, Maha Maamoun, Wael Shawky, Lara Baladi, Oraib Toukan, Samah Hijawi and more. They also linked up with one another to create a network of structural support, distribution and shared experience. The members of the Arab Image Foundation, for example, include the artists Raad, Zaatari, Baladi and Yto Barrada, the founder and director of Cinémathèque de Tanger. Ashkal Alwan has organized exhibitions for the Townhouse Gallery in Cairo, and William Wells, the founder and director of Townhouse, has curated a show of contemporary works from Cairo for Galerie Sfeir-Semler in Beirut. Townhouse, Ashkal Alwan and the Platform

der Kuratorin Catherine David, der 2003 von Jack Persekian organisierten Ausstellung „DisORIENTation" im Haus der Kulturen der Welt in Berlin, die 2009 unter dem Titel „Disorientation II" auf Saadiyat Island in Abu Dhabi eine Neuauflage erhielt, der 2003/04 in verschiedenen europäischen Städten gezeigten Ausstellung „Fantaisies du Harem et nouvelles Schéhérazade", der Schau „Regards des photographes arabes contemporains" 2005 im Institut du Monde Arabe in Paris, der 2006 von Venetia Porter im British Museum in London organisierten und später während der Art Dubai im Dubai International Financial Center wiederholten Ausstellung „Word Into Art: Artists of the Modern Middle East", der 2006 im New Yorker Museum of Modern Art gezeigten Schau „Without Boundary: Seventeen Ways of Looking" sowie, hierin nicht nachstehen wollend, die Ausstellung „Unveiled: New Art from the Middle East" 2009 in der Saatchi Gallery in London. Diese in vielen Fällen von Konferenzen und Symposien begleiteten Ausstellungen wurden vielfach gerühmt, handelten sich aber auch scharfe Kritik ein. Manche von ihnen waren reduktiv, andere einfach planlos. Unabhängig von ihren etwaigen sonstigen Verdiensten verschafften sie KünstlerInnen aus der Region mehr Möglichkeiten zur Begegnung und Zusammenarbeit, wodurch wiederum die Netze gestärkt wurden, die zu Hause ihre jeweiligen Szenen, Städte und Situationen verknüpfen.

Ein letzter relevanter Erzählstrang schließlich, der die beiden vorhergehenden in ein neues Licht rückt, betrifft den plötzlichen und ehrgeizigen Aufstieg der Golfregion zu einem in nicht allzu ferner Zukunft zu verwirklichenden Zentrum der Künste und Kultur. Die Museen und Kulturviertel, die für Abu Dhabi, Doha und, in mittlerweile bescheidenerem Umfang, für Dubai geplant sind, scheinen strategisch in Position gebracht worden zu sein, um alte Städte wie Beirut, Kairo und Damaskus aus ihrer althergebrachten und fest verwurzelten kulturellen Dominanzstellung zu vertreiben. (Im Fall Bagdads ist dies natürlich bereits geschehen, Städte wie Jerusalem, Ramallah und Bethlehem kämpfen um ein Publikum und mit der Tatsache, dass sie sich in zusammenhanglose Inseln eines erdverhafteten Archipels verwandeln, und wer weiß, von welchem Leid das belagerte Gaza noch heimgesucht werden wird.) Ist dies politisches Kalkül, der plumpe Einkauf und Import von Kultur, der Triumph der neoliberalen Agenda über die Art und Weise, wie Städte gestaltet und vermarktet werden, der Beginn einer zweiten arabischen Renaissance oder ein ernsthaftes Bekenntnis zur zeitgenössischen Kunst in ihrem ganzen kritischen, verstörenden, suchenden und tröstenden Potenzial? Niemand weiß es genau oder klingt überzeugend genug, als dass man ihm glauben könnte. Doch in einem Prozess, in dem sich das Skeptische (ein gewisser Argwohn gegenüber den Absichten, die dem Interesse der Golfregion an zeitgenössischer Kunst zu Grunde liegen) mit dem Authentischen (dem Willen, sich um eine tiefer gehende Auseinandersetzung mit Projekten zu bemühen, die mit oder ohne regionale Beteiligung stattfinden werden) und dem Merkantilen (folge dem Geld) vermischt, hat auch diese Geschichte, ob aus Neugier, Solidarität oder Trotz, dazu beigetragen, die Netze der zeitgenössischen künstlerischen Praxis und des Austauschs in der Region zu stärken.

Zusammen könnten diese konkurrierenden Erzählungen die für sich stehende Kategorie der zeitgenössischen Kunst aus dem Nahen Osten erschaffen, die sich bisher als künstlich, schwer definierbar und irgendwie wunderbar unhilfreich erwiesen hat. Indes setzt das Interesse für das Kulturschaffen in der Region die KünstlerInnen und Kunstwerke, deren Funktion darin besteht, die durchaus nicht unzutreffend als Boom zu charakterisierende Entwicklung zu nähren, auch gehörig unter Druck. Auf der einen Seite haben zeitgenössische Künstler aus dem Nahen Osten von der internationalen Aufmerksamkeit, die ihnen zuteil wurde, hübsch profitiert. Auf der anderen Seite werden sie selten einzig und allein der Qualität ihres Werkes wegen herangezogen. Meistens dienen sie dazu, Auskunft zu geben, ein schlummerndes Schuldgefühl zu lindern und Material für eine bestimmte These oder, was noch schlimmer ist, für ein Vorzeigeprojekt zu liefern. So sieht der Nahe Osten aus. Und dies mag eben dazu führen, dass KünstlerInnen in ihrem Werk so oft zu Landkarten Zuflucht nehmen.

Auf das Interesse für die Region mit einer Darstellung der Region zu reagieren, bei der es sich de facto um eine Satire oder Parodie handelt, ist ein cleverer Akt der Beantwortung einer Frage mit einer Gegenfrage, eine Methode, den Fragenden zum Nachdenken darüber zu zwingen, was genau er eigentlich wissen will und weshalb. Es ist genau dieser Prozess, und dieses Thema, das in Walid Raads gegenwärtigem Projekt mit dem Titel „Eine Geschichte der modernen und zeitgenössischen arabischen Kunst" einer formalen und theoretischen Untersuchung unterworfen wird. In dieses Projekt aufgenommen ist ein Modell des vorausgegangenen Projektes. Raads unter dem Namen „The Atlas Group" bekanntes Langzeitprojekt wird dargestellt durch ein Miniaturmodell mit dem Titel „Part I_Chapter 1_Section 139: The Atlas Group (1989-2004)", wobei die Datierung kontrafaktisch ist. Die Arbeit wirkt wie das aufwändige Modell einer Ausstellungsarchitektur samt Bildern im Briefmarkenformat und lächerlich winzigen, aber dennoch voll funktionsfähigen

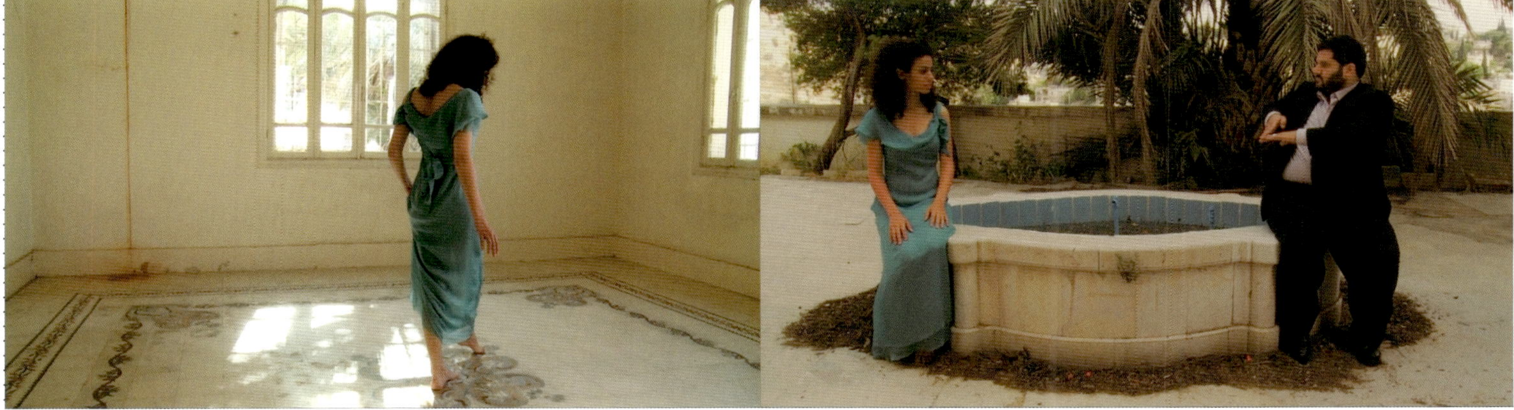

Doa Aly, *The Girl Splendid in Walking*, 2009, Zwei-Kanal-Video-Projektion | Two-channel video projection: 17' 43'', 2009, courtesy of the artist.

Garanti Center for Contemporary Art in Istanbul are all sutured into a joint residency program with three other institutions. These connections and collaborations have made it possible for artists and artworks to move more easily in a region where the crossing of borders has become more difficult, taxing and bureaucratically burdensome now, paradoxically, than in much of the twentieth century.

Of course, the development of these scenes and networks, linking different cities in the region to each other and to points outside of the Middle East entirely, has not happened in a vacuum. This particular story intersects and overlaps with several others, and to consider the narrative mesh created by them all is perhaps useful and potentially productive in the context of the current exhibition. One such narrative is the overall internationalization of the art world, which broke the long-standing hegemony of the New York – London – Berlin axis and pushed curators, critics, collectors and institutions from the West to consider contemporary art practices much farther afield, often with an emphasis on trouble spots and conflict zones that dovetailed nicely with the so-called documentary turn and the return to art and politics as inseparable and intractable.

Another relevant narrative is the rising interest in contemporary art from the Middle East, which, whether the relationship is causal or not, followed in the aftermath of the events of September 11, 2001. This gave rise to a spate of geographically themed group exhibitions, such as the curator Catherine David's ongoing "Contemporary Arab Representations" project; Jack Persekian's "DisORIENTation" at the House of World Cultures in Berlin in 2003, revisited in 2009 as "Disorientation II" on Saadiyat Island in Abu Dhabi; "Fantaisies au Harem et nouvelles Schéhérazade," which toured several European museums in 2003 and 2004; "Regards des photographes arabes contemporains" at the Institut du Monde Arabe in Paris in 2005; Venetia Porter's "Word Into Art: Artists of the Modern Middle East" at the British Museum in 2006, and later reprised during Art Dubai at the Dubai International Financial Centre; "Without Boundary: Seventeen Ways of Looking" at the Museum of Modern Art in New York in 2006; and, not to be outdone, "Unveiled: New Art from the Middle East" at the Saatchi Gallery in London in 2009. These exhibitions, accompanied by complementary conferences and symposia, were often celebrated but also came in for sharp criticism. Some were reductive; others were simply confused. Whatever their merits, they gave artists from the region greater opportunities to meet and collaborate, which strengthened the networks linking their scenes, cities and circumstances back home.

One final narrative of interest, which reflects back on the previous two, concerns the sudden and ambitious rise of the Gulf as an arts and cultural hub to be realized in the not too distant future. The museums and cultural districts planned for Abu Dhabi, Doha and, on a now humbled

LCD-Bildschirmen mit darauf laufenden Videos. Die Arbeit spielt im Stil von *Alice im Wunderland* mit Maßstabswechseln, stellt aber auch einen Kommentar auf die Kommodifizierung kritischer künstlerischer Positionen dar, die, als sie zunächst artikuliert wurden, nicht unbedingt vom Kunstmarkt vereinnahmt werden wollten.

Raads Arbeit deutet zwei sich abzeichnende Trends an. Einer davon ist die Weiterentwicklung der Landkarte in Form des Modells: ein aufwändiges Beispiel hierfür ist die Arbeit „Gran Royal Turismo“ (2003) von Yto Barrada: ein modifiziertes, vollautomatisches Modell einer Rennstrecke für Fahrzeuge in der Größe von Matchbox-Autos, die sich durch eine schäbige Dorflandschaft windet. Aus einem in einen Hügelhang gebohrten Tunnel taucht eine winzige, offenbar präsidiale Fahrzeugkolonne auf. Während die Autokolonne die Rennstrecke abfährt, schießen aus einer Reihe von Löchern im Boden prächtig grüne Palmen in die Höhe; eine triste Fassade dreht sich um die eigene Achse, sodass sich stattdessen eine weiß getünchte Wand zeigt; marokkanische Nationalfahnen flattern in einer künstlichen Brise. Die Arbeit setzt sich mit den Mechanismen der Macht, kurzfristigen Verschönerungsvorhaben und dem Phänomen der Fahrzeugkolonne in der Dritten Welt auseinander. Wie oft im Werk von Barrada streift die Arbeit eine Vielzahl von Themen von der Geschichte und den Hinterlassenschaften der Kolonialzeit über moderne Vorstellungen vom Fortschritt und neoliberale Wirtschaftskonzepte bis hin zu gieriger Immobilienspekulation und Raubbau an der Umwelt, ohne dass sie dabei jemals didaktisch wirkt.

Der andere, ein wenig beständigere, aber weiterhin exponentiell wachsende Trend ist die geradezu performative Präsentation des Archivs als Ausstellungsmaterial. Ein besonders ambitioniertes und aufschlussreiches Beispiel hierfür ist das „Objects of Study/Studio Sheherazade“ genannte, laufende Projekt von Akram Zaatari. Ein wesentlicher Teil von Zaataris persönlicher künstlerischer Produktion stützt sich auf das kollektive Archiv, das von der Arab Image Foundation verwaltet wird, darunter die Sammlung des Studio Sheherazade, die rund 500.000 Negative von Hashem El Madani umfasst. Madani ist bekannt als der fleißigste kommerzielle Photograph im libanesischen Saida/Sidon, und er hat als einer der ganz wenigen mehr als ein halbes Jahrhundert lang ein Archiv geführt, das vollständig erhalten ist. (Zahlreiche kommerzielle Photographen im Beirut der Zeit um die Jahrhundertmitte hatten ihre Ateliers im Zentrum der Stadt, wo viele von ihnen während des Bürgerkrieges zerstört wurden, während andere Atelierarchive verloren gegangen sind, auf der Müllhalde landeten oder von Erben und Geschäftspartnern in alle Winde zerstreut wurden.)

Zaatari befasst sich mit Madani in einem vor zehn Jahren angefangenen Langzeitprojekt, für das er das gesamte Archiv des Photographen als künstlerisches Material betrachtet und im Rahmen dessen er gelegentlich das Ganze in Form einer aufwändigen Installation darstellt oder nachinszeniert. Bisher hat Zaatari zwei Bände mit Photos von Madani veröffentlicht – *Hashem El Madani: Studio Practices* und *Hashem El Madani: Promenades* –, weitere sechs sollen folgen. Auf der Grundlage einer Sammlung von Super-8-Filmaufnahmen, die Madani in den 1950er und 1960er Jahren gemacht hatte, drehte Zaatari zudem ein Video mit dem Titel „Video in Five Movements“ (2006), und gestützt auf Material aus Madanis Archivschrank schuf er 2008 eine weitere Arbeit mit dem Titel „L'enlèvement“ („Die Entführung“). Während Atelierphotographen wie Malik Sidibé und Seydou Keïta im Kunstbetrieb, überwiegend postum, erhebliche Anerkennung zuteil wurde, ist Zaatari darauf bedacht, die Bedingungen zu wahren, die prägend für die Produktion wie die Rezeption von Madanis Werk waren. Er nimmt nicht einfach ein kommerzielles Produkt und macht daraus Kunst. Die Kunst, um die es hier geht, liegt in der weitaus komplexeren Form, in die Zaatari das Material von Madani gießt, indem er Bilder, Texte, Filme, Dokumente und Objekte rund um den Photographen sammelt mit dem Ziel, bestimmte Erscheinungen beziehungsweise Begriffsbildungen im Bereich der Photographie zu erforschen. Seine archivarische Praxis ist, oberflächlich betrachtet, recht verschieden von der Walid Raads. Hashem El Madani ist eine wirklich Person; die Arab Image Foundation ist wirklich. Die Atlas Group dagegen nicht und ebensowenig die Geldgeber, die Gewährsleute oder die Gesprächspartner wie Fadl Fakhouri und Operator #17, die Raad mit Material beliefert haben sollen: Diese sind jeweils von Raad erfundene Figuren, gleichsam Charakterskizzen für eine noch nicht voll ausgereifte Romandichtung. Bei aller Verschiedenheit aber thematisieren beide Projekte – „Objects of Study“ und „The Atlas Group“ – Fragen der Geschichte, des Gedächtnisses, der Identität und der Repräsentation, die zu einem vertrauten Ort führen. Wenn die Landkarte Abprallcharakter hat, indem sie dazu dient, die Künstlichkeit und Veränderlichkeit von auf die Region bezogenen Vorstellungen bloßzustellen, so tut das Archiv das Entgegengesetzte, da es die Betrachter hineinzieht und in Einzelheiten ertrinken lässt, und zwar dergestalt, dass die Erfahrung einer Kleinstadt wie Sidon in ihrer ganzen Komplexität sichtbar werden kann, ohne auf leicht verdauliche Häppchen reduziert zu werden.

In ihrem Aufsatz „Against Interpretation“ („Gegen Interpretation“, auf Deutsch erschienen als

scale, Dubai, seem strategically positioned to knock old cities like Beirut, Cairo and Damascus from deeply entrenched cultural perches (Baghdad, of course, has already fallen; cities such as Jerusalem, Ramallah and Bethlehem struggle for audiences and with the fact of being turned into the disjointed elements of an earth-bound archipelago; and who knows what sorrows will continue to befall besieged Gaza). Is this a political calculation, the crude purchase and importation of culture, the triumph of the neoliberal agenda over how cities are made and marketed, the start of a second Arab renaissance or an earnest embrace of contemporary art in all its challenging, disruptive, searching and solacing capacities? Nobody knows for sure or sounds convincing enough to be believed. But in a process the combines the sceptical (a wariness of the intentions behind the Gulf's interest in contemporary art), the genuine (an intention to seek out meaningful engagement with projects that are going to happen with or without regional participation and involvement) and the mercantile (follow the money), this story too has served to fortify the networks of contemporary art practice and exchange in the region, whether out of curiosity, solidarity or defiance.

Together, these competing narratives may one day bring into being the singular category of contemporary art from the Middle East that has so far proven artificial, elusive and, in a way, wonderfully uncooperative. In the meantime, however, interest in cultural production from the region has also put great pressure on the artists and artworks being used to fuel what can probably, with some accuracy, be described as a boom. On the one hand, contemporary artists from the Middle East have benefitted handsomely from the international exposure they have received. On the other hand, they have rarely been engaged on the merits of their work alone. More often than not, they are enlisted to provide information, assuage a lurking sense of guilt, and give evidence for a thesis or worse, a showcase. This is what the Middle East looks like. And so, the causal result may be the frequency with which artists resort to maps.

To meet interest in the region with a representation of the region that is, in effect, satire or parody, is a clever act of flipping the inquiry back on the inquirer, a means of asking, what are you really looking for and why? This is precisely the process, and the subject, under formal and theoretical investigation in Walid Raad's current project, entitled "A History of Modern and Contemporary Arab Art." Included within this project is a model of the project that came before. Raad's long-term project known as "The Atlas Group" is represented in a miniaturized model entitled "Part I_Chapter 1_Section 139: The Atlas Group (1989-2004)" and dated, counterfactually, 1989-2004. The piece looks like an elaborate mock-up of an exhibition design, with images the size of postage stamps and absurdly small yet fully functional videos running on tiny LCD screens. The piece plays, Alice in Wonderland-style, with scale, but it also comments on the commodification of critical art practices that were not necessarily intended to enter the art market at the time of their initial articulation.

Raad's piece points to two emergent tendencies. One is the model as an elaboration on the map. Yto Barrada's "Gran Royal Turismo," from 2003, takes this further with a modified, automated model of a racetrack – suitable for vehicles the size of matchbox cars – that winds through the landscape of a threadbare village. From a tunnel gouged into a hillside, a tiny convoy of seemingly presidential cars emerges. As the convoy travels along the track, resplendent green palm trees rise from a series of holes in the ground. A drab facade swivels to reveal a whitewashed wall. Moroccan flags flutter in an artificial breeze. The piece probes the mechanisms of power, short-term beautification schemes and the phenomenon of the third-world motorcade. Like much of Barrada's work, it touches on history, colonial legacies, modernist notions of progress, neoliberal economic agendas, rapacious real-estate development and environmental degradation, without ever coming across as didactic.

The other, slightly more enduring but still exponentially expanding tendency is the nearly performative presentation of the archive as exhibition material. One of the most ambitious and illuminating examples of this is Akram Zaatari's ongoing project entitled "Objects of Study/Studio Sheherazade." A substantial chunk of Zaatari's individual artwork draws on the collective archive housed by the Arab Image Foundation, including the collection of Studio Sheherazade, which consists of some 500,000 negatives by Hashem El Madani. Known as the hardest working commercial photographer in Saida, Madani is rare in that he has nurtured an archive over half a century that is entirely intact (many of the mid-twentieth-century commercial photographers in Beirut based their studios in the downtown district, and most were destroyed during the civil war; other studio archives have been lost, discarded or dispersed by heirs and business partners).

Madani is the subject of a long-term project that Zaatari began ten years ago, for which he considers all of the archive as artistic material, occasionally representing or recreating the entire thing as an elaborate installation. To date, Zaatari has published two books of Madani's photographs – *Hashem El Madani: Studio Practices* and *Hashem El Madani: Promenades* – and he plans to do six more. He has made one video, titled "Video in Five Movements," from 2006, based on

„Kunst und Antikunst") forderte Susan Sontag eine Sicht der Kunst, die deren Transparenz betont, „die Erfahrung der Leuchtkraft des Gegenstandes selbst, der Dinge in ihrem Sosein" (Sontag 2001, S. 13). Entgegen der Tendenz, ein Werk in Form und Inhalt aufzuspalten und Letzteren auf Kosten Ersterer überzubetonen, plädiert Sontag für eine Beschäftigung mit Kunst, die die sinnliche Erfahrung des Werkes wiederherstellt. Ihrer kritischen Analyse zufolge haben interpretatorische Unternehmungen zu einer Abstumpfung der Sinne geführt und zudem die Sichtweise zementiert, wonach alle Kunst unzulänglich und unbefriedigend sei, solange sie nicht dazu gebracht wurde, mehr zu bedeuten als das, was sie zu bieten hat. Angesichts des gegenwärtigen Interesses für zeitgenössische Kunst aus dem Nahen Osten könnte man ähnlich argumentieren. Nur ist in diesem Fall nicht inhaltliche Überinterpretation das größte Problem, sondern vielmehr die Überbetonung des Kontextes.

Die Künstlerin Basma Al Sharif beispielsweise ist eine von zahlreichen zeitgenössischen KünstlerInnen in der Region, die sich mit der palästinensischen Lage auseinander setzen und die Methoden der Darstellung derselben dekonstru-

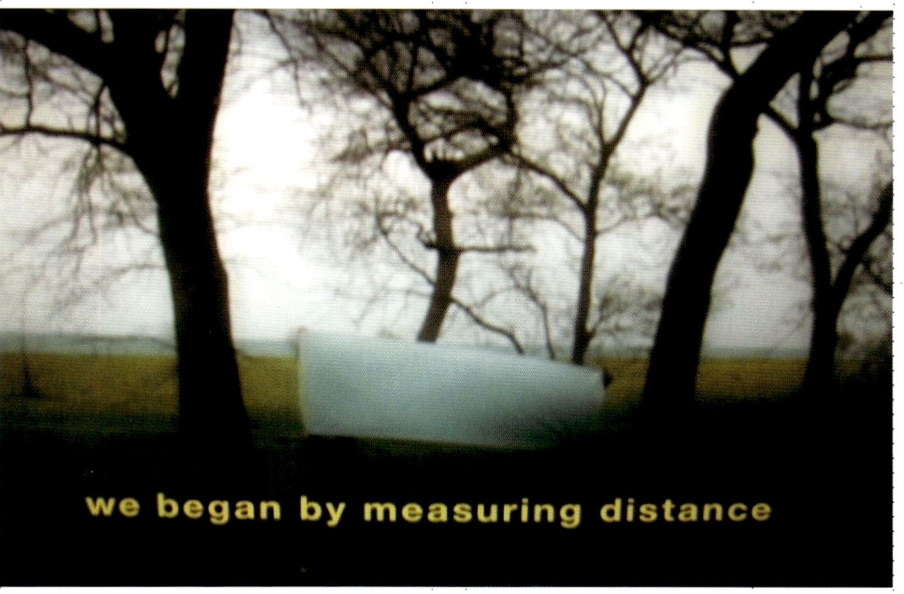

Basma al-Sharif, *We Began by Measuring Distance*, 2009, Ein-Kanal-Video | single-channel video: 19', 2009, courtesy of the artist.

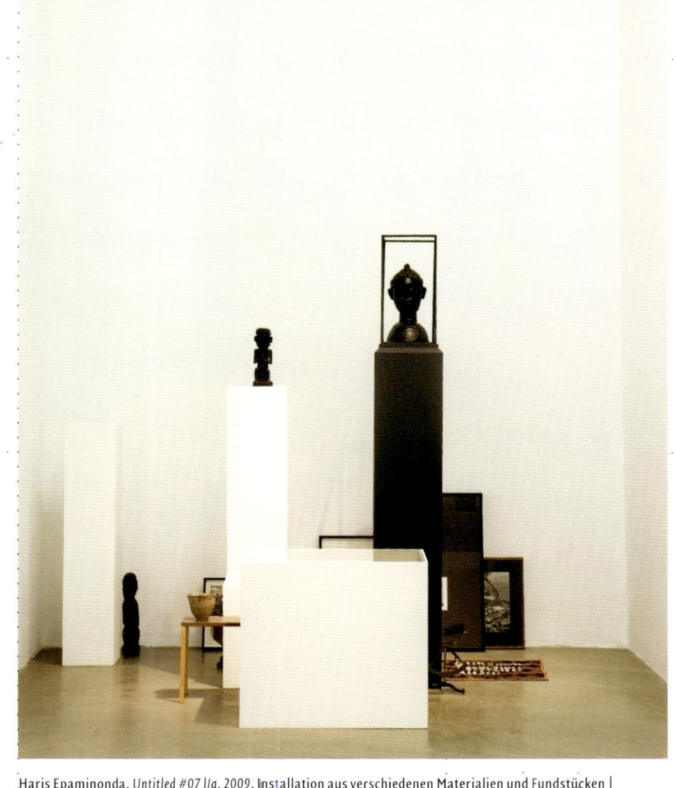

Haris Epaminonda, *Untitled #07 l/g*, 2009, Installation aus verschiedenen Materialien und Fundstücken | Installation using different materials and finds, courtesy of the artist and Rodeo, Istanbul.

a collection of Super-8 footage that Madani shot in the 1950s and 1960s, and another, luminous work, titled "L'enlèvement," from 2008, based on material found among the contents of Madani's storage closet.

While studio photographers like Malik Sidibé and Seydou Keïta have earned considerable, and largely posthumous, art-world acclaim, Zaatari is careful to preserve the conditions that informed both the production and consumption of Madani's work. He doesn't simply turn a commercial product into art. The art in question is the more complex manner in which Zaatari moulds Madani's material, collecting images, texts, films, documents and objects around the photographer for the purpose of exploring photographic phenomena alongside conceptualizations of photography itself. His archival practice seems, on the surface, to be quite different from Raad's. Hashem El Madani is real. The Arab Image Foundation is real. The Atlas Group is not, and neither are the donors, informants and interlocutors, such as Fadl Fakhouri and Operator #17, who have supplied Raad with material; all figures he invented, like character sketches for a not yet full-bodied fiction. But as different as "Objects of Study" and "The Atlas Group" may be, both projects raise questions of history, memory, identity and representation that lead to a familiar place. If the map is a deflection, a means of exposing ideas about the region as artificial and shifting, then the archive does the opposite, drawing viewers in and drowning them in details, such that the experience of a small city like Saida may come across in all its complexity, without being reduced into digestible bits.

In her essay "Against Interpretation," Susan Sontag calls for an approach to art that emphasizes transparency, "experiencing the luminousness of the thing in itself, of things as they are" (Sontag 2001, p. 13). Against the tendency to divide a work into its form on one side and its content on the other, and to overplay the latter at the expense of the former, Sontag argues for an engagement with art that restores the sensory experience of the work. In her analysis, acts of interpretation have dulled the senses, and moreover, perpetuated the view that all art is deficient, dissatisfying, until it has been made to mean something more than it offers. In light of the current interest in contemporary art from the Middle East, one could make a similar argument. But it is not the over-interpretation of content that is most problematic but rather the over-reliance on context.

For example, the artist Basma Al Sharif is one among many contemporary artists in the region grappling with the Palestinian condition and deconstructing the means by which it has been represented. She is also one among many artists mining archival material for artworks engaging notions of memory and history. But at the same time, she belongs to a small and select group of artists currently making work in and around a region called the Middle East who are comfortable casting aside the most obvious markers of identity politics that have made contemporary Middle Eastern art such a hot commodity in the international art market.

Like the artists Iman Issa, Hassan Khan, Sherif El Azma and Haris Epaminonda, Sharif has created a distinctive visual language with its own internal system for generating meaning. Her videos, such as "We Began by Measuring Distance," from 2009, and "Everywhere Was the Same," from 2007, do not ply viewers with information about the region's conflicts and troubles, nor do they make direct reference to newsworthy issues or events, nor do they peddle in or pander to the exotic. Instead, they hinge on codes, forms and gestures that only begin to make sense in relation to one other. After the so-called documentary turn in contemporary art, Sharif's work points in a direction that leads past the cold and the clinical, where notions as démodé as formal beauty and a distinctly literary imagination can reclaim their critical potential.

Haris Epaminonda's work consists primarily of found material. Her early videos are excerpts from Egyptian soap operas and fragments from Greek films. Her objects are relics from antique dealers and curiosities from flea market stalls. Her images are pages from antiquarian books that have been carefully cut, cropped, photographed or used as the base layer of lacelike collage. Because so much of her material is old, her work hums with a nostalgia that is consistent but impossible to place. For example, a series from 2009, entitled "Vol. I," consists of mysterious polaroids depicting plants, animals, landscapes, ruins, tribes, riverboats, rock formations and more. All of the photographs are of pages from books, and clearly the books tend toward anthropological, ethnographic or art historical tomes. But Epaminonda strips away the context to create chains of association and patterns of meaning that operate outside of any specific references to time, place, history or culture.

Iman Issa's highly enigmatic series of triptychs, from 2009, feature minimalist photographs, a metronome, a flashing light bulb, a notebook scribbled with indecipherable lists, a portable CD player with headphones and a monitor looping a video of a flashlight rolling back and forth across the floor, among other things. This is a highly personalized vocabulary of forms, objects, images and sounds that leaves you to wonder what the relationship might be between two plates of breakfast and a chessboard, or between a typewriter and a rack of blood samples. Issa's work offers riddles, games, possible

ieren. Sie ist zudem eine von zahlreichen KünstlerInnen, die Archivmaterialien auskramen für Kunstwerke, die sich mit Begriffen der Erinnerung und Geschichte auseinander setzen. Gleichzeitig jedoch gehört sie zu einer kleinen, exklusiven Gruppe von gegenwärtig in einer Region namens Naher Osten tätigen KünstlerInnen, die es bevorzugen, die offenkundigsten Kennzeichen, an Hand derer KünstlerInnen aus Nahost als Gruppe identifiziert und zeitgenössische Kunst aus dem Nahen Osten zu einer derart heißbegehrten Ware auf dem internationalen Kunstmarkt geworden ist, abzuwerfen.

Wie die KünstlerInnen Iman Issa, Hassan Khan, Sherif El Azma und Haris Epaminonda hat Sharif eine ganz eigene Bildsprache entwickelt, die ihre Inhalte aus sich selbst generiert. Ihre Videos, wie etwa „We Began by Measuring Distance" („Wir maßen zunächst den Abstand"; 2009) und „Everywhere Was the Same" („Überall war das Gleiche"; 2007), füttern die Betrachter weder mit Informationen über die Konflikte und Probleme der Region, noch beziehen sie sich unmittelbar auf aktuelle Themen oder Ereignisse oder bedienen ein Bedürfnis nach Exotischem. Sie stützen sich vielmehr auf Codes, Formen und Gesten, die erst im wechselseitigen Zusammenhang Sinn ergeben. Im Gefolge der so genannten dokumentarischen Wende in der zeitgenössischen Kunst weist Sharifs Werk in eine Richtung, die jenseits des Kalten und Distanzierten in einen Bereich führt, wo aus der Mode geratene Begriffe wie formale Schönheit und eine ausgesprochen literarische Fantasie ihr kritisches Potenzial wiedererlangen.

Das Werk von Haris Epaminonda besteht hauptsächlich aus Fundmaterialien. Ihre frühen Videos sind Auszüge aus ägyptischen Seifenopern und Ausschnitte aus griechischen Filmen. Ihre Objekte sind Relikte aus Antikgeschäften und Kuriosa von Flohmarktständen. Ihre Bilder sind Seiten aus antiquarischen Büchern, die sorgfältig aus- und zugeschnitten oder photographiert sind und als Untergrund für filigrane Collagen dienen. Weil ihre Materialien größtenteils alt sind, ist ihr gesamtes Werk von einer nicht näher bestimmbaren Nostalgie durchdrungen. So besteht eine Serie von Arbeiten aus dem Jahr 2009 mit dem Titel „Vol. I" („Bd. I") aus geheimnisvollen Polaroidaufnahmen von Pflanzen, Tieren, Landschaften, Ruinen, Volksstämmen, Flussbooten, Felsformationen und anderem mehr. Die Photos sind jeweils Aufnahmen von Seiten aus Büchern, in den meisten Fällen offensichtlich anthropologische, ethnographische oder kunsthistorische Bände. Epaminonda löst sie jedoch aus ihrem Kontext heraus und erzeugt so Assoziationsketten und Bedeutungsstrukturen jenseits eines spezifischen zeitlichen, örtlichen, geschichtlichen oder kulturellen Bezugsrahmens.

Zu den Objekten, die in den überaus rätselhaften Serien von Triptychen der Künstlerin Iman Issa aus dem Jahr 2009 im Mittelpunkt stehen, gehören unter anderem minimalistische photographische Aufnahmen, ein Metronom, eine blinkende Glühbirne, ein mit unentzifferbaren Listen vollgeschriebenes Notizbuch, ein tragbarer CD-Spieler mit Kopfhörern und ein Bildschirm, auf dem in einer Endlosschleife Videoaufnahmen von einer auf dem Boden hin- und herrollenden Taschenlampe zu sehen sind. Es ist dies ein zutiefst persönliches Vokabular der Formen, Objekte, Bilder und Klänge, angesichts dessen man sich fragt, worin denn die Beziehung zwischen zwei Frühstückstellern und einem Schachbrett oder zwischen einer Schreibmaschine und einem Gestell mit Blutprobenröhrchen bestehen könnte. Issas Werk wartet mit Rätseln, Spielen, möglichen Bedeutungen und Erzählzusammenhängen auf, die ihren Betrachtern die nötige Geistesgegenwärtigkeit – und aufrichtige Neugierde – attestieren, ihnen einen Sinn abzuringen.

Nicht minder beziehungsreich und offen angelegt ist die Performancearbeit „Psychogeography of Loose Associations" („Psychogeographie der losen Assoziationen"; 2007) von Sherif El Azma, bei der der Künstler hinter dem Publikum in einem Kino Platz nimmt und einen Text vorträgt, während Bilder, Photos, Statistiken und Videoaufnahmen auf eine Leinwand projiziert werden. Maurice Luca, Mitglied des elektronischen Musiktrios Bikya, steuert Live-Klänge, Nermine al-Ansari mit Hilfe eines elektronischen Schreibgerätes Live-Zeichnungen bei. Die Performance entfaltet sich wie ein Vortrag, in dem Forschungsergebnisse referiert werden, die das Resultat einer längeren Beobachtung der lockeren Bildung inoffizieller psychogeographischer Vereine in Kairo sein könnten. Azma stellt fest – beziehungsweise stellt sich vor –, dass diese Vereine eher einen Freizeitcharakter haben. Ihre Aktivitäten haben viel mit Praxis und nur ganz wenig mit Theorie zu tun. Guy Debord wird nie erwähnt.

Hassan Khans minuziöse Videoinstallation „The Hidden Location" („Der verborgene Ort"; 2004) ist eine 52-minütige Arbeit, die in einem 7 mal 7 Meter großen Raum untergebracht ist. Mit vier Bildschirmen, 16 Teilen und einem Synchronisierer ist sie eine jener seltenen Videoinstallationen, die ihre Verfügung über Zeit wie Raum rechtfertigt. Jeder der 16 Teile präsentiert eine Figur oder eine Situation – einen Versicherungsvertreter, einen Unternehmenstrainer, einen verschmähten Liebhaber, die Wohnung eines Yuppies, einen überfüllten Supermarkt und dergleichen mehr. Jeder Teil hat seine eigene Logik, die übergreifenden Zusammenhänge aber, die

meanings and narrative connections that credit her viewers with having the presence of mind, and the genuine curiosity, to wrestle them toward making sense.

Equally evocative and open-ended is Sherif El Azma's "Psychogeography of Loose Associations," a performance piece from 2007, for which the artist situates himself behind an audience in a cinema and narrates a text while images, photographs, statistics and videos are projected onto a screen. Maurice Luca, one third of the electronic music group Bikya, contributes live sounds while Nermine al-Ansari, using an electronic pen, contributes live drawings. The performance unfolds like a lecture or presentation, running through the research findings that might have followed a period of study into the casual formation of informal psychogeographical societies in Cairo. Azma finds, or imagines, these societies as leisurely, recreational affairs. Their activities have much to do with practice and little to do with theory. Guy Debord is never mentioned.

Hassan Khan's meticulous video installation "The Hidden Location," from 2004, is a 52-minute work housed in a seven-by-seven meter room. With four screens, 16 parts and a synchronizer, it is the rare video installation that justifies its command of both space and time. Each of the 16 parts presents a character or a situation – an insurance salesman, a corporate coach, a scorned lover, the apartment of an upwardly mobile young professional, an overstuffed supermarket and so on. Each part establishes its own logic, but the relationships that reach and form between the different stories snap the viewers' gaze from one screen to another, such that you end up carving out your own space, your own hidden location, in the centre of the room as you try to take it all in.

In addition to being an artist, Khan is also a writer, editor and musician who has, over the past few years, taken a strong position against curatorial tendencies to group artists according to geography. For example, in a review of a recent book on contemporary art in the Arab world, he argues: "The book presents its readers with a seductive blend of capitalist-driven modernism and the exotic erotic. [It] presents its artists only in relation to their assumed ethnic affiliation; it becomes difficult to see them any other way. Although this is a technique that has made many a fortune – the Chinese example being the most striking yet – it has failed to acknowledge artists as producers within the very centre of contemporary discursive practice." Khan draws a distinct line between this kind of writing and that which is part of his artistic practice, but one could nonetheless read his remarks as an attempt to carve out a space that returns artists to the centre of the conversation, a space for himself and his work and that of his peers, whoever and wherever they may be, and regardless of where they come from.

"The Hidden Location," says Khan, "is a space where certain things exist that limit human possibility, an imagined space, and I attempt to engage, work with, and work against this space as if it were an object. I'm not trying to interpret it. I am just trying to deal with it. It's about encountering versus interpreting" (see Hamza/Molnár 2009, p. 38). Khan's work emboldens a sense of interiority, be it the life of the mind, the imagination or a protected place in which artists can live and work and develop their practices on their own, apart from the contemporary art scenes in the region that have perhaps, at this point, become overexposed. His work, like that of Sharif, Issa, Epaminonda and Azma, deserves the defence that Sontag calls for in "Against Interpretation," deserves to be taken for what it is, not for what it says about a particular geographical region. It deserves our curiosity and our engagement with its forms, languages, expressions and ideas. We, in turn, must find the time to experience the work in a more productive way, and to develop the means to articulate and express the effect of its luminousness. And, for the sake of the work, we must do so without those maps to guide our way.

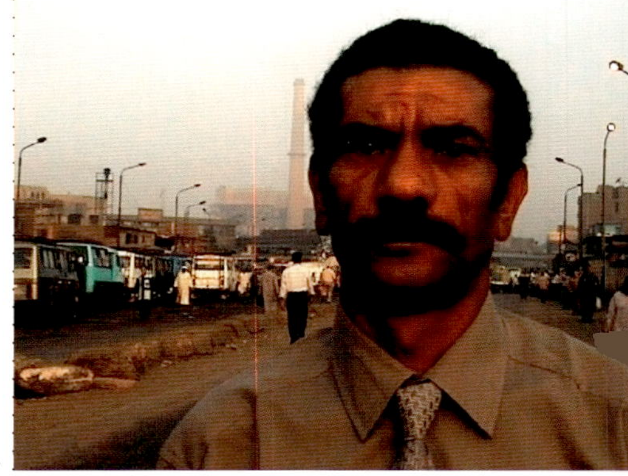
Hassan Khan, *The Hidden Location*, Vier-Kanal-Video-Installation | four-channel video installation: 52 min., 2004, courtesy of the artist.

sich zwischen den verschiedenen Geschichten ergeben, veranlassen den Betrachter, den Blick zwischen den Bildschirmen wechseln zu lassen, sodass man sich am Ende im Bemühen, alles aufzunehmen, mitten im Raum seinen eigenen Raum, seinen eigenen verborgenen Ort schafft.

Neben seiner Tätigkeit als bildender Künstler ist Khan auch Autor, Herausgeber und Musiker, und er hat sich in jüngerer Zeit immer wieder emphatisch gegen Tendenzen von kuratorischer Seite ausgesprochen, Künstler nach geographischen Kriterien zu ordnen. So meint er in der Besprechung eines vor kurzem erschienenen Buches über zeitgenössische Kunst in der arabischen Welt: „Der Band bietet seinen Lesern eine verlockende Mischung aus kapitalistisch befeuerter Moderne und exotisch Erotischem. Er stellt die Künstler ausschließlich im Zusammenhang ihrer vermeintlichen ethnischen Zugehörigkeit dar, wodurch jeder andere Blick auf sie erschwert wird. Es ist dies zwar eine Methode, die immer wieder sehr erfolgreich eingesetzt wird – das chinesische Beispiel ist dafür das bislang schlagendste Exempel –, sie versagt den Künstlern aber die Anerkennung als mitten in der zeitgenössischen diskursiven Praxis angesiedelten Produzenten“. Für Khan besteht eine klare Trennung zwischen seinen kritischen Texten und den Texten, die er als Teil seiner künstlerischen Praxis verfasst; gleichwohl aber kann man seine Anmerkungen als Versuch verstehen, einen Bereich zu umreißen, der die Künstler wieder in das Zentrum des Diskurses rückt, einen Bereich für sich selbst und sein Werk und für das Werk seiner Künstlerkollegen, ganz gleich wer sie sind, wo sie sind und woher sie kommen.

„The Hidden Location“ ist, so Khan, „ein Raum, in dem es bestimmte Dinge gibt, die den Möglichkeiten des Menschen Grenzen auferlegen, ein imaginierter Raum, und ich versuche, mich mit diesem Raum wie mit einem Gegenstand auseinander zu setzen und sowohl mit ihm als auch gegen ihn zu arbeiten. Ich versuche nicht, ihn zu interpretieren, sondern nur, mit ihm umzugehen. Es geht um Begegnung im Gegensatz zu Interpretation“ (siehe Hamza/Molnár 2009, S. 38). Khans Werk fördert ein Bewusstsein der Innerlichkeit, sei es die Beschäftigung mit geistigen Dingen, die Fantasie oder ein geschützter Ort, an dem Künstler leben und arbeiten und auf eigene Faust ihre künstlerische Praxis weiterentwickeln können, abseits der zeitgenössischen Kunstszenen in der Region, die inzwischen womöglich zu sehr im Licht der Öffentlichkeit stehen. Seine Kunst verdient, ebenso wie die von Sharif, Issa, Epaminonda und Azma, jene Rehabilitierung, die Sontag in „Against Interpretation“ fordert, sie verdient es, nach ihren eigenen Qualitäten beurteilt zu werden, und nicht danach, was sie über eine bestimmte geographische Region aussagt. Sie verdient unser Interesse und verdient es, dass wir uns mit ihrer Formensprache, ihren Ausdrucksweisen und Ideen auseinander setzen. Wir wiederum müssen die Zeit finden, um diese Kunst in einer produktiveren Weise zu erleben und die Methoden zu entwickeln, um der Wirkung ihrer Leuchtkraft Ausdruck zu verleihen. Und um der Kunst willen müssen wir dabei ohne jene Landkarten als Wegweiser auskommen. (Aus dem Englischen von Bram Opstelten)

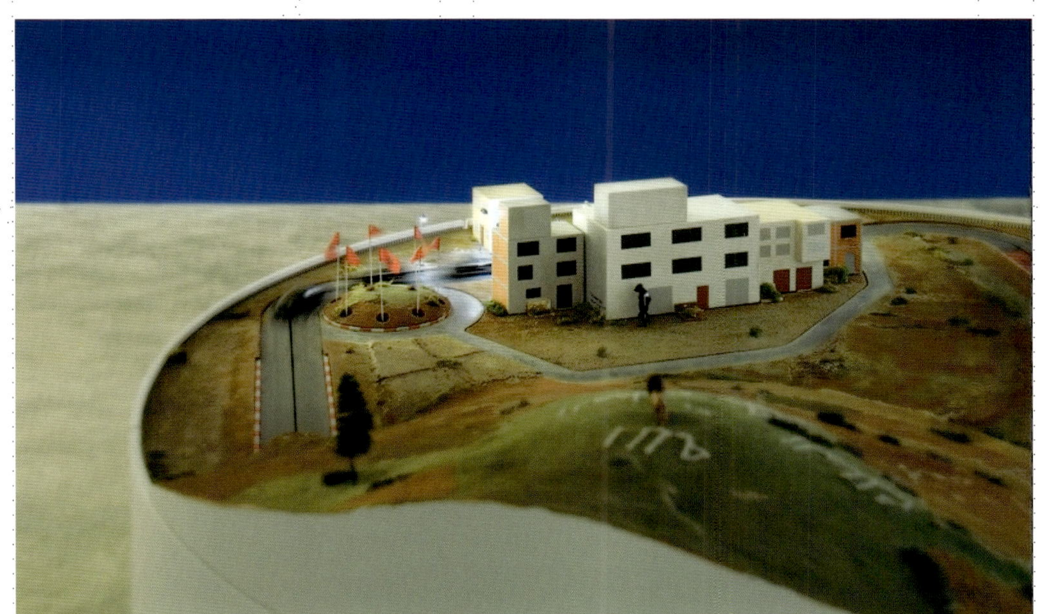

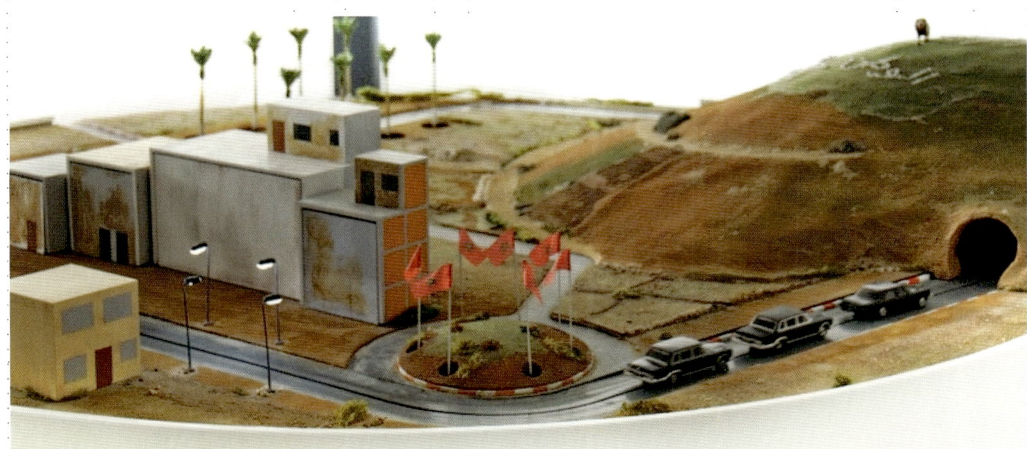

Yto Barrada, *Gran Royal Turismo*, 2003, Animierte Modellautobahn mit Spielzeugautos | Animated Car Model, Durchmesser | diameter: 200 cm, Zyklus | cycle: 2' 20'', © images Alain Kantarjian and courtesy of the artist and gallery Sfeir-Semler.

Abdul-Aziz 2010. Ebtisam Abdul-Aziz: *(Re-Mapping)*, Dubai 2010.

Alaoui 2005. Brahim Alaoui: *Regards des photographes arabes contemporains*, Paris 2005.

Amirsadeghi et al. 2009. Hossein Amirsadeghi, Salwa Mikdadi and Nada Shabout: *New Vision: Arab Contemporary Art in the 21st Century*, London 2009.

Ankori 2006. Gannit Ankori: *Palestinian Art*, London 2006.

Bidoun Projects 2010. Bidoun Projects: *A New Formalism*, Dubai 2010.

Boullata 2009. Kamal Boullata: *Palestinian Art: From 1850 to the Present*, London 2009.

Daftari 2006. Fereshteh Daftari: *Without Boundary: Seventeen Ways of Looking*, New York 2006.

Epaminonda 2009. Haris Epaminonda: Vol. I, Malmö 2009.

Hagey 2010. Keach Hagey: "The Paradox of Middle Eastern Art Criticism," Abu Dhabi 2010 (posted online in the business blog of *The National*, March 17, 2010).

Hamza Molnár 2009. Aleya Hamza and Edit Molnar: *Photo Cairo 4: The Long Shortcut*, Cairo 2009.

Howling 2005. Frieda Howling: *Art in Lebanon 1930 – 1975: The Development of Contemporary Art in Lebanon*, Beirut 2005.

Karnouk 2005. Liliane Karnouk: *Modern Egyptian Art 1910 – 2003*, Cairo, New York 2005.

Lahoud 1974. *L'Art contemporain au Liban*, Beirut 1974.

Porter 2006. Venetia Porter: *Word Into Art: Artists of the Modern Middle East*, London 2006.

Sontag 2001. Susan Sontag: "Against Interpretation," *Against Interpretation and Other Essays*, New York 2001, pp. 3-14.

Muller et al 2007. Nat Muller and Sama Alshaibi: *Counting Memories: Oraib Toukan*, Amman 2007.

The Khatt Foundation exhibit focuses on the ubiquitous nature of text and letters. The space acts as an open book, taking letters off the page and assigning them a tangible presence. The text is subtle, poetic, subversive and political. A carpet becomes an oversized concrete outdoor tatami-mat with engraved concrete Arabic poetry. A large Plexiglas curtain is turned into a plea for change in the Arab world with "a thousand Nos (lam-alephs)" creating a semi-transparent wall of resistance. Letters turn into dresses, then into twirling beautiful women, reflected in a mirror of ornamental Arabesques. And tableware becomes a reflection on Arab social interactions while marrying contemporary design to traditional crafts. New letterforms are presented in stark black and white purity to reclaim their place in contemporary applied arts from the Middle East.

Wall of Poetry (translation): "Every innovation, is by nature, an act of transgression. And every act of writing is an adventure whose results cannot be guaranteed. Does Arab culture today have room for transgression and adventure? [...] We understand youth as a rejection of the ready-made moulds in all fields of expression and thought, and a quest for expanding the margins of freedom. We understand youth as a stepping out of the conservative heritage, while belonging to it at the same time, and establishing a critical relationship with it that is both responsible and authentic. Our ambition is to engage with the current status quo, and not to create a definitive break with it. We declare our belonging to the twenty first century, rooted in a clear cultural identity, one that is open to development and progress. There is also the question of the [Arabic] language, which is at the heart of this adventure. How can we breath it and live it, so that it starts to resemble us without it betraying itself, or denying its history, or losing its memory? Our ambition is to write [and design] as we live, without weakness, continuing what others have started decades and centuries before us, so that the language of the Dhad [Dhad is the letter that exists only in the Arabic language, and that is why Arabic is know as the language of the Dhad] becomes again the language of contemporaneity, the language of possibilities and multiplicity, whose synonyms, meanings and expressions follow all accents and dialects, fearlessly and without convulsion. There is nothing wrong with turning against this antiquated 'museum language' that the youth have veered away from, because it does not concern or 'speak' to them, and because it is all too often a tool of oppression, and a language of prohibitions that has no room for their desires and needs, and is in the way of their belonging to the anxious present. Here we are trying, like many others, to escape the grip of the dead 'idol-text' and to profess the living 'body-text'." – Courtesy of Pierre Abi Saab.

Wall of Poetry. Fonts used were commissioned by the Khatt Foundation for the *Typographic Matchmaking projects* 1.0 & 2.0 (curated by Huda Smitshuijzen AbiFares), and designed by the following designers:
- *Fresco Arabic*, by Fred Smeijers & Lara Assouad Khoury,
- *TheMix Arabic*, by Lucas de Groot & Mouneer El Shaarani,
- *Kufam*, by Artur Schmal & Wael Morcos,
- *BigVesta Arabic*, by Nadine Chahine,
- *Storyline*, by Max Kisman & Naji El Mir,
- *Fedra Arabic*, by Peter Bilak & Tarek Atrissi,
- *Sada Arabic*, by Martin Majoor & Pascal Zoghbi,
- *Nuqat*, by René Knip & Khajag Apelian,
- *Hamsa*, by Erik van Blokland & Pascal Zoghbi.

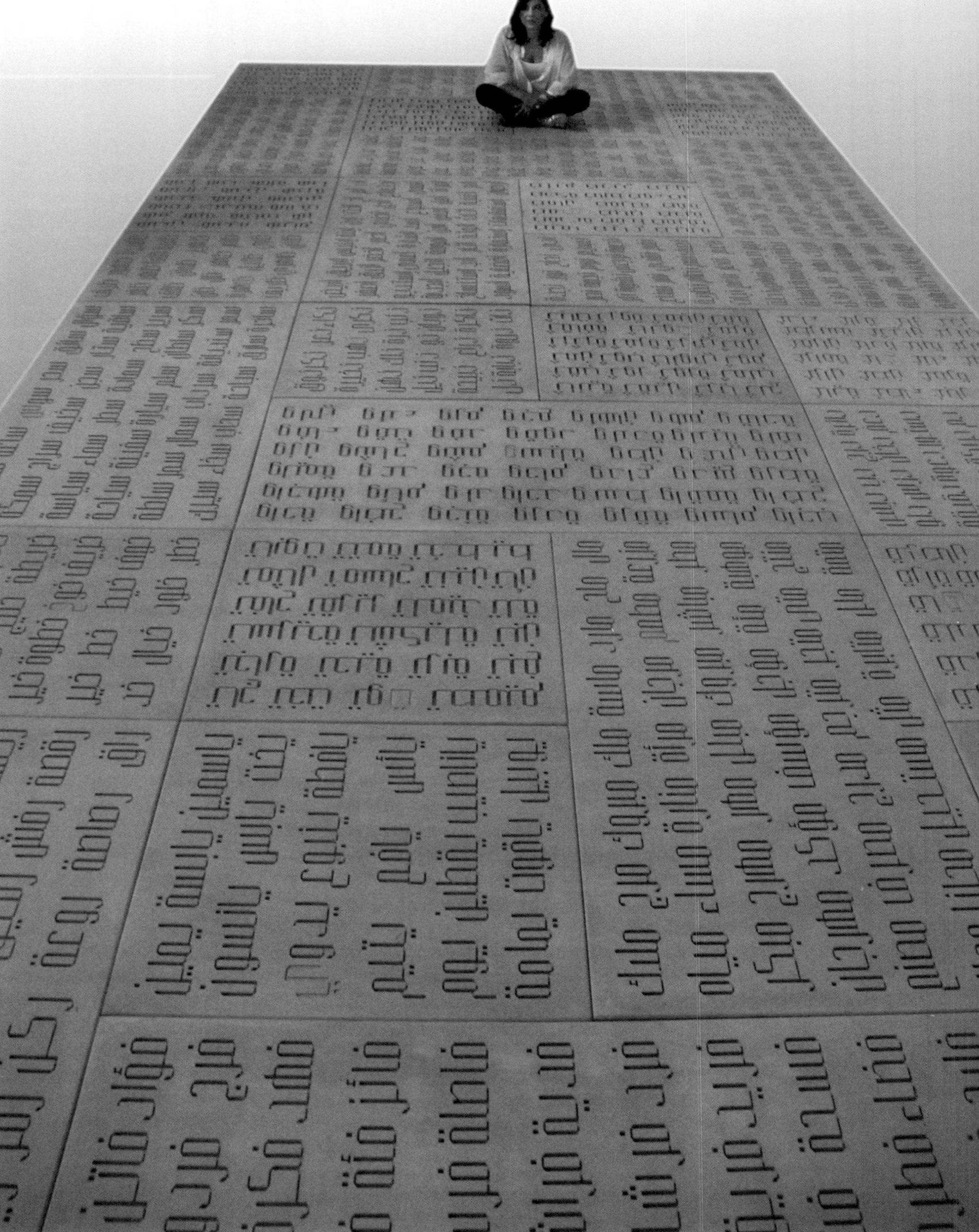

Nada Debs, *Concrete Poetry on Concrete Carpet*, 9m x 3m concrete plates, 2010, courtesy of the artist/designer

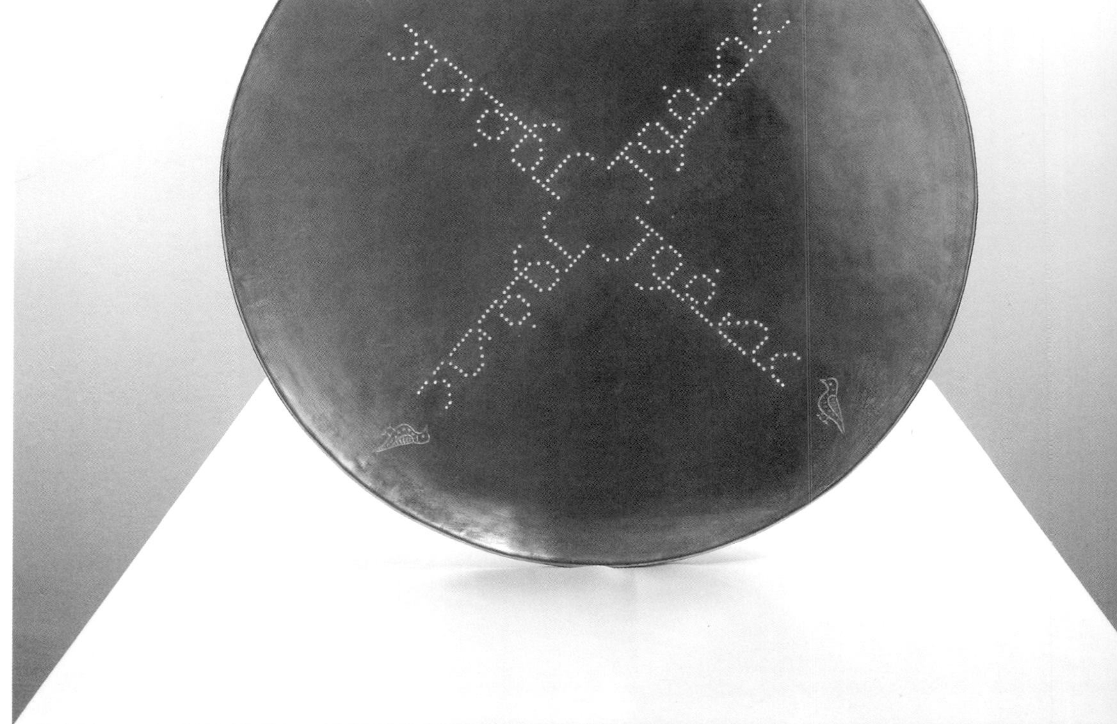

Karen Checkerdjian & Raya Khalaf, *Letters & Words series*, *Bird Dish*, 50cm x 50cm tinned brass, limited edition, 2010. Foto/Photo © 2010. Nadim Asfar.

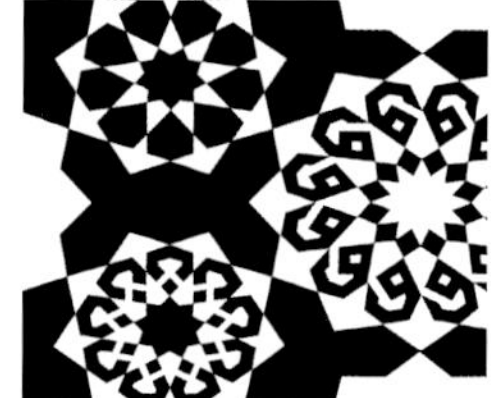

Farah Behbehani, *Fann (Art)*, mirror frame (detail), 2009.

كل ابداع ، بطبيعته ، فعل تجاوز . وكل كتابة مغامرة غير مضمونة النتائج . فهل تتسع

الثقافة العربية اليوم للتجاوز والمغامرة؟ [...] الشباب نفهمه رفضاً للقوالب الجاهزة في

شتى مجالات التعبير والتفكير، وسعياً إلى توسيع هامش الحرّية. نفهمه خروجاً على

الإرث التقليدي، وإنتماء إليه في الوقت نفسه، من خلال علاقات نقديّة واعية وأصيلة.

فطموحنا الحوار مع الوضع القائم، لا اقامة قطعيه صارمة معه. واعلان انتماء إلى القرن

الحادي والعشرين، انطلاقاً من هويّة ثقافيّة واضحة المعالم، قابلة للتطوّر. هناك أيضا

و أساسا اللغة . فهل من حل هذه المغامرة . كيف يمكن أن

نتنفّسها ونحياها، كي تشبهنا، من دون أن تخون نفسها، وتتنكّر لتاريخها، وتفقد

ذاكرتها؟ طموحنا أن نكتب كما نعيش، من دون ركاكة، مكمّلين ما بدأه غيرنا قبل عقود،

لتعود الضاد لغة العصر، لغة الاحتمالات والتعددية، التي تتلاحق مفرداتها ومعانيها ومصطلحاتها

مع كلّ اللهجات والعاميات واللغات، دونما خوف أو تشنّج. لا بأس من الانقلاب على

تلك اللغة المتحفية التي انفضّ عنها الشباب لأنّها لا تعنيهم ولا تخاطبهم لأنّها أداة قمع

غالباً، ولغة ممنوعات لا تتسع لرغباتهم وحاجاتهم، وتحول دون انتمائهم إلى الراهن القلق. ها نحن

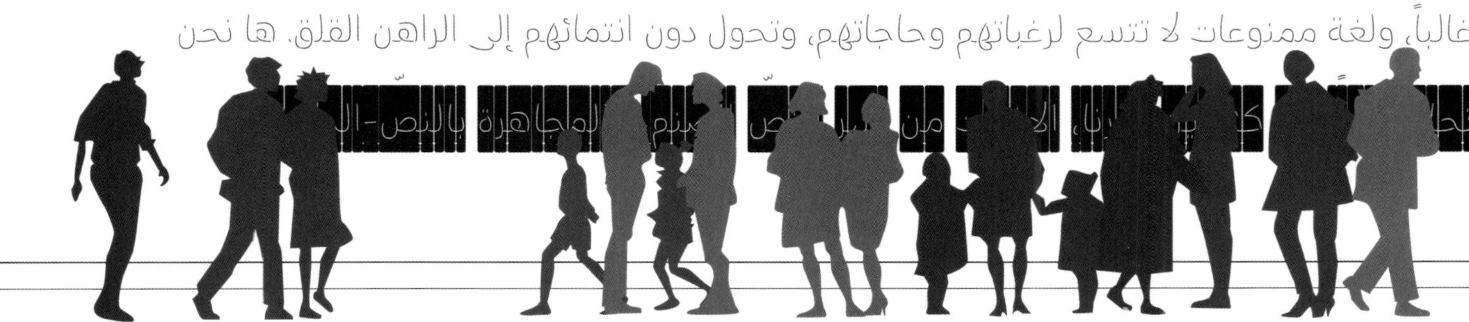

Huda Smitshuijzen AbiFarès, *Wall of Poetry*, installation featuring Arabic fonts developed by the Khatt Foundation*, 8m x 8m wall and vinyl letters, 2010.

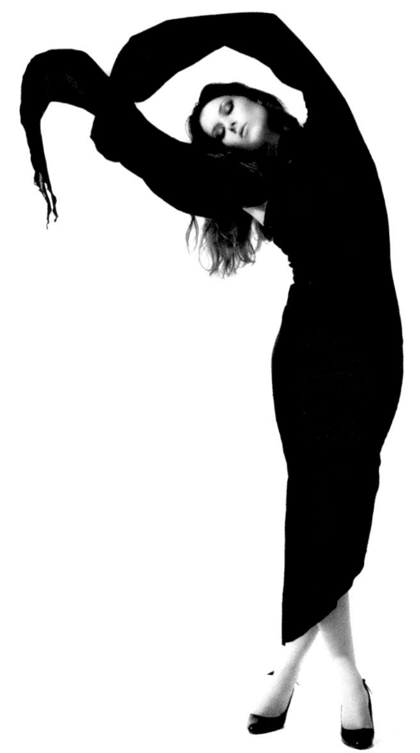

Milia Maroun, *Letter Dresses*, video installation, 2010.
Video production, Foto / Photo: Haus der Kunst / Marino Solokhov, 2010.

Bahia Shehab, *One Thousand Times No*, plexiglass letter curtain (detail), 2010.

Jenseits der Windstille – Zur Lesart der historischen Exponate

Eva-Maria Troelenberg

Die Kombination historischer Objekte und zeitgenössischer Kunst in der Ausstellung „The Future of Tradition – The Tradition of Future" ist nicht etwa im Sinne einer Art umgekehrter „Ethno-Archäologie" (Miller 1994, S. 15) gedacht, mit der wir die Gegenwart aus einer klaren kontinuierlichen Linie heraus zu erklären versuchen. Im Gegenteil geht es darum, unterschiedliche kulturgeschichtliche Positionen zueinander in ein Verhältnis zu setzen, das auch ein Spannungsverhältnis sein kann und wird.

Als man 1910 von München aus in Richtung „Orient" blickte, sah man „Meisterwerke muhammedanischer Kunst": einen historisch begrenzten Kanon, den man anhand der taxonomisch-stilgeschichtlichen Methoden der zeitgenössischen Kunstwissenschaft erfasste, ordnete und beurteilte. Die Perspektive, die sich daraus ergab, erhob dezidiert wissenschaftlichen Anspruch, und tatsächlich vermittelt der Rückblick auf die „Ausstellung von Meisterwerken muhammedanischer Kunst" in ihrem kunstwissenschaftlichen Kern eine strenge, enzyklopädische, nahezu laborartig kühle Atmosphäre. Auf diese Weise suchte die Erforschung islamischer Kunst sich als objektive Disziplin zu legitimieren. Im Selbstverständnis der damaligen Kuratoren Friedrich Sarre und Ernst Kühnel trug diese Taktik dazu bei, das einzelne Exponat zu emanzipieren und auf Augenhöhe mit den „Meisterwerken" europäischer Hochkunst zu heben, indem seine formalen und ästhetischen Eigenschaften in den Vordergrund gestellt wurden: Leitmotiv der Ausstellung war das kontextlose, „reine" Kunstwerk – das von ethnographischer Konnotation und jedem Kultwert befreite Exponat. Die Ausstellungshallen auf der Theresienhöhe zeigten zwar noch einen hohen Grad der künstlerischen Durchgestaltung – verglichen mit den schwülen Orientphantasien, die in den Basarvierteln der Weltausstellungen und den überladenen Salons mancher bürgerlicher Sammler bis ins 20. Jahrhundert hinein vorherrschten, befand man sich jedoch in München tatsächlich zumindest auf halbem Weg zum „White Cube".

1912 veröffentlichte man die wichtigsten Exponate noch einmal in einem monumentalen Katalog (München 1912), der mehr noch als die Ausstellung selbst nachhaltig auf die Kanon- und Kategorienbildung dessen wirkte, was gemeinhin als „islamische Kunst" bezeichnet wurde und wird. Es herrscht eine seltsame Windstille in diesem Bildband: Die Objekte und ihr jeweiliges „Image" wirken darin wie für alle Zeiten fixiert, freigestellt gegen den neutralen Hintergrund, distanziert von den kurzen, regelrecht buchhalterischen Texten, die sie mittels stilistischer Kriterien und Datierungen in einem universalhistorischen Zeitstrahl verankern, ohne zu kontextualisieren.

Die historischen Exponate, die räumlich im Zentrum von „The Tradition of Future – The Future of Tradition" stehen, sind aus diesem Kanon ausgewählt. Sie sind zunächst Stellvertreter für das Ereignis „München 1910" und zugleich – exemplarisch – für eine lange Tradition künstlerischer Praxis in unterschiedlichen islamisch geprägten Regionen und ihren Rand- und Einflussgebieten. Ausdrücklich soll und kann es aber nicht darum gehen, etwa das repräsentative Gesamtbild einer so genannten „Islamischen Kunst" zu zeichnen, der nun durch die Beiträge zeitgenössischer Künstler die Perspektiven des 20. und 21. Jahrhunderts hinzugefügt wären.

Vielmehr erweist sich gerade an dieser Gegenüberstellung, dass die 1910 vorgeprägten Prämissen in all ihrer vermeintlich zeitlosen Objektivität nicht unwidersprochen stehen bleiben können: Wer im Jahr 2010 von Westen aus Richtung „Orient" blickt, wird andere Begriffe und andere Perspektiven brauchen. Der Blick zurück auf 1910 zeigt also auch den Wandel der Denkstrukturen und Episteme. Dass die Idee von „Kunst" sich im Lauf der Zeit wandelt, mithin also eher ein vom jeweiligen Zeitgeist geprägtes Konstrukt als eine objektive Wahrheit ist, liegt auf der Hand (vgl. z. B. Ullrich 2006). Das spricht keineswegs gegen den Kunstbegriff an sich. Es ist aber zu fragen, was er in einem bestimmten Kontext mit den Gegenständen macht, auf die er angewandt wird – gerade dann, wenn der Rezeptionsprozess ein interkultureller ist. Bedeutete die 1910 definierte Vorstellung von „muhammedanischer Kunst", orientiert am europäischen „Meisterwerk"-Begriff, nicht im Grunde auch damals schon eine Reduktion, eine Verengung des Blickwinkels, eine „Unterinterpretation" eigentlich höchst erklärungsbedürftiger Gegenstände, die letzten Endes paradoxerweise wieder ganz in der Nähe ahistorischer primitivistischer Kunstrezeption angelangte (vgl. Rubin 2006, S. 136; Zimmermann 2003, S. 169)?

Die Frage nach Kontextualisierung oder Ästhetisierung des Objekts stellt sich auch heute wieder vermehrt, gerade wenn es um die langfristige Musealisierung islamischer Kunst geht. Eine temporäre Ausstellung wie „The Future of Tradition – The Tradition of Future" arbeitet mit anderen Bedingungen, vermag aber womöglich gerade deshalb in räumlich und zeitlich verdichteter Form zu einer solchen Diskussion beizutragen (vgl. Poinsot 1996, S. 27).

Die Präsentation der historischen Objekte in der Ausstellung selbst, ihre Reproduktion im Katalog und schließlich ihre Beschreibung sind dabei als komplementäre Bestandteile einer möglichen Sondierung des Terrains zu betrachten.

Samir El Kordy inszeniert die Exponate in der Ausstellung seinerseits weit jenseits der Windstille eines „White Cube". Eingebettet in eine architektonische Landschaft des frühen 21. Jahrhunderts, arbeitet er mit einer Ästhetik der Dinge, die sich nicht in taxonomischer Formbetrachtung erschöpft: Er setzt sie im Raum zueinander in Bezug, sie wirken aufeinander, kommunizieren miteinander, sprechen mit ihrer jeweils eigenen Stimme unmittelbar den Betrachter an – zunächst unabhängig vom Hintergrundwissen oder kulturellen Standpunkt dieses Betrachters.

Der Katalog mit seinem großen Abbildungsformat soll noch einmal jedem einzelnen Gegenstand seine Wirkung, seinen „Soloauftritt" gewährleisten - durchaus auch als Reminiszenz an die Leitmotive von 1910. In den Katalogtexten aber wird es in wesentlich stärkerem Maße um Materialkultur, um historische Verortung, um Rezeptionsmechanismen und Objektbiografien gehen, um die Einbettung in Narrative und individuelle Assoziationen. Dies gilt auch und gerade in Bezug auf die kulturhistorische Hybridität dieser Exponate: Sie alle stammen, so wie der überwiegende Teil der Exponate von 1910, aus westlichen Sammlungen und Museen, sie haben mitunter weite, wechselhafte, verschlungene Wege hinter sich, sie erzählen eine Kulturgeschichte des Austausches, des Konfliktes, manchmal auch nur des Zufalls, und ihr „Image" war über diese Zeiten hinweg keineswegs statisch (vgl. Shalem 2010b).

Die Werke sind schließlich auch Stellvertreter einer interkulturellen *histoire récurrente*, die sich bis hinein in ihre Eigenschaft als Exponat dieser Ausstellung und darüber hinaus fortschreibt. Die unterschiedlichen Abstufungen und Optionen der Annäherung an den Gegenstand, die wir in Ausstellung und Katalog versuchen, sollen also auch zeigen, dass die Definition objektiver und haltbarer Wahrheiten, Begrifflichkeiten und Identitäten letztendlich fragwürdig bleibt. Subjektive Standorte und Perspektiven sind in dieser Geschichte unvermeidbar und legitim, so lange sie mit einberechnet bleiben.

Wenn wir also im Jahr 2010 zurück blicken auf diese Stellvertreter künstlerischer Tradition aus islamisch geprägten Regionen, dann bedeutet es zugleich den Ausblick auf eine Zukunft jenseits der Windstille.

Beyond Stasis – On how to read historical objects

Eva-Maria Troelenberg

The concept behind the combination of historical objects and contemporary art in this exhibition, "The Future of Tradition – the Tradition of Future," is not one based on some sort of reverse "ethno-archaeology" (Miller 1994, p. 15) in an attempt to explain the present in terms of a clear, continuous, linear progression. On the contrary, the goal is to establish a relationship between different cultural-historical positions – a relationship that can and will be exciting.

Those who looked towards "the Orient" from Munich in 1910 saw "Masterpieces of Muhammadan Art": a historically limited collation of works that could be surveyed, ordered and judged with the taxonomic and stylistic methods of classification then used in art history. The resulting perspective aspired to a decidedly scientific approach and, in retrospect, the scholarship at the heart of the "Exhibition of Masterpieces of Muhammadan Art" conveys an atmosphere of stringent, encyclopaedic coolness that would almost be at home in a laboratory. In this manner, research on Islamic art sought to legitimise itself as an objective discipline. In the perception of the curators at the time, Friedrich Sarre and Ernst Kühnel, this tactic contributed to the emancipation of individual objects and helped to raise them onto the same level as the "masterpieces" of European high art by focusing on their formal and aesthetic characteristics: the leitmotif of the exhibition was the "pure", decontextualised work of art – the exhibit freed from its ethnographic connotations and all cultic significance. The exhibition halls on Theresienhöhe admittedly provided a highly artistic setting for the presentation of the works – yet in comparison to the steamy oriental fantasies still found in the "bazaars" staged at world exhibitions and in the ornately overladen salons of many bourgeois collectors well into the twentieth century, the exhibition in Munich seems well on the way towards the "white cube".

In 1912 the most important items were presented again, in a monumental catalogue (München 1912); this had an even greater influence on the long-term formation of an accepted canon and categorisation of what was then, and generally still is, referred to as "Islamic art". This richly illustrated volume conveys a strange sense of stasis: the objects and their respective "images" appear to be frozen for all time, isolated against neutral backgrounds, far removed from the short, inventory-like texts that determine their position on a universal, historical timeline by means of stylistic criteria and dating, without contextualising them.

The historical objects at the physical centre of the current exhibition, "The Tradition of Future – The Future of Tradition," have been selected from this canon. They serve as a means of representing the phenomenon of "Munich 1910" and, at the same time, as examples of a long tradition of artistic practice in different regions influenced by Islam. However, there is – quite expressly – no intention, nor any real possibility, of attempting to present any sort of representative overview of a putative "Islamic art" augmented by twentieth and twenty-first century perspectives through the inclusion of works by contemporary artists.

On the contrary, this juxtaposition proves that the premises advanced in 1910 in all their purportedly timeless objectivity cannot be allowed to stand unrefuted: anyone looking towards the "Orient" from the West in 2010 will require other concepts and other perspectives. By looking back to 1910, transformations in patterns of thought and epistemes are revealed. It is quite clear that the concept of what "art" is changes over the course of time and is consequently more a construct informed by the prevailing zeitgeist than an objective truth (cf. Ullrich 2006). This by no means speaks against the "concept of art" as such. The question must, however, be posed as to how it affects objects to which it is applied in a certain context – particularly when the "process of reception" is an intercultural one. Is it not the case that the idea of "Muhammadan art" as defined in 1910 (one that was oriented on the European concept of the "masterpiece") already meant a reduction, a narrowing of viewpoint, an under-interpretation, so to speak, of objects that in fact required a high degree of explanation, which paradoxically resulted in a process quite close to an ahistorical, primitivist reception of art (cf. Rubin 2006, p. 136; Zimmermann 2003, p. 169)?

Today, the question as to the contextualisation or aesthetisation of the object presents itself again in many guises, particularly when the long-term musealisation of Islamic art is involved. A temporary exhibition such as "The Future of Tradition – The Tradition of Future" operates under different conditions, but may be able, for that very reason, to contribute to such a discussion in a denser spatial and temporal form (cf. Poinsot 1996, p. 27).

The presentation of the historical objects in the exhibition itself, their reproduction in the catalogue and, finally, their description should all be viewed in this context as complementary components of a possible way of probing the terrain.

For his part, Samir El Kordy has arranged the objects in the exhibition in a manner that goes far beyond the stasis in a "white cube". Embedded in an early twenty-first century architectural landscape, he works with an aesthetic of the things themselves, which goes beyond a taxonomic survey of their form: he places them in relation to each other within the exhibition space; they affect each other; communicate with each other; each speaks to the viewer directly with a voice of its own – independently, to begin with, of the viewer's previous knowledge or cultural standpoint.

The catalogue with its lavish illustrations is intended to ensure that each object is shown to its full effect, in "solo" presentations – and this is indeed reminiscent of the leitmotif of 1910. The emphasis in the catalogue texts is, however, much more on material culture, determining the historical context, reception mechanisms and object biographies, and on embedding them in narratives and individual associations. This is also particularly true in relation to the cultural, historical hybridity of these exhibits: they all come, just as the majority of the objects shown in 1910 did, from Western collections and museums. They have long, varied and convoluted paths behind them. They testify to a cultural history of exchange, conflict, and sometimes also of mere coincidence, and their "image" has been by no means static over time (cf. Shalem 2010b).

The works ultimately also represent an intercultural histoire récurrente, which continues in their character as objects on display in this exhibition and beyond that. The different levels and options that we have used in attempting to approach these objects, in the exhibition and the catalogue, are also intended to demonstrate that the definition of objective and tenable truths, concepts and identities ultimately remains dubious. Subjective standpoints and perspectives are inevitable and legitimate in this context, as long as they are always taken into account.

When we look back in 2010 at these representatives of an artistic tradition in regions influenced by Islam, doing so is also tantamount to looking towards a future beyond stasis.

Autorenkürzel / Author abbreviations:
AS Avinoam Shalem
BBR Birgitt Borkopp-Restle
EMT Eva-Maria Troelenberg
FÇP Filiz Çakir Phillip
GH Gisela Helmecke
LK Linda Komaroff
MK Miriam Kühn

Übersetzungen / Translations:
Richard Toovey – AS, BBR, EMT, FÇP, GH und MK aus dem Deutschen
Eva-Maria Troelenberg – LK aus dem Englischen

Kat. -Nr. 1 | Cat. -No. 1

Schale mit eingravierter Architekturdarstellung || Vermutlich 7.-8. Jahrhundert || Ostiran oder Mittelasien || Kupferlegierung, graviert; restauriert 1980 || Höhe ca. 9 cm, Ø 64 cm || Museum für Islamische Kunst, Berlin (Inv.-Nr. I. 5624) || Besitzer 1910: Fredrik Robert Martin

Diese große, flache, leicht gewölbte, fußlose Schale hat einen einfachen, nach innen umgebörtelten Rand und ist auf der inneren Schauseite vollständig mit eingraviertem Dekor verziert. Durch Gebrauch ist die Gravierung am Außenrand und im Spiegel partiell abgenutzt, dazu kommt eine Bruchstelle im Boden.

Dargestellt ist ein pavillonartiges Gebäude mit einer zehnteiligen Arkadenreihe im oberen Teil und einer darüberliegenden getreppten Zinnenreihe, gekrönt von drei Kuppeln, deren mittlere größer ist. Rechts und links sind zwei galerieartige Anbauten, in der Türöffnung ist eine Art Säule erkennbar. Das Ganze ist von einer in verschiedenen Varianten floral gefüllten Arkadenreihe umgeben. Ein schmales Band mit Blattranke bildet den Saum und ein Zickzackband erscheint auf dem Rand. Unter dem Gebäude sowie in jeder zweiten Arkade erscheinen Flügelpalmetten nach sasanidischer Art.

Wegen ihres interessanten und immer wieder neu diskutierten Dekors gehört die Schale zu den sehr häufig publizierten Objekten des Museums. Vor allem die Architekturdarstellung im Zentrum führte zu verschiedenen Interpretationen. Am häufigsten wurde sie als altiranisches Feuerheiligtum gedeutet (zuerst von Strzygowski 1931 in einem ungedruckten Vortrag), eine These, die vor allem Kurt Erdmann immer wieder vertrat. Darüber hinaus wurde sogar das Reichsheiligtum selbst, das Tacht-i Taqdīs, dahinter vermutet (Ackerman 1937; Pope 1957). Auch ein den Himmelsgestirnen gewidmeter Tempel wurde gesehen (Bulatov 1976). Eine andere Interpretationslinie vermutet hier einen Profanbau: Ernst Kühnel schlug 1912 in der Publikation zu Münchner Ausstellung einen sasanidischen Gartenpavillon vor (so auch Sarre 1931), den 1933 Arthur Upham Pope als Pavillon von König Chusrau II. vorschlug. Er zog aber auch eine allegorische Bedeutung als paradiesischer Bau im Allgemeinen in Betracht. Eine schon 1917 von Josef Strzygowski vorgeschlagene Deutung der Darstellung als eine Wiedergabe des im Osten vermuteten Urbildes des Gralstempels (auch Ringbom 1951; Pope 1957) wird auch außerhalb der auf den islamischen Bereich bezogenen Forschung diskutiert (Matthews 1996; Brokmann 1999). Die meisten Überlegungen bezogen die 22 Arkadenfelder, die das Zentrum der Schale umgeben, mit ein und interpretierten sie als zugehörige geschlossene Anlage. Bisher gibt es zwei unterschiedliche Rekonstruktionsversuche des Gebäudes, auch der ganzen Anlage (Reuther 1938/1967; Ringbom 1951). Die Vermutung, dass es sich bei diesem Komplex um das Reichsheiligtum Adhur Guschnasp auf dem Tacht-i Sulaiman im Nordwesten Irans handeln könnte (Erdmann 1952), hat sich durch die Grabungen des Deutschen Archäologischen Instituts vor Ort als nicht verifizierbar erwiesen.

Mit der Ornamentik der Arkaden wurde sich bisher weniger auseinandergesetzt, während Pope 1935 bei spätsasanidisch bis frühislamisch blieb, sah Sauvaget 1941 hier eindeutig islamische Ornamentik vom Anfang des 10. Jahrhunderts (so auch Stern 1976, S. 25).

In engem Zusammenhang mit der Interpretation der Darstellung stehen die Vorschläge zur zeitlichen und lokalen Einordnung. Kühnel datierte sie 1912 unter Vorbehalt ins 6.-7. Jahrhundert, also die späte vorislamische oder ganz frühe islamische Zeit. Friedrich Sarre setzte sie 1931 viel früher an, ganz in die sasanidische Zeit des 4.-5. Jahrhunderts, lokalisierte sie nach Ostiran und Mittelasien und begründete das mit seinen stilistischen Einordnungen: er sah in den hohen Säulen der Seitenhallen "achämenidische Reminiszenzen", in der Säulenhalle des Obergeschosses "parthisch-sasanidische" Bauformen und meinte daher, der Stil weise "auf den anscheinend in Baktrien empfangenen Hellenismus hin". Auch Erdmann sprach sich 1931 für das 4.-5. Jahrhundert aus, sah aber in allen Formen einen rein sasanidischen Charakter und plädierte ab 1943 für spätsasanidisch. Zur Lokalisierung erwog er unter anderem auch Dagestan (Erdmann 1952). Auch eine sogdische Herkunft wurde in Betracht gezogen (Pugacenkova 1963; Bulatov 1976; Marschak 1986) und damit in Verbindung die Möglichkeit, dass hier ein Vorbildbau für das Mausoleum des Samanidenherrschers Ismail I. (892–907) in Buchara zu sehen sei (Bulatov 1976). In Zusammenhang damit fasste Gabriele Stock 1990 den bis dahin vorliegenden Forschungsstand zusammen, was zuletzt Erdmann 1952 gemacht hatte. Auch mögliche indische Beziehungen wurden erwogen (Pope 1933b). Andere sahen dagegen eine rein islamische Arbeit (Sauvaget 1940/41; Stern 1976), z. B. wegen des Stils der pflanzlichen Darstellungen (Dimand 1941). Mehrheitlich wird die Herkunft der Schale nach wie vor im ostiranischen bis mittelasiatischen Bereich gesucht.

Die Schale konnte 1930 für das Berliner Museum erworben werden, zu dieser Zeit hatte Martin sie schon verkauft und sie war im Besitz des Genfer Kunst- und Antiquitätenhändlers Jacob Hirsch. *GH*

Literatur: München 1910, Kat.-Nr. 2988; München 1912, Taf. 137; Strzygowski 1917; 1931; 1936; Sarre 1931; 1932; Pope 1933a; 1933b; 1935; 1957; Ackerman 1937; Reuther 1938/1967; Sauvaget 1940/41; Dimand 1941; Ringbom 1951; Erdmann 1952; 1958; Pugacenkova 1963; Berlin 1971/1979, no. 119; Bulatov 1976, S. 77-83; Stern 1976, S. 25; Marschak 1986; Stock 1990, S. 240-242; Matthews 1996; Brokmann 1999; Berlin 2001, S. 26-27.

Bowl with engraved architectural representation || Presumed 7th-8th century || Eastern Iran or Central Asia || Copper alloy, engraved; restored in 1980 || Height approx. 9 cm, Ø 64 cm || Museum für Islamische Kunst, Berlin (inv. no. I. 5624) || Owner in 1910: Fredrik Robert Martin

This large, shallow, slightly curved bowl has no pedestal; the simple rim is curled inwards and engraved decor completely covers the obverse. The engraving at the rim and on the bottom has been partially worn away in use and there is a short crack in the base.

In the centre a building like a pavilion appears, with a ten-bay loggia on an upper level and above that a row of stepped crenellations; the whole is crowned by three cupolas with the largest at the centre. To the left and right are gallery-like extensions, while a kind of column is visible in the doorway. All is encircled by an arcade, which is filled with floral designs in several variations. A narrow band with foliage arabesques comprises the border and a zigzag band runs on the rim. Beneath the building and in every second bay of the surrounding arcade there are wing palmettes in the Sasanid style.

Of the items in the museum's collection, the bowl is one of those most often appearing in publications, due to its interesting and repeatedly discussed decor. The architectural representation at its centre, in particular, has inspired diverse interpretations. It is most frequently thought to be an ancient Iranian fire shrine (initially by Strzygowski in 1931 in an unprinted lecture), a hypothesis that has also been put forward repeatedly by Kurt Erdmann, above all. Furthermore, it has even been thought to depict the imperial shrine itself, Takht-i Taqdīs (Ackerman 1937; Pope 1957). Others have seen in it a temple sacred to the celestial bodies (Bulatov 1976).

A separate line of reasoning holds that the bowl displays a profane building: Ernst Kühnel, writing in the 1912 publication accompanying the Munich exhibition, proposed a Sasanid garden pavilion (cf. Sarre 1931), which Arthur Upham Pope suggested in 1933 could be the pavilion of King Khosrow II. Pope did, however, also consider a possible allegorical meaning as a paradisiacal building in general. An interpretation put forward as early as 1917 by Josef Strzygowski, according to which the image reproduces the archetype of the temple of the Holy Grail, supposedly located in the east (cf. Ringbom 1951; Pope 1957), has also been discussed outside the context of research in the Islamic field (Matthews 1996; Brokmann 1999). Most studies also take into consideration the 22 arcade bays that surround the central representation, interpreting them as a self-contained subsidiary structure. To date, there have been two different attempts to reconstruct the building and even the complex as a whole (Reuther 1938/1967; Ringbom 1951). The proposal that this complex could in fact be the imperial shrine of Adhur Gushnasp in the Takht-i Sulayman sanctuary in north-western Iran (Erdmann 1952), has not been verifiable from the excavations carried out on the site by the German Archaeological Institute (DAI).

Up to now, less attention has been paid to the ornamentation of the arcades: whereas Pope, writing in 1935, classified it as late Sasanid to early Islamic, Sauvaget saw it in 1941 as unmistakeably Islamic ornamentation from the beginning of the tenth century (cf. Stern 1976, p. 25).

The interpretations of the depictions are closely related to the proposed chronological and regional classifications. Kühnel dated them in 1912, with reservations, as sixth to seventh century, which is to say, the late pre-Islamic or very early Islamic periods. In 1931, Friedrich Sarre placed them much earlier, well in the Sasanid period of the fourth and fifth centuries, with origins in eastern Iran and Central Asia, which he justified on the basis of stylistic attributes. He saw "Achaemenid reminiscences" in the high columns of the flanking galleries and "Parthian-Sasanid" architectural forms in the loggia of the upper level, which led him to opine that the style bore indications of "the Hellenism apparently adopted in Bactria." Erdmann too, in 1931, came out in favour of the fourth to fifth centuries, but he considered all of the forms to have a purely Sasanid character and from 1943 onwards, he argued for late Sasanid instead. As the place of origin, he considered Dagestan, among other locations (Erdmann 1952). Others have given thought to a Sogdian origin (Pugacenkova 1963; Bulatov 1976; Marschak 1986) and, by extension, to the possibility that what we see here could be a prototype for the mausoleum of the Samanid ruler Ismail I

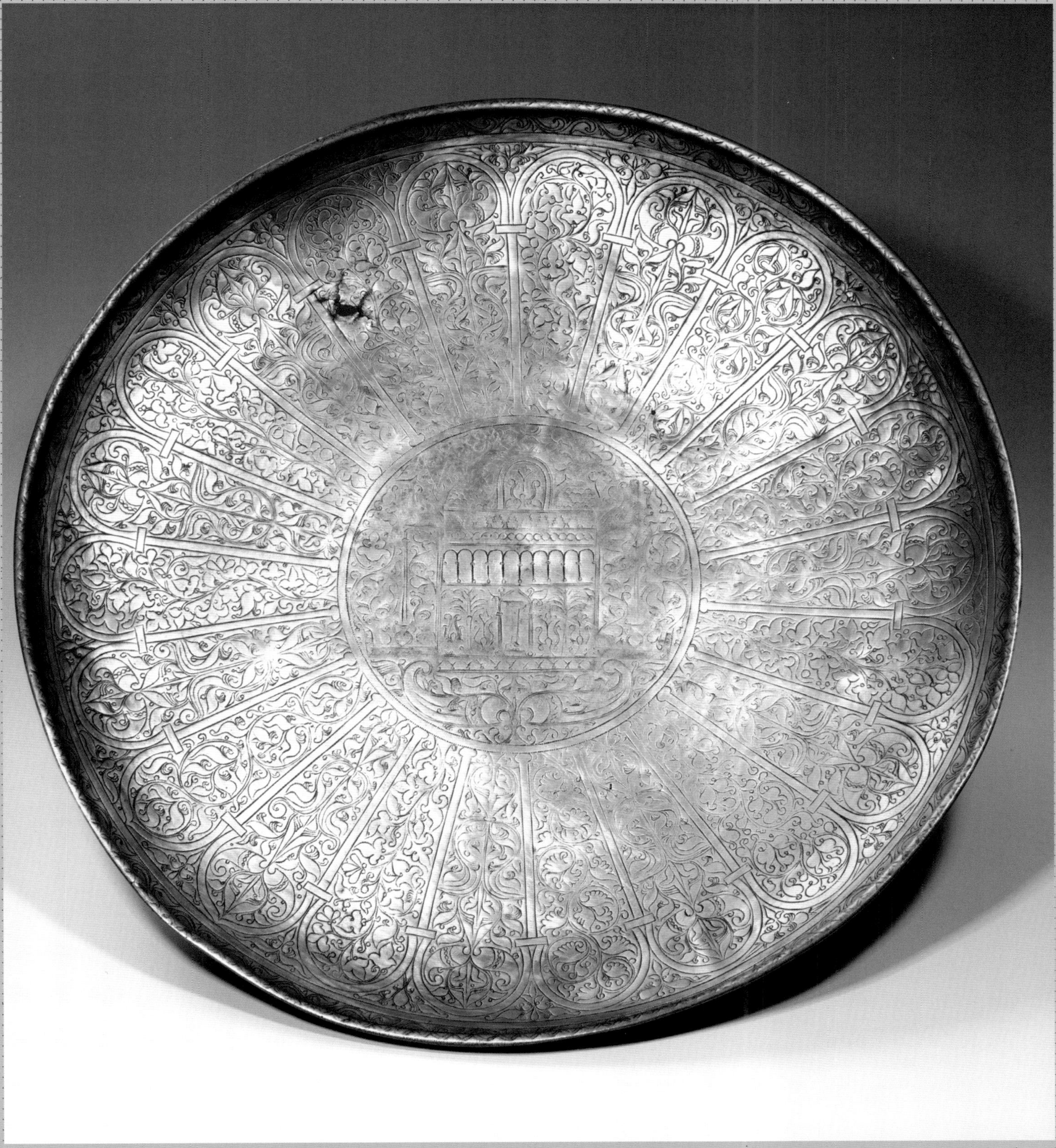

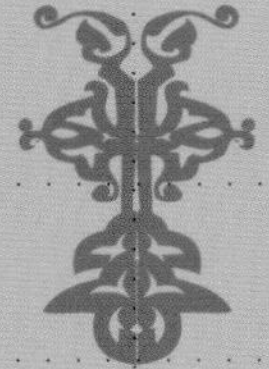

(892–907) in Bukhara (Bulatov 1976). In this context, Gabriele Stock compiled an overview of the current state of research in 1990, which had last been done by Erdmann in 1952. Possible connections to India have also been examined (Pope 1933b). Others, in contrast, see the bowl as a purely Islamic piece of work (Sauvaget 1940-41; Stern 1976), on such grounds as the style of the vegetal decor (Dimand 1941). The majority, nevertheless, expect the origin of the bowl to lie in the regions of eastern Iran and Central Asia.

The bowl was purchased for the Berlin Museum in 1930, at which time (Fredrik Robert Martin having sold it since the Munich exhibition) it was in the possession of Jacob Hirsch, an art and antiques dealer in Geneva. GH

Kat. -Nr. 2 | Cat. -No. 2

Gewebefragment mit Löwen || Frühes Mittelalter || Vermutlich Spanien || Seide || 24 x 14 cm || Rijksmuseum Amsterdam (Inv.-Nr. BK-NM-12145) || Besitzer 1910: Rijksmuseum Amsterdam

Das kleine Fragment wurde 1909 im Pariser Kunsthandel (Brauer) erworben. Es zeigt auf rotem Grund einen hockenden, geflügelten Löwen, einer Säule zugewandt, beides dunkelblau, rot detailliert und gelblich konturiert. Augen und Krallen des Löwen leuchten hellblau. Den unteren Abschluß bildet ein hellgrünes, weiß-rot-weiß gesäumtes Band, dem sich ein Zahnschnittstreifen anschließt, ebenfalls rot-weiß.

Die Darstellung war sicher ursprünglich symmetrisch angelegt, rechts von der Säule ist ein ihr ebenfalls zugewandter weiterer Löwe zu erwarten. Die Säule könnte Teil einer Bogenstellung gewesen sein, so dass man sich eine Arkadenreihe mit beiderseits der tragenden Säulen hockenden Löwen, zwischen deren Rücken wiederum eventuell ein weiteres Motiv, z. B. ein stilisierter Lebensbaum, gewesen sein könnte, vorstellen möchte. Beispiele solcher Art gefüllter Arkadenreihen sind in verschiedenen Varianten bekannt.

Die eindrucksvolle Darstellung dieses kleinen Löwen wirkt in seiner Stilisierung etwas archaisch und in den Proportionen unausgewogen, weist aber eine reiche Zeichnung und Detaillierung auf.

Im Design dieses Fragmentes lassen sich Elemente verschiedener Herkunft feststellen, Entstehung und zeitliche Einordnung werden unterschiedlich beurteilt. Ein östlicher Ursprung des Motivs, letztlich auf persisch-sasanidische Vorbilder zurückgehend, wird von den meisten Fachleuten unterstützt. Stil und Farbgebung zeigen eine gewisse Verwandtschaft zu einer Gruppe anderer Seidenfragmente, von denen eines z. B. in der Maastrichter Sankt-Servatius-Kirche erhalten ist (Stauffer 1991, Nr. 59). Hier wird oft eine spanische Herkunft vermutet. Auch bei vielen dieser Gewebe zeigen sich immer wieder sasanidische Musterelemente, z. B. das auch auf unserem Fragment zu sehende perlenbesetzte Podest der Säule, als ein wichtiger Ausgangspunkt.

Der unter dem hinteren Schenkel sich erhebende Schwanz, die Flügel und die erhobene Vordertatze lassen wie die ornamental-florale Binnenmusterung auch engere Beziehungen zu Seidengeweben mit Rundmedaillons, in denen Tier- und Fabeltierpaare erscheinen, erkennen. Einige davon weisen sich durch griechische Inschriften als byzantinische, andere durch arabische als islamische Gewebe aus, aber ihre zeitliche und lokale Einordnung ist Gegenstand ständiger Diskussion.

Die frontale Kopfwiedergabe wiederum erinnert beispielsweise an eine Gruppe von Seidengeweben, die in Reihen oder in Paaren laufende Löwen zeigen und durch ihre Inschriften als byzantinisch ausgewiesen sind. Sie findet sich aber auch noch bei einem ebenfalls in der Maastrichter Sankt-Servatius-Kirche erhaltenen Seidenfragment mit einem hockenden Löwen, der eine arabische Inschrift trägt und stilistisch in das 11.-12. Jahrhundert einzuordnen wäre (Stauffer 1991, Nr.64).

Im kleinen, unbebilderten Münchner Katalog ist das Fragment als Seidengewebe vorderasiatischer Herkunft bezeichnet, spätantik bis frühislamisch („wohl 6.-8. Jahrh."). Als Seidengewebe, ohne nähere Erläuterungen, erscheint es auch in verschiedenen allgemeinen Kunstgeschichten, die Ernst Diez zwischen 1915 und 1944 publizierte. Im großen Katalog von 1912 wurde es irrtümlich als baumwollenes Doppelgewebe bezeichnet. Terminiert wurde es in die 2. Hälfte des 1. Jahrtausends. Otto von Falke ordnete es 1913 und 1921 unter die „byzantinischen Seidenstoffe der persischen Richtung" des 10.-11. Jahrhunderts und stellte sich die gleiche Werkstatt vor, die auch ein stilistisch ähnliches, ebenfalls rotgrundiges Seidengewebe mit gereihten Löwen-, Greifen- und Elefantenmedaillons hergestellt hat, von dem sich mehrere Fragmente in verschiedenen Sammlungen erhalten haben. Auch dieses Gewebe, das aus dem Kloster Santa Maria de l'Estany in Katalonien stammen soll, wird immer neu diskutiert, was Herkunft und Datierung betrifft.

Carl Johan Lamm plädierte 1937 für eine rein iranische Herkunft und ordnete es in das 8. Jahrhundert. Eher mittelasiatisch-sogdische Einflüsse wurden vor allem wegen der regelmäßigen Reihung der Medaillons vermutet. Auch Spanien wird immer wieder in Betrachtung gezogen, teils für das Gewebe selbst (May 1957), teils für die ähnlichen Stücke (Stauffer 1991), die zeitliche Einordnung liegt hier zwischen dem 10. und dem 12.-13. Jahrhundert. Priscilla Parson Soucek plädierte 1981 bei der Seide aus Santa Maria de l'Estany für das östliche Mittelmeergebiet, 11.-12. Jahrhundert. GH

Literatur: München 1910, Kat.-Nr. 2252; Sarre/Martin 1912, Taf. 177; von Falke 1913, S. 12, Abb. 238; von Falke 1921, S. 23, Abb. 172; Lamm 1937, S. 111-112; May 1957, S. 51, Abb. 33; University of Michigan 1981; Stauffer 1991.

Textile fragment with a lion || Early Middle Ages || Probably Spain || Silk || 24 x 14 cm || Rijksmuseum Amsterdam (inv. no. BK-NM-12145) || Owner in 1910: Rijksmuseum Amsterdam

The small fragment was aquired 1909 in Paris at the art market (Brauer). It displays a winged lion against a red background facing a column, both in dark blue with red details and yellow contours. The eyes and the claws of the lion stand out in light blue. The lower border is formed by a band of pale green framed by white-red-white stripes, followed by a dentil stripe, also in red and white.

It is quite certain that the image was originally symmetrical, with another lion on the right, also facing the column. This column may have been part of an archway, allowing us to imagine an arcade of columns flanked by crouching lions, which in turn are separated at their backs by a motif such as a stylised arbour vitae. Numerous variants on this type of arcades with single or paired animals are known to exist.

The impressive depiction of this small lion seems somewhat archaic in its stylisation and out of balance in its proportions, yet it is nevertheless richly delineated and detailed.

Elements of various origins can be discerned in the fragment's design, while opinions differ about the development and chronological classification. Most experts support the view that the motif originated in the East, ultimately traceable back to Sasanid Persian models. The style and colour exhibit some relationship to a group of other silk fragments like one preserved at the Church of Saint Servatius in Maastricht (Stauffer 1991, no. 59). Spanish origin is often postulated for this items. In addition, the patterns in many of these textiles are often based on Sasanid elements, for instance the pearl-studded plinth of the column in this fragment.

The tail rising up from beneath the hind flank, the wings and the raised forepaw, along with the ornamental floral pattern within the figure, also indicate close relationships to silks with circular medallions featuring pairs of animals and fabulous beasts. Some of these fabrics bear inscriptions in Greek, showing them to be Byzantine, while Arabic inscriptions show others to be Islamic, yet their chronological and geographical classification has always been subject to discussion. The depiction of the head en face recalls a group of silk textiles that feature lions walking in rows or in pairs, which have been identified as Byzantine by virtue of their inscriptions. A depiction of this type is, however, also to be found on a further silk fragment that has been preserved at the Church of Saint Servatius in Maastricht; it displays a crouching lion along with an Arabic inscription and can be attributed to the period between the eleventh to twelfth centuries (Stauffer 1991, no. 64).

In the small catalogue from 1910 of the Munich exhibition, which is not illustrated, the fragment is designated as a silk textile of Near Eastern origin from either Late Antiquity or the early Islamic period ("most probably 6th-8th century"). It is also referred to in various general histories of art published by Ernst Diez between 1915 and 1944 as a silk textile, without further elucidation. In the large catalogue from 1912 it was categorised erroneously as a two-ply cotton fabric. It was more broadly attributed to the second half of the first millennium. In 1913 and 1921, Otto von Falke classified it as an example of "Byzantine silk cloth of Persian influence" from either the tenth or the eleventh century and assumed that it was from the same workshop as had produced a stylistically related silk textile with rows of lion, griffin and elephant medallions against a red background, of which a number of fragments have been preserved in various collections. This fabric, which is purported to have come from the Santa Maria de l'Estany monastery in Catalonia, is often subject to renewed discussion of its origin and dating.

In 1937, Carl Johan Lamm argued that it was of purely Iranian origin and attributed it to the eighth century. Middle Eastern-Sogdic influences have been considered more likely, particularly because of the regular rows of medallions. Spain is also frequently considered as a possibility, partly on account of the fabric itself (May 1957) and partly on account of similar pieces (Stauffer 1991); in this case it has been dated between the tenth and the twelfth or thirteenth centuries. In 1981, Priscilla Parson Soucek argued that the

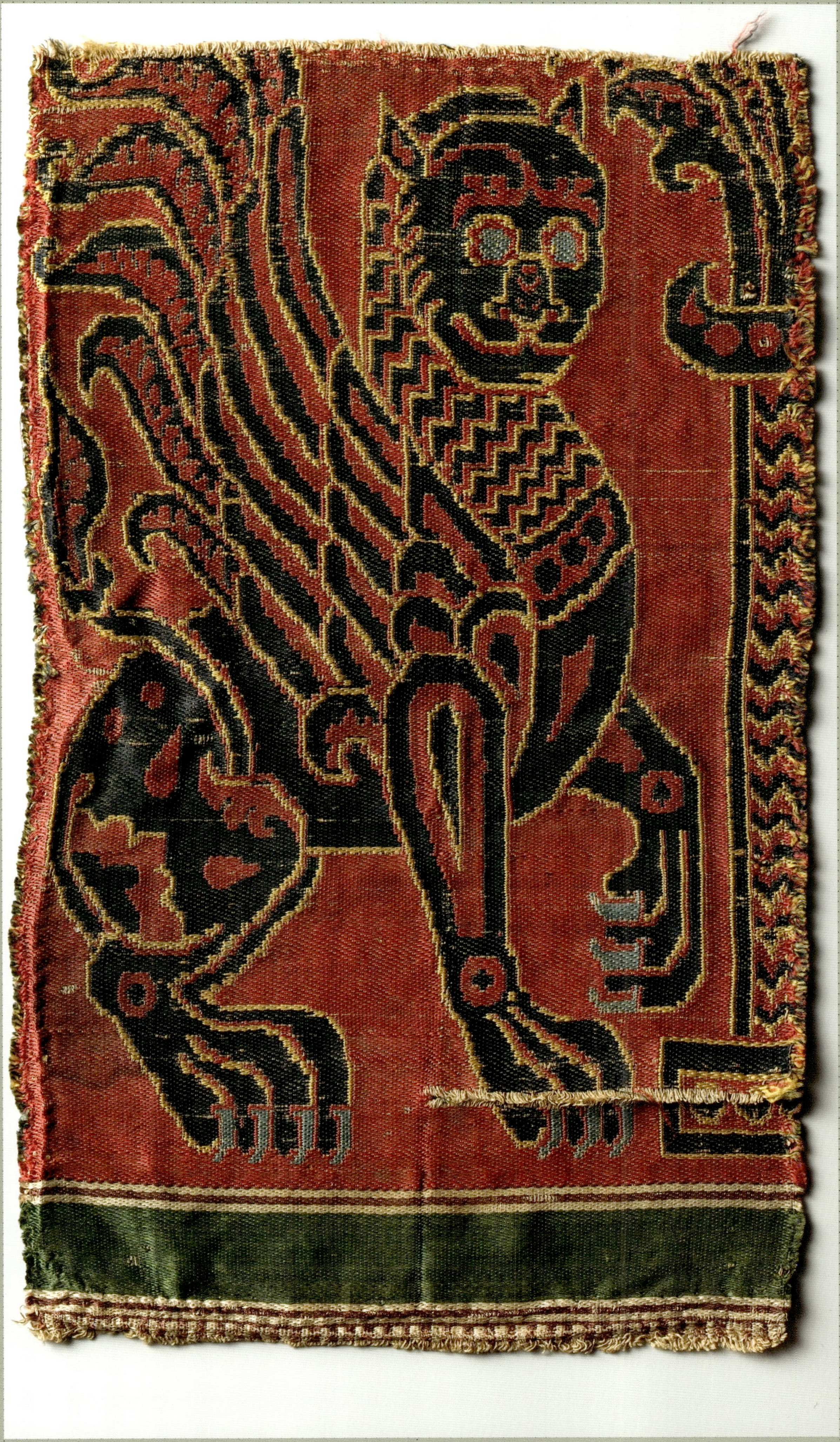

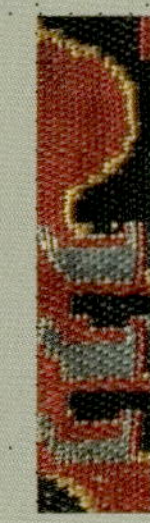

silk from Santa Maria de l'Estany should be attributed to the Eastern Mediterranean between the eleventh and twelfth centuries. GH

Kat. -Nr. 3 | Cat. -No. 3

Bronzekanne || 8.-9. Jahrhundert || Iran/Irak || Bronze, Kupfer, graviert und tauschiert, Fuß jüngere Ergänzung || Höhe 39,2 cm || Staatliche Eremitage, St. Petersburg (Inv.-Nr. KZ-5753) || Besitzer 1910: Sammlung Bobrinsky

Diese Kanne wurde der Überlieferung nach in Dagestan erworben, einer Provinz im Kaukasus, wo sich viele iranische Objekte lange Zeit in Schatzkammern befanden. Von dort gelangte sie in die Sammlung des Fürsten Aleksey Aleksandrovich Bobrinsky (1852-1927), der als direkter Nachfahre eines illegitimen Sohnes von Katharina der Großen zum russischen Hochadel gehörte. Er war in der Politik tätig, aber auch in der Archäologie und gehörte der kaiserlichen Akademie der Künste in St. Petersburg an. Während der Oktoberrevolution emigrierte er nach Frankreich, seine Kunstschätze gingen in die „Akademie für Geschichte der materiellen Kultur" über und wurden in den 1920er Jahren an die Eremitage überwiesen (vgl. auch Pferdestatuette und Bobrinsky-Kessel, Kat.-Nr. 4 und 10).

Als die Kanne 1910 in München ausgestellt war, wurde sie noch auf einen früheren Zeitpunkt datiert und stand besonders explizit für die Übergangsphase zwischen sasanidischer und islamischer Kunst in der Region der Seidenstraße. Auch, wenn man heute davon ausgeht, dass das Stück im 8. oder 9. Jahrhundert entstanden ist, also jedenfalls in islamischer Zeit, so zeigt es doch noch immer die Kontinuitäten und Entwicklungen zwischen präislamischen Kulturkreisen und islamischem Mittelalter:

Prächtig verzierte Metallarbeiten gehörten schon in sasanidischer Zeit zu den wichtigsten Statussymbolen des Adels und Königtums. Im 5. und 6. Jahrhundert brachten die Herrscher nach siegreichen Feldzügen in westlicheren Regionen wohl auch Werkleute aus Syrien, Georgien oder Armenien mit nach Mesopotamien und in den Iran. So bildete sich hier eine spezifische Variante spätantiker Metallarbeiten heraus, die zumeist in vergoldetem Silber gearbeitet wurden. Die Übergänge zur islamischen Periode sind anhand der bekannten Objekte schwer greifbar: Nach den Eroberungen in der Region, die bereits um das Jahr 640 (also um 20 Hedschra) erfolgten, rissen islamische Statthalter oft die wirtschaftliche Macht mitsamt der bestehenden Strukturen an sich und übernahmen auch die soziale Funktion wohlhabender Auftraggeber, dabei konnten etablierte Kunststile und Techniken adaptiert werden. So ist etwa bekannt, dass ein Statthalter von Khurasan noch im 8. Jahrhundert Weinkrüge aus Gold und Silber für den Kalifen al-Walid ibn Yazid in Auftrag gab. Tendenziell aber begannen sich ab dieser Zeit die Formen zu wandeln und es zeichnete sich vor allem eine religiös motivierte Abneigung gegen reine Edelmetallverwendung heraus, so dass mehr und mehr Arbeiten aus Bronze entstanden.

In diese Phase ist also auch die ausgestellte Kanne einzuordnen, die typologisch noch große Ähnlichkeit zu sasanidischen Silberkannen zeigt (vgl. etwa eine Vase mit birnenförmigem Körper, Freer Gallery of Art and Arthur M. Sackler Gallery, Gunter/Jett 1992, Kat.-Nr. 35-37). Technisch aber lässt sie etwa in der Form des Ausgusses auch spätantik-römische Vorbilder vermuten. Die künstlerischen Verschmelzungsprozesse jener Zeit bewegten sich also frei über religiöse Grenzen hinweg. Ebenso sind die Ikonographie und ihre stilistische Ausgestaltung, in dieser Kombination einzigartig, Zeugnis einer Zeit des kulturellen Wandels: Zwei große Pfauenvögel sind symmetrisch einander zugewandt, zwischen ihnen steht ein Baum, möglicherweise eine Dattelpalme. Zwar scheint dies auf das altorientalische Motiv der Vögel zu verweisen, die den Lebensbaum flankieren – ein direktes ikonographisches Vorbild aber gibt es in der sasanidischen und frühislamischen Kunst nicht. Vielmehr ist an Traditionen Ostroms zu denken, die das gängige künstlerische Repertoire des Mittelmeerraumes nachhaltig prägten. Hier hatte der Pfau göttliche Konnotation oder stand für das ewige Leben oder Paradies, dazu passt auch das Palmenmotiv.

Insgesamt belegt dieses Objekt die regelrechte Internationalität, die bereits in der Spätantike die Kunst des Mittelmeerraumes und darüber hinaus prägte und die sich strengen Kategorisierungen wie etwa „klassisch", „islamisch" oder doch „altorientalisch" von vorne herein eigentlich entzieht.

Interessanterweise wurden als genuin „islamische" Züge an der Kanne häufig vor allem die strenge Stilisierung und geometrisierte Linienzeichnung beschrieben. Tatsächlich treten diese Eigenschaften umso stärker heraus, wenn man das Hauptmotiv auf dem birnenförmigen Körper mit den schleichenden Füchsen vergleicht, die oben auf beiden Seiten des Ausgusses gezeigt sind: Sie sind wesentlich freier und skizzenhafter aufgefasst, beinahe wie eine humoristische Fußnote, die den insgesamt so strengen und durchkomponierten Charakter des Objekts zu brechen versucht. Möglicherweise ist die Botschaft dieses Kunstwerkes also weniger eine „islamische" als vielmehr eine subtil dialektische in Zeiten des Übergangs und der Neuordnung. Die Formen, die sich dabei herausbildeten, formierten eine neue Art von Klassik: In fatimidischer Zeit erlebten sie eine Renaissance, denn in den luxuriösen Gefäßen aus Bergkristall und geschnittenem Glas aus dieser Periode ist unverkennbar ein Nachklang ihrer Ästhetik auszumachen. EMT

Literatur: München 1910, Kat.-Nr. 2990; München 1912, Taf. 128; Pope/Ackerman 1938-39, Bd. 4, Taf. 223; Dimand 1941, S. 204; Sourdel-Thomine/Spuhler 1973, Nr. 145; Baer 1983, S. 162; Gunter/Jett 1992; Ward 1993; Harper 1998; Al-Khamis 1998; Cutler 2005.

Bronze ewer || 8th-9th century || Iran/Iraq || Bronze, copper, engraved and inlaid, pedestal added subsequently || Height 39.2 cm || State Hermitage, Saint Petersburg (inv. no. KZ-5753) || Owner in 1910: Bobrinsky Collection

This ewer was purchased, according to the records, in Dagestan, a province in the Caucasus, where many Iranian objects had long been stored in treasuries. From there, it passed into the collection of Count Aleksey Aleksandrovich Bobrinsky (1852-1927), who, as a direct descendant of the illegitimate son of Catherine the Great, ranked among the higher nobility in Russia. He held high political positions and was active in archaeology as a member of the Imperial Academy of Arts in Saint Petersburg. The October Revolution forced him to emigrate to France, leaving his art treasures behind: these were taken over by the "Academy for the History of Material Culture" before being transferred to the State Hermitage in the 1920s (cf. Horse statuette and Bobrinsky Bucket, cat. nos. 4 and 10).

In 1910, when it was exhibited in Munich, this ewer was still dated to an earlier point in time and thus it was explicitly taken to represent the transitional phase between Sasanian and Islamic art in the region along the Silk Road. Even if the piece was made in the eighth or ninth century and therefore in Islamic times, as is now thought, it still shows the various strands of continuity and development between pre-Islamic cultural spheres and mediaeval Islamic art.

As early as the Sasanid period, opulently decorated works in metal were among the most important status symbols possessed by kings and nobles. In the fifth and sixth centuries, rulers carrying out successful military campaigns in regions to the west may well have brought artisans from Syria, Georgia, or Armenia back with them to Mesopotamia and Iran. As a result, a specific version of Late Antique metalwork arose in the latter areas, mostly using gilded silver. The objects that are known to us today do not provide a firm basis for pinpointing transitions to the Islamic period: in the wake of conquests in the region from as early as around 640 A.D. (i.e. around 20 Hijra), Islamic governors often took personal control of economic power along with all of the existing structures; at the same time, they also took on the social function of wealthy patrons, which favoured the adaptation of existing artistic styles and techniques. It is known, for example, that a governor of the city of Khorasan commissioned wine jugs of gold and silver for Caliph al-Walid ibn Yazid as early as the eighth century. On the whole, forms began to alter from this time onwards and a religiously motivated aversion to the exclusive use of precious metals became especially evident, so that more and more works were created in bronze.

Among the works classified as belonging to this phase is the ewer exhibited here, which in terms of its typology still shows great similarity with Sasanian silver ewers (cf. vase with a pear-shaped body, Freer Gallery of Art and Arthur M. Sackler Gallery, Gunter/Jett 1992, cat. no. 35-37). From a technical point of view, however, the form of the spout, for example, also suggests Roman or Late Antique models. The processes of artistic assimilation therefore took place freely across religious borders at this time. The iconography and its stylistic treatment, unique in this combination, are likewise testimony to a period of cultural change: two large peacocks are shown facing each other symmetrically on either side of a tree, possibly a date palm. Although this seems to indicate the ancient Oriental motif of birds flanking the tree of life, there is in fact no direct iconographic model for this in Sasanian and early Islamic art. Consideration should rather be given to the traditions of the Eastern Roman Empire, which exerted a lasting influence on the established artistic repertoire of the Mediterranean world. In this context, the peacock had divine connotations, or else stood for eternal life or paradise, which accords with the palm motif. As a whole, this object demonstrates the thoroughly international character that was evident in the art of the Mediterranean lands and beyond as early as Late Antiquity, and which really evades classification in narrow categories such as Classical, Islamic or even Ancient Oriental from the outset.

Interestingly, it is the severe stylisation and the geometrical treatment of the lines that are most frequently described as being

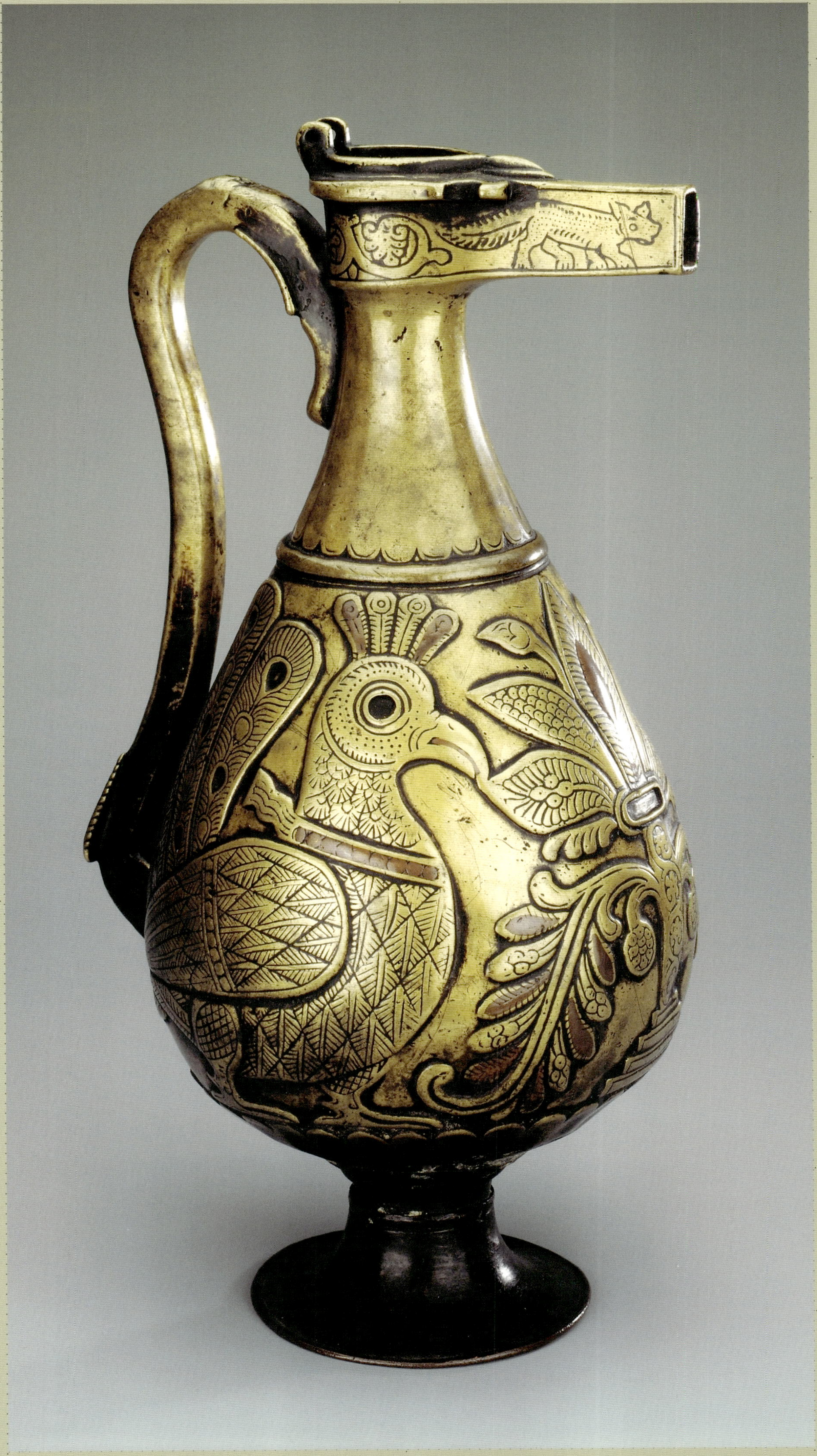

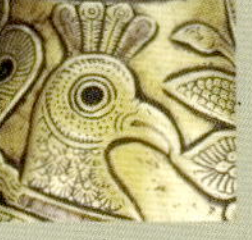

genuinely "Islamic" traits of the ewer. Indeed, these characteristics do seem even more pronounced if the main motif on the pear-shaped body is compared with the prowling foxes shown on either side of the spout. They are drawn much more freely and sketchily, almost as a humorous footnote, as if to undermine the otherwise austere and fully composed character of the object. This work of art might therefore have less of an Islamic message than a subtly dialectical one, originating in a time of transition and re-orientation. The forms that developed in this way constituted a new kind of classicism, which enjoyed a renaissance of its own later on, during the Fatimid period, when luxurious vessels made of rock crystal and cut glass were produced that unmistakeably echo this aesthetic. EMT

Kat. -Nr. 4 | Cat. -No. 4

Pferdestatuette || 10. Jahrhundert || Iran || Bronze/Messing, gegossen und graviert || Höhe 36 cm, Länge 42 cm || Staatliche Eremitage, St. Petersburg (Inv.-Nr. IR-1984) || Besitzer 1910: Sammlung Bobrinsky

Diese Pferdefigur war vermutlich ehemals Teil einer mehrfigurigen Gruppe, zumindest dürfte sie einen Reiter getragen haben. Der Einsatz auf dem Rücken und unverzierte Teile der Satteldecke legen dies nahe. Nicht ganz geklärt ist die Funktion des Objekts. Bereits weit vor der islamischen Zeit wurden zum Beispiel in China metallene Räuchergefäße oder Aquamanilen (Gießgefäße) als Tierfiguren gestaltet, und aus dem islamischen Mittelalter ist eine Reihe solcher Geräte in Gestalt von Vögeln, Hirschen oder Kühen bekannt.

Die Funktion als Gießgefäß jedenfalls kommt hier nicht in Frage, da der Hohlkörper unten offen gearbeitet ist. Möglicherweise handelt es sich um eine Ständerfigur.

Die eingravierten Inschriften sind nur noch teilweise lesbar, sie wünschen dem Besitzer den Segen Allahs – der Schriftduktus lässt darauf schließen, dass das Werk im 10. Jahrhundert entstanden ist. Außer diesen Inschriften ist die Oberfläche von einem dichten Netz feiner Gravierungen überzogen, die Menschen, Tiere, Vögel und Pflanzen vor einem punzierten Hintergrund zeigen. Auf der Brust des Pferdes sind drei Medaillons und ein Lautenspieler zu sehen. Insgesamt weist diese Ikonographie auf einen höfischen Zusammenhang, zumal auch das verwendete Material dafür spricht, dass der Besitzer in den oberen gesellschaftlichen Schichten zu suchen ist.

Das Pferd spielte in der Kultur der persischen Eliten traditionell eine wichtige Rolle und war auch als ikonographisches Motiv in praktisch allen Gattungen beliebt. Quellen des hohen Mittelalters, etwa aus Bagdad, beschreiben sogar monumentale Pferdestatuen im Kontext des Palastes – ein mächtiges Tier wie das Pferd erscheint als prädestiniertes Thema für den Modus der dreidimensionalen Darstellung.

Es wurde vermutet, dass die mittelalterlichen Tieraquamanilen des Westens auch auf solche Vorbilder zurückgehen (v. a. Cruikshank Dodd 1969; Barnet 2006, v. a. S. 10-12) – andererseits sind aber auch die stilistischen Unterschiede nicht zu vernachlässigen (vgl. z. B. von Gladiss 2008): Charakteristisch zeigt sich an dieser Pferdefigur die stilisierte, summarische Auffassung des Tierkörpers, die in klaren, großen Umrisslinien einen Eindruck von Kraft und Spannung erzeugt, anstatt nach naturalistischer Genauigkeit zu streben. Zugleich ermöglicht diese Körperauffassung es auch, die großen, glatten Oberflächen der Figur ihrerseits wieder als Bild- und Ornamentträger zu nutzen, so dass sich das komplexe Zusammenspiel zweier Motivebenen ergibt.

Es überrascht nicht, dass dieses Exponat mit seiner regelrecht abstrahierten Gestalt besonders auf avantgardistische Ausstellungsbesucher wirkte – etwa auf den Maler und Schriftsteller Roger Fry, der in der mondänen Bloomsbury Group um Virginia Woolf verkehrte. Er kam 1910 zunächst als Berichterstatter für das „Burlington Magazine" nach München und widmete in seiner Besprechung der Ausstellung auch dem Bronzepferd einige Überlegungen. Im selben Jahr noch tauchten einige von diesem Eindruck inspirierte Pferdefiguren auch in seinem künstlerischen Oeuvre auf (Spalding 1980) – auf diese Weise konnte sich also ein Werk aus frühislamischer Zeit in die Genealogie moderner europäischer Kunst einschreiben. EMT

Literatur: München 1910, Kat.-Nr. 2995; Fry 1910, S. 289, Abb. 5; München 1912, Taf. 136; Saladin 1927, Bd. 1, Abb. 179; Baer 1967, S. 37-41; Cruikshank Dodd 1969, S. 226-227; Spalding 1980, S.129; Kuwait 1990, Kat.-Nr. 10; Lukonin/Iwanow 1996, Kat.-Nr. 92; Amsterdam 1999, Kat.-Nr. 113; Barnet 2006; Ettinghausen 2007; von Gladiss 2008.

Horse statuette || 10th century || Iran || Bronze/ brass, cast and engraved || Height 36 cm, length 42 cm || State Hermitage, Saint Petersburg (inv. no. IR-1984) || Owner in 1910: Bobrinsky Collection

This statuette of a horse was presumably once part of a group of several figures; at least it would probably have borne a rider, as suggested by the insert on its back and the undecorated parts of the saddle cloth. The function of the object has not been wholly ascertained. Long before Islamic times, metal incense burners and aquamaniles (jugs holding water for washing hands) were being shaped in the form of animals in China, for example, while a range of such utensils in the form of birds, deer and cows is known to us from mediaeval Islamic art.

This vessel, at any rate, could not have been used for pouring, because the hollow body has been left with an opening at the bottom. It could possibly be a pedestal figure.

The engraved inscriptions are now only partly legible; they invoke the blessing of Allah upon the owner. From the characteristics of the script, it may be concluded that the piece was made in the tenth century. Apart from these inscriptions, the surface is covered by a dense network of fine engravings, which depict humans, animals, birds and plants against a chased background. Three medallions and a lutenist can be distinguished on the horse's breast. All in all, this iconography indicates a courtly context, especially as the material used suggests a wealthy owner from an upper class background.

The horse traditionally played an important role in the culture of the Persian elites and it was popular as an iconographic motif in almost every genre. Sources dating from the High Middle Ages, for instance from Baghdad, even describe monumental statues of horses in connection with the palace – a powerful animal such as the horse appears predestined as a subject for the three-dimensional mode of representation.

It has been presumed that the mediaeval zoomorphic aquamaniles of the Western world go back to models of this kind (esp. Cruikshank Dodd 1969; Barnet 2006, esp. pp. 10-12) – on the other hand, the stylistic differences should not be disregarded (cf. e. g. von Gladiss 2008). This figure of a horse does indeed exhibit characteristic features such as the stylised, sweeping interpretation of the animal's body, which in clear, bold contours creates an impression of power and tension, rather than striving for naturalistic precision. At the same time, this treatment allows the broad, smooth surfaces of the figure, for their part, to serve as a background for decorative forms and figures, resulting in a complex interplay of two levels of motif.

It is no surprise that this exhibit, with its virtually abstract form, exerted a particular fascination on avant-garde visitors to the exhibition. Among them was the painter and writer Roger Fry, a member of the cosmopolitan Bloomsbury group, which included Virginia Woolf. He came to Munich in 1910, initially as a reporter for "The Burlington Magazine," and in his review of the exhibition he devoted some thought to the bronze horse. In the very same year, Fry produced several works of art with horse figures inspired by this encounter (Spalding 1980). So it came about that a work from the early Islamic period acquired a place in the genealogy of modern European art. EMT

Kat. -Nr. 5 | Cat. -No. 5

Keramikschale || Ca. 1050-1100 || Ägypten, wahrscheinlich Kairo || Fritte mit Lüsterbemalung über der Glasur ||Höhe 9,8 cm, Ø 22,1 cm || Victoria & Albert Museum, London (Inv.-Nr. C.49-1952) || Besitzer 1910: Sammlung Dikran Kelekian

Die Technik der Lüsterbemalung, die für den metallisch glänzenden Oberflächeneffekt dieser Schale sorgt, ist eine irakische Erfindung des 9. Jahrhunderts. Ab dem 10. Jahrhundert regionalisierte sich die Technik, auch in Ägypten, Syrien und dem muslimischen Spanien wurde jetzt Lüsterkeramik hergestellt. Unter den frühesten Beispielen für den direkten Transfer von Lüsterkeramiken aus dem abbasidischen Irak nach Nordafrika sind etwa die Lüsterfliesen, die den Mihrab der Großen Moschee von Qayrawan dekorieren. Sie wurden wahrscheinlich um das Jahr 860 importiert.

Kairo war seit 969 Hauptstadt des fatimidischen Kalifats, das in einem rivalisierenden Verhältnis zum Abbasidenhof in Bagdad stand – die höfische Kultur in Kairo war nicht zuletzt aufgrund dieser Konstellation auf große Prunk- und Luxusentfaltung ausgerichtet, um das östliche Kalifat in dieser Hinsicht zu überbieten. Die schiitischen Fatimiden, die im nordafrikanischen Raum beheimatet waren, brachten eine mediterrane kulturelle Prägung mit, was sich in der Kunst besonders auf die Darstellung von menschlichen Figuren auswirkte: Diese gab es zwar auch in den östlichen Traditionen, wie sie die sunnitischen Abbasiden stärker vertraten, aber dort waren die Figuren zumeist strenger und manchmal auch eher symbolischer aufgefasst, während jetzt oft eine lebendige, mitunter regelrecht humoreske Komponente zum Tragen kam. Diese realistische Tendenz entsprach wohl dem Geschmack einer neuen, wohlhabenden, bürgerlichen Mittelklasse, die sich um 1000 in der islamischen Welt etablierte. Für dieses neue Interesse an der menschlichen Gestalt ist die ausgestellte Schale ein besonders sprechendes Beispiel: Zentral und unter Ausnutzung des vollen Formats wird eine

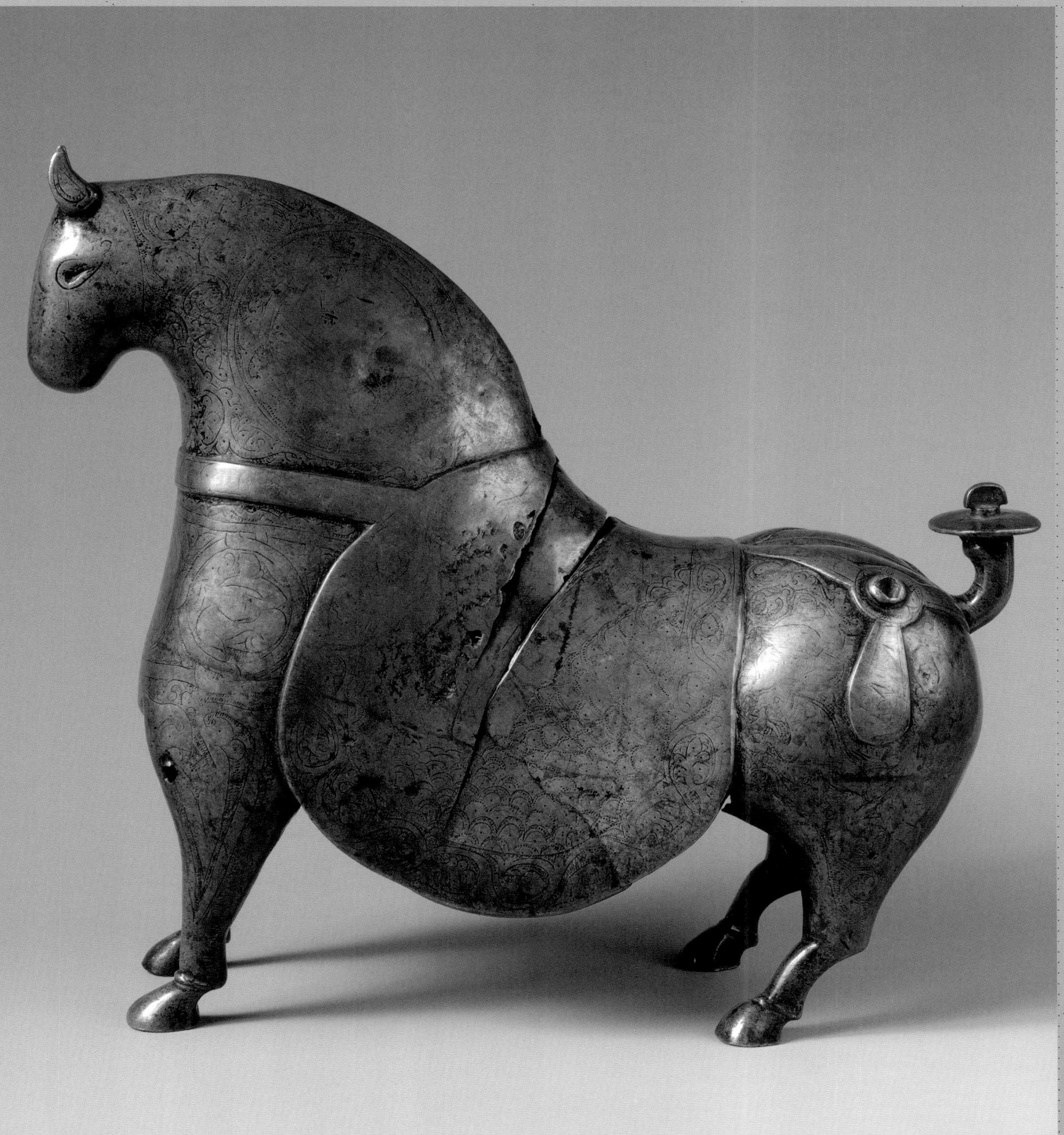

stehende männliche Gestalt in langer Tunika gezeigt, die in einer Hand die Aufhängung einer Lampe oder eines Räuchergefäßes hält. Auf der anderen Seite ist neben dem Mann ein Baum zu sehen. Dass der Stamm des Baumes von einer Art kurzem Querbalken gekreuzt wird, lässt auch an ein koptisches Kreuz denken – eine Symbolform, die auf das altägyptische Lebenssymbol ankh zurückgeht und bei den Kopten zum Zeichen für Christus wurde. Auch an eine Nähe zum christlichen Lebenssymbol der crux florida wäre zu denken.

Die Schale, ausgeführt in einer am Fatimidenhof etablierten Technik, zeigt also einen koptischen Mönch oder Priester, mithin ein christliches Motiv? Eine solche Annahme passt durchaus in das künstlerische und kulturelle Klima der Zeit: Die Machtübernahme der Fatimiden brachte vergleichbar große Freiheiten auch für nicht-muslimische Künstler und Handwerker mit sich, deren Aktivitäten unter dem Einfluss der sunnitischen Orthodoxie noch wesentlich stärkeren Restriktionen unterworfen gewesen waren. Gerade zwischen koptischen und islamischen Werkstätten gab es in fatimidischer Zeit einen besonders fruchtbaren Austausch, von dem nicht nur der Hof selbst profitierte: Offenbar blieben hochrangige Kunstgegenstände nicht allein dem unmittelbaren Umkreis des Kalifen vorenthalten, sondern wurden auch für andere Auftraggeber gefertigt. Aus diesen sozialen Strukturen erklärt sich auch die breite stilistische Vielfalt, die die fatimidische Lüsterkeramik insgesamt auszeichnet.

Die Londoner Schale zeigt eine besonders charakteristische Gestaltung, angefangen bei den grattage-artigen filigranen Linien, wie sie etwa in Spiralformen die Tunika überziehen. Solche Ziselierungen wurden möglich, weil bei der Lüstertechnik die Glasur feucht auf einen bereits gebrannten Scherben aufgebracht wird – die technischen Voraussetzungen trugen also zur Ausbildung einer spezifischen künstlerischen Handschrift bei. Auch der Gesamtentwurf, der in großen, summarischen, aber nachdrücklichen Linien eine schlüssige Bilderfindung schafft, verrät einen individuellen Duktus.

Angesichts dieser Beobachtungen lag es nahe, den zweimal verkehrt laufend am Außenrand der Schale angebrachten kufischen Schriftzug „Sa'd" als Signatur zu lesen. Alan Caiger-Smith beschrieb noch 1973 einen „typischen" Stil des Künstlers „Sa'd", zumal noch weitere, stilistisch vergleichbare Gefäße und Scherben denselben Schriftzug aufweisen. Inzwischen wurde allerdings eingewandt, dass es sich bei dem Schriftzug auch um eine Art Segenswunsch im Sinne von „Viel Glück" (von dem arabischen Wort Sa'ada) handeln könnte – oder bestenfalls um ein Markenzeichen eines bestimmten Brennofens. Die Möglichkeit, dass der Künstler „Sa'd" eine Fiktion westlicher Kunstgeschichtsschreibung ist, entstanden aus dem Wunsch, ein solch einmaliges Objekt aus der manchmal als anonym empfundenen mittelalterlichen islamischen Kunstproduktion herauszuheben, ist jedenfalls im Blick zu halten.

1910 kam die Schale als Leihgabe von Dikran Kelekian (1868-1951) nach München. Kelekian gehörte zu einem Kreis armenischstämmiger Kunsthändler und -sammler, die seit den 1890er Jahren die internationale Kunsthändlerszene bedeutend prägten und oft parallele Interessen für islamische und moderne Kunst entwickelten. So war Kelekian etwa auch ein früher Sammler und Förderer von Matisse, der wiederum zu den prominentesten Besuchern der Münchner Schau gehörte – hier laufen also mehrere Fäden zusammen, die den Gegenstand der „Ausstellung von Meisterwerken muhammedanischer Kunst" mit zeitgenössischen Strömungen um 1910 verwoben haben. EMT

Literatur: München 1910, Kat.-Nr. 1109; Kelekian 1910, Taf. 6; München 1912, Taf. 92; Lamm 1941, S. 50, Taf. 16; Ettinghausen 1942; Lane o. J. (1947), S. 23, Abb. 26a; Ettinghausen 1956; Caiger-Smith 1973, bes. S. 37; Ayers 1983, S. 108; Caiger-Smith 1985, S. 38-50; Fehérvári 1985, S. 105; Soustiel 1985, S. 133, Nr. 148; Jenkins 1988, bes. S. 67-75; New York 1997, Kat.-Nr. 273; Contadini 1998, S. 86; Baer 1999; Baer 2004, bes. S. 8-13; London 2004b, S. 118, 122.

Ceramic bowl || C. 1050-1100 || Egypt, probably Cairo || Frit-ware, with overglaze lustre decoration || Height 9.8 cm, Ø 22.1 cm || Victoria & Albert Museum, London (inv. no. C.49-1952) || Owner in 1910: Dikran Kelekian Collection

The lustre painting technique, which gives the surface of this bowl its metallic sheen, was invented in Iraq in the ninth century. From the tenth century onwards, this technique spread to other regions, with lustre ceramics being made in Egypt, Syria and Muslim Spain. Among the earliest examples of lustre ceramics being transferred directly from Abbasid Iraq to northern Africa are the lustre tiles that decorate the mihrab of the Great Mosque of Qayrawan. They were probably imported around 860.

From 969 onward, Cairo was the capital of the Fatimid Caliphate, which was a rival of the Abbasid court in Baghdad – it was not least as a result of this constellation that court culture in Cairo centred on lavish displays of pomp and luxury, in respect of which it aimed to outshine the eastern caliphate. The Shiite Fatimids who settled in the north African region brought with them to Cairo a Mediterranean cultural influence, which in the arts had consequences for the representation of human figures in particular. These did also exist in the eastern traditions, which the Sunni Abbasids upheld more strongly, but there the figures were mostly conceived more austerely and sometimes also more symbolically, whereas now a lively, sometimes downright humorous component often became apparent. This realistic tendency doubtless suited the tastes of a new, prosperous, urban middle class, which established itself in the Islamic world around 1000. The bowl on display is an especially eloquent example of this new interest in the human form: shown at the centre, making full use of the available space, is a standing male figure in a long tunic, with a lamp or incense-burner hanging from one hand. On his other side is a tree. A kind of short beam is placed across its trunk, calling to mind a Coptic cross. This form of symbol originates in the Ancient Egyptian ankh, which as a symbol of life was adopted by the Copts to stand for Christ. A connection with the crux florida, a Christian symbol of life, is also conceivable.

Could this bowl, produced with a technique established at the Fatimid court, therefore be showing a Coptic monk, or priest, and consequently a Christian motif? An assumption of this kind certainly fits in with the artistic and cultural climate of the time: the take-over of power by the Fatimids brought comparatively broad freedoms, which extended to non-Muslim artists and craftsmen, whose activities under the influence of Sunni orthodoxy had been subjected to considerably tighter restrictions. The Fatimid period saw a highly fruitful interaction between Coptic and Islamic workshops, in particular, of which the court was not the only beneficiary: evidently, art objects of high status were not reserved exclusively for those close to the caliph, but were also manufactured for other clients. These social structures also provide an explanation for the broad variety of style that characterizes Fatimid lustre ceramics in general.

The London Bowl displays an especially characteristic design, beginning with the grattage-like filigree lines and the way in which they cover the tunic in vaguely spiral patterns. Chasing of this kind was possible because the lustre technique involved applying wet glaze to an already-fired body – thus the technical parameters were conducive to the development of specific artistic styles. The design as a whole, which in broad, sketchy, but bold lines achieves a consistent imagery, is evidently the work of a single individual.

In view of this, it once seemed reasonable to suppose that the word "Sa'd" in Kufic script, which appears twice, running from right to left, on the outside of the bowl, was a signature. As recently as 1973, Alan Caiger-Smith described a "typical" style of the supposed artist named "Sa'd," given that other, stylistically comparable vessels and potsherds bore the same lettering. In the meantime, however, this has been disputed by those who maintain that this could be a kind of wish, in the sense of "good luck" (derived from the Arabic word Sa'ada) or, at best, the manufacturer's mark of a particular kiln. In any case, we should keep in mind the possibility that the artist named "Sa'd" is a fictional construct of Western art history, arising from the desire to rescue such a unique object from the sometimes nameless anonymity of mediaeval Islamic art production.

In 1910, the bowl came to Munich as a loan from Dikran Kelekian (1868-1951). Kelekian belonged to a circle of art dealers and collectors of Armenian origin, who had significantly influenced the international art dealers' scene since the 1890s; many of them developing parallel interests in Islamic and modern art. Kelekian, for instance, was an early collector and patron of Matisse, who in turn was one of the most prominent personalities to visit the Munich exhibition. Here, then, several threads converge, linking the object displayed in the "Exhibition of Masterpieces of Muhammadan Art" with contemporary trends around 1910. EMT

Kat. -Nr. 6 | Cat. -No. 6

Reliquiar, Bergkristallring || 1021-36, Fassung um 1350 || Ägypten und Venedig || Bergkristall, Silber vergoldet || Höhe 41 cm, Ø des Bergkristalls ca. 19 cm, Stärke 4,3 cm || Germanisches Nationalmuseum, Nürnberg (Inv.-Nr. KG 695) || Besitzer 1910: Germanisches Museum in Nürnberg

Dieses Reliquiar, das 1887 aus der Wiener Geistlichen Schatzkammer ins Germanische Nationalmuseum gelangte, ist ein klassisches Beispiel für die Wiederverwendung und damit verbundene Bedeutungsveränderung, die manche Objekte im Lauf der Zeit erfahren haben – insbesondere, wenn sie in einen neuen geographischen und kulturellen Kontext integriert wurden: Die Monstranz, so wie sie heute vor uns steht, wurde wohl um die Mitte des 14. Jahrhunderts von venezianischen Goldschmieden zur Fassung einer Reliquie hergestellt.

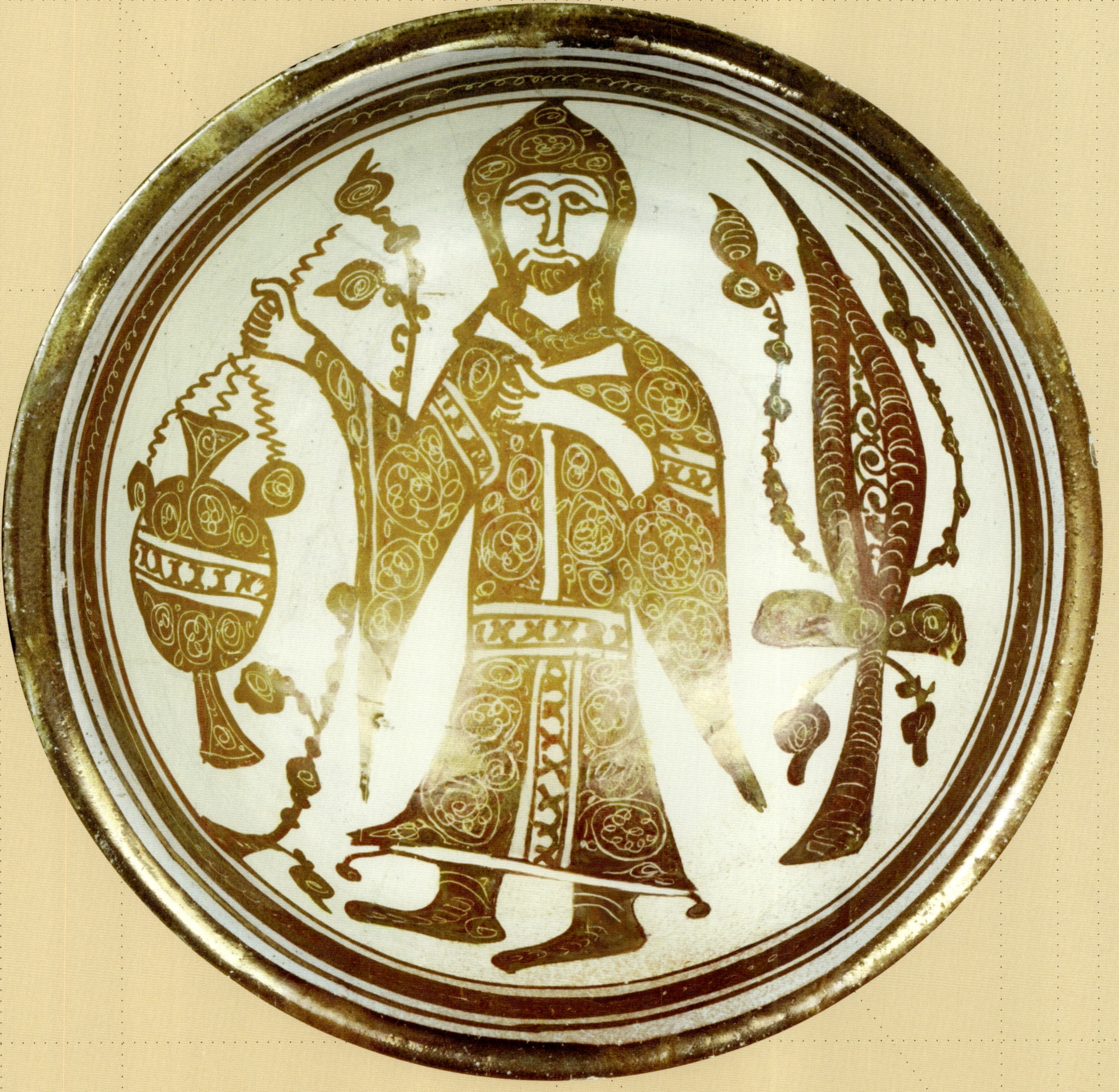

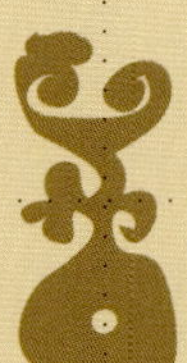

Der Bergkristallring aber, der die auf einem kleinen bestickten Tuch angebrachten Reliquien beinahe wie ein Nimbus rahmt, ist eine wesentlich ältere Arbeit, die im fatimidischen Kairo entstanden ist. Die kufische Inschrift verrät neben einer frommen Bekenntnisformel sogar den Namen des Auftraggebers oder des Besitzers: " Allahs ist die reine Religion. Ali ez-Zahir li-izaz din illahi, dem Allah ein langes Leben schenken möge".

Dieser Kalif regierte zwischen 1021 und 1036. Es gibt nur wenige andere Bergkristallarbeiten, die ebenfalls mittels Inschriften so klar zuzuschreiben und zu datieren sind – sie alle weisen auf die Blütezeit der fatimidischen Hofkultur. Als das Kalifat seinen wirtschaftlichen Niedergang erlebte, wurden die an Kunstwerken reichen Schatzkammern in den 1060er Jahren regelrecht ausverkauft. Ein berühmter Bericht des Historikers Al-Maqrizi schildert diese Vorgänge, explizit sind darin auch einige Gefäße aus Bergkristall erwähnt. Nicht wenige solcher Stücke fanden ihren Weg nach Byzanz, und von dort aus, nach dem vierten Kreuzzug und der Plünderung der Stadt im Jahr 1204, weiter in den Westen. Auf diese Weise könnte der ausgestellte Ring schließlich auch in die Hände venezianischer Werkleute gekommen sein.

Lange Zeit nahm man aufgrund der Überlieferung Al-Maqrizis an, dass in der Fatimidenzeit die Kunst der Bergkristallschnitzerei besonders entwickelt gewesen sei. Für zahlreiche unbeschriftete Objekte und Gefäße aus diesem Material wurde deshalb eine fatimidische Herkunft angenommen. Erst in jüngerer Zeit (Shalem 2008) wird vermehrt in Betracht gezogen, dass angesichts des zu jener Zeit regen wirtschaftlichen Austausches innerhalb der Levanteregion kein geringer Anteil auch aus anderen künstlerischen Zentren wie etwa Byzanz gestammt haben könnte. Vor dem Hintergrund dieser differenzierteren Betrachtung der Materialkultur fatimidischer Zeit gewinnt die eindeutige Zuschreibbarkeit dieses Bergkristallringes umso mehr an Bedeutung, schließlich bleibt er ein unzweifelhafter Vertreter einer genuin islamischen Schnitzkunst.

Das Material Bergkristall galt seit jeher als wertvoll, und es wurde wegen seines hohen ästhetischen Reizes geschätzt; zugleich ist es sehr schwer zu bearbeiten. Der Universalgelehrte Al-Biruni, der um das Jahr 1000 lebte, berichtete in einem Werk über Mineralien, dass diese aufwändige Technik von Ostafrika und den Maledivischen Inseln aus nach Basra eingeführt wurde – demzufolge hätte sie sich also zunächst von hier aus in der damaligen islamischen Welt ausgebreitet, was aber selbstverständlich den Einfluss byzantinischer Vorbilder und Techniken nicht ausschließt.

Wofür dieser Bergkristallring ursprünglich benutzt wurde, ist nicht sicher. Möglicherweise diente er emblematisch als Bekrönung eines Zeremonialstabes oder als Schmuckstück am Harnisch des Pferdes des Kalifen. Es fällt auf, dass die technische Ausführung des Stückes kein besonders hohes Niveau aufweist – die besondere Aura von Form und Material machten es aber wohl prädestiniert für die Wiederverwendung in einem ausgesuchten sakralen Rahmen. EMT

Lit.: München 1910, Kat.-Nr. 2092; München 1912, Taf. 166; van Berchem 1912, Nr. I; von Karabacek 1913; Lamm 1929-30, Taf. 75, 21; Kahle 1935, bes. S. 332; Pinder-Wilson 1954; Hahnloser 1959, S. 133-140, Abb. 14; Lightbown 1968, Abb. 6, 7; Shalem 1996, S. 62-63, Kat.-Nr. 72; Shalem 1997, S. 50-51, Abb. 6; Shalem 2007; Shalem 2008; Ali 1999, S. 157; Shalem 2010b.

Reliquary, rock crystal || C. 1021-36, setting from 1350 || Egypt and Venice || Rock crystal ring, gilded silver || Height 41 cm, Ø of rock crystal approx. 19 cm, width 4.3 cm ||Germanisches Nationalmuseum, Nuremberg (inv. no. KG 695) || Owner in 1910: Germanisches Museum, Nuremberg

This reliquary, which came to the German National Museum from the Ecclesiastical Treasury in Vienna, is a classical example of how objects are used in new ways over the course of time and consequently acquire different significance, particularly when integrated into a new geographical and cultural context. The monstrance, as it stands before us today, was likely fashioned as a reliquary by Venetian goldsmiths around the middle of the fourteenth century. The relics, attached to a small embroidered cloth, are now framed, however, by a ring of rock crystal almost like a halo: this is a considerably older work, originating in Fatimid Cairo. The Kufic inscription even reveals the name of the person who commissioned it or the name of its owner, after a pious motto: "The religion is for Allah [only], Ali al-Zahir li-izaz din Allah, may Allah prolong his life."

This caliph ruled from 1021 to 1036. There are very few other rock crystal pieces that can be so clearly attributed and dated from their inscriptions – they all appear to belong to the golden age of Fatimid court culture. In the 1060s, with the Caliphate in economic decline, the many works of art in its treasuries were literally sold off. A celebrated account by the historian Al-Maqrizi describes these events; several vessels of rock crystal are mentioned in it explicitly. Not a few of these pieces found their way to Byzantium, from where, following the fourth crusade and the pillaging of the city in 1204, they travelled further west. This could be the way in which the ring displayed here ended up in the hands of Venetian artisans.

From Al-Maqrizi's account, it was long assumed that the art of carving rock crystal had been highly evolved under the Fatimid Caliphate. In consequence, numerous objects and vessels of this material, but with no inscription, were assumed to be of Fatimid origin. Only recently (Shalem 2008) has greater consideration been given to the idea that, given the strong trading links within the Levant at the time, a substantial portion of these wares could have originated from other artistic centres, such as Byzantium. The fact that this rock crystal ring can be definitively attributed gains further importance against the backdrop of this differentiated view of material culture at the time of the Fatimid Caliphate. Ultimately, it remains an unquestionable representative of a genuinely Islamic art of glypthography.

Rock crystal has always been considered valuable and it was appreciated as an aesthetically appealing material. It is nonetheless difficult to work. The polymath Al-Biruni, who lived around 1000, stated in his treatise on mineralogy that the elaborate technique had been introduced to Basra from eastern Africa and the Maldive Islands. This implies that from there it was disseminated througout the contemporary Islamic world, which of course does not exclude the influence of Byzantine models and techniques.

It is not clear how this rock crystal ring was originally used. It may have had an emblematic function as the head of a ceremonial staff, or as an ornament on the harness of the caliph's horse. It is apparent that the level of technical skill employed in this work was not particularly high; the value and the special aura of the shape and the material did, however, make it predestined for reuse in a specific sacral context. EMT

Kat.-Nr. 7 | Cat.-No. 7

Runddose || 8. Jahrhundert || Jemen (Aden) || Elfenbein, graviert, roter und schwarzer Pasteneintrag || H 17,4 cm, Ø 12,3 cm, Stärke der Wandung 0,8 cm || St. Gereon, Köln || Besitzer 1910: St. Gereon, Köln

Im Jahr 1645 wird diese Runddose erstmals als *pyxis rotunda eburnea major, cui foris sera argentea appensa* in einem Verzeichnis der Kölner Kirchenschätze genannt. Möglicherweise ist sie bereits viel früher in die Stadt am Rhein gelangt. Schon um 1440 taucht ein ganz ähnliches Objekt auf einem Gemälde des Kölner Malers Stefan Lochner als Salbgefäß der Heiligen Magdalena auf (Seitenflügel des Weltgerichtsaltars, München, Alte Pinakothek, Inv.-Nr. WAF 501-502).

Jedenfalls ist die Pyxis noch wesentlich älter und hat einen weiten Weg zurückgelegt: Die Inschrift lautet: „Im Namen Allahs. Segen für den Knecht Allahs 'Abdallah, den Beherrscher der Gläubigen [*amir al-mu'minin*]. Von dem, was anzufertigen befohlen hat der Amir 'Abdallah ibn ar-Rabi' in Aden." Diese Namensnennung bezieht sich wohl auf einen um 780 im Jemen regierenden abbasidischen Gouverneur.

Ebenso wie die meisten der in größerer Zahl überlieferten Elfenbeinpyxiden aus dem Mittelmeerraum wurde auch diese Büchse aus einem Stück gefertigt. Der Boden ist eingefalzt und der konische Deckel aus zwei Stücken zusammengesetzt, sein Rand ist als Zarge durch Stifte mit dem Oberteil verbunden.

Besonders bemerkenswert ist die Oberflächengestaltung, die aus feinen, mit roter und schwarzer Paste gefüllten Gravierungen besteht, was auf dem weißgelben Elfenbein eine reizvolle Farbwirkung erzielt. Die Büchse selbst zeigt zwei breite Streifen aus einem kleinteiligen Muster geometrischer Formen, die sich aus Punkten, diagonalen und senkrechten Linien zusammensetzen, jeweils eingefasst von Bändern kleiner Kreis-Punkt-Ornamente. Dieses Kreis-Punkt-Motiv erscheint auch auf dem Deckel wieder. Hier besteht der Dekor aus konzentrisch angeordneten Bändern, deren Zwischenräume mit Bögen gefüllt sind. Auch im Inneren befinden sich am Boden gravierte Kreisformen. Außergewöhnlich ist auch die aus einfachen Punkten zusammengesetzte kufische Inschrift, die oberhalb eines Zierbandes am Deckelrand umläuft.

Es scheint sich hier um ein Beispiel einer frühen islamischen Tradition der Elfenbeinverarbeitung zu handeln, deren künstlerische, technische und ästhetische Grundlagen und Wirkungen uns noch Rätsel aufgeben, jedenfalls aber über die arabische Halbinsel hinausweisen.

Zweifelsfrei gingen einige der Merkmale dieser Arbeit im allgemeinen Repertoire der Elfenbeinkunst auf – innerhalb und jenseits des islamischen Kulturkreises. Kreis-Punkt-Ornamente sind allgemein seit dem 6. Jahrhundert vor Christus bekannt, im Mittelalter finden sie sich beispielsweise auf koptischen Gebrauchsgegenständen aus Elfenbein sowie auf Schachsteinen, die im 10. oder 11. Jahrhundert in Ägypten entstanden sein dürften (z. B. Metropolitan Museum of Art, Inv.-Nr. 49.36, vgl. Pinder-Wilson 2005, Abb. 10). Auf

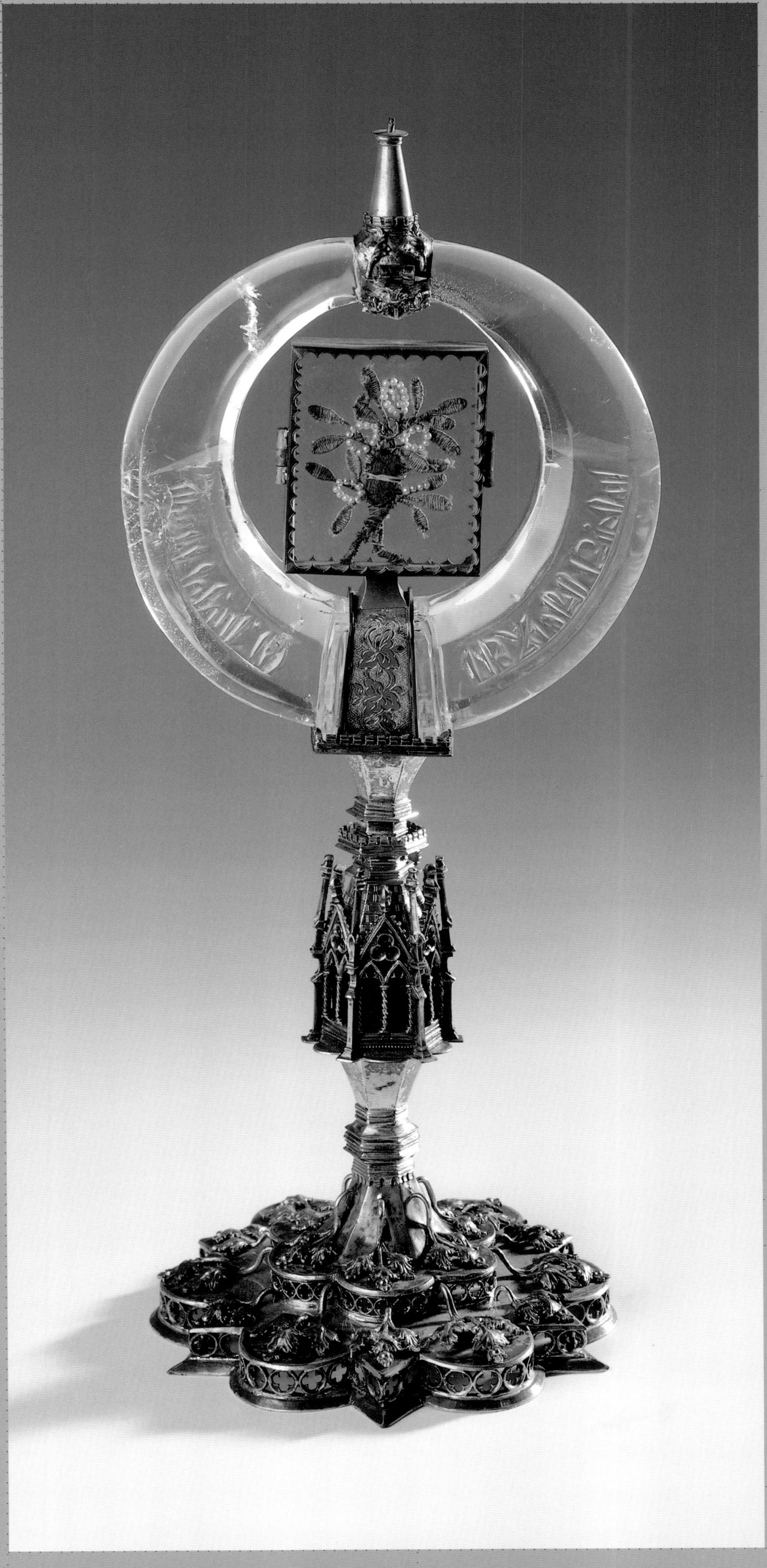

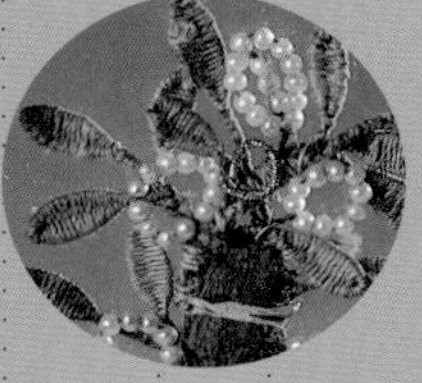

einem zumeist in Sizilien lokalisierten Kästchen aus dem 12. Jahrhundert im Germanischen Nationalmuseum sind ebenfalls Bänder aus solchen Kreisen angebracht (Inv.-Nr. KG 718, vgl. Berlin 1989, Kat.-Nr. 4/17). Es sind also durchaus Verwandtschaften mit solchen – allerdings zumeist späteren – Arbeiten aus dem Mittelmeerraum vorhanden. Vor allem aufgrund von Übereinstimmungen mit der in Ägypten verbreiteten Gravierkunst wurde sogar in Betracht gezogen, dass die Kölner Büchse auch dort entstanden und in den Jemen importiert worden sein könnte (Pinder-Wilson 2005, S. 15). Andererseits zeigen selbst einige rheinländische Knochenplattenschnitzereien (z. B. Köln 1985, E 34, E 60) das Kreis-Punkt-Motiv, wobei offen bleibt, ob hier ein Zusammenhang mit orientalischen Vorbildern besteht oder sich vielleicht unabhängig eine parallele Entwicklung vollzog.

Der arabische Autor Al-Biruni bezeugt im 11. Jahrhundert, dass Elfenbein in Arabien vorhanden war und von jemenitischen Händlern gehandelt wurde – was auch für eine eigene Tradition der Elfenbeinbearbeitung spricht.

Für die besonders charakteristische punktierte kufische Inschrift gibt es sonst im islamischen Kulturraum kaum Beispiele. Allerdings finden sich ganz ähnlich gestaltete Schriftzüge sowohl auf sasanidischen Silberarbeiten (vgl. Ghirshman 1957, v. a. S. 80-82) wie auch auf byzantinischen Metallgegenständen und Gewichten (z. B. München 2004, Kat.-Nr. 778, 842). Blickt man historisch noch weiter zurück, so führt diese Fährte sogar nach Zentralasien und Indien: In der im heutigen Afghanistan nahe Kabul gelegenen Region Wardak wurde in einem buddhistischen Stupa ein vasenförmiger Reliquienbehälter aus dem 2. Jahrhundert gefunden, um dessen Schulterwölbung ebenfalls punktierte Inschriften laufen (Cambridge 1992, Kat.-Nr. 170). Ein weiteres büchsenförmiges Reliquiar aus dem Punjab, das aus dem 2.-3. Jahrhundert stammt, zeigt ganz ähnlich wie die Kölner Runddose die punktierte Inschrift umlaufend auf dem Deckel (Cambridge 1992, Kat.-Nr. 181).

Dieses Kunstwerk steht also auf vielfältige Weise für Wanderschaften und Verwandtschaften in Technik und ästhetischer Formensprache – aber auch für Fragen und fehlende Bindeglieder, die für die Forschung gerade im interkulturellen Kontext besondere Herausforderungen bieten.

Eine Pyxis mit vertikalen Dekorbändern, die ebenfalls aus mit Farbpaste gefüllten Gravierungen und Punktierungen bestehen, wurde zuletzt als zentralasiatisches Produkt des 12. und 13. Jahrhunderts gehandelt und mit khurasanischer, afghanischer und indischer Kunst in Verbindung gebracht (Sotheby's 2005, Los 114) – obwohl dies eine große historische Distanz bedeuten würde, ist im Gesamtentwurf die Nähe zur hier ausgestellten Runddose unverkennbar. AS, EMT

Literatur: Bock 1858, Nr. 2; Gildemeister 1869; München 1910, Kat.-Nr. 2148; Ghirshman 1957; Kühnel 1971, Nr. 18, Taf. 5; Köln 1985, Kat.-Nr. E 33; Berlin 1989; Cambridge 1992; Blair 1998, S. 187; Pinder-Wilson 2005; München 2004; Shalem 2005b, Sotheby's 2005.

Round box || 8th century || Yemen (Aden) || Ivory, engraved, red and black paste application || Height 17.4 cm, Ø 12.3 cm, thickness of the sides 0.8 cm || St. Gereon, Cologne || Owner in 1910: St. Gereon, Cologne

This round box is first mentioned in an inventory of Cologne's ecclesiastical treasures in 1645, as a *pyxis rotunda eburnea major, cui foris sera argentea appensa*. However, it may have found its way to this city on the Rhine much earlier. An object that looks much like it can be seen in a work by the Cologne painter Stefan Lochner from 1440, where it serves as a container for the ointment used by Mary Magdalene (side panel of the Last Judgement Altar at the Alte Pinakothek in Munich, inv. no. WAF 501-502).

Undoubtedly, the pyxis is quite a bit older and had come a long way: the inscription reads "In the name of Allah, blessing to the servant of Allah, 'Abdallah Commander of the believers [*amir al-mu'minin*], from that which was commissioned by the Amir 'Abdallah bin al-Rabi' in Aden."

The name cited here refers to an Abbasid governor who ruled in Yemen around 780. Like most of the many ivory pyxides surviving from the Mediterranean region, this box was made from one and the same block. The bottom is attached with a rabbet joint, while the conical lid consists of two pieces; the edge is a bezel attached to the upper part by means of small pins.

Particularly notable is the design on the outer surface; it consists of fine engraving filled with red and black paste that creates an attractive colour effect on the yellowish white ivory. The box itself displays two broad stripes containing a detailed pattern of geometric forms, composed of dots as well as diagonal and vertical lines; they are in turn framed by narrow bands of circle-and-dot ornamentation. This circle-and-dot motif appears again on the lid. Here the pattern consists of concentric bands with arches filing the spaces in between. Circles are also engraved into the bottom on the inside. The Kufic inscription, written using a series of simple dots and located above the decorative band on the edge of the cover, is also unusual.

This appears to be an example of the early Islamic tradition of ivory carving, the artistic, technical and aesthetic foundations and effects of which still present us with riddles, and quite certainly contain references that go beyond the Arabian peninsula.

Without doubt, some of the characteristics of this work found their way into the general repertoire of the art of ivory carving – within and beyond the sphere of Islamic culture. Circle-and-dot ornamentation is known to have been in use since the sixth century B.C. In respect of the Middle Ages, it can be found on Coptic ivory utensils as well as chess pieces, for instance, which are likely to have been produced in Egypt in the tenth or eleventh century (e. g. Metropolitan Museum of Art, inv. no. 49.36, cf. Pinder-Wilson 2005, fig. 10). A box from the twelfth century at the German National Museum, generally considered to be of Sicilian provenience, is also decorated with bands of such circles (inv. no. KG 718, cf. Berlin 1989, cat. no. 4/17). Hence, relationships can be established to examples of this kind of work – usually much later ones – from the Mediterranean region. On the basis of correspondences with the art of engraving frequently encountered in Egypt, in particular, it was even considered whether the Cologne box may have been produced there and imported into Yemen (Pinder-Wilson 2005, p. 15). On the other hand, even some carved bone panels from the Rhineland (e. g. Cologne 1985, E 34, E 60) display the circle-and-dot motif, whereby the question remains unanswered as to whether there is any connection to Oriental models or whether a parallel development took place independently.

Evidence that ivory existed in Arabia in the eleventh century and that it was traded by Yemeni merchants is provided by the Arab writer Al-Biruni – and this would support the argument for an indigenous tradition of ivory carving.

There are otherwise few examples in the Islamic cultural sphere of the particularly characteristic dotted Kufic inscription. However, very similar inscriptions can be found both on Sasanian silver objects (cf. Ghirshman 1957, esp. pp. 80-82) and on Byzantine metal objects and weights (e. g. Munich 2004, cat. nos. 778, 842). If one looks further back in history, the trail leads as far as Central Asia and India: in the region of Wardak, near Kabul in present-day Afghanistan, a vase-shaped reliquary from the second century, which was found in a Buddhist stupa, also has a dotted inscription around its shoulder (Cambridge 1992, cat. no. 170). A box-shaped reliquary from Punjab, from between the second and third centuries, displays a dotted inscription very similar to the one running around the lid of the round box from Cologne (Cambridge 1992, cat. no. 181).

This work of art therefore provides a variety of evidence of peregrinations and relationships in terms of technique and aesthetic vocabulary of form – while also raising questions and indicating missing links, which represent a great challenge for research, particularly in an intercultural context.

A pyxis with vertical bands of decoration, likewise consisting of both engravings and dot-like indentations filled with coloured paste, has recently been classified as a Central Asian product from the twelfth and thirteenth centuries with a connection to Khurasani, Afghan and Indian art (Sotheby's 2005, lot 114). Although this would mean a great historical distance, the proximity of the overall design to that of the round box on display is unmistakable. AS, EMT

Kat. -Nr. 8 | Cat. -No. 8

Schatulle (Schreibkästchen) || 11.-12. Jhdt. || Mittelmeerraum || Elfenbein, vergoldete Bronzebeschläge || 2,5 x 22,5 x 4 cm || Museum Schnütgen, Köln (Inv.-Nr. B 10) || Besitzer 1910: Sammlung Schnütgen

„Die Elfenbein-Stücke möchte ich deshalb gern hinsenden, weil vielleicht durch den Vergleich mit anderen die Frage nach der Herkunft etwas geklärt wird." So argumentierte Friedrich Sarre gegenüber dem Berliner Museumsdirektor Wilhelm von Bode, als es darum ging, dessen Zustimmung für die Auswahl bestimmter Leihgaben aus den Berliner Beständen für die Münchner Ausstellung zu gewinnen. Auch in anderen Sammlungen bemühte er sich daher ganz besonders um Elfenbeinarbeiten. Schließlich zählten sie im Ausstellungskatalog mehr als 30 Nummern – eine beachtliche Zahl für dieses fragile Material. Die wichtigsten offenen Fragen, vor denen man sich seinerzeit angesichts solcher Arbeiten sah, betrafen Herkunft und Produktionszentren. Sarres Rechnung ging in dieser Hinsicht durchaus auf: In unmittelbarer Folge der Ausstellung ergab sich eine Diskussion zwischen Ernst Diez und Ernst Kühnel, die sich vor allem um die regionale Zuschreibung größerer Gruppen drehte. Während Diez für mehr als 30 Stücke, die bisher als sizilianisch betrachtet worden waren, nun einen syrischen oder mesopotami-

Kat.-Nr. 7 | Cat.-No. 7

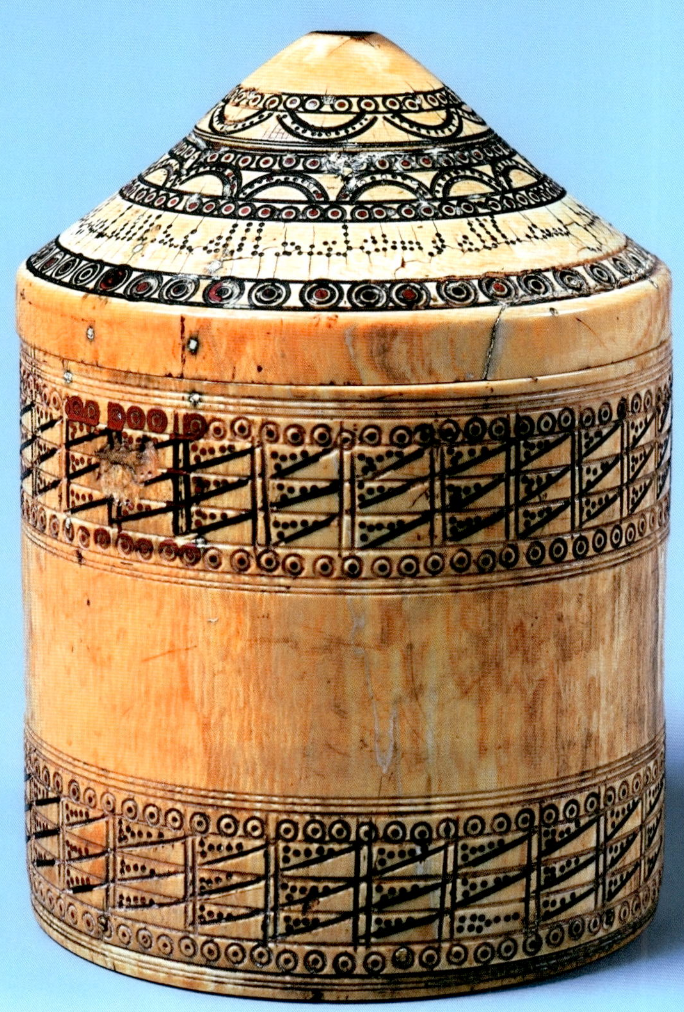

Kat.-Nr. 8 | Cat.-No. 8

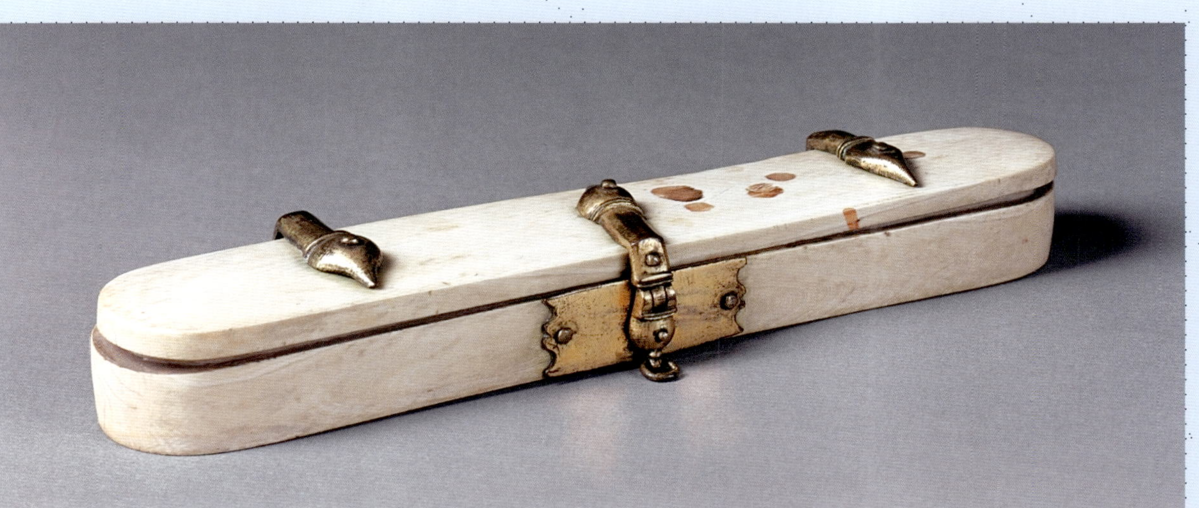

schen Ursprung annahm, hielt Kühnel die sizilianische These, die er durch einen Stilvergleich mit der Ornamentik normannischer Monumente zu festigen suchte. Gerade durch diesen Dissens war ein wichtiger Impuls für die Kunstwissenschaft geleistet, der Kühnels eigenes Schaffen bis hin zu seinem posthum veröffentlichten Corpus der islamischen Elfenbeinskulpturen prägen sollte. Inzwischen wurde die Lokalisation regelrechter Produktionszentren für die Elfenbeinarbeiten, die während des 11. und 12. Jahrhunderts im Mittelmeerraum entstanden sind, generell wieder durch eine offenere Diskussion abgelöst: Exklusive Elfenbeinobjekte waren Teil eines elitären „internationalen Stils“ und zirkulierten, ebenso wie das Rohmaterial selbst, über kulturelle Grenzen hinweg.

Die ausgestellte längliche Schatulle ist massiv aus Elfenbein gefertigt. Diese Form ist für das Material sonst kaum überliefert. Stilistisch und technisch steht das Objekt in der Nähe einer Reihe von Runddosen, die im 11. und 12. Jahrhundert entstanden sein dürften (vgl. z. B. Museum Schnütgen, Inv.-Nr. B11).

Im Inneren des Kästchens sind ein längliches sowie ein kleines Fach herausgeschnitten, ein Teil des Deckels ist innen mit Gravierungen bzw. Punktierungen verziert. Dieser ornamentierte Bereich, der deutliche Abnutzungsspuren zeigt, entspricht fast genau dem größeren Innenfach der Schatulle. Allerdings scheint der Deckel falsch herum montiert. Dafür spricht auch, dass das Kästchen nicht richtig schließt, weil die Krümmungsrichtung des Elfenbeinzahnes, die in Behälter und Deckel noch leicht abzulesen ist, jeweils in die andere Richtung zeigt. Vermutlich war ursprünglich gar keine Montierung vorgesehen, der Deckel wurde einfach mittels des noch vorhandenen schmalen Steges aufgesetzt. Allerdings ist anzunehmen, dass der vergoldete Bronzeverschluss bereits bald nach der Herstellung der Schatulle hinzugefügt wurde, denn stilistisch und technisch stimmt er mit den Beschlägen überein, die von anderen mittelalterlichen Elfenbeinkästchen und -pyxiden der Mittelmeergruppe bekannt sind. Möglicherweise ging es darum, das Objekt prächtiger und zugleich geheimnisvoller wirken zu lassen, was für den Betrachter besondere Erwartungen oder Assoziationen hinsichtlich der Bedeutung des Inhalts ausgelöst haben mag. Darüber hinaus erhöhte die feste Verschließbarkeit durch Scharniere und Schloss vielleicht auch die Transportfähigkeit des Stückes.

Beides würde zur allgemein angenommenen Funktion der Schatulle als (tragbarem) Schreibkästchen passen: Das große Fach könnte Federn oder Griffel enthalten haben, das kleine Fach die im Mittelalter gebräuchliche, in trockenem Zustand aufbewahrte ägyptische Tinte aus Ruß, die erst durch Befeuchten benutzbar wurde.

In ganz ähnlicher Form wurden auch tauschierte Metallschatullen angefertigt (z. B. Freer Gallery of Art and Arthur M. Sackler Gallery, Inv.-Nr. F1936.7). EMT

Lit.: Diez 1910; München 1910, Kat.-Nr. 2169; Diez 1911; Witte 1913, Nr. 55/4; Kühnel 1914; Kühnel 1971; Köln 1985, Kat.-Nr. B 71; Berlin 1989, Kat.-Nr. 4/12; Shalem 2004; Kröger 2005; Shalem 2010a.

Casket (writing box) || 11th-12th century || Mediterranean region Ivory, gilded bronze fittings || 2.5 x 22.5 x 4 cm || Museum Schnütgen, Cologne (inv. no. B 10) || Owner in 1910: Schnütgen collection

"I would like to send the ivory items there, because perhaps the matter of their provenience might be somewhat clarified through comparison with others." This was the argumentation used by Friedrich Sarre to persuade museum director Wilhelm von Bode to grant approval for a selection of items from the Berlin inventories to be sent on loan for the exhibition in Munich. Accordingly, Sarre made a special effort to obtain works in ivory from other collections, too. Ultimately, more than thirty such objects featured in the exhibition catalogue – a sizeable number, considering the material's fragility. At the time, the most important questions posed by such works concerned their origin and the centres of manufacture. In this respect, Sarre's hunch turned out quite successfully: immediately following the exhibition, a dispute arose between Ernst Diez and Ernst Kühnel, which centred primarily on the regional attribution of large groups of objects. Whereas Diez now proposed a Syrian or Mesopotamian origin for more than thirty items, which until then had been considered to be Sicilian, Kühnel kept to the Sicilian hypothesis, which he sought to strengthen by means of a stylistic comparison with the ornamentation of Norman monuments. It was precisely this disagreement that gave an important impetus to art history: one that was to inform Kühnel's own work up to and including his posthumously published corpus of Islamic ivory sculptures. In the meantime, the quest to locate proper manufacturing centres for the ivory works produced during the eleventh and twelfth centuries in the Mediterranean region has generally reverted to a more open discussion: luxury ivory objects were part of an elite "international style" and circulated, like the raw material itself, across cultural boundaries.

The long casket exhibited here is made of solid ivory. Hardly any other examples of the material in this form are known. In terms of its style and technique, this object is closely related to a series of round boxes, which were most likely made in the eleventh and twelfth centuries (cf. e. g. Museum Schnütgen, inv. no. B11).

Two compartments have been hollowed out inside the casket, one long and one smaller; part of the inside of the lid is decorated with engraving and stippling. This area of ornamentation, which displays clear signs of wear, corresponds almost exactly to the larger compartment of the casket. The lid, however, seems to be mounted the wrong way round. This is also evident in the fact that the lid does not close properly, because the ivory of the body and the lid, as can easily be seen, curves in mutually opposite directions. Presumably the lid was originally not meant to have any kind of additional fastening, being held in place simply by the narrow rebate on the box. It may be assumed, though, that the gilded bronze clasp was added soon after the casket had been made, as it corresponds in style and technique with the fittings that are known from other mediaeval ivory caskets and pyxides of the Mediterranean group. It may have been added in order to make the object appear more magnificent and simultaneously more mysterious, which may have inspired particular expectations or associations in those who saw it, with regard to the importance of the contents. Furthermore, the hinges and clasp made it possible to close the container securely, thus making it easier to transport.

Both aspects would fit well with the casket's generally assumed function as a (portable) writing box: the larger compartment could have held quills, or styluses, while the smaller one contained the Egyptian soot-based ink used in the Middle Ages, which was stored in a dry state and made ready for use by moistening.

Caskets of a very similar form were also made of inlaid metal (e. g. Freer Gallery of Art and Arthur M. Sackler Gallery, inv. no. F1936.7). EMT

Kat.-Nr. 9 | Cat.-No. 9

Emaillierte Kupferschale || Mitte 12. Jahrhundert || Byzanz oder nördliches Mesopotamien (?) || Kupfer vergoldet, Email cloisonné, Fuß fehlt, Henkel spätere Ergänzung || Höhe 5 cm, Ø 26,5 cm || Tiroler Landesmuseum Ferdinandeum, Innsbruck (Inv.-Nr. K 1036) || Besitzer 1910: Tiroler Landesmuseum Ferdinandeum, Innsbruck

Die Emailschale gelangte 1824 in die Sammlung des Tiroler Landesmuseums, im Jahr nach der Gründung des Hauses: Der Geistliche Josef von Lemmen-Linsingburg überwies das damals noch als „kufische Schale“ bezeichnete Gefäß anstelle eines Jahresbeitrages dem Museumsverein.

Die Lokalisation im islamischen Kulturkreis wurde zunächst vor allem aufgrund der Randinschriften vorgenommen: Auf der Außenseite befindet sich ein persisches Schriftband, das jedoch bislang nicht vollständig entziffert werden konnte. Die arabische Inschrift auf der Innenseite weist auf den Artuqiden-Emir Rukn ad-Daula Daud als Besitzer der Schale hin, der zwischen 1114 und 1144 im Gebiet des nordmesopotamischen Amida, dem heutigen türkischen Diyarbakir herrschte. Ins Deutsche übertragen lautet die Inschrift: „Der große, [sc., von Gott] gestärkte und mit Sieg beschenkte Fürst und Feldmarschall Nasir ad-Din [Beschenker des Glaubens mit Sieg] Rukn ad-Daula [Pfeiler des Reiches], Schwert der Glaubensgemeinschaft, Glanz der Gemeinde, Führer der Heere, Krone der Könige und Sultane, Töter der Ungläubigen und Polytheisten, Alp-Sevinç Sonqur-Beg Abu Sulaiman Da'ud, Sohn des Artuq, Schwert des Fürsten der Gläubigen“ (Richter-Bernburg 1995, S. 39).

Allerdings stünde ein solches Objekt in der islamischen Kunst völlig für sich: Zwar sind einige Zentren islamischer Emailtechnik bekannt, vergleichbar komplexe und großformatige Arbeiten in Zellenschmelztechnik auf Kupfer aber sind nicht überliefert (Gonzalez 1994; Shalem 1999). Die Innsbrucker Schale jedoch ist in technischer und kompositorischer Hinsicht von solch besonderer Qualität, dass man sie im Zusammenhang einer hoch entwickelten Werkstattproduktion sehen muss. Sie kann also als einzigartiges Beispiel mittelalterlicher Emailkunst gelten, das zahlreiche Fragen aufwirft – ein Schlüsselwerk für die Betrachtung unterschiedlicher Stile und Kunstlandschaften und eine Herausforderung für das Verständnis ihrer Entstehungszeit.

Das flache Kupfergefäß ist auf beiden Seiten kleinteilig in rotem, grünem, blauem, türkisem, gelbem, grauem, schwarzem und weißem Zellenschmelz mit ursprünglich vergoldeten Kupferstegen emailliert. Auf der Innen- und Hauptschauseite ist in einem zentralen Tondo die Himmelfahrt Alexanders des Großen dargestellt, umgeben von sechs Kreismedaillons. In den Kreisfeldern, wie auch den Zwischenräumen erscheinen in einem komplexen kompositorischen Schema alternierend vegetabile Motive, höfische Szenen oder Tiere und Fabelwesen. Auf der Rückseite ist wegen des Schalenfußes kein zentrales Motiv vorhanden, ein weiterer Ring von sechs Medaillons

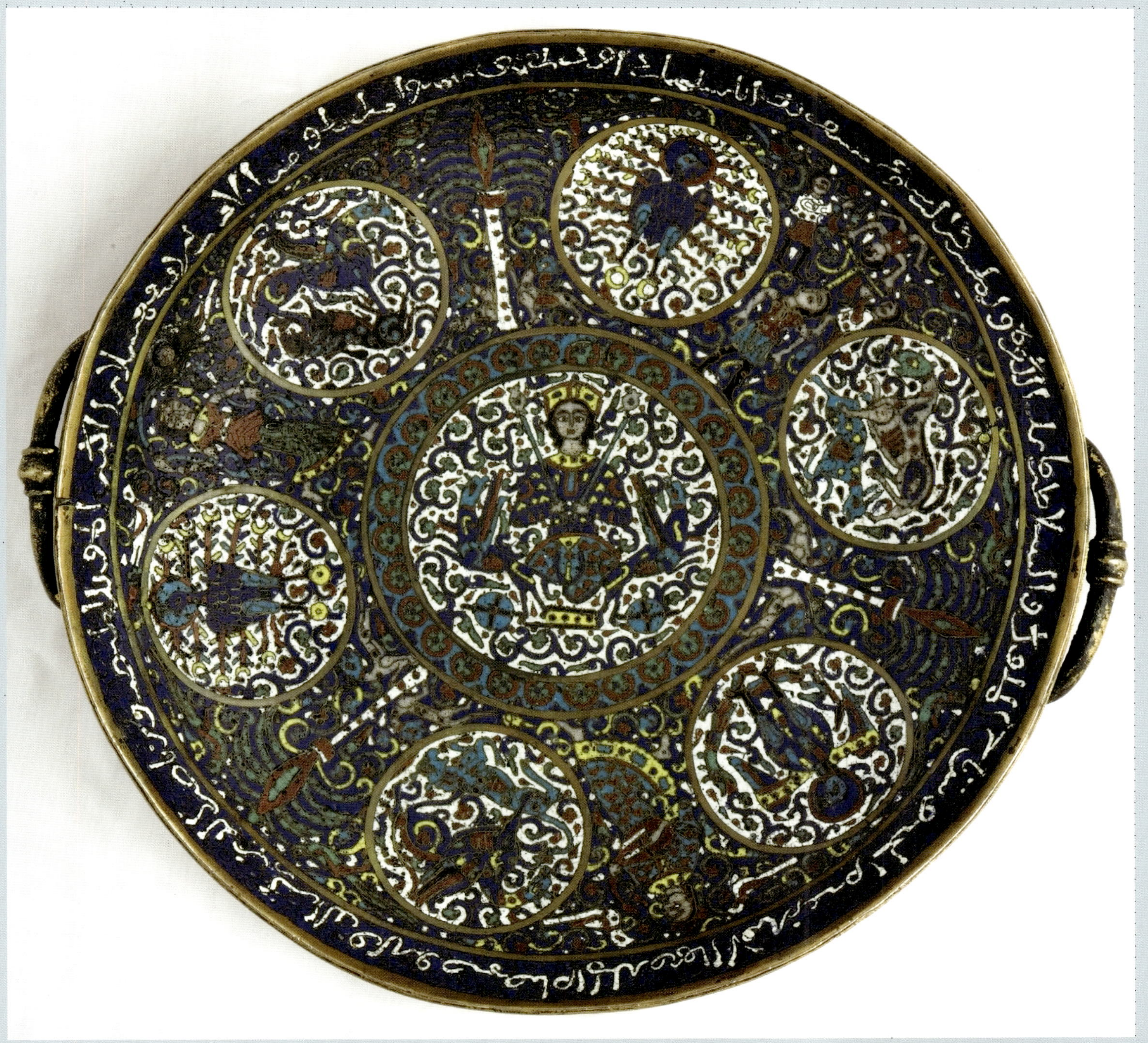

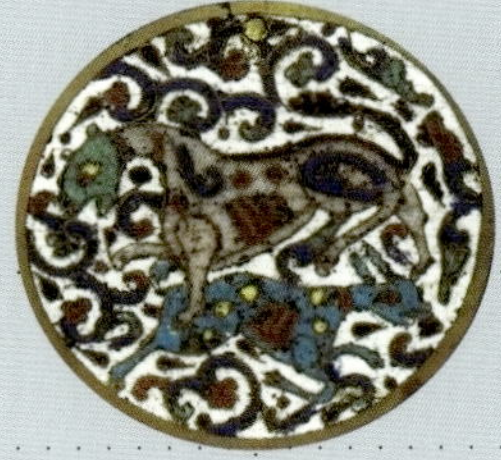

zeigt auch hier Fabelwesen sowie Tänzer und Musikanten. Zwar sind gerade solche Motive der höfischen Ikonographie in der islamischen Kunst keineswegs unbekannt – die insgesamt einzigartige Gestalt des Gefäßes führte aber dazu, dass schon früh die Frage nach möglichen anderen Entstehungsorten oder Einflussgebieten gestellt wurde. Auch die in Kalligraphie und Rechtschreibung wenig sorgfältige Qualität der beiden Inschriften weist darauf hin, dass es sich nicht unbedingt um ein Werkstück aus der Hand islamischer Künstler handelt. Zu Beginn des 20. Jahrhunderts hielt man deshalb etwa noch eine Verbindung zu chinesischer Kunst für möglich.

Besonders plausibel lässt sich jedoch anhand handwerklicher und stilistischer Kriterien ein Zusammenhang mit den byzantinischen Hofwerkstätten herstellen, wo die Emailtechnik im 12. Jahrhundert besonders entwickelt und prestigeträchtig war. Ein bislang wenig beachtetes, aber in einigen Aspekten vergleichbares Werk, der sogenannte Reliquienkasten aus Agram (heute Zagreb) im Berliner Kunstgewerbemuseum (Inv.-Nr. F 203), deutet ebenfalls auf den Einflussbereich byzantinischer Hofkunst (vgl. Koenen 2008, S. 130-134). Die Annahme, dass die Schale mit ihrer höfischen und herrschaftlichen Symbolik also als exklusives diplomatisches Geschenk oder im Auftrag für den in der Inschrift genannten Artuqidenfürsten entstanden ist, liegt nahe, zumal die Beziehungen zwischen Byzanz und den türkischen Stämmen Mesopotamiens in jener Zeit durch rege und phasenweise ausgesprochen freundschaftliche Kontakte geprägt waren.

Die Suche nach der Lokalisation des Entstehungsortes hat damit eine eindeutige Richtung genommen, die jedoch immer noch Raum für alternative Thesen lässt. So wurde etwa auch das im 12. Jahrhundert wiederholt von artuqidischen Invasionen betroffene Georgien zur Diskussion gestellt. Auch der Zusammenhang mit einer byzantinischen Delegation, die sich während der Regierungszeit des byzantinischen Kaisers Manuel I. Komnenos (1143-1181) am seldschukischen Hof in Konya aufhielt, wurde in Betracht gezogen: Möglicherweise, so diese Argumentation, sei die Schale von Künstlern aus dem byzantinischen Gefolge sogar in den seldschukischen Werkstätten gefertigt worden (vgl. Max Bär in: Innsbruck 1995, S. 38).

In jedem Fall bleibt die Innsbrucker Emailschale ein herausragendes Zeugnis für die dynamischen künstlerischen und kulturellen Austauschprozesse, die sich während der Kreuzzugszeit aus der Berührung byzantinischer und islamischer Einflusssphären ergeben konnten. Auch wenn über den Herstellungsort dieses Stückes nicht mehr eindeutig zu entscheiden ist, zeugt es doch umso deutlicher von der Komplexität visueller Traditionen (vgl. Müller-Wiener 2008) und kultureller Grenzgänge (vgl. Koenen 2008), die mehr von der Kunstwissenschaft verlangen als bloßes Vergleichen, Einordnen und Zuschreiben von Objekten. EMT, AS

Literatur: Migeon 1907, S. 155-157, von Falke 1909; München 1910, Kat.-Nr. 3056; Strzygowski/van Berchem 1910, S. 120-128, S. 348-354, München 1912, Taf. 159, Riegl 1923, Abb. 48; Buchthal 1946, Abb. 2; Sourdel-Thomine/Spuhler 1973, Nr. XLII; London 1976, Nr. 238, Berlin 1989, Kat.- Nr. 1/155, Redford 1990; Gonzalez 1994; Restle 1994, S. 25-41; Innsbruck 1995; Richter-Bernburg 1995; New York 1997, Kat.-Nr. 281; Shalem 1999; Hoffmann 2001; Steppan 2001; Athen 2002, S. 231-238; Koenen 2008, Müller-Wiener 2008, Shalem 2008, Gürtler 2009

Enamelled copper plate || Mid-12th century || Byzantium or northern Mesopotamia (?) || Gilded copper, cloisonné enamel, pedestal missing, handle added later || Height 5 cm, Ø 26.5 cm || Tiroler Landesmuseum Ferdinandeum, Innsbruck (inv. no. K 1036) || Owner in 1910: Tiroler Landesmuseum Ferdinandeum, Innsbruck

This enamelled plate entered the Tyrolean State Museum's collection in 1824, following the museum's foundation. The clergyman Josef von Lemmen-Linsingburg donated the dish, recorded at the time as a Kufic plate, to the *Museumsverein* in lieu of an annual membership fee.

Attempts to establish the plate's provenance in the Islamic cultural sphere were initially based on the border inscriptions: around the rim there is a Persian script which, however, has not yet been completely deciphered. The Arabic inscription along the inner border indicates that the owner of the plate was Rukn ad-Daula Daud, the Artuqid Emir who ruled the northern Mesopotamian region of Amida (present-day Diyarbakir, in Turkey) between 1114 and 1144. It reads as follows: "The amir, chief of armies (*al-isfahsalar*), the great, the fortified by God, the victorious, Nasir al-Din, Rukn al-Dawla, saber of the community, luster of the nation, leader of armies, crown of kings and sultans, slayer of infidels and polytheists, Alp Sawghan [??] Sunqur Bak Ata [?] Sukman Dawud [sic] son of Artuq, sword of the Commander of the Faithful." (Redford 1990)

However, such an object would be singular in Islamic art. Although several centres of Islamic enamel working are known, we have no record of comparatively complex and large-scale works using cloisonné technique on copper (Gonzalez 1994; Shalem 1999). From a technical and compositional perspective, however, the Innsbruck plate is of such a special quality that one has to place it in the context of highly developed workshop production. Therefore, it may be considered a unique example of mediaeval enamel art – and one that poses multiple questions: a work of major importance in respect of various styles and cultural settings, as well as a challenge to our understanding of its time of origin.

The flat copper dish is enamelled in detail on both sides in red, green, blue, turquoise, yellow, grey, black and white cloisonné with copper dividers that were originally gilded. Its obverse, the side normally visible, features a central medallion depicting Alexander the Great, surrounded by six roundels. In these roundels and their interstices, plant motifs alternate with courtly scenes, animals and mythical beasts in a complex arrangement. The exterior face lacks a central motif where the missing pedestal would have covered it, but it too has a ring of six roundels depicting mythical creatures, dancers and musicians. Motifs of this kind from courtly iconography are by no means unknown in Islamic art. However, the generally singular form of the dish raised questions early on about other likely places of origin or spheres of influence. The less-than-careful quality of both inscriptions in regard to calligraphy and orthography suggests that this is not necessarily a piece from the hands of Islamic artists. This is why, at the beginning of the twentieth century, a connection to Chinese art was considered possible.

The technical and stylistic criteria make a connection to Byzantine court production seem plausible, where enamelling technique was particularly highly developed and prestigious in the twelfth century. A hitherto little regarded piece that is comparable in certain respects, the Reliquary Chest of Agram (now Zagreb) at the Museum of Decorative Arts in Berlin (inv. no. F 203) also reveals the influence of Byzantine court art (cf. Koenen 2008, pp. 130-134). It seems reasonable to assume that the plate, with its courtly and royal symbolism, was made as an exclusive diplomatic gift or commissioned item for the Artuqid prince named in the inscription, especially given that relations between Byzantium and the Turkic peoples in Mesopotamia were then characterized by frequent and at times remarkably friendly contacts.

While this has pointed the quest to locate the plate's origin in a certain direction, it does, however, leave room for alternatives. One theory proposes Georgia, which repeatedly suffered invasion by the Artuqids in the twelfth century. Another explanation involves the Byzantine delegation that stayed at the Seljuk court in Konya during the reign of the Byzantine Emperor Manuel I Komnenos (1143-1181). According to this, the plate was made by artists from the Byzantine retinue, possibly even working in the Seljuk workshops (cf. Max Bär in: Innsbruck 1995, p. 38).

In any case, the Innsbruck enamel plate is an outstanding testimony to the dynamic processes of artistic and cultural exchange that arose from contact between the Byzantine and Islamic spheres of influence during the Crusades. Although its place of manufacture can no longer be definitively established, the plate demonstrates all the more clearly the complexity of visual traditions (cf. Müller-Wiener 2008) and cross-cultural exchange (cf. Koenen 2008), which require art historians to do more than merely compare, categorise and describe objects. EMT, AS

Kat. -Nr. 10 | Cat. -No. 10

Bronzekessel, sog. „Bobrinsky-Kessel" || Dezember 1163 (Muharram 559 H) || Iran/Herat || Bronze mit Silber- und Kupfertauschierungen || Höhe 18,5 cm || Staatliche Eremitage, St. Petersburg (Inv.-Nr. IR-2268) || Besitzer 1910: Sammlung Bobrinsky

Ein Adjutant des Generalgouverneurs von Russisch-Turkestan erwarb diesen Kessel 1885 in Bukhara, später verkaufte er ihn weiter an den Grafen Bobrinsky, dessen Sammlung nach der Oktoberrevolution in die Staatliche Eremitage gelangte (vgl. Bronzekanne, Kat.-Nr. 3). 1910 wurde dieses Objekt erstmals auch europäischen Forschern zugänglich, die seinen Stellenwert als Schlüsselwerk für die mittelalterliche Tauschierkunst in Persien unmittelbar erkannten.

Tatsächlich handelt es sich hier nicht nur formal um ein beispiellos aufwändiges und dekorativ komplexes Kunstwerk – seine Inschriften geben zudem interessante Aufschlüsse über den wirtschaftlichen und sozialen Kontext seiner Entstehungszeit, die auf dem Henkel mit „Muharram 559" angegeben ist, was dem Dezember 1163 n. Chr. entspricht. Bedeutend ist die Widmungsinschrift am oberen Rand, die in einer Mischung aus Persisch und Arabisch ausgeführt ist. Aus ihrer Übersetzung leitete Max van Berchem die Information ab, dass das Gefäß von Abd al-Rahman ibn Abdallah al-Rashidi für einen Rashid al-Din Azizi ibn Abu'l'Husayn al-Zanjani aus Zendjan in Auftrag gegeben wurde. Wahrscheinlich handelte es sich also um ein Geschenk. Der Beschenkte wird als Kaufmann bezeichnet und auch seine Ehrentitel weisen darauf hin, dass er ein

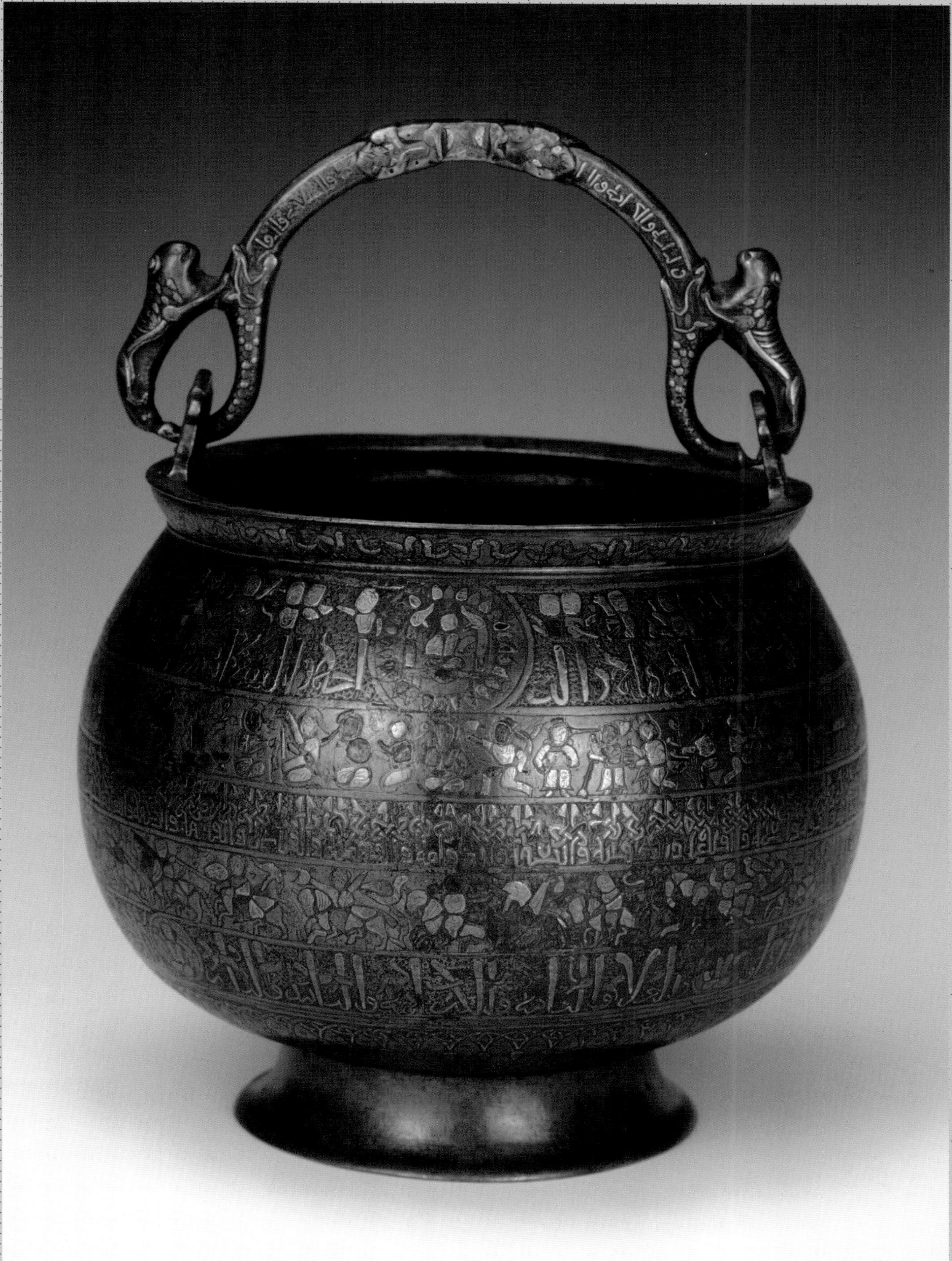

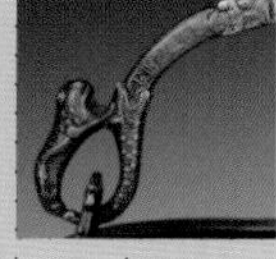

hochrangiger Händler, vielleicht sogar ein Hoflieferant war. Weiterhin erfahren wir, dass die Einlegearbeiten von Muhammad ibn Abd al-Wahid ausgeführt wurden, während der Entwurf von Masud ibn Ahmad stammt, einem Graveur aus Herat. Die im heutigen Afghanistan gelegene Stadt gehörte damals zur ostiranischen Provinz Khurasan. Diese Lokalisation passt zu den Aufzeichnungen Al-Qazwinis, eines Geographen des 13. Jahrhunderts, die eine hoch entwickelte Tauschierschule in Herat bezeugen. Die besondere Blüte dieser Technik geht möglicherweise auf stärkere Kontakte mit Nordindien zurück, wo im 11. und 12. Jahrhundert auch viele hochwertige Tauschierarbeiten entstanden. Vielleicht kamen einige dieser Objekte als Beute der Feldzüge ghaznavidischer und ghuridischer Herrscher nach Khurasan.

Der „Bobrinsky-Kessel" gilt jedenfalls als eines der frühesten und zugleich luxuriösesten Erzeugnisse der Herater Werkstätten.

Drei Inschriftenbänder wechseln sich mit vier schmalen Bildregistern ab, so dass der kugelförmige Körper horizontal aufgelöst wird. Der prachtvolle Eindruck entsteht vor allem durch den Einsatz von drei verschiedenfarbigen Metallen, der polychrome Effekte erzielt und auch im kleinen Format eine klar lesbare Ikonographie ermöglicht. Die „redenden" Inschriften, die in interagierende Mensch- und Tiergestalten auslaufen, sind ein Novum und bezeugen, ebenso wie die übrigen figürlichen Darstellungen, den profanen Gebrauch des Objekts. Zu sehen sind Reiterprozessionen, Tänzerinnen, Musikantinnen und Akrobaten, sitzende Herrscherfiguren und Backgammonspieler. All diese Elemente sind aus der höfischen Ikonographie bekannt, auch die Anrede des Beschenkten ist gängigen Herrscher-Elogen nachgebildet. Allerdings gehörten Auftraggeber und Besitzer nicht dem Adel an, vielmehr sind sie Vertreter einer neuen urbanen Wirtschaftselite, die ihre Kultiviertheit und zugleich ihre finanzielle Potenz nicht nur durch die Übernahme höfischer Gepflogenheiten und Freizeitvergnügungen bewies, sondern auch dadurch, dass sie solche Arbeiten in Auftrag gab und verschenkte. Da nur wenige ältere Beispiele in diesem Tauschierstil bekannt sind, kann man davon ausgehen, dass der Auftraggeber hier besonders mit der Mode gehen wollte – sein Geschenk war der *dernier cri* jener Zeit. Es bleibt die Frage, welchem Zweck das Gefäß eigentlich diente. Als Kochgeschirr oder zur Nahrungsaufbewahrung jedenfalls war es aufgrund des Materials nicht geeignet. Möglicherweise wurde darin Wasser für nichtrituelle Waschungen transportiert – so könnte es etwa ein exklusives Accessoire für den Besuch des Badehauses gewesen sein. Vermutlich in der Tat „a present for the man who had everything in 1163" (Blair/Bloom 1997). EMT

Literatur: München 1910, Kat.-Nr. 3020; Veselovsky 1910; München 1912, Taf. 143; van Berchem 1912, Nr. III; Migeon 1927, Bd. 2, Abb. 231; Harari 1938-39, bes. S. 2489; Pope/Ackerman 1938-39, Bd. 6, Taf. 1308; Ettinghausen 1943; Rice 1955; Ettinghausen 1957; Mayer 1959, S. 61; Kühnel 1962, S. 85, Abb. 36; Scerrato 1966, Nr. 11; London 1976, Kat.-Nr. 180; Melikian-Chirvani 1982, S. 71, 82-83; Baer 1983, S. 141-142; Allan 1989, S. 175, Abb. 8 u. 9; Kuwait 1990, Kat.-Nr. 30; Ward 1993, Nr. 54; Lukonin/Iwanow 1996, Kat.-Nr. 116; Blair/Bloom 1997, S. 257-263, Abb. 138; Amsterdam 1999, Kat.-Nr. 114; Website Eremitage 2003; London 2004a, Kat.-Nr. 38.

Bronze cauldron, known as the "Bobrinsky Bucket" || December 1163 (Muharram 559 H) || Iran/ Herat || Bronze, inlaid with silver and copper || Height 18.5 cm || State Hermitage, St. Petersburg (inv. no. IR-2268) || Owner in 1910: Bobrinsky Collection

An adjutant to the Governor General of Russian Turkestan purchased this cauldron in Bukhara in 1885. He subsequently sold it to Count Bobrinsky, whose collection was incorporated in the State Hermitage museum following the October Revolution (cf. bronze ewer, cat. no. 3). The 1910 exhibition made this object accessible to European researchers for the first time, and they immediately recognised its significance as a key work of the damascener's (inlay) art in mediaeval Persia.

In fact, this is not just an unprecedentedly elaborate and decoratively complex work of art in terms of its form – the inscriptions shed light on interesting aspects of the period in which it was made: the date given on the handle is "Muharram 559", which is equivalent to December 1163 A.D. Also of significance is the dedication along the upper edge, which is inscribed in a mixture of Persian and Arabic. From his translation of this, Max van Berchem deduced that the vessel had been commissioned by Abd al-Rahman ibn Abdallah al-Rashidi for Rashid al-Din Azizi ibn Abu'l'Husayn al-Zanjani from Zendajan. This suggests that it was probably a present. The recipient is described as a tradesman, and the honorifics addressed to him by the donor indicate that he was a high-ranking tradesman, perhaps even a purveyor of goods to the court. We also learn from it that the inlay work was carried out by Muhammad ibn Abd al-Wahid, while the decorative design was by Masud ibn Ahmad, an engraver from Herat. This town, which now lies in Afghanistan, was then part of the eastern Iranian province of Khorasan. This localisation accords with the chronicles kept by Al-Qazwini, a thirteenth-century geographer, which attest to a highly developed school of damascening in Herat. The fact that this metal inlay technique flourished so well here may be due to strong contacts with northern India, where many damascened works of high quality were produced in the eleventh and twelfth centuries. Some of these objects may have come to Khorasan as booty during military campaigns by Ghaznavidian and Ghurid rulers.

The "Bobrinsky Bucket" is considered, in any case, to be one of the earliest and yet most luxurious items produced in the workshops of Herat.

Three bands of inscriptions alternate with four narrow image registers, thus dividing the almost spherical body horizontally. The impression of magnificence is created above all by the use of three differently coloured metals, which gives a polychrome effect and permits an iconography that is clearly legible, even in a small format. The "speaking" inscriptions, which flow into interacting figures of humans and animals, are a novelty: like the other figures depicted, they attest to the object's profane use. Among these are riders in procession, women dancing and playing instruments, acrobats, seated rulers and backgammon players. These elements are all known from courtly iconography, while the address to the recipient of the gift emulates the customary eulogies for rulers. The commissioner and owner in this case were not members of the nobility, however, but representatives of a new, urban business elite, which demonstrated its cultural sophistication and financial power not only by adopting courtly conventions and leisure pursuits, but also by commissioning and giving away works like this one. Of the known examples of damascene inlay in this style, only a few are older than this one, so it can be assumed that the commissioner of this piece wanted to be at the forefront of fashion – his present was the *dernier cri* of the time. The question remains as to what purpose this vessel actually served. The material alone made it unsuitable as a cooking utensil or for storing food. It may be that water was transported in it for non-ritual ablutions, so it could have been, for instance, an exclusive accessory for a visit to the bath house. Indeed, one could say, "a present for the man who had everything in 1163" (Blair/Bloom 1997). EMT

Kat.-Nr. 11 | Cat.-No. 11

Tauschierter Messingteller || Erste Hälfte 13. Jahrhundert || Wahrscheinlich Irak (Mosul) || Messing, silbertauschiert || Höhe 7 cm, Ø 61,5 cm || Staatliches Museum für Völkerkunde München (Inv.-Nr. 26-N-118) || Besitzer 1910: Königliche Hof- und Staatsbibliothek München

Der Überlieferung zufolge wurde diese prächtige Metallarbeit vom bayrischen Kurfürsten Max Emanuel 1686 bei der Eroberung Ofens (ungarisch: Buda) erbeutet, galt also als Teil einer „Türkenbeute". In der Königlichen Hof- und Staatsbibliothek aufbewahrt, war das Objekt über Jahrhunderte hinweg weitgehend unbekannt, nur einzelne Hinweise fanden sich in epigraphischen Studien des 19. Jahrhunderts. Als der Genfer Orientalist Max van Berchem in den ersten Jahren des 20. Jahrhunderts Vorbereitungen zu seinem geplanten Corpus der arabischen Mobiliarinschriften traf, richtete sein Augenmerk sich auch auf das Münchner Stück, dessen genauer Standort erst wieder mühsam ermittelt werden musste. Gemeinsam mit Moritz Sobernheim entzifferte und übersetzte van Berchem die lange schmale Inschrift, die im Naskhi-Duktus um den Rand des Gefäßes läuft:

„Heil unserm Herrn dem Sultan al-Malik al-Rahim (dem barmherzigen König), dem Gelehrten, dem Gerechten, dem Glaubensstreiter, dem Kriegsbereiten, dem (von Allah) Beschützten, dem zum Siege Geführten, dem Siegreichen, Badr al-dunja wal-din (Vollmond der Welt und der Religion), dem Herrn der Könige und Sultane, dem Beleber der Gerechtigkeit in den Welten, dem Sultan des Islams und der Muslims, dem den Bedrängten Recht von den Bedrängern Verschaffenden, dem das Recht durch die Beweise Schützenden, dem Töter der Ungläubigen und Polytheisten, dem Bezwinger der Rebellen und Abtrünnigen, dem Schützer der Grenzen der Länder der Muslims, dem Helfer der Krieger und Glaubensstreiter, dem Vater der Weisen und Elenden, dem Ruhm der Anbeter (Allahs), dem Austilger der Übeltäter und Widerspenstigen, der Sphäre der Edeltaten, dem Teilhaber an der Regierung, dem Schützer der Religion, dem Ruhm des Volkes, dem vertrauten Freund des hochgepriesenen Kalifen, dem Helden der Welt, dem Chosroes von Iran, dem tapferen Krieger, dem zuverlässigen Minister, dem glücklichen Fürsten, dem erhabensten der Könige des Ostens und des Westens, Abu'l-fada'il (dem vortrefflichen) Lulu, dem Schwerte des Fürsten der Gläubigen."

Aus dieser langen Eloge und kleineren Nebeninschriften ergibt sich, dass der Teller eine Auftragsarbeit des Atabegs (Statthalters) Badr ad-Din Lulu von Mosul ist, die als Geschenk für eine Prinzessin des Hofes vorgesehen war, später aber als Gebrauchsgut in die Vorratskammer gelangte.

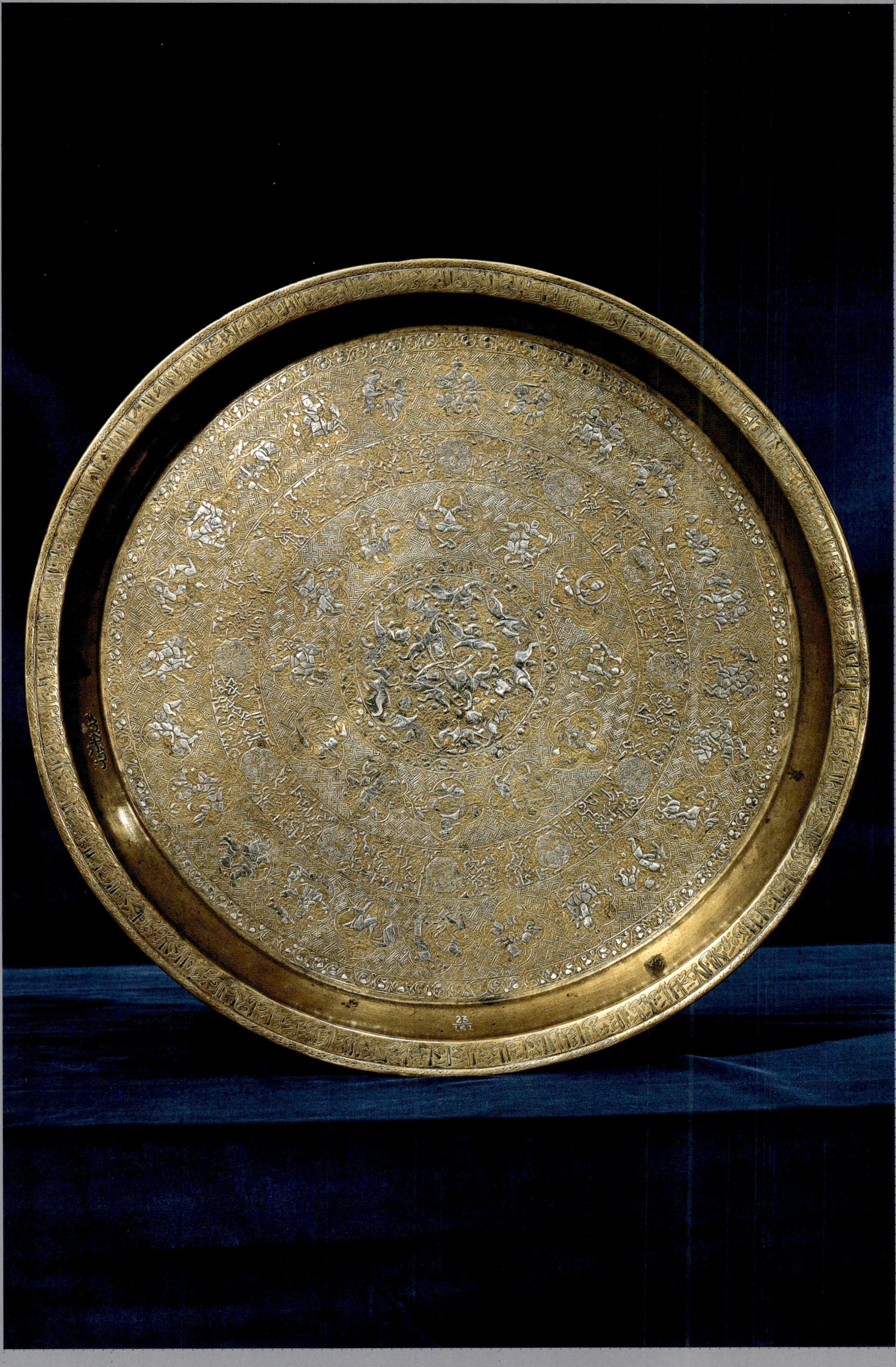

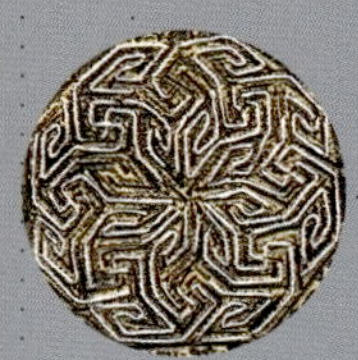

Badr ad-Din Lulu war ursprünglich ein Sklave armenischer Herkunft, der von den abbasidischen Kalifen im Jahr 1218 als Atabeg in der Stadt Mosul am Tigris eingesetzt wurde, als die lokale Dynastie der Zengiden bereits sehr geschwächt war. Nach dem Tod des letzten Zengiden 1233 wurde er endgültig zum Sultan und trug seitdem den in der Inschrift genannten Titel al-Malik al Rahim. Seine Regierungszeit endete 1259, womit die Entstehung des Tellers recht genau auf diesen Zeitraum eingeschränkt werden kann.

Der Teller gehört zu einer Gruppe von sechs Metallobjekten, die demselben Auftraggeber zugeschrieben sind. Auf einem davon, der „Blacas-Kanne“ im British Museum, wird die Stadt Mosul am Tigris explizit als Entstehungsort genannt. Daraus entstand die These einer regelrechten „Schule von Mosul“, zumal es außerdem eine größere Gruppe von Metallarbeiten gibt, auf denen sogar die *nisbah* (Signatur) „al-Mawsili“ benutzt wird, die darauf hinweisen könnte, dass der ausführende Künstler jeweils aus Mosul stammte. Ob all diese Arbeiten aber wirklich in einen Werkstattzusammenhang gehören, bleibt offen. Es ist anzunehmen, dass auch Künstler, die etwa in Syrien oder Ägypten arbeiteten, diese Herkunftsbezeichnung nutzten, um anzuzeigen, in welcher künstlerischen Tradition sie arbeiteten. Der Münchner Teller ist, an einer Stelle am Rand unterhalb der langen Inschrift, lediglich mit dem Namen „Muhammad, Sohn des Absun“ signiert.

Neben solchen Fragen nach Zuschreibung und Lokalisation war es vor allem das komplexe Bildprogramm, das das kunsthistorische Interesse erweckte: Die tauschierten Motive sind in konzentrischen Kreisen angeordnet: Im großen zentralen Tondo sind Sphinxe und Greifen zu sehen, umschlossen von einem Band mit Personifikationen der Planeten und Reitern, ganz außen Reiter- und Kampfszenen sowie Tänzer und Musiker, jeweils in Vier- oder Achtpassformen eingefasst. Heldentopoi wie etwa das Bezwingen von Löwen, Bären oder Fabelwesen verweisen dabei auf eine mythologische Dimension, ebenso wie die kunstvollen Flecht- und Knotenmotive, die an eine Aufladung mit magischer Bedeutung denken lassen. Der Teller wurde also zum exklusiven Bildträger für mythologische, höfische, kriegerische und kosmologische Themen – letztendlich ist er also, weit über seine primäre Funktion hinaus, ein Medium zur Glorifizierung des Herrschers in einem universal kosmologischen Kontext. EMT

Literatur: Sarre/van Berchem 1907; München 1910, Kat.-Nr.: 3060; München 1912, Taf. 145; Saladin 1927, Bd. 2, Abb. 238; Rice 1949-51; Rice 1957; Scerrato 1966, Nr. 38; London 1976, Kat.-Nr. 197; Hagedorn 1990, v. a. Kat.-Nr. 32; von Gladiss 1996, v. a. S. 130; Frembgen 2003; von Gladiss 2006, Kat.-Nr. 30, S. 77; München 2008, Nr. 160.

Inlaid brass plate || First half of the 13th century || Probably Iraq (Mosul) || Brass, inlaid with silver || Height 7 cm, Ø 61.5 cm || Staatliches Museum für Völkerkunde, Munich (inv. no. 26-N-118) || Owner in 1910: Königliche Hof- und Staatsbibliothek, Munich

According to tradition, this magnificent piece of metalwork was captured by the Bavarian elector, Max Emanuel, when the Hungarian town of Buda was retaken from Ottoman forces in 1686, which made it part of a so-called "Turkish booty". The object was deposited in the Royal Library in Munich, where it remained largely unregarded for centuries, apart from a few references in epigraphic studies during the nineteenth century. In the early twentieth century, when Max van Berchem, a specialist in Oriental studies from Geneva, began preparing his planned corpus of Arabic inscriptions on utensils, his attention was drawn to the piece in Munich, which it took a great deal of effort to locate exactly. Together with Moritz Sobernheim, van Berchem deciphered and translated the long, narrow inscription that runs along the border of the vessel in Naskh script.

"Glory to our lord the sultan al-Malik al-Rahim [the merciful king], the learned, the just, the holy warrior, ready for war, fortified [by Allah], granted victories, the triumphant, Badr al-Dunya wa'l Din [full moon of the world and of religions], master of kings and sultans, nourisher of justice in the worlds, sultan of Islam and the Muslims, bringer of right to the oppressed against the oppressors, upholder of truth through proof, slayer of infidels and polytheists, vanquisher of rebels and apostates, guardian of the borders of the Muslim lands, succour of conquerors and holy warriors, father of orphans and the poor, pride of the faithful [to Allah], destroyer of the unjust and recalcitrant, epitome of noble deeds, partner in the state, defender of the faith, splendour of the people, flower of the august caliphate, hero of the world, monarch of Iran, valiant warrior, constant minister, fortunate prince, most sublime of the kings of east and west, Abu'l-fada'il [the splendid] Lulu, sword-blade of the commander of the faithful." (London 1976)

Judging by the lengthy eulogy and the secondary inscriptions, it can be assumed that the plate was commissioned by the Atabeg (governor) of Mosul, Badr ad-Din Lulu, as a gift for a princess of the court, but later ended up as a utensil in the storeroom.

Badr ad-Din Lulu, a former slave of Armenian origin, was appointed Atabeg of the town of Mosul by the Abbasid caliph in 1218, when the local Zengid dynasty was already much weakened. After the death of the last Zengid in 1233, he finally became sultan, assuming the epithet given in the inscription: al-Malik al Rahim. His rule ended in 1259, which allows the plate's date of manufacture to be placed exactly within this period.

The plate belongs to a group of six metal objects that are thought to have been commissioned by the same person. On one of them, the "Blacas Ewer" in the British Museum, the town of Mosul on the River Tigris is explicitly named as the place of origin. This resulted in the hypothesis of a proper "Mosul School", especially because there is also a larger group of metal pieces that bear the *nisbah* (place of origin or affinity) "al-Mawsili", which could indicate that each of the artists came from Mosul. The question of whether all of these pieces really originated in the context of a particular workshop, however, remains open. It can be assumed that artists who worked in Syria or Egypt, for instance, used this designation of origin to indicate which artistic tradition they were working in. The Munich plate is merely signed with the name "Muhammad, son of Absun" at a place on the rim, under the long inscription.

In addition to such questions regarding attribution and localization, it was the complex iconic programme that chiefly aroused the interest of art historians. The inlaid motifs are arranged in concentric circles: sphinxes and griffins can be discerned in the large, central roundel, surrounded by a band containing horsemen and personifications of the planets. The outer band shows horsemen and battle scenes, as well as dancers and musicians, in separate quatrefoil or octofoil vignettes. Heroic themes, such as overcoming lions, bears, or fantastic creatures, refer to a mythical dimension. There are also artistically interlaced patterns and knot motifs that give the impression of being charged with magical significance. The plate, therefore, became an exclusive visual medium for mythological, courtly, warlike and cosmological themes. Ultimately it acts – far in excess of its primary function – as a medium for glorifying the ruler in a universal, cosmological context. EMT

Kat. -Nr. 12 | Cat. -No. 12

Holzfüllungen einer Predigtkanzel || 1296 || Ägypten/Kairo || Reliefschnitzerei und Rahmen aus verschiedenen Holzarten, Intarsien || Durchmesser der gesamten Rosette: 127 cm || Österreichisches Museum für angewandte Kunst/Gegenwartskunst Wien (Or 3405) || Besitzer 1910: Museum für Kunst und Industrie Wien

Die 35 Holzfüllungen stammen von der Predigtkanzel (Minbar) der 879 vollendeten Moschee des Ahmad Ibn Tulun in Kairo. Einem geschnitzten Inschriftenpaneel am Portal des Minbars kann entnommen werden, dass er 1296 von dem mamlukischen Sultan al-Mansur Lajin (reg. 1296-99) anlässlich der von ihm beauftragten Instandsetzung der Moschee gestiftet wurde.

Zeichnungen aus der Mitte des 19. Jahrhunderts zeigen die Predigtkanzel in noch gut erhaltenem Zustand: Über ein Portal öffnete sich eine Treppe, die zu einem Baldachin bekrönten Sitz führte. Die Flanken wurden durch geometrische Muster nachzeichnende, mehrfach ineinandergreifende Profilleisten strukturiert. Zwischen diese wurden mit Schnitzereien und Intarsien dekorierte polygonale Holzfüllungen eingepasst. Auf Fotografien des späten 19. Jahrhunderts ist jedoch nur noch das geplünderte Gestell des Minbars zu sehen. Diese und weitere Plünderungen sowie der schlechte Erhaltungszustand zahlreicher islamischer Bauwerke führten daraufhin zur Gründung eines ägyptischen Denkmalpflegekomitées. Dieses renovierte 1882 als eines der ersten Monumente die Moschee des Ahmad Ibn Tulun und sicherte das Gestell des Minbars im neu gegründeten Museum für arabische Kunst.

Mit dem gesteigerten Interesse an Orientalia rückten dieser Minbar und andere Kairener Holzarbeiten mit ähnlichem Rahmenfüllungssystem wie etwa Türen und Fensterläden Ende des 19. Jahrhunderts in den Blick des Kunsthandels. Zum einen boten sich ihre komplexen geometrisch-floralen Binnenstrukturen in idealer Weise für Dekorstudien von Handwerkern und Künstlern an den Ende des 19. Jahrhunderts gegründeten europäischen Kunstgewerbemuseen und den mit ihnen verbundenen Schulen an. Zum anderen waren die Holzfüllungen leicht aus ihren Rahmen zu entfernen und wegen ihrer geringen Größe leicht zu transportieren. Dies machte sie zu beliebten Sammlerstücken für Museen und Privatsammlungen. 179 Holzfüllungen des Minbars sind bisher in zwölf Museen und Privatsammlungen, unter anderem in Berlin, Kairo, London, New York, Paris und Wien, nachgewiesen (Heiden 2010).

Die vorliegenden Holzfüllungen aus dem Österreichischen Museum für angewandte Kunst wurden 1867 auf der Pariser Weltausstellung erworben (Mitteilungen des k.u.k. Museums f. Kunst u. Industrie 1867). 1908 besuchte Max Herz, der Chefarchitekt des

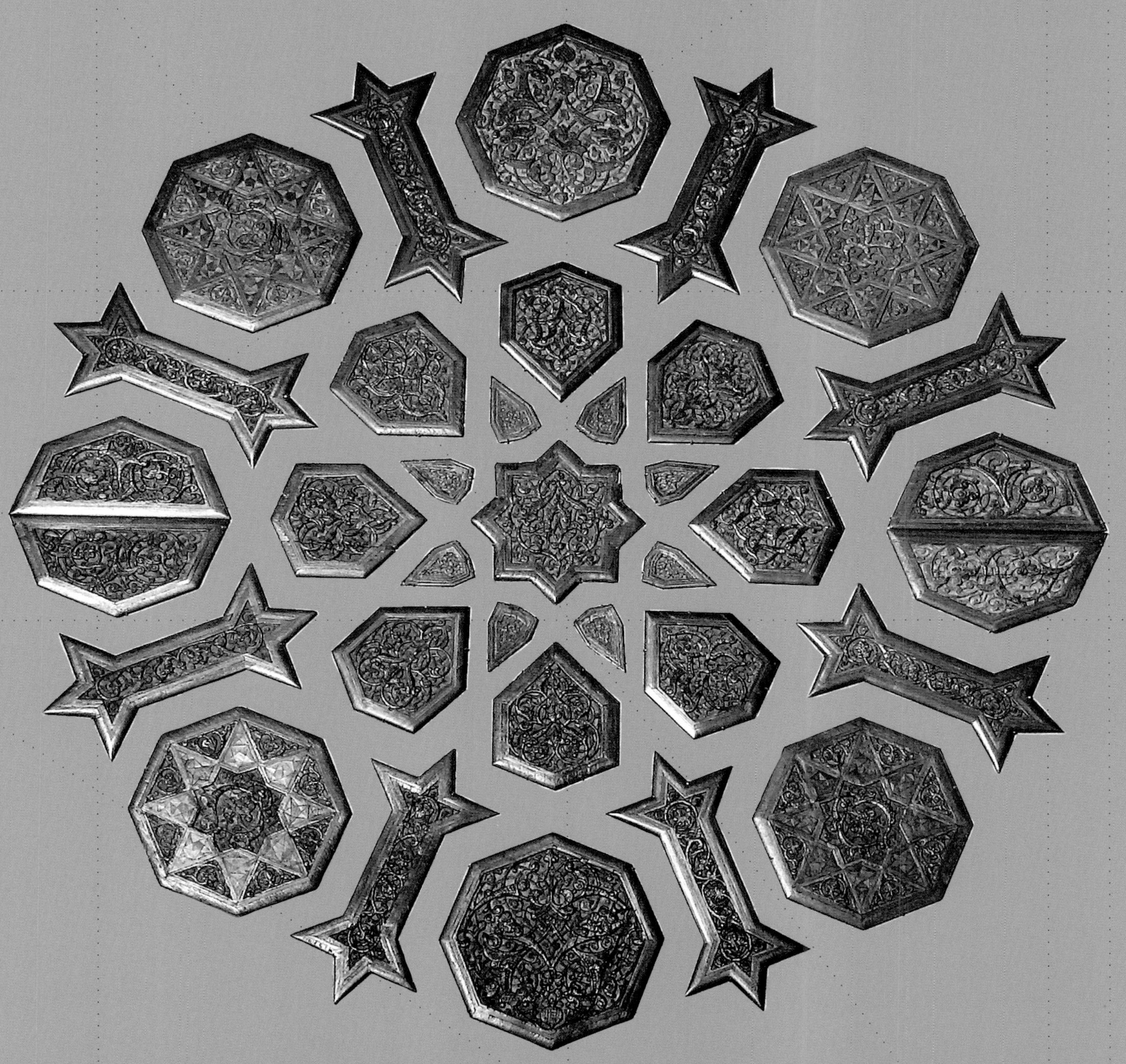

ägyptischen Denkmalpflegekomitées, das Museum für Kunst und Industrie, das heutige Museum für angewandte Kunst, in Wien und vermutete, dass die dort zu sehenden Holzfüllungen vom Minbar der Moschee des Ahmad Ibn Tulun in Kairo stammen könnten. Diese Annahme bestätigte sich durch einen Vergleich der Fotografien der Wiener Stücke mit sechs Holzfüllungen, die M. Godefroy Brauer dem Museum für arabische Kunst in Kairo schenkte. Faksimiles von sechs weiteren ebenfalls 1905 von Brauer im Kairener Kunsthandel erworbenen Holzfüllungen, die Fotografien der Wiener Stücke sowie eine Zeichnung von James Wild, der 1845 den noch fast intakten Minbar festhielt, dienten daraufhin der Rekonstruktion des Minbars. Dieser wurde 1914 aufgestellt und ist noch heute vor Ort erhalten (Bulletin du Comité 1914).

Die frühesten Abbildungen des Minbars der Moschee des Ahmad Ibn Tulun finden sich in Skizzenbüchern und auf Zeichnungen westlicher Reisender. So fertigte etwa Pascal Coste zwischen 1818-1825 die ersten Detailskizzen des noch relativ vollständig erhaltenen Minbars an. Es folgten weitere Zeichnungen, unter anderem von Prisse d'Avennes. Trotz zahlreicher Abbildungen und flüchtiger Erwähnungen in Publikationen sowie ihrer rituellen und künstlerischen Bedeutung wurden dieser und weiteren unter mamlukischer Herrschaft (1260-1517) entstandenen Predigtkanzeln in der Forschung bisher wenig Beachtung geschenkt. Die erste grundlegende Einordnung und Aufnahme der Objekte erfolgte in den 1970er Jahren (Karnouk 1977; 1981), eine weiterführende Dissertation wird erarbeitet.

Die 35 polygonalen Füllungen der Predigtkanzel im Museum für angewandte Kunst empfinden die geometrische Anordnung der Holzfüllungen in ein durch profilierte Leisten gebildetes Rahmenwerk nach. Im Zentrum des Arrangements liegt ein achtstrahliger Stern, der von einem Kreis kleiner unregelmäßiger und einem weiteren Kreis größerer Sechsecke dieser Art umfangen wird. Den äußersten Kreis bilden abwechselnd Acht- und schmale Rechtecke, die an ihren Enden in drei Strahlen auslaufen. Dazwischen liegen in einer Achse vier zu jeweils zwei Einheiten zusammengefasste Fünfecke. Die Ränder der Holzfüllungen sind nach außen hin abgeschrägt. Zwei umlaufend eingelassene Bänder aus hellerem Holz rahmen das zentrale Feld. Dieses ist mit tief geschnitztem floralen Ranken- und Blattwerk in zwei Ebenen gefüllt, das teilweise durch aufgelegte Perlbänder, Blüten oder Früchte ergänzt wird. Dabei wird trotz gleicher Grundformen und ähnlichem Aufbau der Schnitzereien ein großer Variantenreichtum im Detail erreicht. In vier der Achtecke ist ein achtstrahliger Stern eingeschrieben, dessen äußere Strahlen mit Intarsien gefüllt sind. Im Gegensatz zu späteren mamlukischen Holzarbeiten wird kein Elfenbein in diesen Füllungen verwendet, sondern helleres Holz zur Erzielung einer polychromen Wirkung eingelegt. Die Größe der einzelnen Holzfüllungen, der Variantenreichtum ihrer Schnitzereien sowie ihre handwerklich hochwertige Ausführung machen sie zu herausragenden Beispielen Kairener Holzarbeiten. MK

Literatur: Coste 1839, Teil 3, S. 61; Mitteilungen des k.u.k. Museums f. Kunst u. Industrie 1867, S. 19, Nr. 76; Prisse d'Avennes 1877, Taf. 1; Lane-Poole 1886, S. 115-117, Abb. 35-40; Bulletin du Comité 1905, S. 30; Bulletin du Comité 1909, S. 6; Bulletin du Comité 1910, S. 36-37; München 1910, Kat.-Nr. 2198; München 1912, Bd. 3, Tafel 249; Bulletin du Comité 1914, S. 77-78; Migeon 1927, S. 320; Karnouk 1977, S. 47-61; Karnouk 1981; Anglade 1988, S. 87-90, Nr. 48; Meinecke 1992, Bd. 2, S. 83, Nr. 11/2; Noever/Bloom 1995; Heiden 2010; Website Musée du Louvre 2010; Website Victoria & Albert Museum 2010.

Wooden panels of a pulpit || 1296 || Egypt/ Cairo || Ebony relief carvings with a rosewood frame, intarsia || Diameter of entire rosette: 127 cm || Österreichisches Museum für angewandte Kunst/Gegenwartskunst, Vienna, (Or 3405) || Owner in 1910: Museum für Kunst und Industrie, Vienna

These 35 wooden fillings come from the pulpit (minbar) of the mosque of Ahmad Ibn Tulun in Cairo which was completed in 879. According to an inscription carved on a panel on the minbar's portal, it was donated by the Mamluk sultan al-Mansur Lajin (reign 1296-99) in 1296, in conjunction with repair and reconstruction work that he had ordered to be carried out on the mosque.

Drawings dating from the mid-nineteenth century show the pulpit still in good condition: above a portal there rose a stair, leading to a seat under a canopy. The sides bore geometrical patterns marked out by interlocking mouldings. Inserted between these were polygonal wooden panels with carved and intarsia decoration. In photographs dating from the late nineteenth century, however, only the stripped structural frame of the minbar is to be seen. This and other cases of theft, as well as the generally poor state of numerous Islamic buildings, led to the establishment of a committee for the preservation of ancient monuments in Egypt. One of its first acts was to renovate the mosque of Ahmad Ibn Tulun as a historic monument in 1882 and to safeguard the frame of the minbar in the newly founded Museum of Arab Art.

As the interest in orientalia grew towards the end of the nineteenth century, the art trade turned its attention to this minbar and other woodwork from Cairo with similar panelling systems, such as doors and window shutters. For one thing, the complex geometrical and floral structures within the panels made ideal subjects for studies of décor by craftsmen and artists in the museums of decorative art and their associated schools, which were founded in Europe at the end of the nineteenth century. For another, the wooden infill panels were easily removed from their frames and their small size made them convenient to transport. This made them popular with museums and private collectors. To date, 179 wooden panels belonging to this minbar have been verified in twelve museums and private collections in, amongst other places, Berlin, Cairo, London, New York, Paris and Vienna (Heiden 2010).

These wooden infill panels from the Museum of Applied Arts in Vienna were purchased at the Paris World Exposition of 1867 (Mitteilungen des k.u.k. Museums f. Kunst u. Industrie 1867). In 1908, Max Herz, the chief architect of the committee for the preservation of ancient monuments in Egypt, visited the museum, then called the Imperial and Royal Austrian Museum of Art and Industry. There he saw these wooden panels, which he supposed could have originated in the minbar of the mosque of Ahmad Ibn Tulun in Cairo. This hypothesis was confirmed by comparing photographs of the items in Vienna with six wooden panels that M. Godefroy Brauer had donated to the then Museum of Arab Art in Cairo. The minbar was subsequently reconstructed on the basis of facsimiles of six further wooden panels, also purchased by Brauer from art dealers in Cairo, photographs of the Vienna pieces and a drawing by James Wild, who had recorded the still almost intact minbar in 1845. The reconstruction was assembled in 1914 and it stands today at its original location (Bulletin du Commité 1914).

The earliest depictions of the minbar of the mosque of Ahmad Ibn Tulun are sketches and drawings by Western travellers. Pascal Coste, for example, drew the first sketches showing details of the still relatively complete minbar between 1818 and 1825. Other drawings followed, among them those by Prisse d'Avennes. In spite of countless pictures and passing mention in publications – not to mention their ritual and artistic significance – this pulpit and others produced under Mamluk rule (1260-1517) have received scant attention from academics up to now. The first basic classification and documentation of the objects was carried out in the 1970s (Karnouk 1977; 1981); further study is currently being undertaken in a doctoral thesis.

The 35 polygonal infill panels of the pulpit in the Museum of Applied Arts are arranged so as to give an idea of the geometrical arrangement of wooden panels in the framework formed by mouldings. At their centre lies an eight-pointed star, which is surrounded by a ring of small irregular hexagons and a further ring of similar, larger hexagons. The outermost ring consists of octagons alter- nating with narrow rectangles with three-pointed ends. The two octagons on the horizontal axis are formed from pairs of irregular pentagons. The edges of the wooden panels are bevelled. The central field is framed by two continuous inlaid strips of paler wood. This field is filled with deeply carved floral leaf-and-tendril arabesques on two levels, which in parts is complemented by applied beading, flowers or fruit. Although the carvings use the same basic forms and are similar in their composition, they offer a rich variety of detail. An eight-pointed star is inscribed in four of the octagons, whose outermost points are filled with intarsias. In contrast to later Mamluk woodwork, these inlays consist not of ivory, but of paler wood, producing a polychrome effect. The size of the individual infill panels, the inventive variety of their carvings and the high quality of craftsmanship combine to make them an outstanding example of Cairene woodwork. MK

Kat. -Nr. 13 | Cat. -No. 13

Fragment eines liturgischen Gewandes || Erste Hälfte 14. Jahrhundert (vor 1341) || Zentralasien || Seidengewebe (Lampas) mit Lancierschuss aus vergoldeten Lederriemchen und Broschierschuss aus farbiger Seide || H. 73 cm, B. 38,5 cm || Die Lübecker Museen - St. Annen-Museum (Inv.-Nr. M 1) || Besitzer 1910: Evangelische Gemeinde der Marienkirche, Danzig/Gdansk

Aus vergoldeten Lederriemchen gebildet, erscheint das Muster in feinem Relief auf dem Grund des schwarzen Seidengewebes: In zwölfeckigen Medaillons stehen adossierte Papageienpaare. Die Vögel wenden einander die Köpfe zu; ihre Körper sind dem Rund des Medaillons eingeschrieben und füllen es fast vollständig aus. Den herzförmigen Raum zwischen den Tieren besetzt eine Lotosblüte, zierliche Ranken füllen die verbleibenden Flächen. Auf ihren Schultern tragen die Papageien Scheiben mit dem Namenszug Muhammad im inneren Rund, darum Inschriften im Naskhi-Duktus: *izz li-mawlana al sultan al-malik al-adil al-alim nasir* (Ruhm unserem Herrn, dem Sultan, dem König, dem Gerechten, dem weisen Nasir [ed-din]). Die Flächen zwischen den Medaillons sind mit sich win-

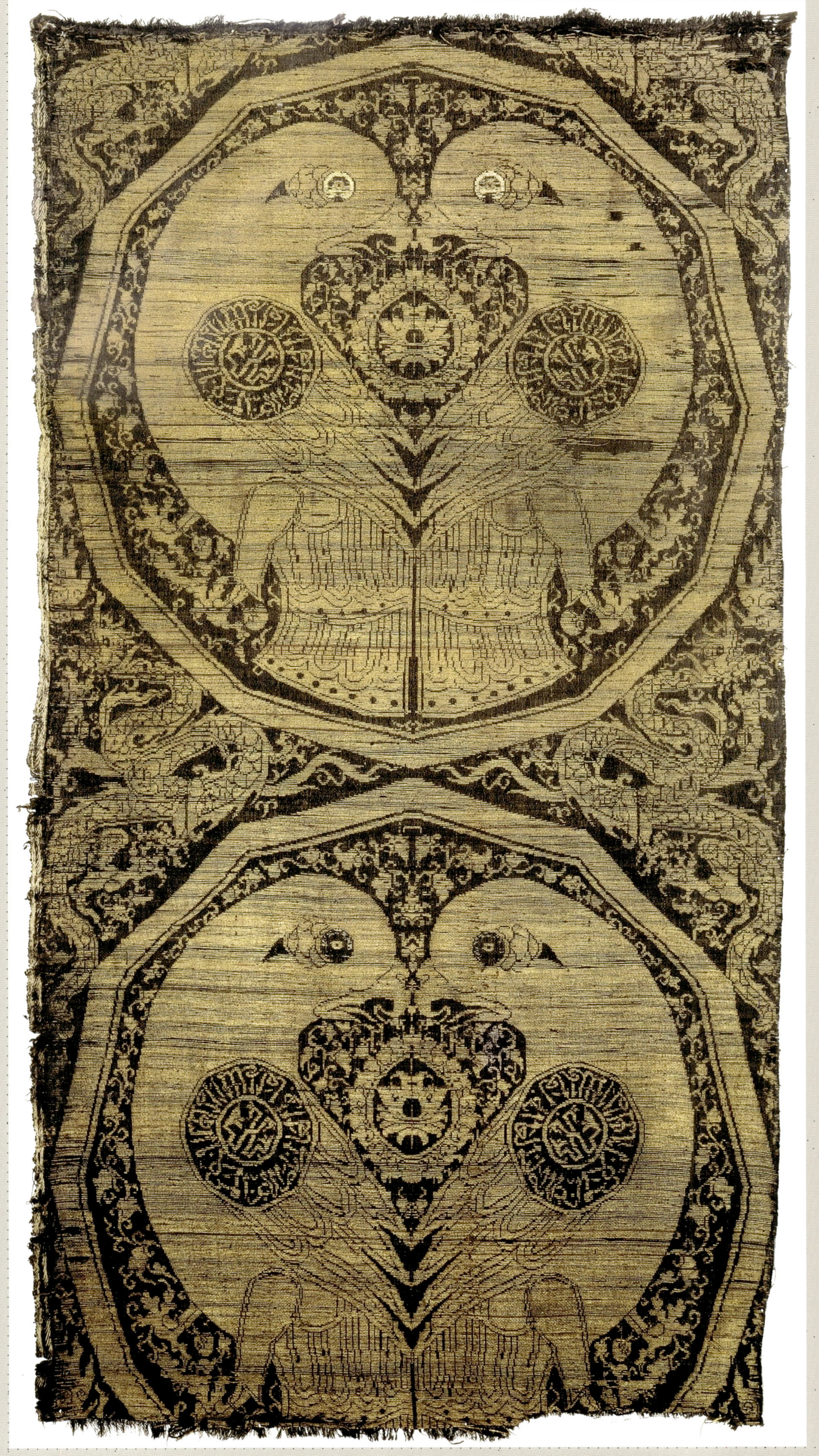

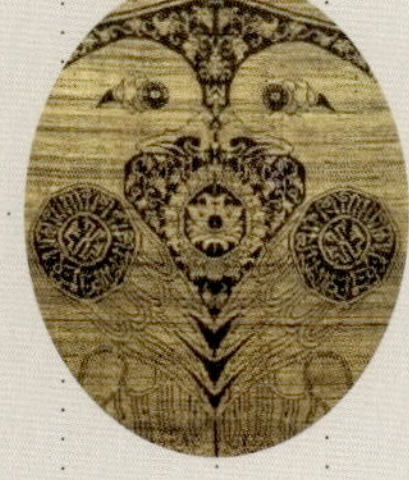

denden Drachen besetzt.

Schon Alfred Hinz, der 1870 einen ersten Katalog des Paramentenschatzes der Danziger Marienkirche publizierte, beschrieb das Gewebe als Fragment, „das sich auf einem aus zwei Theilen zusammengenähten, mit schwarzer Leinwand gefütterten Zeugstücke befindet; jedenfalls der Überrest eines liturgischen Gewandes". Ein weiteres Stück desselben Stoffes erwarb das Kunstgewerbemuseum Berlin 1875 zusammen mit einem größeren Konvolut von Textilien aus dem Danziger Schatz (Inv.-Nr. 75,258). An diesem Fragment ist eine Webkante an der linken Seite erhalten, während das hier vorgestellte Stück eine solche an der rechten Seite aufweist; die beiden Teile ergänzen einander jedoch nicht zu einer vollständigen Webbreite; sie lassen lediglich darauf schließen, dass die ursprüngliche Breite des Gewebes mindestens 75 cm gemessen haben muss.

Aufgrund der in Europa nicht gebräuchlichen Musterung mit vergoldeten Lederstreifchen und der auffälligen Ornamentmotive – Lotosblüten und Drachen sind hier vor allem zu nennen – wurde der Entstehungsort der Seide zunächst in China gesucht (entsprechend wurde sie gelegentlich auch in Ausstellungen chinesischer Kunst präsentiert, vgl. Berlin 1929 und London 1935/36). Der Vergleich mit in der Herstellungsweise verwandten Stoffen und vor allem die eingewebte Inschrift geben das Gewebe jedoch als Produkt einer anderen geographischen und historischen Situation zu erkennen: Der genannte Herrscher ist wohl mit dem Mamlukensultan Nasir Muhammad ibn Qalawun (reg. 1293-1341) zu identifizieren. Quellen berichten, dass der Sultan große Mengen von Seidenstoffen aus dem mongolischen Reich empfing, die teilweise eingewebte Inschriften mit seinem Namen bzw. seinen Titeln trugen (vgl. von Falke 1912, S. 188-189). Seit etwa 1250 hatten die Mongolen große Teile Asiens unter ihrer Herrschaft vereint; sie förderten nicht nur den Handel zwischen Ost und West und ermöglichten dadurch die Aufnahme chinesischer Stoffe in Europa, sondern nahmen offenbar auch Einfluss auf die Entwicklung von Seidenmustern aus der chinesischen Tradition.

Im westlichen Europa, das erst seit kurzem über eine eigene Seidenproduktion verfügte, waren die als *panni tartarici* bezeichneten prachtvollen Goldstoffe aus dem Orient außerordentlich begehrt. Die schriftliche Überlieferung wie auch erhaltene Stücke belegen ihre Verwendung in herrscherlichen Gewändern und Grabtüchern (so etwa in den Grablegen der spanischen Könige in Las Huelgas bei Burgos, des Cangrande della Scala in Verona und des Herzogs Rudolf IV. von Österreich) und in besonders ambitionierten Paramentenstiftungen. Die Inventare der Päpste Bonifaz VIII. und Clemens V. verzeichnen eine nicht geringe Zahl von liturgischen Gewändern, die aus den geschätzten tartarischen Stoffen angefertigt worden waren. Erhalten haben sich solche Paramente vor allem in den Fernhandelszentren der Hanse, namentlich in Danzig und Stralsund (vgl. von Fircks 2008). Hier hatten die Fernhandelskaufleute, deren Reichtum eine ständische Repräsentation nach aristokratischem Vorbild ermöglichte, im 14. und frühen 15. Jahrhundert die Altäre ihrer Kirchen mit kostbaren Paramenten ausgestattet. Die ganzflächig mit Gold gemusterten orientalischen Seiden spielten dabei eine besondere Rolle, brachten sie doch sowohl den Reichtum als auch die Weltläufigkeit derer, die sie herbeizuschaffen vermochten, sichtbar zum Ausdruck. Zweifellos waren nur wenige Zeitgenossen imstande, die Inschriften, deren Präsenz an christlichen Altären aus heutiger Perspektive eher befremdlich erscheint, tatsächlich zu lesen. Offenbar wurde darauf aber auch kaum Wert gelegt: Gerade an den Danziger Paramenten lässt sich beobachten, dass die Stoffe in unterschiedlichen Richtungen, teils auch – innerhalb eines Gewandes – gegenläufig, jedenfalls aber ohne Rücksicht auf die Lesbarkeit des Musters verarbeitet wurden. Als vorrangig galt offenbar die optische (Fern-)Wirkung der Seiden, in denen die Inschriften als dekorative, aber nicht besonders bedeutsame Elemente der ornamentalen Struktur wahrgenommen wurden.

Da die Reformation, die im Verlaufe des 16. Jahrhunderts im nordöstlichen Deutschland zunehmend Einfluss gewann, der lutherischen Lehre folgte, hielt man hier – anders als in calvinistisch geprägten Regionen - am Gebrauch der liturgischen Gewänder noch lange fest. Als sie schließlich (an einigen Orten erst im späteren 18. Jahrhundert) außer Dienst gestellt wurden, galten sie bereits als historische Zeugnisse von hohem Rang. In Danzig, wie auch in Stralsund, Halberstadt und Brandenburg, wurden sie sorgsam bewahrt und blieben im Gedächtnis zumindest der lokalen Bevölkerung präsent. Die im späteren 19. Jahrhundert sich entwickelnde Forschung zur Kunst des Mittelalters machte die großen Paramentenschätze in weiten Kreisen bekannt. Der Schatz der Danziger Marienkirche gilt seither als einer der bedeutendsten Bestände, in dem sich vor allem die textile Überlieferung des 14. und 15. Jahrhunderts in einzigartiger Breite und Differenziertheit erhalten hat. Auch nach einigen Verlusten während des Zweiten Weltkriegs und Verlagerungen, die dazu führten, das Teile des Schatzes heute im Muzeum Narodowe w Gdansku, andere im St. Annen-Museum zu Lübeck bewahrt werden, kommt ihm dieser Rang unvermindert zu. BBR

Literatur: von Karabacek 1870, bes. S. 141; Hinz 1870, Bd. I, S. 158-159; Lessing 1900-13, Taf. 109; München 1910, Kat.-Nr. 2687; München 1912, Taf. 180; von Falke 1912, S. 188; von Falke 1913, Bd. 2, S. 54-56, Abb. 334; Schulze 1917, Abb. 96; Berlin 1929, Nr. 1109; Mannowsky 1931-38, Nr. 1; London 1935/36, Nr. 1232; Kendrick 1936, S. 402, Abb. 1; Pope/Ackerman 1938-39, Bd. Vb, S. 2052f., 2059, Nr. 14, Bd. XI, Taf. 1000; Schmidt 1958, Abb. 92; Nürnberg 1958, Nr. 1; Kühnel 1962, S. 126, Taf. 52; Taha Hussein 1963, Nr. 24; Geijer 1979, Abb. 27; Sourdel-Thomine/Spuhler 1973, S. 313, Abb. 272; London 1976, Nr. 15; Magagnato 1983, S. 218; Mackie 1984, Taf. 23; Berlin 1989, Nr. 4/33, Abb. 185; Wardwell 1988-89, S. 98, Abb. 19; Lübeck 1991; von Wilckens 1992, Nr. 75; von Fircks 2008, S. 51-61.

Fragment of a liturgical robe || First half of the 14th century (before 1341) || Central Asia || Silk lampas with a lancé weft of gilt leather bands and a brocade weft of coloured silk || Height 73 cm, width 38.5 cm || Die Lübecker Museen - St. Annen-Museum (inv. no. M 1) || Owner 1910: Evangelical parish of Saint Mary's Church in Danzig/Gdansk

Formed by strips of gilt leather, the pattern appears in fine relief against the background of the black silk fabric: a pair of parrots standing back-to-back in each of the twelve-sided medallions. The birds' heads are turned towards each other, forming curves with their bodies that follow the outline of the medallions, nearly filling them completely. A lotus blossom occupies the heart-shaped space between the birds, and delicate arabesques fill the remaining area. Discs on each of the parrots' shoulders bear the name Muhammad in a roundel, encircled by the inscription: *izz li-mawlana al sultan al-malik al-adil al-alim nasir* (Glory to our lord, the sultan, the king, the just, the wise Nasir [ed-din]) in Naskh script. The areas between the medallions are filled with writhing dragons.

Alfred Hinz, who published the first catalogue of the treasure of liturgical textiles and garments held by Danzig's Church of St Mary in 1870, described the fabric as a fragment, "attached to a piece of material lined with black linen and sewn together from two pieces; in any case, the remnant of a liturgical robe". A further fragment of the same piece of cloth was purchased by the *Kunstgewerbemuseum* (Museum of Applied Art) in Berlin in 1875 together with a larger lot of textiles from the Danzig treasure (inv. no. 75,258). In that fragment, the selvedge has been preserved on the left side; the piece presented here has a selvedge on its right side. Together, however, the width of the two pieces does not equal the entire weaving width; the fragments only allow us to conclude that the original width of the fabric must have measured at least 75 cm.

Since the patterning with gilt strips of leather and the ornamental motif were not common in Europe – particularly the lotus blossoms and dragons – this silk fabric was initially presumed to have been produced in China (and was therefore occasionally displayed in exhibitions of Chinese art; cf. Berlin 1929 and London 1938/39). Comparisons with fabrics produced in a similar manner, along with the inscription woven into the fabric, show it to be the product of a different geographical and historical context: the ruler cited in the inscription can be identified with the Mamluk sultan Muhammad Nasir ibn Qalawun (reign 1293-1341). Sources state that the sultan received large quantities of silk fabrics from the Mongol empire, some of them bearing woven inscriptions containing his name and honorific titles (cf. von Falke 1912, pp. 188-189). Since roughly 1250, the Mongols had unified large parts of Asia under their rule; they not only promoted trade between the East and the West, thereby making it possible for Chinese fabrics to reach Europe, they apparently also had an influence on the development of silk patterns derived from the Chinese tradition.

In Western Europe, which had only recently begun to produce its own silk, there was great demand for the luxurious golden fabrics from the Orient referred to as panni tartarici. Written sources, along with the pieces that have survived, provide evidence of their use for regal robes and shrouds (as in the entombment of the Spanish kings in Las Huelgas near Burgos, of Cangrande della Scala in Verona and of Duke Rudolf IV of Austria), as well as for liturgical garments and textiles intended as gifts of great value. The inventories of Pope Boniface VIII and Pope Clement V include a considerable number of liturgical robes made from the highly prized "Tartar cloth". A significant number of such liturgical garments and textiles have survived in the overseas trading ports of the Hanseatic League, specifically in Danzig/Gdansk and Stralsund (cf. von Fircks 2008). During the fourteenth and fifteenth centuries, the merchants there, whose wealth made it possible for them to represent their social class in an aristocratic manner, furnished the altars of their churches with costly liturgical cloth. Oriental silks patterned entirely with gold played a special part, being a visible sign of both the wealth and the sophistication of the person able to procure them. Undoubtedly, very few contemporaries were actually able to read the inscriptions, which – from our present day perspective – seem out of place on Christian altars. There was obviously no real importance attached to them: in the case of the Danzig/Gdansk liturgical textiles, in particular, one finds pieces sewn together in

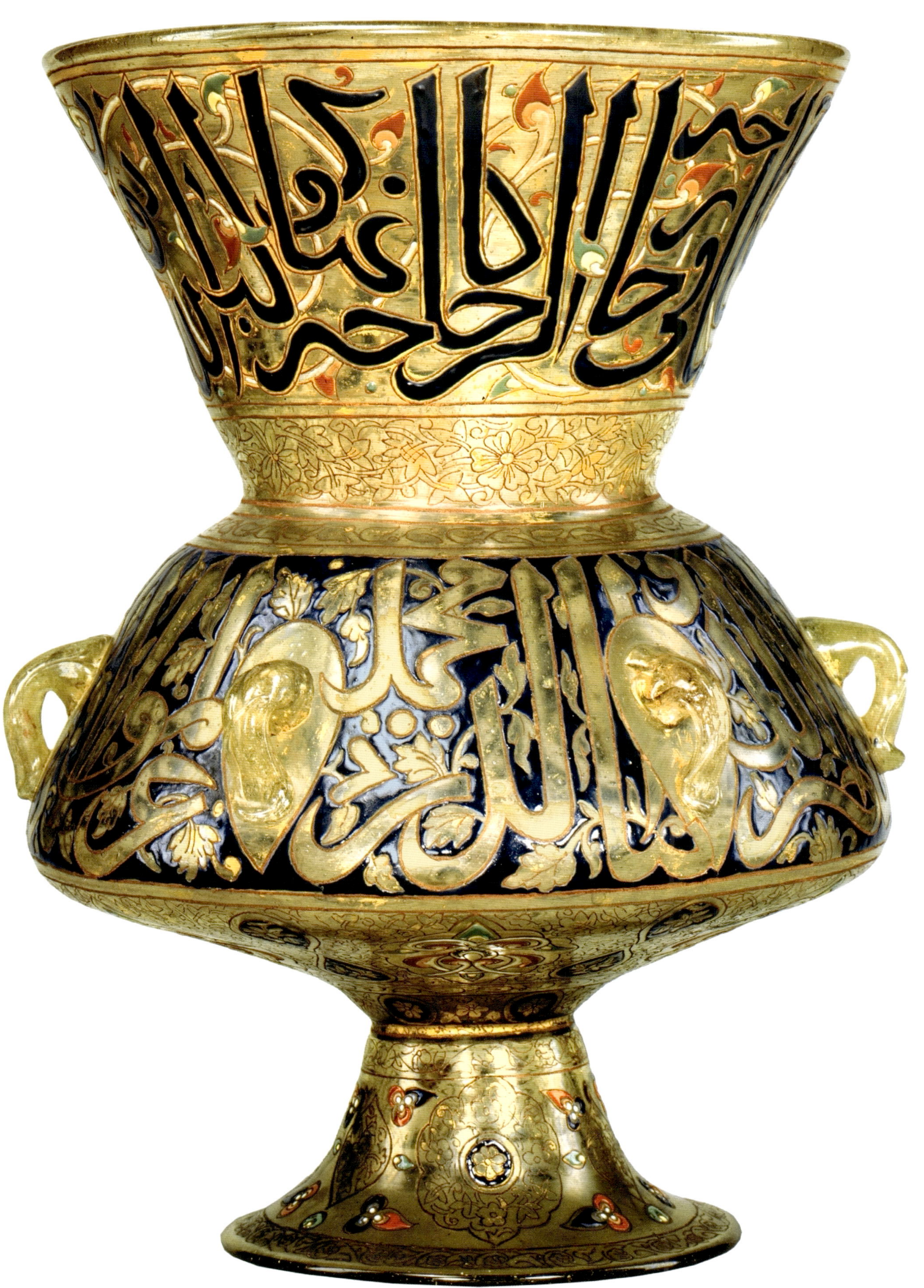

different directions, and sometimes even in opposite directions, within the same garment, clearly indicating that no consideration was given to keeping the pattern recognisable. Of primary importance was the visual effect of the silks from a distance, at which the inscriptions were perceived merely as decorative elements of the ornamental structure, with no particular meaning.

Since the branch of the Reformation that gained increasing influence in north-eastern Germany during the course of the sixteenth century adhered to Lutheran teachings, liturgical garments continued in use there for quite some time, in contrast to regions that were influenced by Calvinism. By the time that they were finally set aside (which in some places did not happen until the late eighteenth century), they were seen as historical documents of great importance. In Danzig, as in Stralsund, Halberstadt and Brandenburg, they were carefully preserved and remained present in the memories of the local populations, at least. The burgeoning study of mediaeval art in the late nineteenth century made these large collections of valuable liturgical garments and textiles known to a wider circle. Since this time, the treasure of St Mary's church in Danzig/Gdansk has been looked upon as one of the most important, in which the textile legacy of the fourteenth and fifteenth centuries, in particular, has been preserved in unique breadth and diversity. Even after some losses and removals during the Second World War, which led to some of the items ending up in the Muzeum Narodowe w Gdansku (National Museum in Gdansk) and others in the St. Annen-Museum in Lübeck, its standing is still undiminished. BBR

Kat. -Nr. 14 | Cat. -No. 14

Moscheeampel || Erste Hälfte des 14. Jh. || Syrien/Ägypten (?) || Honigfarbenes Glas mit kleinen Blasen, Gold- und Emaildekor (blau, grün, rot, rosa, gelb, weiß), rote Konturzeichnung || Höhe 33,5 cm, Ø oben 24,8 cm || Museum für Islamische Kunst, Berlin (Inv.-Nr. I. 2572) || Besitzer 1910: Friedrich Graf von Pourtalès, Sankt Petersburg

Diese Moscheeampel sowie ein als „Poloreiterflasche" bezeichnetes Stück, das ebenfalls in München ausgestellt wurde, befanden sich 1910 im Besitz von Friedrich Graf von Pourtalès (1853-1928), dem Kaiserlich Deutschen Botschafter in Sankt Petersburg. Nach Friedrich Sarre seien die beiden Glasgefäße aus China nach Europa gelangt (Hardie 1998; Helmecke 2004). Ein sicherer Nachweis dafür ist jedoch nicht überliefert. Nach der Ausstellung gehörten beide Stücke einer Gruppe von sieben großen Glasgefäßen an, die von verschiedenen Sammlern an die Islamische Kunstabteilung in Berlin ausgeliehen und dort im Kaiser-Friedrich-Museum, dem heutigen Bodemuseum, ausgestellt wurden. 1913 verkaufte Graf von Pourtalès die „Poloreiterflasche" an die Islamische Kunstabteilung, heute Museum für Islamische Kunst, und schenkte ihr gleichzeitig diese Moscheeampel. Beide Gläser sind auch heute Teil der ständigen Ausstellung.

Die vorliegende Moscheeampel gehört zu den emaillierten und vergoldeten Gläsern des 13.-14. Jahrhunderts aus der Levante, einer Gruppe von Objekten, die bereits seit dem frühen 14. Jahrhundert in Europa geschätzt und gesammelt wurde. Ein breites öffentliches Interesse an ihnen ist ab der Mitte des 19. Jahrhunderts im Zuge der Begeisterung für orientalische und maurische Innendekoration zu verzeichnen: So wurden die Gläser auf den Weltausstellungen in Paris 1867 und 1878 präsentiert. Zahlreiche Stücke wurden von europäischen Glaskünstlern nachgeahmt.

Auch in München wurden 1910 zwölf Gläser ausgestellt, die sich laut Sarre großer Beliebtheit erfreuten. Zu ihnen gehörte die vorliegende Moscheeampel. Nach einer ersten Publikation in Form eines Kurztextes im Katalog der Münchner Ausstellung, ordneten Wiet und Lamm in ihren bis heute grundlegenden Arbeiten das Stück stilistisch und chronologisch ein.

Grundsätzlich gilt es zu bemerken, dass wesentliche Fragen, wie etwa Produktionszentren und die Chronologie der emaillierten und vergoldeten Moscheeampeln, bisher nur in Ansätzen zu beantworten sind. Dies entspricht dem Forschungsstand zu emaillierten und vergoldeten Gläsern des 13.-14. Jahrhunderts. So bilden die Ursprünge der Emailtechnik in Syrien sowie deren Weiterentwicklung in Syrien und Ägypten, Herstellungsorte und das Verlorengehen dieser Technik im 15. Jahrhundert bis heute Forschungsdesiderata, die in zahlreichen aktuelleren Publikationen aber angegangen werden. Dabei kann Moscheeampeln wegen des Verweises auf ihre Stifter in Wappen oder Inschriften eine führende Rolle bei der Etablierung einer Chronologie der emaillierten und vergoldeten Gläser des 13.-14. Jahrhunderts zukommen.

Entsprechend nur vorläufig lässt sich auch die vorliegende Moscheeampel einordnen. Die den Sultan Malik an-Nasir Muhammad (1293-1341 mit Unterbrechungen) preisende Inschrift ermöglicht zumindest eine ungefähre Datierung in seine Regierungszeit. Dieser Datierung entspricht auch die zu diesem Zeitpunkt „kanonisch" werdende Form der Lampe, ihre Größe, beschränkte Farbpalette (Rot für die Umrahmung, Blau und Gold für größere Flächen), die Chinoiserien (Lotusblüten) sowie die dominierenden Inschriftenbänder.

Als Herstellungsort dieser Moscheeampel schlägt Sarre Damaskus vor. Lamm legt sich auf keinen Ort fest, sondern hält neben Aleppo und Damaskus gerade auch für die Moscheeampeln Kairo für möglich. Dort war schließlich aufgrund der zahlreichen Sultansstiftungen die größte Nachfrage zu verzeichnen. Neuere Forschungen favorisieren für die emaillierten und vergoldeten Gläser des 14. Jahrhunderts ebenfalls Ägypten.

Der gestauchte bauchige Körper der Moscheeampel sitzt auf einem gespreizten, hohen Fuß und geht nach einer starken Einziehung in einen darüber ansetzenden ausladenden Hals über. Der Dekor ist in vier Haupt- und fünf Nebenfriese unterteilt. Die beiden dominierenden Zonen an Hals und Bauch sind mit Inschriften im Thuluth-Duktus, die anderen Friese sind mit Blüten, Blatt- und Rankenwerk gefüllt. Die Inschrift am Bauch nennt den Namen des Sultans. Die Koraninschrift am Hals gibt den so genannten Lichtvers wieder. Wegen seiner Anspielung auf das göttliche Licht war dieser Koranvers (Sure 24, Vers 35) besonders auf den Lampen beliebt, die im sakralen Kontext benutzt wurden (Clermont-Ganneau 1920; Khoury 1992). Die Moscheeampel hing an sechs an ihrem Bauch angebrachten Ösen von der Decke. Ein in sie hinein gehängtes trichterförmiges Öllämpchen spendete das Licht.

Die Stiftung einer großen Anzahl von Moscheeampeln war gerade bei der Neuerrichtung einer Moschee nötig. Die Moschee, für die der mamlukische Sultan Malik an-Nasir Muhammad diese Lampe in Auftrag gab, lässt sich aber nicht feststellen. MK

Literatur: München 1910, Kat.-Nr. 2119; Sarre 1910-11; Clermont-Ganneau 1920; Wiet 1929, Nr. 39; Lamm 1929-30, Nr. 27; Celle 1947, Nr. 106; Berlin 1954, Nr. 300; Berlin 1967, Nr. 236; Berlin 1971, Nr. 13; Berlin 1971/1979, Nr. 515; Khoury 1992; Hardie 1998; Berlin 2001, S. 80-81; Helmecke 2004.

Hanging mosque lamp || First half, 14th century || Syria/Egypt (?) || Honey-coloured glass with small bubbles, enamelled and gilded decor (blue, green, red, pink, yellow, white), red outlines || Height 33.5 cm, Ø at top 24.8 cm || Museum für Islamische Kunst, Berlin (inv. no. I. 2572) || Owner in 1910: Count Friedrich von Pourtalès, Saint Petersburg

This hanging mosque lamp, along with a piece referred to as "the polo rider flask", which was also exhibited in Munich in 1910, was then in the possession of Count Friedrich von Pourtalès (1853-1928), the Imperial German ambassador in Saint Petersburg. According to Friedrich Sarre, these two glass objects came to Europe from China (Hardie 1998; Helmecke 2004). No incontrovertible evidence in support of this has been found. After the exhibition, both were among a group of seven large glass items that were lent by various collectors to the Department of Islamic Art in Berlin and put on display in the Kaiser Friedrich Museum, now known as the Bode Museum. In 1913, Count von Pourtalès sold "the polo rider flask" to the Department of Islamic Art, today's Museum of Islamic Art, donating the lamp to it at the same time. Both objects are still on permanent display today.

This mosque lamp is categorised among the enamelled and gilded glassware of the thirteenth and fourteenth centuries from the Levant: a group of objects that has been highly esteemed and collected in Europe since the early fourteenth century. They first began to attract the interest of a broad public in the mid-nineteenth century, in the wake of enthusiasm for Oriental and Moorish interior decoration. So it came about that glassware of this kind was presented in the World Expositions of 1867 and 1878 in Paris. Countless such pieces were imitated by European glass artists.

The twelve glass objects exhibited in Munich in 1910 also enjoyed great popularity, according to Sarre. Among them was the hanging mosque lamp shown here. Its first mention in a publication consisted of a brief text in the catalogue of the Munich exhibition, after which it was classified according to style and date by Wiet and Lamm in works that have remained seminal to this day.

It is important to note that, up to now, only sketchy answers have been found to such fundamental questions as those about the production centres and chronology of enamelled and gilded mosque lamps. This reflects the state of research into enamelled and gilded glassware of the thirteenth and fourteenth centuries. Even today, researchers are still keen to learn more about the origins of the enamelling technique in Syria, its refinement in Syria and Egypt, the places of manufacture and the loss of this technique in the fifteenth century: desiderata that are being pursued in many current publications. Hanging mosque lamps could play a key role in establishing a chronology of enamelled and gilded glassware of the thirteenth and fourteenth centuries, owing to the references to their donors in the form of emblems or inscriptions.

This lamp, too, can only be given a provisional classification.

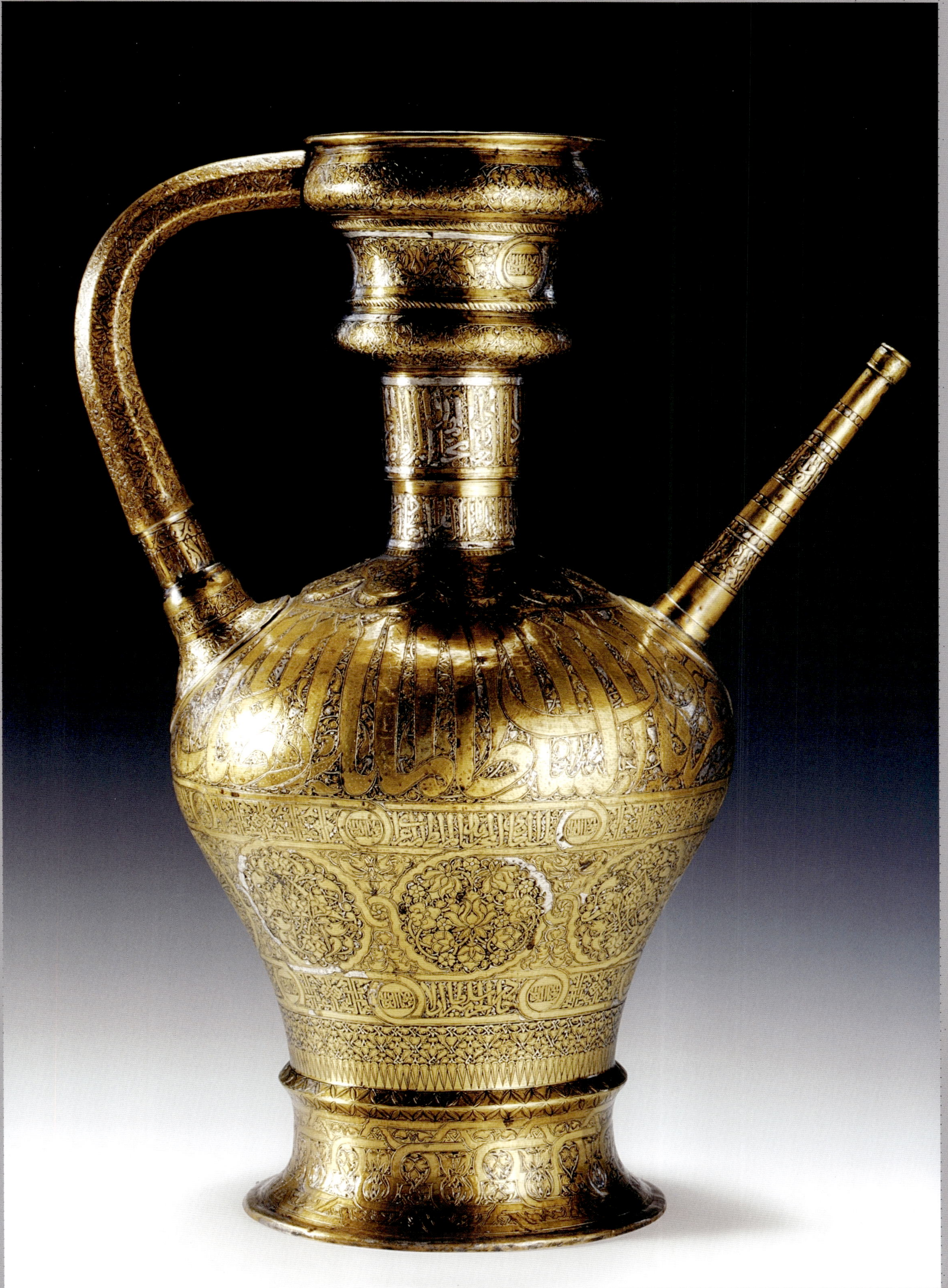

The inscription glorifying Sultan Malik an-Nasir Muhammad (reigned 1293-1341 with interregnums) allows it to be dated at least approximately to the periods of his rule. This dating also corresponds to the lamp's form (which was becoming "canonical" at that time), its size, the restricted palette (red for the outlines, blue and gold for larger areas), the Chinoiserie (lotus blossoms) and the predominant inscription bands.

Sarre suggests Damascus as the place where this lamp was made. Lamm does not commit himself to a location, but considers – besides Aleppo and Damascus – Cairo as a possibility, in particular for hanging mosque lamps. After all, it was there that the greatest demand existed, owing to the many donations made by the sultans. More recent research likewise favours Egypt for fourteenth century enamelled and gilded glassware.

The squat, bulbous body of the lamp sits on a flared, high pedestal; after narrowing markedly, it opens into a widening neck. The decor is divided into four main friezes and five secondary ones. The two predominant zones of the neck and belly are filled with inscriptions in *Thuluth* script, while the other friezes are filled with flowers and interlaced foliage and tendrils. The inscription on the belly mentions the name of the sultan. The passage from the Qur'an on the neck is often referred to as the "Light Verse". Owing to its allusion to the divine light, this verse (sura 24, verse 35) was especially popular on lamps intended for sacred use (Clermont-Ganneau 1920; Khoury 1992). The six eyelets fixed to its belly allowed this mosque lamp to be hung from the ceiling. The light source would have been a small, funnel-shaped, oil lamp suspended inside it.

The donation of a large number of hanging lamps was especially necessary when a mosque was being refurbished. It is not possible, however, to ascertain the mosque for which the Mamluk sultan Malik an-Nasir Muhammad commissioned this item. MK

Kat. -Nr. 15 | Cat. -No. 15

Tauschierte Bronzekanne || 1363-77 || Ägypten/ Kairo || Bronze gehämmert und graviert mit Silber- und Goldtauschierung (Reparaturen am Henkel und Ergänzungen am Ausguss) || Höhe 53 cm, Ø 84 cm || Museo Nazionale del Bargello, Florenz (Inv.-Nr. 357 C) || Besitzer 1910: Museo Nazionale, Florenz

Dieses große Bronzegefäß gehörte im 19. Jahrhundert dem französischen Sammler Louis Carrand, der sich für die unterschiedlichsten Kunstgattungen des Mittelalters und der Renaissance interessierte, wobei er sich auch über den europäischen Rahmen hinausbewegte. Während der Pariser Kommunardenkämpfe erlebte er, wie die Kunstschätze des Louvre in Gefahr gerieten, zerstört zu werden. Unter diesem Eindruck kehrte er mitsamt seiner Kollektion Frankreich den Rücken, um sich in der Toskana niederzulassen. 1888 verfügte er durch eine Stiftung, dass seine Kunstwerke in den Besitz des Bargello in Florenz übergehen sollten, in dessen Bestände sie sich gut einfügten, da bereits die Medici reiche Bestände an Kunsthandwerk sowohl europäischer als auch orientalischer Herkunft gesammelt hatten.

In einem Katalog von 1895 ist die ausgestellte Bronzekanne als „grande buire persane" inventarisiert – ein deutliches Zeichen dafür, wie wenig man damals über die Herkunft solcher Objekte wusste und wie ungenau die Begrifflichkeiten benutzt wurden.

Max van Berchem las 1910 auf der Münchner Ausstellung die Inschrift der Kanne und schlussfolgerte, dass sie mit hoher Wahrscheinlichkeit für den jemenitischen Rasuliden-Sultan Al-Malik al-Afdal Dirgham al-Din al-Abbas gefertigt wurde, der von 1363-77 regierte. Als möglichen Herstellungsort zog er daher Südarabien in Betracht. Noch wahrscheinlicher erschien ihm aber, dass das Stück in Ägypten entstanden sei. Ein bereits 1910 bekanntes vergleichbares Stück, das sich im Musée des Arts Décoratifs in Paris befindet (München 1987, Abb. S. 219), verrät in seiner Inschrift, dass es in Kairo für einen Rasuliden angefertigt wurde. Zudem ist überliefert, dass in der fraglichen Zeit Gesandtschaften zwischen Ägypten und dem Jemen verkehrten.

Die vegetabile Ornamentik des Gefäßes, eingefügt in eine horizontale, von Medaillons rhythmisierte Gliederung, folgt jedenfalls dem Grundprinzip mamlukischer Metallarbeiten, die in der Regel ein geometrisch geordnetes Kompositionsschema zeigen – wenngleich es hier zu einer gewissen Monotonie erstarrt scheint.

Die Annahme, dass es sich bei der Florentiner Kanne um ein Exportprodukt oder diplomatisches Geschenk handelt, passt tatsächlich gut in das wirtschaftliche und kulturelle Klima Kairos im späten 14. Jahrhundert: Unter mamlukischer Herrschaft war die Stadt seit 1250 zum bedeutendsten Zentrum der islamischen Welt geworden. Die Machthaber förderten Kunst und Handwerk durch zahlreiche Aufträge, was gerade im Fall der Metalltauschierkunst zu einer fruchtbaren Konkurrenz zwischen den Werkstätten führte. Die Technik entwickelte sich so weit, dass sie es in Linienzeichnung und Komposition mit der Buchmalerei aufnehmen konnte. Große und aufwändig hergestellte Metallarbeiten wurden für ihre Besitzer zu Statussymbolen, an denen sich Reichtum und Prestige ablesen ließen. Um 1350 jedoch ließ eine von Pest, Wirtschaftskrise und politischer Instabilität geprägte Phase die Produktion zurückgehen – es fehlte an einheimischen Abnehmern. Umso bedeutender wurden Exportaufträge, mittels derer mamlukische Metallarbeiten nicht nur in andere islamische Zentren gelangten, sondern – zum Teil sogar mit christlichen Ikonographien versehen – bis nach Europa. Die prächtigen Oberflächeneffekte der tauschierten Gefäße machten sie besonders attraktiv für westliche Sammlungen. Für den Export nach Westen entwickelte sich neben Kairo auch Damaskus zu einem bedeutenden Zentrum dieser Luxusgüterproduktion, so dass tauschierte Waren in Europa bald allgemein als „damaszierte" Arbeiten bekannt waren. In gewisser Weise hatten also auch die jemenitischen Rasuliden als Besitzer solcher Arbeiten Anteil an einem luxuriösen internationalen Stil. EMT

Literatur: New York Times 1891; Collection Carrand 1895, Nr. 49; München 1910, Kat.-Nr. 3133; München 1912, Taf. 157; van Berchem 1912, Nr. VI; Scerrato 1966, Nr. 57; London 1976, Nr. 216; Elam 1982; Washington 1981, v. a. S. 52-56; Allan 1984, S. 86, Taf. 2; München 1987; Florenz 1989, Kat.-Nr. 151, S. 357-358; Ward 1989; Bargello 1991, S. 68; Ward 1993, v. a. S. 106-120; Shalem 1998, S. 145-146; Florenz 2002, Kat.-Nr. 97; Mack 2002, v. a. S. 139-157; Bianchi/Howard 2003; Ward 2004, v. a. S. 61.

Damascened bronze ewer || 1363-77 || Egypt/ Cairo || Bronze, hammered and engraved with silver and gold inlay (repairs to the handle and additions at the spout) || Height 53 cm, Ø 84 cm || Museo Nazionale del Bargello, Florence (inv. no. 357 C) || Owner in 1910: Museo Nazionale, Florence

In the nineteenth century, this large bronze vessel belonged to a French collector, Louis Carrand, who was interested in art of widely differing genres from the Middle Ages and the Renaissance, not limiting himself to works of European origin. During the popular uprising of the Paris Commune, he saw the danger of destruction to the art treasures of the Louvre. This left such a deep impression that he left France, together with his entire collection, and settled in Tuscany. In 1888, he set up a foundation to ensure that the works of art in his ownership would be transferred to the Bargello museum in Florence. There they fitted well into the existing inventory, as the Medici had already accumulated a wealth of decorative art originating from both Europe and the Orient.

In a catalogue from 1895, the bronze on display here is listed as a "grande buire persane" [large Persian cruet] – a clear indication of how little was known in those days about the provenience of such objects and how imprecisely terminology was applied.

In the Munich exhibition of 1910, Max van Berchem read the ewer's inscription and concluded that it was very probably made for the Rasulid sultan Al-Malik al-Afdal Dirgham al-Din al-Abbas, who ruled the Yemen from 1363-77. He therefore considered the possibility that it might have been manufactured in southern Arabia. It seemed more probable to him, however, that the piece had been produced in Egypt. A comparable work, which was already known in 1910 and which is to be found in the Musée des Arts Décoratifs in Paris, was made, according to its inscription, in Cairo for a member of the Rasulid dynasty. Moreover, it is recorded that embassies were exchanged between Egypt and the Yemen during the period in question.

The vegetal ornamentation of the vessel, inserted in a horizontal arrangement that is punctuated by medallions, follows the basic principle of Mamluk metalwork at any rate (which as a rule exhibits a geometrically structured overall composition), even if here it seems to have become set in a certain monotony.

The assumption that the ewer in Florence was either an export or a diplomatic gift does indeed accord well with the economic and cultural climate prevailing in Cairo during the late fourteenth century: from 1250 onwards, the city had grown under Mamluk rule to become the most important centre in the Islamic world. The numerous commissions granted by the ruling class gave a boost to the arts and crafts, which led to fruitful rivalry between the workshops, especially in the art of damascening. This technique developed so far that it was able to compete with book illustration both in terms of line drawing and composition. Large and elaborately made works in metal functioned as status symbols for their owners, reflecting personal wealth and prestige. A period marked by the Plague, economic crises and political instability around 1350, however, led to a drop in production: there was simply a lack of local demand. Commissions for export became correspondingly important, which led to Mamluk metalwork ending up not only in other Islamic centres, but also in Europe – in some cases even bearing Christian iconography. The magnificent superficial effects of damascened vessels made them especially attractive to Wes-

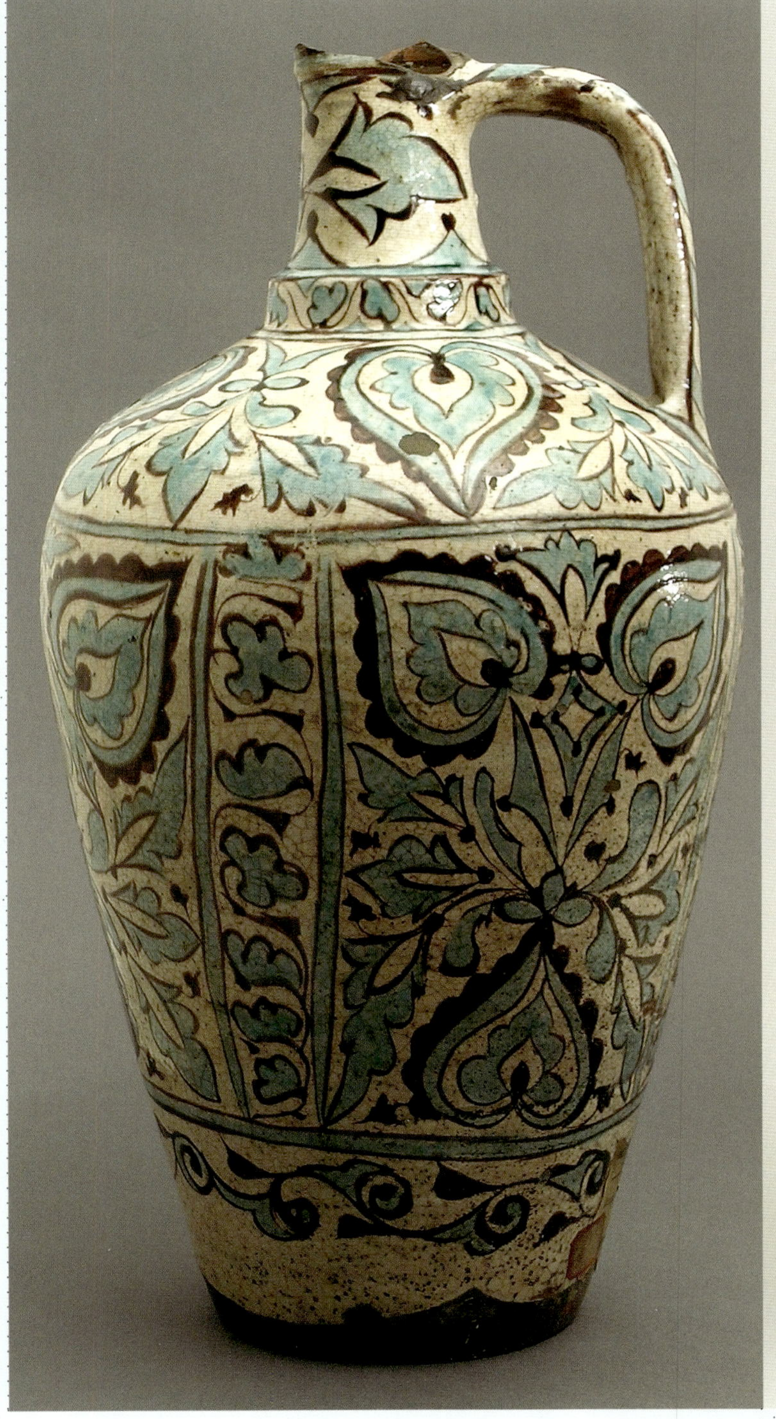

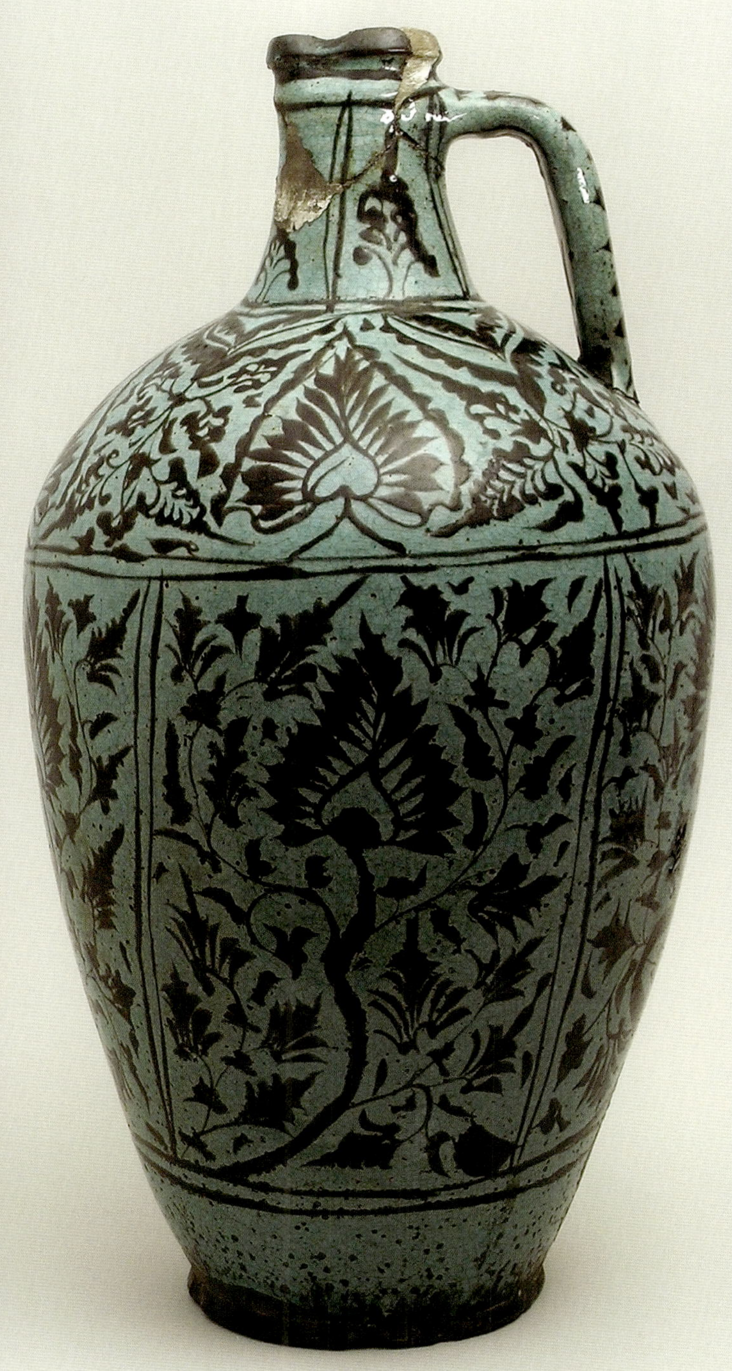

tern collectors. Besides Cairo, Damascus too grew into an important manufacturing centre of luxury goods for export to the West, to such an extent that inlaid metal goods were soon referred to generally in Europe as "damascened". In possessing such works, the Yemeni Rasulids, too, shared – in a manner of speaking – in a luxurious international style. EMT

Kat. -Nr. 16 | Cat. -No. 16

Zwei Krüge || Spätes 15. Jahrhundert || Iranische Welt || Steingut, Engobe und Unterglasur-Malerei || Höhe 50,16 cm, Ø 41,75 cm bzw. Höhe 50,48 cm, Ø 42,38 cm || Los Angeles County Museum of Art (Inv.-Nr. M.2002.1.277; .278) || Besitzer 1910: Sammlung Kirkor Minassian, Paris und New York

Dieses Paar glasierter Keramikkrüge repräsentiert einige der zahlreichen Veränderungen, die sich im Bereich der Geschichtsschreibung islamischer Kunst seit 1910 vollzogen haben – und vielleicht tragen diese Exponate darüber hinaus dazu bei, unser Verständnis moderner Kunst zu erweitern.

In beinahe identischer Form wölben sich die Wände beider Gefäße von einer flachen Standfläche aus. Auf der gerundeten Schulter sitzt jeweils ein konisch geformter Hals; bei einer der Kannen verbindet ein scharf abgegrenzter Ring Hals und Schulter. An jedem der Gefäße befinden sich ein eingedrückter Ausguss und ein Henkel, der vom Hals zur Schulter reicht.

Die auf floralen Motiven basierende Dekoration ist zwar in beiden Fällen ähnlich angelegt, allerdings kommen jeweils individuelle Farbschemata und ein unterschiedliches dekoratives Vokabular zur Anwendung. Eines der Gefäße zeigt blassblaue und auberginefarbene Ornamente auf gelbbraunem Grund, während die Zeichnung des anderen in Schwarz unter türkisgrüner Glasierung ausgeführt ist. Die farbenfrohere der beiden Kannen trägt große blaue Blüten, umfasst von einem konturierten und gewellten auberginefarbenen Band. Sie alternieren mit kleineren blauen Blüten, die von dunkelvioletten Linien umrissen sind. Der Griff ist dekoriert mit einer Reihe v-förmiger blauer Streifen mit wiederum auberginefarbenen Konturen.

Auf dem Korpus des zweiten Kruges wiederholt sich in mehreren breiten Segmenten eine einzelne Blüte auf einem gewundenen Stängel, von dem spitze Blätter ausgehen. Dasselbe Motiv erscheint in vereinfachter Form auf Schulter und Hals, der Griff trägt schwarze Streifen.

Trotz dieser Unterschiede in der dekorativen Gestaltung sprechen die insgesamt doch starken formalen Übereinstimmungen dafür, dass die Krüge zur selben Zeit am selben Ort entstanden sind.

Obwohl genau einhundert Jahre vergangen sind, seitdem diese Krüge in München ausgestellt waren, sind sie während dieser Zeit noch wesentlich älter geworden. Während sie im Katalog von 1910 als Arbeiten aus Turkestan auf das 18. Jahrhundert datiert wurden, können sie inzwischen dem Ende des 15. oder frühen 16. Jahrhundert zugeordnet werden, also der späten Timuridenzeit. Im Lauf des vergangenen Jahrhunderts, besonders aber in den letzten 35 Jahren, hat sich unser Wissen über die Kunstproduktion unter timuridischer Herrschaft (1370-1507) grundlegend erweitert. Zugleich wurde ein spezifisches dekoratives Vokabular identifiziert, das über die iranische Region und das frühe 16. Jahrhundert hinausreichte (z. B. Lentz/Lowry 1989; Golombek/Mason/Bailey 1996). Zwei weitere Anhaltspunkte untermauern die kunsthistorische Argumentation für eine timuridische Datierung: Erstens wurden die Krüge im Jahr 2006 einer Analyse nach der Thermolumineszenz-Methode unterzogen, die Aufschluss über das Alter von Keramikarbeiten geben kann – die Resultate sind vollkommen vereinbar mit einer Datierung auf das 15. bis 16. Jahrhundert. Zweitens haben Ausgrabungen, die im südkasachischen Otrar vor allem zwischen 1971 und 1985 vorgenommen wurden, eine große Zahl vergleichbarer Keramikfunde zutage gefördert, von denen viele aus der Timuridenzeit stammen (Baipakov/Erzakovich 1991) – darunter auch Henkelgefäße, die in der Form den beiden ausgestellten Krügen ähneln (Baipakov 1992, Abb. 8).

Auch wenn die Stücke nun mit Hilfe kunsthistorischer, naturwissenschaftlicher und archäologischer Methoden mit Sicherheit auf die späte Timuridenzeit datiert werden können, bleibt es wohl problematisch, den Ort ihrer Herstellung zu bestimmen.

Das Gebiet von Otrar sowie einige andere benachbarte mittelalterliche Siedlungen hatten schon vor den ersten archäologischen Ausgrabungen 1904 (Baipakov/Erzakovich, S. 28) Aufmerksamkeit gewonnen. Möglicherweise ist die Lokalisierung der Krüge in Turkestan, die 1910 vorgenommen wurde, also nicht ganz von der Hand zu weisen, zumal der Begriff „Turkestan" zu Beginn des 20. Jahrhunderts häufig als generelle Bezeichnung für die westlichen Regionen Zentralasiens benutzt wurde. Der bekannte Händler Kirkor Minassian, der die Krüge 1910 nach München lieh (und dessen Name und Pariser Adresse noch heute auf dem Exponatetikett auf einem der Krüge zu lesen sind), kaufte die beiden Gefäße vielleicht aus einer der inoffiziellen Grabungen, die damals in der Region unternommen wurden.

Andererseits weist auch einiges darauf hin, dass die Krüge mit dem nordwestlichen Rand der damaligen iranischen Welt in Verbindung stehen – etwa mit Kubachi oder einem anderen Ort in Dagestan. Das Orientalische Museum in Moskau besitzt eine Gruppe unpublizierter Keramikgefäße (ohne Inventarnummern), die in Dekoration und Farbschema identisch mit dem türkisfarbenen Krug sind. Diese Gefäße wurden in der Region Dagestan ausgegraben. Zudem befinden sich in der Eremitage in St. Petersburg eine Anzahl unpublizierter Keramiken, die dieselben Farbschemata zeigen (d. h. sowohl die Kombination aus Türkis und Schwarz als auch aus Gelbbraun, Hellblau und Aubergine) und verwandte Dekorformen aufweisen. Den Aufzeichnungen des Museums zufolge wurden sie in den ersten Jahrzehnten des 20. Jahrhunderts Einwohnern von Kubachi abgekauft (z. B. Inv.-Nr. VG-1542, 1585, 1625). Eines der Exemplare (Inv.-Nr. VG-1611) ist in Form und Größe identisch mit den Krügen aus Los Angeles, wenngleich seine blaue und auberginefarbene Dekoration auf braungelbem Grund etwas weniger fein gearbeitet erscheint.

Diese beiden Krüge tragen also zu einem besseren Verständnis spättimuridischer Keramik und ihrer Dekoration bei – ob nun an den äußersten östlichen oder westlichen Randzonen der damaligen iranischen Welt.

Sie können zugleich unsere Sicht auf die „orientalisierenden" Themen im Werk von Henri Matisse (1869-1954) erweitern, der im Oktober 1910 gezielt nach München reiste, um die große Ausstellung islamischer Kunst zu sehen. Im Laufe einer Woche besuchte er wiederholt die Schau, die er später als „die außerordentliche Ausstellung in München" bezeichnen sollte (Schneider 2005, S. 156; Spurling 2005, S. 54). Es ist bekannt, dass seine Bewunderung vor allem Textilien galt, die er nach seinen beiden Reisen nach Marokko 1912 und 1913 häufig als Requisiten in seinen Gemälden benutzte (Washington 1990). Zugleich ist es eine nahe liegende Vorstellung, dass auch Objekte wie diese Keramikkrüge einen nachhaltigen Eindruck auf sein visuelles Gedächtnis ausgeübt haben, denn ihr farbenfrohes, florales Ornament scheint in vielen Werken des Künstlers wieder auf. LK

Literatur: München 1910, Kat.-Nr. 1438, 1439; Schneider 1984; Lentz/Lowry 1989; Washington 1990; Baipakov/Erzakovich 1991; Baipakov 1992; Golombek/Mason/Bailey 1996; Spurling 2005.

Pair of Ewers || Late 15th century || Iranian world || Earthenware, covered with slip and underglaze-painted || Height 50.16 cm, Ø 41.75 cm resp. Height 50.48 cm, Ø 42.38 cm || Los Angeles County Museum of Art (Inv.-Nr. M.2002.1.277; .278) || Owner in 1910: Collection Kirkor Minassian, Paris and New York

This pair of glazed ceramic ewers reflects some of the many changes that have taken place in the field of Islamic art history since 1910 and perhaps also helps to broaden our understanding of Modern art. Nearly identical in form, the walls of the vessels flare from a flat foot and curve inward at the shoulder, which is surmounted by a tapered neck; on one, a sharply defined collar unites neck and shoulder. Each vessel has a pinched spout and a single handle extending from neck to shoulder. Although their floral-based decoration is similar in disposition, each has a distinct colour scheme and decorative vocabulary. One vessel has a buff-coloured ground with pale blue and aubergine decoration while in the other the designs are rendered in black under a turquoise glaze. The more colourful of the pair bears large-scale blue blossoms framed by a contoured scalloped band of aubergine alternating with smaller blue flowers outlined in dark purple; the handle is decorated with a series of v-shaped stripes of blue outlined in aubergine. On the second ewer, a single blossom on a sinuous stem giving rise to spiky-leafed branches is repeated in broad panels on the body and in abridged fashion on the shoulder and neck; the handle bears black stripes. Despite their differences in decoration, it seems most likely that the ewers were made at the same time and in the same place based on their strong formal similarities.

Although it is 100 years since these ewers were exhibited in Munich, they actually have grown even older during that time. Dated to eighteenth century Turkestan in the 1910 catalogue, it is now possible to ascribe these ewers to the late fifteenth or early sixteenth century, that is the end of the Timurid period. Over the last century, but especially in the past thirty-five years, our understanding of the decorative arts produced under the Timurid dynasty (1370-1507), has grown dramatically while a distinctive decorative vocabulary, which extended beyond the Iranian lands and the early sixteenth century, has also been identified (e. g., Lentz/Lowry 1989; also Golombek/Mason/Bailey 1996). The art historical evidence for a Timurid date is substantiated on two further counts: one, the ewers were subjected to thermoluminescence testing in 2006 producing results entirely consistent with a fifteenth to sixteenth century date, and two, excavations at Otrar, in southern Kazakhstan, especially from

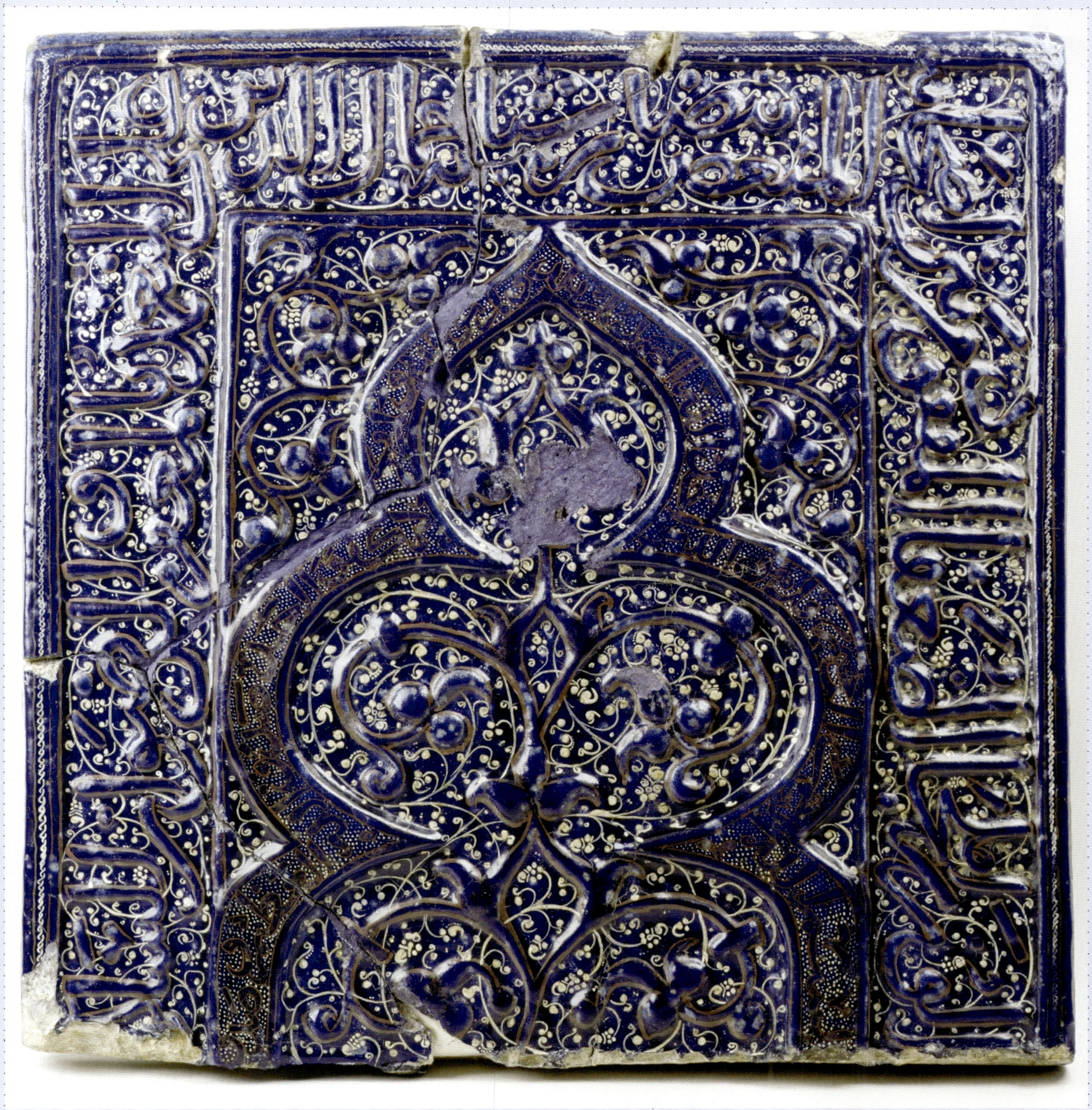

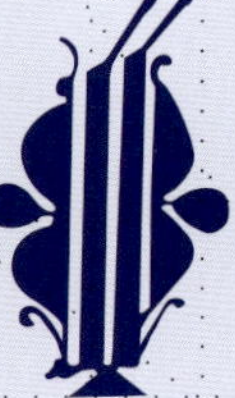

1971-1985, have produced a wealth of related ceramic finds many of which date to the Timurid period (Baipakov/Erzakovich 1991), including single-handled vessels similar in shape to the present examples (Baipakov 1992, fig. 8).

If the ewers can now be safely dated to the late Timurid period on the basis of art historical, scientific and archaeological evidence, determining their likely place of production is perhaps more problematic. The site of Otrar as well as neighbouring mediaeval settlements had begun to attract attention even prior to the first archeological excavations in 1904 (Baipakov/Erzakovich, p. 28). It is therefore possible that the 1910 attribution of the pair of ewers to Turkestan (in the first half of the twentieth century often used as a general designation for western Central Asia) may have some traction; perhaps Kirkor Minassian, the well-known dealer who loaned the ewers in 1910 (and whose name and Paris address are still preserved on one of the ewer's exhibition labels) acquired them from some clandestine excavator active in the region.

On the other hand, there is some evidence to link the two vessels with the northwestern end of the Iranian world – to Kubachi or elsewhere in Dagestan. The Oriental Museum in Moscow possesses a group of unpublished ceramic vessels with the identical decoration and colour scheme as the turquoise-glazed ewer (no inv. numbers were available); these were excavated in the region of Dagestan. In addition, the State Hermitage Museum, St. Petersburg, has a number of unpublished ceramic vessels that demonstrate the same colour schemes (i. e., both the turquoise and black and the buff, light blue and aubergine) and related decoration, which according to museum records were acquired from citizens of Kubachi in the first decades of the twentieth century (e. g., VG-1542, 1585, 1625). One of them (VG-1611) is identical in shape and size to the Los Angeles ewers, although its blue and aubergine decoration on a buff ground is slightly courser.

This pair of ewers now provides a better understanding of late Timurid ceramics and their decoration at either the eastern or western-most extremes of the Iranian world. They also may enhance our appreciation of the "Orientalizing" themes in the work of Henri Matisse (1869-1954), who visited Munich in October 1910, expressly to see the great Islamic art exhibition. During the course of a week, Matisse returned again and again to what he later described as "the extraordinary Exhibition at Munich" (Schneider 1984, p. 156; also see Spurling 2005, p. 54). While we know he especially admired the textiles, which he often used as props in his paintings following his two visits to Morocco in 1912-1913 (Washington 1990), it is easy to imagine that he also may have preserved a visual memory of objects such as these ceramic ewers whose colourful floral ornament is reiterated in a variety of the artist's works. LK

Kat. -Nr. 17 | Cat. -No. 17

Große Fliese mit Nischenbogen und Inschriften || Ende 13.-14. Jahrhundert || Iran, Kaschan || Quarzfritte-Keramik, reliefiert (Modelpressung), glasiert, Aufglasurbemalung und Blattvergoldung (sog. *ladschwardina*-Keramik) || Höhe 55 cm, Breite 54 cm, Dicke 6 cm || Museum für Islamische Kunst, Berlin (Inv.-Nr. I. 3906) || Besitzer 1910: Friedrich Sarre

Friedrich Sarre erwarb diese Fliese 1905 im Pariser Kunsthandel und ließ sie im Kaiser-Friedrich-Museum, dem heutigen Bodemuseum, zusammen mit anderen Objekten seiner Sammlung ausstellen. Seine Sammlung bildete eine der Säulen, auf denen die neugegründete islamische Kunstabteilung ruhte. 1921/22 ging mit dem größten Teil der Sammlung Sarre auch die Fliese in den Besitz des Museums über. Mit dem Wechsel des Museums in das neuerbaute Pergamonmuseum kam sie 1931 in die dortige Neuaufstellung und war bis 1998, mit kriegsbedingter Unterbrechung, ausgestellt.

Die Komposition der Platte besteht aus einer oben spitz zulaufenden Dreipassbogennische, die an drei Seiten von einem Inschriftband gerahmt wird. In der Bogennische wie auch den Eckzwickeln erscheinen symmetrisch angelegte, leicht gerollte Blattranken. All diese Elemente wurden plastisch modelliert und erhielten ihre Detailzeichnung durch Bemalung. Die vertieften Grundflächen sind mit feinen, z. T. spiralig geführten weißen Blütenranken ausgefüllt.

Besonders hervorgehoben durch ihre Farbigkeit war eine ursprünglich goldene, rot konturierte Koraninschrift auf dem Steg des Nischenbogens. Sie gibt die 112. Sure des Koran wieder: „Im Namen Allahs, des Erbarmers, des Barmherzigen. Sprich: Er ist der eine Gott, Allah, der Alleinige, er zeugt nicht und wird nicht gezeugt und keiner ist ihm gleich." Diese Sure wird in der ganzen islamischen Welt häufig für Inschriften verwendet. Der Zusatz „Allah der Erhabene spricht die Wahrheit, und er spricht die Wahrheit" kommt dagegen, besonders im Mittelalter, vermutlich eher bei schiitisch geprägten Objekten vor.

Ursprünglich wurde angenommen, dass die Fliese vom oberen Teil eines *Mihrabs* stamme, der in einem unbekannten Grabmal gewesen wäre. Mit der Lesung des Namens Dschamal ad-din Ali in der großen Randinschrift wurde dann ein Epitaph vermutet (Kühnel 1924). Da die Lesung der Randinschrift nicht ganz schlüssig ist, wäre zu vermuten, dass eine zweite Fliese als unterer Teil vorhanden gewesen war. Das Motiv der Bogennische erscheint sowohl an Gebetsnischen als auch bei Grabplatten, Widmungs- und Bauinschriften. Dabei variieren Material (Stein, Stuck oder Keramik), Dekortechnik und Größe. Fast immer reliefiert, sind die erhaltenen keramischen Exemplare mindestens einfarbig glasiert. Vor allem weiß glasierte Platten erhielten weiteren Dekor durch Lüsterbemalung, manchmal verbunden mit blauer Unterglasurmalerei. Diese Fliese gehört zu den Exemplaren, deren Größe an sich schon eine technische Meisterleistung darstellt. Aber auch die hier ausgeführte Dekortechnik war wie die Lüstertechnik aufwendig.

Der Name *ladschwardina*-Keramik bezeichnet eine mittelalterliche persische Keramikgruppe, die Ernst Kühnel 1924 nach dem damals so bezeichneten Fundort Rhages (Ray, bei Teheran) auch als sog. „Raghes-Email" bezeichnet hat. Dabei wird auf einer dunkelblauen (kobaltblauen) undurchsichtigen Glasur rote und weiße Bemalung sowie Vergoldung aufgetragen und in einem vielstündigen, niedrig temperierten zweiten Brand fixiert. Für Weiß verwendete man eine zinnhaltige Mischung, für Rot eine Art zerriebenes Hämatit und für das Gold Blattgold. Rot wurde nur zur Konturierung der Partien, die mit den aufgeklebten Blattgoldteilchen versehen wurden, eingesetzt. Die farbliche Wirkung dieser dunkelblauen Fliesen mit ihrer leuchtend weißen Dekorzeichnung und den schimmernden Goldpartien war sicher sehr prächtig gewesen. Da die schützende Überglasur fehlt, war die Bemalung auf die Dauer weniger abriebfest. Vor allem das Blattgold ist vielfach nicht mehr erhalten. Obwohl der Name offenbar erst im 19. Jahrhundert gezielt für diese Art Keramik verwendet wurde, ist der Begriff historisch. Er erscheint zusammen mit einer Beschreibung der Technik in einer 991 n. d. H./1583 n. Chr. vollendeten Abschrift eines Buches von Abu-l-Qasim aus Kaschan, in dessen letztem Kapitel keramische Materialien und Techniken beschrieben werden. Das Original, das den Begriff nicht enthält, schrieb der aus einer Keramikmeisterfamilie stammende Autor im Jahre 700 n. d. H./1301 n. Chr. *Ladschwardina* -Keramik ist in dieser Periode, der Ilchanidenzeit, offenbar in größerem Umfang im Nordwesten Irans hergestellt worden, Beispiele haben sich u. a. im Palast des Ilchaniden-Sultans Abaqa Chan auf dem Tacht-i Sulaiman in Nordwest-Iran erhalten (1270er Jahre). Friedrich Sarre fand Bruchstücke von *ladschwardina* -Fliesen „z. B. im Schutt von Sultaniye, Tebriz und Kazwin... Vielleicht stammt von hier der größte Teil der in europäischen Museen und Sammlungen vorhandenen blauen Fliesen mit Blattgoldmalerei...". Mit den aus Iran verschleppten Meistern kam die Technik unter den Timuriden vermutlich auch nach Mittelasien. Im 19. Jahrhundert stellte man im Iran vielfach Nachahmungen her. Inwieweit auch alte Arbeiten damals „aufgefrischt" wurden, vor allem bei der weißen und roten Bemalung, bedarf noch gründlicher Recherche. GH

Literatur: Sarre 1901, S. 70, Abb. 87; München 1910, Kat.-Nr. 1293; München 1912 , Taf. 111; Sarre 1923, S. 40, Abb. 64; Kühnel 1924, Anm. 40; Ritter/Ruska/Winderlich 1935; Fehérvári 1972; Allan 1973.

Large tile with arched niche and inscriptions || Late 13th/early 14th century || Iran, Kashan ||Fritware, in relief (moulded by pressing), glazed, overglaze painting and gold leaf (known as *ladjvardina* ceramics) ||Height 55 cm, width 54 cm, thickness 6 cm || Museum für Islamische Kunst, Berlin (inv. no. I. 3906) || Owner in 1910: Friedrich Sarre

This tile was bought from a Parisian art dealer in 1905 by Friedrich Sarre, who allowed it to be displayed in the Kaiser Friedrich Museum (now the Bode Museum), together with other objects from his collection. His collection was one pillar that formed the basis of the museum's newly established Department of Islamic Art. In 1921/22, the greater part of Sarre's collection, including this tile, entered the possession of the museum. In 1931, when the latter moved into new quarters at the recently built Pergamon Museum, the tile became part of the new permanent exhibition, remaining on display there (with the exception of the war years) until 1998.

The panel's composition consists of a niche with a trefoil arch, pointed at the crown, which is framed on three sides by an inscription band. The arched niche and the spandrels contain symmetrically arranged, slightly scrolling foliate arabesques. These elements are all modelled in relief and are elaborated in detail by painting. The recessed, background areas are filled with delicate, sometimes spiralling, white floral tendrils.

An element that would have stood out especially, on account of its colours, was the inscription from the Koran on the border of the arched niche, the letters of which were originally gilded with red outlines. It quotes the sura 112 of the Koran: "In the name of Allah, Most Gracious, Most Merciful. Say: He is Allah, the One and Only;

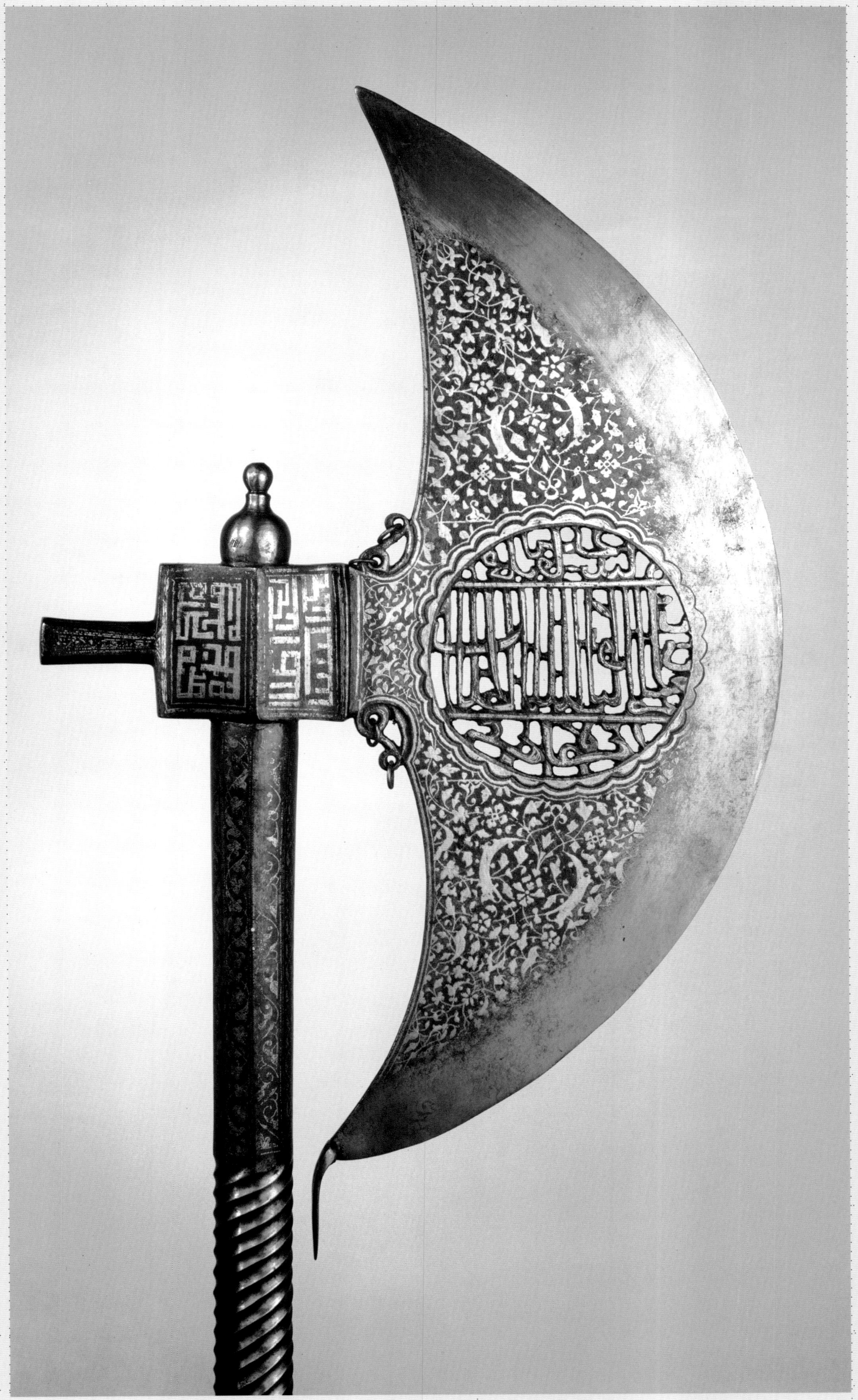

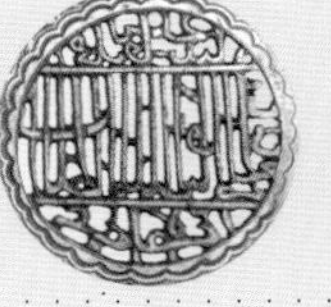

He does not beget, nor is He begotten; And there is none comparable to Him." This sura is common in inscriptions throughout the Islamic world. The supplement "Allah the Sublime speaks the truth, and He speaks the truth", visible here on the tile, on the other hand, is presumed to appear rather on objects with a Shi'ite influence, especially those from the Middle Ages.

Originally, this tile was thought to belong to the upper section of a *mihrab*, or prayer niche, from an unknown tomb. After the name Jamal ad-din Ali had been deciphered in the perimeter inscription, this was thought to be an epitaph (Kühnel 1924). Since the inscription as it reads now is not wholly conclusive, it may be presumed that there was a second tile, which formed the lower section. The arched niche appears as a motif on prayer niches and grave stones, as well as in connection with votive or building inscriptions. The material used (stone, plaster, or ceramics), the decorative technique and the size vary. The surviving ceramic examples almost always have the surface in relief, with glazing of at least one colour. Further decor was applied to white-glazed panels in particular, in the form of lustre glazes, sometimes in combination with blue underglaze painting. This tile is one of those whose size alone makes it a technical *tour de force*. The decorative technique used here was, like the lustre technique, complex.

The term *ladjvardina* ceramics refers to a group of medieval Persian ceramics, which Ernst Kühnel called "Rhages enamel" in 1924 after the place where he found items of this kind, Rhages (now Rey, near Tehran). This technique involved applying red and white pigments, as well as gold, on top of a dark-blue (cobalt-blue) opaque glaze before fixing them in a second firing at low temperature for many hours. For the white pigment, a tin-based mixture was used; for the red, a kind of crushed haematite, and for the gilding, gold leaf. Red was only used to outline the parts to which gold leaf was applied. The visual effect of these dark blue tiles with their bright, white decorative lines and shiny golden highlights must surely have been magnificent. As they lacked a protective top layer of glaze, the painted decor was much less resistant to abrasion in the long term. The gold leaf, above all, is no longer extant in many places. Although the name was apparently not used specifically for this kind of ceramic until the nineteenth century, the term is a historical one. It occurs, together with a description of the technique, in a transcription, completed in 1583 A.D. (991 Hijra), of a book by Abu-l-Qasim from Kashan, who came from a family of master potters. The last chapter of this describes ceramic materials and techniques. The term is not mentioned, however, in the original text, written in 1301 A.D. (700 Hijra). At that time, the Ilkhanid period, large quantities of *ladjvardina* ceramics were apparently being produced in north-western Iran, examples of which have survived in places such as the palace of the Ilkhanid sultan Abaqa Khan at the Takht-i Sulayman in North West Iran (1270s). Friedrich Sarre found fragments of *ladjvardina* tiles "e. g. in the rubble at Sultaniye, Tabriz and Qazvin..." and reflected that "perhaps the greater part of the blue tiles with gold leaf painting present in European museums and collections stems from here..." The technique also presumably spread to Central Asia along with the master craftsmen deported there from Iran under Timurid rule. Countless imitations were produced in Iran during the nineteenth century. To what extent this was accompanied by the "smartening up" of old pieces, especially of their white and red paintwork, remains a question for more in-depth research. GH

Kat. -Nr. 18 | Cat. -No. 18

Streitaxt || Ende des 15. Jahrhunderts || Ägypten oder Syrien Eisen, Stahl, gebläut, Gold- und Silbertauschierung, durchbrochene Arbeit || Länge 98,6 cm, Breite 20,5 cm || Kunsthistorisches Museum Wien (Inv.-Nr. C 113) || Besitzer 1910: Kunsthistorisches Hofmuseum Wien

Die Streitaxt *tabar* fand früh in den Ländern der muslimischen Herrscher Verwendung. Bereits der byzantinische Kaiser Leo VI. (886-912) erwähnt sie in seiner militärischen Abhandlung *Taktika* als Teil der Überlegenheit der arabischen Truppen. Die Streitaxt diente bei den Mamluken vorwiegend als Hoheitszeichen bei Sondertruppen. Später im 14. Jahrhundert wurde diese Angriffswaffe von Derwischen übernommen. Sie wurde, sicherlich nicht in aggressiver Absicht, zu ihrem charakteristischen und unverwechselbaren Symbol. Abgesehen von der ursprünglichen Funktion der einfachen Axt als Arbeitsgerät, ist also die Funktion der Streitaxt noch differenzierbar, ob sie jeweils als Kampfwaffe diente oder eine eher symbolische Bedeutung hatte. Beide Funktionen sind kulturübergreifend und haben belegbare frühe vorislamische Ursprünge.

Diese Streitaxt hat ein halbmondförmiges Beilblatt und einen Hammerkopf. Sie gehört zu einer Kategorie von Äxten, die eine am unteren Ende der Klinge parallel zum Schaft verlaufende Verlängerung besitzt. Der kurze, spitz auslaufende Blattfortsatz zeichnet den mamlukischen Typus aus und wird in der früheren Literatur als „Bart" benannt. Zudem war die Axt zusätzlich mit Schellen geschmückt, um Aufmerksamkeit zu erregen. Hier sind nur die Kettenglieder für die fehlenden Schellen erhalten. Ein langer Schaft mit vielfacher Unterteilung von alternierenden gegenläufigen Windungen ist in die vierkantige Tülle des Axtkopfes eingelassen. Sowohl das Beilblatt, die Tülle und der Hammerkopf als auch die facettierten Bereiche des Schafts wurden goldtauschiert. Die Axt trägt im Zentrum des Blatts in Form einer Rosette eine durchbrochene Inschrift im Naskhi-Duktus *„Sultan al-Malik al-Nasir Abu Sa'adat Muhammad b. Qaitbay, mächtig sei sein Sieg/Erfolg"*. Auf der Tülle befinden sich in Goldtauschierung Inschriften im Kufi-Duktus „*Muhammad*" und „*Allah*".

Die genaue Angabe des Namens des mamlukischen Sultans Muhammad ibn Qaitbay lässt eine Datierung innerhalb seiner Regierungszeit 1495-98 vermuten. Wappen mit namentlich gekennzeichneten Inschriften, sogenannte Schriftwappen, waren ursprünglich dem Sultan vorbehalten. Emire trugen dagegen als Wappen Symbole ihrer früheren Dienststellungen. Als die Macht der Mamlukenherrscher geringer wurde, wurden die strengen Regelungen der Wappen durch die Emire gelockert. Als Herstellungsort für solche Äxte wird die Stadt Damaskus vermutet, da es dort ein traditionsreiches Waffenhandwerk gab. Sultansstreitäxte wurden bei den Mamluken von dem vor dem Sultan schreitenden *Tabardariya*-Korps, einer Sondereinheit, deren Hauptwaffe die Axt war, geführt. Die Verzierungen ausgeführt in vorzüglicher Ranken-Ornamentik und die vermutliche Anwendung in Sultansnähe führen zu der Annahme, dass es sich um den Typus einer Zeremonialaxt handelt.

Der Provenienz der Streitaxt Inv.-Nr. C 113 in Wien ist unbekannt. Nur wenige Exemplare dieses seltenen Axttypus haben Eingang in westliche Sammlungen gefunden. Drei Exemplare befinden sich im Museo Nazionale del Bargello in Florenz. Eine davon ist aus der Sammlung Carrand (Inv. Nr. 1772C), und zwei aus der großherzoglichen Rüstkammer der Medicis (Inv. Nr. 1226M, 1227M). Zwei weitere Äxte befinden sich heute in der Türckischen Cammer in Dresden (Inv. Nr. Y251 und Y252), wohin sie 1587 als Geschenke von Francesco I. de' Medici, Großherzog von Florenz, für den Kurfürsten Christian I. von Sachsen gelangten. Es ist unwahrscheinlich, dass solche Streitäxte noch in mamlukischer Zeit von Ägypten direkt nach Europa gekommen sind. Bei der sehr geringen Zahl von Stücken in westlichen Sammlungen ist eher davon auszugehen, dass sie auf indirektem Weg über den Osmanenhof nach Europa gelangten, denn der osmanische Sultan Selim I. ließ nach seinem Sieg 1517 über die mamlukische Herrschaft in Syrien und Ägypten Arsenalbestände aus Aleppo und Alexandria als Kriegsbeute nach Istanbul transportieren.

Mit der Übersendung mamlukischer Beutestücke erinnerte die osmanische Seite vielleicht sogar absichtlich an ihre frühen Erfolge über den berühmten Gegner – aber Geschenke, Beutestücke oder nicht, wurden stets gern angenommen. FÇP

Literatur: Boeheim 1890; München 1910, Kat.-Nr. 530; List 1912; München 1912, Taf. 244; Mayer 1925; Mayer 1937; Mayer 1952; Thomas 1963-64; Mayer 1968; Meinecke 1972; Wien 1976, S. 130; Melikian-Chirvani 1979a; Melikian-Chirvani 1979b; Nickel 1979; Nicolle 1979; Nicolle 1981; Kreuzritter 2007, S. 245; Schuckelt 2010.

Battle axe || End of 15th century || Egypt or Syria || Iron, steel, blued, gold and silver inlay, openwork || Length 98.6 cm, width 20.5 cm || Kunsthistorisches Museum, Vienna (inv. no. C 113) || Owner in 1910: Kunsthistorisches Hofmuseum, Vienna

The battle axe, *tabar*, came into use at an early date in the lands under Muslim rule. The Byzantine emperor Leo VI (886-912) already mentions it in his military treatise *Taktika* as one of the reasons for the superiority of Arab troops. Under the Mamluks, the battle axe served primarily as an emblem of sovereignty by special troops. Later in the fourteenth century, this offensive weapon was adopted by the Dervishes. It became – though doubtless without aggressive intentions – their characteristic, unmistakable symbol. Apart from the original use of the simple axe as a tool, the purpose of the battle axe can be differentiated yet further, whether it served as a weapon, or rather had a symbolic significance. Both of these functions are cross-cultural and have demonstrably early pre-Islamic origins.

This battle axe has a blade in the shape of a crescent moon and also a hammerhead. It belongs to a category of axes in which the lower end of the blade extends parallel to the shaft. This short, pointed extension of the blade characterises the Mamluk type of axe and is referred to in the early literature as the "beard". In addition, the axe was also decorated with bells, in order to attract attention. Here, only the chain links by which the bells were attached have remained. A long shaft with several threaded sections running alternately counter to one another is inserted into the four-sided socket of the axe head. The axe blade, the socket and the hammerhead were all inlaid with gold, as were the faceted sections of the shaft. In openwork in the form of a rosette at the centre of the blade is an inscription in Naskh script: "*Sultan al-Malik al-Nasir Abu Sa'adat Muhammad b.*

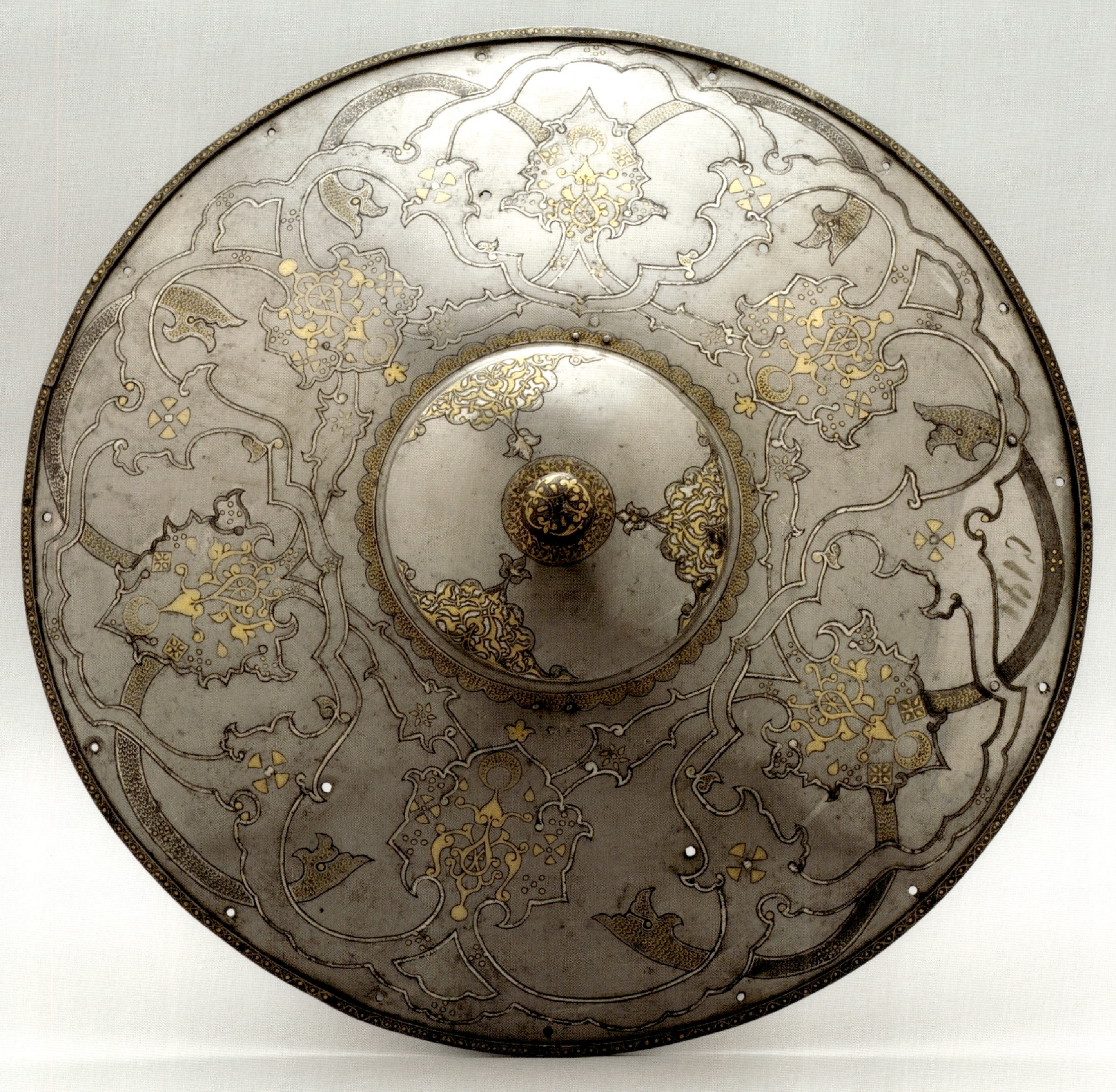

Qaitbay, may his victory/success be mighty". Inlaid in gold on the socket in Kufic script are the names "*Muhammad*" and "*Allah*".

The detailed mention of the name of the Mamluk sultan Muhammad ibn Qaitbay suggests a date within the period of his rule (1495-98). Blazons with inscriptions containing a name, known as inscribed blazons, were originally the preserve of the sultan, whereas the blazons borne by the emirs symbolised their previously official position. As the power of the Mamluk rulers waned, the strict rules governing blazonry were relaxed by the emirs. Axes of this type are thought to have been made in Damascus, where the armourer's craft had a strong tradition.

Under Mamluk rule, sultan's battleaxes were carried by the members of the *Tabardariya* corps, who marched before the sultan; this was a special unit whose main weapon was the axe. On account of their decorations, carried out as exquisite scrollwork ornamentation, and their presumed use in proximity to the Sultan, it may be assumed that they represent a type of ceremonial axe.

The provenance of the battle axe with the inventory number C113 in Vienna is unknown. Only a few examples of this rare type of axe have found their way into Western collections. There are three such axes in the Museo Nazionale del Bargello, in Florence. One of them came from the Carrand collection (inv. no. 1772C) and two from the Grand Ducal armoury of the Medicis (inv. nos. 1226M, 1227M). Two further axes can be seen in the Tuerckische Cammer in Dresden (inv. nos. Y251 and Y252), where they came in 1587 as a present from Francesco I de' Medici, Grand Duke of Florence, to Christian I, Elector of Saxony. It is improbable that such battle axes came to Europe directly from Egypt during the Mamluk period. Given the very small number of such items in Western collections, it can rather be assumed that they came to Europe in a roundabout way, via the Ottoman court, as following his victory in 1517 over the Mamluks in Syria and Egypt, the Ottoman sultan Selim I had the contents of their arsenals transported as war booty from Aleppo and Alexandria to Istanbul.

By sending the Europeans items seized as booty from the Mamluks, the Ottomans may even have deliberately reminded them of the sultan's early successes against this renowned opponent – but presents, booty or not, were always readily accepted. FÇP

Kat.-Nr. 19 | Cat.-No. 19

Rundschild || Mitte des 16. Jahrhunderts || Rußland || Stahl, Gold- und Silbertauschiert || Ø 45 cm || Kunsthistorisches Museum Wien (Inv.-Nr. C 191) || Besitzer 1910: Kunsthistorisches Hofmuseum Wien

Anläßlich der Münchner Ausstellung 1910 wurde der Direktor der Wiener Waffensammlung, Camillo List, damit beauftragt, eine Auswahl wichtiger Waffen aus dem islamischen Kulturkreis zusammenzustellen. Er wählte 235 Objekte aus und schrieb für die Publikation Katalogtexte. Ein einleitender Text fehlte jedoch. Der Schild, Kat.-Nr. 236 in der Ausstellung von 1910, galt nach dem damaligen Wissensstand über islamische Metallarbeiten und Waffen als orientalisch oder gar als persisch. Inspiriert von dem schwedischen Kunstsammler und –händler F. R. Martin und seinen Einschätzungen, die wesentlich auf Teppichen beruhten, wollte List in diesem Schild eine iranische Arbeit des 15. Jahrhunderts unter mongolischem Einfluss erkennen, ein iranischer *sipar*. Der iranische Schild, *sipar* ist eine runde, gewölbte Schutzwaffe, die auf dem linken Arm getragen wurde. Hierfür waren auf der Rückseite Lederriemen sowie häufig ein gepolstertes Stoff- oder Faustkissen befestigt. Kleine dekorative Buckel dienen, neben der Verdeckung der Nieten für die Befestigungen, als kunstvoll verzierte Elemente, die in der Zahl von eins bis sechs variieren können. Der Schild kann aus verschiedenen Materialien hergestellt sein. Er wurde aus Leder, Holz, Stahl, Eisen, Bronze oder Messing sowie aus dichten, mit Hilfe von Seide und Silberdraht umflochtenen Ruten gefertigt; Ruten wurden ab dem 14. Jahrhundert aufgrund ihrer extremen Belastbarkeit und Leichtheit bevorzugt. Diese Eigenschaften machten ihn ideal für den Reiterkrieger. Erst mit der Einfuhr der Feuerwaffen im 16. Jahrhundert wurde dieser Schildtyp durch den Stahlschild ersetzt.

Der hier gezeigte Schild aus der Wiener Sammlung ist aus Stahl gefertigt und mit Gold und Silber reich tauschiert. Auffallend stilisiert sind schlangenähnliche Motive, die an Drachen erinnern, eine aus Zentralasien stammende Tradition, die ihren Eingang in die islamischen Kunst durch mongolischen Einfluss fand, sowie zwei sich überschneidende Rankensysteme, die an die Rankenbildung von Arabesken erinnern. Die Ornamentik weicht jedoch von der Tradition islamischer Künstler ab. Die stilisierten Drachenköpfe wirken sehr befremdlich und in ihrer Ausführung missverstanden, indem sie eher wie pflanzliche Endungen auftreten. Dies trifft auch auf andere Details der Ornamentik zu. Wenngleich iranische Schilde vor und aus dem 16. Jahrhundert sehr selten sind, und vor allem bei näherer Betrachtung, ist es plausibel, dass es sich beim Wiener Schild um eine persisch inspirierte westliche Arbeit handelt.

Bereits 1918 beschäftigte sich R. Cederström mit diesem Schild und verglich ihn mit Waffen in Russland und in Schweden. Seine Überlegungen, dass es sich hierbei nicht um einen iranischen, sondern um einen russischen Schild handelt, sind heute in der europäischen Waffenkunde akzeptiert; sie bauen auf eine Gruppe von Schilden, Helmen und Rüstungen, die als Waffen für russische Herrscher geschmiedet wurden. Hierzu zählen auch ein Schild aus der Rüstkammer des Moskauer Kremls (Inv. Nr. OP-1309), zwei Schilde aus der Waffensammlung des Grafen Scheremetew in St. Petersburg (Lenz 1897, Kat.-Nr. 245 und 246) und ein Helm (Inv. Nr. 20389) aus der Livrustkammaren in Stockholm, der sowohl pseudoarabische als auch russische Inschriften trägt. Aus diesen geht der Name Ivan Vasiljevitj hervor, der 1530 geboren und später als Zar Ivan IV. oder in Europa als Ivan der Schreckliche, bekannt wurde.

Aus den vorhandenen Informationen zum Wiener Schild geht hervor, dass er, bevor er in das Kunsthistorische Hofmuseum Wien gelangte, Teil der Ambraser Sammlung war. Die Geschichte der Sammlung des Schloss Ambras geht bis ins 16. Jahrhundert zurück. In dem Nachlassinventar des Schlosses von 1596 wird berichtet, dass ein Teil der Pleskauer Beute des Königs Stefan Batory von Polen nach seinem Sieg über Zar Ivan IV. 1581 in Schloss Ambras als Schenkung Eingang fand. Der russische Schild ist vermutlich Teil dieser Schenkung von *Muscawitterisch Sattlzeug und andere rüstung* gewesen. In seiner 1943 bereits fertiggestellten, jedoch durch den Krieg zerstörten Arbeit über die Polonica der Wiener Waffensammlung (erst 1971 veröffentlicht), beschreibt B. Thomas die Schenkung aus Polen nach Schloss Ambras als Teil der Polonica. Der Schild wird von ihm auf den Forschungen Cederströms basierend als russische Arbeit erwähnt. FÇP

Literatur: Boeheim 1890; Lenz 1897; München 1910, Kat.-Nr. 236; München 1912, Taf. 234; List 1912; Cederström 1918; Glück/Diez 1925; Kühnel 1925; Zeller/Rohrer 1955; Thomas 1963-64, S. 121-126; Robinson 1967; Thomas 1971, S. 78; Schöbel 1975; Elwell-Sutton 1979; Wien 1990, S. 233; Allan/Gilmour 2000; Khorasani 2006; Bursell 2007.

Round shield || Mid-16th century || Russia || Steel, gold and silver inlay || Ø 45 cm || Kunsthistorisches Museum. Vienna (inv. no. C 191) || Owner in 1910: Kunsthistorisches Hofmuseum, Vienna

For the 1910 Munich exhibition, the director of the weapons collection in Vienna, Camillo List, was commissioned to put together a selection of important weapons from the Islamic cultural sphere. He picked 235 objects and wrote texts for the exhibition catalogue. These did not, however, include an introduction. This shield, cat. no. 236 in the 1910 exhibition, was considered to be oriental, or even Persian, according to the contemporary knowledge of Islamic metalwork and weapons. Inspired by the Swedish art collector and art dealer, F. R. Martin, and his assessments, which were essentially based on carpets, List argued that this shield could be an Iranian work of the fifteenth century with a Mongol influence. The round, domed Iranian shield, called a *sipar* in Persian, was borne as a defensive weapon on the left arm. For holding it, leather straps were fixed to the rear side, often together with quilted padding or a knuckle pad. Small decorative bosses, which cover the riveted fastenings, also serve as artistic embellishment, varying in number from one to six. Shields could be made of various materials. Among those used were leather, wood, steel, iron, bronze and brass, as well as canes tightly braided with the help of silk and silver wire; cane shields were preferred from the fourteenth century onwards, on account of their extreme resilience and their light weight. These characteristics made them ideal for mounted warriors. It was not until firearms were introduced in the sixteenth century that this type of shield was replaced by the steel shield.

The shield shown here from the Vienna collection is made of steel, richly inlaid with gold and silver. Remarkable is the stylisation of the snake-like motifs, which recall dragons – a tradition originating in Central Asia, which entered Islamic art through the influence of the Mongols – and of the two overlapping sets of scrollwork, which recall the interlacing and branching aesthetic of arabesques. The ornamentation, however, deviates from the tradition followed by Islamic artists. The stylised dragons' heads seem very strange and misconceived in their execution, in as much as they are treated rather like the tips of plant shoots. This strangeness also applies to other details of the ornamentation. Even though Iranian shields from the sixteenth century and before are very rare, it is plausible – above all upon closer inspection – that the Vienna shield is in fact a Persian-inspired work from the West.

The shield was studied as early as 1918, by R. Cederström, who compared it with weaponry in Russia and Sweden. His argumentation that this is not an Iranian shield, but a Russian one, is accepted today by experts on European weapons. He based it on a group of shields, helmets and suits of armour forged for use by the rulers of

Kat.-Nr. 20 | Cat.-No. 20

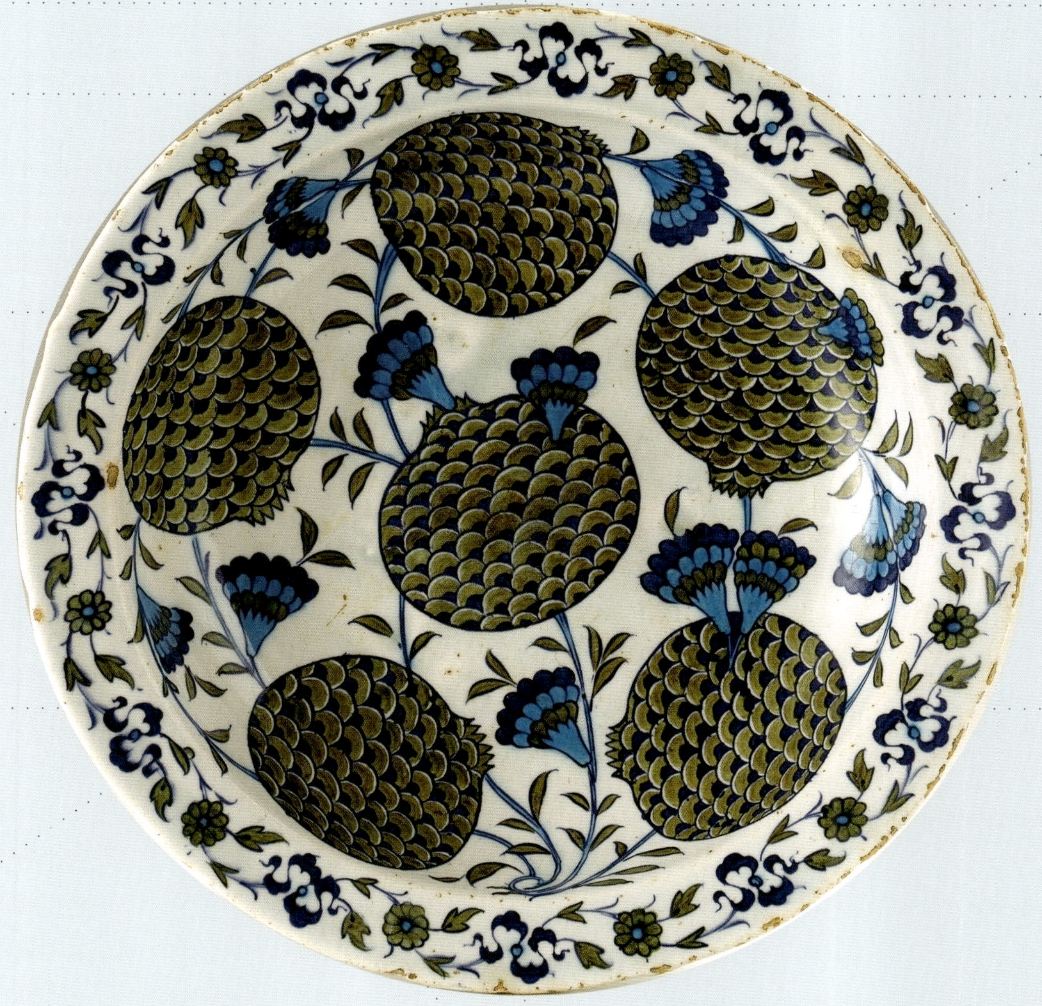

Kat.-Nr. 21 | Cat.-No. 21

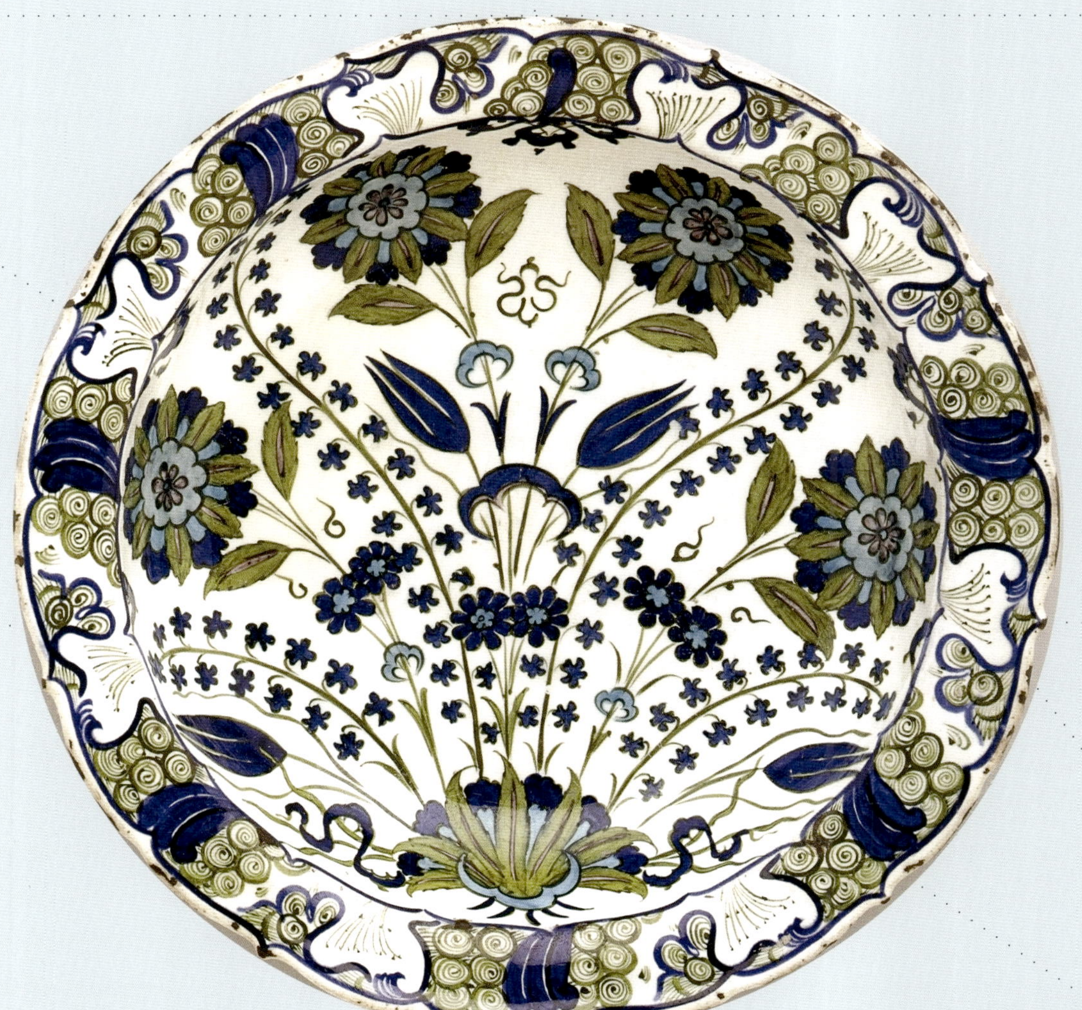

Russia. This includes a shield from the Kremlin armoury in Moscow (inv. no. OP-1309), two shields from the weapons collection of Count Sheremetev in Saint Petersburg (Lenz 1897, cat. nos. 245 and 246) and a helmet (inv. no. 20389) from the Livrustkammaren (Royal Armoury) in Stockholm, the latter bearing both pseudo-Arabic and Russian inscriptions. These mention the name Ivan Vasilyevich, who was born in 1530 and became better known as Ivan IV – or, in Europe, as Ivan the Terrible.

The information available on the Vienna shield shows that before entering the Kunsthistorische Hofmuseum (Museum of Fine Arts) in Vienna, it was part of the Ambras collection. The history of the collection in Ambras castle goes back to the sixteenth century. In a probate inventory of the castle from 1596, it is stated that a part of the "Pleskau booty", which was seized by King Stefan Báthory of Poland after his victory over Tsar Ivan IV, came to Ambras castle as a gift in 1581. The Russian shield shown here was presumably part of this gift of *Muscawitterisch Sattlzeug und andere rüstung* (Muscovitish saddlery and other armour). A study of the Polonica, or Polish items, in the Vienna weapons collection was completed by B. Thomas in 1943. The work was destroyed during the war, however, and was not published until 1971. In it, Thomas describes the group of objects sent as a gift from Poland to Ambras castle as being among the Polonica. The shield is mentioned by him as a Russian work, on the basis of Cederström's research. FÇP

Kat. -Nr. 20 | Cat. -No. 20

Granatapfelteller || Ca. 1540 - 1550 || Iznik || Quarzfritte, mehrfarbige Unterglasurbemalung || Höhe 8 cm, Ø 37 cm || Museum für Islamische Kunst, Berlin (Inv.-Nr. I. 1992.2) || Besitzer 1910: Edgar Karl Alfons Haniel von Haimhausen, London

Zu den 25 Gefäßen der auf der Münchner Ausstellung gezeigten türkischen sog. Damaskus-Keramiken gehörte neben dem Hamburger Teller (Kat.-Nr. 21) auch dieser. Nach den neueren Forschungen zur Iznik-Keramik wird er etwas früher eingestuft als der Hamburger Typ. Die Farbpalette zeigt ein tiefes Kobaltblau, ein helles Türkisblau und stumpfes Olivgrün. Sein Dekor wird durch sechs große Granatapfelmotive bestimmt, von denen fünf, obwohl alle sechs aus einem Ansatz kommend gedacht sind, um das Sechste kreisen. Sie liegen über vier spiralig geführten Ranken, die mit kleinen Blättchen sowie kelchartigen Blüten besetzt sind. Dieselben Blüten wachsen auch aus vier Granatäpfeln. Das Muster füllt das Innere bis zum Rand. Dieser ist durch keine umlaufenden Linien begrenzt, sondern zeigt frei eine wellig geführte Blattranke, die im Wechsel mit jeweils zwölf kleinen Rosettblüten und Wolkenbändern besetzt ist. Dieselben Rosetten und Wolkenbänder, jeweils nur sieben, erscheinen auch auf der Außenseite des Tellers, hier ohne die verbindende Ranke. Nur auf dieser Seite begleitet außerdem eine gekurvte Linie den nur leicht eingekurvten Rand. Alle inneren und äußeren Konturlinien sind blau.

Dieser Dekor weist auf mehrere interessante Aspekte osmanischer Kunst hin. Das Hauptmotiv des Granatapfels, welches wegen seiner unterschiedlichen Stilisierung auch als Artischocke, Pinienzapfen, Distelfrucht, Zwiebelblüte oder Schuppenblüte bezeichnet worden ist, findet sich auf mehreren Izniktellern dieses und der nachfolgenden Jahrzehnte des 16. Jahrhunderts. Die Beliebtheit dieses Motivs im 16. Jahrhundert zeigt z. B. seine Häufigkeit auf osmanischen Seidengeweben. Darstellungen des Granatapfels in geschuppter Form sind hier allerdings ganz selten. Auf den anderen bekannten Izniktellern mit dem Motiv des schuppigen Granatapfels erscheint dieser vielfach in Buketts eingebunden, manchmal an so dicken Stengeln, dass sie baumartig wirken. Einige Varianten stehen mit ihrer Dominanz des Granatapfels, manchmal auch mit denselben kelchartigen Blüten versehen, dem hier gezeigten Teller nahe. Jedoch gibt es keine direkte Parallele. Es ist offensichtlich, dass die Musterentwerfer hier aus einem vorhandenen Repertoire schöpften, das in großer Fabulierlust zu immer neuen Variationen zusammengestellt wurde. Ebenfalls eine bedeutende Rolle im osmanischen Musterrepertoire spielte das aus der chinesischen Kunst bereits in der Mongolenzeit in die islamische Kunst gekommene Wolkenband, das hier nur klein wiedergegeben ist, aber durch seine Anzahl zusätzliche Bedeutungsebenen erschließt. Vor allem die Zahl sieben hat eine starke magische Bedeutung, sieben und zwölf können außerdem mit astrologisch-astronomischen Vorstellungen verbunden werden. Eine besondere Bedeutung könnten die ursprünglichen Nutzer des Tellers auch dem Granatapfel beigemessen haben, denn er ist eine der Früchte, die im Koran unter den Paradiesgewächsen erwähnt werden und auch in literarischen und frommen Überlieferungen wird er mit einer positiven Symbolik verbunden.

In den Besitz des damaligen Legationsrates Edgar Karl Alfons Haniel von Haimhausen (1870-1935) war der Teller aus der Sammlung des Dresdner Architekten Alfred Hauschild (1841-1929) gekommen. Diese wurde am 23. November 1898 in Köln versteigert. Wie der Teller in Hauschilds Besitz gekommen ist, ist nicht bekannt, und auch ob Haniel direkt bei oder in Zusammenhang mit der Versteigerung kaufte, ist unbekannt. Haniel war Jurist und im diplomatischen Dienst von 1906 bis 1907 an der deutschen Botschaft in Istanbul tätig gewesen. Da er von 1908 bis 1911 als Legationsrat an der Londoner Botschaft war, kam der Teller 1910 aus London nach München. Nach der Münchner Ausstellung ist er 80 Jahre lang nicht wieder in der Öffentlichkeit gezeigt worden, war aber durch bildliche Wiedergaben in der einschlägigen Literatur immer präsent. 1992 konnte ihn das Berliner Museum für Islamische Kunst erwerben und in seine ständige Ausstellung einfügen. GH

Literatur: Lempertz Köln, 23.11.1898, Kat.-Nr. 34; München 1910, Kat.-Nr. 1521; München 1912, Taf. 114; Glück/Dietz 1925, Nr. 416; Otto-Dorn 1941, S. 152, Taf. 51/4; Otto-Dorn 1957, Abb. 86; Kühnel 1963, Abb. 116; Atasoy/Raby 1989, Nr. 216; Enderlein 1992.

Pomegranate plate || C. 1540 - 1550 || Iznik || Fritware, polychrome underglaze painting || Height 8 cm, Ø 37 cm || Museum für Islamische Kunst, Berlin (inv. no. I. 1992.2) || Owner in 1910: Edgar Karl Alfons Haniel von Haimhausen, London

Among the 25 Turkish ceramic vessels (referred to as "Damascus ware") shown at the Munich exhibition were this plate and the one from Hamburg (cat. no. 21). According to recent research into Iznik pottery, it is dated somewhat earlier than the Hamburg type. The palette consists of deep cobalt blue, pale turquoise and dull olive green. The main elements of its décor are six large pomegranate motifs with the sixth at the centre, all of which are conceived as springing from the same point. They lie on four curving tendrils, which bear small leaves and bell-shaped flowers. The same flowers also grow out of four of the pomegranates. The pattern fills the inner field right up to its edge. The rim, which is not bordered by any lines, contains a freely meandering vine, punctuated alternately by twelve small rosette-like flowers and twelve cloud bands. The same rosettes and cloud bands, seven of each, appear on the reverse of the plate, too, but there they are not linked by tendrils. On this side, unlike the obverse, a line runs along the rim, which is curved slightly inwards. All of the outlines, both on the reverse and on the obverse, are blue.

This decor highlights several interesting aspects of Ottoman art. The plate's main motif, the pomegranate, which is also referred to as an artichoke, pine cone, thistle head, onion blossom or scaly flower in accordance with its stylistic variants, is to be found on a number of Iznik plates from this and subsequent decades of the sixteenth century. The popularity of this motif in the sixteenth century is underlined by the frequency of its use in Ottoman silk fabrics, for instance. Representations of the pomegranate in its scaly form, however, very seldom appear in this context. Where the scaly pomegranate motif appears on other known Iznik plates, several are bound together in bouquets, sometimes on stems so thick that they seem like trees. Several variants are analogous to the plate shown here in respect of the dominance of the pomegranate, sometimes even decorated with the same kind of bell-shaped flower. There are, however, no direct parallels. It is obvious that the draftsmen were drawing on an existing repertoire of patterns here, which could be combined in ever new variations with a high degree of inventiveness. A similarly important position in the Ottoman repertoire of patterns was occupied by the cloud band, which had entered Islamic art from the Chinese tradition as early as the Mongol period. Although they are shown quite small here, their number hints at additional layers of meaning. The number seven, in particular, has great magical significance, while seven and twelve can be associated with astrological and astronomical concepts. The pomegranate itself may also have had special importance for the original users of the plate, because it is one of the fruits mentioned in the Qur'an as growing in Paradise and it is invested with positive symbolism in literary and religious texts.

At the time of the Munich exhibition, this plate was owned by Edgar Karl Alfons Haniel von Haimhausen (1870-1935); its previous owner had been Alfred Hauschild (1841-1929), an architect in Dresden. The plate was put up for auction in Cologne on 23rd November 1898. It is neither known how the plate came to be in Hauschild's possession, nor whether Haniel purchased it directly at the auction or in connection with it. Haniel was a lawyer and served in the German diplomatic service at the embassy in Istanbul from 1906 to 1907. From 1908 to 1911, he was posted to the embassy in London as Legationsrat (Second Secretary), so the plate was transported to the 1910 Munich exhibition from London. After that, it was not put on public display for eighty years; in spite of this it was not forgotten, as illustrations of it featured regularly in the specialist literature. In 1992, it was purchased by the Museum of Islamic Art in Berlin, where it was incorporated into the permanent exhibition. GH

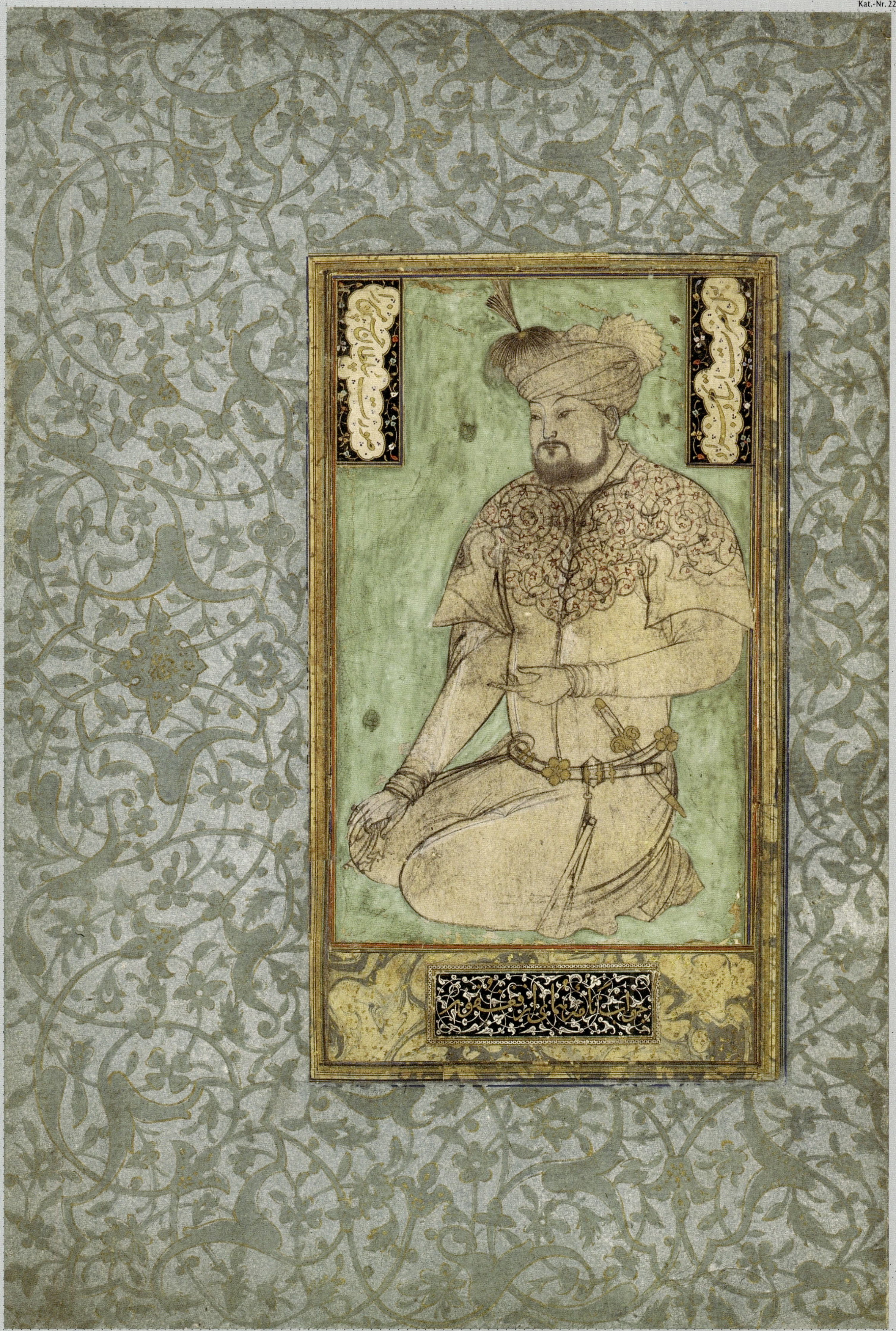

Kat. -Nr. 21 | Cat. -No. 21

Fayenceschale || Ca. 1550-1560 || Iznik || Quarzfritte, farbige Bemalung unter der Glasur || Φ 38,5 cm || Museum für Kunst und Gewerbe, Hamburg (Inv.-Nr. 1907.492) || Besitzer 1910: Museum für Kunst und Gewerbe, Hamburg

Der Teller entstand um die Mitte des 16. Jahrhunderts in den Keramikwerkstätten von Iznik. Die im Nordwesten Anatoliens gelegene Stadt, deren antiker Name Nicäa lautete, war Schauplatz zweier Konzile und entwickelte sich im 12.-14. Jahrhundert zu einem kulturellen Zentrum des östlichen Byzanz. Nach der Einnahme der Stadt durch die Osmanen 1331 machten die neuen Herrscher sich die bestehende Infrastruktur zunutze; die Stadt war bis zur Eroberung Konstantinopels 1453 osmanische Hauptstadt. Iznik blieb jedoch auch nach diesem Datum ein bedeutendes Nebenzentrum. In der ersten Hälfte des 16. Jahrhunderts begann unter Sultan Suleyman eine regelrechte Kampagne, die zur weiteren künstlerischen und kulturellen Aufwertung Izniks beitrug. Die Stadt, in der schon früher einfache Keramikarbeiten hergestellt worden waren, wurde jetzt zum offiziellen Sitz der wichtigsten osmanischen Keramikmanufaktur Çinizlik. Diese Beförderung heimischer Industrie war gewiss nicht zuletzt eine Reaktion auf die Verteuerung chinesischer Importwaren, die seit dem 13. Jahrhundert über das Meer und die Seidenstraße nach Westen gelangt waren und als Luxusgüter an islamischen Höfen sehr hohe Wertschätzung erfuhren. Diese Begeisterung hatte auch zu eigenen Experimenten der Porzellanherstellung geführt, aus denen in Syrien und Persien die Quarz-Fritte-Technik hervorgegangen war. Überzogen mit einer dünnen Schicht aus reinweißem Tonschlicker (Engobe) erzeugte der Scherben ähnliche Oberflächeneffekte wie das echte chinesische Porzellan, ohne jedoch dessen Härte und durchscheinende Qualität zu erreichen.

Auf diesen technischen Grundlagen bauten die Werkstätten von Iznik auf. Zunächst beschränkte man sich, in Imitation der chinesischen Vorbilder, auf blaue, phantasievoll stilisierte Motive, die auf die weiße Engobe aufgebracht und unter einer klaren Glasurschicht gebrannt wurden. Neben der allmählichen Erweiterung der Palette über das Kobaltblau hinaus war auch die Entwicklung eines auf Chrom basierenden schwarzen Pigments wichtig für die Erfolgsgeschichte von Iznik. Durch feine Konturlinien war eine besonders präzise Zeichentechnik möglich – die Keramikmalerei wies insgesamt große Verwandtschaft mit der Buchmalerei auf und konnte auf regelrechte Vorzeichnungen zurückgreifen, die auf Papier angefertigt wurden. Dennoch blieben die Gefäßkeramiken in der Regel Unikate, die sich höchstens in einzelnen Motiven glichen, kaum jemals aber in der gesamten Komposition. Zugleich stellten die Werkstätten in Iznik ganze Serien von Fliesenkeramik für Architekturdekorationen im höfischen oder sakralen Kontext her – Iznik hatte damit Anteil an der Herausbildung des osmanischen Hofstils des 16. Jahrhunderts. So verwundert es auch nicht, dass nach 1550 der Hofillustrator Kara Memi wesentlichen Einfluss auf den Stil von Iznik ausübte: Er stand für einen neuen Naturalismus in der Auffassung floraler Motive – er stellte seine Blumen in der Regel detailreich und botanisch identifizierbar dar. So zeigt auch der ausgestellte Teller einen symmetrisch angeordneten Strauß von Blüten, die als Hyazinthen, Nelken und Tulpen zu erkennen sind. Die Spiralformen am Rand dagegen gehen auf das Motiv der schäumenden Meereswellen zurück, wie es sich häufig auf chinesischem Porzellan fand – eine Reminiszenz an diese Vorbilder, von denen sich in Iznik aber längst eine eigenständige osmanische Kunst emanzipiert hatte.

In europäischen Sammlungen wurden solche Teller noch bis ins 20. Jahrhundert hinein oft als „Damaskusware“ bezeichnet – einige Beispiele mit der charakteristischen Farbgebung aus Kobaltblau, Olivgrün, Violett und Türkis hatte man zunächst in der syrischen Hauptstadt gefunden. Fredrik Robert Martin hat als einer der Ersten diese Zuschreibung an Damaskus als Herstellungsort angezweifelt. Auf der Münchner Ausstellung waren insgesamt 107 Beispiele türkischer Keramik zu sehen; sie bot mithin eine der ersten umfassenden Gelegenheiten, solche Zuschreibungsfragen unter vergleichenden Gesichtspunkten zu betrachten. Der heute endgültig veraltete Begriff „Damaskusschüssel“ wurde nun explizit nur noch unter Vorbehalt benutzt. Eine weitere Gruppe von Keramiken, die aus ähnlichen Gründen lange Zeit als „Rhodosware“ bekannt waren, konnte erst durch Grabungen der 1960er Jahre in Iznik ebenfalls eindeutig diesem Standort zugeschrieben werden. EMT

Literatur: Martin 1909a; München 1910, Kat.-Nr. 1522; München 1912, Taf. 114; Lane 1957; Otto-Dorn 1957; Aslanapa 1965; Hamburg 1980, Nr. 78; Soustiel 1985, bes. S. 307-358; Atasoy/Raby 1989; Müller-Wiener 2004; Denny 2005.

Ceramic bowl || C. 1550-1560 || Iznik || Fritware with underglaze painting || Φ 38.5 cm || Museum für Kunst und Gewerbe, Hamburg (inv. no. 1907.492) || Owner in 1910: Museum für Kunst und Gewerbe, Hamburg

This plate was made in the pottery workshops of Iznik, a town in north-western Anatolia, around the middle of the sixteenth century. Known as Nicaea since Classical times, it was the venue for two early Christian church councils; from the twelfth to the fourteenth centuries, it developed into a cultural centre of eastern Byzantium. After the town was taken by the Ottoman Turks in 1331, its new rulers made good use of the existing infrastructure, making Nicaea the Ottoman capital until they captured Constantinople in 1453. Iznik remained an important regional centre after this date. In the first half of the sixteenth century, under Sultan Suleiman I, a concerted campaign of development contributed further to Iznik's rise in artistic and cultural importance. The town, in which simple ceramic goods had long been manufactured, now became the official seat of the most important Ottoman ceramics manufactory, Çinizlik. This advancement of domestic industry was doubtless not least a reaction to the increasing price of wares imported from China. These had been coming to the West by sea and along the Silk Road since the thirteenth century and they were very highly appreciated as luxury goods at the courts of Islamic rulers. This enthusiasm had also led to experimental attempts to manufacture porcelain locally, which in Syria and Persia had resulted in the stone-paste, or quartz-clay frit, technique. Coated with a thin layer of pure, white, clay slip (engobe), the quartz-frit body exhibited superficial effects similar to those of real Chinese porcelain, but without achieving its hardness and translucent quality.

The workshops of Iznik built upon these technical capabilities. At first they restricted themselves, in imitation of the Chinese patterns, to imaginatively stylised motifs in blue, which were applied to the white engobe and then coated with a clear glaze before firing. Beside the gradual expansion of the palette to include colours other than cobalt blue, the development of a black pigment based on chrome also ensured Iznik's continuing success. Fine contour lines could be drawn, lending the drawing greater precision and bringing the art of painting on ceramics close to that of book illustration. It was possible to use proper preliminary drawings, executed on paper.

As a rule, however, pottery pieces were still one-off items, resembling each other at most in terms of individual motifs, but hardly ever in their overall composition. At the same time, the workshops in Iznik were producing ceramic tiles in series as ornament for court or sacred architecture – the town thus played a part in the development of sixteenth-century Ottoman court style. Given that, it is no surprise that, after 1550, the court illustrator Kara Memi exercised a decisive influence on the Iznik style. He stood for a new naturalism in the treatment of floral motifs, generally depicting his flowers in telling detail, sufficient for botanical identification. The plate shown here, for example, also bears a symmetrically arranged bouquet of flowers, which are recognisable as hyacinths, carnations and tulips. The scrolling lines at the rim, in contrast, hark back to the motif of breaking ocean waves that was common on Chinese porcelain – a reminiscence of patterns long outgrown by the independent Ottoman art in Iznik.

In European collections, plates of this type were frequently termed "Damascus ware" until well into the twentieth century – the first discoveries of items with the characteristic colour scheme of cobalt blue, olive green, violet and turquoise had been made in the Syrian capital. Fredrik Robert Martin was one of the first authorities to cast doubt upon this attribution to Damascus as the place of manufacture. A total of 107 examples of Turkish ceramics were displayed in the Munich exhibition, presenting one of the first opportunities for a comprehensive assessment of such attributions from a comparative standpoint. From then on, the term "Damascus bowl" (nowadays completely obsolete) was used only with explicit reservations. Excavations carried out in Iznik during the 1960s led to a further group of ceramics, which for similar reasons had long been referred to as "Rhodes ware", likewise being definitively attributed to this location. EMT

Kat. -Nr. 22 | Cat. -No. 22

Miniatur, Porträt des Sultans Husayn Mirza || Ca. 1500-1525 || Herat, Nordafghanistan || Miniaturmalerei mit Kalligraphie, Tinte und Gold auf Papier || 34,2 x 32,7 cm || The Harvard University Art Museums, Cambridge/Mass. (Inv.-Nr. 1958.59) || Besitzer 1910: Fredrik Robert Martin

"These Timurids were no barbarians; indeed, everything goes to show that they were highly civilised and refined men... Sultan Husayn Mirza was no bad poet, and his odes, written in Turki, are far better than those of many celebrated poets. ... The most refined style of life prevailed, in certain aspects recalling to mind that of the European princes of the same time, or that of France during the 18th century..." (Martin 1912, S. 35).

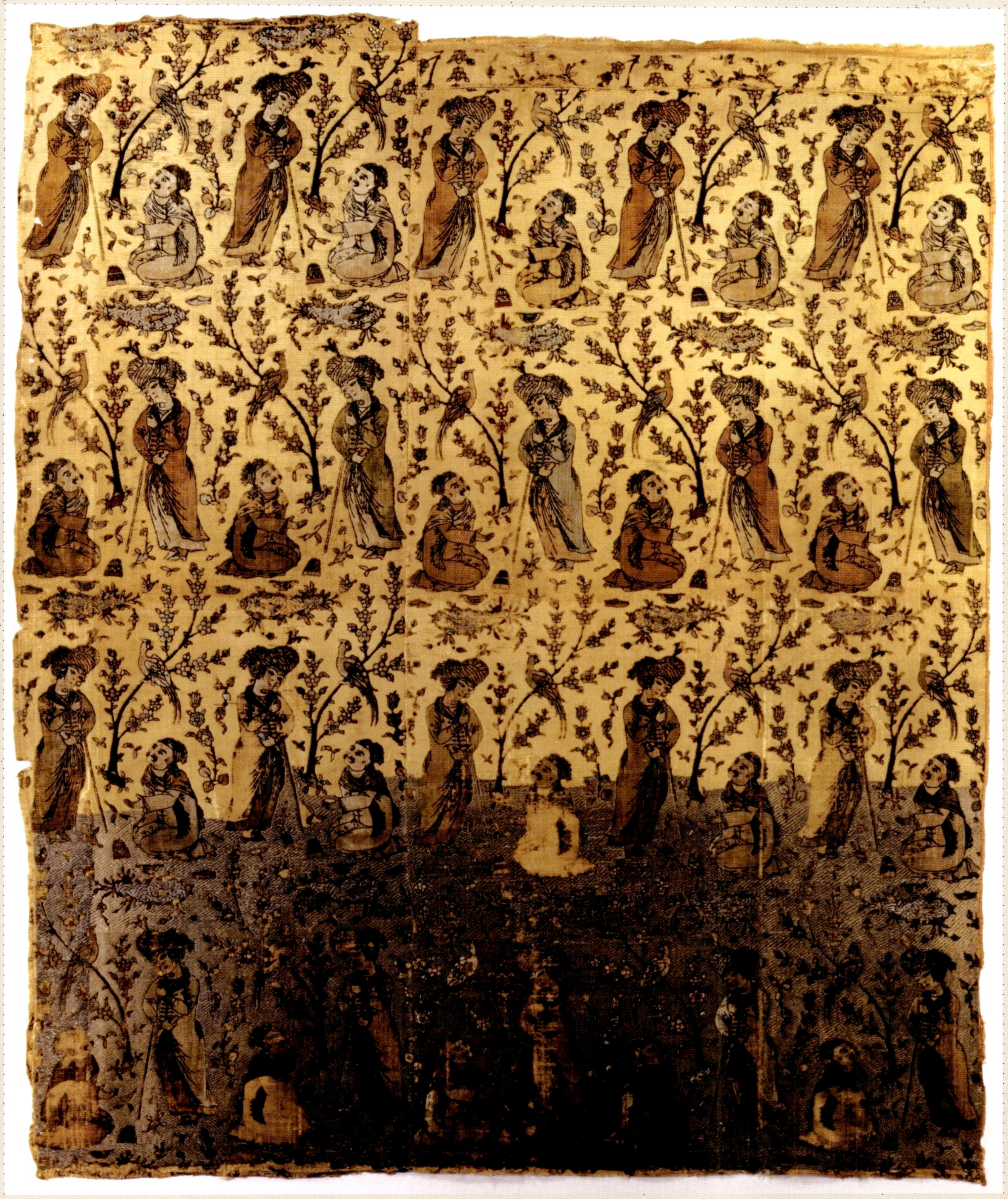

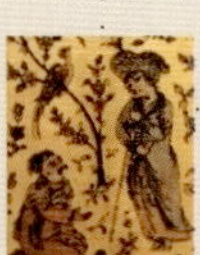

So beschrieb Fredrik Robert Martin, in dessen Sammlung sich das Blatt 1910 befand, die Kultur am Hof des hier dargestellten Timuridensultans Husayn Mirza, der im frühen 16. Jahrhundert regierte – unverkennbar geht es Martin darum, die islamische Malerei anhand eines solchen Beispiels auf Augenhöhe mit den etablierten „Meisterwerken" europäischer Kunst, etwa der Renaissance- oder Barockzeit, zu heben.

Tatsächlich war die Regierung Husayn Mirzas in vielerlei Hinsicht eine Blütezeit. Dabei fiel dieses Regnum eigentlich in eine schwierige Spätphase der zentralasiatischen Dynastie: Mehr und mehr bedrängt von usbekischen und turkmenischen Einfällen, waren Macht und Herrschaftsgebiet der Timuriden seit den 1450er Jahren deutlich geschwächt; hinzu kamen innerdynastische Konflikte. Dass die Hofkunst sich gerade in einer solchen Zeit zu besonderen Leistungen aufschwang, ist in diesem Zusammenhang nur ein scheinbares Paradox. Mehr denn je war es nun Ziel der Herrschaftspolitik, allen Widerständen zum Trotz ein möglichst selbstbewusstes und auch kultiviertes Reich zu repräsentieren. Kulturpolitik und Kunstförderung waren also Teil einer dem Machterhalt dienenden Konsolidationspolitik. Dabei konzentrierte man sich auf die wenigen urbanen Zentren, die man halten konnte wie etwa Samarkand oder das im Gebiet des heutigen Nordafghanistan gelegene Herat. Die Stadt entwickelte sich unter der Herrschaft Husayn Mirzas zu einem Musterbeispiel städtischer Kultur, dem viele andere Höfe nacheifern sollten. Hier entstand auch das ausgestellte Blatt.

Martin schrieb das Werk dem von ihm als „Raphael of the East" (Martin 1912, S. 41) bezeichneten Hofmaler Behzad zu. Tatsächlich nennen die in goldener Nasta'liq -Schrift ausgeführten Bildunterschriften bzw. Randschriften nicht nur den Herrscher, sondern auch diesen herausragenden Vertreter der Herater Malerschule, dessen Name zum regelrechten Synonym für Geschick und künstlerische Meisterschaft wurde. Die Zuschreibung des Blattes an Behzad selbst gilt trotz dieser Namensnennung nicht als vollständig gesichert; bisweilen wurde es etwa als zeitnahe Kopie nach einem Original Behzads eingestuft. In ganz ähnlicher Gestalt taucht der Sultan jedenfalls auf einer Illustration Behzads zur Alexandersage auf (British Library, Or 6810, fol. 273r, vgl. Barry 2004, Abb. S. 252).

Zweifelsohne dürfte feststehen, dass das ausgestellte Werk aus einem bemerkenswerten künstlerischen Umfeld stammt, in dem eine differenzierte Zeichentechnik und physiognomische Gewissenhaftigkeit einen besonderen, realistischen Zeitstil prägten. Im Gegensatz zu den ostasiatisch beeinflussten Miniaturen, wie sie etwa noch im späten 15. Jahrhundert in Täbriz entstanden sind, weist die Schule von Herat, obgleich geographisch weiter im Osten gelegen, einen wesentlich „klassischeren" Charakter auf, der sogar mit byzantinischer Ikonenmalerei in Verbindung gebracht wurde.

Sultan Husayn Mirza ist hier kniend in Dreiviertelansicht gezeigt – ein symbolisches Signal der Unterwerfung, das auf alte Konventionen der Darstellung des Dynastiegründers Timur (Tamerlan) zurückgeht. Dass der demütige Gestus nur mehr eine rituelle Reminiszenz ist, zeigt sich deutlich in der exquisiten Qualität der Kleidung und in den Attributen des Sultans, die ihn ganz als souveränen, wohlhabenden und kultivierten Herrscher stilisieren: ein feines Taschentuch, ein mit einem Edelstein besetzter Ring, ein breiter Gürtel, an dem ein vergoldeter Dolch und ein Zirkel hängen – letzterer als Hinweis auf die wissenschaftlichen oder auch zeichenkünstlerischen Interessen und Fähigkeiten des Dargestellten. Auch der expressiv gewickelte Turban gehört zur typischen Bekleidung des Gelehrten, wird hier jedoch durch die königliche Federkrone noch einmal besonders hervorgehoben und nobilitiert.

Das ausgestellte Blatt, das zunächst mit Zeichenstift ausgeführt und dann teilweise mit Gold und Tinte bearbeitet wurde, war eine Skizze, wohl sogar eine Schablone: Durch Nadellöcher, die noch in den Umrisslinien zu erkennen sind, konnten die Grundzüge der Komposition mittels feinen Kohlenstaubs auf ein darunter liegendes Blatt übertragen werden. Ein solcher Entwurf konnte mithin prägend für die Darstellungskonvention des Herrschers werden.

Die ausgestellte Zeichnung erfreute sich durch die Zeiten hindurch großer Wertschätzung: 1544/45 wurde sie für Husayn Mirzas Nachfahren Bahram Mirza zusammen mit anderen Arbeiten in einem Album vereint. Während des 20. Jahrhunderts befand das Blatt sich zunächst in Fredrik Robert Martins Sammlung. Künstler wie Matisse oder Léon Bakst reisten 1910 vor allem aufgrund solcher „Meisterwerke" persischer Miniaturkunst nach München. Später ging das Porträt in die Hände des Juweliers Louis Cartier über, bevor es schließlich als Geschenk von John Goelet nach Harvard gelangte. EMT

Literatur: Martin 1909b; München 1910, Kat.-Nr. 678; Martin 1912, Taf. 81; München 1912, Taf. 26; Sakisian 1929, S. 37, Abb. 59; Shreve Simpson 1980, S. 76-77, Abb. 26; Lentz/Lowry 1989, S. 242-243, 356, Kat.-Nr. 136; Bahari 1996, S. 50, Abb. 104; Istanbul 2000, S. 26, Abb. 2; Roxburgh 2000; Train 2000, S. 173, 240; Grube 2002, S. 181-202, Abb. 3; Harvard 2002, S. 48, Abb. 5; Paris 2002, S. 61, 177, Abb. 146; Barry 2004, bes. S. 146, Abb. S. 143; London 2005, S. 239.

Miniature, portrait of Sultan Husayn Mirza || C. 1500-1525 || Herat, northern Afghanistan || Miniature with calligraphy, ink and gold on paper || 34.2 x 32.7 cm || Harvard University Art Museums, Cambridge/Mass. (inv. no. A 1958.59) || Owner in 1910: Frederik Robert Martin

"These Timurids were no barbarians; indeed, everything goes to show that they were highly civilised and refined men... Sultan Husayn Mirza was no bad poet, and his odes, written in Turki, are far better than those of many celebrated poets. ... The most refined style of life prevailed, in certain aspects recalling to mind that of the European princes of the same time, or that of France during the 18th century..." (Martin 1912, p. 35).

In these words, Fredrik Robert Martin described the culture that distinguished the court of the Timurid sultan, Husayn Mirza, who reigned in the early sixteenth century. The sultan is represented on this sheet, which was part of Martin's collection in 1910. Basing his views on some such example as this miniature, Martin's intention was clearly to raise Islamic painting to a status equal to that of the acknowledged "masterpieces" of European art of, for example, the Renaissance or Baroque period.

Husayn Mirza's reign was in fact a golden age in many respects. He ruled, though, in difficult times, during a late phase of the Central Asian dynasty: increasingly under pressure from Uzbek and Turkmen incursions, the power and dominions of the Timurid rulers had dwindled noticeably since the 1450s, further weakened by internal dynastic conflicts. The fact that court art managed to achieve such an outstanding quality in such times is, in this context, not as paradoxical as it first seems. More than ever, power politics made it necessary to convey, despite all hindrances, the impression of a self-confident and cultivated empire. Cultural policy and patronage of the arts were therefore integral to a policy of consolidation, aimed at retaining power. These measures concentrated on the few urban centres that could be kept in possession, such as Samarkand, or Herat, which today lies in northern Afghanistan. Under Husayn Mirza's rule, Herat developed into a paradigm of refined urban culture, which many other courts subsequently strived to emulate. That is where this sheet was executed.

Martin ascribed the miniature to the court painter Behzad, whom he called the "Raphael of the East" (Martin 1912, p. 41) In fact, the calligraphy in golden Nasta'liq script names not only the ruler, but also this eminent artist of the Herat school of painters, whose name became synonymous with talent and artistic virtuosity. It is not wholly certain whether this sheet can be ascribed to Behzad, despite the mention of his name; at times it was thought to be a near-contemporary copy after an original by Behzad. In any case, the sultan appears in a very similar guise in an illustration by Behzad based on the legend of Alexander (British Library, Or 6810, fol. 273r, cf. Barry 2004, ill. p. 252).

It may be stated without doubt that the sheet in the exhibition stems from an artistic circle of note, in which nuanced drawing techniques and physiognomic exactitude informed a remarkable and realistic period style. In contrast to the East Asian-influenced miniatures, which were, for example, still being produced in Tabriz late in the fifteenth century, the Herat school, although located further eastwards, was of a fundamentally more "classical" character, which has even been linked to Byzantine icon painting.

The artist has represented Sultan Husayn Mirza in three-quarter view and kneeling, a symbolic reference to submission that draws on ancient conventions for depicting the dynasty's founder Timur (Tamerlane). The fact that the submissive attitude has become no more than a ritual reminiscence is clearly revealed by the superb quality of the clothing and in the sultan's attributes. These convey a stylised image of him as a sovereign, wealthy and cultivated ruler: a handkerchief of fine cloth, a ring set with a gemstone, and a broad belt with a gilded dagger and a pair of compasses hanging from it. The latter item alludes to scholarly interests and talent in drawing, while the expressively wrapped turban is part of a scholar's typical clothing. In this drawing, the sultan's headwear has been additionally distinguished through the ennobling attribute of the royal feather-work crown.

This particular sheet, initially drawn in pencil and then decorated with gold and ink, was a sketch, probably even a template: by sprinkling soot over pinpricks, which can still be discerned in the outlines, the main features of the composition were transferred onto a sheet underneath. A cartoon of this kind could have played a part in determining the conventions for representing this ruler.

The drawing exhibited here has been held in high esteem throughout the centuries. In 1544/45 it was brought together with other works in an album for Husayn Mirza's descendant, Bahram Mirza. In the twentieth century, the sheet was initially part of Fredrik Robert Martin's collection. Artists such as Matisse and Léon Bakst visited Munich in 1910 especially to view such "masterpieces" of Persian

Kat.-Nr. 24 | Cat.-No. 24

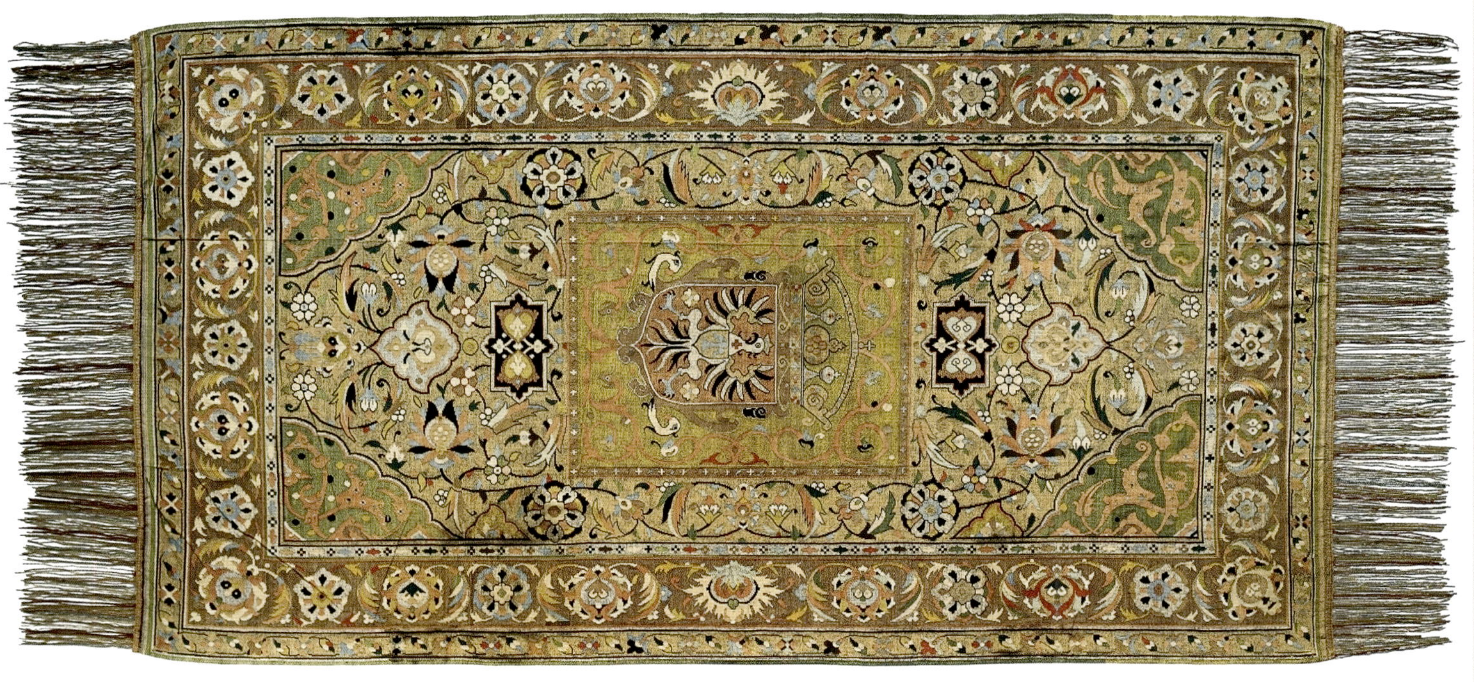

Kat.-Nr. 25 | Cat.-No. 25

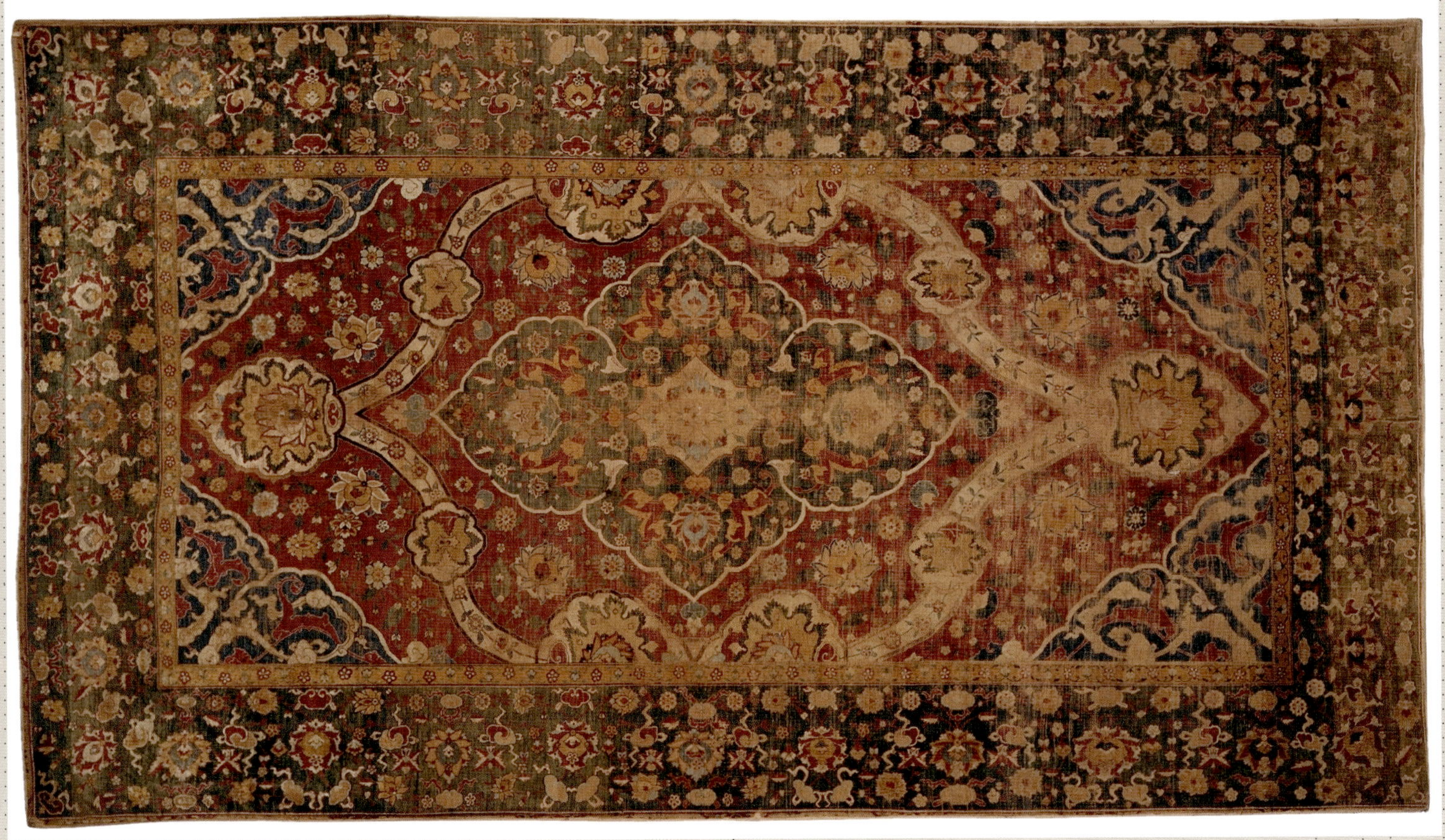

miniature art. Later on, the portrait was owned by the jeweller Louis Cartier before being donated to Harvard by John Goelet. EMT

Kat. -Nr. 23 | Cat. -No. 23

Samtbrokat || Um 1610-40 || Iran || Seidensamt, Samtbrokat, vergoldeter Silberlahn, Seidenatlas || Kettrapport 35 cm, Schußrapport 68 cm, Montagemaß 150 x 124 cm, Tiefe ca. 1,6-2 cm || Badisches Landesmuseum Karlsruhe (Zähringer-Stiftung) (Inv.-Nr. D200) || Besitzer 1910: Großherzogliche Altertümersammlung Karlsruhe

Dieser Samtbrokat gilt gemeinhin als Teil der „Karlsruher Türkenbeute", die bereits seit 1878 als zusammenhängende Sammlung präsentiert wurde. Ihre Geschichte ist eng verknüpft mit der Biographie Wilhelm Ludwigs von Baden (1655-1707), der eine Reihe siegreicher Schlachten gegen die Osmanen schlug. Er selbst wurde zu einem akzentuierten Vertreter der „Türkenmode", die sich im Kontext dieser kriegerischen Begegnungen an Europas Fürstenhäusern herausbildete. Neben seinen Erfolgen auf dem Schlachtfeld war es wohl nicht zuletzt seine Angewohnheit, sich orientalisierend zu kleiden, die ihm den Beinamen „Türkenlouis" einbrachte. Laut historischer Tradition stammt der Bestand orientalischer Trophäen in Karlsruhe praktisch vollständig aus der Beute einer seiner bedeutendsten Schlachten, die 1691 bei Slankamen geschlagen wurde. Tatsächlich kann man aber davon ausgehen, dass die Provenienzwege gerade der Textilien wesentlich vielfältiger gewesen sind, da solche Gewebe zu dieser Zeit in Europa bereits generell hoch geschätzt waren und auch als Geschenke, Handels- oder Heiratsgüter zirkulierten.

Der ausgestellte Stoffstreifen ist sehr wahrscheinlich über die Familie der Gattin des „Türkenlouis", Markgräfin Sibylla Augusta, in den Bestand gelangt; es könnte sich dabei um die Überreste eines Morgenmantels handeln, der 1691 in einem Inventar als Erbstück ihres Vaters Erwähnung findet: „1 Persianischer Schlaffrock mit roth u. ander figuren". Tatsächlich ist das Fragment aus drei unterschiedlich großen Streifen zusammengesetzt, allerdings lassen deren Zuschnitte keinen sicheren Rückschluss darauf zu, welche Verwendung der Stoff früher hatte.

Der Mustergrund besteht aus gelbem Atlasgewebe, das ursprünglich vollständig mit vergoldetem Silberlahn durchschossen war. Diese Edelmetallbestandteile sind aber inzwischen weitgehend verloren, die Bestickung aus Goldfaden im unteren Abschnitt dürfte auf eine spätere, bereits im Westen vorgenommene Restaurierung zurückgehen. Die Motive sind in erhöhtem, mehrfarbigem Flor ausgeführt, so dass sich eine kräftige, beinahe plastische Oberflächentextur ergibt.

Ikonographisch zeigt der Stoff eine Gruppe aus zwei Figuren: An einem kleinen Fischteich steht ein junger Mann mit Stab und Blume einem sitzenden Bettler gegenüber, zwischen ihnen erhebt sich ein blühender Baum, auf dem ein prächtiger Fasan sitzt. Details wie die ausgezogenen Schuhe des Bettlers, seine Mütze und Bettelschale verleihen der Szenerie einen genrehaften, individuellen Anstrich. Zugleich jedoch lassen sich universale Themen wie etwa die Dualität von Jugend und Alter oder Arm und Reich herauslesen. Auch das in der persischen Dichtung beliebte Motiv des „Bettelns um Liebe", auch in seiner transzendentalen und mystisch-religiösen Dimension, scheint hier durch – es ist also ein Thema von poetischer Qualität, das hier angeschlagen wird. Ähnliche Kompositionen, in denen sich etwa König und Bettler gegenüberstehen, finden sich in der persischen Miniaturmalerei des frühen 17. Jahrhunderts. Es kann davon ausgegangen werden, dass einige der Buchkünstler auch solche Stoffmuster entwarfen, zumal die Webtechnik rasche Farbwechsel und eine große Anzahl unterschiedlicher Farben erlaubte, wodurch eine lebendige, malerisch wirkende Gestaltung möglich wurde. Gerade anhand des ausgestellten Beispiels, das aus zehn unterschiedlich gefärbten Fäden gearbeitet ist, wurden etwa Verbindungen zu dem berühmten Miniaturisten Riza Abbasi in Betracht gezogen, der während der Safawidenzeit in Isfahan tätig war.

Allerdings geht die Wirkung dieses Stoffes nicht allein von Komposition und Ausgestaltung der Zweiergruppe als malerischem Einzelmotiv aus: Jüngling und Bettler erscheinen in wiederkehrendem Rapport, variiert durch Spiegelungen und Farbwechsel, eingebettet in ein Feld aus Streublumen. So entsteht in der Gesamtansicht eine regelmäßig ornamentale, jedoch nirgends monotone Oberfläche. Seine volle Wirkung entfaltet dieses komplexe Werk erst im Wechsel zwischen Panorama- und Detailansicht.

Hinter einem solchen Effekt verbirgt sich ein auch technisch hochkomplizierter Herstellungsprozess: Bei der Anfertigung figuraler Stoffe konnte allein das Einrichten des Webstuhls mehrere Jahre dauern. Dieser Aufwand, zusammen mit den wertvollen Ausgangsmaterialien, zeugt wiederum von der generell großen Bedeutung der Textilkunst in der persischen Kultur – bezeichnenderweise waren solche Stoffe an den islamischen Höfen selbst regelrechte Dokumente für materiellen Reichtum, ihre Aufbewahrung unterstand in der Regel der Verwaltung der Schatzkammer. Kein Wunder also, dass sie schließlich auch im Westen mit Vorliebe als Trophäen und triumphale Beutestücke eingeordnet wurden. EMT

Literatur: Martin 1899, S. 12, Taf. 5; München 1910, Kat.-Nr. 2371; München 1912, Taf. 194; von Falke 1913, Bd. 2, S. 146; Pope/Ackerman 1938-39, Bd. VI, Taf. 1062; Kühnel 1962, S. 161, Abb. 64a; Erdmann 1967, Kat.-Nr. 69; Petrasch 1977, Nr. 50; Neumann/Murza 1988, Abb. S. 88; Karlsruher Türkenbeute 1991, Kat.-Nr. 291; Website Karlsruher Türkenbeute 2003; Sänger 2005.

Velvet brocade || C. 1610-40 || Iran || Silk velvet, velvet brocade, silver-gilt thread, silk satin || Warp repeat 35 cm, weft repeat 68 cm, mounted size 150 x 124 cm, depth approx. 1.6-2 cm || Badisches Landesmuseum Karlsruhe (Zähringer-Stiftung) (inv. no. D200) || Owner in 1910: Großherzogliche Altertümersammlung, Karlsruhe

This velvet brocade is generally considered part of the "Karls-ruher Türkenbeute" (Karlsruhe Turkish booty), which has been presented as a cohesive collection since 1878. Its history is closely linked to the biography of Wilhelm Ludwig of Baden (1655-1707), who fought a number of successful battles against the Ottomans. He became a flamboyant proponent of "Turk fashion", which took hold among the aristocracy of Europe in the wake of these bellicose encounters. In addition to his victories on the battlefield, his habit of dressing in the Oriental style played no less a part in earning him the sobriquet "Turkish Louis". According to historical tradition, almost the entire collection of Oriental trophies in Karlsruhe stems from the spoils of one of his most important battles, which was fought in Slankamen in 1691. However, it can be assumed that the provenance of the textiles, in particular, exhibits greater variation, since such fabrics were highly prized in Europe at the time and were in circulation as gifts, trading goods and dowries.

The fragment exhibited here is likely to have come into "Turkish Louis's" collection via the family of his wife, Marchioness Sibylla Augusta, and it may consist of remnants of a dressing gown that is mentioned as an heirloom from her father in an inventory dated 1691: "1 Persian night gown with red and other figures". This piece has, in fact, been assembled out of three strips of various sizes, although the way they are cut does not allow any inferences as to how the material was previously used.

The background of the pattern consists of yellow silk satin, which was originally shot through with silver-gilt threads. Most of these precious metal components have, in the meantime, been lost; the embroidery of gold thread in the lower section is likely to be from a later restoration undertaken in the West. The motifs are executed in raised, multicoloured pile, resulting in a vigorous, almost sculptural surface texture.

In terms of iconography, the material bears a group consisting of two figures: a young man holding a staff and a flower, standing opposite a beggar seated near a fishpond. Between the two figures stands a flowering tree with a majestic pheasant perched in it. Details, such as the shoes taken off by the beggar, his cap and his begging bowl, give the scene a genre-like, individual touch. At the same time, it evokes universal themes such as the duality of youth and age, or poverty and riches. Associations with the motif of "begging for love", popular in Persian literature, are also present, including its transcendental and mystical, religious dimension – so the topic broached here has a poetic quality. Similar compositions, featuring encounters between figures such as kings and beggars, can be found in Persian miniature painting of the early seventeenth century. It can also be assumed that some book illuminators also designed textile patterns of this kind, particularly since weaving techniques allowed rapid switches among a large number of different colours, thus making it possible to execute vibrant and pictorial designs. The piece shown here, which was woven out of threads dyed in ten different colours, has itself been taken as a basis for considering possible connections to the famous miniature painter Riza Abbasi, who worked in Isfahan during the Safavid period.

However, the visual effect of this material is not due solely to the composition and arrangement of the two figures as an individual pictorial motif: the young man and the beggar form a repeating pattern, varied by mirror images and colour changes, embedded in a field of scattered flowers. The overall impression is thus one of a surface with regular ornamentation, yet by no means monotonous. This complex work achieves its full impact in the interplay between the panorama and the detail view.

Behind an effect of this sort lies a highly complex technical process: just setting up the loom to produce fabric with a certain figurative pattern could take a number of years. This investment, along with the valuable raw materials used, is evidence of the great importance generally attached to textile art in Persian culture – notably, such fabrics were viewed as tangible evidence of material wealth at the courts of Islamic rulers, and their safekeeping was generally the

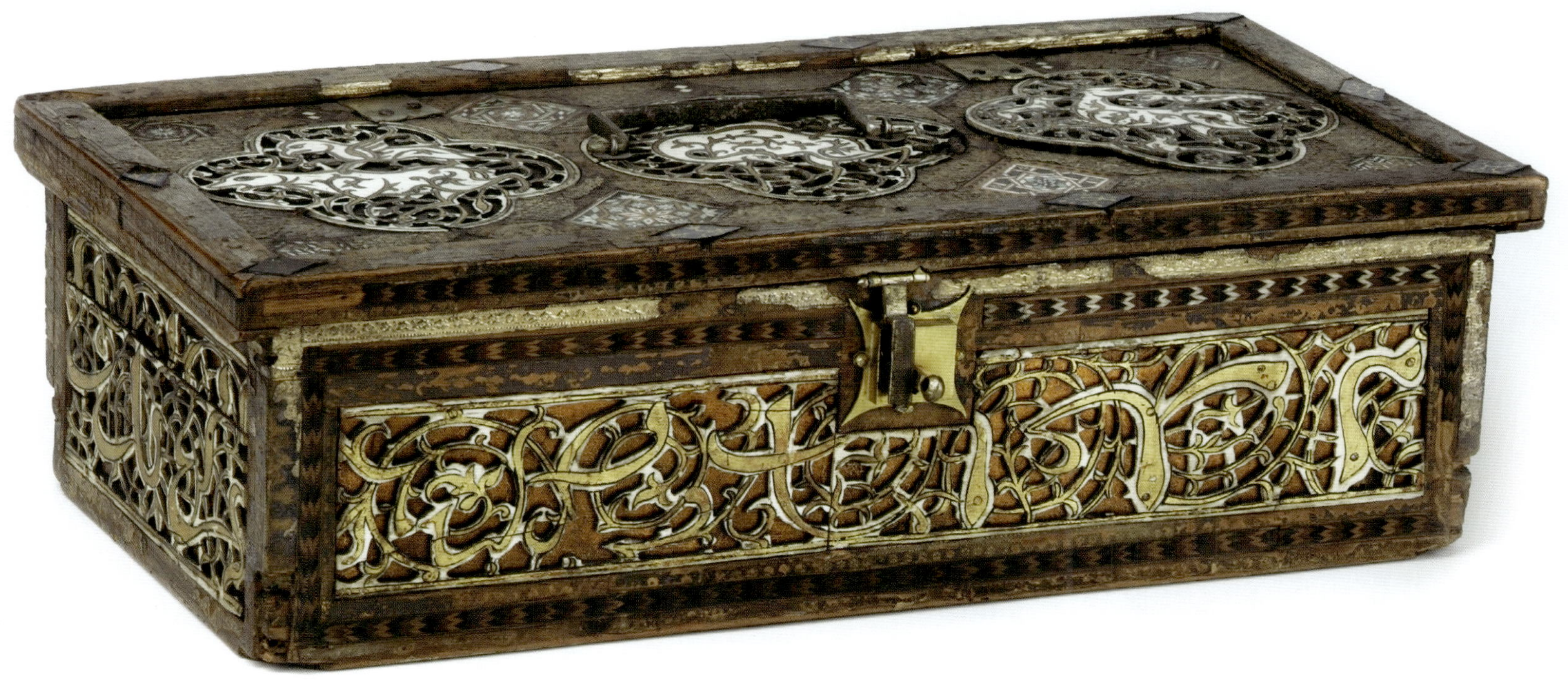

responsibility of the masters of the treasury. It is therefore no surprise that they ultimately came to be classified in the West primarily as trophies and triumphal spoils of war. EMT

Kat. -Nr. 24 | Cat. -No. 24

Wirkteppich || Um 1600 || Iran || Seide, Gobelintechnik, Edelmetallbroschierung || 245 x 135 cm || Wittelsbacher Ausgleichsfonds, München (Inv.-Nr. WAF, T I b 1) || Besitzer 1910: Königliche Residenz, München

Dieser Teppich ist der bislang weniger bekannte Zwilling eines fast identischen Exemplars in der Münchner Residenz (vgl. etwa Spuhler 1968, Kat.-Nr. W7; London 1983, Kat.-Nr. 73, Taf. 44; Berlin 1989, Nr. 4/142, Abb. 719; Housego 1989, Abb. 21); im Textile Museum in Washington befindet sich die Hälfte eines weiteren Stückes, das zur selben Gruppe gehört (Spuhler 1968, Kat.-Nr. W17).

Es sind wohl die Münchner Teppiche, die der polnische König Sigismund III. Wasa 1601 im persischen Kaschan bestellte und die ihm von dem armenischen Kaufmann Sefer Muratowicz am 12. September 1602 zusammen mit einem Zelt und Säbeln aus Damaszener Stahl in Rechnung gestellt wurden: Die Ausführung des polnischen Wappens in der zentralen Kartusche schlug dabei gesondert mit fünf Kronen zu Buche.

1642 befanden sich die Teppiche im Heiratsgut einer Tochter Sigismunds, als sie in Warschau den Kurfürsten Philipp Wilhelm von der Pfalz heiratete. Auf diesem Weg gelangten die Teppiche schließlich in wittelsbachischen Besitz, wo sie jedoch offenbar bald vergessen wurden. Zusammen mit einigen weiteren Perserteppichen lagerten sie über Jahrhunderte hinweg unbeachtet in der Münchner Residenz, bis der orienterfahrene und kunstsinnige Kronprinz Rupprecht sie im Jahr 1909 wiederentdeckte. Die Idee, 1910 in München eine große Ausstellung islamischer Kunst zu widmen, hing nicht unwesentlich mit dieser Entdeckung zusammen. Der ausgestellte Teppich sowie ein weiterer, stilistisch ähnlicher ohne Wappenfeld (WAF, T I b 2) gingen nach der Ausstellung wieder in den Privatbesitz des Kronprinzen über, wo sie auch über den Sturz der Monarchie hinweg blieben. 1931 lieh Rupprecht beide Stücke für die „International Exhibition of Persian Art“ nach London, später hingen sie bis in die 1950er Jahre hinein in seinem Arbeitszimmer auf Schloss Leutstetten.

Teppiche in persischer Technik und Ornamentik mit polnischen Wappen waren bereits vor der Auffindung der Münchner Stücke bekannt gewesen. Seit den 1860er und 1870er Jahren hatte man für einige Exemplare aus dem Besitz des Grafen Czartoryski angenommen, sie seien in Krakauer Manufakturen nach persischem Vorbild hergestellt worden. Angesichts des erweiterten Vergleichsmaterials, das auf der großen Wiener Teppichausstellung von 1891 zur Verfügung stand, zweifelte der Wiener Kunsthistoriker Alois Riegl diese osteuropäische Provenienz erstmals an. Auch Wilhelm von Bode sprach sich dafür aus, dass Arbeiten von solch hoher technischer Meisterschaft und Materialqualität in einem der Zentren persischer Teppichkunst selbst entstanden sein mussten. Auch wenn der Begriff „Polenteppich“ geläufig blieb, hatte sich diese Auffassung bei der Auffindung der Münchner Exemplare weitgehend durchgesetzt.

Diese exquisiten Teppiche entstanden also mit hoher Wahrscheinlichkeit während der Regierungszeit Schah Abbas' in der Region Isfahan/Kaschan. Das edelmetallbroschierte Seidengewebe, die hohe Dichte und feine Motivzeichnung heben diese Stücke gegenüber einfacheren Wollteppichen deutlich heraus – so wurden sie nicht nur in Persien selbst zu exklusiven Statussymbolen. Sie gelangten auch als diplomatische Geschenke und schließlich, wie das ausgestellte Beispiel, als Auftragsarbeiten nach Europa, wo das prächtige Material, das frische Kolorit und die filigran verschlungen-florale Ornamentik auch den barocken Zeitgeschmack trafen. Wo man bei einem persischen Teppich dieses Kompositionsstils typischerweise ein zentrales Medaillon erwarten würde, wurde im vorliegenden Fall ein rechteckiges Feld eingefügt, das das polnische Wappen aufnehmen konnte – ein deutliches Zeichen dafür, wie sehr sich die persischen Teppichmanufakturen in jener Zeit bereits auf die Bedürfnisse einer elitären europäischen Auftraggeberschaft einzustellen wussten. EMT

Literatur: Riegl 1891, bes. S. 22; Bode 1902; München 1910, Kat.-Nr. 83; München 1912, Taf. 60; London 1931, Nr. 335, 338; Mankowski 1939; Pope 1939, bes. S. 2388-2401; Erdmann 1962, Abb. 30; Erdmann 1966, S. 227-232; Spuhler 1968, S. 15-34, Kat.-Nr. W 7, W 17; Petsopoulos 1980, v. a. S. 281-287; London 1983, Kat.-Nr. 73, Taf. 44, bes. S. 94-98; Enderlein 1986, v. a. S. 45-48; Washington 1987, Nr. 49; Spuhler 1988, S. 74-75; Berlin 1989, Nr. 4/142, Abb. 719; Housego 1989, S. 128-130, Abb. 21; Shalem 2005a; Troelenberg 2009.

Flat-woven carpet || C. 1600 || Persia || Silk, Gobelins technique, interwoven with precious metal || 245 x 135 cm || Wittelsbacher Ausgleichsfonds, Munich (inv. no. WAF, T I b 1) || Owner in 1910: Königliche Residenz, Munich

This carpet is the hitherto less well-known twin of an almost identical one at the Munich Residenz (cf. Spuhler 1968, cat. no. W7; London 1983, cat. no. 73, plate 44; Berlin 1989, no. 4/142, fig. 719; Housego 1989, fig. 21); at the Textile Museum in Washington D.C. there is also half of another carpet that belongs to the same group (Spuhler 1968, cat. no. W17).

These Munich carpets are the ones ordered by the Polish King Sigismund III. Vasa in the Persian city of Kashan in 1601, and for which he received an invoice from the Armenian merchant Sefer Muratowicz, dated 12 September 1602, also listing a tent and sabres made of Damascus steel: the execution of the Polish coat of arms in the central cartouche resulted in an additional charge of five crowns.

In 1642 the carpets were part of the dowry for one of Sigismund's daughters, who married Philipp Wilhelm, the Elector Palatine, in Warsaw. This is how the carpets came into the possession of the House of Wittelsbach, where they were apparently soon forgotten. Together with a number of other Persian carpets, they were stored for centuries at the Munich Residenz without anyone taking notice of them. Finally, in 1909, they were re-discovered by Crown Prince Rupprecht, who was not only familiar with the Orient, but also had an understanding of art. The idea of dedicating a large exhibition to Islamic art in Munich in 1910 was in no small part related to this discovery. The carpet on display here, as well as another, stylistically similar one without a coat of arms (WAF, T I b 2) reverted to the private property of the crown prince after the exhibition, where they remained even after the fall of the monarchy. In 1931 Rupprecht lent both of the carpets to the “International Exhibition of Persian Art” in London; subsequently they hung in his study in Leutstetten Castle until well into the 1950s.

Carpets executed using Persian technique and ornamentation with Polish coats of arms were already known before the re-discovery of the two Munich carpets. Since the 1860s and 1870s, it had been assumed that a few such carpets belonging to Count Czartoryski had been manufactured in Cracow according to Persian models. In view of the expanded body of comparative evidence that was available at the major Viennese carpet exhibition of 1891, the Viennese art historian Alois Riegl expressed the first doubts regarding their Eastern European provenience. Wilhelm von Bode also supported the opinion that works of such high technical mastery and material quality must have been created in one of the artistic centres of Persian carpet production. Although the expression “Polonaise” carpet remained in currency, this view had come to prevail widely by the time that the two carpets in Munich were rediscovered.

It is quite likely that these exquisite carpets were created in the region of Isfahan/Kashan during the reign of Shah Abbas. The silk yarn with interwoven precious metal, the high density, and the fine contours of the motifs all clearly make these carpets far superior to simpler ones made of wool – hence they became exclusive status symbols, not only in Persia. They came to Europe as diplomatic gifts and, as in the case of the example shown here, ultimately as commissioned works. Due to their luxurious materials, fresh colours and delicately winding floral ornamentation, they also found favour with contemporary baroque tastes. In the place where one would typically expect to find a central medallion in a Persian carpet of this compositional style, a rectangular field was left free for the insertion of the Polish coat of arms – a clear sign of the extent to which Persian carpet making at this time was already able to accommodate the wishes of an elite European clientele. EMT

Kat. -Nr. 25 | Cat. -No. 25

Knüpfteppich || Zweite Hälfte des 16. Jahrhunderts || Iran/Kaschan || Ungebleichte Seide (Schuß), gelbe Seide (Kette), geknüpfte Seide (Flor) || Höhe links 264 cm, Höhe rechts 265 cm, Breite oben 153,5 cm, Breite unten 156 cm || Bayerisches Nationalmuseum (Inv.-Nr. T 1611) || Besitzer 1910: Bayerisches Nationalmuseum

Der Seidenteppich wurde 1857 aus der Münchner Residenz an das Bayerische Nationalmuseum überwiesen, gelangte aber wohl ebenso wie die sogenannten Münchner „Polenteppiche“ schon während der Barockzeit aus den Teppichmanufakturen von Kaschan nach Bayern. Die Stadt Kaschan, etwa auf halbem Weg zwischen Isfahan und Teheran an einer alten Handelsroute gelegen, war zunächst ein Knotenpunkt für den Seidenhandel, wo sich auch Webereien und schließlich Teppichmanufakturen ansiedelten. Während safawidischer Zeit wurde die Stadt zu einem regelrechten kulturellen Zentrum Persiens, Schah Abbas stattete sie mit umfangreichen Bewässerungssystemen aus, die die Kultivierung größerer Gartenanlagen erlaubten.

Mit den edelmetalldurchwirkten „Polenteppichen“ erreichte die persische Teppichproduktion im frühen 17. Jahrhundert ihren absoluten Höhepunkt – der ausgestellte Teppich, der auf das Ende des 16. Jahrhunderts datiert wird und in München 1910 ebenfalls unter dem Etikett „Polenteppiche“ ausgestellt wurde, repräsentiert streng genommen eine unmittelbare Vorstufe dazu. Das verwendete

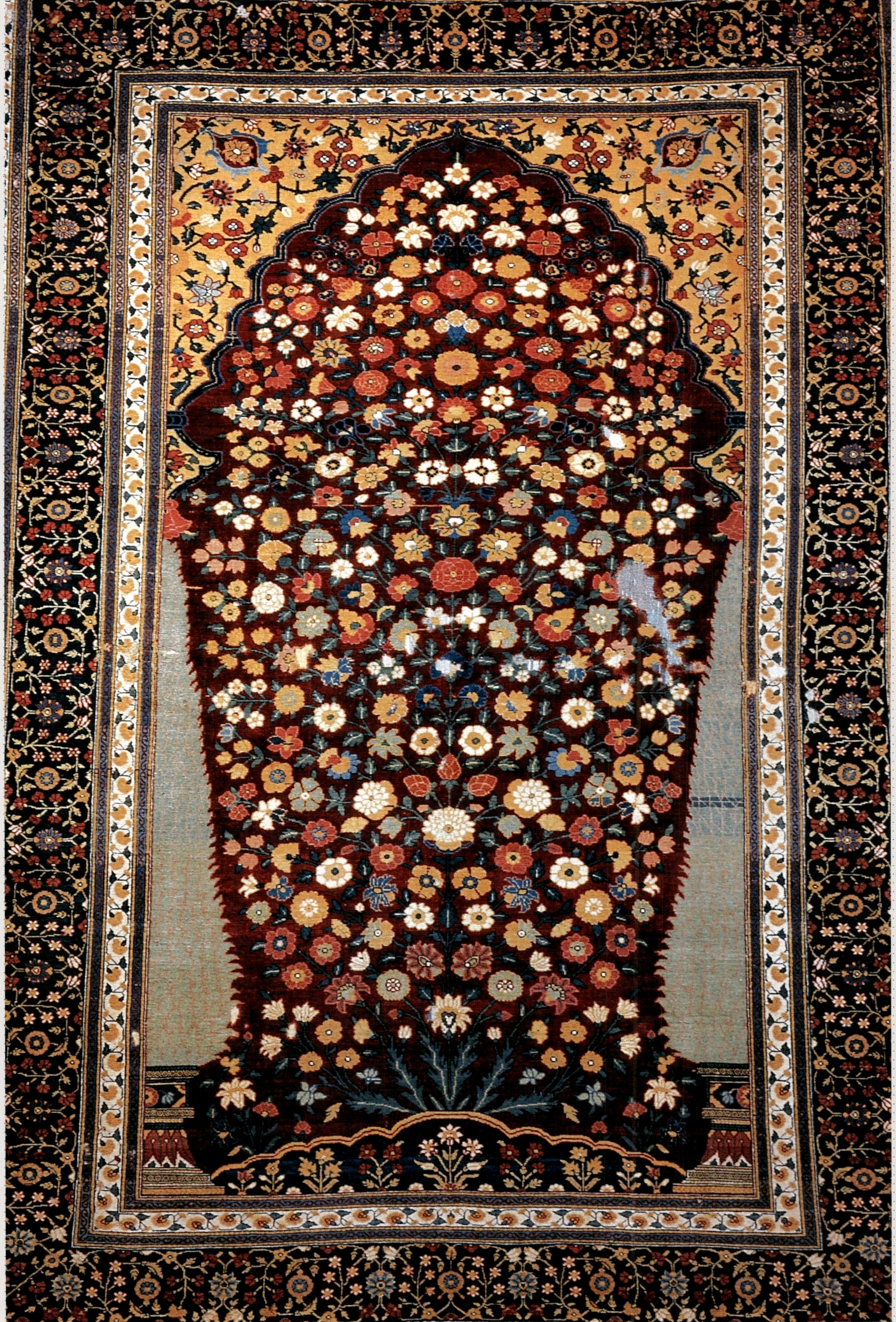

Seidengarn spricht für die Exklusivität des Stückes. Zwar verblassen eingefärbte Seiden schneller als Wollfäden, so dass davon auszugehen ist, dass sich die besonders leuchtende Ursprungsfarbigkeit über die Zeiten hinweg verloren hat. Ein bedeutender Vorteil der Seide war für die Teppichknüpferei jedoch, dass sie sich wesentlich feiner spinnen lässt als Wolle und auch reißfester ist. So erlaubte sie dichtere Gewebe und folglich eine sehr feine Linienzeichnung, was etwa anhand der naturalistisch im Detail gezeichneten floralen Motive auf dem roten Mittelgrund des Teppichs gut nachzuvollziehen ist.

Blumen und Ranken lassen hier an die Gärten von Kaschan denken, oder gar an eine Paradiesessymbolik. Die Eckzwickel zeigen neben roten Arabesken auch weiße Wolkenbänder auf strahlend blauem Grund – eine Kombination, die auf chinesische Traditionen zurückgehen dürfte, die in zentralasiatischen Kunstzentren aufgenommen und auf diese Weise nach Westen übermittelt wurden.

Trotz einiger Fehlstellen in der schmalen Randborte sowie Gebrauchsspuren in der Mittelachse wirkt der ausgewogene symmetrische Gesamtentwurf noch immer eindrucksvoll. Gemeinsam mit den noch im verblassten Zustand starken koloristischen Komplementärkontrasten demonstriert der Teppich daher ein hohes künstlerisch-kompositorisches Niveau.

Der Teppich gehört zu einer insgesamt zwölf Exemplare umfassenden Gruppe kleinerer Seidenteppiche, die vermutlich alle in derselben Werkstatt entstanden sind; ein Vergleichsstück befindet sich etwa im Musée des Gobelins in Paris (Erdmann 1966, Abb. 179). Kurt Erdmann ging davon aus, dass im professionalisierten Arbeitsprozess solcher Manufakturen ein Karton für mehrere Werke benutzt werden konnte, wobei es aber jedes Mal zu Variationen und Abwandlungen kam: Jeder einzelne Teppich blieb also ein Unikat, zugleich bildete sich ein spezifischer Stil heraus. EMT

Literatur: München 1910, Kat.-Nr. 73; München 1912, Taf. 57; London 1931, Nr. 185; Pope/Ackerman 1938-39, Bd. 6, Taf. 1202; Erdmann 1962; Erdmann 1966, S. 143-148, Abb. 180; London 1976, Kat.-Nr. 62; Calmard 1978; London 1983, bes. S. 90-94; Washington 1987; Housego 1989; München 2002, Kat.-Nr. 11.

Knotted-pile carpet || Second half of the 16th century || Iran/ Kashan || Unbleached silk (weft), yellow silk (warp), knotted silk (pile) || Height, left: 264 cm, height, right: 265 cm, width, top: 153.5 cm, width, bottom: 156 cm || Bayerisches Nationalmuseum (Inv. No. T 1611) || Owner 1910: Bayerisches Nationalmuseum

This silk carpet was transferred to the Bavarian National Museum from the Munich Residenz in 1857; however, it originally arrived in Bavaria from Kashan, as did the so-called Munich "Polonaise" carpets, during the baroque period. The city of Kashan, located on an old trading route roughly halfway between Isfahan and Teheran, was initially a hub of the silk trade, where weavers and then carpet-makers settled. During the Safavid period, the city became an important cultural centre of Persia; Shah Abbas had extensive irrigation systems constructed for the city, which allowed the cultivation of extensive gardens.

Persian carpet production in the early seventeenth century reached its zenith with the "Polonaise" carpets, into which were woven threads wrapped with precious metal. Strictly speaking, the carpet on exhibition, which has been dated to the end of the sixteenth century and was exhibited in Munich in 1910 as a "Polonaise" carpet, represents a direct precursor of these. The silk yarn used in its production is evidence of its exclusive character. Dyed silk fades faster than wool, so that it must be assumed that the full vibrance of the original colour scheme has been lost over time, but silk has an important advantage over wool in carpet weaving: it can be spun into much finer threads and is also less inclined to tear. Hence, it makes a denser weave possible and, consequently, allows much finer lines to be drawn, as can be seen when one views the floral motifs rendered in naturalistic detail on the red middle ground of the carpet.

Flowers and scrolling vines are reminiscent of the gardens of Kashan, or even of symbols of Paradise. The quartered corner medallions display white cloud bands on a radiant blue ground along with red arabesques – a combination that may be rooted in Chinese traditions adopted in Central Asian centres of art and thereby conveyed to the West.

Despite some imperfections on the narrow guard stripe around the edge, as well as some signs of wear along the central axis, the well-balanced, symmetrical overall design is still impressive. This and the use of complementary colours to create contrasts that remain striking even in its present, faded condition, attest the carpet's high level of artistic composition.

This item is one of a group of twelve rather small silk carpets, which are presumably all from the same workshop: a comparable carpet can be found in the Musée des Gobelins in Paris (Erdmann 1966, fig. 179). Kurt Erdmann arrived at the assumption that in the professionalised working processes at such production sites, one cartoon could be used for a number of works, with variations and modifications introduced with every new carpet: thus, each carpet became unique, while at the same time a specific style evolved. EMT

Kat. -Nr. 26 | Cat. -No. 26

Kästchen || 14. Jahrhundert (?) || Spanien oder Sizilien || Fichtenholz, durchbrochene Beinschnitzarbeit, Intarsien in Holz und Bein, Email, vergoldete geprägte Silberfolie, Unterseite in Tempera auf Kreidegrund bemalt, Auskleidung aus Halbseidenstoff, Schloss und Scharniere evtl. spätere Ergänzungen || 41,9 x 21 x 12,8 cm || Domschatzmuseum Regensburg (Inv.-Nr. D 1974/65) || Besitzer 1910: Domkapitel Regensburg

Seit 1659 wurden in diesem Kästchen in St. Emmeram in Regensburg Reliquien aufbewahrt. Wie der Behälter nach Regensburg gelangt ist, ist nicht bekannt. Nur wenige Jahre vor der Münchner Ausstellung war er vom Essener Kunsthistoriker Georg Humann entdeckt worden, als dieser eigentlich auf der Suche nach Vergleichsstücken zu einem Reliquiar aus dem Essener Münsterschatz war. Da Georg Humann mit Friedrich Sarres Schwiegervater Carl Humann verwandt war, wurde Sarre vermutlich direkt durch ihn auf das Stück aufmerksam. Als er es 1910 für die Ausstellung nach München holte, wurde es erstmals einer breiteren Öffentlichkeit präsentiert. Aus Mangel an Vergleichsstücken war es lediglich unter der vagen Angabe „Orient, Mittelalter" geführt. Tatsächlich geben Material, Dekor und Beschaffenheit bis heute große Rätsel auf.

Dass das Kästchen stets als „orientalisch" identifiziert wurde, liegt vor allem an den Auflagen der Seiten und der Vorderfläche. Sie bestehen aus filigran durchbrochenen und teilweise emaillierten Beinschnitzereien mit vegetabilen Ranken, darüber große arabische Schriftmotive. Diese sind allerdings nicht sinnvoll lesbar, die Platten sind zum Teil beschnitten und verkehrt herum eingesetzt, wobei letzteres auch auf eine spätere Restaurierung zurückgehen könnte. Möglicherweise wurden die durchbrochenen Platten an diesem Kästchen durchaus bereits in Zweitverwendung angebracht – dennoch ist davon auszugehen, dass der Gesamtentwurf aus einer Hand kam, dass es gerade darum ging, eine Vielzahl prächtiger Techniken, Materialien und Farben an einem Objekt zu vereinen.

Besonders markant sind die durchbrochenen Schnitzereien in Bein oder Elfenbein und teilweiser Vergoldung auf dem Deckel, die in drei großen Vierpassmedaillons Tierkampfszenen zeigen, unterlegt mit Resten einer geprägten Silberfolie, die ursprünglich alle Holzflächen des Kästchens überzog. Komposition und Ikonographie der Darstellungen erinnern durchaus an Lösungen, wie sie etwa auch in der fatimidischen Holz- oder Elfenbeinschnitzkunst verbreitet waren; der stilistische Charakter jedoch scheint grundlegend anders. Die Meinungen der Forscher über den Herstellungsort des Objektes gehen weit auseinander. Percy Blythe Cott z. B. rückte diese Elemente in die Nähe der Innsbrucker Emailschale (vgl. Kat.-Nr. 9). Der gemusterte Halbseidenstoff, mit dem das Innere des Kästchens ausgeschlagen ist, dürfte aus Italien stammen und gehört sehr wahrscheinlich zum Originalzustand.

Die ornamentalen Rauten und Sterne aus Holz- und Beinmosaik und auch das vorne umlaufende Fischgrätband deuten besonders klar nach Spanien, wo in nasridischer Zeit ganz ähnliche polychrome Einlegetechniken an Holzmöbeln und Kästchen vorkommen (vgl. z. B. ein Schreibkästchen im Museo Arqueológico Nacional Madrid, Inv.-Nr. 72/105 2, New York 1992, Kat.-Nr. 53 oder die Innenseiten eines Türflügels aus dem Palacio de los Infantes in Granada, Museo Nacional de Arte Hispanomusulmán Granada, Inv.-Nr. 190, New York 1992, Kat.-Nr. 118).

Damit liegt es also nahe, den Entstehungsort des Kästchens im westlichen Mittelmeerraum anzunehmen – darüber hinaus aber lässt das einzigartige Objekt auch mehr als hundert Jahre nach seiner wissenschaftlichen Entdeckung noch viele Fragen offen. AS, ET

Literatur: Humann 1904, S. 301, Anm. 2; München 1910, Kat.-Nr. 2211; München 1912, Taf. 250; Kohlhaussen 1928, S. 18, Abb. 8; Mader 1933, S. 148, Nr. 3; Cott 1939, S. 23, Anm. 91; Braun 1940, S. 148; Regensburg 1962, S. 6; Hubel 1976, Nr. 63; New York 1992; Himmelheber 1994, S. 80-81.

Casket || 14th century (?) || Spain or Sicily || Spruce wood, fretwork bone/ivory carving, intarsia in wood and bone, enamel, gilded embossed silver foil, underside painted in tempera on a chalk ground, lining of half-silk fabric, lock and hinges possibly added later || 41.9 x 21 x 12.8 cm || Domschatzmuseum Regensburg (inv. no. D 1974/65) || Owner in 1910: Domkapitel Regensburg

Holy relics have been kept in this casket at St. Emmeram's in Regensburg since 1659. It is not known how this container came to be in Regensburg. It was discovered only a few years before the Munich exhibition by Georg Humann, an art historian from Essen. He had actually been searching for pieces to compare with a reliquary from the treasury of Essen Minster. Since he was related to Friedrich

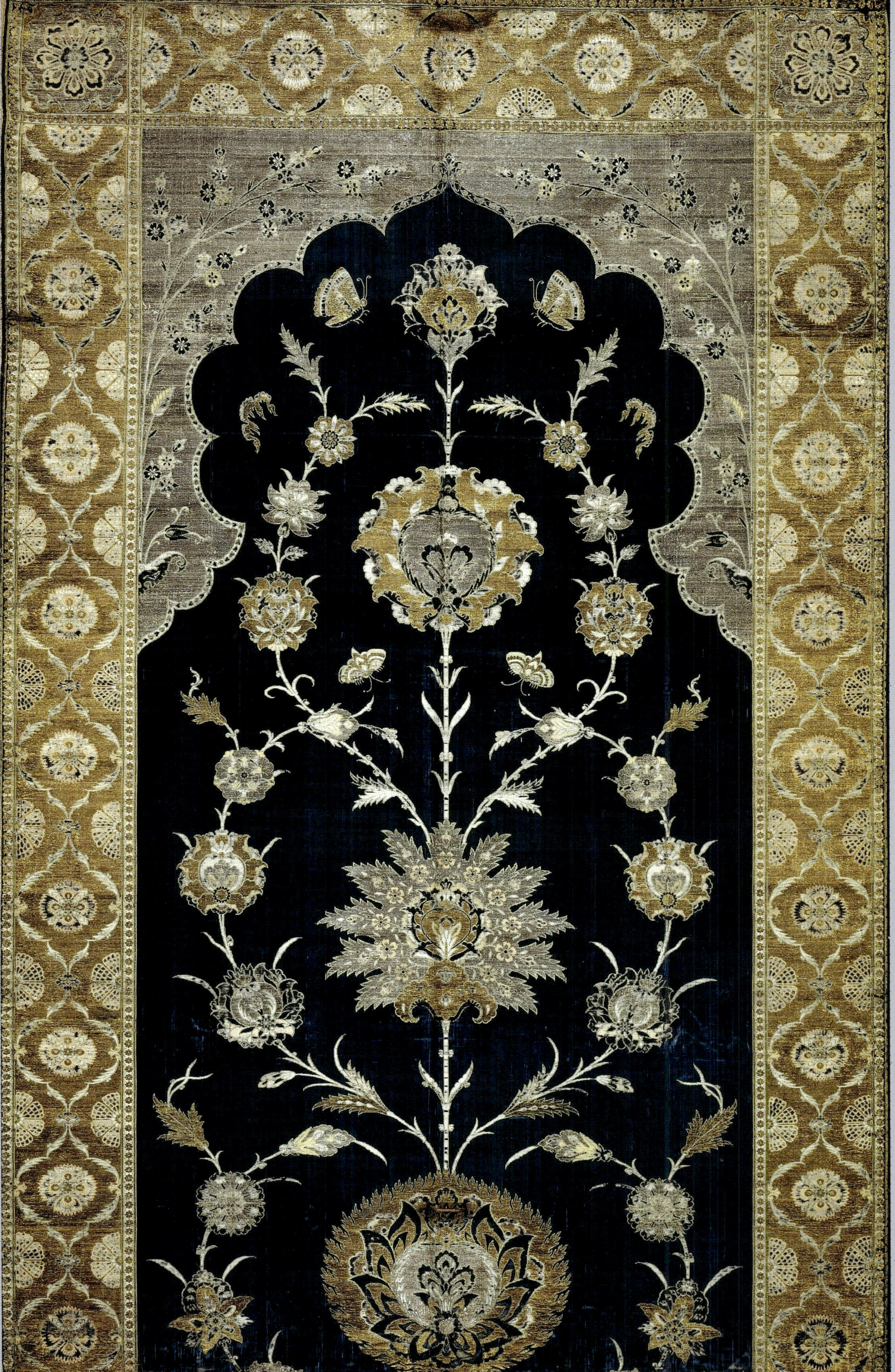

Sarre's father-in-law, Carl Humann, he probably drew Sarre's attention to the casket directly. By bringing it to Munich for the 1910 exhibition, Sarre made it accessible to a broad public for the first time. For lack of comparable pieces, it was presented solely with the vague information: "Orient, Middle Ages". Indeed, its material, decor and composition still pose considerable puzzles today.

The fact that the casket has always been classified as "oriental" is due, above all, to the panels on the sides and the front. They consist of delicately perforated and partially enamelled bone carving that forms vegetal arabesques beneath large Arabic script motifs. The latter do not read in a way that makes sense, however: the panels have been cropped in places and inserted the wrong way around, whereby the latter fact could be due to later restoration work. It is quite likely that existing fretwork panels were recycled for use on the casket – nevertheless, it may be assumed that the overall design is the work of one person, whose aim was indeed to bring together a number of superb techniques, materials and colours in one object. Especially striking are the fretwork carvings in bone or ivory with partial gilding on the lid, which show scenes of fighting animals in three large quatrefoil medallions, underlaid with remnants of embossed silver foil, which originally covered all of the casket's wooden surfaces. The composition and iconography of the depictions certainly recall methods of the kind that were common in Fatimid wood or ivory carving, whereas their stylistic character seems to be fundamentally different. The opinions of the researchers as to the object's place of manufacture vary widely. Percy Blythe Cott has placed these elements in a closer relationship to the Innsbruck enamel plate (cf. cat. no. 9). The patterned half-silk fabric with which the inside of the casket is lined may well originate from Italy and was very probably part of the casket in its original state.

The ornamental rhomboids and stars consisting of wood and bone mosaic, as well as the herringbone band running around the front, point very clearly to Spain, where very similar polychrome inlay techniques appear on wooden furniture and caskets of the Nasrid period (cf. e. g. a writing box in the Museo Arqueológico Nacional Madrid, inv. no. 72/105 2, New York 1992, cat. no. 53, or the inside of a door leaf from the Palacio de los Infantes in Granada, Museo Nacional de Arte Hispanomusulmán Granada, inv. no. 190, New York 1992, cat. no. 118).

It therefore seems reasonable to suppose that the casket has its origin in the western Mediterranean region – beyond that, however, this unique object still leaves many questions open, even more than a hundred years after it became known to scholars. *AS, EMT*

Kat. -Nr. 27 | Cat. -No. 27

Millefleurteppich || 18. Jahrhundert || Indien || Persische Knüpfung, Naturseide und Wolle (Paschmina) || 171 x 112 cm || Österreichisches Museum für angewandte Kunst/Gegenwartskunst, Wien (Inv.-Nr. T 1539) || Besitzer 1910: Museum für Kunst und Industrie Wien

Dieser kleinformatige Knüpfteppich wurde 1868 aus einem Wiener Kloster für das Museum für Kunst und Gewerbe angekauft. Als erster Orientteppich, der in den Bestand des Hauses überging, ist er ein Gründungsdokument für die bedeutende Wiener Teppichsammlung, die heute einen Schwerpunkt des Museums für Angewandte Kunst (MAK) bildet.

Datierbar auf das 18. Jahrhundert, gehörte der Teppich 1910 zu den jüngsten Exponaten der Münchner Ausstellung und repräsentierte eine Spätphase dessen, was europäische Kunsthistoriker gemeinhin als Blütezeit „islamischer Kunst" bezeichneten. Traditionell nahm man an, dass diese Kunst nach dem Mittelalter und spätestens mit dem Einfluss westlicher und kolonialer Strömungen ihren Niedergang erfahren hatte.

Dabei steht der Teppich aus Seide und Paschmina-Wolle mit seiner Millefleur-Musterung in einer langen Tradition der Kunst der Moguln, die sich in Indien seit den Eroberungen Baburs im 16. Jahrhundert als starke Zentralmacht etabliert hatten. Die Dynastie, die ihre noble Abstammung auf Djingis Khan und Timur zurückführte, stand für eine hoch entwickelte höfische Kultur.

Früh zeigte sich in der Mogulkunst ein dekorativer Blumenstil, der auch im Zusammenhang mit den blühenden Gärten von Kaschmir gesehen wurde. Zudem ist bekannt, dass an den Mogulhöfen europäische Herbarien zirkulierten, die zahlreiche künstlerische Entwürfe in praktisch allen Medien inspirierten – ein Prozess künstlerischer Adaption, der keineswegs als Zeichen des Niedergangs zu werten ist.

Das beliebte Millefleur-Thema ist vor diesem Hintergrund zu betrachten - während des 17. und 18. Jahrhunderts wurde es in unterschiedlichen Varianten typisch für nordindische Teppiche etwa aus Kaschmir oder Lahore. Die Blumenmotive, hier häufig mit großem Detailnaturalismus wiedergegeben, werden in kleine, oft zu Clustern angeordnete Blüten gruppiert. Beim Wiener Teppich entspringen unterschiedliche Blütenarten einem gemeinsamen Stamm, so dass die symmetrische Gesamtkomposition das Bogenfeld gleichmäßig füllt. Es ist also ein eigenständiger, künstlerisch durchgestalteter Entwurf, der jedoch im Vergleich mit späteren Beispielen insgesamt noch relativ wenig Stilisierung zeigt (vgl. etwa einen gelbgrundigen Teppich im Arthur M. Sackler Museum, Inv.-Nr. 1974.58 und einen rotgrundigen Teppich im Metropolitan Museum of Art, Inv.-Nr. 1970.302.7; Blair/Bloom 1991, Kat.-Nr. 27a, 27c). Von den zwölf bekannten Nischen- bzw. Bogenteppichen mit Millefleur-Motiv gilt dieser deshalb als der früheste. Dennoch erweist sich insgesamt bereits ein hoch entwickeltes kompositorisches Niveau: Die Nische selbst etwa scheidet zwei helle symmetrische Randmotive aus, die einerseits schlicht als Rahmung aufzufassen sind, andererseits aber auch wie zwei angeschnittene Zypressen wirken, die aus Ziertöpfen herauswachsen. So wird das Teppichfeld insgesamt zu einer Art Vexierbild, aus dem sich unterschiedliche Gegenstands- und Tiefenebenen herauslesen lassen.

Mit Recht wurde deshalb auch angemerkt, dass die bloße Identifikation als Gebetsteppich, die durch das richtunggebende Bogenfeld zunächst nahe liegt, keineswegs selbstverständlich sein muss. Ebenso gut ist das Stück als Wandteppich in einem architektonisch durchgestalteten Kontext denkbar, zumal die Komposition selbst an ältere Vorbilder des Baudekors in anderen Techniken erinnert, etwa an die Fliesendekorationen, wie sie bereits im 15. Jahrhundert in der Ulugbeg *Madrasa* (Universität) im zentralasiatischen Buchara vorkommen. EMT

Literatur: Wien 1891, S. 252, 254, Kat.-Nr. 323; Martin 1908, S. 98, Abb. 238; München 1910, Kat.-Nr. 173; München 1912, Taf. 81; Bode/Kühnel 1922, S. 30, Abb. 52; Sarre/Trenkwald 1926-28, Bd. 1, Taf. 27; Washington/Montclair 1974-75, S. 133, Abb. 24; Eiland 1979, S. 149f., Abb. 113; Gans-Ruedin 1984, S. 80-81; Blair/Bloom 1991; Stone 1997, S. 99; Walker 1997, Nr. 35; Völker 2001, Kat.-Nr. 119.

Millefleur prayer rug || 18th century || India || Persian knotting, natural silk and pashmina wool || 171 x 112 cm || Österreichisches Museum für angewandte Kunst/Gegenwartskunst, Vienna (inv. no. T 1539) || Owner in 1910: Museum für Kunst und Industrie, Vienna

This small-format, knotted-pile rug was purchased from a Viennese monastery for the Museum of Arts and Crafts in 1868. As the first Oriental rug to enter into the museum's holdings, it documents the beginings of the world-class carpet collection that is now a major constituent of the permanent collection at the Museum of Applied Arts/Contemporary Art (MAK) in Vienna.

The rug, which can be dated back to the eighteenth century, was among the most recent items exhibited at the Munich exhibition in 1910; it represents a late phase of what European art historians generally refer to as the golden age of "Islamic art". Traditionally, it was assumed that this art began to decline after the Middle Ages or, at the latest, under the influence of Western and colonial tendencies.

Yet this rug, with its millefleur pattern executed in silk and pashmina wool, stands in a long artistic tradition: that of the Moghuls, who established themselves as a strong central power in India after Babur's conquests during the sixteenth century. This dynasty, which claimed a noble lineage that included Genghis Khan and Timur, developed a highly refined court culture.

At an early stage, Moghul art displayed a decorative floral style, which was believed by some to be related to the flowering gardens of Kashmir. It is also known that European herbaria were circulated at the Moghul courts and that they inspired many artistic designs executed in a wide variety of media – this was a process of artistic adaptation, which should by no means be interpreted as a sign of decline.

The popular millefleur motif needs to be considered against this background. During the seventeenth and eighteenth centuries it became typical, in diverse variations, of North Indian rugs from regions such as Kashmir and Lahore. The floral motifs, here mostly rendered in highly naturalistic detail, include small blooms, often arranged in clusters. In the Viennese rug, different types of bloom grow out of the same stem, so that the basically symmetrical composition fills the arched field evenly. Hence, the design can be seen as an original artistic arrangement, even though it displays little stylisation in comparison to later examples (cf. a rug with a yellow background at the Arthur M. Sackler Museum, inv. no. 1974.58, and a rug with a red background at the Metropolitan Museum of Art, inv. no. 1970.302.7; Blair/Bloom 1991, cat. no. 27a, 27c). For that reason, this rug is considered to be the earliest of the twelve known niche and arch rugs with millefleur motifs. Nevertheless, its compositional level was evidently already highly developed: the niche itself, for example, differentiates into two pale symmetrical motifs, set apart at either edge. They can be seen, on the one hand, simply as framing elements, or on the other, as the halves of two cypresses

growing out of ornamental pots. This turns the field as a whole into something of an optical illusion, with various objects seeming to appear at different depths in the composition.

It has therefore been noted, with good reason, that identifying this rug simply as a prayer rug, as is initially suggested by the directional nature of the arched field, is by no means an inevitable conclusion. This piece could just as easily be imagined as a wall hanging in a corresponding architectural context, particularly since the composition itself is reminiscent of older styles of architectural ornamentation in other materials, such as decorative tile schemes of the type found in the fifteenth century *madrasa* [university] built by Ulugh Beg in the Central Asian town of Bukhara. EMT

Kat.-Nr. 28 | Cat.-No. 28

Wandbehang || Spätes 17. Jahrhundert || Iran || Seide mit Metallfäden || 184 x 117 cm || Victoria & Albert Museum London (Inv.-Nr. T9-1915) || Besitzer 1910: Sammlung Beghian Konstantinopel

Ebenso wie die indische (vgl. Millefleurteppich aus Wien, Kat.-Nr. 27), so kannte auch die persische Textilkunst des 17. und 18. Jahrhunderts eine Kombination hochformatiger Bogenmotive mit floraler Füllung. Das ausgestellte Tuch ist ein besonders fein gezeichnetes und koloristisch elegantes Beispiel: Die in Gold- und Silbertönen gehaltene Rahmung scheidet eine Bogennische mit tiefblauem Grund aus, in der sich in strikt axialsymmetrischer Komposition ein stilisierter Blütenbaum erhebt. Zwei naturalistisch wiedergegebene, aber in der Anordnung gleichermaßen streng, ja geradezu statisch einander spiegelnde Schmetterlingspaare flankieren den Blütenstamm. Obgleich der strikten planen Komposition unterworfen, bringen sie einen Aspekt des Lebendigen und Beweglichen in die Bildfläche, die dadurch zum dreidimensionalen Raum erweitert scheint.

Auch die kleineren Blütenzweige, die die Eckzwickel füllen, sind einem exakten, für persische Arbeiten typischen Schema unterworfen, zeigen im Detail aber eine etwas freiere und natürlichere Auffassung des Floralen – eine Tendenz, die dem Einfluss der osmanischen Kunst zugeschrieben wird. Die Blumen in den Randstreifen hingegen ähneln Motiven, die nach 1600 aus Indien importiert worden waren. Die dortige Vorliebe für Blumen, Gärten und Herbarien mag also auch hier abgefärbt haben und fügt sich nun in einen insgesamt zwar sehr stringenten, aber doch eklektizistischen Entwurf ein. Es ist auch daran zu denken, dass die in Indien ebenfalls sehr beliebte Ästhetik italienischer pietra-dura-Arbeiten hier einwirkte (Koch 1986).

Links unten auf dem Textil verewigte sich der Weber oder Entwerfer mit dem Schriftzug „Arbeit des Mugith".

Ein ganz ähnliches, allerdings in der Grundfarbe abweichendes Stück befindet sich in Lyon im Musée Historique des Tissus (Inv.-Nr. 29.52). Wahrscheinlich wurden solche Stoffbahnen als Wandbehänge eingesetzt. Aus dem frühen 17. Jahrhundert ist jedoch auch eine vergleichbare Arbeit bekannt, die am Rand eine große Inschrift trägt und als Bedeckung eines Grabes diente (Pope/Ackerman 1938-39, Bd. 6, Taf. 1037). EMT, AS

Literatur: München 1910, Kat.-Nr. 2393; München 1912, Taf. 203; Pope/Ackerman 1938-39, Bd. 6, Taf. 1047; Ayers 1983, S. 123; Koch 1986; Allgrove McDowell 1989, S. 166, Abb. 24; Walker 1997, S. 88-95; London 2004b, Nr. 85.

Wall Hanging || Late 17th century || Iran || Silk with metal threads || 184 x 117 cm || Victoria & Albert Museum London (inv. no. T.9-1915) || Owner in 1910: Beghian Collection, Constantinople

As in India (cf. millefleur carpet from Vienna, cat. no. 27), textile art in Persia in the seventeenth and eighteenth centuries also used a combination of vertically oriented arch motifs filled with floral designs. The cloth displayed here is an elegant example with particularly fine lines and colouring: the border, in tones of gold and silver, delineates an arched niche with a dark blue ground, against which a stylised rendering of a flowering tree rises in an axially symmetrical composition. Two pairs of butterflies flank the stem; they are naturalistically depicted, yet equally strictly positioned, almost static, as mirror images of each other. Although subject to a strictly planar composition, they endow the scene with a lively and animated quality, enhancing it with a suggestion of three-dimensional space.

The delicate flowering branches that fill the corner medallions also adhere to the precise scheme typical of Persian works, but in detail they prove to be a somewhat freer and more naturalistic interpretation of the floral motif – this tendency is ascribed to the influence of Ottoman art. The flowers in the borders, on the other hand, are similar to motifs that were imported from India after 1600. The popularity of flowers, gardens and herbaria there may well have spread to Persia, becoming incorporated in this generally stringent, yet nevertheless eclectic design. It is also conceivable that the aesthetics of Italian *pietra dura* work, which was likewise popular in India, had an influence here (Koch 1986).

The weaver or designer of the textile has preserved his name for posterity by including the inscription, "a work by Mugith", on the lower left.

A very similar piece, although with a differently coloured background, is kept in Lyon at the Musée Historique des Tissus (inv. no. 29.52). Panels of fabric like this were most likely used as wall hangings. A comparable work from the early seventeenth century is known to have served a different purpose, however: it has a large inscription at the edge and was used to cover a grave (Pope/Ackerman 1939-40, vol. 6, plate 1037). EMT, AS

Ackerman 1937. Phyllis Ackerman: "The throne of Khusraw (the Takht-i-taqdis)", *Bulletin of the American Institute for Iranian Art and Archaeology*, 5/2, 1937, S. 106-109.

Ali 1999. Wijdan Ali: *The Arab Contribution to Islamic Art. From the Seventh to the Fifteenth Centuries*, Kairo 1999.

Al-Khamis 1998. Ulrike Al-Khamis: "An Early Islamic Bronze Ewer Reexamined", *Muqarnas*, 15, 1998, S. 9-19.

Allan 1973. James W. Allan: "Abu-l-Qasim's treatise on ceramics", *Iran*, 11, 1973, S. 111-120

Allan 1984. James W. Allan: "Sha'ban, Barquq, and the Decline of the Mamluk Metalworking Industry", *Muqarnas*, 2, 1984, S. 85-94.

Allan 1989. James Allan: "Metalwork", *The Arts of Persia*, R.W. Ferrier (Hrsg.), London, New Haven 1989, S. 171-186.

Allan/Gilmour 2000. James W. Allan, Brian Gilmour: *Persian Steel. The Tanavoli Collection*, Oxford 2000 (Oxford Studies in Islamic Art, Bd. XV).

Allgrove McDowell 1989. J. Allgrove McDowell: "Textiles", *The Arts of Persia*, R.W. Ferrier (Hrsg.), London, New Haven 1989, S. 157-170.

Amsterdam 1999. *Earthly Beauty, Heavenly Art.* The Art of Islam, Mikhail B. Piotrovsky, John Frieze (Hrsg.), Ausstellungskatalog, De Nieuwe Kerk, Amsterdam 1999.

Anglade 1988. Elise Anglade: *Catalogue de boiseries de la section islamique, Musée du Louvre*, Paris 1988.

Aslanapa 1965. Oktay Aslanapa: *Türkische Fliesen und Keramik in Anatolien*, Istanbul 1965.

Atasoy/Raby 1989. Nurhan Atasoy, Julian Raby: *Iznik. The Pottery of Ottoman Turkey*, London 1989.

Athen 2002. *Byzantine Hours – Byzantium: An Oecumenical Empire*, Ausstellungskatalog Byzantinisch-Christliches Museum, Athen 2002.

Ayers 1983. John Ayers: *Museen der Welt. Victoria & Albert Museum London. III. Die Kunst Asiens*, München, London 1983.

Baer 1967. Eva Baer: "Le Suaire de St. Lazare. An Early Datable Hispano-Islamic Embroidery", *Oriental Art*, 13/1, 1967, S. 36-49.

Baer 1983. Eva Baer: *Metalwork in Medieval Islamic Art*, Albany 1983.

Baer 1999. Eva Baer: "The Human Figure in Early Islamic Art: Some Preliminary Remarks", *Muqarnas*, 16, 1999, S. 32-41.

Baer 2004. Eva Baer: *The Human Figure in Islamic Art. Inheritances and Islamic Transformations*, Costa Mesa 2004 (Bibliotheca Iranica Islamic Art and Architecture Series, 11).

Bahari 1996. Ebadollah Bahari: *Bihzad. Master of Persian Painting*, London, New York 1996.

Baipakov 1992. Karl Baipakov, "Les fouilles de la ville d'Otrar", *Archéologie islamique*, 3, 1992, S. 87-110.

Baipakov/Erzakovich 1991. Karl Baipakov, L. B. Erzakovich, *Ceramics of Medieval Otrar*, Almaty 1991.

Bargello 1991. *Museum of the Bargello: Guide to the Collections*, Bruna M. Tomasello (Hrsg.), Ann Arbor 1991.

Barnet 2006. Peter Barnet: "Beasts of every Land and Clime. An Introduction into Medieval Aquamanila", *Lions, Dragons, & other Beasts. Aquamanilia of the Middle Ages*, Peter Barnet, Pete Dandridge (Hrsg.), Ausstellungskatalog, Metropolitan Museum New York; New Haven, London 2006, S. 3-17.

Barry 2004. Michael Barry: *Figurative Art in Medieval Islam and the Riddle of Bihzad of Herat (1465-1435)*, Paris 2004.

Berlin 1929. *Ausstellung chinesischer Kunst, veranstaltet von der Gesellschaft für Ostasiatische Kunst und der Preußischen Akademie der Künste Berlin*, 12. Januar bis 2. April 1929, Berlin 1929.

Berlin 1954. *Islamische Kunst aus den Berliner Museen*, Museum für Islamische Kunst (Hrsg.), Berlin 1954.

Berlin 1967. Johanna Zick-Nissen: *Islamische Kunst*, Berlin 1967.

Berlin 1971/1979. *Museum für Islamische Kunst. Katalog. Staatliche Museen, Preußischer Kulturbesitz*, Berlin-Dahlem 1971, erw. und akt. Aufl. 1979.

Berlin 1971. *Islamische Kunst in Berlin*, Berlin 1971.

Berlin 1989. *Europa und der Orient*, Hendrik Budde, Gereon Sievernich (Hrsg.), Katalog zur Ausstellung im Martin-Gropius-Bau Berlin vom 28. Mai bis 27. August 1989; Gütersloh, München 1989.

Berlin 2001. *Museum für Islamische Kunst. Staatliche Museen zu Berlin, Preußischer Kulturbesitz*, Volkmar Enderlein (Hrsg.), Mainz 2001.

Bianchi/Howard 2003. Francesco Bianchi, Deborah Howard: "Life and Death in Damascus: The material culture of Venetians in the Syrian capital in the mid-fifteenth century", *Studi Veneziani*, 46, 2003, S. 234-302.

Blair 1998. Sheila S. Blair: *Islamic Inscriptions*, Edinburgh 1998.

Blair/Bloom 1991. Sheila S. Blair, Jonathan M. Bloom (Hrsg.): *Images of Paradise in Islamic Art*, Hanover 1991.

Blair/Bloom 1997. Sheila S. Blair, Jonathan M. Bloom: *Islamic Arts*, London 1997.

Bock 1858. Franz Bock: *Das Heilige Köln*, Leipzig 1858.

Bode 1902. Wilhelm von Bode: *Vorderasiatische Knüpfteppiche*, Leipzig 1902.

Bode/Kühnel 1922. Wilhelm von Bode, Ernst Kühnel: *Vorderasiatische Knüpfteppiche aus älterer Zeit*, Leipzig 1922 (Monographien des Kunstgewerbes, 1, 3. Auflage).

Boeheim 1890. W. Boeheim: *Handbuch der Waffenkunde*, Leipzig 1890.

Braun 1940. Joseph Braun: *Die Reliquiare des christlichen Kultes und ihre Entwicklung*, Freiburg 1940.

Brokmann 1999. Steffen Brokmann: *Die Beschreibung des Graltempels in Albrechts 'Jüngerem Titurel'*, Inaugural- Dissertation Ruhr-Universität, Bochum 1999.

Buchthal 1946. Hugo Buchthal: "A Note on Islamic Enameled Metalwork and its Influence in the Latin West", *Ars Islamica*, 11-12, 1946, S. 195-198.

Bulatov 1976. Mitchat S. Bulatov: *Mavzolej samanidov - žemcužina architektury Srednej Azii*, Taschkent 1976.

Bulletin du Comité 1905. N.N.: "Procès-verbal no. 135", *Bulletin du Comité de Conservation des Monuments de l'Art Arabe*, 1905, S. 28-40.

Bulletin du Comité 1909. N.N.: "Procès-verbal no. 163", *Bulletin du Comité de Conservation des Monuments de l'Art Arabe*, 1909, S. 1-7.

Bulletin du Comité 1910. N.N.: "415e Rapport de la section technique, 4. Mosquée d'Ahmed Ibn Touloun, à Kalat el-Kabch", *Bulletin du Comité de Conservation des Monuments de l'Art Arabe*, 1910, S. 33-46.

Bulletin du Comité 1914. N.N.: "475e Rapport de la section technique, Mosquée d'Ahmed Ibn Touloun à Kalat el-Kabch, no 220 du plan", *Bulletin du Comité de Conservation des Monuments de l'Art Arabe*, 1914, S. 74-81.

Bursell 2007. Barbro Bursell: *Krigsbyte. War-Booty*. Livrustkammaren, Stockholm 2007.

Caiger-Smith 1973. Alan Caiger-Smith: *Tin-Glaze Pottery in Europe and the Islamic World. The Tradition of 1000 Years in Majolica, Faience & Delftware*, London 1973.

Caiger-Smith 1985. Alan Caiger-Smith: *Lustre Pottery. Technique, Tradition and Innovation in Islam and the Western World*, London 1985.

Calmard 1978. J. Calmard: s.v. „Kashan", *The Encyclopaedia of Islam, New Edition*, Bd. 4, Leiden 1978, S. 694-695.

Cambridge 1992. *The Crossroads of Asia. Transformation in Image and Symbol in the Art of Afghanistan and Pakistan*, Elizabeth Errington, Joe Cribb, Maggie Claringbull (Hrsg.), Ausstellungskatalog Fitzwilliam Museum Cambridge, Cambridge 1992.

Cederström 1918. R. Cederström: "Rysk fran 1500-talet, ej persisk-mongolisk fran 1400- talet", *Konst und Haandverk*, Kristiania 1918, S. 47-55, Abb.1.

Celle 1947. *Ausstellung von Arbeiten in Fayence, Glas, Bronze, Gold, Elfenbein und Stuck, Miniaturen, Kalligraphien, Bucheinbänden und Stoffen aus Islamischer Zeit (9.-18. Jh. n. Chr.) aus Persien, Turkestan, Indien, Mesopotamien, Syrien, Anatolien, Ägypten, Sizilien und Spanien im Central Repository Schloß Celle*, Ausstellungskatalog, Celle 1947.

Clermont-Ganneau 1920. Charles Clermont-Ganneau: "La lampe et l'olivier dans le Coran", *Revue de l'Histoire des Religions*, 81, 1920, S. 213-259.

Collection Carrand 1895. *Collection Carrand au Bargello*, Rom 1895.

Contadini 1998. Anna Contadini: *Fatimid Art at the Victoria & Albert Museum*, London 1998.

Coste 1839. Pascal Coste: *Architecture arabe ou monuments du Kaire*, Paris 1839.

Cott 1939. Percy Blythe Cott: *Siculo-Arabic Ivories*, Princeton 1939 (Princeton Monographs in Art and Archaeology, Folio Series, III).

Cruikshank Dodd 1969. Erica Cruikshank Dodd: "On the Origins of Medieval Dinanderie: The Equestrian Statue in Islam", *The Art Bulletin*, 51/3, S. 220-232.

Cutler 2005. Anthony Cutler: "Silver across the Euphrates. Forms of Exchange between Sasanian Persia and the Late Roman Empire", *Mitteilungen zur spätantiken Archäologie und byzantinischen Kunstgeschichte*, 4, 2005, S. 9-37.

Denny 2005. Walter B. Denny: *Osmanische Keramik aus Iznik*, München 2005.

Diez 1910. Ernst Diez: „Bemalte Elfenbeinkästchen und Pyxiden der islamischen Kunst", *Jahrbuch der königlich preußischen Kunstsammlungen*, 31, 1910, S. 231-244.

Diez 1911. Ernst Diez: „Bemalte Elfenbeinkästchen und Pyxiden der islamischen Kunst", *Jahrbuch der königlich preußischen Kunstsammlungen*, 32, 1911, S. 117-142.

Dimand 1941. Maurice Dimand: "A review of Sasanian and Islamic metalwork in 'A Survey of Persian Art'," *Ars Islamica*, 8, 1941, S. 192-214.

Eiland 1979. Murray L. Eiland, Jr.: *Chinese and Exotic Rugs*, Boston 1979.

Elam 1982. Caroline Elam: "The Sala Islamica at the Bargello", *The Burlington Magazine*, 124/951, 1982, S. 382-385.

Elwell-Sutton 1979. L.P. Elwell-Sutton: "Persian Armour inscriptions", *Islamic Arms and Armour*, Robert Elgood (Hrsg.), London 1979.

Enderlein 1992. Volkmar Enderlein: „Granatapfel und Wolkenband. Der Iznik-Teller aus der Sammlung Haniel. Eine Neuerwerbung", *Museumsjournal*, 6/3, 1992, S. 72-74.

Erdmann 1952. Kurt Erdmann: „Feuerheiligtum – Kreuzkuppelkirche", *Neue Beiträge zur Kunstgeschichte des 1. Jahrtausends. 1: Spätantike und Byzanz (Forschungen zur Kunstgeschichte und christlichen Archäologie, 1)*, Baden-Baden 1952, S. 53-70.

Erdmann 1958. Kurt Erdmann: „Bemerkungen zur Bronzeschüssel mit dem Feuerheiligtum in Berlin", *Bonner Jahrbücher des Rheinischen Landesmuseums in Bonn (im Landschaftsverband Rheinland) und des Vereins von Altertumsfreunden im Rheinlande*, 158, 1958, S. 81-88.

Erdmann 1962. Kurt Erdmann: *Europa und der Orientteppich*, Berlin und Mainz 1962.

Erdmann 1966. Kurt Erdmann: *Siebenhundert Jahre Orientteppich*, Herford 1966.

Erdmann 1967. Hanna Erdmann (Hrsg.): *Iranische Kunst in deutschen Museen*, Wiesbaden 1967.

Ettinghausen 1942. Richard Ettinghausen: "Painting in the Fatimid Period: A Reconstruction", *Ars Islamica*, 9, 1942, S. 112-124.

Ettinghausen 1943. Richard Ettinghausen: "The Bobrinsky 'Kettle'. Patron and Style of an Islamic Bronze", *Gazette des Beaux-Arts*, 24, 1943, S. 193-208.

Ettinghausen 1956. Richard Ettinghausen: "Early Realism in Islamic Art", *Studi Orientalistici in onore di Giorgio Levi Della Vida*, Bd. 1, Rom 1956, S. 250-273.

Ettinghausen 1957. Richard Ettinghausen: "The 'Wade'-Cup in the Cleveland Museum of Art, Its Origin and Decorations", *Ars Orientalis*, 12, 1957, S. 327-366.

Ettinghausen 2007. Elizabeth Ettinghausen: "Analysing a Pictorial Narrative – The Aquamanile in the Hermitage Museum in St. Petersburg", *Facts and Artefacts. Art in the Islamic World. Festschrift for Jens Kröger on his 65th Birthday*, Avinoam Shalem, Annette Hagedorn (Hrsg.), Leiden, Boston 2007, S. 129-152.

Fehérvári 1972. Géza Fehérvári: "Tombstone or Mihrab? A Speculation", *Islamic Art in the Metropolitan Museum of Art*, Richard Ettinghausen (Hrsg.), New York 1972, S. 241-254.

Fehérvári 1985. Géza Fehérvári: *La Ceramica Islamica*, Mailand 1985.

Florenz 1989. *Arti del Medioevo e del Rinascimento. Omaggio ai Carrand 1889-1989*, G. Gaeta Bertelà, B. Paolozzi Strozzi (Hrsg.), Ausstellungskatalog, Florenz 1989.

Florenz 2002. *Islam specchio d'Oriente*, Giovanna Damiani, Mario Scalini (Hrsg.), Ausstellungskatalog, Palazzo Pitti, Florenz 2002.

Frembgen 2003. Jürgen W. Frembgen (Hrsg.): *Nahrung für die Seele. Welten des Islam*, München 2003.

Witte 1913. Fritz Witte: *Die liturgischen Geräte und andere Werke der Metallkunst in der Sammlung Schnütgen in Cöln*, Berlin 1913.

Gans-Ruedin 1984. Erwin Gans-Ruedin: *Der indische Teppich*, Herford 1984.

Geijer 1979. Agnes Geijer: *A History of Textile Art*, Stockholm 1979.

Ghirshman 1957. Roman Ghirshman: „Argenterie d'un Seigneur Sassanide", *Ars Orientalis*, 2, 1957, S. 77-82.

Gildemeister 1869. J. Gildemeister: „Arabische Inschriften auf Elfenbeinbüchsen", *Jahrbücher des Vereins von Alterthumsfreunden im Rheinlande*, 46, 1869, S. 115-127.

Glück/Diez 1925. Heinrich Glück, Ernst Diez: *Die Kunst des Islam*, Berlin 1925 (Propyläen- Kunstgeschichte, 5).

Golombek/Mason/Bailey 1996. Lisa Golombek, Robert B. Mason, Gauvin A. Bailey: *Tamerlane's Tableware*, Costa Mesa, CA.;Toronto, Ontario 1996.

Gonzalez 1994. Valerie Gonzalez: *Emaux d'al-Andalus et du Maghreb*, La Calade 1994.

Grube 2002. Ernst Grube, "Il Ritratto Nel Mondo Musulmano", *Le Metamorfosi del Ritratto*, Renzo Zorzi (Hrsg.), Florenz 2002, S. 181-202.

Gunter/Jett 1992. Ann C. Gunter, Paul Jett: *Ancient Iranian Metalwork in the Arthur M. Sackler Gallery and the Freer Gallery of Art*, Mainz 1992.

Gürtler 2009. Eleonore Gürtler: „Mittelalterliche Emailkunst zwischen Orient und Okzident", *ferdinandea*, 8, 2009, S. 10.

Hagedorn 1990. Annette Hagedorn: *Die Blacas-Kanne. Zu Ikonographie und Bedeutung islamischer Metallarbeiten des Vorderen Orients im 13. und 14. Jahrhundert*, Münster, Hamburg 1990 (Orient – Okzident. Studien zu einem künstlerischen Dialog, 2).

Hahnloser 1959. Hans R. Hahnloser: „Ein arabischer Kristall in venezianischer Fassung aus der Wiener Geistlichen Schatzkammer", *Festschrift Karl M. Swoboda zum 28. Januar 1959*, Wien, Wiesbaden 1959, S. 133-140.

Hamburg 1980. *Museum für Kunst und Gewerbe Hamburg, Handbuch 1980*, München 1980.

Harari 1938-39. Ralph Harari: "Metalwork after the Early Islamic Period", in: Pope/Ackerman 1938-39, S. 2466-2529.

Hardie 1998. Peter Hardie: "Mamluk Glass from China?", *Gilded and Enamelled Glass from the Middle East*, Rachel Ward (Hrsg.), London 1998, S. 85-90.

Harper 1998. Prudence Harper: "Sasanian and Early Islamic Silver and Bronze Vessels", *Entlang der Seidenstraße. Frühmittelalterliche Kunst zwischen Persien und China in der Abegg-Stiftung*, Karel Otavsky (Hrsg.), Riggisberg 1998, S. 215-238 (Riggisberger Berichte, 6).

Harvard 2002. *Studies In Islamic and Later Indian Art From the Arthur M. Sackler Museum*, Harvard University Art Museums, Cambridge 2002.

Heiden 2010. Desirée Heiden: „Auf der Suche nach dem verlorenen Minbar. Verstreute Kunstobjekte in der internationalen Museumslandschaft", *Von Gibraltar bis zum Ganges: Studien zur islamischen Kunstgeschichte in memoriam Christian Ewert*, Marion Frenger, Martina Müller-Wiener (Hrsg.), Hamburg 2010, S. 75-95.

Helmecke 2004. Gisela Helmecke: „Historisches zu Sammlern und Vermittlern islamischer Kunst in Berlin", *Islamische Kunst in Berliner Sammlungen*, Jens Kröger, Désirée Heiden (Hrsg.), Berlin 2004, S. 18-26.

Himmelheber 1994. Georg Himmelheber: „Mittelalterliche Holzmosaikarbeiten", *Jahrbuch der Berliner Museen*, 36, 1994, S. 65-91.

Hinz 1870. Alfred Hinz: *Die Schatzkammer der Marienkirche zu Danzig*, 2 Bde., Danzig 1870.

Hoffmann 2001. Eva R. Hoffman: "Pathways of Portability: Islamic and Christian interchange from the tenth to the twelfth century", *Art History*, 24, 2001, S. 17-50.

Housego 1989. J. Housego: "Carpets", *The Arts of Persia*, R.W. Ferrier (Hrsg.), New Haven, London 1989, S. 118-149.

Hubel 1976. Achim Hubel: *Der Regensburger Domschatz*, München 1976.

Humann 1904. Georg Humann: *Die Kunstwerke der Münsterkirche zu Essen*, Düsseldorf 1904.

Innsbruck 1995. *Die Artuqiden-Schale im Tiroler Landesmuseum Ferdinandeum Innsbruck: Mittelalterliche Emailkunst zwischen Orient und Occident*, Institut für Kunstgeschichte der Universität Innsbruck (Hrsg.), Ausstellungskatalog, München 1995.

Istanbul 2000. *The Sultan's Portrait: Picturing the House of Osman*, Ausstellungskatalog, Istanbul 2000.

Jenkins 1988. Marilyn Jenkins: „Sa'd: Content and Context", *Content and Context of the Visual Arts in the Islamic World*, Priscilla Soucek (Hrsg.), Pennsylvania, London 1988.

Kahle 1935 . Paul Kahle: „Die Schätze der Fatimiden", *Zeitschrift der Deutschen Morgenländischen Gesellschaft*, 89, 1935, S. 329-362.

Karlsruher Türkenbeute 1991. *Die Karlsruher Türkenbeute*, Badisches Landesmuseum Karlsruhe (Hrsg.), München 1991.

Karnouk 1977. Gloria S. Karnouk: *Cairene Bahri Mamluk Minbars. With a Provisional Typology and a Catalogue*, unpubl. M.A. Thesis, American University in Cairo, Kairo 1977.

Karnouk 1981. Gloria S. Karnouk: "Form and Ornament of the Cairene Bahri Minbar", *Annales Islamologiques*, 17, 1981, S. 113-139.

Kelekian 1910. Dikran Khan Kelekian: *The Kelekian Collection of Persian and Analogous Potteries 1885-1910*, Paris 1910.

Kendrick 1936. A. F. Kendrick: "Chinese Textiles and Their Influence on Western Art", *The Journal of the Royal Society of Arts*, Vol. LXXXIV, No. 4344, Feb. 21, 1936, S. 400-407.

Khorasani 2006. Manouchehr Moshtagh Khorasani: *Arms and Armor from Iran. The Bronze Age to the End of the Qajar Period*, Tübingen 2006.

Khoury 1992. Nuha N. N. Khoury: "The Mihrab Image. Commemorative Themes in Medieval Islamic Architecture", *Muqarnas*, 9, 1992, S. 11-28.

Koch 1986. Ebba Koch: "Pietre Dure and Other Artistic Affinities between the Court of the Mughals and That of the Medici", *A Mirror of Princes*, Dalu Jones (Hrsg.), Bombay 1986, S. 29-56.

Koenen 2008. Ulrike Koenen: „Die Artukiden-Schale im Innsbrucker Landesmuseum als Zeugnis der ‚Grenzgänge' im östlichen Mittelmeergebiet. Bemerkungen zur Methodik der byzantinischen Kunstgeschichte", *Grenzgänge im östlichen Mittelmeerraum. Byzanz und die islamische Welt vom 9. bis 13. Jahrhundert*, Ulrike Koenen, Martina Müller-Wiener (Hrsg.), Wiesbaden 2008, S. 121-146.

Kohlhaussen 1928. Heinrich Kohlhaussen: *Minnekästchen im Mittelalter*, Berlin 1928.

Köln 1985. *Ornamenta Ecclesiae. Kunst und Künstler der Romanik in Köln*, Anton Legner (Hrsg.), Ausstellungskatalog, Schnütgen-Museum/Josef-Haubrich-Kunsthalle Köln, Köln 1985.

Kreuzritter 2007. *Kreuzritter. Pilger. Krieger. Abenteurer*, Schallaburg Kulturbetriebsgesellschaft m.b.H. (Hrsg.), Ausstellungskatalog, Schallaburg 2007.

Kröger 2005. Jens Kröger, "Ernst Kühnel and Scholarship on Islamic Ivories up to 1971", *Journal of the David Collection*, 2,1, 2005, S. 269-293.

Kühnel 1914. Ernst Kühnel: „Sizilien und die islamische Elfenbeinmalerei", *Zeitschrift für bildende Kunst*, 25, 1914, S. 162-170.

Kühnel 1924. Ernst Kühnel: „Datierte persische Fayencen", *Jahrbuch der Asiatischen Kunst* 1, Leipzig 1924, S. 42-52.

Kühnel 1925. Ernst Kühnel: *Islamische Kleinkunst*, Berlin 1925.

Kühnel 1962. Ernst Kühnel: *Die Kunst des Islam*, Stuttgart 1962 (Springers Handbuch der Kunstgeschichte in Einzeldarstellungen, 4).

Kühnel 1963. Ernst Kühnel: *Islamische Kleinkunst*. Ein Handbuch für Sammler und Liebhaber. 2.verb. und verm. Aufl. Braunschweig 1963 (Bibliothek für Kunst- u. Antiquitätenfreunde, 25).

Kühnel 1971. Ernst Kühnel: *Die Islamischen Elfenbeinskulpturen: 8.-13. Jahrhundert*, 2.Bde., Berlin 1971 (Die Elfenbeinskulpturen, 3).

Kuwait 1990. *Masterpieces of Islamic Art in the Hermitage Museum*, Ausstellungskatalog, Kuwait 1990.

Lamm 1929-30. Carl Johan Lamm: *Mittelalterliche Gläser und Steinschnittarbeiten aus dem Nahen Osten*, 2 Bde., Berlin 1929-30.

Lamm 1937. Carl Johan Lamm: *Cotton in mediaeval textiles of the Near East*, Paris 1937.

Lamm 1941. Carl Johan Lamm: *Oriental Glass of Medieval Date found in Sweden and the Early History of Lustre-Painting*, Stockholm 1941.

Lane 1957. Arthur Lane: "The Ottoman Pottery of Isnik", *Ars Orientalis*, 2, 1957, S. 247-281.

Lane o.J. (1947). Arthur Lane: *Early Islamic Pottery. Mesopotamia, Egypt and Persia*, London o. J. (1947).

Lane-Poole 1886. Stanley Lane-Poole: *The Art of the Saracens in Egypt*, London 1886.

Lentz/Lowry 1989. *Timur and the Princely Vision: Persian Art and Culture in the Fifteenth Century*, Thomas W. Lentz, Glenn D. Lowry (Hrsg.), Ausstellungskatalog, Los Angeles 1989.

Lenz 1897. E. von Lenz: *Die Waffensammlung des Grafen S.D. Scheremetew in St. Petersburg*, Leipzig 1897.

Lessing 1900-13. Julius Lessing: *Die Gewebesammlung des Kunstgewerbemuseums in Berlin*, Berlin 1900-1913.

Lightbown 1968. Ronald W. Lightbown: "An Islamic Crystal mounted as a pendant in the West", *Victoria & Albert Museum Bulletin*, 4, 1968, S. 50-58.

List 1912. Camillo List: „Waffen", in: München 1912, Bd. 3.

London 1931. *Catalogue of the International Exhibition of Persian Art*, Ausstellungskatalog, Royal Academy of Arts, London 1931.

London 1935/36. *Catalogue of the International Exhibition of Chinese Art 1935-36*, Ausstellungskatalog, Royal Academy of Arts, London 1936.

London 1976. *The Arts of Islam*. Ausstellungskatalog, Hayward Gallery, London 1976.

London 1983. *The Eastern Carpet in the Western World. From the 15th to the 17th Century*, Donald King, David Sylvester (Hrsg.), Ausstellungskatalog, Hayward Gallery, London 1983.

London 2004a. *Heaven on Earth. Art from Islamic Lands. Works from the State Hermitage Museum and the Khalili Collection*, M.B. Piotrovsky, J.M. Rogers (Hrsg.), Ausstellungskatalog, München et al. 2004.

London 2004b. *Palace and Mosque: Islamic Art from the Middle East*, T. Stanley, Mariam Rosser-Owen, Stephen Vernoit (Hrsg.), Ausstellungskatalog, Vicoria & Albert Museum, London 2004.

London 2005. *Turks: A Journey of a Thousand Years, 600 - 1600*, Ausstellungskatalog, Royal Academy of Arts, London 2005.

Lübeck 1991. *Der Danziger Paramentenschatz im St. Annen-Museum*, Museum für Kunst und Kulturgeschichte der Hansestadt Lübeck (Hrsg.), Lübeck 1991.

Lukonin/Iwanow 1996. Wladimir Lukonin, Anatoli Iwanow (Hrsg.): *Die Kunst Persiens*, Bournemouth 1996.

Mack 2002. Rosamond E. Mack: *Bazaar to Piazza. Islamic Trade and Italian Art, 1300-1600*, Berkeley, Los Angeles, London 2002.

Mackie 1984. Louise W. Mackie: „Toward an Understanding of Mamluk Silks: National and International Considerations", *Muqarnas*, 2, 1984, S. 127-146.

Mader 1933. Felix Mader: *Die Kunstdenkmäler von Bayern, Oberpfalz 22, Stadt Regensburg I*, München 1933.

Magagnato 1983. Licisco Magagnato (Hrsg.), *Le stoffe di Cangrande. Ritrovamenti e ricerche sul 300 veronese*, Florenz 1983.

Mankowski 1939. Tadeusz Mankowski: "Some Documents from Polish Sources relating to Carpet Making in the Time of Shah Abbas I.", in: Pope/Ackerman 1938-39, Bd. 3, S. 2431-2436.

Mannowsky 1931-38. Walter Mannowsky: *Der Danziger Paramentenschatz. Kirchliche Gewänder und Stickereien aus der Marienkirche*, 5 Bde., Berlin 1931-38.

Marschak 1986. Boris Marschak: Silberschätze des Orients. Metallkunst des 3.-13. Jahrhunderts und ihre Kontinuität, Leipzig 1986.

Martin 1899. Fredrik Robert Martin: Figurale persische Stoffe aus dem Zeitraum 1550-1650, Stockholm 1899.

Martin 1908. Fredrik Robert Martin: A History of Oriental Carpets before 1800, Wien 1908.

Martin 1909a. Fredrik Robert Martin: "The true origin of the so-called Damascus-Ware", The Burlington Magazine, 15, 1909, S. 269-270.

Martin 1909b. Fredrik Robert Martin: "Two Portraits of Behzad, the greatest Painter of Persia", The Burlington Magazine, 15/75, 1909, S. 2-4.

Martin 1912. Fredrik Robert Martin: The Miniature Painting and Painters of Persia, India and Turkey, from the 8th to the 18th century, London 1912.

Matthews 1996. John Matthews: Sources of the Grail: an anthology, London 1996.

May 1957. Florence Lewis May: Silk textiles of Spain. Eighth to fifteenth century, New York 1957.

Mayer 1925. L. A. Mayer: „Das Schriftwappen der Mamlukensultane", Jahrbuch der Asiatischen Kunst II/2, Beiträge zur Kunst des Islam. Festschrift für Friedrich Sarre, Leipzig 1925, S. 183-187.

Mayer 1937. L. A. Mayer: "A New Heraldic Emblem of Mamluks", Ars Islamica, 4, 1937, S. 349-351.

Mayer 1952. L. A. Mayer: Mamluk Costume, Genf 1952.

Mayer 1959. L.A. Mayer: Islamic Metalworkers and their Works, Genf 1959.

Mayer 1968. L. A. Mayer: "Saracenic Arms and Armor", Ars Islamica, 10, 1968, S. 1-13.

Meinecke 1972. Michael Meinecke: „Zur Mamlukischen Heraldik", Mitteilungen des Deutschen Archäologischen Instituts Abteilung Kairo, 28, 2, 1972, S. 213-287.

Meinecke 1992. Michael Meinecke: Die Mamlukische Architektur in Ägypten und Syrien (648/1250 bis 923/1517), 2 Bde., Glückstadt 1992.

Melikian-Chirvani 1979a. Assadullah Souren Melikian-Chirvani: "The Tabar of a Turkish Dervish", Islamic Arms and Armour, Robert Elgood (Hrsg.), London 1979, S. 113-115.

Melikian-Chirvani 1979b. Assadullah Souren Melikian-Chirvani: "The Tabarzins of Lotf Ali", Islamic Arms and Armour, Robert Elgood (Hrsg.), London 1979, S. 117-135.

Melikian-Chirvani 1982. Assadullah Sourden Melikian-Chirvani: Islamic Metalwork from the Iranian World, London 1982, S. 71, S. 82-83.

Migeon 1907. Gaston Migeon: Manuel d'Art Musulman II. Les Arts plastiques et industriels, Paris 1907.

Migeon 1927. Gaston Migeon: Manuel d'Art Musulman, 2 Bde., Paris 1927.

Miller 1994. Daniel Miller: "Things ain't what they used to be", Interpreting Objects and Collections, Susan M. Pearce (Hrsg.), London 1994, S. 13-18.

Mitteilungen des k.u.k.Museums f. Kunst u. Industrie 1867. N.N.: Mitteilungen des kaiserlich und königlichen Museums für Kunst u. Industrie, 2, 1867, S. 19 Nr. 76.

Müller-Wiener 2004. Martina Müller-Wiener: Türkisch-Osmanische Keramik, Traunstein 2004.

Müller-Wiener 2008. Martina Müller-Wiener: „Im Kontext gesehen – Die Artukiden-Schale und das ‚classical revival' in Nordsyrien und der Gazira", Grenzgänge im östlichen Mittelmeerraum. Byzanz und die islamische Welt vom 9. bis 13. Jahrhundert, Ulrike Koenen, Martina Müller-Wiener (Hrsg.), Wiesbaden 2008, S. 147-168.

München 1910. Ausstellung München 1910, Amtlicher Katalog, 3. und 4. Auflage, München 1910.

München 1912. Die Ausstellung von Meisterwerken muhammedanischer Kunst in München 1910, 3 Bde., Friedrich Sarre, Fredrik Robert Martin (Hrsg.), München 1912.

München 1987. Jemen. 3000 Jahre Kunst und Kultur des Glücklichen Arabien, Werner Daum (Hrsg.), Ausstellungskatalog, Staatliches Museum für Völkerkunde München; Innsbruck, Frankfurt a.M. 1987.

München 2002. Birgitt Borkopp-Restle: Mit grossen Freuden, Triumph und Köstlichkeit. Textile Schätze aus Renaissance und Barock aus den Sammlungen des Bayerischen Nationalmuseums, Renate Eickelmann (Hrsg.), München 2002.

München 2004. Die Welt von Byzanz. Europas östliches Erbe. Glanz, Krisen und Fortleben einer tausendjährigen Kultur, Ludwig Wamser (Hrsg.), Ausstellungskatalog, Archäologische Staatssammlung – Museum für Vor- und Frühgeschichte München, München 2004.

München 2008. Weiter als der Horizont. Kunst der Welt, Ausstellungskatalog, Staatliches Museum für Völkerkunde München, München 2008.

Neumann/Murza 1988. Reingard Neumann, Gerhard Murza: Persische Seiden. Die Gewebekunst der Safawiden und ihrer Nachfolger, Leipzig 1988.

New York 1992. Al-Andalus. The Art of Islamic Spain, Ausstellungskatalog Metropolitan Museum of Art, Jerrilynn D. Docds (Hrsg.), New York 1992.

New York 1997. The Glory of Byzantium. Art and Culture of the Middle Byzantine Era A.D. 843-1261, Helen C. Evans, William D. Wixom (Hrsg.), Ausstellungskatalog, Metropolitan Museum of Art, New York 1997.

New York Times 1891. "M. Carrand's Art Gift. A Frenchmen's Fine Collection left to Florence", The New York Times, 27. 12. 1891.

Nickel 1979. Helmut Nickel: „A Mamluk Axe", Islamic Arms and Armour, Robert Elgood (Hrsg.), London 1979, S. 150-161.

Nicolle 1979. David Nicolle: "An introduction to arms and warfare in classical Islam", Islamic Arms and Armour, Robert Elgood (Hrsg.), London 1979, S. 163-186.

Nicolle 1981. David Nicolle: Islamische Waffen, Graz 1981.

Noever/Bloom 1995. Peter Noever, Barbara Bloom: MAK. Österreichisches Museum für angewandte Kunst, Wien, 2. erweiterte Aufl., München 1995.

Nürnberg 1958. Aus dem Danziger Paramentenschatz und dem Schatz der Schwarzhäupter zu Riga. Katalog zur Ausstellung des Germanischen Nationalmuseums (bearb. Leonie v. Wilckens und Günther Schiedlausky), Nürnberg 1958.

Otto-Dorn 1941. Katharina Otto-Dorn: Das islamische Iznik. Mit einem quellenkundlichen Beitrag von Robert Anhegger, Berlin 1941 (Istanbuler Forschungen, 13).

Otto-Dorn 1957. Katharina Otto-Dorn: Türkische Keramik, Ankara 1957 (Veröffentlichungen der Philosophischen Fakultät der Universität Ankara.119; Schriften des Kunsthistorischen Institutes der Universität, 1).

Paris 2002. Afghanistan: une histoire millenaire, Ausstellungskatalog, Fundació la Caixa, Paris 2002.

Petrasch 1977. Ernst Petrasch: Die Türkenbeute. Eine Auswahl aus der türkischen Trophäensammlung des Markgrafen Ludwig Wilhelm von Baden, Karlsruhe 1977 (Bilderhefte des Badischen Landesmuseums).

Petsopoulos 1980. Yanni Petsopoulos: Der Kelim. Ein Handbuch, München 1980.

Pinder-Wilson 1954. Ralph Pinder-Wilson: "Some Rock Crystals from the Islamic Period", The British Museum Quarterly 19/4, 1954, S. 84-87.

Pinder-Wilson 2005. Ralph Pinder-Wilson: "Ivory Working in the Umayyad and Abbasid Periods", Journal of the David Collection, 2/1, 2005, S. 13-23.

Poinsot 1996. Jean-Marc Poinsot: "Large Exhibitions. A sketch of a typology", Thinking about Exhibitions, Reesa Greenberg, Bruce W. Ferguson, Sandy Nairne (Hrsg.), London 1996, S. 27-47.

Pope 1933a. Arthur Upham Pope: "A Sasanian garden palace", The Art Bulletin, 15, Chicago 1933, S. 3-13.

Pope 1933b. Arthur Upham Pope: "Some interrelations between Persian and Indian architecture", Indian Art & Letters, 9/2, 1933, S. 1-25.

Pope 1935. Arthur Upham Pope: "Foliate patterns on the Alp Arslan salver", Bulletin of the American Institute for Persian Art and Archaeology, 4/2, New York 1935, S. 74-78.

Pope 1939. Arthur Upham Pope: "The Art of Carpet Making. A. History", in: Pope/Ackerman 1938-39, Bd. 3, S. 2257-2435.

Pope 1957. Arthur Upham Pope: "Persia and the Holy Grail", The Literary Review, 1, Madison, N.J. 1957, S. 57-71.

Pope/Ackerman 1938-39. Arthur Upham Pope, Phyllis Ackerman (Hrsg.): A Survey of Persian Art from prehistoric Times to the Present, London 1938-39.

Prisse d'Avennes 1877. Emile Prisse d'Avennes: L'art arabe d'après les monuments du Kaire depuis le VIIe siècle jusqu'à la fin du XVIIIe, Paris 1877.

Pugacenkova 1963. Galina A. Pugacenkova: Mavzolej Arab-Ata (iz istorii architektury Maverannachra IX-X vv.), Taschkent 1963 (Iskusstvo zodcik Uzbekistana, 2).

Redford 1990. Scott Redford: "How Islamic is it? The Innsbruck Plate and its Setting", Muqarnas, 7, 1990, S. 119-135.

Regensburg 1962. Kirchliche Kunstschätze aus Regensburg, Walter Boll (Hrsg.), Ausstellungskatalog, Regensburg 1962.

Restle 1994. Marcell Restle: „Höfische Kunst in Konstantinopel in der mittelbyzantinischen Zeit", Höfische Kultur in Südosteuropa, R. Lauer, Hans-Georg Majer (Hrsg.), Göttingen 1994, S. 25-41.

Reuther 1938/1967. Oscar Reuther: "Sasanian architecture. A. History", in: Pope/Ackerman 1938-39, Bd. 2, S. 493-578.

Rice 1949-51. D.S. Rice: "The brasses of Badr ad-Din Lulu", Bulletin of the School of Oriental and African Studies, 13, 1949-51, S. 627-634.

Rice 1955. D.S. Rice: "Studies in Islamic Metal Work V", Bulletin of the School of Oriental and African Studies, 17, 1955, S. 206-231.

Rice 1957. D. S. Rice: „Inlaid Brasses from the Workshop of Ahmad al-Dhaki al-Mawsili", Ars Orientalis, 2, 1957, S. 283-326.

Richter-Bernburg 1995. Lutz Richter-Bernburg: „Zu den Inschriften der Alexanderschale des Artuqidenemirs Rukn ad-Daula Da'du b. Sökmen", Innsbruck 1995, S. 39-45.

Riegl 1891. Alois Riegl: „Zur Geschichte des Orientalischen Teppichs", Ausstellung orientalischer Teppiche im k.k. österr. Handels-Museum Wien, Wien 1891, S. 11-23.

Riegl 1923. Alois Riegl: Die spätrömische Kunstindustrie nach den Funden in Österreich-Ungarn, 2, Kunstgewerbe des frühen Mittelalters, Wien 1923.

Ringbom 1951. Lars-Ivar Ringbom: Graltempel und Paradies. Beziehungen zwischen Iran und Europa im Mittelalter, Stockholm 1951 (Kungl. Vitterhets Historie och Antikvitets Akademiens Handlingar, 73).

Ritter/Ruska/Winderlich 1935. Hellmut Ritter, Julius Ruska, Rudolf Winderlich: „Eine persische Beschreibung der Fayencetechnik von Kaschan aus dem Jahre 700h/1301d", Orientalische Steinbücher und persische Fayencetechnik, Helmut Ritter, Julius Ruska, Friedrich Sarre, Rudolf Winderlich (Hrsg.), Istanbul 1935 (Istanbuler Mitteilungen, 3), S.16-56.

Robinson 1967. Russell H. Robinson: Oriental Armour, London 1967.

Roxburgh 2000. David J. Roxburgh: "Kamal al-Din Bihzad and Authorship in Persianate Painting", Muqarnas, 17, 2000, S. 119-146.

Rubin 2006. William Rubin: "Modernist Primitivism: An Introduction", The Anthropology of Art. A Reader, Howard Murphy, Morgan Perkins (Hrsg.), Oxford 2006, S. 129-146.

Sakisian 1929. Armenag Sakisian: La Miniature Persane du XIIe au XVIIe Siecle, Paris 1929.

Sänger 2005. Reinhard W. Sänger: „Von der ‚türckischen Kammer' in Rastatt zur ‚Karlsruher Türkenbeute'. Bemerkungen zu Herkunft, Verbleib und Bedeutungswandel einer Sammlung", Zwischen Sonne und Halbmond. Der Türkenlouis als Barockfürst und Feldherr. Begleitband zur Sonderausstellung anlässlich des 350. Geburtstages von Markgraf Ludwig Wilhelm von Baden, Daniel Hohrath, Christoph Rehm (Hrsg.), Rastatt 2005, S. 116-125.

Sarre 1901. Friedrich Sarre: Denkmäler persischer Baukunst. Geschichtliche Untersuchung und Aufnahme muhammedanischer Backsteinbauten in Vorderasien und Persien. Unter Mitwirkung von Bruno Schulz und Georg Krecker, Berlin 1901.

Sarre 1910-11. Friedrich Sarre: „Vergoldete und Emaillierte Syrische Gläser, Leihgaben in der Islamischen Kunstabteilung", Amtliche Berichte aus den Königlichen Kunstsammlungen, 32/6, 1911, S. 138-141.

Sarre 1923. Friedrich Sarre, „Zuwachs in der Islamischen Abteilung", Berliner Museen. Berichte aus den Preussischen Kunstsammlungen, 44, Berlin 1923, S. 35-43.

Sarre 1931. Friedrich Sarre. „Einige Metallarbeiten parthisch-sasanidischen Stils in der islamischen Kunstabteilung", Berliner Museen. Amtliche Berichte aus den Preussischen Kunstsammlungen, 52, Berlin 1931, S. 95-101.

Sarre/Trenkwald 1926-28. Friedrich Sarre, Hermann Trenkwald (Hrsg.): Altorientalische Teppiche, 2 Bde., Wien, Leipzig 1926-28.

Sarre/van Berchem 1907. Friedrich Sarre, Max van Berchem: „Das Metallbecken des Atabegs Lulu von Mosul in der Kgl. Bibliothek zu München", Münchner Jahrbuch der Bildenden Kunst, 2, 1907, S. 18-37.

Sauvaget 1940/1941. Jean Sauvaget: "Remarques sur les monuments omeyyades. II: 'Sassanides'", Journal Asiatique, 232, Paris 1940/41, facs. 1: Mélanges asiatiques, S. 19-57.

Scerrato 1966. Umberto Scerrato: Metalli Islamici, Mailand 1966.

Schmidt 1958. Heinrich J. Schmidt: Alte Seidenstoffe, Braunschweig 1958. (Bibliothek für Kunst- und Antiquitätenfreunde 10).

Schneider 1984. Pierre Schneider: Matisse, New York 1984.

Schöbel 1975. Johannes Schöbel: Helme und Schilde. Historisches Museum. Staatliche Kunstsammlungen Dresden, Dresden 1975.

Schuckelt 2010. Holger Schuckelt: Die Türckische Cammer, Sammlung orientalischer Kunst in der kurfürstlich-sächsischen Rüstkammer Dresden, Dresden 2010.

Schulze 1917. Paul Schulze: Alte Stoffe, Berlin 1917.

Shalem 1996. Avinoam Shalem: Islam Christianized. Islamic Portable Objects in the Medieval Church Treasuries of the Latin West, Frankfurt a. M., Berlin et al. 1996 (Ars Faciendi. Beiträge und Studien zur Kunstgeschichte, 7).

Shalem 1997. Avinoam Shalem: "Jewels and Journeys: The Case of the Medieval Gemstone Called al-Yatima", Muqarnas, 14, 1997, S. 42-56.

Shalem 1999. Avinoam Shalem: "Smalto (Islam)", Enciclopedia dell'arte medievale, Bd. 10, Rom 1999, S. 759-763.

Shalem 2004. Avinoam Shalem: The Oliphant: Islamic Objects in Historical Context, Leiden, Boston 2004.

Shalem 2005a. Avinoam Shalem: "Persian Art in Munich", Encyclopedia Iranica online, www.iranica.com, 2005.

Shalem 2005b. Avinoam Shalem: "Trade in and the Availability of Ivory: The Picture given by the Medieval Sources", Journal of the David Collection, 2/1, 2005, S. 25-35.

Shalem 2007. Avinoam Shalem: „Islamische Objekte in Kirchenschätzen der lateinischen Christenheit. Ästhetische Stufen des Umgangs mit dem Anderen und dem Hybriden," Das Bistum Bamberg in der Welt des Mittelalters, Bamberger interdisziplinäre Mittelalterstudien. Vorträge und Vorlesungen 1, Christine van Eickels, Klaus van Eickels (Hrsg.), Bamberg 2007, S. 163-175.

Shalem 2008. Avinoam Shalem: „Wie byzantinisch war der Schatz der Fatimiden?", Grenzgänge im östlichen Mittelmeerraum. Byzanz und die islamische Welt vom 9. bis 13. Jahrhundert, Ulrike Koenen, Martina Müller-Wiener (Hrsg.), Wiesbaden 2008, S. 65-82.

Shalem 2010a. Avinoam Shalem: "Hidden Aesthetics and the Art of Deception: The Object, the Beholder and the Artisan", Proceedings of the Conference on Painted Ivories, Hertziana Rom/Berlin 2007, David Knipp (Hrsg.), im Erscheinen/forthcoming 2010.

Shalem 2010b. Avinoam Shalem: "Multivalent Paradigm of Interpretation and the Anima of the Object", Layers of Islamic Art in the Museum Context, Khalil George, Stefan Weber, Gerhard Wolf (Hrsg.), im Erscheinen/forthcoming 2010.

Shreve Simpson 1980. Marianna Shreve Simpson: Arab and Persian Painting in the Fogg Art Museum, Fogg Art Museum, Cambridge 1980.

Sotheby's 2005. Auktionskatalog Haute Epoque, London 01.11.2005.

Sourdel-Thomine/Spuhler 1973. Janine Sourdel-Thomine, Berthold Spuhler: Die Kunst des Islam, Berlin 1973 (Propyläen Kunstgeschichte, 4).

Soustiel 1985. Jean Soustiel: La céramique islamique, Fribourg 1985.

Spalding 1980. Frances Spalding: Roger Fry, art and life, University of California Press 1980.

Spuhler 1968. Friedrich Spuhler: Seidene Repräsentationsteppiche der mittleren bis späten Safawidenzeit. Die sog. Polenteppiche, Berlin 1968.

Spuhler 1988. Friedrich Spuhler: Oriental Carpets in the Museum of Islamic Art, Berlin, London, Boston 1988.

Spurling 2005. Hilary Spurling: Matisse the Master, Bd. 2 1909-1954, London, New York 2005.

Stauffer 1991. Annemarie Stauffer: Die mittelalterlichen Textilien von St. Servatius in Maastricht, Riggisberg 1991 (Schriften der Abegg-Stiftung Riggisberg, 8).

Steppan 2001: Thomas Steppan: "The Artukid Bowl: Courtly Art in the Middle Byzantine Period and Its Relation to the Islamic East", Perceptions of Byzantium and Its Neighbors (843-1261), Olenka Z. Pevny (Hrsg.), New York, New Haven 2002 (The Metropolitan Museum of Art Symposia), S. 84-101.

Stern 1976. Henri Stern: Les mosaiques de la Grande Mosquee de Cordue. Mit Beiträgen von Ocaña Jiménez, Manuel Duda, Dorothea Duda, Berlin 1976 (Madrider Forschungen, 2).

Stock 1990. Gabriele Stock: „Das Samanidenmausoleum in Bukhara II.", Archäologische Mitteilungen aus Iran, 23, Berlin 1990, S. 231-260.

Stone 1997. Peter F. Stone: The Oriental Rug Lexicon, London 1997.

Strzygowski/ van Berchem 1910. Josef von Strzygowski, Max van Berchem: Amida, Heidelberg 1910.

Taha Hussein 1963. M. Taha Hussein: Mamlukische Kunstformen in der Seidenweberei des 13. bis 15. Jahrhunderts. Ein Beitrag zur islamischen und europäischen Kunst, Diss., Köln 1963.

Thomas 1963-64. Bruno Thomas: „Aus der Waffensammlung in der Neuen Burg zu Wien: Orientalische Kostbarkeiten", Bustan, Wien 1963-64.

Thomas 1971. Bruno Thomas: „Die Polonica der Wiener Waffensammlung", Jahrbuch der kunsthistorischen Sammlung, Bd. 67, Wien 1971, S. 47-101.

Train 2000. 40 Years On... Donations by John Goe et: Sculpture, Paintings and Drawings, Miniatures and Calligraphy, Tankas and Mandala, M. T. Train (Hrsg.), New York 2000.

Troelenberg 2009. Eva-Maria Troelenberg: „Vom Wohlgefallen zur Wissenschaft – Rupprecht von Bayern und die Kunst des islamischen Orients", Münchner Beiträge zur Völkerkunde 12, 2009, S. 97-108.

Ullrich 2006. Wolfgang Ullrich: Was war Kunst? Biographien eines Begriffs, Frankfurt 2006.

University of Michigan 1981: The meetings of two worlds: the crusades and the Mediterranean context, Christine Verzár Bornstein, Priscilla Parsons Soucek (Hrsg.), Ausstellungskatalog, University of Michigan Museum of Art, Ann Arbour 1981.

van Berchem 1912. Max van Berchem: „Arabische Inschriften", in: München 1912, Bd. 1.

Veselovsky 1910. Nikolai Veselovsky: Geratskij bronzovyj kotelok 559 goda khidgry (1163 g. po R. Kh) iz sobraniya grafa A.A. Bobrinskogo, St. Petersburg 1910.

Völker 2001. Angela Völker: Die orientalischen Knüpfteppiche im MAK – Österreichisches Museum für angewandte Kunst, Peter Noever (Hrsg.), Wien, Köln, Weimar 2002.

von Falke 1909. Otto von Falke: „Kupferzellenschmelz im Orient und in Byzanz", Monatshefte für Kunstwissenschaft, 2, 1909, S. 234-241.

von Falke 1912. Otto von Falke: „Chinesische Seidenstoffe des XIV. Jahrhunderts und ihre Bedeutung für die Seidenkunst Italiens", Jahrbuch der preußischen Kunstsammlungen, 1912, S. 176-192.

von Falke 1913. Otto von Falke: Kunstgeschichte der Seidenweberei, 2 Bde., Berlin 1913.

von Falke 1921. Otto von Falke: Kunstgeschichte der Seidenweberei, Neue Ausgabe, Berlin 1921.

von Fircks 2008. Juliane von Fircks: Liturgische Gewänder des Mittelalters aus St. Nikolai in Stralsund, Abegg-Stiftung, Riggisberg 2008.

von Gladiss 1996. Almut von Gladiss: „Zur Geschichte der Tauschierkunst im islamischen Mittelalter", Acta Praehistorica et Archaeologica, 28, 1996, S. 117-145.

von Gladiss 2006. Almut von Gladiss: Die Dschazira. Kulturlandschaft zwischen Euphrat und Tigris, Berlin 2006.

von Gladiss 2008. Almut von Gladiss: „Der frühislamische Bronzeguss. Tierbronzen in unterschiedlicher Funktion", Bild und Bestie. Hildesheimer Bronzen der Stauferzeit, Michael Brandt (Hrsg.), Ausstellungskatalog, Dom-Museum Hildesheim; Regensburg 2008, S. 29-42.

von Karabacek 1870. Josef von Karabacek: „Die liturgischen Gewänder mit arabischen Inschriften aus der Marienkirche in Danzig", Mitteilungen des k.k. österr. Museums für Kunst und Industrie, Wien 1870.

von Karabacek 1913. Josef von Karabacek: „Zur orientalischen Altertumskunde, IV: Muhammedanische Kunststudien", Sitzungsberichte der philosophisch-historischen Klasse der kaiserlichen Akademie der Wissenschaften in Wien, 172, 1913, S. 5-10.

von Wilckens 1992. Leonie von Wilckens: Mittelalterliche Seidenstoffe (Bestandskatalog XVIII des Kunstgewerbemuseums SMPK), Berlin 1992.

Walker 1997. Daniel Walker: Flowers Underfoot. Indian Carpets of the Mughal Era, Ausstellungskatalog, Metropolitan Museum, New York 1997.

Ward 1989. Rachel Ward: „Metallarbeiten der Mamlukenzeit, hergestellt für den Export nach Europa", in: Berlin 1989, S. 202-209.

Ward 1993. Rachel Ward: Islamic Metalwork, London 1993.

Ward 2004. Rachel Ward: "Brass, Gold and Silver from Mamluk Egypt: Metal Vessels Made for Sultan Al-Nasir Muhammad. A Memorial Lecture for Mark Zebrowski", Journal of the Royal Asiatic Society, Third Series, 14/1, 2004, S. 59-73.

Wardwell 1988-89. Anne Wardwell, Panni Tartarici: "Eastern Islamic Silks Woven with Gold and Silver (13th and 14th Centuries)", Islamic Art, 3, 1988-89, S. 95-173.

Washington 1981. Renaissance of Islam. Art of the Mamluks, Esin Atil (Hrsg.), Ausstellungskatalog, Washington 1981.

Washington 1987. Woven from the Soul, Spun from the Heart. Textile Arts of Safavid and Qajar Iran 16th-19th Centuries, Carol Bier (Hrsg.), Ausstellungskatalog, The Textile Museum, Washington D.C., Washington 1987.

Washington 1990. Matisse in Morocco The Paintings and Drawings, 1912-1913, Ausstellungskatalog, National Gallery of Art Washington, Washington D.C. 1990.

Washington/Montclair 1974-75. Prayer Rugs, Richard Ettinghausen, Louise Mackie (Hrsg.), Ausstellungskatalog, The Textile Museum Washington, Montclair Art Museum; Washington D.C., Montclair 1974-75.

Website Eremitage 2003. Hermitage State Museum Digital Collection, 2003, http://www.hermitagemuseum.org/; insbesondere: "Cauldron made by Muhammad ibn Abd al-Wahid and Mas'ud ibn Ahmad al-Naqqash", http://bit.ly/a9o9Of [23.07.2010].

Website Karlsruher Türkenbeute 2003. Virtuelles Museum Karlsruher Türkenbeute, http://www.tuerkenbeute.de/sam/sam_all/D200_02_de.php [30.11.2009].

Website Musée du Louvre 2010. http://www.louvre.fr/, insbesondere: Annick Neveux-Leclerc, „Assembly elements from the minbar of Sultan Lajin", http://bit.ly/bwoWgh [22.04.2010].

Website Victoria & Albert Museum 2010. Victoria & Albert Museum: Panel, http://collections.vam.ac.uk/item/O86543/panel/ [22.04.2010]

Wien 1891. Katalog der Ausstellung Orientalischer Teppiche im K.K. Handels-Museum, Wien 1891.

Wien 1976. Katalog der Leibrüstkammer, I. Teil. Der Zeitraum von 500 bis 1530, Wien 1976.

Wien 1990. Kunsthistorisches Museum Wien. Hofjagd- und Rüstkammer. Katalog der Leibrüstkammer, Teil II. Der Zeitraum von 1530-1560. Ortwin Gamber, Christian Beaufort, Matthias Pfaffenbichler, Busto Arsizio 1990 (Führer durch das Kunsthistorische Museum 39).

Wiet 1929. Gaston Wiet: Catalogue général du Musée Arabe du Caire. Lampes et bouteilles en verre émaillé, Kairo 1929.

Zeller/Rohrer 1955. Rudolf Zeller, Ernst Rohrer: Orientalische Sammlung Henri Moser-Charlottenfels, Historisches Museum Bern, Bern 1955.

Zimmermann 2003. Michael F. Zimmermann: "Art History as Anthropology: French and German Traditions", The Art Historian. National Traditions and Institutional Practices, Michael F. Zimmermann (Hrsg.), New Haven, London 2003, S. 167-188.

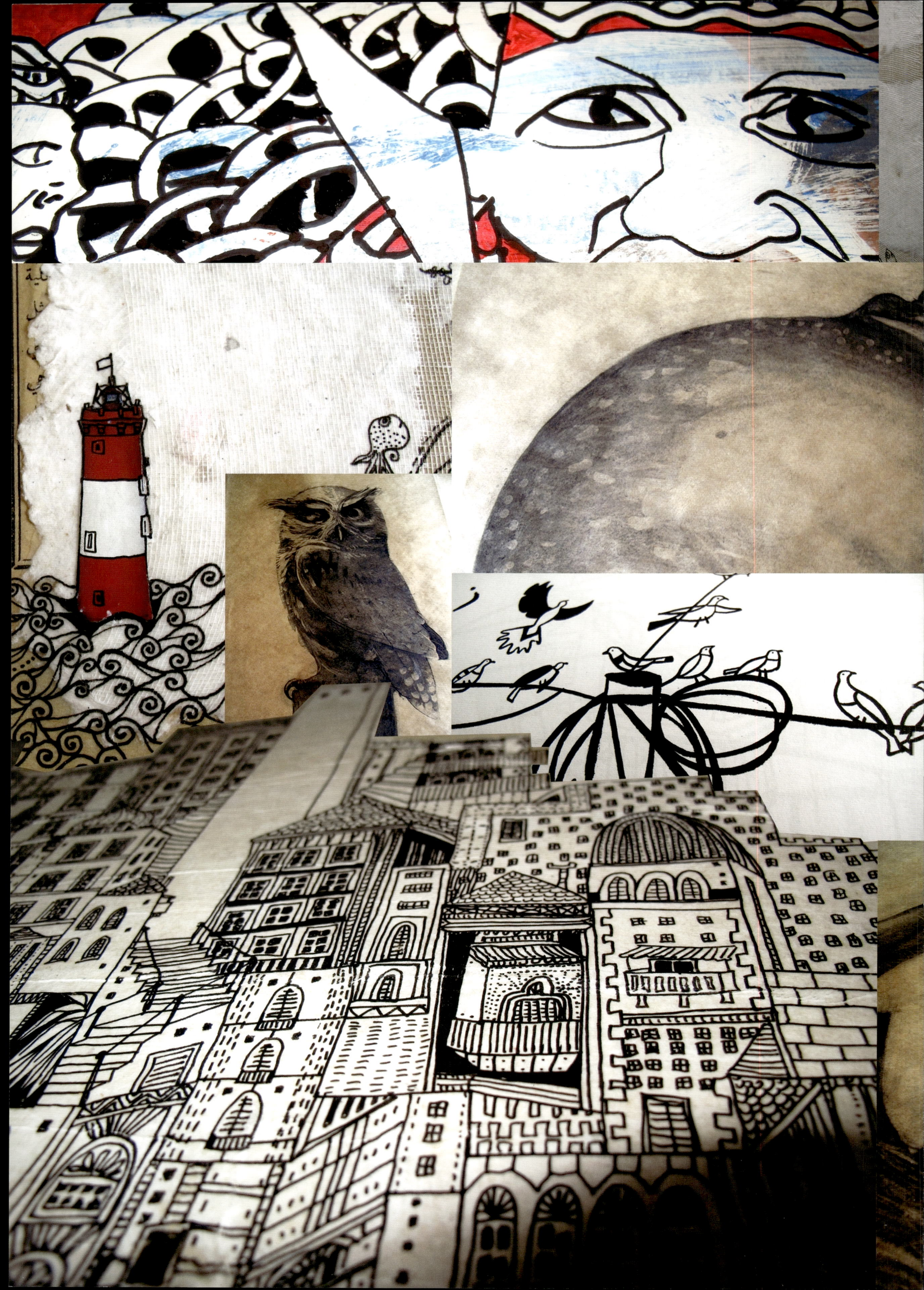

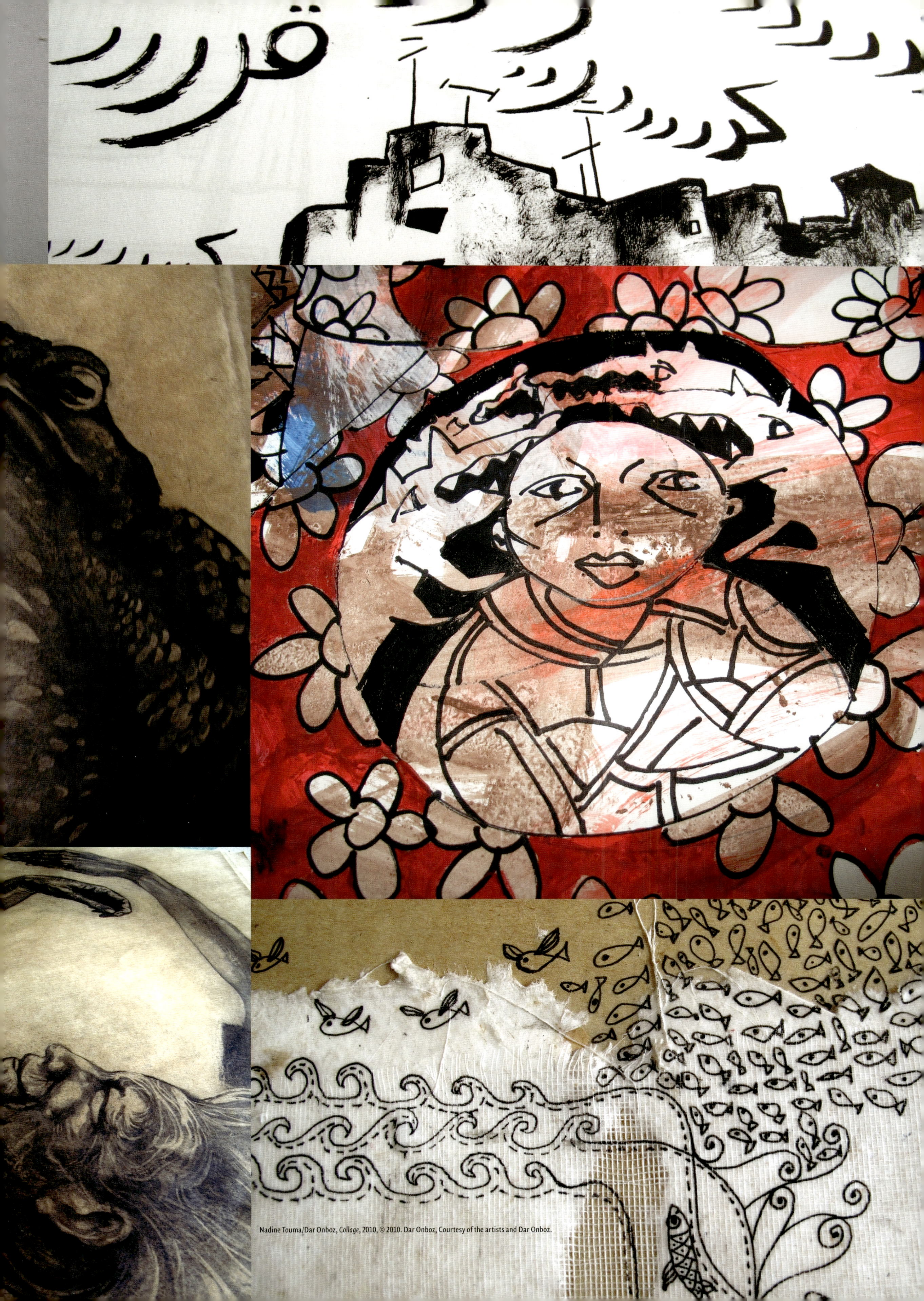

Nadine Touma/Dar Onboz, *Collage*, 2010, © 2010. Dar Onboz, Courtesy of the artists and Dar Onboz.

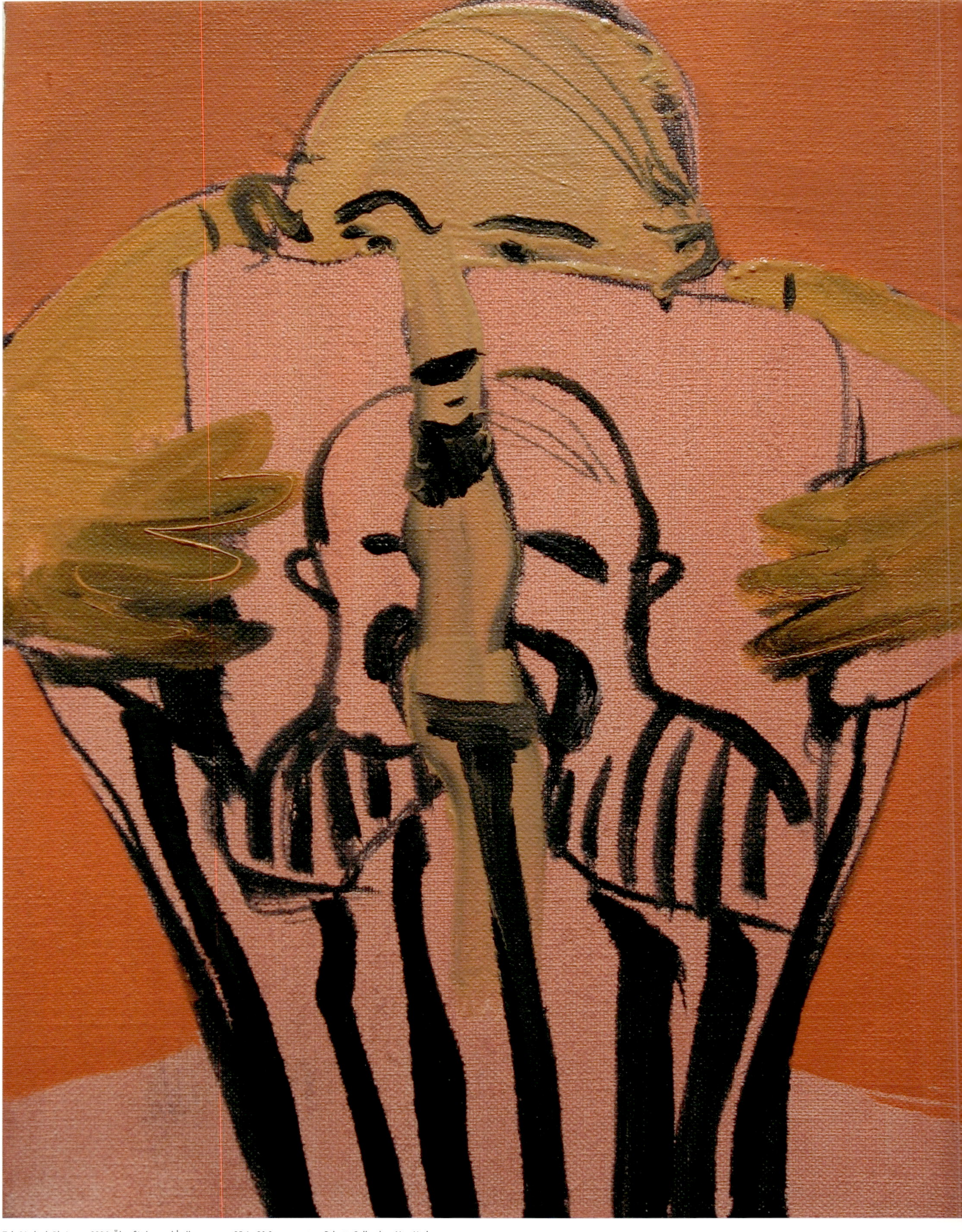

Tala Madani, *Rip Image*, 2006, Öl auf Leinwand | oil on canvas, 25,4 x 20,3 cm, courtesy Private Collection, New York.